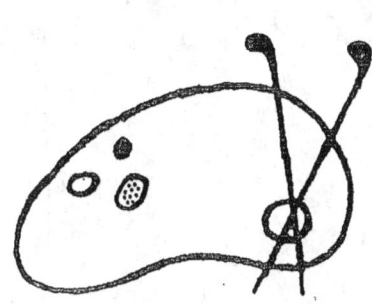
Début d'une série de documents en couleur

Couverture inférieure manquante

ROMANS
DE
EDMOND ET JULES DE GONCOURT

MANETTE
SALOMON

NOUVELLE ÉDITION

PARIS
G. CHARPENTIER ET Cie, ÉDITEURS
11, RUE DE GRENELLE, 11

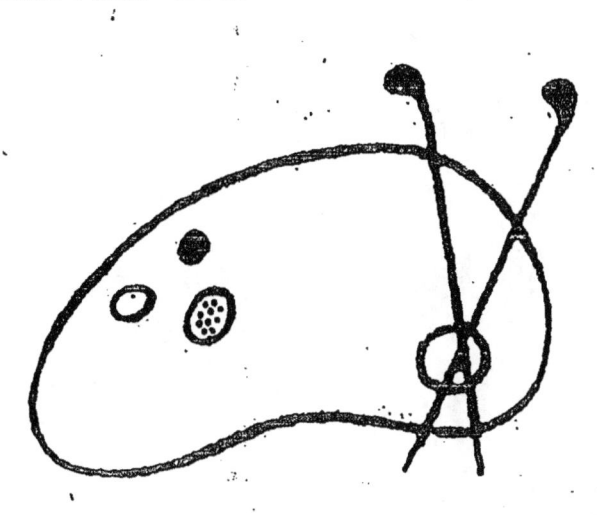

Fin d'une série de documents en couleur

MANETTE SALOMON

OUVRAGES DES MÊMES AUTEURS
PUBLIÉS DANS LA BIBLIOTHÈQUE CHARPENTIER
à 3 fr. 50 le volume

GONCOURT (EDMOND DE)

LA FILLE ÉLISA (28e mille)..................................	1 vol.
LES FRÈRES ZEMGANNO (8e mille)........................	1 vol.
LA MAISON D'UN ARTISTE AU XIXe SIÈCLE..............	2 vol.
LA FAUSTIN (16e mille).....................................	1 vol.
CHÉRIE (16e mille)...	1 vol.
MADAME SAINT-HUBERTY..................................	1 vol.

GONCOURT (JULES DE)

LETTRES, précédées d'une préface de H. Céard (3e mille). 1 vol.

GONCOURT (EDMOND ET JULES DE)

EN 18**..	1 vol.
GERMINIE LACERTEUX. Nouvelle édition.................	1 vol.
MADAME GERVAISAIS. Nouvelle édition..................	1 vol.
RENÉE MAUPERIN. Nouvelle édition.......................	1 vol.
MANETTE SALOMON. Nouvelle édition....................	1 vol.
CHARLES DEMAILLY. Nouvelle édition....................	1 vol.
SŒUR PHILOMÈNE. Nouvelle édition.....................	1 vol.
QUELQUES CRÉATURES DE CE TEMPS.....................	1 vol.
IDÉES ET SENSATIONS.....................................	1 vol.
LA FEMME AU XVIIIe SIÈCLE...............................	1 vol.
HISTOIRE DE MARIE-ANTOINETTE.........................	1 vol.
PORTRAITS INTIMES DU XVIIIe SIÈCLE (études nouvelles d'après les lettres autographes et les documents inédits)..	1 vol.
LA DU BARRY. Nouvelle édition...........................	1 vol.
MADAME DE POMPADOUR. Nouvelle édition............	1 vol.
LA DUCHESSE DE CHATEAUROUX ET SES SŒURS.......	1 vol.
LES ACTRICES DU XVIIIe SIÈCLE. Sophie Arnould.....	1 vol.
THÉATRE (Henriette Maréchal. — La Patrie en danger).	1 vol.
GAVARNI (L'Homme et l'Œuvre).........................	1 vol.
HISTOIRE DE LA SOCIÉTÉ FRANÇAISE PENDANT LA RÉVOLUTION.	1 vol.
HISTOIRE DE LA SOCIÉTÉ FRANÇAISE PENDANT LE DIRECTOIRE.	1 vol.
L'ART DU XVIIIe SIÈCLE, 1re série (Watteau. — Chardin. — Boucher. — Latour).....................................	1 vol.
2e série (Greuze. — Les Saint-Aubin. — Gravelot. — Cochin)..	1 vol.
3e série (Eisen. — Moreau-Debucourt. — Fragonnard. — Prudhon)..	1 vol.
PAGES RETROUVÉES, avec une préface de G. Geffroy (3e mille)..	1 vol.
JOURNAL DES GONCOURT (7e mille).....................	3 vol.

Paris. — Imprimerie G. Rougier et Cie, rue Cassette, 1.

ROMANS
DE
EDMOND ET JULES DE GONCOURT

MANETTE
SALOMON

NOUVELLE ÉDITION

PARIS
G. CHARPENTIER ET Cie, ÉDITEURS
11, RUE DE GRENELLE, 11

1889
Tous droits réservés.

MANETTE SALOMON

I

On était au commencement de novembre. La dernière sérénité de l'automne, le rayonnement blanc et diffus d'un soleil voilé de vapeurs de pluie et de neige, flottait, en pâle éclaircie, dans un jour d'hiver.

Du monde allait dans le Jardin des Plantes, montait au labyrinthe, un monde particulier, mêlé, cosmopolite, composé de toutes les sortes de gens de Paris, de la province et de l'étranger, que rassemble ce rendez-vous populaire.

C'était d'abord un groupe classique d'Anglais et d'Anglaises à voiles bruns, à lunettes bleues.

Derrière les Anglais, marchait une famille en deuil.

Puis suivait, en traînant la jambe, un malade, un voisin du jardin, de quelque rue d'à côté, les pieds dans des pantoufles.

Venaient ensuite : un sapeur, avec, sur sa manche, ses deux haches en sautoir surmontées d'une grenade ; — un prince jaune, tout frais habillé de Dusautoy, accompagné d'une espèce d'heiduque à figure de Turc, à dolman d'Albanais ; — un apprenti maçon, un petit gâcheur débarqué du Limousin, portant le feutre mou et la chemise bise.

Un peu plus loin, grimpait un interne de la Pitié, en

casquette, avec un livre et un cahier de notes sous le bras. Et presque à côté de lui, sur la même ligne, un ouvrier en redingote, revenant d'enterrer un camarade au Montparnasse, avait encore, de l'enterrement, trois fleurs d'immortelle à la boutonnière.

Un père, à rudes moustaches grises, regardait courir devant lui un bel enfant, en robe russe de velours bleu, à boutons d'argent, à manches de toile blanche, au cou duquel battait un collier d'ambre.

Au-dessous, un ménage de vieilles amours laissait voir sur sa figure la joie promise du dîner du soir en cabinet, sur le quai, à la *Tour d'argent*.

Et, fermant la marche, une femme de chambre tirait et traînait par la main un petit négrillon, embarrassé dans sa culotte, et qui semblait tout triste d'avoir vu des singes en cage.

Toute cette procession cheminait dans l'allée qui s'enfonce à travers la verdure des arbres verts, entre le bois froid d'ombre humide, aux troncs végétants de moisissure, à l'herbe couleur de mousse mouillée, au lierre foncé et presque noir. Arrivé au cèdre, l'Anglais le montrait, sans le regarder, aux miss, dans le Guide; et la colonne, un moment arrêtée, reprenait sa marche, gravissant le chemin ardu du labyrinthe d'où roulaient des cerceaux de gamins fabriqués de cercles de tonneaux, et des descentes folles de petites filles faisant sauter à leur dos des cornets à bouquin peints en bleu.

Les gens avançaient lentement, s'arrêtant à la boutique d'ouvrages en perles sur le chemin, se frôlant et par moments s'appuyant à la rampe de fer contre la charmille d'ifs taillés, s'amusant, au dernier tournant, des micas qu'allume la lumière de trois heures sur les bois pétrifiés qui portent le belvédère, clignant des yeux pour lire le vers latin qui tourne autour de son bandeau de bronze :

Horas non numero nisi serenas.

Puis, tous entrèrent un à un sous la petite coupole à jour.

Paris était sous eux, à droite, à gauche, partout.

Entre les pointes des arbres verts, là où s'ouvrait un peu le rideau des pins, des morceaux de la grande ville s'étendaient à perte de vue. Devant eux, c'étaient d'abord des toits pressés, aux tuiles brunes, faisant des masses d'un ton de tan et de marc de raisin, d'où se détachait le rose des poteries des cheminées. Ces larges teintes étalées, d'un ton brûlé, s'assombrissaient et s'enfonçaient dans du noir-roux en allant vers le quai. Sur le quai, les carrés de maisons blanches, avec les petites raies noires de leurs milliers de fenêtres, formaient et développaient comme un front de caserne d'une blancheur effacée et jaunâtre, sur laquelle reculait, de loin en loin, dans le rouillé de la pierre, une construction plus vieille. Au delà de cette ligne nette et claire, on ne voyait plus qu'une espèce de chaos perdu dans une nuit d'ardoise, un fouillis de toits, des milliers de toits d'où des tuyaux noirs se dressaient avec une finesse d'aiguille une mêlée de faîtes et de têtes de maisons enveloppées par l'obscurité grise de l'éloignement, brouillées dans le fond du jour baissant ; un fourmillement de demeures, un gâchis de lignes et d'architectures, un amas de pierres pareil à l'ébauche et à l'encombrement d'une carrière, sur lequel dominaient et planaient le chevet et le dôme d'une église, dont la nuageuse solidité ressemblait à une vapeur condensée. Plus loin, à la dernière ligne de l'horizon, une colline, où l'œil devinait une sorte d'enfouissement de maisons, figurait vaguement les étages d'une falaise dans un brouillard de mer. Là-dessus pesait un grand nuage, amassé sur tout le bout de Paris qu'il couvrait, une nuée lourde, d'un violet sombre, une nuée de Septentrion, dans laquelle la respiration de fournaise de la grande ville et la vaste bataille de la vie de millions d'hommes semblaient mettre comme des poussières de combat et des fumées d'incendie. Ce nuage s'élevait et finissait en déchirures aigués sur une clarté où s'éteignait, dans du rose, un peu de vert pâle. Puis revenait un ciel dépoli et couleur d'étain, balayé de lambeaux d'autres nuages gris.

En regardant vers la droite, on voyait un Génie d'or sur une colonne, entre la tête d'un arbre vert se colorant dans ce ciel d'hiver d'une chaleur olive, et les plus hautes branches du cèdre, planes, étalées, gazonnées, sur lesquels les oiseaux marchaient en sautillant comme sur une pelouse. Au delà de la cime des sapins, un peu balancés, sous lesquels s'apercevait nue, dépouillée, rougie, presque carminée, la grande allée du jardin, plus haut que les immenses toits de tuile verdâtres de la Pitié et que ses lucarnes à chaperon de crépi blanc, l'œil embrassait tout l'espace entre le dôme de la Salpétrière et la masse de l'Observatoire : d'abord, un grand plan d'ombre ressemblant à un lavi, d'encre de Chine sur un dessous de sanguine, une zone de tons ardents et bitumineux, brûlés de ces roussissures de gelée et de ces chaleurs d'hiver qu'on retrouve sur la palette d'aquarelle des Anglais ; puis, dans la finesse infinie d'une teinte dégradée, il se levait un rayon blanchâtre, une vapeur laiteuse et nacrée, trouée du clair des bâtisses neuves, et où s'effaçaient, se mêlaient, se fondaient, en s'opalisant, une fin de capitale, des extrémités de faubourgs, des bouts de rues perdues. L'ardoise des toits pâlissait sous cette lueur suspendue qui faisait devenir noires, en les touchant, les fumées blanches dans l'ombre. Tout au loin, l'Observatoire apparaissait, vaguement noyé dans un éblouissement, dans la splendeur féerique d'un coup de soleil d'argent. Et à l'extrémité de droite, se dressait la borne de l'horizon, le pâté du Panthéon, presque transparent dans le ciel, et comme lavé d'un bleu limpide.

Anglais, étrangers, Parisiens, regardaient de là-haut de tous côtés ; les enfants étaient montés, pour mieux voir, sur le banc de bronze, quand quatre jeunes gens entrèrent dans le belvédère.

— Tiens ! l'homme de la lorgnette n'y est pas, — fit

l'un en s'approchant de la lunette d'approche fixée par une ficelle à la balustrade. Il chercha le point, braqua la lunette : — Ça y est! attention! — se retourna vers le groupe d'Anglais qu'il avait derrière lui, dit à une des Anglaises : — Milady, voilà! confiez-moi votre œil... Je n'en abuserai pas! Approchez, mesdames et messieurs! Je vais vous faire voir ce que vous allez voir! et un peu mieux que ce préposé aux horizons du Jardin des Plantes qui a deux colonnes torses en guise de jambes... Silence! et je commence!...

L'Anglaise, dominée par l'assurance du démonstrateur, avait mis l'œil à la lorgnette.

— Messieurs! c'est sans rien payer d'avance, et selon les moyens des personnes!... *Spoken here! Time is money! Rule Britannia! All right!* Je vous dis ça, parceque'il est toujours doux de retrouver sa langue dans la bouche d'un étranger... Paris! messieurs les Anglais, voilà Paris! C'est ça!... c'est tout ça... une crâne ville!... j'en suis, et je m'en flatte! Une ville qui fait du bruit, de la boue, du chiffon, de la fumée, de la gloire... et de tout! du marbre en carton-papier, des grains de café avec de la terre glaise, des couronnes de cimetière avec de vieilles affiches de spectacle, de l'immortalité en pain d'épice, des idées pour la province, et des femmes pour l'exportation! Une ville qui remplit le monde... et l'Odéon, quelquefois! Une ville où il y a des dieux au cinquième, des éleveurs d'asticots en chambre, et des professeurs de thibétain en liberté! La capitale du Chic, quoi! Saluez!... Et maintenant ne bougeons plus! Ça? milady, c'est le cèdre, le vrai du Liban, rapporté d'un chœur d'Athalie, par M. de Jussieu, dans son chapeau!... Le fort de Vincennes! On compte deux lieues, mes gentlemen! On a abattu le chêne sous lequel Saint Louis rendait la justice, pour en faire les bancs de la cour de Cassation... Le château a été démoli, mais on l'a reconstruit en liége sous Charles X : c'est parfaitement imité, comme vous voyez... On y voit les mânes de Mirabeau, tous les jours de midi à deux heures, avec des protections et un passe-port... Le Père-Lachaise! le faubourg Saint-Germain des morts : c'est plein d'hôtels... Regardez à droite, à gauche... Vous avez devant vous le monument à Casimir Périer, ancien ministre, le père de M. Guizot... La colonne de Juillet, suivez! bâtie par les prisonniers de la Bastille pour en faire une surprise à leur gouverneur... On avait d'abord mis dessus le portrait de Louis-Philippe, Henri IV avec un parapluie; on l'a remplacé par cette machine dorée : la Liberté qui s'envole; c'est d'après nature... On a dit qu'on la muselait dans les chaleurs, à l'anniversaire des Glorieuses : j'ai demandé au gardien, ce n'est pas vrai... Regardez bien, mylady, il y a un militaire auprès de la Liberté : c'est toujours comme ça en France... Ça? c'est rien, c'est une église... Les buttes Chaumont... Distinguez le monde... On reconnaîtrait ses enfants naturels!... Maintenant, mylady, je vais vous la placer à Montmartre... La tour du télégraphe... Montmartre, *mons martyrum*... d'où vient la rue des Martyrs, ainsi nommée parce qu'elle est remplie de peintres qui s'exposent volontairement aux bêtes chaque année, à l'époque de l'Exposition... Là-dessous, les toits rouges? ce sont les Catacombes pour la soif, l'Entrepôt des vins, rien que cela, mademoiselle!... Ce que vous ne voyez pas après, c'est simplement la Seine, un fleuve connu et pas fier, qui lave l'Hôtel-Dieu, la Préfecture de Police, et l'Institut!... On dit que dans le temps il baignait la Tour de Nesle... Maintenant, demi-tour à droite, droite alignement! Voilà Sainte Geneviève... A côté, la tour Clovis... c'est fréquenté par des revenants qui y jouent du cor de chasse chaque fois qu'il meurt un professeur de Droit comparé... Ici, c'est le Panthéon... le Panthéon, milady, bâti par Soufflot, pâtissier... C'est, de l'aveu de tous ceux qui le voient, un des plus grands gâteaux de Savoie du monde... Il y avait autrefois dessus une rose : on l'a mise dans les cheveux de Marat quand on l'y a enterré... L'arbre des Sourds-et-Muets... un arbre qui a grandi dans le silence... le plus élevé de Paris. . On dit que quand il fait beau, on voit de tout en haut la solution de la question d'Orient... Mais il n'y a que le ministre des affaires étrangères qui ait le droit d'y monter!... Ce monument égyptien? Sainte-Pélagie, milady... une maison de campagne, élevée par les créanciers en faveur de leurs débiteurs... Le bâtiment n'a rien de remarquable que le cachot où M. de Jouy, surnommé « l'Homme au masque de coton », apprivoisait des hexamètres avec un flageolet... Il y a encore un mur teint de sa prose!... La Pitié... un omnibus pour les pékins malades, avec correspondance pour le Montparnasse, sans augmentation de prix, les dimanches et fêtes... Le Val-de-Grâce, pour MM. les militaires... Examinez le dôme, c'est d'un nommé Mansard, qui prenait des casques dans les tableaux de Lebrun pour en coiffer ses monuments... Dans la cour, il y a une statue élevée par Louis XIV au baron Larrey... L'Observatoire... Vous voyez, c'est une lanterne magique... il y a des Savoyards attachés à l'établissement pour vous montrer le Soleil et la Lune... C'est là qu'est enterré Mathieu Laensberg, dans une lorgnette... en long... Et ça... la Salpêtrière, milady, où l'on enferme les femmes plus folles que les autres! Voilà!.. Et maintenant, à la générosité de la société! — lança le démonstrateur de Paris.

Il ôta son chapeau, fit le tour de l'auditoire, dit merci à tout ce qui tombait au fond de sa vieille coiffe, aux gros sous comme aux pièces blanches, salua et se sauva à toutes jambes, suivi de ses trois compagnons qui étouffaient de rire en disant : — Cet animal d'Anatole!

Au cèdre, devant un vieux curé qui lisait son bréviaire, assis sur le banc contre l'arbre, il s'arrêta, renversa ce qu'il y avait dans son chapeau sur les genoux du prêtre, lui jeta : — Monsieur le curé, pour vos pauvres!

Et le curé, tout étonné de cet argent, le regardait encore dans le creux de sa pauvre soutane, que le donneur était déjà loin.

II

A la porte du Jardin des Plantes, les quatre jeunes gens s'arrêtèrent.

— Où dîne-t-on? — dit Anatole.

— Où tu voudras, — répondirent en chœur les trois voix.

— Qu'est-ce qui *en* a? — reprit Anatole.

— Moi, je n'ai pas grand'chose, — dit l'un.

— Moi, rien, — dit l'autre.

— Alors ce sera Coriolis... — fit Anatole en s'adressant au plus grand, dont la mise élégante contrastait avec le débraillé des autres.

— Ah! mon cher, c'est bête... mais j'ai déjà mangé mon mois... je suis à sec... Il me reste à peine de quoi donner à la portière de Boissard pour la cotisation du punch...

— Quelle diable d'idée tu as eue de donner tout cet argent à ce curé! — dit Anatole un garçon aux longs cheveux.

— Garnotelle, mon ami, — répondit Anatole, — vous avez de l'élévation dans le dessin... mais pas dans l'âme!... Messieurs, je vous offre à dîner chez Gourganson... J'ai l'*œil*... Par exemple, Coriolis, il ne faut pas t'attendre à y manger des pâtés de harengs de Calais truffés comme à ta société du vendredi...

Et se tournant vers celui qui avait dit n'avoir rien:

— Monsieur Chassagnol, j'espère que vous me ferez l'honneur...

On se mit en marche. Comme Garnotelle et Chassagnol étaient en avant, Coriolis dit à Anatole, en lui désignant le dos de Chassagnol:

— Qu'est-ce que c'est, ce monsieur-là, hein? qui a l'air d'un vieux fœtus...

— Connais pas... mais pas du tout... Je l'ai vu une fois avec des élèves de Gleyre, une autre fois avec des élèves de Rude... Il dit des choses sur l'art, au dessert, il m'a semblé... Très-collant... Il s'est accroché à nous depuis deux ou trois jours... Il va où nous mangeons... Très-fort pour reconduire, par exemple... Il vous lâche à votre porte à des heures indues... Peut-être qu'il demeure quelque part, je ne sais pas où... Voilà !

Arrivés à la rue d'Enfer, les quatre jeunes gens entrèrent par une petite allée dans une arrière-salle de crêmerie. Dans un coin, un gros gaillard noir et barbu, coiffé d'un grand chapeau gris, mangeait sur une petite table.

— Ah ! l'homme aux bouillons... — fit Anatole en l'apercevant.

— Ceci, monsieur, — dit-il à Chassagnol, — vous représente... le dernier des amoureux !... un homme dans la force de l'âge, qui a poussé la timidité, l'intelligence, le dévouement et le manque d'argent jusqu'à fractionner son dîner en un tas de cachets de consommé... ce qui lui permet de considérer une masse de fois dans la journée l'objet de son culte, mademoiselle ici présente...

Et d'un geste, Anatole montra mademoiselle Gourganson qui entrait, apportant des serviettes.

— Ah ! tu étais né pour vivre au temps de la chevalerie, toi ! Laisse donc, je connais les femmes... j'avance joliment tes affaires, va, farceur ! — et il donna un amical renfoncement au jeune homme barbu qui voulut parler, bredouilla, devint pourpre, et sortit.

Le crêmier apparut sur le seuil :

— Monsieur Gourganson ! monsieur Gourganson ! — cria Anatole, — votre vin le plus extraordinaire... à 12 sous !... et des bifteacks... des vrais !... pour monsieur... — il indiqua Coriolis — qui est le fils naturel de Chevet... Allez !

° ° ° ° ° ° ° ° ° ° ° ° ° ° °
° ° ° ° ° ° ° ° ° ° ° ° ° ° °

— Dis donc, Coriolis, — fit Garnotelle, — ta dernière académie... j'ai trouvé ça bien... mais très-bien...

— Vrai?... vois-tu, je cherche... mais la nature!... faire de la lumière avec des couleurs...

— Qui ne la font jamais... — jeta Chassagnol. — C'est bien simple, faites l'expérience... Sur un miroir posé horizontalement, entre la lumière qui le frappe et l'œil qui le regarde, posez un pain de blanc d'argent : le pain de blanc, savez-vous de quelle couleur vous le verrez? D'un gris intense, presque noir, au milieu de la clarté lumineuse...

Coriolis et Garnotelle regardèrent après cette phrase, l'homme qui l'avait dite.

— Qu'est-ce que c'est que ça? — Anatole, en cherchant dans sa poche du papier à cigarette, venait de retrouver une lettre. — Ah! l'invitation des élèves de Chose... une soirée où l'on doit brûler toutes les critiques du Salon dans la chaudière des sorcières de Macbeth... Il est bon, le post-scriptum : « Chaque invité est tenu d'apporter une bougie... »

Et coupant une conversation sur l'École allemande qui s'engageait entre Chassagnol et Garnotelle : — Est-ce que vous allez nous embêter avec Cornélius?... Les Allemands! la peinture allemande!... Mais on sait comment ils peignent les Allemands... Quand ils ont fini leur tableau, ils réunissent toute leur famille, leurs enfants, leurs petits enfants... ils lèvent religieusement la serge verte qui recouvre toujours leur toile... Tout le monde s'agenouille... Prière sur toute la ligne... et alors ils posent le point visuel... C'est comme ça! C'est vrai comme... l'histoire!

— Es-tu bête! — dit Coriolis à Anatole. — Ah ça! dis donc, tes bifteacks, pour des bifteacks soignés...

— Oui, ils sont immangeables... Attendez... Donnez-moi-les tous... — et il les réunit dans une assiette qu'il cacha sous la table. Puis, profitant d'une sortie de la fille de Gourganson, il disparut par une petite porte vitrée au fond de la salle.

— Ça y est, — dit-il en revenant au bout d'un instant.
— Ah! tu ne connais pas la tradition de la maison...
Ici, quand les bifteacks ne sont pas tendres, on va les
fourrer dans le lit de Gourganson... C'est sa punition...
Après ça, c'est peut-être aussi sa santé.. J'ai connu un
Russe qui en avait toujours un... cru... dans le dos.

— Qu'est-ce qu'on fait à l'hôtel Pimodan? — demanda Garnotelle à Coriolis.

— Mais c'est très-amusant, dit Coriolis. D'abord,
Boissard est très-bon garçon... Beaucoup de gens connus et amusants... Théophile Gautier... la bande de
Meissonier... On fait de la musique dans un salon...
dans l'autre, on cause peinture, littérature... de tout...
Et une antichambre avec des statues... grand genre et
pas cher... Un dîner tous les mois... nous avons déboursé chacun six francs pour un couvert en Ruolz...
Ça se termine généralement par un punch... Nous avons
Monnier qui est superbe! Il a eu la dernière fois une
charge belge, les *prenkirs*... étourdissante!... Et puis
Feuchères, qui fait des imitations de soldat, des histoires
de Bridet à se tordre... Un monde bon enfant et pas trop
canaille... On bavarde, on rit, on se monte... Tout le
monde dit des mots drôles... L'autre jour, en sortant,
je reconduisais Magimel le lithographe... Il me dit:
« Ah! comme j'ai vieilli!..... Autrefois, les rues étaient
trop étroites... je battais les deux murs. Maintenant
c'est à peine si j'accroche un volet!... »

— Quel homme du monde ça fait, ce Coriolis! Il va
chez Boissard, excusez! — fit Anatole. — Mais tu t'es
trompé d'atelier, mon vieux... tu aurais dû entrer chez
Ingres... Vous savez, ils sont bons, les Ingres! ils se demandent de leurs nouvelles! Plus que ça de genre!

Pour réponse, le grand Coriolis prit avec sa main forte
et nerveuse la tête d'Anatole, et fit, en jouant, la menace
de la lui coucher dans son assiette.

— Qui est-ce qui a vu le *Premier baiser de Chloé*, de
Brinchard, qui est exposé chez Durand Ruel? — demanda Garnotelle.

— Moi... C'est d'un réussi... — dit Anatole...... — Ça ma rappelé le baiser d'Houdon...

— Oh! un baiser!... — lança Chassagnol. — Ça, un baiser! cette machine en bois! Un baiser, ça? Un baiser de ces poupées antiques qu'on voit dans une armoire au Vatican, je ne dis pas... Mais un baiser vivant, cela? Jamais! non, jamais! Rien de frémissant... rien qui montre ce courant électrique sur les grands et les petits foyers sensibles... rien qui annonce la répercussion de l'embrassement dans tout l'être... Non, il faut que le malheureux qui a fait cela ne se doute pas seulement de ce que c'est que les lèvres... Mais les lèvres, c'est revêtu d'une cuticule si fine qu'un anatomiste a pu dire que leurs papilles nerveuses n'étaient pas recouvertes, mais seulement gazées, *gazées*, c'est son mot, par cet épiderme... Eh bien! ces papilles nerveuses, ces centres de sensibilité fournis par les rameaux des nerfs tri-jumeaux ou de la cinquième paire, communiquent par des anastomoses avec tous les nerfs profonds et superficiels de la tête... Ils s'unissent, de proche en proche, aux paires cervicales, qui ont des rapports avec le nerf intercostal ou le *grand sympathique*, le grand charrieur des émotions humaines au plus profond, au plus intime de l'organisme... le *grand sympathique* qui communique avec la paire vague ou nerfs de la huitième paire, qui embrasse tous les viscères de la poitrine, qui touche au cœur, qui touche au cœur!...

— Neuf heures et demie... Je me sauve, — dit Coriolis.

— Je m'en vais avec toi, — fit Anatole; et, sur la porte, son geste appela Garnotelle, comme s'il lui disait: Viens donc!...

Garnotelle voulut se lever, mais Chassagnol le fit rasseoir, en le prenant par un bouton de sa redingote, et il continua à lui exposer la circulation de la sensation du baiser d'une extrémité à l'autre du corps humain.

III

En ce temps, le temps où ces trois jeunes gens entraient dans l'art, vers l'année 1840, le grand mouvement révolutionnaire du Romantisme qu'avaient vu se lever les dernières années de la Restauration, finissait dans une sorte d'épuisement et de défaillance. On eût cru voir tomber, s'affaisser le vent nouveau et superbe, le souffle d'avenir qui avait remué l'art. De hautes espérances avaient sombré avec le peintre de la *Naissance d'Henri IV*, Eugène Deveria, arrêté sur son éclatant début. Des tempéraments brillants, ardents, pleins de promesses, annonçant le dégagement futur d'une personnalité, allaient, comme Chassériau, de l'ombre d'un maître à l'ombre d'un autre, ramassant sous les chefs d'école, dont ils essayaient de fusionner les qualités, un éclectisme bâtard et un style inquiet.

Des talents qui s'étaient affirmés, qui avaient eu leur jour d'inspiration et d'originalité, désertaient l'art pour devenir les ouvriers de ce grand musée de Versailles, si fatal à la peinture par l'officiel de ses sujets et de ses commandes, la hâte exigée de l'exécution, tous ces travaux à la toise et à la tâche, qui devaient faire de la Galerie de nos gloires l'école et le Panthéon de la pacotille.

En dehors de ces causes extérieures, les faillites d'avenir, les désertions, les séductions par les commandes et l'argent du budget, en dehors même de l'action, appuyée par la grande critique, des œuvres et des hommes en lutte avec le Romantisme, il y avait pour l'affaiblissement de la nouvelle école des causes intérieures, spéciales, et tenant aux habitudes, à la vie, aux fréquentations des artistes de 1830. Il était arrivé peu à peu que le Romantisme, cette révolution de la peinture, bornée presque à ses débuts à un affranchissement de palette, s'était laissé entraîner, enfiévrer par une intime mêlée avec les lettres, par la société avec le livre ou le faiseur de livres, par une espèce de saturation littéraire, un abreuvement trop large à la poésie, l'enivrement d'une atmosphère de lyrisme.

De là, de ce frottement aux idées, aux esthétiques, il était sorti des peintres de cerveau, des peintres poëtes. Quelques-uns ne concevaient un tableau que dans le cadre d'un vague symbolisme dantesque. D'autres, d'instinct germain, séduits par les *lieds* d'outre-Rhin, se perdaient dans des brumes de rêverie, noyaient le soleil des mythologies dans la mélancolie du fantastique, cherchaient les Muses au Walpurgis. Un homme d'un talent distingué, Ary Scheffer, marchait en tête de ce petit groupe. Il peignait des âmes, les âmes blanches et lumineuses créées par les poëmes. Il modelait les anges de l'imagination humaine. Les larmes des chefs-d'œuvre, le souffle de Gœthe, la prière de saint Augustin, le Cantique des souffrances morales, le chant de la Passion de la chapelle Sixtine, il tentait de mettre cela dans sa toile, avec la matérialité du dessin et des couleurs. Le *sentimentalisme*, c'était par là que le larmoyeur des tendresses de la femme essayait de rajeunir, de renouveler et de passionner le spiritualisme de l'art.

La désastreuse influence de la littérature sur la peinture se retrouvait à l'autre bout du monde artiste, dans un autre homme, un peintre de prose, Paul Delaroche, l'habile arrangeur théâtral, le très-adroit metteur en scène des cinquièmes actes de chronique, l'élève de Walter Scott et de Casimir Delavigne, figeant le passé dans le trompe-l'œil d'une couleur locale à laquelle manquaient la vie, le mouvement, la résurrection de l'émotion.

De tels hommes, malgré la mode du moment et la gloire viagère du succès, n'étaient, au fond, que des personnalités stériles. Ils pouvaient monter un atelier, faire des élèves; mais la nature de leur tempérament, le principe d'infécondité de leurs œuvres, les condamnaient à ne pas créer d'école. Leur action, restreinte fatalement à un petit cercle de disciples, ne devait jamais s'élever à cette large influence des maîtres qui décident les courants, déterminent la vocation d'avenir d'une génération, font lever le lendemain de l'art des talents d'une jeunesse.

Au-dessous de la grande peinture, parmi les genres créés ou renouvelés par le mouvement romantique, le paysage se débattait, encore à demi méconnu, presque suspect, contre les sévérités du jury et les préjugés du public. Malgré les noms de Dupré, de Cabat, de Huet, de Rousseau qui ne pouvaient forcer les portes du Salon, le paysage n'avait point alors l'autorité, la considération, la place dans l'art qu'il devait finir par conquérir à coups de chefs-d'œuvre. Et ce genre, réputé inférieur et bas, contre lequel s'élevaient les idées du passé, les défiances du présent, n'avait guère de tentation pour le jeune talent indécis dans sa voie et cherchant sa carrière. L'orientalisme, né avec Decamps et Marilhat, paraissait épuisé avec eux. Ce qu'avait essayé de remuer Géricault dans la peinture française semblait mort. On ne voyait nulle tentative, nul effort, nulle audace qui tentât la vérité, s'attaquât à la vie moderne, révélât aux jeunes ambitions en marche ce grand côté dédaigné de l'art : la contemporanéité. Couture ne faisait qu'exposer son premier tableau, l'*Enfant prodigue*. Et depuis quelques années, il n'y avait guère eu qu'un coloriste sorti des talents nouveaux : un petit peintre de génie naturel, de tempérament et de caprice, jouant avec les féeries du soleil, doué du sentiment de la chair, et né, semblait-il, pour retrouver le Corrége dans une Orientale d'Hugo : Diaz avait apporté, à l'art de 1830 à 1840, sa franche et éblouissante originalité. Mais sa peinture était un peinture indifférente. Elle ne cherchait et ne donnait rien que la sensation de la lumière d'une femme ou d'une fleur. Elle ne parlait à la passion de personne. Toute âme lui manquait pour toucher et retenir à elle autre chose que les yeux.

Dans cette situation de l'art, rejetée, rattachée à la grande peinture par cette lassitude ou ce mépris des autres genres, la génération qui se levait, l'armée des jeunes gens nourris dans la pratique de la peinture historique ou religieuse, allait fatalement aux deux personnalités supérieures et dominantes, aux deux tempéraments extrêmes et absolus qui commandaient dans l'Ecole d'alors aux passions et aux esprits. Ceux-ci demandaient l'inspiration au grand lutteur du Romantisme, à son dernier héros, au maître passionnant et aventureux, marchant dans le feu des contestations et des colères, au peintre de flamme qui exposait en 1839, *Cléopâtre, Hamlet* et les *Fossoyeurs*; en 1840, la *Justice de Trajan*; en 1841, l'*Entrée des Croisés à Constantinople*, un *Naufrage*, une *Noce juive*. Mais ce n'était qu'une minorité, cette petite troupe de révolutionnaires qui s'attachaient et se vouaient à Delacroix, attirés par la révélation d'un Beau qu'on pourrait appeler le Beau expressif. La grande majorité de la jeunesse, embrassant la religion des traditions et voyant la voie sacrée sur la route de Rome, fêtaient rue Montorgueil le retour de M. Ingres comme le retour du sauveur du Beau de Raphaël. Et c'est ainsi qu'avenirs, vocations, toute la jeune peinture, à ce moment, se tournaient vers ces deux hommes dont les deux noms étaient les deux cris de guerre de l'art : — Ingres et Delacroix.

IV

Anatole Bazoche était le fils d'une femme restée veuve sans fortune, qui avait eu l'intelligence de se faire une position dans une spécialité de la mode presque créée par elle. Entrepreneuse de broderie pour la haute confection, elle avait eu l'imagination de ces nouveautés bizarres qui charmèrent le goût de la Restauration et des premières années du règne de Louis-Philippe : les ridicules à pendants d'acier, les manchons en velours noir avec broderie en soie jaune représentant des kiosques, les boas pour l'exportation, roses, brodés d'argent et recouverts de tulle noir. Au milieu de cela, elle avait eu aussi l'invention des toilettes de féerie : c'était elle qui avait introduit la *lame* dans les robes de bal, édité les premières robes à *étincelles*, étonné les bals citoyens des Tuileries avec ces jupes et ces corsages où scintillaient des élytres d'insectes des Antilles. A ce métier de trouveuse d'idées et de dessins, elle gagnait de huit à dix mille francs par an.

Elle mit Anatole au collége Henri IV

Au collége, Anatole dessina des bonshommes en marge de ses cahiers. Le professeur Villemereux qui s'y reconnut, en le mettant aux arrêts pour cela, lui prédit la potence, — une prédiction qui commença à mettre autour d'Anatole le respect contagieux dans les foules pour les grands criminels et les caractères extraordinaires. Puis, plus tard, en le voyant exécuter à la plume, trait pour trait, taille pour taille, les bois de Tony Johannot du *Paul et Virginie* publié par Curmer, ses camarades prirent pour lui une espèce d'admiration. Penchés sur son épaule, ils suivaient sa main, retenaient leur souffle, pleins de l'attention religieuse des enfants devant ce mystère de l'art ; le miracle du trompe-œil. Autour de lui on murmurait tout bas : « Oh ! lui, il sera peintre ! » Il sentait la classe le regarder avec des yeux moitié fiers et moitié envieux, comme si elle le voyait déjà destiné à une carrière de génie.

Son idée d'être peintre lui vint peu à peu de là : de la menace de ses professeurs, de l'encouragement de ses camarades, de ce murmure du collége qui dicte un peu l'avenir à chacun. Sa vocation se dégagea d'une certaine facilité naturelle, de la paresse de l'enfant adroit de ses mains, qui dessine à côté de ses devoirs, sans le coup de foudre, sans l'illumination soudaine qui fait jaillir un talent du choc d'un morceau d'art ou d'une scène de nature. Au fond, Anatole était bien moins appelé par l'art qu'il n'était attiré par la vie d'artiste. Il rêvait l'atelier. Il y aspirait avec les imaginations du collége et les appétits de sa nature. Ce qu'il y voyait, c'était ces horizons de la Bohême qui enchantent, vus de loin : le roman de la Misère, le débarras du lien et de la règle, la liberté, l'indiscipline, le débraillé de la vie, le hasard, l'aventure, l'imprévu de tous les jours, l'échappée de la maison rangée et ordonnée, le sauve qui peut de la famille et de l'ennui de ses dimanches, la blague du bourgeois, tout l'inconnu de volupté du modèle de femme, le travail qui ne donne pas de mal, le droit de se déguiser toute l'année, une sorte de carnaval éternel ; voilà les images et les tentations qui se levaient pour lui de la carrière rigoureuse et sévère de l'art.

Mais, comme presque toutes les mères de ce temps-là, la mère d'Anatole avait pour son fils un idéal d'avenir : l'Ecole polytechnique. Le soir, en tisonnant son feu, elle voyait son Anatole coiffé d'un tricorne, l'habit serré aux hanches, l'épée au côté, avec l'auréole de la Révolution de 1830 sur son costume ; et elle se regardait d'avance passer dans les rues, lui donnant le bras. Ce fut un grand coup quand Anatole lui parla de se faire artiste : il lui sembla qu'elle avait devant elle un officier qui déchirait son uniforme, et tout l'orgueil de son âge mûr s'écroula.

De la troisième jusqu'à la rhétorique, le collégien eut à chaque sortie à batailler avec elle. A la fin, comme il s'arrangeait toujours pour être le dernier en mathématiques, la mère, faible comme une veuve qui n'a qu'un fils, céda et se résigna en gémissant. Seulement, pour préserver autant que possible l'innocence d'Anatole, dans une carrière qui la faisait trembler d'avance par ses périls de toutes sortes, elle demanda à un vieil ami de chercher dans ses connaissances et de lui indiquer un atelier où les mœurs de son fils seraient respectées.

A quelques jours de là, le vieil ami menait le jeune homme chez un élève de David qui s'appelait d'un nom fameux en l'an IX, Peyron, et qui consentait à recevoir Anatole sur le bien qu'on lui en disait.

Il y avait bien un embarras : l'atelier de M. Peyron était un atelier de femmes, mais d'âge si vénérable, sans aucune exception, qu'Anatole put y faire son entrée sans intimider personne. Il se trouva même, à la fin du troisième jour, occuper si peu ces respectables demoiselles, qu'il se sentit humilié dans sa qualité d'homme, et déclara péremptoirement le soir à sa mère qu'il ne voulait plus retourner dans une pareille pension de Parques.

Il entrait alors chez le peintre d'histoire Langibout, qui avait rue d'Enfer un atelier de soixante élèves. Il montait d'abord chez un élève nommé Corsenaire, qui travaillait dans le haut de la maison. Il y restait six mois à dessiner d'après la bosse; puis redescendait dans le grand atelier d'en bas, pour dessiner d'après le modèle vivant.

Il trouvait là Coriolis et Garnotelle entrés dans l'atelier depuis deux ou trois ans.

▼

L'atelier de Langibout était un immense atelier peint en vert olive. Sur le mur d'un des côtés, sous le jour de la baie ouverte en face, se dressait la table à modèle, avec la barre de fer où s'attache la corde pour la pose des bras levés en l'air, les talonnières pour supporter le talon qui ne pose pas, le T en cuir verni où s'appuie le bras qui repose.

Une boiserie montait tout le long de l'atelier, à une hauteur de sept à huit pieds. Des grattages de palette, des adresses de modèles, des portraits-charges la couvraient presque entièrement. Un faux-col sur un pantalon représentait les longues jambes de l'un; un bilboquet caricaturait la grosse tête de l'autre; un garde national sortant d'une guérite par une neige qui lui argentait le nez et les épaulettes, moquait les ambitions miliciennes de celui-ci. Un gentilhomme amateur était représenté dans un bocal, sous la figure d'un cornichon, avec la devise au-dessous : *Semper viret*. Et çà et là, à travers les caricatures éparses, semées au hasard, on lisait : *Sarah Levy, la tête, rien que la tête, rue des Barres-Saint-Paul;* et plus loin : *Armand David, fifre sous Louis XVI, modèle de torse, fait la canne*.

Sur une des parois latérales se levait le Discobole, moulage de Jacquet.

Les sculpteurs et les peintres, au nombre d'environ soixante, les sculpteurs avec leurs sellettes et leurs terrines à terre, les peintres, juchés sur de hauts tabourets, formaient trois rangs devant la table à modèle.

On voyait là :

Javelas, « l'homme aux bouillons », le patito de mademoiselle Gourganson, le pâtira, le souffre-douleur de l'atelier, un méridional naïf, un *gobeur* avalant tout, et qu'on avait décidé à promener son chapeau gris la nuit, en lui affirmant que le clair de lune était le meilleur blanchisseur des castors; Javelas, auquel Anatole, en lui rognant un peu sa canne tous les jours, arriva au bout d'une semaine à persuader qu'il grandissait, et qu'il n'avait que le temps de se soigner, la croissance à son âge étant toujours un signe de maladie; Javelas, qui était sculpteur, et qui avait pour spécialité les sujets de piété.

Lestonnat, aux cheveux en broussaille enflammée, aux yeux clignotants, aux cils d'albinos; Lestonnat ne voyant des couleurs, que le blond et la tendresse, faisant des esquisses laiteuses et charmantes, peintre-né des mythologies plafonnantes;

Grandvoinet, un maigre garçon qu'on appelait *Moins-Cinq*, à cause de sa réponse aux arrivants, qui le trouvaient toujours le premier à l'atelier, et lui disaient : — Tiens, il est l'heure? — Non, messieurs, il est l'heure moins cinq minutes. Grand acheteur de gravures du

Poussin, excellent et doux garçon, n'entrant en colère que lorsque le modèle avait oublié de poser son mouchoir sur le tabouret, et volait ainsi quelques secondes à la pose; le type du fruit sec exemplaire, dont l'application, la vocation ingrate, l'effort désespéré étaient respectés avec une sorte de commisération par la blague de ses camarades;

Le grand Lestringant, derrière le dos duquel Langibout s'arrêtait, étonné et souriant d'un détail exagéré ou forcé dans une académie bien dessinée : — « C'est bien, lui disait-il, vous voyez comme cela, c'est bien, mon ami, vous voyez comique... » Lestringant, qui devait obéir à sa vraie vocation, abandonner bientôt l'histoire pour mettre l'esprit de Paris dans la caricature;

Le petit Deloche, joli gamin, la mine spirituelle et effrontée, arrivant la casquette en casseur, la blouse tapageuse, engueulant les modèles, faisant le crâne : il n'y avait pas trois mois qu'arrivant de son collége et de sa province dans des habits de première communion rallongés, et tombant dans l'atelier, au milieu d'une séance de modèle de femme, il était resté pétrifié devant « la madame » toute nue, ses yeux de petit garçon démesurément ouverts, les bras ballants, et laissant glisser de stupéfaction son carton par terre, au milieu du rire homérique des élèves;

Rouvillain, un nomade, qui, dès qu'il avait pu réunir vingt francs, donnait rendez-vous à l'atelier pour qu'on lui fît la conduite jusqu'à la barrière Fontainebleau : de là, il s'en allait d'une trotte aux Pyrénées, frappant à la porte du premier curé qu'il trouvait le premier soir, lui faisant une tête de vierge ou une petite restauration, emportant une lettre pour un curé de plus loin; et, de recommandations en recommandations, de curé en curé, gagnant la frontière d'Espagne, d'où il revenait à Paris par les mêmes étapes;

Garbuliez, un Suisse, fils d'un *cabinotier* de Genève; qui avait rapporté de son pays le culte de son compatriote Grosclaude, et la charge du peintre Jean Belin chez le Grand-Turc;

Malambic « et son sou de fusain », ainsi nommé par l'atelier, à cause de ses interminables jambes, éternellement enfermées dans un pantalon noir, et si justement comparées aux deux bâtons de charbon que les papetiers donnent pour un sou;

Massiquot, beau d'une beauté antique, le front bas avec les cheveux frisés à la ninivite, des traits d'Antinoüs avec un sourire de Méphistophélès; un garçon qui avait l'étoffe d'un grand sculpteur, mais dont le temps et le talent allaient se perdre dans la gymnastique, les tours de force, les excès d'exercice auxquels l'entraînait l'orgueil du développement de son corps; Massiquot, le massier des élèves;

Lemesureur, le massier de l'atelier, l'intermédiaire entre le maître et les élèves, l'homme de confiance du patron, qui reçoit la contribution mensuelle, écrit aux modèles, surveille le mobilier, et fait payer les tabourets et les carreaux cassés; Lemesureur, ancien huissier de Montargis, marié à une repriseuse de cachemire, et qui faisait, dans l'atelier, un petit commerce, en achetant dix francs les têtes bien dessinées qu'il revendait à des pensionnats comme modèles;

Schulinger, un Alsacien à tournure de caporal prussien, grand bredouilleur de français, qui brossait de temps en temps, entre deux saoûleries de bière, une figure rappelant le gris argentin de Velasquez;

Blondulot, un petit vaurien de Paris, pris en sevrage par un amateur braque très-connu qui, de temps en temps croyait découvrir un Raphaël dans quelque peintriot comme Blondulot, dont il surveillait les mœurs avec une jalousie intéressée de mère d'actrice, et qu'il allait recommander aux critiques, en disant : « Il est pur! c'est un ange!... »

Jacquillat, qui n'avait aucun talent, mais que Langibout soignait : c'était le fils de ce Jacquillat qui avait donné des leçons de tour à M. de Clarac et qui exécutait l'étoile à huit cercles;

Montariol, le mondain, qui déjeunait souvent dans les crèmeries avec les domestiques des bals dont il sortait, le monsieur bien mis à l'atelier; mais ayant dans ses élégances des solutions de continuité et des accrocs, et regardant l'heure à une montre dont le verre avait été recollé avec de la cire à cacheter;

Lamoize, aux cheveux ras, au blanc de l'œil bleu, au teint indien, toujours serré dans un habit noir râpé; un liseur, un républicain, un musicien, qui faisait de la peinture à idées;

Dagousset, le louche, qui faisait loucher tous les yeux qu'il peignait par cette tendance singulière et fatale qu'ont presque tous les artistes à refléter dans leurs œuvres l'infirmité marquante de leur personne.

Puis c'était « Système », Système, auquel on ne connaissait de nom que ce sobriquet; Système, peignant, à cloche-pied, la main gauche tenant la palette, appuyée sur une tringle de fer; Système posant sur son bras, dont il retroussait la manche, le ton de chair pris sur sa palette, et l'approchant du modèle pour le comparer; Système qui partageait avec Javelas le rôle de martyr de l'atelier.

Et l'atelier Langibout possédait encore les deux types du *cuveur* et du *rêveur* dans le peintre Vivarais et le sculpteur Romanet. Vivarais était l'homme qui passait sa vie à « s'imprégner » sans presque jamais peindre; et c'était Romanet qui disait un jour, sur le pas de sa porte à Anatole : — Vois-tu, mon cher, pour mon buste, il fallait le marbre... — Pourquoi pas en terre? c'est si long, le marbre... — Non... je n'aurais pas eu la ligne rigide, le cassant du trait... Ça aurait été toujours mou, veule... Il me fallait le marbre, absolument le marbre...
— Eh bien! laisse-moi le voir... Je t'assure, je n'en parlerai pas... — Mon marbre? mon marbre? Il est là...
— lui dit Romanet en se touchant le front.

Pêle-mêle étrange de talents et de nullités, de figures

sérieuses et grotesques, de vocations vraies et d'ambitions de fils de boutiquiers aspirant à une industrie de luxe; de toutes sortes de natures et d'individus, promis à des avenirs si divers, à des fortunes si contraires, destinés à finir aux quatre coins de la société et du monde, là où l'aventure de la vie éparpille les jeunesses et les promesses d'un atelier, dans un fauteuil à l'Institut, dans la gueule d'un crocodile du Nil, dans une gérance de photographie, ou dans une boutique de chocolatier de passage !

VI

Anatole était devenu immédiatement le boute-en-train de l'atelier, le « branle-bas » des farces et des charges.

Il était né avec des malices de singe. Enfant, lorsqu'on le ramenait au collége, il prenait tout à coup sa course à toutes jambes, et se mettait à crier de toutes les forces de sa voix de crapaud : « V'la la révolution qui commence ! » La rue s'effarait, les boutiquiers se précipitaient sur leurs portes, les fenêtres s'ouvraient, des têtes bouleversées apparaissaient, et dans le dos des vieilles gens qui se faisaient un cornet de leur main pour entendre le tocsin de Saint-Merry, le frisson du quartier passait. Malheureusement, à sa troisième tentative, il fut dégoûté du plaisir que lui donnait tout ce sens dessus dessous par un énorme coup de pied d'épicier philippiste de la rue Saint-Jacques. Au collége, c'était les mêmes niches diaboliques. Un professeur, dont il avait à se plaindre, ayant eu l'imprudence à une distribution de prix, de commencer son discours par : « Jeunes athlètes qui allez entrer dans l'arène... » — *Vive la reine!* se mit à crier Anatole en se tournant vers la reine Marie-Amélie venant voir couronner ses fils. Sur ce calembour, une acclamation trois fois répétée partit des bancs, et le malheureux professeur fut obligé de remettre son éloquence dans sa poche.

Avec l'âge et la sortie du collége, cette imagination de drôlerie n'avait fait que grandir chez Anatole. Le sens du grotesque l'avait mené au génie de la parodie. Il caricaturait les gens avec un mot. Il appliquait sur les figures une profession, un métier, un ridicule qui leur restait. A des fusées, à des cascades de bêtises, il mêlait des cinglements, des claquements de ripostes pareils à ces coups de fouet avec lesquels les postillons enlèvent un attelage. Il jouait avec la grammaire, le dictionnaire, la double entente des termes : la mémoire de ses études lui permettait de jeter dans ce qu'il disait des lambeaux de classiques, de remuer à travers ses bouffonneries de grands noms, des vers dérangés, du sublime estropié ; et sa verve était un pot-pourri, une macédoine, un mélange de gros sel et de fin esprit, la débauche la plus folle et la plus cocasse.

Dans les parties, le soir, en revenant dans les voitures des environs de Paris, il faisait un personnage de province ; il improvisait des récits de petite ville, il racontait des intérieurs où il y a des oranges sur des timbales, il inventait des sociétés pleines de nez en argent, tout un monde qu'il semblait mener de Monnier à Hoffmann, au grand amusement et dans le rire fou de ses compagnons de voyage. Il avait la vocation de l'acteur et du mystificateur. Sa parole était soutenue par son jeu, une mimique de méridional la succession et la vivacité des expressions, des grimaces, dans un visage souple comme un masque chiffonné, se prêtant à tout, et lui donnant l'air d'une espèce d'homme aux cent figures. A ce tempérament de comique, à tous ces dons de nature, il joignait encore une singulière aptitude d'imitation, d'assimilation de tout ce qu'il entendait, voyait au théâtre, et partout, depuis l'intonation de Numa jusqu'au coup de jupe d'une danseuse espagnole piaffant une cachucha, depuis le bégaiement de Mijonnet, le marchand de *torillons* de l'atelier, jusqu'au jeu muet du monsieur qui cherche sa bourse en omnibus. A lui tout seul, il jouait une scène, une pièce : c'était le relai d'une diligence, le piétinement des garçons d'écurie, les questions des voyageurs endormis, l'ébranlement des chevaux, le : hu! du postillon ; ou bien une messe militaire, le *Dominus vobiscum* chevrotant du vieux prêtre, les répons criards de l'enfant de chœur, le ronflement du serpent, les nazillements des chantres, le son voilé des tambours, la toux du pair de France sur la tombe du mort. Il singeait un grand air d'opéra, un *ut* de ténor. Il contrefaisait le réveil d'une basse-cour, la fanfare fêlée du coq, les gloussements, les cacardements, les roucoulements, tous les caquetages gazouillants des bêtes qui semblaient s'éveiller sous sa blouse. Des journées qu'il passait au Jardin des Plantes à étudier les animaux, il rapportait leur voix, leur chant. Quand il voulait, son larynx devenait une ménagerie : il faisait sortir, comme d'une gorge de l'Atlas, le rauquement du lion, un rugissement si vrai, que, la nuit, Jules Gérard eût tiré dessus au jugé. Pour les bruits humains, il les possédait tous. Il imitait les accents, les patois, les bruits de la rue, le chantonnement de la marchande de vieux chapeaux, la criée de la marchande de « bonne vitelotte », le cri du vendeur de *canards* s'éteignant dans le lointain d'un faubourg, tous les cris : il n'y avait que le cri de la conscience qu'il disait ne pouvoir imiter.

L'atelier avait en lui son amuseur et son fou, un fou dont il n'aurait pu se passer. Au bout de ces grands silences de travail qui se font là, après un long recueillement de tous ces jeunes gens pliés sur une étude, quand une voix s'élevait : « Allons! qu'est-ce qui va faire un *four?* » Anatole lançait aussitôt quelque mot drôle, faisant courir le rire comme une traînée de poudre, secouant la fatigue de tous, relevant toutes les têtes de dessus les cartons, et sonnant jusqu'au bout de la salle une récréation d'un moment.

Jamais il n'était à court. L'atelier avait-il une vengeance à exercer? Anatole trouvait un tour de son invention, et le plus souvent, à la prière de ses camarades et pour répondre à leur confiance, il l'exécutait lui-même. Devait-on faire la réception d'un *nouveau?* Il s'en chargeait, et c'était son triomphe. Il s'y surpassait en fantaisie, en imagination de mise en scène.

Le reste de crucifiement, la tradition de torture, demeurés d'un autre temps, dans ces farces artistiques, l'attachement à l'échelle, l'estrapade, la brutalité de ces exécutions qui parfois finissaient par un membre brisé, commençaient à passer de mode dans les ateliers. A peine si l'usage des férocités anciennes était encore conservé chez le sculpteur David, dont les élèves promenaient, en ces années, par tout le quartier, un nouveau lié sur une échelle, avec un camarade, à cheval sur l'estomac, qui jouait de la guitare. Les initiations peu à peu s'adoucissaient et se changeaient en innocentes épreuves de franc-maçonnerie. Anatole les renouvela par le sérieux de la charge et la comédie de la cruauté.

Aussitôt qu'un nouveau arrivait, il commençait par le faire déshabiller, lui injuriait successivement tous les membres, lui reprochait ses « abattis canaille », établissait, avec la voix de pituite de Quatremère de Quincy, le peu de rapports existants entre une figure de Phidias et cet « Apollon des chaudronniers ». Puis, il le faisait chanter, en costume de paradis, dans des poses d'un équilibre périlleux, des paroles impossibles sur des airs dont il avait le secret. Quand le nouveau était enroué et enrhumé, Anatole lui annonçait les *supplices.* Soudain, il changeait de voix, d'air, de visage : il avait des gestes d'ogre de contes de fée, une intonation de roi de féerie qui donne des ordres pour une exécution, des ricanements de Schahabaham. Une paillasserie sinistre l'animait : c'était Bobèche et Torquemada, l'Inquisition aux Funambules. S'agissait-il de marquer un récalcitrant? Il était terrible à fourgonner le poêle pour chauffer les fers tout rouge, terrible quand avec les fers, changés habilement dans sa main en chevilles de sculpteur peintes en vermillon, il approchait; terrible, lorsqu'il essayait ces faux .ers, derrière le dos du patient, quatre ou cinq fois sur des planches, pendant qu'on brûlait de la corne; épouvantable, lorsqu'il les appliquait sur l'épaule du malheureux avec un *pschit!* qui jouait infernalement le cri de la peau grillée. On riait, et il faisait presque peur. — Et puis, venaient des boniments, des discours de réception, des morceaux académiques, du Bossuet tombé dans le *Tintamarre*... Pour chaque nouveau, il inventait un nouveau tour, des plaisanteries inédites, un chef-d'œuvre comme les sangsues, la farce des sangsues qu'il montrait à sa victime dans un verre, et qu'il lui posait au creux de l'estomac : la victime plaisantait d'abord, puis ne plaisantait plus : elle se figurait sentir piquer les sangsues, tant Anatole les avait bien imitées avec des découpures d'oignon brûlé!

A l'atelier, on l'appelait « la Blague ».

VII

La Blague, — cette forme nouvelle de l'esprit français, née dans les ateliers du passé, sortie de la parole imagée de l'artiste, de l'indépendance de son caractère et de sa langue, de ce que mêle et brouille en lui, pour la liberté des idées et la couleur des mots, une nature de peuple et un métier d'idéal; la Blague, jaillie de là, montée de l'atelier, aux lettres, au théâtre, à la société; grandie dans la ruine des religions, des politiques, des systèmes, et dans l'ébranlement de la vieille société, dans l'indifférence des cervelles et des cœurs, devenue le *Credo* farce du scepticisme, la révolte parisienne de la désillusion, la formule légère et gamine du blasphème, la grande forme moderne, impie et charivarique, du doute universel et du pyrrhonisme national; la Blague du XIXe siècle, cette grande démolisseuse, cette grande révolutionnaire, l'empoisonneuse de foi, la tueuse de respect; la Blague, avec son souffle canaille et sa risée salissante, jetée à tout ce qui est honneur, amour, famille, le drapeau ou la religion du cœur de l'homme; la Blague, emboîtant le pas derrière l'Histoire de chaque jour, en lui jetant dans le dos l'ordure de la Courtille; la Blague, qui met les gémonies à Pantin; la Blague, le *vis comica* de nos décadences et de nos cynismes, cette ironie où il y a du *rictus* de Stellion et de la goguette du bagne, ce que Cabrion jette à Pipelet, ce que le voyou vole à Voltaire, ce qui va de *Candide* à Jean Hiroux; la Blague, qui est l'effrayant mot pour rire des révolutions; la Blague, qui allume le lampion d'un lazzi sur une barricade; la Blague, qui demande en riant au 24 Février, à la porte des Tuileries : « Citoyen, votre billet! » la Blague, cette terrible marraine qui baptise tout ce qu'elle touche avec des expressions qui font peur et qui font froid; la Blague, qui assaisonne le pain que les rapins vont manger à la Morgue; la Blague, qui coule des lèvres du môme et lui fait jeter à une femme enceinte : « Elle a un polichinelle dans le tiroir! » la Blague, où il y a le *nil admirari* qui est le sang-froid du bon sens du sauvage et du civilisé, le sublime du ruisseau et la vengeance de la boue, la revanche des petits contre les grands, pareille au trognon de pomme du titi dans la fronde de David; la Blague, cette charge parlée et courante, cette caricature volante qui descend d'Aristophane par le nez de Bouginier; la Blague, qui a créé en un jour de génie Prudhomme et Robert Macaire; la Blague, cette populaire philosophie du : « Je m'en fiche! » le stoïcisme avec lequel la frêle et maladive race d'une capitale moque le ciel, la Providence, la fin du monde, en leur disant tout haut : « Zut! » la Blague, cette railleuse effrontée du sérieux et du triste de la vie avec la grimace et le geste de Pierrot; la Blague, cette insolence de l'héroïsme qui a fait trouver un calembour à un Parisien sur le radeau de *la Méduse*; la Blague, qui défie la mort; la Blague, qui la profane; la Blague, qui fait mourir comme cet artiste, l'ami de Charlet, jetant, devant Charlet, son dernier soupir dans le *couic* de Guignol; la Blague, ce rire terrible, enragé, fiévreux, mauvais, presque diabolique, d'enfants gâtés, d'enfants pourris de la vieillesse d'une civilisation; ce rire riant de la grandeur, de la terreur, de la pudeur, de la sainteté, de la majesté, de la poésie de toute chose; ce rire qu'on dirait jouir du bas plaisir de ces hommes en blouse, qui, au Jardin des Plantes, s'amusent à cracher sur la beauté des bêtes et la royauté des lions; — la Blague, c'était bien le nom de ce garçon.

VIII

L'atelier ouvrait le matin de six heures à onze heures en été, de huit heures à une heure en hiver. Le mercredi, il y avait une prolongation de travail d'une heure « l'heure du torse », pour finir le torse commencé la veille : heure supplémentaire payée par la cotisation des élèves. Trois semaines de modèle d'homme, une semaine de modèle de femme, faisaient le mois.

Pendant ces cinq heures d'étude quotidienne, pendant ce travail d'après nature se continuant des mois, des années, Anatole vit défiler les plus beaux corps du temps, l'humanité de choix qui sert de leçon à l'artiste, les statues vivantes qui conservent les lois de proportion, le *canon* de l'homme et de la femme, les types qui dessinent le nu viril ou féminin, l'élégance ou la force, la délicatesse ou la puissance, les lignes avec leurs oppositions, les contours avec leur sexe, les formes avec leur style.

Anatole dessina : il fit la longue éducation de son œil et de son fusain; il apprit à bâtir une académie d'après tous ces corps fameux qui ont laissé leur mémoire dans les tableaux de l'époque : — le corps de Dubosc, ce corps merveilleux de cinquante-cinq ans, qui avait conservé la souplesse et l'harmonieux équilibre de la jeunesse ; — le corps de Gilbert, ce corps tout plein des trous d'une sculpture à la Puget, de Gilbert, le modèle pour les satyres, les convulsionnaires, les *ardents.* Il dessina d'après ce corps de Waill, le corps d'un éphèbe florentin, le torse ciselé, les pectoraux accusés sur l'adolescence de la poitrine, les jambes fines et montrant la souple élégance, la longueur filante d'un dessin italien du seizième siècle, des formes de cire sur des muscles d'acier ; — le corps de Thomas l'Ours, cet ancien lutteur de Lyon, renvoyé de son régiment à cause de son appétit, le vorace qui prenait son café au lait dans une terrine de sculpteur avec un pain de six livres, et que nourrissaient par commisération les domestiques de Rothschild ; un corps de damné de Michel-Ange, les épaules d'Atlas, une musculature de Crotoniate et d'animal dévorateur où les mouvements faisaient courir des houles sous la peau. Anatole eut encore les corps de grâce sauvage, nerveux, ondulants, élastiques, du nègre Saïd, du nègre Joseph de la Martinique, le nègre à la taille de femme, aux bras ronds, qui charmait les fatigues de sa pose par des monologues à demi-voix, gazouillés dans la langue de son pays. Il eut la fin de ces modèles héroïques, à constitution homérique, formés dans l'atelier de David, la poitrine élargie comme à l'air de ces grandes toiles antiques ; vieux débris d'un Empire de l'art, auxquels l'atelier ne manquait jamais de faire la charité d'habitude avec les vieux modèles, ce qu'on appelle « un cornet », une feuille de papier tournée par un des nouveaux, qui circule, et où chacun met le fond de sa poche.

La femme, le corps de la femme, les modes diverses et contraires de sa beauté, Anatole les apprit sur ces corps : — les corps des trois Marix, le trio de Juives dont l'une a sa superbe nudité peinte dans la Renommée de l'Hémicycle de Delaroche ; — le corps de Julie Waill, aux formes pleines, à la tête de Junon, à la grande bouche romaine, aux grands beaux yeux énormes de la Tegée de Pompeï; — le corps de madame Legois, le type du modèle pour le dessin classique du ventre et des jambes; — le corps mince, nerveux, distingué dans la maigreur, de Marie Poitou, une nature de sainte, de martyre, de mystique; le corps androgyne de Caroline l'Allemande, qui a posé les bras du Saint-Symphorien de M. Ingres, ennemi des modèles d'hommes, et disant « qu'ils puaient »; — le corps de Georgette, à la taille d'anguille, aux reins serpentins, l'idéal dans un type égyptiaque de la ligne de beauté professée par Hogarth; — le corps à la Rubens, la poitrine exubérante, les jambes magnifiques de Juliette; — le corps de Caroline Alibert, le corps d'une Ourania du Primatice, allongé, effilé, avec des extrémités si souples qu'elle faisait, d'un mouvement, passer tous les doigts d'une de ses mains l'un sous l'autre; — le corps fluet, maigriot, élancé et charmant de Cœlina Cerf, avec ses formes hésitantes de petite fille et de femme, ses lignes d'une ingénue de roman grec, — le plus jeune des modèles, si jeune que les élèves lui payaient, quand elle posait une livre de sucre d'orge.

IX

De loin en loin, une distraction furieuse, une noce enragée rompait cette monotonie de la vie d'atelier. Par un beau jour tout plein de soleil, et promettant l'été, quelqu'un demandait ce qu'il y avait à la masse; et quand les entrées de 25 francs payés par chaque élève et exigés rigoureusement de tous, sans exception, par Langibout, quand ces entrées, appelées les *bienvenues*, montaient à une somme de quelques centaines de francs, on convenait d'aller manger la masse à la campagne. Alors tout l'atelier partait, suivi du modèle de la semaine, et se lançait aux champs dans les costumes les plus farouches, avec les vareuses les plus rouges, les chapeaux les plus révolutionnaires, des oripeaux hurlants et des mises forcenées. La jeunesse de tous débordait sur le chemin; ils allaient avec des cris, des gestes, des chansons, une gaieté violente qui effarouchait la banlieue et violait la verdure. Tout les grisait, leur nombre, leur tapage, la chaleur; et ils marchaient en casseurs, animés, tumultueux, batailleurs, avec cette insolence de joie qui démange les mains, et cette envie de vaillance qui appelle les coups.

A la porte Fleury, dans un cabaret en plein air, la bande dînait. Et c'était une ripaille, des poulets déchirés, des bouteilles entonnées par le goulot, des paris de goinfrerie et de saoûlerie, une espèce de vanité et d'ostentation d'orgie grasse qui cachait, sous les lilas des environs de Paris, des licences de kermesse et des fonds de tableaux de Teniers.

Puis, la nuit tombée, quand tous étaient ivres, et que les plus doux avaient bu un vin de colère, la troupe, chantant à tue-tête et armée d'échalas pris dans les vignes, se répandait au hasard sur une route où elle espérait trouver l'hostilité, la haine du paysan d'auprès de Paris pour le Parisien. Sur les ciels d'été, les ciels lourds et fumeux, zébrés de noir par des nuages d'orage, les artistes se découpaient en silhouettes agitées et fiévreuses; et la nuit donnant sa terreur à la fantaisie de leurs costumes, à la furie de leurs gestes, à leurs ombres, au point de feu de leurs pipes, il se levait de ce qu'on voyait vaguement d'eux comme une sinistre apparence fantastique de bandits légendaires : on eût cru voir les truands de l'Idéal sur un horizon de Salvator Rosa.

L'atelier en était un soir à une de ces fins de bienvenue. L'on revenait. Sur la route on trouva une cour ouverte, et dans la cour, des blanchisseuses. Aussitôt, l'on eut l'idée d'un bal, et l'on organisa, en plein vent, la salle et la danse avec des chandelles achetées chez un épicier, et que tenaient dans leurs mains ceux qui ne dansaient pas. Le modèle avait apporté un violon : ce fut la musique. Mais, au milieu du quadrille, les garçons du village se ruaient sur les messieurs qui dansaient. La bataille s'engageait, une bataille sauvage, au milieu de laquelle Coriolis se jetant, les manches retroussées, couchait avec son échalas deux des paysans par terre. A la fin, les garçons battus se sauvaient pour aller chercher du renfort dans le pays. Il n'y avait plus qu'à partir.

Mais Coriolis s'entêtait à rester. Il traita ses camarades de lâches. Il ramassa des pierres qu'il jeta dans le cabaret dont il venait de sortir. Il voulait se battre. Il fallut que ses camarades l'entraînassent de force. Tous étaient étonnés de sa rage, de ce besoin fou qu'il avait des coups.

— Comment! tu n'es pas content? — lui dit Anatole, — tu n'as rien reçu et tu en as descendu deux!... Ah! tu y allais bien... Moi, j'ai donné un joli coup de pied à hauteur d'estomac dans un grand serin qui m'ennuyait... Mais deux, c'est très-gentil...

— Non, non, — répéta Coriolis, — des lâches, les amis! Nous aurions dû leur donner une tripotée à ne pas leur donner envie de revenir... Des lâches, je te dis, les amis!

Et sur tout le chemin jusqu'à Paris, son grand corps donna tous les signes d'une colère de créole qui ne veut rien entendre.

Naz de Coriolis était le dernier enfant d'une famille de Provence, originaire d'Italie, qui, à la Révolution de 89, s'était réfugiée à l'île Bourbon. Un oncle, qui était son tuteur, lui faisait une pension de six mille francs, et devait lui laisser à sa mort une quinzaine de mille livres de rentes. Ce nom aristocratique, cette pension, cet avenir, qui était une fortune à côté de la pauvreté de ses camarades, l'élégance de tenue de Coriolis, le monde où l'on se disait qu'il allait, les maîtresses avec lesquelles il avait été rencontré, les restaurants où on l'avait entrevu, mettaient entre lui et l'atelier le froid d'une certaine réserve. Langibout lui-même éprouvait une sorte de gêne avec le « gentilhomme », comme il l'appelait; et il y avait un peu de brusquerie amère dans la façon dont il laissait tomber sur ses esquisses si vives et si colorées : — « C'est très-bien, très-bien... mais c'est fermé pour moi... vous savez, je ne comprends pas... » On plaisantait un peu Coriolis, mais doucement, prudemment, avec des malices qui ne s'aventuraient pas trop. On savait que les charges trop fortes ne réussiraient pas avec lui. On se rappelait son duel avec Marpon, lors de son entrée à l'atelier, le duel pour rire, avec des balles de liége, traditionnel dans les ateliers, et qui faillit ce jour-là devenir tragique : Coriolis, frappant sur la main du témoin qui allait charger les pistolets, avait fait tomber les deux balles inoffensives, et, tirant de sa poche deux vraies balles de plomb, avait exigé un nouveau et sérieux chargement. Il était donc respecté; mais c'était tout. Quoiqu'il ne montrât aucune hauteur dans sa personne, ni dans ses manières, quoiqu'il fût reconnu bon garçon, qu'il jouât sa partie dans toute les gamineries, qu'il fût des jeux, des griseries et des batailles de l'atelier, c'était un camarade avec lequel les autres élèves ne se sentaient pas à l'aise et n'avaient que les rapports de l'atelier. Et dans ce monde le seul intime de Coriolis était Anatole, un ami de collége de deux ans de grande cour à Henri IV. Amusé par sa gaieté, il lui permettait, lui pardonnait tout, avec cette espèce d'indulgence qu'a un gros chien pour un roquet.

— Reconduis-moi, — lui dit-il, quand ils furent sur le pavé de Paris.

Arrivé chez lui : — Tu déménages? — fit Anatole en regardant le sens dessus dessous de l'appartement et des commencements d'emballage.

— Non, je pars, — dit Coriolis d'un ton de voix dégrisé.

— Tu t'en retournes à Bourbon?

— Non, je vais me promener en Orient.
— Bah!
— Oui, j'ai besoin de changer d'air... Ici, je sens que je ne peux rien faire... J'aime trop Paris, vois-tu... Ce gueux de Paris, c'est si charmant, si prenant, si tentant! Je me connais et je me fais peur : Paris finirait par me manger... Il me faut quelque chose qui me change... du mouvement... Je suis ennuyé de moi, de ma peinture, de l'atelier, de ce qu'on nous serine ici... Il me semble que je suis fait pour autre chose... Après ça, on croit toujours ça... Enfin, là-bas, je me figure... je verrai bien si Decamps et Marilhat ont tout pris, n'ont rien laissé aux autres. Il y a peut-être encore à voir après eux... Et puis, je serai seul... c'est bon pour se reconnaître et se trouver... Les distractions, absence totale... Plus de dîners de Boissard, plus de soupers, plus de nuits au champagne... Rien! je serai bien forcé de travailler... Mon brave homme d'oncle fait les choses très proprement... Il est enchanté, tu comprends, de me voir quitter le boulevard... Et dire que toutes ces idées raisonnables-là, c'est une femme qui me les a données!... mon Dieu, oui... en me flanquant à la porte! Ah ça! tu m'écriras, hein? parce qu'une fois là... j'y resterai quelque temps... Je voudrais revenir avec de quoi étaler, devenir quelqu'un quand je remettrai les pieds à Paris... Tu sais, quand on voit son talent quelque part... On m'a dit souvent que j'avais un tempérament de coloriste... Nous verrons bien!

Et devant l'avenir, la séparation, les deux amis, revenant au passé, se mirent à causer de leur liaison, du collége, retrouvant dans leurs souvenirs l'enfance de leur amitié. Il était trois heures du matin quand Coriolis dit à Anatole :

— Ainsi, c'est convenu, tu m'embarques mercredi...
— Oui, je viendrai avec Garnotelle.

X

On était à la fin du déjeuner d'adieu donné par Coriolis à Anatole et à Garnotelle. Le repas avait été triste et gai, cordial et ému. On y avait bu ce coup de l'étrier qui remue le cœur de celui qui part et de ceux qui restent. Dans le petit atelier, de grandes malles noires, pareilles aux malles d'Anglais qui vont au bout du monde, des caisses, des sacs de nuit, des couvertures serrées dans des courroies, même une petite tente de campagne, dont la grosse toile faisait rêver, ainsi qu'une voile au repos, de nuits lointaines et d'autres cieux : toutes sortes de choses de voyage attendaient, prêtes à être chargées sur le fiacre avancé et arrêté déjà devant la porte de la maison.

A ce moment la porte s'ouvrit, et il parut sur le seuil une femme poussant devant elle une petite fille : l'enfant, timide, ne voulait pas entrer; n'osant regarder ni se laisser voir, elle s'enfonçait dans la robe de sa mère, et de ses deux petites mains, lui prenant deux bouts de sa jupe, elle essayait de s'en cacher à demi, avec une sauvagerie d'oiseau, comme de deux ailes qu'elle s'efforçait de croiser.

— Personne de ces messieurs n'aurait besoin d'un petit Jésus? — demanda la femme avec un sourire humble, et, dégageant la tête de l'enfant, elle montra une petite fille aux yeux bleus.

— Oh! charmante... — dit Coriolis; et faisant signe à l'enfant :

— Viens un peu, petite...

Un peu poussée par sa mère, un peu attirée par le monsieur, et marchant vers son regard, moitié peureuse et moitié confiante, elle arriva à lui. Coriolis, la mettant sur ses genoux, lui fit prendre des gâteaux dans des assiettes, sur la table. Puis lui passant la main dans ses petits cheveux, des cheveux d'enfant blonde qui sera brune, et s'amusant les doigts de ce chatouillement de soie, il resta un instant à regarder ce grand et profond bonheur d'enfant que la petite avait dans les yeux.

— Ah ça! la mère je ne sais plus qui... — fit Anatole, — vous prendrez bien une tasse de café avec nous? Dites donc, on ne vous voit plus poser, pourquoi donc ça? Vous n'êtes pas trop vieille...

— Ah! monsieur, j'ai un malheur... Les médecins disent comme ça que j'ai un commencement d'ankylose de la colonne vertébrale... Ce n'est pas que ça me gêne autrement pour n'importe quoi... Mais voilà deux ans au moins que je ne puis plus hancher...

— Une petite tête qui m'aurait été..., — fit Coriolis qui continuait à examiner la petite fille. — C'est dommage... Mais vous voyez, la mère, je pars... A propos, quelle heure est-il?

Il regarda sa montre.

— Diable! nous n'avons que le temps...

Et, se levant, il éleva, par-dessous les bras, l'enfant au-dessus de sa tête, l'embrassa et la posa à terre. Mais dans ce mouvement, l'enfant glissant contre lui, accrocha la chaîne de sa montre, et en fit sauter les breloques qui roulèrent en sonnant, sur le parquet.

— Ne la grondez pas, la mère... Ce n'est pas sa faute à cette enfant, — fit Coriolis en ramassant les breloques : — C'est bête, ces petites bêtises-là; on s'accroche toujours avec... Mais, au fait, j'y pense... Quand on va là-bas, on ne sait trop si on en reviendra... Tiens! Anatole, voilà mon petit poisson d'or, tu en auras toujours bien vingt francs au Mont-de-Piété... Et toi, — dit-il à Garnotelle, — qui vas attraper le prix de Rome un de ces jours, voilà une paire de cornes en corail pour te défendre du mauvais œil en Italie... Ah! et ma roupie?...

Il regarda par terre.

— Tu sais, j'avais essayé dessus mon gros couteau catalan... Oh! ne cherchez pas, la mère... Si elle était tombée on la verrait... Je l'aurai sans doute perdue.

Le portier entra : — Allons, monsieur Antoine, chargeons tout ça un peu vite... Et en route!

XI

— Petit cochon, vous ne travaillez pas, — répétait Langibout à Anatole quand il passait derrière lui dans sa visite à l'atelier.

On aurait pu appeler Langibout le dernier des Romains.

Il était le survivant et le type dur de l'ancienne école. Il finissait la race où l'indépendance bourgeoise des artistes du XVIII° siècle se mêlait au culte de 89 et des idées de liberté. Élève de David, il vivait dans la religion de son souvenir. Les antichambres ministérielles ne l'avaient jamais vu ni mendier ni attendre; et sa vie roide dans sa dignité, affectait une certaine austérité républicaine, comme une sainteté rude, aujourd'hui perdue dans le monde des arts. Il tenait du vieux grognard et du militaire à la Charlet, avec son libéralisme bougon, ses mécontentements boudeurs et refoulés, son air, sa grosse voix mâchonnant les mots, sa dure et forte moustache, ses cheveux ras. Quand il entrait dans l'atelier, le respect et le salut du silence se faisaient devant sa tête robuste et penchée de côté, ses tempes grises sous son bonnet grec, ses yeux aux paupières lourdes, ses traits carrés, taillés largement dans des traits d'ouvrier, et où se voyait, sous l'air grognon, une bonté de peuple. Un souffle de recueillement passait sur toute cette jeunesse, et les plus gamins se sentaient une petite peur d'émotion quand le maître leur parlait. On l'estimait, on le craignait, et on le vénérait. Dans la gronderie de ses avertissements, il y avait une chaleur de cœur, une brusquerie de vive affection qui n'échappait point à ses élèves. On lui savait gré de ces colères impuissantes, de ces rages qu'il répandait en gros mots, quand son peu d'influence dans les jugements des concours de prix de Rome avait fait manquer à un de ses élèves un prix enlevé par l'intrigue et la partialité de ses confrères tenant atelier comme lui. On lui était encore reconnaissant de sa tolérance pour les vieux usages transmis par les ateliers de la Révolution aux ateliers de Louis-Philippe. Langibout était indulgent pour les farces, et même pour les charges un peu féroces. Il trouvait que cela essayait et trempait la virilité des gens, disant que les hommes n'étaient pas « des demoiselles »; que de son temps, c'était bien autre chose, et que personne n'en mourait; que, dans l'art, il fallait se faire un peu la peau et le cœur à tout. Et il rappelait la sauvage école des artistes sous la république une et indivisible, les misères mâles et farouches où, n'ayant pas de quoi dîner, il se couchait, prenait une chique dans sa bouche, versait dessus un verre d'eau-de-vie, et mangeait la fièvre que cela lui donnait.

Enfin, dans tout l'atelier, Langibout était aimé pour la simplicité de sa vie, une vie de petit bourgeois, en manches de chemise, quotidiennement promenée sur ce trottoir de la rue d'Enfer, entre un *regard* des eaux d'Arcueil et la boutique d'un chaudronnier; une vie de famille, égayée de temps en temps d'un petit vin de Nuits qui arrosait les modestes et cordiaux dîners d'amis du dimanche.

Langibout s'était laissé prendre au charme d'Anatole, à la séduction qu'exerçait sur tous ce gai garçon qui semblait né pour plaire et arriver, ce jeune homme si brillant, si sympathique, dont les mères des autres élèves se parlaient entre elles, dans leurs petites soirées, avec une sorte d'envie. Son intérêt, son affection avaient été gagnés par l'entrain de ce farceur, et aussi par de certaines promesses de talent que ses études semblaient montrer. Tant qu'Anatole avait dessiné et peint d'après l'académie, rien n'avait attiré sur ce qu'il faisait l'attention de Langibout. Mais quand il arriva à ces concours d'esquisses de tous les quinze jours, où le premier recevait en prix de Langibout un exemplaire des Loges de Raphaël ou des Sacrements du Poussin, il se dégagea, montra des aptitudes personnelles, obtint presque toutes les fois la première place. Il avait un certain sens de la composition, de l'arrangement, de l'ordonnance. De beaucoup de lectures, il avait retenu comme des morceaux de reconstitution archaïque, des signes symboliques, des emblêmes, la mémoire d'animaux hiératiques et désignateurs, le hibou de la Minerve athénienne, l'épervier d'Egypte. Il avait attrapé par-ci par-là, à travers les livres feuilletés, un petit bout d'antiquité, un détail de mœurs, un de ces riens, qui mettent du caractère et l'apparence du passé dans un coin de toile. Il connaissait le *modius*, emblème d'abondance, et le *strophium*, couronne des dieux et des athlètes vainqueurs. A ce qu'il savait de raccroc, il ajoutait ce qu'il inventait au petit bonheur, et ce qu'il défendait auprès de Langibout avec des citations imaginées, des arguments tirés d'un Homère inédit ou d'une Bible invraisemblable. « Il cherche celui-là », — disait naïvement aux autres élèves Langibout, confondu dans sa courte science d'érudition.

Par là-dessus, Anatole avait un certain instinct du groupement, l'intelligence du moment précis de la scène indiqué et souligné sur le programme du concours, une entente un peu banale, mais agréablement littéraire, du drame agité dans son sujet. A côté des autres esquisses, plus colorées, plus ressenties de dessin, son esquisse avait la clarté : ses bonshommes étaient en situation, son décor montrait une espèce de couleur locale, son ébauche de tableau faisait tableau. Et Langibout jugeait que, si jamais il pouvait parvenir à travailler, il était capable de faire aussi bien qu'un autre son trou et son chemin dans l'art. Aussi était-il toujours à le pousser, à le tourmenter, se plantant derrière lui et restant là à lui grommeler dans le dos : — « Le garçon voit bien... Il interprète bien, très-bien... Ça va bien... Bonne couleur... fin, solide, lumineux... La tête... la tête y est... le torse, bien construit, le torse... Et puis... Ah ! voilà... quelque chose manque... Oui, la volonté... ne jamais aller jusqu'au bout... Faiblesse, paresse... plus de jambes... Tout qui fiche le camp... Plus personne !... En bas, rien... Des jambes ? ça, des jambes ! Rien... Est-ce que ça porte, ces jambes-là, voyons ?... Non, plus rien... Le bas, bonsoir... »

Et la semonce finissait toujours par le refrain : « Petit cochon, vous ne travaillez pas », qu'il jetait dans l'oreille d'Anatole en lui tirant assez rudement les cheveux.

XII

Monsieur,
Monsieur ANATOLE BAZOCHE,
peintre,
31, *rue du Faubourg-Poissonnière.*
Paris
France.

Adramiti, près et par Troie (*Iliade*).
Affranchir.

« Mon vieux,

« Figure-toi que ton ami habite une ville où tout est rose, bleu clair, cendre verte, lilas tendre... Rien que des couleurs gaies qui font : pif ! paf ! dans les yeux dès qu'il y a un peu de soleil. Et ce n'est pas comme chez nous, ici, le soleil : on voit bien qu'il ne coûte rien, il y en a tous les jours. Enfin, c'est éblouissant ! Et je me fais l'effet d'être logé dans la vitrine des pierres précieuses au musée de minéralogie. Il faut te dire par là-dessus que les rues, dans ce pays-ci, servent de lits aux torrents qui viennent de la montagne, ce qui fait qu'il y a toujours de l'eau, — quand ce n'est pas une boue infecte, — et que les femmes sont obligées de marcher sur des patins, et qu'il y a de grosses pierres jetées pour traverser... Tu permets? je lâche ma phrase : elle s'embourbe dans le paysage. Donc, il y a toujours de l'eau, et dans cette eau, tu comprends, tout ce carnaval se reflète, et toutes les couleurs tremblent, dansent : c'est absolument comme un feu d'artifice tiré sur la Seine que tu verrais dans le ciel et dans la rivière... Et des baraques! des auvents! des boutiques! un remuement de kaléidoscope, sans compter ce qui grouille là-dedans, le personnel du pays, des gens qui sont turquoise ou vermillon, des femmes turques, de vrais fantômes avec des bottes jaunes, des femmes grecques avec de larges pantalons, des chemises flottantes, un voile foncé qui leur cache la moitié de la figure, des mendiants... ah! mon cher, des mendiants à leur donner tout ce qu'on a pour les regarder!... et puis des bonshommes farces, bardés, bossués, chargés, hérissés de pistolets, de poignards, de yatagans, avec des fusils trois fois grands comme les nôtres (ça me fait penser à la ceinture de l'Albanais qui me sert d'escorte, écoute l'inventaire : deux cartouchières, une machine à enfoncer les balles, un couteau, plus une blague et un mouchoir), un coup de jour là-dessus, et crac! ils prennent feu : ils font la traînée de poudre, ils éclairent, avec leur batterie de cuisine, comme un feu de Bengale!

» C'est mon vieux rêve, tu sais, tout cela. L'envie m'en avait mordu en voyant la *Patrouille turque* de Decamps. Diable de patrouille! elle m'avait tapé au cœur... Enfin, m'y voilà, dans la patrie de cette couleur-là... Seulement, il y a un embêtement, — ne le dis pas à ces animaux de critiques, c'est que c'est si beau, si brillant, si éclatant, si au-dessus de ce que nous avons dans nos boîtes à couleur, qu'il vous prend par moments un découragement qui coupe le travail en deux. On se demande si ce n'est pas un pays fait tout bonnement pour être heureux, sans peindre, avec un goût de confiture de roses dans la bouche, au pied d'un petit kiosque vert et groseille, avec le bleu du Bosphore dans le lointain, un narguilhé à côté de soi, des pensées de fumée, de soleil, de parfum, des choses dans la tête qui ne seraient plus qu'à moitié des idées, une toute douce évaporation de son être dans un bonheur de nuage... Et puis cet imbécile d'Européen revient dans la grande bête que tu as connue; je me sens prendre au collet par l'autre moitié de moi-même, le monsieur actif, le producteur, l'homme qui éprouve le besoin de mettre son nom sur de petites ordures qui l'ont fait suer...

» Enfin, tout de même, mon vieux, c'est bien dommage de faire des tableaux quand on en voit continuellement de tout faits comme celui-ci. Tu vas voir.

» L'autre soir j'étais assis à la porte d'un café. J'avais devant moi un auvent de boucher. Le boucher, gravement, chassait avec une branche d'arbre les mouches des quartiers de viande saignante qui pendaient. Autour de lui, un voltigement de friperie, de vieux tapis multicolores; à côté des enfants aux cheveux en petites nattes, des chiens maigres, une douzaine de chèvres et de moutons pressés et se serrant dans une vague peur commune; une pierre ensanglantée avec du sang dégoulinant, des traces que les chiens léchaient en grognant. Je regardais cela et un petit chevreau noir et blanc, avec ses grosses pattes, qui se tenait presque collé sous une chèvre. Je vis mon boucher quitter sa branche, aller au pauvre petit chevreau qui voulut se débattre, poussa deux ou trois petits cris malheureux, étouffés par les chants et la guitare des musiciens de mon café. Le boucher avait couché le chevreau sur la pierre; il tira un petit yatagan de sa ceinture et lui coupa la gorge : un flot de sang jaillit qui rougit la pierre et s'en alla faire de grands ronds dans l'eau que lappaient les chiens. Alors un enfant qui était là, un bel enfant, au teint de fleur, aux yeux de velours, prit la bête par les cornes, attendant son dernier tressaillement; et de temps en temps il se penchait un peu pour mordre dans une pomme qu'il tenait dans une main avec la corne du petit chevreau... Non, je n'ai jamais rien vu de plus affreusement joli que ce petit sacrificateur avec son amour de tête, ses petits bras nus qui tenaient de toutes leurs forces, mordillant sa pomme au-dessus de cette fontaine de sang, sur cette agonie d'un autre petit...

» Ma maison est tout à fait au bout de la ville, presque dans la campagne, sur une route conduisant à la plaine et descendant à la mer que domine le mont Ida avec le blanc éternel de sa neige. Je m'assieds dehors, et, à la nuit tombante, dans la demi-obscurité qui met les choses un peu plus loin des yeux et un peu plus près de l'âme, j'assiste à la rentrée des troupeaux. C'est le plaisir doux et triste, — tu connais cela, — qu'on prend chez nous, dans un village, sur un banc de pierre, à la porte d'une auberge. Ici, c'est pour moi le moment le plus heureux de la journée, un moment de solennité pénétrante. Je me crois au soir d'un des premiers jours du monde. Ce sont d'abord des dromadaires, toujours précédés d'un petit bonhomme monté sur un âne, la file des chameaux qui avancent lentement, le dernier portant la clochette, les petits courant en liberté et cherchant à téter les mères dès qu'elles s'arrêtent; puis les innombrables troupeaux de vaches; puis les buffles conduits par des bergers au chantonnement mélancolique, à la petite flûte aigrelette; enfin vient l'armée des chèvres et des moutons. Et à mesure que tout cela passe, les chants, les clochettes, les piétinements, les marches traînant la fatigue de la journée, les bruits, les formes qui vont s'endormant dans la majesté de la nuit, eh bien! que veux-tu que je te dise? il me vient une émotion si bonne, si bonne... que c'est stupide de t'en parler.

» Après cela, il faut bien avouer que je suis venu ici le cœur un peu ouvert à tout : avant de partir, il y avait une dame qui m'y avait fait un petit trou pour voir ce qu'il y avait dedans... Ah! en fait d'amour, veux-tu mes impressions *femmes* ici? Voici. En allant en caïque à Thérapia, je suis passé sous les fenêtres d'un harem. C'était éclairé à *gigorno*, comme nous disions pour les vins chauds de Langibout; et, sur les raies de lumière des persiennes, on voyait se mouvoir des ombres, des ombres très-empaquetées, les houris de la maison, rien que cela! qui dansaient et sautaient sur de la musique qu'elles se faisaient avec une épinette et un trombone... Une houri jouant du trombone! Ah! mon ami, j'ai cru voir l'Orient de l'avenir! Et je te laisse sur cette image.

» Tu vois que je pense à toi. Serre la main à tous ceux qui ne m'auront pas oublié. Ecris-moi n'importe quoi de Paris, de toi, des amis, — des bêtises, surtout: ça sent si bon à l'étranger!

» A toi,

» N. DE CORIOLIS. »

XIII

Langibout avait raison : Anatole ne travaillait pas, ou du moins il n'avait pas cette persistance, cette volonté et ce long courage du travail qui tire le talent de l'effort continu d'un accouchement laborieux. Il n'avait que l'entrain de la première heure et le premier feu de la chose commencée. Sa nature se refusait à une application soutenue et prolongée.

En tout ce qu'il essayait, il se satisfaisait lui-même par l'à peu près, l'escamotage spirituel, une sorte de rendu superficiel, l'effleurement de son sujet. Pousser l'art jusqu'au sérieux, creuser, fouiller une étude, une composition, était impossible à ce garçon dont la cervelle légère était toujours pleine d'idées volantes. Son imagination enfantine et rieuse, une pensée grotesque qui le traversait, toutes sortes de riens pareils au chatouillement d'une mouche sur le front d'un homme occupé, une perpétuelle inspiration de drôleries, l'enlevaient sans cesse à l'attention, à la concentration de l'étude; et à tout moment l'atelier le voyait quitter son académie pour aller crayonner quelque charge lui jaillissant des doigts, la silhouette d'un camarade allongeant le Panthéon drôlatique qui couvrait le mur.

Au Louvre, dans l'après-midi, il ne travaillait guère plus. Son esprit, ses yeux se lassaient vite d'interroger la couleur, le dessin des vieilles toiles qu'il copiait; et son observation quittait bientôt les tableaux pour aller au monde baroque des copistes mâles et femelles qui peuplaient les galeries. Il régalait ses malices de toutes ces ironies vivantes jetées au bas des chefs-d'œuvre par la faim, la misère, le besoin, l'acharnement de la fausse vocation; peuple de pauvres, d'un comique à pleurer, qui ramasse l'aumône de l'Art sous le pied de ses Dieux! Les vieilles femmes, aux anglaises grises, penchées sur des copies de Boucher roses et nues, avec un air d'Alecto enluminant Anacréon, les dames au teint orange, à la robe sans manchettes, au bavolet gris sur la poitrine, perchées, les lunettes en arrêt, au haut de l'échelle garnie de serge verte pour la pudeur de leurs maigres jambes, les malheureuses porcelainières, les yeux tirés, grimaçantes de copier à la loupe la *Mise au tombeau* du Titien, les petits vieillards qui, dans leur petite blouse noire, les cheveux longs séparés au milieu de la tête, ressemblent à des enfants Jésus de cinquante ans conservés dans de l'esprit-de-vin, — tout ce monde, avec sa lamentable cocasserie, amusait Anatole et le faisait délicieusement rire en dedans. Au fond de lui passaient des crayonnages en idée, des méditations de caricatures, des figurations bouffonnes, des morceaux d'aperçus impossibles sur le passé, l'intérieur, les plaisirs, les passions de ces êtres déclassés qu'il étudiait avec sa pénétrante curiosité du comique humain, avec son œil toujours occupé, allant d'un vieux chapeau noir, noué à la barre avec ses rubans roses, aux innocentes déclarations d'amour de l'endroit : deux pêches posées par une main inconnue sur une boîte à couleurs. Avait-il tout observé et n'avait-il plus rien à voir? il travaillait à peu près une petite heure, puis il allait causer avec une vieille copiste portant en toute saison la même robe de barège noire, tachée de couleurs, et une palatine en plumes d'oiseaux; bonne vieille sentimentale, adorant les discussions métaphysiques, et qui, tout en parlant de son cœur, parlait toujours du nez.

Le plaisir quotidien d'Anatole était de la scandaliser par des paradoxes terribles, des professions de foi d'insensibilité, toutes sortes de paroles troublantes, au bout desquels la pauvre vieille femme s'écriait avec un accent de désespoir presque maternel :

— Mon Dieu! il est sceptique en tout, sceptique en divinité, sceptique en amour! — Et elle se mettait à pleurer, à pleurer sérieusement de vraies larmes sur le manque d'idéal de son jeune ami, et toutes les illusions qu'il avait déjà perdues.

Telle était, dans l'apprentissage de l'art, sa vie et toute sa pensée, une obsession de la farce, le travail de tête de l'observation comique, un perpétuel rêve de rapin qui cherche et pioche une invention de charges. Et parfois il en trouvait d'admirables et de suprêmement drôles comme celle-ci qui avait fait la joie de tout l'atelier et le bruit du quartier.

C'était à propos de Mongin, un élève qui peignait la figure le matin chez Langibout, et travaillait dans la journée chez l'architecte Lemeubre. Mongin, un matin, arriva chez Langibout furieux contre une actrice qui leur avait fait donner un « suif général » par Lemeubre pour avoir manqué de respect à sa femme de chambre, laquelle femme de chambre, disait Mongin, s'obstinait à secouer les tapis au-dessus des fenêtres ouvertes où séchaient les lavis et les épures des élèves; et Mongin parlait de se venger. Anatole le fit causer sur les habitudes, les dispositions de la maison, l'étage et le train de l'actrice;

puis il lui dit de le prévenir du jour où elle ne sortirait pas le soir et où le cocher serait absent. Ce soir-là venu, il se glissa avec Mongin dans l'écurie, emmaillotta avec du linge les sabots des deux chevaux de l'actrice, puis, marche par marche, ils les firent monter, chacun en tirant un avec les doigts par les naseaux, jusqu'au troisième, jusqu'à l'appartement. Là-dessus, un grand coup de sonnette, et la femme de chambre, accourant ouvrir, se trouva devant ces deux grands quadrupèdes plantés sur le palier. Le plus terrible, ce fut de les ôter de là : un cheval qu'on hisse par le procédé d'Anatole peut monter un escalier, mais quant à le faire redescendre, il n'y a pas même à essayer. On fut obligé de passer la nuit à couvrir l'escalier de coulisseaux, à bâtir un vrai praticable pour faire ramener l'attelage à l'écurie. L'actrice eut si peur d'ébruiter l'histoire qu'elle ne se plaignit pas, et la femme de chambre ne secoua plus jamais de tapis.

XIV

Surexcité, mis en verve par son succès, sa popularité de mystificateur, Anatole imaginait, à peu de temps de là, une autre vengeance contre une autre femme qui avait fait tomber sur ses camarades et sur lui une terrible semonce de Langibout.

Il se trouvait, par un malencontreux hasard, que dans le fond de la cour où était l'atelier de Langibout, il y avait un établissement de bains. Cela obligeait les malheureuses jeunes femmes du quartier, qui allaient au bain le matin, à traverser une haie de grands diables garnissant, à l'heure du déjeûner, les deux côtés de la cour, campés contre le mur, en vareuses rouges et la pipe à la bouche. Quand elles sortaient de l'établissement, charmantes, frissonnantes, caressées sous leurs robes du souvenir de l'eau et comme d'un souffle de fraîcheur, elles avaient à déranger des lazzarones couchés en travers de leur chemin. Elles passaient vite, en se serrant; mais elles sentaient tous ces regards d'hommes les fouiller, les tâter, les suivre; leurs oreilles accrochaient au passage des fragments d'histoires effarouchantes, des mots dans des récits, des cris d'animaux, qui leur faisaient peur. Les jours de gaieté de l'atelier, on les faisait s'arrêter dans l'angoisse d'une détonation imminente devant un petit canon vide de poudre auquel un élève menaçait de mettre le feu avec une grande feuille de papier allumé. Voyant sa clientèle s'éloigner, les femmes enceintes, les jeunes filles avec leurs mères, et jusqu'aux mères elles-mêmes ne plus revenir, la maîtresse des bains avait été faire ses plaintes à Langibout, qui, prenant feu sur la justice et l'honnêteté de ses récriminations, s'était livré contre tout l'atelier à un éclat de colère.

Sur cela, Anatole résolut de punir la dénonciatrice en frappant son commerce au cœur. Un matin, huit bains, qu'il avait été retenir dans un grand établissement de la rue Taranne, stationnaient devant la maison, avec leur adresse sur les planchettes de derrière des huit tonneaux, étonnant, occupant les voisins, la maison, la rue, le quartier, tout un monde qui se demandait s'il n'y avait plus d'eau, plus de bains, dans l'établissement de la maison Langibout. Tout l'atelier écoutait avec délices cette rumeur qui ruinait les robinets d'à côté, quand la porte s'entr'ouvrit.

— Salut, messieurs... — fit une voix d'homme, une voix qui nazillait et bredouillait.

— Salut, messieurs... — répétèrent aussitôt, aux quatre coins de l'atelier, quatre ou cinq voix de jeunes gens répercutant l'accent de l'homme avec une fidélité d'écho.

L'homme se décida à entrer, en souriant humblement. C'était un grand homme gauche, aux traits purs, réguliers, à la lèvre un peu tombante, à l'air ingénu et naturellement ahuri. Une blonde perruque d'amoureux de théâtre lui couvrait le crâne. Il respirait la douceur et le ridicule, appelait, comme certaines bonnes natures grotesques, la sympathie et le rire.

— Salut, messieurs... — reprit-il avec sa même voix embrouillée. — Qu'est-ce que vous voulez? Voilà des boîtes de fusain que je vends cinquante centimes... j'ai des tortillons... j'ai des estompes... de très-belles estompes en peau... j'en ai aussi en linge... — Et se baissant, il regardait, avec des yeux clignotants et le bout de son nez, les objets qu'il tirait de sa boîte. — C'est-il des canifs à deux lames qu'il vous faut? Maintenant, messieurs, j'ai de petites maquettes en fil de fer... messieurs, que j'ai inventées... Messieurs, c'est exact... C'est M. Cavelier qui m'a donné les mesures avec M. Gigoux... Ils ont compté... tenez, messieurs, regardez... depuis la rotule jusqu'à la malléole, c'est la même distance que de la rotule au bassin... Vous mettez un peu de cire là-dessus... Voyez-vous : ça hanche... Vous avez votre bonhomme, vous avez votre ensemble, vous avez tout... C'est-il des tortillons qu'il vous faut, monsieur Anatole?

— Oui, père Mijonnet... Mettez-m'en là pour deux sous... Mais, dites-moi donc, qu'est-ce que c'est que cette perruque que vous avez là?

— Je vais vous dire, monsieur Anatole... Je vais vous dire...

Et une rougeur d'enfant colora les joues du marchand de tortillons.

— Ce n'est pas pour faire le jeune... Oh! non, vous me connaissez... On me disait toujours que j'avais une tête de bénédictin... Alors, je m'ai fait couper tous les cheveux, là-dessus, sur la tête... et je m'ai fait mouler presque jusque-là...

Et il montra le milieu de sa poitrine.

— Mais, depuis ça, je ne désenrhumais pas... je ne désenrhumais pas, figurez-vous... Alors, ce bon monsieur Barnet, de chez M. Delaroche, a eu pitié de moi :

il m'a donné cette perruque-là... Je ne m'enrhume plus... Elle est bien un peu blonde, c'est vrai... dans le jour surtout... mais comme on sait bien que ce n'est pas pour faire des femmes que je la mets...

— Satané farceur de Mijonnet ! — fit Anatole — Et le Théâtre-Français, qu'est-ce que nous en faisons ?

— Le Théâtre-Français, monsieur Anatole ? Eh bien ! voilà... On avait été gentil pour moi... M. Barnet m'avait fait mon costume... Il m'avait prêté une toge, il m'avait appris à me draper. Il m'avait même fait des sandales, vous savez, avec des lanières rouges... Voilà ces messieurs du théâtre, quand ils m'ont vu, ils ont été enchantés... Ils m'ont mis tout de suite au premier rang des comparses, sur le devant... même que je disais : « Mort à César !... » Tenez ! messieurs, je me posais comme ça, — il se drapa dans son paletot, — et je criais...

— Des tortillons !... — cria Anatole avec la voix même de Mijonnet. — Oui, je sais, on m'a dit cela, mon pauvre Mijonnet. Ça vous a fait renvoyer du théâtre.

— Ah ! monsieur Anatole, vous êtes toujours le même. Il faut que vous vous moquiez... Vous êtes toujours à taquiner le pauvre monde, — bredouilla doucement et plaintivement le père Mijonnet. — Mais c'est des histoires... J'ai toujours été très-convenable aux Français... Tenez, je criais très-bien, comme ça : « Mort à César ! » — Et il s'arracha une note prodigieuse : le cri de Jocrisse dans une conspiration de Brutus !

— Sérieusement, père Mijonnet, votre place était là... Vous aurez eu des jaloux, voyez-vous... Vous étiez né pour la déclamation... Non, vrai, je ne vous fais pas de blague. Je suis sûr qu'il y en a beaucoup d'entre vous, messieurs, qui n'ont jamais entendu M. Mijonnet réciter la *Chute des feuilles*, de Millevoye... Priez M. Mijonnet...

— Ah ! monsieur Anatole, c'est encore une plaisanterie que vous me faites là, — dit sans se fâcher le bonhomme, habitué à cette *scie* d'Anatole.

— La *Chute des feuilles* ! la *Chute des feuilles*, Mijonnet !... ou pas de tortillons ! — cria l'atelier.

— Vous le voulez, messieurs?

> De la dépouille de nos bois,
> L'automne avait jonché la terre...
> . . . .
> — De la dépouille de nos bois,
> L'automne avait jonché la terre...

Mijonnet crut que c'était lui qui répétait le vers : c'était Anatole.

— Taisez-vous donc, monsieur Anatole... C'est bête : je ne sais plus si c'est moi ou vous qui parlez...

Mais Anatole continua, toujours avec la voix de Mijonnet :

> Le rossignol était en bois,
> Bocage était au ministère...

— Oh! vous changez, — dit Mijonnet. — Ce n'est pas comme ça dans le livre... Je ne dis plus rien... Ah! merci, mon Dieu, comme voilà des bains! — fit-il en se retournant et en apercevant dans l'atelier les huit bains apportés de la rue Taranne.

— C'est pour vous, monsieur Mijonnet, — se hâta de répondre Anatole, éclairé et traversé par une inspiration subite, — un bain d'honneur qu'on vous offre... une gracieuseté de l'atelier... Vous avez le choix des baignoires...

— Tout de même, je veux bien... si ça vous fait plaisir, messieurs, — dit Mijonnet, charmé de l'idée de prendre un bain gratis.

Il se déshabilla et entra dans l'eau. Au bout de quelques minutes, il fut pris dans la baignoire de l'ennui des personnes qui n'ont pas l'habitude du bain. Il se remua, agita les mains, chercha une position, regarda timidement les baignoires à côté, et finit par se hasarder à dire timidement :

— Ça ne vous ferait rien, messieurs, que j'aille dans une autre, n'est-ce pas?

— C'est pour vous les huit! — hurla l'atelier avec l'ensemble et le sérieux d'un chœur antique.

Cinq minutes après, comme Mijonnet se promenait d'un bain à l'autre, cherchant de l'eau qui ne l'ennuyât pas, Langibout entra brusquement et violemment dans l'atelier, avec un teint d'apoplectique, les moustaches hérissées. Se jetant sur Mijonnet, qui posait pour l'indécision à cheval entre deux baignoires, et l'attrapant par le bras :

— Comment, grand imbécile! un vieillard comme vous!... vous prêter à des farces d'enfant!... Habillez-vous de suite... et si jamais vous remettez les pieds ici...

Mijonnet, tremblant, courut à ses habits et se mit à les passer vivement, sans s'essuyer.

Langibout se promenait à grands pas. L'atelier était silencieux, consterné, écrasé sous la colère muette du maître. Anatole, enfoncé dans le collet de sa redingote, ratatiné, les coudes au corps, le nez sur son esquisse, n'osait pas souffler : il espérait pourtant que tout l'orage tomberait sur Mijonnet.

Mijonnet rhabillé, Langibout le poussa dehors; et, en fermant la porte sur lui, il jeta, sans se retourner, par-dessus son épaule :

— Monsieur Bazoche, faites-moi le plaisir de venir me trouver...

XV

Il fallut que la mère d'Anatole mît sa robe de velours pour venir désarmer Langibout et le décider à reprendre son garçon. Le « poil » qu'il eut à subir à sa rentrée, la menace d'une expulsion à la première peccadille refroidirent pour quelque temps la folle gaieté d'Anatole et ses facétieuses imaginations. Il devint presque raisonnable et se mit à piocher. On le vit arriver à six heures et travailler consciencieusement ses cinq heures de séance, presque silencieux, à demi grave. Il ne perdit plus de journées à courir à la recherche des modèles dans ces excursions en fiacre, à trois ou quatre, qui fouillaient toute la rue Jean-de-Beauvais. Il s'appliquait, poussait ses études, soignait ses esquisses plus qu'il ne les avait jamais soignées, ne bougeant plus de son tabouret, toujours présent quand venait la leçon de Langibout, sur la mine rébarbative duquel il cherchait à voir, avec un regard craintif et un sourire humble, s'il était tout à fait pardonné. Les progrès qu'il se sentait faire, et dont il percevait la reconnaissance autour de lui dans le contentement mal dissimulé de Langibout et les regards curieux et étonnés de ses camarades, soutinrent l'effort de son travail pendant plusieurs mois, au bout desquels il se leva en lui, d'une bouffée de vanité, une petite espérance, un grand désir, une ambition.

Anatole était le vivant exemple du singulier contraste, de la curieuse contradiction qu'il n'est pas rare de rencontrer dans le monde des artistes. Il se trouvait que ce farceur, ce paradoxeur, ce moqueur enragé du bourgeois, avait, pour les choses de l'art, les idées les plus bourgeoises, les religions d'un fils de Prudhomme. En peinture, il ne voyait qu'une peinture digne de ce nom, sérieuse et honorable : la peinture continuant les sujets de concours, la peinture grecque et romaine de l'Institut. Il avait le tempérament non point classique, mais académique, comme la France. Le Beau, il le voyait entre David et M. Drolling. Le collége, l'écho imposant des langues mortes et des noms sombres de l'histoire ancienne, l'écrasement des *pensums* et de la grandeur des héros, lui avait plié l'esprit à une sorte de culte instinctif, plat et servile, non de l'antiquité, mais de l'Homère de Bitaubé. Le poncif héroïque lui inspirait un peu du respect qu'imprime au peuple, dans un parterre, la noblesse et la solennité de la représentation d'un temps enfoncé dans les siècles. Il avait à la bouche toutes les admirations reçues, tous les enthousiasmes traditionnels pour les grands stylistes, les grands coloristes; mais, au fond, sans oser se l'avouer, il sentait plus et goûtait mieux un Picot qu'un Raphaël. Ces dispositions faisaient qu'il méprisait à peu près toute la peinture des talents vivants, s'en détournait avec des regards de mépris ou des compliments de protection, et ne regardait guère, avec des yeux furieux d'attention et lui sortant de la tête, que les petites toiles néo-grecques menant Aristophane à Guignol.

Pour un homme de ce tempérament et de ces idées, il y avait un grand rêve : le prix de Rome. Et c'est là qu'allaient bientôt toutes les aspirations de ses heures de travail. Ce que représentait le prix de Rome dans la pensée d'Anatole, ce n'était pas le séjour de cinq ans dans un musée de chefs-d'œuvre; ce n'était pas l'éducation supérieure de son métier et la fécondation de sa tête; ce n'était pas Rome elle-même : c'était l'honneur d'y aller, de passer par ce chemin suivi par tous ceux auxquels il trouvait du talent. C'était pour lui, comme pour le jugement bourgeois et l'opinion des familles, la reconnaissance, le couronnement d'une vocation d'artiste. Dans le prix de Rome, il voyait cette consécration officielle, dont malgré tous leurs dehors d'indépendance, les natures bohêmes sont plus jalouses et plus avides que toutes les autres. Dans Rome, il voyait la capitale de la considération de l'Art, un lieu ennoblissant et supérieurement distingué, qui était un peu pour lui comme le faubourg Saint-Germain pour un voyou.

Il devenait assidu aux cours du soir de l'Ecole des beaux-arts. Il attrapait même une seconde médaille, en ajoutant, avec une touche spirituelle, à sa figure terminée, les habits, la pipe et le cornet de tabac du modèle jetés sur un tabouret. Et tout à coup, pris d'une résolution subite, effrontée, se fiant à un coup de chance, au hasard qui aime les hasardeux, il alla, sans prévenir Langibout, se présenter au premier des trois concours pour le prix de Rome. C'était au mois d'avril 1844.

Par une froide matinée de la fin de ce mois, Anatole, son chevalet à la main, un cervelas dans une poche, arrivait bravement à l'École, sur les cinq heures et demie, avec l'émotion d'une mauvaise nuit. A six heures, l'appel des inscrits était fait. Les premiers médaillés, usant du droit de leur médaille, prenaient possession des vingt cellules; les autres se partageaient à deux les cellules qui restaient. Le professeur du mois apparaissait au fond du corridor, et dictait le sujet de l'esquisse, en appuyant sur les mots soulignés indiquant le moment de la scène, et que ramassaient en sourdine, avec des *queues de mots*, les élèves sur le pas de leurs cellules. Là-dessus, on entrait en loge. Dans les cellules à deux, les défiants se dépêchaient de clouer une couverture entre leur toile et le camarade pour n'être pas *chipés*. Anatole, lui, ne cloua rien, se jeta au travail, mangea son cervelas sans lâcher son esquisse, travailla jusqu'à la dernière minute de la dernière heure. Au dernier quart d'heure de clarté déjà nébuleuse, il mettait encore des points lumineux dans sa toile à la lueur du jour des lieux.

XVI

— Ah! mon cher, quelle chance! — s'écria Anatole en rencontrant, à un coin de rue, Chassagnol qu'il n'avait pas vu depuis le jour du Jardin des Plantes.

Et il se jeta dans ses bras, avec une folie de joie qui le tutoya.

— Tu ne sais pas? Je suis le neuvième au concours d'esquisse pour le prix de Rome!

— Le neuvième? répéta froidement Chassagnol; et lui prenant le bras, il l'emmena du côté d'un café qui répandait sur le pavé le feu de son gaz. Arrivé à la porte, il fit passer Anatole devant lui avec ce geste d'invitation qui offre la consommation, et se jetant sur la première banquette sans rien voir, sans s'occuper des garçons plantés devant lui, des bourgeois qui regardaient, de l'argent qui pouvait bien n'être pas dans la poche d'Anatole, il partit : — Le prix de Rome... ah! ah! ah! le prix de Rome! Voilà! C'est bien cela! Le prix de Rome, n'est-ce pas, hein? Le rêve de six cents niais... tous les ans, six cents niais!

Il jetait des cris, des interjections, des exclamations, des monosyllabes, des morceaux de phrases pénibles, douloureux. Sa voix se pressait, ses mots s'étranglaient. Ce qu'il voulait dire grimaçait sur ses traits crispés. De ses mains tressaillantes de violoniste, agitées au-dessus de sa tête, il relevait fiévreusement les ficelles tombantes de ses cheveux plats. Ses doigts épileptiques se tourmentaient, faisaient le geste d'accrocher et de saisir, battaient l'air devant ses idées, remuaient autour de son front le magnétisme de leurs nerfs. Coup sur coup, renfonçait dans sa poitrine la corne de son habit boutonné. Un rire mécanique et fou mettait une espèce de hoquet dans sa parole coupée, hachée; et l'on eût cru voir de l'eau qui remplissait d'une lueur trouble ces yeux d'un visage halluciné montrant les misères d'un estomac qui ne mange pas tous les jours, et les débauches de l'opium.

La crise dura quelques instants; puis avec l'élancement d'une source qui a rejeté ce qui l'étouffe et lui pèse, vomi son sable et ses pierres, il jaillit de Chassagnol un flot libre et courant d'idées et de mots, qui roula autour de lui sur l'hébétement des buveurs de bière.

— Insensée!... là! insensée!... l'idée d'une fournée d'avenirs!... d'avenirs! Ah! ah!... Comment!... ce qu'il y a de plus divers et de plus opposé, natures, tempéraments, aptitudes, vocations, toutes les manières personnelles de sentir, de voir, de rendre, les divergences, les contrastes, ce qu'une Providence sème d'originalité dans l'artiste pour sauver l'art humain de la monotonie, de l'ennui; les contraires absolus qui doivent faire la contrariété des admirations, ces germes ennemis et disparates d'un Rembrandt et d'un Vinci à venir... tout cela ! vous enfermez tout cela, dans un pensionnat, sous la discipline et la férule d'un pion du Beau ! Et de quel Beau ! du Beau patenté par l'Institut ! Hein ! comprends-tu ? Du talent, mais si tu avais la chance d'en avoir pour deux sous, tu ne le rapporterais pas de là-bas... Car le talent, enfin le talent, qu'est-ce que c'est, hein, le talent ? C'est tout bêtement, et ça dans tous les arts, pas plus dans la peinture que dans autre chose..., c'est la faculté petite ou grande de nouveauté, tu entends ? de nouveauté, qu'un individu porte en lui... Tiens ! par exemple, dans le grand, ce qui différencie Rubens de Rembrandt, ou, si tu veux, de haut en bas, Rubens de Jordaëns, là, hein ?... eh bien, cette faculté, cette tendance de la personnalité à ne pas toujours recommencer un Pérugin, un Raphaël, un Dominiquin, et cela avec une sorte de piété chinoise, dans le ton qu'ils ont aujourd'hui... cette faculté de mettre dans ce que tu fais quelque chose du dessin que tu surprends et perçois toi-même, et toi seul, dans les lignes présentes de la vie, la force et je dirai le courage d'oser un peu la couleur que tu vois avec ta vision d'occidental, de Parisien du XIXe siècle, avec tes yeux... je ne sais pas, moi... de presbyte ou de myope, bruns ou bleus... un problème, cette question-là, dont les oculistes devraient bien s'occuper, et qui donnerait peut-être une loi des coloristes... Bref, ce que tu peux avoir de dispositions à être *toi*, c'est-à-dire beaucoup, ou un peu différent des autres... Eh bien ! mon cher, tu verras ce qu'on t'en laissera, avec les prêcheries, les petits tourments, les persécutions ! Mais on te montrera au doigt ! Tu auras contre toi le directeur, tes camarades, les étrangers, l'air de la Villa-Medici, les souvenirs, les exemples, les vieux calques de vingt ans que les générations se repassent à l'École, le Vatican, les pierres du passé, la conspiration des individus, des choses, de ce qui parle, de ce qui conseille, de ce qui réprimande, de ce qui opprime avec le souvenir, la tradition, la vénération, les préjugés... tout Rome, et l'atmosphère d'asphyxie de ses chefs-d'œuvre! Un jour ou l'autre, tu seras empoigné par quelque chose de mou, de décoloré et d'envahissant, comme un nageur par un poulpe... le pastiche te mettra la main dessus, et bonsoir! Tu n'aimeras plus que cela, tu ne sentiras plus que cela : aujourd'hui, demain, toujours, tu ne feras plus que cela... pastiches! pastiches! pastiches! Et puis la vie, là!... Gardez donc de la flamme dans la tête, de l'énergie, du ressort, les muscles et les nerfs de l'artiste, dans cette vie d'employé peintre, dans cette existence qui tient de la communauté, du collége et du bureau, dans cette claustration et cette régularité monacales, dans cette pension! « Une cuisine bourgeoise », comme l'a appelée Géricault... Rudement juste, le mot! C'est là qu'il s'éteint bien le *sursum corda* de l'ambition poignante... Toi? mais dans ce douceâtre et endormant bien-être, dans la fadeur des routines, devant la platitude des perspectives tranquilles, l'avenir assuré, le droit aux commandes, les travaux qui vous attendent... toi? Mais la bourgoisie la plus basse finira par te couler dans les moelles!... Tu n'oseras plus rien trouver, rien risquer... Tu marcheras dans les souliers éculés de quelque vieille gloire bien sage, et tu feras de l'art pour faire ton chemin! Ah! tu ne sais pas ce qu'il a fallu de résistance, d'héroïsme, de solidité à deux ou trois qui ont passé par là... quatre, si tu veux, mais pas plus... pour résister au casernement, à l'énervement de ces cinq ans, à l'embourgeoisement et l'aplatissement de ce milieu! Non, vois-tu, mon cher, qu'on fasse toutes les tartines du monde là-dessus, ce n'est pas là l'école qu'il faut au talent : la vraie école, c'est l'étude en pleine liberté, selon son goût et son choix. Il faut que la jeunesse tente, cherche, lutte, qu'elle se débatte avec tout, avec la vie, la misère même, avec un idéal ardu, plus fier, plus large, plus dur et douloureux à conquérir, que celui qu'on affiche dans un programme d'école, et qui se laisse attraper par les forts en thème...

Et pourquoi une école de Rome, hein? Dis-moi un peu pourquoi? Comme si l'on ne devrait pas laisser le peintre qui se forme aller où il lui semble qu'il y a des aïeux, des pères de son talent, des espèces d'inspirations de famille qui l'appellent... Pourquoi pas une école à Amsterdam pour ceux qui sentent des liens de race, une filiation avec Rembrandt? Pourquoi pas une école de Madrid pour ceux qui croient avoir du Vélasquez dans les veines? Pourquoi pas une école de Venise pour les autres? Et puis, au fond, pourquoi des écoles? Veux-tu que je te dise ce qu'il y a à faire, et ce qu'on fera peut-être un jour? Plus de concours, d'émulation d'école, de vieilles machines usées et d'engrenages de tradition : à l'œuvre libre, convaincue, personnelle, témoignant d'une pensée et d'une inspiration, à l'artiste jeune, débutant, inconnu, qui aura exposé une toile remarquable, que l'Etat donne une somme d'argent, qu'avec cet argent l'artiste aille où il voudra, en Grèce... c'est aussi classique que Rome, à ce que je crois... en Égypte, en Orient, en Amérique, en Russie, dans du soleil, dans du brouillard, n'importe où, au diable s'il veut! partout où le poussera son instinct de voir et de trouver... Qu'il voyage, si c'est son humeur; qu'il reste, si c'est son goût; qu'il regarde, qu'il étudie sur place, qu'il travaille à Paris et sur Paris... Pourquoi pas? Pincio pour Pincio, quand il prendrait Montmartre? Si c'est là qu'il croit trouver son talent, le caractère caché dans toute chose qui se révèle à l'homme unique né pour le voir... Eh bien! celui qu'on encouragera ainsi, en le laissant tout à lui-même, en lui jetant la bride de son originalité sur le cou, s'il est le moins du monde doué, je puis bien t'assurer que ce qu'il fera, ce ne sera ni du beau Blondel, ni du beau Picot, ni du beau Abel de Pujol, ni du beau Hesse, ni du beau Drolling... pas du beau si noble, mais quelque chose qui aura des entrailles, du tressaillement, de l'émotion, de la couleur, de la vie!... ah! oui, qui vivra plus que toutes ces resucées de mythologies-là!... Allons donc! Il y aurait eu des Instituts partout avec des couronnes, que nous n'aurions peut-être pas vu se produire les excessifs, les déréglés, les géants, un Rubens ou un Rembrandt! On nous arrête le soleil à Raphaël! Ah! le prix de Rome!... Tu verras ce que je te dis : une honorable médiocrité, voilà tout ce qu'il fera de toi... comme des autres. Pardieu! tu arriveras à sacrifier « aux doctrines saines et élevées de l'art »... Doctrines saines et élevées! C'est amusant! Mais, nom d'un petit bonhomme! qu'est-ce qu'elle a donc fait ton école de Rome? Est-ce ton école de Rome qui a fait Géricault? Est-ce ton école de Rome qui a fait ton fameux Léopold Robert? Est-ce ton école de Rome qui a fait Delacroix? qui a fait Scheffer? qui a fait Delaroche? qui a fait Eugène Deveria? qui a fait Granet? Est-ce ton école de Rome qui a fait Decamps? Rome! Rome! toujours leur Rome! Rome? Eh bien, moi je le dis, et tant pis! Rome? c'est la Mecque du *poncif!*... oui, la Mecque du *poncif*... Et voilà! Hein? n'est-ce pas? ça va, le baptême y est...

Chassagnol parlait toujours. Et de son éloquence enfiévrée, morbide, qui grandissait en s'exaltant, se levait l'orateur nocturne, le parleur dont les théories, les paradoxes, l'esthétique semblent se griser à la nuit, de l'excitation de la veille et de la lumière du gaz, un type de ce génie de la parole parisienne, qui s'éveille, à l'heure du sommeil des autres, sur un bout de table de café, les coudes sur les journaux salis et les mensonges fripés du jour, dans un coin de salle, à la lueur des bougies éclairant vaguement, au fond de l'ombre, les matelas roulés sur les billards par les garçons en manches de chemise.

A une heure, le maître du café fut obligé de mettre à la porte les deux amis. Chassagnol s'égosillait toujours.

Arrivé à sa porte, Anatole monta : Chassagnol monta derrière lui, en homme accoutumé à monter l'escalier de tout ami avec lequel il avait dîné une fois, ôta son habit qui le gênait pour parler, n'entendit pas sonner l'heure au coucou de la chambre, se mit à fumer une pipe sans cesse éteinte, regarda Anatole se déshabiller, et resta, toujours parlant, jusqu'à ce qu'Anatole lui eût offert la moitié de son lit pour obtenir le silence. Encore Anatole eut-il la fin de la tirade Chassagnol dans un de ses rêves.

Deux jours et deux nuits, Chassagnol ne quitta pas Anatole, emboîtant son pas, l'accompagnant au restaurant, au café, vivant sur ce qu'il mangeait, partageant ses nuits et son lit, continuant à parler, à théoriser, à paradoxer, intarissable sur l'art, sans que jamais un mot lui échappât sur lui-même, ses affaires, la famille qu'il pouvait avoir, ce qui le faisait vivre, sans qu'il lui vînt jamais à la bouche le nom d'un père, d'une mère, d'une maîtresse, de n'importe quel être à qui il tînt, d'un pays même qui fût le sien. Mystère que tout cela dans cet homme bizarre et secret, dont la science même venait on ne savait d'où.

La troisième nuit, Chassagnol abandonna Anatole pour s'en aller avec un autre ami quelconque, qui était venu s'asseoir à leur table de café. C'était son habitude, une habitude qu'on lui avait toujours connue de passer ainsi d'un individu, d'une société, d'un camarade, d'un café à un autre café, à un autre camarade, pour se raccrocher aux gens, quand il les retrouvait, comme s'il les avait quittés la veille, les quitter de nouveau quelques jours après, et s'en aller nouer avec le premier venu une nouvelle intimité d'une moitié de semaine.

XVII

Le lendemain de cette séparation, Anatole entrait dans l'atelier à l'heure où Langibout faisait sa leçon. Il avait le petit air modestement fier qui s'attend à des félicitations.

— Vous voilà, petit misérable ! — lui cria Langibout

d'une voix terrible dès qu'il l'aperçut. — Comment! avec ce que vous savez, vous avez eu le front de concourir? Et vous êtes reçu le neuvième! C'est dégoûtant... Mais est-ce que vous avez jamais eu l'idée que vous seriez capable de peindre une académie, petit animal? Vous serez refusé au second concours, et vous aurez pris pour rien du tout la place d'un autre qui avait la chance d'avoir le prix... Quand je pense que vous auriez pu le faire manquer à Garnotelle! un garçon qui sait, lui, et qui est à sa dernière année... Ah! si c'était arrivé par exemple, je vous aurais flanqué à la porte! Je vous aurais flanqué à la porte!... — répéta plus vivement Langibout, et il s'avança sur Anatole qui baissa la tête sur son carton, comme devant la menace d'une calotte. Ce furent là toutes les félicitations de Langibout. Du reste, il ne s'était pas trompé : la semaine suivante, au concours de l'académie peinte, Anatole fut refusé. Garnotelle passait le troisième dans les dix admis à entrer en loge.

Garnotelle montrait l'exemple de ce que peut, en art, la volonté sans le don, l'effort ingrat, ce courage de la médiocrité : la patience. A force d'application, de persévérance, il était devenu un dessinateur presque savant, le meilleur de tout l'atelier. Mais il n'avait que le dessin exact et pauvre, la ligne sèche, un contour copié, peiné et servile, où rien ne vibrait de la liberté, de la personnalité des grands traducteurs de la forme, de ce qui, dans un beau dessin d'Italie, ravit par l'attribution du caractère, l'exagération magistrale, la faute même dans la force ou dans la grâce. Son trait consciencieux, sans grandeur, sans largeur, sans audace, sans émotion, était pour ainsi dire impersonnel. Dans ce dessinateur, le coloriste n'existait pas, l'arrangeur était médiocre, et n'avait que des imaginations de seconde main, empruntées à une douzaine de tableaux connus. Garnotelle était, en un mot, l'homme des qualités négatives, l'élève sans vice d'originalité, auquel une sagesse native de coloris, le respect de la tradition de l'école, un précoce archaïsme académique, une maturité vieillotte, semblaient assurer et promettre le prix de Rome.

Malgré trois échecs successifs, Langibout gardait l'espérance opiniâtre du succès pour cet élève persistant et méritant, auquel un double lien l'attachait : une similitude de pauvreté d'origine, une ressemblance de son *jeune talent* avec *son propre talent* classique. L'avenir lui semblait ne pouvoir échapper : tout ce qu'il estimait dans ce compatriote de Flandrin à son caractère, à cette ténacité que Garnotelle mettait en tout, apportant à la plaisanterie même comme l'entêtement d'un canut.

Né de pauvres ouvriers, Garnotelle avait eu la chance de ne pas naître à Paris, et de trouver, autour de sa misérable vocation, toutes les protections qui soutiennent et caressent en province une future gloire de clocher.

Le conseil municipal l'avait envoyé à Paris avec douze cents francs de pension, et, dans sa sollicitude maternelle, l'avait logé dans un hôtel vertueux, où les mœurs des pensionnaires étaient surveillées par un hôtelier tenu à un rapport sur leurs rentrées. Il avait été augmenté de deux cents francs, lors de sa réception à l'École des Beaux-Arts. Au bout de deux médailles, il avait été porté à dix-neuf cent francs. Une pension de deux mille quatre cents francs l'attendait quand il serait envoyé à Rome. Déjà venaient à lui, sans qu'il se fût produit, des commandes, des restaurations de chapelle, des portraits de gens de son endroit. Il sentait derrière lui tous ces bras d'une province qui poussent un fils dont elle attend de l'honneur, du bruit, toutes ces mains qui jettent au commencement de la carrière de quelqu'un du pays, les recommandations de l'évêque, l'influence toute-puissante du député, le tapage d'éloges de la presse locale.

Malgré cette place de troisième, le maître et l'élève n'étaient pas rassurés. C'était le va-tout de l'avenir de Garnotelle, sa dernière année de concours ; et Langibout avait beau se répéter toutes les chances de ce talent honnête et courageux, ses titres à la justice charitable du jury de l'école, il gardait un fond d'inquiétude. Il lui semblait qu'il y avait de mauvais courants et des menaces dans l'air. Des bruits d'ateliers, un commencement de bourdonnement d'opinion, jetaient en avant les noms de deux ou trois jeunes gens, dont le talent nouveau, hardi, sympathique, pouvaient s'imposer au jury et triompher de ses répugnances.

Le programme du concours de cette année-là était un de ces sujets tirés du *Selectœ*, que semblent régulièrement tous les ans dicter à l'Institut, dans un songe, les ombres de Caylus et d'André Bardon : « Brennus assiégeant Rome, les vieillards, les femmes et les enfants assistent au départ des jeunes hommes qui montent au Capitole pour le défendre. *Les Flamines descendent du temple de Janus, portant les vases et les statues sacrés, et distribuent des armes aux guerriers qu'ils bénissent.* »

Garnotelle passa soixante-dix jours en loge à faire son tableau, travaillant jusqu'à la nuit, sans perdre une heure, avec l'acharnement de toute sa volonté, une rage d'application, le suprême effort de toutes les ambitions et de toutes les espérances de sa médiocrité.

Arrivait l'Exposition : son tableau était déjà jugé ; car à ce concours, les élèves ne s'étaient pas contentés, selon l'habitude ordinaire, de *saloper*, c'est-à-dire de faire des trous dans la cloison pour regarder l'esquisse du voisin : profitant de l'inexpérience d'un gardien nouveau qu'on avait fait poser, le dos tourné aux portes des cellules, sous prétexte de faire son portrait, les concurrents s'étaient rendus visite les uns aux autres, et avec la justice loyale et spontanée des jugements de rivaux, le prix avait été décerné d'un commun accord à un tout jeune homme nommé Lamblin. A l'Exposition, ce jugement était confirmé par le public et la critique, qui restaient froids devant la sage ordonnance des Flamines de Garnotelle, la pauvre symétrie des troupes, la banale rouerie des draperies, le mouvement mort et mannequiné de la scène, la déclamation des gestes. Deux toiles de ses concurrents lui étaient opposées comme supérieures par le sentiment de la scène, l'entente de la grandeur et du pathétique historiques, des parties enlevées de verve. Et pour la première place, elle était donnée sans conteste à la toile de Lamblin, à laquelle les plus sévères accordaient une rare solidité de couleur, et le plus grand goût d'austérité tragique.

Mais Lamblin avait eu l'imprudence d'exposer au dernier Salon un tableau dont on avait parlé, et autour duquel s'était fait un de ces bruits que les professeurs n'aiment pas à entendre autour du nom d'un élève. Puis, il n'avait que vingt-deux ans, l'avenir était devant lui, il pouvait attendre. Lui donner le prix, c'était l'enlever à un honnête travailleur, consciencieux, régulier, modeste, à un concurrent de la dernière année, auquel les échecs mêmes avaient un peu promis le prix de Rome : à ces considérations se joignait un intérêt naturel pour un pauvre diable méritant, et venu de bas, qui s'était élevé par l'étude. Des recommandations puissantes de Lyonnais haut placés firent encore pencher la balance du jury : Garnotelle eut le premier prix. On écarta Lamblin, pour que le rapprochement de son nom, le souvenir de sa toile n'écrasât pas trop le couronné : il n'eut pas même une mention ; et pour sauver le jugement, des articles furent envoyés aux journaux amis, où l'on appuyait sur le caractère d'élévation et de pureté de sentiment du tableau vainqueur. Mais ceci ne trompa personne : c'était un fait trop flagrant que le prix de Rome venait d'être encore une fois donné, non au talent et à la promesse de l'avenir, mais à l'application, à l'assiduité, aux bonnes mœurs du travail, au bon élève rangé et borné. Et la victoire de Garnotelle tomba dans le mépris de l'École, dans le soulèvement qu'inspire à la jeunesse une iniquité de juges et de maîtres.

Anatole était une de ces heureuses natures trop légères pour nourrir la moindre amertume. Il n'eut aucune jalousie de cette victoire qu'il avait tant rêvée. Il trouva que Garnotelle avait de la chance ; ce fut tout. Et lors de la grande partie de campagne d'octobre à Saint-Germain, à cette fête des prix de Rome, où les cinquante-cinq logistes de l'année mêlés à des anciens, à des amis, courent la forêt, sur des rosses louées, avec des pantalons de clercs d'huissier remontés aux genoux et l'air d'un état-major de bizets dans une révolution, Anatole fut toujours en tête de la grotesque cavalcade. Au dîner traditionnel du pavillon Henri IV, dans la casse de toute la table et le bruit de deux pianos apportés par les prix de musique, il domina le bruit, le tapage et les deux pianos. Et quand on revint, il étourdit jusqu'à Paris, la nuit et le sommeil de la banlieue avec la chanson nouvelle, improvisée par un architecte, ce soir-là, au dessert du dîner, et populaire le lendemain :

« Gn'y en a,
Gn'y en a,
Que c'est de la fameuse canaille!... »

XVIII

Cet insuccès suffit à guérir Anatole de son ambition. Il se tourna vers d'autres idées, vers un désir plus modeste et de réalisation plus facile : il voulut avoir un atelier qui lui donnerait le chez lui de l'artiste, la possibilité de faire des portraits, de gagner de l'argent; en un mot, *s'établir* peintre.

Malheureusement sa mère n'était pas disposée à lui payer le luxe d'un atelier. A la fin, elle se décida à aller consulter Langibout, qui l'assura « que les belles choses pouvaient se faire dans une cave ». Armée de cette réponse, elle se refusa décidément à la fantaisie d'Anatole. Cela finit par une scène vive, à la suite de laquelle Anatole remonta fièrement dans sa chambre au sixième, en déclarant qu'il ne prendrait plus ses repas à la maison, et qu'il allait vivre de son talent.

Il vécut à peu près un mois de dessins de têtes d'Espagnoles pastellées, les cheveux fleuris de fleurs de grenadier, qu'il vendait à un petit marchand de la rue Notre-Dame-de-Recouvrance. Tout ce mois, il passa et repassa devant un numéro de la rue Lafayette, devant l'écriteau d'un petit atelier à louer, le seul atelier du quartier où Hillemacher n'avait pas encore fait bâtir ces huit grands ateliers qui firent plus tard de la rue un des camps de la peinture de la rive droite.

L'embarras était qu'il fallait une apparence de meubles pour entrer là-dedans; et Anatole gagnait à peine de quoi dîner tous les jours. Le plus souvent, il était nourri par un camarade de l'atelier, avec lequel il compagnonnait; un brave garçon pris par la conscription, et qu'une recommandation d'Horace Vernet avait fait mettre dans la réserve, et placer parmi les infirmiers du Val-de-Grâce, « les canonniers de la seringue. » De la caserne, il apportait à Anatole la moitié de sa ration dans son shako. Cela n'entamait en rien la fermeté de résolution d'Anatole, qui continuait à passer tous les jours par l'escalier de service devant la porte de la cuisine entr'ouverte de sa mère, sans y entrer, avec l'air de mépriser, du haut d'un estomac plein, l'odeur du déjeuner.

Là-dessus, il entendit parler d'un monsieur de province qui cherchait quelqu'un pour lui faire des personnages dans une lithographie. Il demanda l'adresse, et courut à un petit hôtel de la rue du Helder.

— Entrez! — lui cria une voix formidable quand il eut frappé à la porte indiquée. Il se trouva en face d'un Hercule, énormément nu, et tout occupé à faire des ablutions froides.

L'homme ne se dérangea pas; il continua à faire jouer ses membres de lutteur, des muscles féroces, en roulant de gros yeux dans sa grosse tête à barbe dure.

— Proférez des sons, — dit-il à Anatole interdit. Et quand Anatole eut expliqué le motif de sa visite : — Ah! vous savez faire la lithographie, vous?

— Parfaitement, — dit intrépidement Anatole, qui

n'avait jamais touché de sa vie un crayon lithographique.

— Où demeurez-vous?

— Rue du Faubourg-Poissonnière, n° 31.

— Garçon! — cria l'homme en se rhabillant à un domestique de l'hôtel, qu'on entendait remuer dans la chambre à côté, — fermez ma malle, et un commissionnaire...

Anatole ne comprenait pas ; mais il sentait une vague terreur brouillée lui monter dans les idées, devant cet homme inquiétant par sa force et ses espèces de manières de fou.

— Partons! — dit brusquement l'homme tout à fait rhabillé.

Anatole descendit l'escalier, suivi par le commissionnaire, par la malle, et par l'homme portant sous le bras une immense pierre, concentré, sinistre, muet et caverneux, avec l'air de rouler sous ses épais sourcils froncés des méditations farouches. Il avait l'impression d'un cauchemar, d'une aventure menaçante, et, par-dessus tout, un poignant sentiment de honte. L'idée était horrible pour lui d'introduire cet étranger dans son taudis. S'il ne lui avait pas donné son adresse, il se serait sauvé à un tournant de rue.

Quand le commissionnaire eut enfourné avec peine la grande malle dans la petite chambre, et que la pierre fut posée sur la table qu'elle couvrit, l'homme, après avoir mesuré de l'œil la hauteur et la largeur de la mansarde, posa sa large main sur la couverture, et dit ces simples mots : — C'est votre lit, n'est-ce pas? Bon, je vais me coucher.

Anatole était tout à fait ahuri. Cependant, il commençait à préparer dans sa tête une timide demande d'explication, quand l'homme tira de sa poche quatre ou cinq cents francs qu'il posa sur la table de nuit.

Anatole vit dans cet or un éblouissement : son futur atelier! Il ne dit pas un mot.

L'homme s'était couché ; tout à coup, sortant à moitié

du lit, et se dressant sur son séant : — Au fait, vous ne mangeriez pas quelque chose, vous n'avez pas faim?

— Si, — dit Anatole, — j'ai oublié de déjeuner ce matin.

— Eh bien! faites monter quelque chose du restaurant.

Après le déjeuner, où l'homme ne parla pas à Anatole, et où Anatole n'osa pas lui parler :

— Vous me réveillerez à dix heures, — dit l'homme en se recouchant. — Vous entendez, à dix heures!

Il était une heure. Anatole alla se promener. Toutes sortes d'imaginations lui tournoyaient dans la cervelle. Des histoires de fous dangereux qu'il avait lues lui revenaient. Il ne savait que penser, que croire de ce prodigieux garnisaire installé chez lui, tombé de la lune dans ses draps.

A dix heures, il réveilla le dormeur qui s'habilla et se mit à découvrir, avec toutes sortes de précautions, la pierre sur laquelle on ne voyait que l'indication d'un arc de triomphe, de ce caractère alhambresque qui est le style spécial de la pâtisserie : là-dessous devait être représentée la réception du duc d'Orléans par la garde nationale de Saint-Omer, avec les portraits exacts de tous les gardes nationaux, exécutés d'après de mauvais daguerréotypés contenus dans la malle de leur compatriote.

— Hein? nous allons nous y mettre? — fit l'homme après avoir donné à Anatole toutes les explications du sujet.

— Nous y mettre? Mais je n'ai pas l'habitude de travailler la nuit.

— Tiens?... Ah! bien, très-bien... Vous coucherez dans le lit, la nuit... moi le jour... Nous nous relayerons.

Au bout de douze jours de ce singulier travail, la pierre était finie. L'artiste-amateur de Saint-Omer repartit pour son pays, laissant à Anatole cent vingt-cinq francs, l'estomac refait et réélargi, et le souvenir d'un original très brave homme qui n'avait trouvé que ce bizarre moyen pour obtenir vite d'un collaborateur ce qu'il voulait, comme il le voulait.

La malle du Saint-Omérois n'était pas au bout de la rue, qu'Anatole sautait rue Lafayette; il retenait le petit atelier. De là il courait chez un brocanteur qui, pour soixante-dix francs, lui vendait un chiffonnier et quatre fauteuils en velours d'Utrecht. A ce superflu, Anatole ajoutait le lit et la table de sa chambre. C'était de quoi répondre d'un terme pour un loyer de cent soixante francs. Et il entrait dans son premier atelier avec cinquante francs d'avance, de quoi vivre tout un mois, trente jours à n'avoir pas besoin de la Providence.

XIX

Atelier de misère et de jeunesse, vrai grenier d'espérance, que cet atelier de la rue Lafayette, cette mansarde de travail avec sa bonne odeur de tabac et de paresse! La clef était sur la porte, entrait qui voulait. Un éventail de pipes à un sou dans un plat de faïence de Rouen, accompagné, les jours d'argent, d'un cornet de *caporal*, attendait les visiteurs, qui trouvaient toujours pour s'asseoir une place quelconque, un bras de fauteuil, une couverture par terre, un coin sur le lit transformé en divan, et où, en se tassant, on tenait une demi-douzaine. Là venaient et revenaient toutes sortes d'amis, d'hôtes d'une heure ou d'une nuit, les vagues connaissances intimes de l'artiste, des gens qu'Anatole tutoyait sans savoir leur nom, tous les passants que ce seul mot d'atelier attire comme l'annonce d'un lieu pittoresque, comique et cynique : c'étaient des camarades de chez Langibout qui, ce jour-là, avaient pris la rue Lafayette pour aller au Louvre, quelque garçon sans atelier venant exécuter chez Anatole un *esgargot* pour un marchand de vin, un camarade de collége chatouillé par l'idée de voir un modèle de femme, un garçon plongé dans une étude d'avoué et en course dans le quartier, montant jeter ses dossiers dans le creux d'un plâtre de Psyché, ou bien encore quelque surnuméraire évadé de son ministère sur le coup de deux heures avec l'envie de flâner. On y voyait encore de jeunes architectes, des élèves de l'École centrale, des débutants de tout métier, des stagiaires de tout art, rencontrés, raccolés par Anatole ici et là, dans le voisinage, au café, n'importe où : Anatole n'y regardait pas. Il prenait toutes les connaissances qui lui venaient, et rien ne lui semblait plus naturel que d'offrir la moitié de son domicile à un monsieur qui, dans la rue, avait allumé sa cigarette avec la sienne. Cette extrême facilité dans les relations ne tardait pas à lui amener un camarade de lit permanent, sans qu'il sût trop d'où lui venait ce camarade. Il s'appelait M. Alexandre, et il était engagé au Cirque. Son emploi ordinaire était de jouer « le malheureux » général Mélas. C'eût été, du reste, un acteur assez ordinaire sans ses pieds ; mais par là, il sortait de la ligne : on avait retourné tous les magasins du Cirque, sans pouvoir trouver de chaussure où il pût entrer.

Ainsi animé et hanté, l'atelier d'Anatole était encore visité, généralement sur le tard et vers les heures où commencent les exigences de l'estomac, par quelques femmes sans profession, qui faisaient le tour des hommes qui étaient là, et cherchaient si l'un d'eux avait l'idée de ne pas dîner seul. Le plus souvent, à six heures, elles se rabattaient sur une cotisation qui permettait de faire remonter du café d'à côté des absinthes et des anisettes panachées.

Le mouvement, le tapage ne cessaient pas dans la petite pièce. Il s'en échappait des gaîtés, des rires, des refrains de chansons, des lambeaux d'opéra, des hurlements de doctrines artistiques. L'honnête maison croyait avoir sur sa tête un cabanon plein de fous. Puis venaient des jeux qui faisaient trembler le parquet sur la tête des locataires du dessous : deux pauvres diables de dramaturges, malheureux comme des gens qu'on aurait enfermés sous une cage de singes pour trouver des situations. L'atelier piétinait, se poussait dansait, se battait, faisait la roue. Il y avait des pantalonnades enragées, des chocs, des chutes, des tombées de corps qu'on eût dit s'assommer en tombant, des luttes à main plate, des bondissements d'acrobate, des tours de force. A tout moment éclatait cet athlétisme auquel invite la vue des statues et l'étude du nu, cette gymnastique folle, enragée, avec laquelle l'atelier continue les récréations du collège, prolonge les batailles, les jeux, les activités et les élasticités de l'enfance chez les artistes à barbe.

Les billets que M. Alexandre avait pour le Cirque semés dans l'atelier, apportèrent bientôt à cette furie d'exercices une terrible surexcitation. Anatole et ses amis conçurent une grande idée qui, à peine réalisée amena le congé des deux dramaturges. Ils pensèrent à répéter dans l'atelier les grandes épopées militaires du Cirque. A douze, ils jouèrent l'Empire tous les soirs. Chacun représentait à son tour une puissance coalisée, et quelquefois deux. La table à modèle était la capitale où l'on entrait, et une planche jetée du poêle sur la table figurait le praticable imité du fameux tableau des neiges du Frioul. Pour la campagne de Russie, le décor était simple : on ouvrait la fenêtre. Une femme de la société, qui raffolait du talent de Léontine, fût chargée du rôle de cantinière, à la condition qu'elle fournirait le costume : elle s'habilla avec un pantalon, une paire de bottes, une blouse fendue jusqu'au haut, et le dessus d'une boîte de sardines appliqué sur le chapeau de cuir d'un capitaine au long cours, naufragé à Terre-Neuve, et recueilli dans un coin de l'atelier. Il y eut des revues de la grande armée admirablement passées par Anatole à cheval sur une chaise. Il excellait à dire, d'après les plus pures traditions de Gobert : « Toi ? je t'ai vu à Austerlitz... A cheval, messieurs, à cheval ! » On vit aussi là des marches d'armées pleines d'ensemble, où le roulement des tambours était fait avec un bruit de lèvres, et la sonnerie des clairons imitée dans le creux du bras replié. Mais ce qu'il y eut de plus beau, ce furent les batailles acharnées, héroïques, traversées de furieuses charges à la baïonnette avec des lattes d'emballeur, couronnées de la lutte suprême : le combat du drapeau ! Triomphe d'Anatole, où serrant contre son cœur la flèche de son lit, il luttait, se tordait, se disloquait, et finissait par faire passer au-dessus du manche à balai vainqueur tous les ennemis de la France !

XX

Deux lettres tombaient le même jour dans cet atelier et cette vie d'Anatole :

« Punaisiana, route de Magnésie
Septembre 1845

« Gredin ! me laisser, depuis le temps que je suis ici, sans un bout de lettre, sans un mot ! et je suis sûr que tu n'es pas même mort, ce qui serait au moins une excuse. Du reste, si je t'écris, ce n'est pas que je te pardonne, au contraire. Je t'écris parce que je ne puis pas dormir. Sache que je gîte, pour l'instant, chez le Grec Dosiclès, lequel, pour m'honorer, m'a mis dans un lit où les draps sont brodés de fleurs en or d'un relief désespérant. J'étais si éreinté ce soir, que je commençais à dormir là-dessus, je me gauffrais, je me modelais en creux, mais je dormais... quand tout à coup, je me suis aperçu que chacune de ces fleurs d'or était un calice... un vrai calice de punaises ! Et voilà pourquoi je t'honore de ma prose, sans compter que j'ai eu ces temps-ci des journées qui me démangent à raconter, et qu'il faut que je fasse avaler à quelqu'un.

» Sur ce, suis-moi. En selle, à trois heures du matin, une escorte d'une douzaine d'Albanais et de Turcs, et bien entendu mon fidèle Omar. D'abord des sentiers, des chemins bordés de lauriers-roses et de grenadiers sauvages, au milieu desquels je voyais passer le tout jeune museau d'un petit chameau né dans la nuit et gros comme une chèvre, qui venait nous dire bonjour. A huit heures, nous commencions à monter la montagne : alors des précipices, des chutes d'eau à tout emporter, des pins gigantesques, admirables de formes, des arbres du temps de la création, des arbres pleins de vie et pleins de siècles, de vrais morceaux d'immortalité de la terre, qui font le respect avec l'ombre autour d'eux. Je ne te parle pas de tout ce que nous faisions fuir dans les broussailles et les feuilles, serpents, oiseaux, écureuils, qui se sauvaient et se retournaient pour nous voir, comme s'ils n'avaient jamais vu de bêtes d'une espèce comme nous. En haut, malgré un froid de chien qui nous fait grelotter sous nos manteaux et nos couvertures, nous restons une heure à regarder ce qu'on voit de là : le Bosphore, les îles, la côte de Troie, blanche, avec des éclats de carrière de marbre, étincelante dans ce bleu, le bleu du ciel et de la mer mêlés, un bleu pour lequel il n'y a ni mots ni couleur, un bleu qui serait une turquoise translucide, vois-tu cela?

» De là, dégringolade dans la plaine. Des villages dominés par de grands cyprès, de la bonne bête de grosse verdure, comme en Normandie; des vergers avec de l'eau sourcillante sous le pied de nos chevaux, des arbres qui s'embrassent de leurs branches du haut; des pêches jaunes, des prunes, des grenades, des raisins de toute couleur glissant des vignes emmêlées aux arbres; partout sur le chemin, des fruits suspendus, tentants, tombant à la portée de la main; entre les éclaircies des arbres, des champs de pastèques et de melons que mon escorte sabre à grands coups de yatagan et dont elle m'offre le cœur. Enfin, il me semblait être sur la grande route du paradis, animé par un peuple de paradis qui semblait enchanté de nous voir manger ce qui lui appartenait. Nous croisons des zebecks aux étendards rouges. Nous passons de petites rivières sur des ponts en ogive, un vrai décor de croisade. Il défile des hommes, des femmes, de tout, et jusqu'à un déménagement du pays : cela se compose d'un petit âne blanc sur lequel est un grand diable de nègre, le cafetier, et sur le cafetier, juché, un coq; puis un gros Turc écrasant une maigre monture; puis la femme n° 1, montée à califourchon, et flanquée devant et derrière d'un enfant; puis la femme n° 2; puis un ânon et un mouton en liberté, qui suivent la famille à peu près comme ils veulent. Le soleil se met à baisser : nous tombons dans un groupe de pasteurs, à la grande immobilité découpée sur le ciel, au chant grave, les yeux tournés vers une mosquée : je t'assure qu'ils dessinaient une crâne silhouette de la *Prière orientale*. C'est seulement à la nuit, à la pleine nuit, que nous atteignons Ailvatissa, où un gros dégoûtant de Turc, qui a voulu absolument nous héberger, nous fourre dans la bouche, avec toutes sortes de politesses, les boulettes qu'il se donne la peine de faire avec ses doigts sales : c'était comme mon lit de fleurs !

» Voilà une journée pas mal pittoresque, n'est-ce pas ? Eh bien ! elle ne vaut pas ce que nous avons vu aujourd'hui. Imagine-toi une immense oasis, un bois d'arbres énormes et si pressés qu'ils donnent l'ombre d'une forêt, des platanes géants qui ont quelquefois, autour de leur tronc mort de vieillesse, quarante rejetons enracinés et rejaillissants du sol; imagine là-dessous de l'eau, un bruit de sources chantantes, un serpentement de jolis ruisseaux clairs, et là-dedans, dans cette ombre, cette fraîcheur, ce murmure, pense à l'effet d'une centaine de bohémiens ayant accroché aux branches leur vie errante, campant là avec leurs tentes, leurs bestiaux, les hommes, le torse nu, fabriquant des armes, forgeant des instruments de jardinage sur une petite enclume enfoncée en terre, et charmant le battement du fer avec le rhythme d'une chanson étrange, de belles et sauvages jeunes filles dansant en brandissant sur leur tête des tambours de basque qui leur font de l'ombre sur la figure, des femmes près de flammes et de foyers vifs, faisant cuire des agneaux entiers qu'elles apportent sur des brassées de plantes odoriférantes, d'autres occupées à donner à de petites bouches leurs seins bronzés, des petits enfants tout nus avec un tarbourch couvert de pièces de monnaie, ou bien n'ayant sur la peau que l'amulette du pays contre le mauvais œil : une gousse d'ail dans un petit morceau d'étoffe dorée; tous, barbotant, s'éclaboussant, dans le bois d'eau et de soleil, courant après des oies effarouchées... Et aux arbres, des berceaux d'enfants, nids de loques aux mille couleurs, ramassés brin à brin dans les trouvailles des routes...

» Mais en voilà quatre pages. Et je dors. Bonsoir !

» Ecris-moi chez le consul de France, à Smyrne.

» A toi, vieux.

» N. DE CORIOLIS »

XXI

« Rome, 26 décembre 1844, deux heures du matin.

« Je suis à Rome, Je suis à l'École de Rome !... Ah ! mon ami, si je l'osais, je pleurerais. Mais pas de phrases. Tu vas voir ce que c'est !

» Nous sommes arrivés ce soir; tu sais, Charagut a dû t'écrire cela, nous avions pris, il y a près de trois mois, un voiturin à Marseille. Nous étions les cinq prix : Jouvency, Salaville, Froment, Gouverneur et Charmond, le musicien. Nous avons passé par la Corniche et pas mal flâné en Toscane : ç'a été charmant. Enfin aujourd'hui, c'était le grand jour. A trois heures, nous étions dans un endroit appelé Ponte Molle. Nous savions que les camarades viendraient à notre rencontre : il y en avait quatre

Mais quel drôle de changement ! des garçons avec qui nous étions à Paris à tu et à toi, des amis ! tu ne t'imagines pas ! un froid... et pas seulement du froid, un air tout gêné, tout inquiet, tout absorbé. Avec ça, ils étaient mis comme des brigands, fagotés à faire peur. J'ai demandé à Guérinau pourquoi Férussac, tu sais, Férussac qui a été chez nous, n'était pas venu. Il m'a répondu, comme mystérieusement, qu'il n'avait pas pu venir ; que j'allais le trouver bien changé, qu'il avait une espèce de maladie noire ; qu'on craignait un peu pour sa tête, et qu'il m'avertissait de ne pas le contrarier dans ses idées. Et comme ça toute la route, ç'a été un tas de mauvaises nouvelles des uns et des autres, et des histoires qui nous ont mis tout sens dessus dessous. J'oublie de te dire qu'à Ponte Molle, ils nous ont montré des statues de Michel-Ange : je t'avouerai que ni moi ni Jouvency n'y avons rien compris. Ils trouvent, eux, que c'est ce qu'il a fait de plus beau. Il faut que je te dise quelque chose, mais cela tout à fait entre nous, je te demande le secret : ils sont ici très-malheureux d'une aventure arrivée à Filassier, le prix du *Joseph*, tu te rappelles. A ce qu'il paraît, il est entretenu par une princesse italienne, et publiquement. Il ne s'en cache pas, il se donne en spectacle. Tu comprends la déconsidération que cela jette sur l'Académie, et la position fausse où cela nous met tous à Rome.

» Nous sommes entrés par une grande porte où il y a des obélisques de chaque côté, et ils nous ont de suite conduit dans le Corso voir Saint-Pierre. Mon Dieu ! que cela ressemble peu à l'idée qu'on s'en fait ! Je me figurais une place circulaire avec des colonnes devant : il paraît que c'a été démoli par le gouvernement pour faire des rues. Et puis, nous avons monté, et nous sommes arrivés, comme la nuit venait à la villa Médici. On nous a menés à nos chambres : tu ne te figures pas des chambres comme ça : j'en ai une... ignoble ! Et nous en avons pour un an, à ce qu'il paraît, à être là ! Là-dessus l'*Ave Maria* a sonné : cela sonne le dîner ici, l'*Ave Maria*.

Nous sommes descendus à la salle à manger. C'était lugubre ; rien que de mauvaises chandelles, pas de nappes; au lieu de serviettes, des torchons, des couverts en étain. Il y avait, pour servir, deux domestiques, mais si sales, qu'ils vous ôtaient d'avance l'appétit. J'ai aperçu que c'était peint en rouge, et qu'il y avait au fond le Faune appuyé, tu sais, avec sa flûte, et puis en haut les portraits des pensionnaires. Fleurieu me montrait tous ceux qui étaient morts : il y en avait des files de sept d'emportés! On était séparé : chaque année avait sa petite table. Les vieux prix, les restants à l'école, les *professeurs*, comme on les appelle ici, en avaient une un peu exhaussée. Ceux que j'ai connus dans le temps m'ont paru terriblement vieillis ; et puis, ils ont un teint d'un vert affreux. Tu as bien connu Grimel? Il a les cheveux tout blancs, à présent. On a passé la soupe, et comme les nouveaux sont ici les derniers servis, la soupière nous est arrivée à peu près vide. Personne ne se parlait. Il y avait toujours un silence de glace. Ils ont l'air de se détester tous. Les vieux, autour de Grimel, avaient des regards, perdus comme s'ils avaient été dans la lune. Quelques-uns avaient de petits manteaux de laine, et paraissaient avoir froid dessous comme des pauvres. Enfin, il y eut une voix à la table des professeurs : « — Ah ! voilà les nouveaux... — Il est bien laid, celui-là... — Lequel ? — On dit que le concours était bien faible... » Nous avions le nez dans notre assiette. Il nous arriva une boîte de sardines où il n'y avait plus rien au fond que des arêtes et de l'huile qui sentait l'huile grasse. Il y avait dans la salle un grand brasier plein de braise : voilà que je vois un de ceux qui grelottaient y aller, poser les pieds sur le tour de bois du brasier, et rester là à trembler. Cela faisait mal. Il en vint un autre, puis un autre. Alors il partit des tables : « Sont-ils embêtants, avec leur fièvre, ceux-là ! C'est agréable, pendant qu'on mange, d'avoir l'hôpital à côté de soi ! » Il faut te dire que les domestiques ne parlent qu'italien, ce qui est commode. Nous avions attrapé quelques tirans du bouilli, de *l'alesso*, comme ils disent, quand Filassier a fait son entrée, en bottes, en culotte blanche, en veste de velours, des éperons, une cravache, et un air ! Faisant des effets de cuisse, repoussant ce qu'on passait comme un homme qui veut dire qu'il mange mieux ailleurs... C'est révoltant ! Je ne comprends pas qu'il en soit arrivé à cette impudeur-là. Là-dessus, j'ai entendu des cris : Michel-Ange ! Raphaël !... Je n'ai entendu que cela, et j'ai vu toute une table qui se levait pour en manger une autre... Il y avait même Chatelain qui avait son couteau... Et personne n'essayait de les séparer ! On devient de vraies bêtes féroces ici. Notre graveur, qui est nerveux, a pris le trac : il s'est sauvé dans la cuisine. Heureusement qu'on a fait apporter du vin cacheté, qui m'a semblé par parenthèse plus mauvais que l'ordinaire, et Grimel a proposé gentiment de boire à la santé des nouveaux, en nous disant qu'il « espérait que nous ferions honneur à l'Académie, et que nous reconnaîtrions la généreuse hospitalité que nous y recevions. » Aucun de nous n'a eu le courage de répondre. On est passé au salon. Qu'est-ce qui m'avait donc dit qu'il y avait des aquarelles de carnaval au salon ? C'est une petite chambre nue, très-petite. Nous avons été obligés de nous asseoir par terre, tandis que Charmond jouait son prix, et on m'a conduit à ma chambre : les quatre murs, mon ami. Mon lit et ma malle, rien de plus. Je t'écris, assis sur ma malle. Je te dirai encore que... »

« Du même endroit. Octobre 1845.

« Ah ! mon cher, je retrouve ce vieux torchon de lettre oublié dans un coin, et je ris bien ! Mais il faut d'abord que je te finisse ma nuit.

» Je t'écrivais donc sur ma malle lorsque, crac ! ma bougie s'éteint. Je la tâte : froide comme un mort ! Je cherche des allumettes : pas une. J'ouvre ma porte : pas de lumière. Je me risque dans de grands diables d'escaliers et des corridors qui n'en finissent pas. La peur me prend de me casser le cou, je retrouve ma chambre et mon lit à tâtons. Je prends mon meuble de nuit sous mon lit : c'est un arrosoir ! Enfin je me couche, je vais fermer l'œil... voilà de la lumière qui se met à serpenter par terre entre les jointures des carreaux, et il part sous mon lit quelque chose comme une mine qui saute ! Au même instant la porte s'ouvre, et on me jette dans ma chambre une avalanche de meubles.

» Une farce que tout cela, tu comprends; une farce depuis le commencement jusqu'à la fin ! Les soi-disant statues de Michel-Ange, à Ponte Molle, sont de n'importe qui. Le Saint-Pierre qu'on m'a montré, c'est l'église San-Carlo. Férussac ne songe pas plus que moi à aller à Charenton. Il y a deux bonnes lampes dans la salle à manger, et des nappes. Les cheveux blancs de Grimel étaient faits avec de la farine. Filassier, l'honnête garçon, n'est entretenu que par l'École de Rome. Les fiévreux étaient de faux fiévreux. Le vrai salon a bien des aquarelles de carnaval. La dispute à table était en imitation. Ma chambre n'était pas ma chambre. Le meuble de dessous mon lit était percé, et ma bougie était un bout de bougie sur un navet ratissé ! Voilà ! Ah ! les scélérats ! les ai-je assez amusés ! Car on vous donne, pour ces occasions, une chambre sans volets, sans rideaux, et où on peut vous voir du balcon de la Loggia. Et ils m'ont vu ! je leur ai donné la comédie de l'homme qui rentre désespéré dans sa chambre, ferme la porte, regarde, fait deux ou trois tours, met la main dans son gousset pour y trouver un équilibre dans son malheur, tire lentement une manche de sa redingote, cherche un meuble où la poser, et finit par s'asseoir sur sa malle comme un condamné à cinq ans de Rome ! Ils m'ont vu ouvrir ma malle, en tirer un pot de pommade, et me frotter le nez pour le coup de soleil qu'on attrape ordinairement dans le voyage, avec le geste imbécile qu'on a à se frotter le nez quand on n'a pas de glace ! Ils m'ont vu, me graissant bêtement d'une main, tenir et retourner de l'autre, avec agitation, une lettre ! Car, je n'avais pas osé tout te dire. J'avais eu la naïveté de leur parler en chemin d'une Italienne très-gentille que j'avais rencontrée dans le nord de l'Italie, et qui m'avait dit qu'elle allait à Rome; et j'avais trouvé en arrivant à l'Académie une lettre, une lettre à cachet, à devise, une lettre sentant la femme : mais le diable, c'est que ce gueux de poulet était en italien, en un polisson d'italien de cuisine qui me faisait venir l'eau à la bouche, et où j'accrochais un mot par-ci par-là sans pouvoir saisir une phrase... Oh! non, moi, en pan de chemise, avec la caricature de mon ombre au mur, piochant ma lettre, en m'approchant toujours plus près de la bougie, et en m'enduisant plus fiévreusement le nez... ça devait être trop drôle !

» Le lendemain, ils n'ont pas manqué de me présenter à la dame de la garde-robe de l'École, comme à la femme de M. Schnetz, et j'ai été très-flatté qu'elle me parlât de mon concours !

» Oui, c'est moi, mon cher, qui ai été attrapé comme ça! Ça doit te donner une assez jolie idée de la manière dont on vous met dedans. Vrai, c'est très-bien fait, cette scie en crescendo. Ça monte, ça monte; ça vous pince tout à fait à la fin, et ça pince tout le monde. Et puis, tu comprends, on arrive; il y a le voyage qui vous a remué, la fatigue, l'éreintement. On a l'émotion de l'arrivée, de tout ce qu'on va voir, de Rome. On ne sait pas, on se sent loin. Il y a de l'inconnu dans l'air, un tas de choses qui vous font bête. Bref, ça arrive aux plus forts ; on est prêt à tout avaler.

» Je te dirai qu'il y a ici un Beau auquel on sent qu'on ne peut atteindre tout de suite et qui vous écrase. C'est l'impression générale, à ce qu'on me dit, ce qui me console un peu. Il me semble que je n'ai pas encore les yeux ouverts. Je suis dans le demi-jour de la première année. Il paraît qu'ici on est illuminé subitement. Un beau jour on voit. Grimel m'a expliqué cela : il arrive un moment où tout d'un coup ce qu'on a partout sous les yeux vous est révélé. A lui, ça est arrivé du balcon de la Loggia. En regardant de là toute la vieille Rome, la colonne Antonine, la colonne Trajane, les murs de Rome, la campagne, les monts de la Sabine, le bord de la mer à l'horizon, il a vu, il a compris, il a senti : tout s'est éclairé pour lui.

» En attendant, je travaille dur.

» Qu'est-ce qu'on devient à Paris?

» Ton bon camarade,

» GARNOTELLE. »

XXII

Des mois, un an se passaient. Anatole continuait cette existence au jour le jour, nourrie des gains du hasard, riche une semaine, sans le sou l'autre, lorsqu'il lui arrivait une fortune. Un éditeur belge qui avait entrepris une contrefaçon des modèles de têtes de Julien à l'usage des pensions et des écoles, s'adressait à lui. Le modèle décalqué sur la pierre, la pierre passée au gras, Anatole n'avait guère qu'à repiquer les valeurs qui n'étaient pas venues. Il en expédia près d'une centaine dans son hiver. Chacune de ces reproductions lui étant payée quatre-vingts francs, il se fit ainsi près de huit mille francs. C'était pour lui une somme fabuleuse, l'extravagance de la prospérité : il avait l'impression d'un homme sans souliers qui marcherait dans l'or. Tout coula, tout roula dans le petit atelier qui devint une espèce d'auberge ouverte, de café gratuit, à grands soupers de charcuterie, où les cruchons de bière vidés faisaient à la fin le tour des quatre murs, et sortaient sur le palier.

Puis ce furent des fantaisies. Anatole se livra à des acquisitions de luxe, longtemps rêvées. Il acheta successivement diverses choses étranges.

Il acheta une tête de mort dans le nez de laquelle il piqua, sur un bouchon, un papillon.

Il acheta un *Traité des vertus et des vices*, de l'abbé de Marolles, dont il fit le signet avec une chaussette.

Il acheta un cadre pour une étude de Garnotelle, peinte un jour de misère avec l'huile d'une boîte à sardines.

Il acheta un clavecin hors d'usage, où il essaya vainement de s'apprendre à jouer : *J'ai du bon tabac...* Après le clavecin, il acheta un grand morceau de guipure historique; après la guipure un canot qu'on vendait pour rien, sur saisie, un jour de janvier, et qu'il fit enlever, sous la neige, de la cour des Commissaires-priseurs.

Après le canot, il n'acheta plus rien; mais il prit un abonnement à une édition par livraisons des œuvres de Fourier, et se commanda un habit noir doublé en satin blanc, — un habit qui devait, dans l'atelier, remplacer la musique : pour l'empêcher de prendre la poussière, Anatole finit par le serrer dans le clavecin dont il enleva l'intérieur.

XXIII

— Garçon !... des huîtres... des grandes... comme votre berceau ! Allez !

C'était Anatole qui lançait sa commande, installé dans la grande salle du restaurant Philippe, à une table en face la porte d'entrée.

Ce jour-là — le jour de la mi-carême, — l'idée d'aller au bal de l'Opéra s'était emparée de lui. Il avait réuni un gilet de flanelle, une paire d'ailes, un maillot, un carquois, et avec cela il s'était déguisé en Amour. Une seule chose l'embarrassait : sa barbe noire. Ne voulant pas la couper, il se résolut à lui donner un accompagnement qui ôtât le manque d'harmonie à son costume : il attacha sur son gilet de flanelle, au creux de l'estomac, un peu de crin qu'il prit dans son matelas. Ainsi habillé, des besicles noires peintes autour des yeux, un ruban bleu de ciel dans les cheveux, des pantoufles de broderie aux pieds, il était parti, allant devant lui, flânant. Malgré la gelée qu'il faisait, il n'avait froid qu'au bout des doigts, et rien ne le gênait que l'ennui de ne pouvoir mettre ses mains dans ses poches absentes. Il s'arrêtait devant les costumiers, regardait les oripeaux de carnaval dans le flamboiement du gaz, marchait tranquillement dans l'escorte d'honneur des gamins : il n'était pas pressé. Au fond, il trouvait le bal de l'Opéra un divertissement d'une distinction un peu bourgeoise, un plaisir d'homme du monde ; et il se demandait s'il ne devait pas aller dans un bal moins bon genre, comme Valentino, Montesquieu. Il arriva à l'Opéra. N'étant pas encore bien décidé, il entra dans un petit café du voisinage, et trouva, dans ce qui se passait là, dans le caractère des habitués, dans les allées et venues des dominos qui leur apportaient des sucres de pomme et des oranges, assez d'intérêt pour y rester près d'une heure. Arrivé à l'entrée de l'Opéra, et salué par l'engueulement des cireurs de bottes que les nuits de bal improvisent, il fit l'honneur à deux ou trois de ces peintres en vernis, auxquels il reconnut une jolie *platine*, de leur répondre, aux applaudissements des groupes du passage. D'un de ces groupes, il sortit à la fin un monsieur qui avait l'air de le connaître, et qui n'eut aucune peine à l'emmener faire une partie de billard au Grand-Balcon. A peine si le monsieur joua ; Anatole avait ce soir-là un jeu étourdissant ; il fit des séries de carambolages interminables, en ne se lassant pas d'admirer combien le costume d'Amour, avec la liberté de ses entournures, était favorable aux effets de recul. Il joua ainsi pendant deux grandes heures, dans le café troublé de voir, à travers son demi-sommeil, les fantastiques académies dessinées par les poses de cet Amour à barbe, que le regard des derniers consommateurs enfilait si étrangement, lors des raccourcis du jeu, depuis le talon jusqu'à la nuque.

Il sortit de là, avec la ferme intention d'aller décidément au bal de l'Opéra; mais au boulevard, sa curiosité se laissait accrocher, arrêter au spectacle du mouvement entourant le bal, à ces figures qui sortent de ces nuits du plaisir, à toutes ces industries de bricole qui ramassent des gros sous et des bouts de cigare derrière le Carnaval.

Et il était en train de suivre et d'escorter une femme qui portait dans un seau du bouillon à la file des cochers de fiacre, quand il vit au cadran de la station : quatre heures moins cinq... — Tiens! dit-il, c'est l'heure d'avoir faim, — et renonçant au bal, il s'était dirigé vers Philippe.

Les masques arrivaient. Anatole criait :

— Oh! c'te tête!... Bonjour, Chose!... Et tu fais toujours des affaires avec le clergé? « A la renommée pour l'encens des rois mages!... » T'es l'épicier du bon Dieu! Tais-toi donc!... Et tu te costumes en Turc! c'est indécent!...

. . . .
. . . .

Et à chaque arrivant, il jetait un pareil passe-port, un signalement grotesque en pleine figure. La salle jubilait. Les soupeurs se poussaient pour entendre de plus près cette pluie de bêtises, apostrophes cocasses, baptêmes saugrenus, l'Almanach Bottin tombant du Catéchisme poissard! On faisait cercle, on entourait Anatole. Les tables peu à peu marchaient vers lui, se soudaient l'une à l'autre; et tous les soupers, en se pressant, ne faisaient plus qu'un souper où les folies, débitées par Anatole, couraient à la ronde avec les bouteilles de Champagne passant de mains en mains comme des seaux d'incendie. On mangeait, on pouffait. Les nappes buvaient de la mousse, des hommes pleuraient de rire, des femmes se tenaient le ventre, des pierrots se tordaient.

Anatole, exalté, jaillit sur la table, et de là, dominant son public, il se mit à danser la danse des œufs entre les plats, essaya des poses d'équilibre sur des goulots de bouteille, toujours parlant, débagoulant, levant pour des toasts inouïs un verre vide au pied cassé, piquant un morceau dans une assiette quelconque, chipant sur une épaule de femme un baiser au hasard, criant : — Ah ! ça me donne vingt ans de moins... et trois cheveux de plus !

Le tout petit jour pointait, ce jour qui se lève comme la pâleur d'une orgie sur les nuits blanches de Paris. Le noir s'en allait des carreaux de la salle. Dans la rue s'éveillaient les premiers bruits de la grande ville. Le travail allait à l'ouvrage, les passants commençaient. Anatole sauta de la table, ouvrit la fenêtre : il y avait dessous des ombres de misère et de sommeil, des gens des halles, des ouvriers de cinq heures, des silhouettes sans sexe qui balayaient, tout ce peuple du matin qui passe, au pied du plaisir encore allumé, avec la soif de ce qui se boit, la faim de ce qui se mange, l'envie de ce qui flambe là-haut !

— Une... deux... trois... ouvrez le bec, mes enfants ! — cria Anatole ; et saisissant deux bouteilles de champagne, il les vida sans voir dans des gosiers vagues qui buvaient comme des trous. Chaque table se mit à l'imiter, et des trois fenêtres du restaurant, le champagne ruissela quelque temps sans relâche, ainsi qu'un ruisseau d'orage perdu, à mesure, dans une bouche d'égout. La foule s'amassait, se bousculait, il en sortait des hourras, des cris, des têtes qui se disputaient une gorgée. La rue ivre se ruait à boire ; le jour montait.

— Gare là-dessous ! — fit Anatole ; et tout à coup, lâchant ses bouteilles, il parut avec deux têtes encadrées dans l'anse de ses deux bras : l'une de ces têtes était la tête d'un monsieur en habit noir, l'autre la tête d'une débardeuse ; et, avançant tout le corps sur l'appui de la fenêtre, se penchant en dehors avec les élasticités d'un pitre sur un balcon de parade, il se mit à débiter, de la voix exclamatrice des *boniments :*

— Le Parisien, messieurs ! — et il désignait le monsieur en habit se débattant sous son bras, en étouffant de rire. — Vivant, messieurs ! En personne naturelle !!... Grand comme un homme ! surnommé le *Roi des Français !!!* Cet animal !... vient de province ! son pelage ! est un habit noir ! Il n'a qu'un œil ! comme vous pouvez voir ! son autre œil !... est un lorgnon ! Cet animal, messieurs, habite un pays ! borné par l'Académie !... Sauf l'amour ! platonique ! on ne lui connaît pas ! de maladies particulières !... C'est l'animal du monde ! du monde ! le plus facile à nourrir ! Il mange ! et boit de tout ! du lait filtré ! du vin colorié ! du bouillon économique ! du chevreuil de restaurant !!! Il y en a même des espèces ! qui digèrent ! un dîner à quarante sous !!! Cet animal ! messieurs ! est très-répandu ! Il s'acclimate partout ! sauf à la campagne ! D'humeur douce ! il est facile à élever. On peut le dresser, quand on le prend jeune, à retenir un air d'orgue et à comprendre un vaudeville !... Inutile, messieurs, de vous citer des traits de son intelligence : il a inventé la *savate* et les faux-cols !!! Sa cervelle ! messieurs ! la dissection nous l'a fait connaître ! On y trouve ! on y trouve ! messieurs ! le gaz d'une demi-bouteille de champagne ! un morceau de journal ! le refrain de la *Marseillaise !!!* et la nicotine de trois mille paquets de cigares !!!... Pour les mœurs, il tient du coucou ! il aime à faire ses petits dans le nid des autres !!!... Et v'la cet animal !!!... A sa dame, à présent !

Et Anatole montra à la rue la femme qu'il tenait, en la faisant tourner comme une poupée.

—... La Madame à ce monsieur-là ! saluez !... Une bête ! inconnue ! une bête !!! qui enfonce les naturalistes !... La Parisienne ! mesdames ! sauf le respect que je vous dois !... Des pieds et des mains d'enfant ! des dents de souris ! une patte de velours ! et des ongles de chat !!! Elle a été rapportée du Paradis terrestre ! à ce qu'on dit ! Quoique très-délicate ! elle résiste aux plus gros ouvrages ! Elle peut frotter dix heures de suite ! quand c'est pour danser !!!... Cette petite bête ! messieurs ! se nourrit généralement ! de tout ce qui est nuisible à sa santé ! Elle mange de la salade ! et des romans!!!... Sensible aux bons traitements! messieurs! et surtout aux mauvais!!!... Beaucoup de personnes! un grand nombre de personnes!!! messieurs! sont arrivées à la domestiquer! en lui donnant la nourriture! le logement! le chauffage! l'éclairage! le blanchissage! leur confiance! et quelques diamants!!!... Très-facile à apprivoiser! Généralement caressante! susceptible de jalousie! et même de fidélité!... Enfin! messieurs! cette charmante petite bête! qui marche sans se crotter! est vivipare! pare!!! pare!!!... Et v'la ce que c'est! Allez! la musique!!!

XXIV

— Hein? quoi? — fit Anatole, le dimanche qui suivit ce jeudi-là, en se sentant rudement secoué dans son lit. Il ouvrit la moitié d'un œil, et aperçut Alexandre, dit Mélas, revenu d'Étampes, où il était allé jouer.

— Tiens! le général! c'est toi? Fait-il jour?

Et il sortit à demi des couvertures une figure méconnaissable, qui ressemblait à un masque déteint du carnaval. La sueur avait pleuré sur ses grandes lunettes noires, et le blanc de céruse, coulé sur sa peau, lui donnait des luisants de poisson raclé.

— D'abord, lave-toi, — lui dit Alexandre, — ça te débarbouillera les idées. Tu as l'air d'un spectre qui s'est promené sans parapluie... Sais-tu que tu as fait venir des cheveux blancs à ton portier?

— Moi? Eh bien, je les lui repeindrai, voilà tout...

— Figure-toi qu'hier il a fait monter un médecin...

— Tiens!

— Qui ne t'a pas trouvé de fièvre, et qui a dit qu'on te laisse dormir...

— Ah ça! quel jour sommes-nous?

— Dimanche.

— Dimanche? Mais alors... sapristi! C'est bien vendredi matin que j'étais raide...

Et il répéta : Dimanche! en se perdant dans ses réflexions.

— Il y a donc des trous dans l'almanach. L'année a des fuites... Ah! bien, voilà deux jours dans ma vie qu'on m'a joliment volés... Le bon Dieu me les doit, oh! il me les doit...

— Mais qu'est-ce que tu as pu faire?... Car tu n'es rentré que dans la nuit du vendredi, à je ne sais quelle heure... Le portier ne t'a pas vu...

— Je crois bien... moi non plus... Si tu crois que je me voyais!

— Voyons! tu dois te rappeler quelque chose?

— Rien... non, là, vrai, rien... Je me rappelle Philippe, le balcon... des messieurs qui m'ont mené au café... et puis, à partir de là, psit! plus rien..

— Mais, où as-tu été?

— Pas devant moi, bien sûr. Attends... Il me semble qu'on m'a fait galoper sur un cheval, dans une allée où il y avait de grands arbres... comme une allée de parc. Et puis, voilà... là, là.

Et il voulut se remettre du côté du mur.

— Est-ce que tu vas te rendormir, dis donc?

— Ma foi, oui, pour me rappeler, c'est le seul moyen... Ah! attends, ça me revient... Oui, une chambre... très-grande... où il y avait des portraits de famille... des portraits de famille d'un effrayant! Il y en avait en noir... des magistrats, avec des sourcils et des nez!... Et puis, il y avait surtout une dame, toujours avec le même nez, en robe jaune, et les joues d'un rouge!... Et c'était peint, mon cher! Imagine la famille de Barbe-Bleue, sous Louis XV, peinte par un vitrier de village... des Chardin byzantins, vois-tu ça? Ça me faisait peur, d'autant plus que c'était si drôlement éclairé par le feu d'une grande cheminée... Si j'avais des parents comme ça, par exemple, c'est moi qui les enverrais à une loterie de bienfaisance! Et puis je crois que j'ai rêvé que le portrait de la dame en jaune avait la colique, et que ça me la donnait... Et puis, et puis tout à coup j'ai cru qu'on roulait la chambre dans une voiture...

— C'est ça, on t'aura emmené dans quelque château près de Paris. Et puis, tu étais trop saoûl, on t'aura couché et on t'aura ramené...

— Possible... Ça ne fait rien, c'est embêtant de ne pas savoir tout de même... Il m'est peut-être arrivé des choses très-amusantes... Il y avait peut-être des grandes dames!... Et puis, dis donc... Ah ça! j'espère que ce n'était pas des filous, ces gens-là... Pourvu qu'ils ne m'aient pas fait signer des billets, les imbéciles!... Avec tout ça, je vais avoir l'air d'un mufle : je ne pourrai pas leur envoyer de cartes au jour de l'an... Heureusement qu'il y a le dernier jugement pour se retrouver! Bonsoir! Oh! laisse-moi dormir encore un peu... Je dors en gros, moi... Sais-tu que j'ai passé ces jours-ci, huit jours de suite sans me coucher?

XXV

Dans cette année 1846, au milieu du « coulage » de son existence, Anatole eut une velléité de travail ; l'idée de faire un tableau, d'exposer, lui vint comme il sortait du Louvre, le dernier jour de l'exposition, échauffé et monté par ce qu'il avait vu, la foule, le public, les tableaux, l'admiration et la presse devant deux ou trois toiles de ses camarades d'atelier.

Il lui restait encore quelque argent sur l'affaire des Julien. L'occasion était bonne pour se payer une œuvre. En revenant il entra chez Desforges, commanda une toile de 100, choisit des brosses, se remonta de couleurs. Puis il dîna vite, et, sa lampe allumée, il se mit à chercher son idée dans le tâtonnement et la bavochure d'un trait au fusain. Le lendemain, un peu mordu de fièvre, du matin, du commencement du jour à sa tombée, il couvrit des feuilles de papier de crayonnages d'esquisse. On frappa à sa porte, il n'ouvrit pas.

Le soir, au lieu d'aller au café, il alla faire une petite promenade sur la place de la Bastille, et, rentré chez lui, il donna vivement quelques indications dernières à un grand dessin choisi parmi les autres, et qu'il avait fixé au mur avec un clou.

Le lendemain, aussitôt qu'il eut sa toile, il reporta dessus sa composition à la craie. Les amis qu'il laissa entrer ce jour-là riaient, assez étonnés de le voir piocher, et l'appelaient « l'homme qui a un chef-d'œuvre dans le ventre ». Anatole les laissa dire avec la majesté de quelqu'un qui se sentait au-dessus des plaisanteries ; et il passa quelques jours à assurer consciencieusement toutes ses places.

Ses places bien assurées, il fuma beaucoup de cigarettes devant sa toile, avec une sorte de recueillement, tourna autour de sa boîte à couleurs, l'ouvrit, la ferma, et à la fin se mit à jeter précipitamment les premiers dessous sur la toile.

— Ça me démange, vois-tu, — dit-il au camarade qui était là, — je reprendrai cela avec le modèle.

Au bout de quatre ou cinq jours, la toile était couverte, et le sujet du tableau d'Anatole apparaissait clairement.

Ce tableau, où l'élève de Langibout avait mis toute son inspiration, n'était pas précisément une peinture : il était avant tout une pensée. Il sortait bien plus des entrailles de l'artiste que de sa main. Ce n'était pas le peintre qui avait voulu s'y affirmer, mais l'homme ; et le dessin y cédait visiblement le pas à l'utopie. Ce tableau était en un mot la lanterne magique des opinions d'Anatole, la traduction figurative et colorée de ses tendances, de ses aspirations, de ses illusions ; le portrait allégorique et la transfiguration de toutes les généreuses bêtises de son cœur. Cette sorte de *veulerie* tendre, qui faisait sa bienveillance universelle, le vague embrassement dont il serrait toute l'humanité dans ses bras, sa mollesse de cervelle à ce qu'il lisait, le socialisme brouillé qu'il avait puisé çà et là dans un Fourier décomplété et dans des lambeaux de papiers déclamatoires, de confuses idées de fraternité mêlées à des effusions d'après boire, des apitoiements de seconde main sur les peuples, les opprimés, les déshérités, un certain catholicisme libéral et révolutionnaire, le « Rêve de bonheur » de Papety entrevu à travers le Phalanstère, voilà ce qui avait fait le tableau d'Anatole, le tableau qui devait s'appeler au Salon prochain de ce grand titre : *le Christ humanitaire.*

Étrange toile qui avait les horizons consolants et nuageux des principes d'Anatole! Imaginez une Salente du progrès, une Thélème de la solidarité dans une Icarie de feux de Bengale. La composition semblait commencer par l'abbé de Saint-Pierre et finir par Eugène Sue. Tout en haut du tableau, les trois vertus théologales, la Foi, l'Espérance, la Charité, devenaient dans le ciel, où l'écharpe d'Iris se plissait en façon de drapeau tricolore, les trois vertus républicaines : la Liberté, l'Égalité, la Fraternité. De leurs robes elles touchaient une sorte de temple posé sur les nuages et portant au fronton le mot: *Harmonia*, qui abritait des poëtes et des écoles mutuelles, la Pensée et l'Éducation. Au-dessous de ce nuage, qui planait à la façon du nuage de la Dispute du Saint-Sacrement, on apercevait à gauche un forgeron avec les instruments de la forge passés autour de sa ceinture de cuir, et dans le fond la Maturité, l'Abondance, la Moisson : de ce côté, un soleil se levant derrière une ruche éclairait la silhouette d'une charrue. A droite, une sœur de Bon-Secours était en prières, et derrière elle se voyaient des hospices, des crèches, des enfants, des vieillards. Au bas, sur le premier plan, des hommes arrachaient d'une colonne des mandements d'évêque, un frère ignorantin montrait son dos fuyant ; un cardinal se sauvait, tout courbé, avec une cassette sous le bras ; et d'un tombeau qui portait sur son marbre les armes papales, un grand Christ se dressait, dont la main droite était transpercée d'un triangle de feu où se lisait en lettres d'or : *Pax!*

Ce Christ était naturellement la lumière et la grande figure du tableau. Anatole l'avait fait beau de toute la beauté qu'il imaginait. Il l'avait flatté de toutes ses forces. Il avait essayé d'y incarner son type de Dieu dans une espèce de figure de bel ouvrier et de jeune premier du Golgotha. Il y avait encore mêlé un peu de ressouvenirs de lithographies d'après Raphaël, et un reste de mémoire d'une lorette qu'il avait aimée ; et battant le tout, il avait créé un fils de Dieu ayant comme un air de cabot idéal : son Christ ressemblait à la fois à un Arthur du paradis et à un Mélingue du ciel.

La toile couverte, Anatole flâna quelques jours : il « tenait » son tableau. Puis il arrêta un modèle. Le modèle vint : Anatole travailla mal ; la séance terminée il ne lui dit pas de revenir.

Anatole n'avait jamais été pris par l'étude d'après nature. Il ne connaissait pas ce ravissement d'attention par la vie qui pose là devant le regard, l'effort presque enivrant de la serrer de près, la lutte acharnée, passionnée, de la main de l'artiste contre la réalité visible. Il ne ressentait point ces satisfactions qui renversent un peu le dessinateur en arrière, et lui font contempler un instant, dans un mouvement de recul, ce qu'il croit avoir senti, rendu, conquis, de son modèle.

D'ailleurs, il n'éprouvait pas le besoin d'interroger, de vérifier la nature : il avait ce déplorable aplomb de la main qui sait de routine la superficie de l'anatomie humaine, la silhouette ordinaire des choses. Et depuis longtemps il avait pris l'habitude de ne plus travailler que de *chic*, de peindre au jugé avec l'acquis des souvenirs d'école, une habitude de certaines couleurs, un flux courant de figures, la tradition de vieux croquis. Malheureusement il était adroit, doué de cette élégance banale qui empêche le progrès, la transformation, et noue l'homme à un semblant de talent, à un à peu près de style canaille. Anatole, pas plus qu'un autre, ne devait guérir de cette triste facilité, de cette menteuse et décevante vocation qui met au bout des doigts d'un artiste la production d'une mécanique.

Il remplaçait le modèle par une maquette en terre sur laquelle il ajustait, pour les plis, son mouchoir mouillé, et, se trouvant plus à l'aise d'après cela, il se mettait à économiser les extrémités de ses personnages : il se rappelait le magnifique exemple d'un de ses camarades qui, dans un tableau de la Pentecôte, avait eu le génie de ne faire qu'une paire de mains pour les douze apôtres.

Pourtant sa première fougue était un peu passée, et il commençait à trouver que la tentative était pénible, de vouloir faire tenir le monde de l'avenir et la religion du vingtième siècle dans une toile de 100. Il commença un petit panneau, revint de temps en temps à sa grande toile, y fit toutes sortes de changements au gré de son caprice du moment. Puis il la laissa des jours, des semaines, n'y touchant plus que de loin en loin, et s'en dégoûtant un peu plus à mesure qu'il y travaillait.

L'idée de son « Christ humanitaire » pâlissait d'ailleurs depuis quelque temps dans son imagination et faisait place au souvenir, à l'image présente de Debureau qu'il allait voir presque tous les soirs aux Funambules. Il était poursuivi par la figure de Pierrot. Il revoyait sa spirituelle tête, ses grimaces blanches sous le serre-tête noir, son costume de clair de lune, ses bras flottants dans ses manches; et il songeait qu'il y avait là une mine charmante de dessins. Déjà il avait exécuté sous le titre des « Cinq sens », une série de cinq Pierrots à l'aquarelle, dont la chromolithographie s'était assez bien vendue chez un marchand d'imagerie de la rue Saint-Jacques. Le succès l'avait poussé dans cette veine. Il pensait à de nouvelles suites de dessins, à de petits tableaux; et tout au fond de lui il caressait l'idée de se tailler une spécialité, de s'y faire un nom, d'être un jour le Maître aux Pierrots. Et chez lui ce n'était pas seulement le peintre, c'était l'homme aussi qui se sentait entraîné par une pente de sympathie vers le personnage légendaire incarné dans la peau de Debureau : entre Pierrot et lui, il reconnaissait des liens, une parenté, une communauté, une ressemblance de famille. Il l'aimait pour ses tours de force, pour son agilité, pour la façon dont il donnait un soufflet avec son pied. Il l'aimait pour ses vices d'enfant, ses gourmandises de brioches et de femmes, les traverses de sa vie, ses aventures, sa philosophie dans le malheur et ses farces dans les larmes. Il l'aimait comme quelqu'un qui lui ressemblait, un peu comme un frère, et beaucoup comme son portrait.

Aussi il lâcha bientôt tout à fait son Christ pour ce nouvel ami, le Pierrot qu'il tourna et retourna dans toutes sortes de scènes et de situations comiques fort drôlement imaginées. Et il avait presque oublié son tableau sérieux, lorsqu'un architecte de ses amis vint lui demander, de la part d'un curé, un Christ pour une chapelle de couvent « dans les prix doux ». Anatole reprit aussitôt sa grande toile, enleva tous les accessoires humanitaires, troua la tunique de son Christ pour lui mettre un cœur rayonnant : quoi qu'il fît, le curé ne trouva jamais son Bon Pasteur assez évangélique pour le prix qu'il voulait y mettre.

Quand le malheureux tableau lui revint : — Seigneur, — fit Anatole en allant à la toile, — on dit que Judas vous a vendu : ce n'est pas comme moi. Et maintenant, excusez la lessive !

Disant cela, il effaça et barbouilla toute la toile furieusement, jusqu'à ce qu'il eût fait sortir du corps divin un grand Pierrot, l'échine pliée, l'œil émerillonné.

Quelques jours après, dans les caves du bazar Bonne-Nouvelle, le public faisait foule à la porte d'un nouveau spectacle de pantomime devant ce Pierrot signé : *A. B.*, — et qui avait un Christ comme dessous !

XXVI

Venait l'été : Anatole passait de la peinture aux plaisirs, aux joies de l'eau, à la passion parisienne du canotage.

Amarré à Asnières, le canot qu'il avait acheté dans sa veine de richesse s'emplit, tous les jeudis et tous les dimanches, de cette société d'amis et d'inconnus familiers qui se groupent autour du bateau d'un bon enfant et l'enfoncent dans l'eau jusqu'au bordage. Il tombait dedans des passants, des passantes, des camarades des deux sexes, des à peu près de peintres, des espèces d'artistes, des femmes vagues dont on ne savait que le petit nom, des jeunes premières de Grenelle, des lorettes sans ouvrage, prises de la tentation d'une journée de campagne et du petit *bleu* du cabaret. Cela sautait d'une troisième classe de chemin de fer, surprenait Anatole et son équipe dans leur café d'habitude ; et s'ils étaient partis, les ombrelles en s'agitant, arrêtaient du bord le canot en vue. Tout le jour on riait, on chantait, les manches se retroussaient jusqu'aux aisselles, et de jolis bras remuants, maladroits à ce travail d'homme, brillaient de rose entre les éclairs de feu des avirons relevés.

On goûtait la journée, la fatigue, la vitesse, le plein air libre et vibrant, la réverbération de l'eau, le soleil dardant sur la tête, la flamme miroitante de tout ce qui étourdit et éblouit dans ces promenades coulantes, cette ivresse presque animale de vivre que fait un grand fleuve fumant, aveuglé de lumière et de beau temps.

Des paresses, par instants, prenaient le canot qui s'abandonnait au fil du courant. Et lentement, ainsi que ces écrans où tournent les tableaux sous les doigts d'enfants, se déroulaient les deux rives, les verdures trouées d'ombre, les petits bois margés d'une bande d'herbe usée par la marche des dimanches; les barques aux couleurs vives noyées dans l'eau tremblante, les moires remuées par les yoles attachées, les berges étincelantes, les bords animés de bateaux de laveuses, de chargements de sable, de charrettes aux chevaux blancs. Sur les coteaux, le jour splendide laissait tomber des douceurs de bleu velouté dans le creux des ombres et le vert des arbres ; une brume de soleil effaçait le Mont-Valérien ; un rayonnement de midi semblait mettre un peu de Sorrente au Bas-Meudon. De petites îles aux maisons rouges, à volets verts, allongeaient leurs vergers pleins de linges étincelants. Le blanc des villas brillait sur les hauteurs penchées et le long jardin montant de Bellevue.

Dans les tonnelles des cabarets, sur le chemin de halage, le jour jouait sur les nappes, sur les verres, sur la gaieté des robes d'été. Des poteaux peints, indiquant l'endroit du bain froid, brûlaient de clarté sur de petites langues de sable; et dans l'eau, des gamins d'enfants, de petits corps grêles et gracieux, avançaient, souriants et frissonnants, penchant devant eux un reflet de chair sur les rides du courant.

Souvent aux petites anses herbues, aux places de fraîcheur sous les saules, dans le pré dru d'un bord de l'eau, l'équipage se débandait; la troupe s'éparpillait et laissait passer la lourdeur du chaud dans une de ces siestes débraillées, étendues sur la verdure, allongées sous des ombres de branches, et ne montrant d'une société qu'un morceau de chapeau de paille, un bout de vareuse rouge, un volant de jupon, ce qui flotte et surnage d'un naufrage en Seine. Arrivait le réveil, à l'heure où, dans le ciel pâlissant, le blanc doré et lointain des maisons de Paris faisait monter une lumière d'éclairage. Et puis c'était le dîner, les grands dîners du canot, les barbillons au beurre et les matelotes dans les chambres de pêcheurs et les salles de bal abandonnées, les faims dévorant les pains de huit livres, les soifs des cinq heures de *nage*, les desserts débordants de bruit, de tendresses, de cris, des fraternités, des expansions, des chansons et des bonheurs du mauvais vin...

XXVII

— Hé! là-bas, mon petit ange, toi... — dit un soir, à un de ces dîners, Anatole à une femme, — tu vas bien sur la matelote. Un peu de discrétion, mon enfant... Je te ferai observer que nous sommes encore trois à servir, et qu'il doit venir un quatrième... Hé! Malambic?... tu l'as connu, toi, Chassagnol?

— Parbleu! Chassagnol... Tu connais ses histoires, dis donc?

— Du tout. Je l'ai rencontré hier. Il y avait bien trois ans que je ne l'avais vu, on aurait dit qu'il m'avait quitté la veille. Il me demande : Qu'est-ce que tu fais demain? Je lui dis que nous dînons ici. J'irai vous retrouver; et il file... Avec Chassagnol, on ne sait jamais... Il ne se lâche pas sur ses affaires de famille, celui-là...

— Eh bien! il lui en est arrivé, figure-toi! D'abord un héritage de trente mille francs qui lui est tombé.

— Vrai? Tiens, il n'avait pas une tête à ça, — fit Anatole, et se tournant vers une voisine : — Julie, vous allez avoir à côté de vous un monsieur qui a trente mille francs... ne le tutoyez pas la première...

— Mais il ne les a plus... Voilà l'histoire, — reprit Malambic. — Il palpe l'argent d'un oncle, un curé, je ne sais plus... Il le met dans sa malle, ce n'est pas une blague, et il part voir du Rembrandt dans le pays, du vrai, du pur, du Rembrandt conservé sur place, du Rembrandt dans des cadres noirs. Il fait la Hollande, il fait l'Allemagne. Il flâne des mois dans des villes à tableaux... Il se paye des râfles de bric-à-brac chez les juifs... Des musées d'Allemagne, il tombe sur les musées d'Italie, et là, une flâne, tu penses!... dans les ghettos, les tableaux, la rococoterie, des enthousiasmes! des enthousiasmes de six heures devant une toile! Avec ça, tu sais qu'il a l'habitude d'aider ses admirations en se donnant une petite touche d'opium; il prétend qu'il est comme les gens qui vont entendre des opéras après avoir pris du hatchisch : eux, c'est les oreilles; lui, c'est les yeux qu'il faut qu'il se grise... La fin de tout cela, c'est qu'après s'être flanqué une bosse d'objets d'art, tout battu les palais, les collections, les chefs-d'œuvre, les villes, les villages, tous les trous de l'Italie, éreinté, rafalé, à sec d'argent, vendant pour vivre, sur la route, ce qu'il traînait après lui, il est allé tomber dans la maison de Rouvillain, Rouvillain de chez nous, tu te rappelles? qui était là-bas pour une copie du Giotto, que sa ville lui avait commandée. C'est lui, Rouvillain, qui m'a raconté ça... Mais c'est la fin qui est superbe, tu vas voir... Voilà donc Chassagnol à Padoue. Un jour, lui, l'homme des musées, qui avait des œillères dans la rue, qui n'aurait pas pu dire si les femmes portaient des chapeaux de paille ou des bonnets de coton... enfin Chassagnol, en traversant le marché, voit une jeune fille qui vendait des volailles, mais une jeune fille... tu ne connais pas ça, toi... la beauté du nord de l'Italie, mignonne, maladive... une vierge de primitif, enfin merveilleuse! J'ai vu l'esquisse que Rouvillain en a faite, comme cela, avec ces volailles, cet éventaire de crêtes rouges... ça a un caractère! Chassagnol ne fait ni une ni deux : il offre sa main. La vendeuse de poulets, qui était l'*innamorata* d'un très-beau garçon beaucoup mieux que Chassagnol le refuse net. Alors, devine ce que fait Chassagnol! Il y avait dans la maison une sœur très-laide, une vraie caricature de la beauté de l'autre... De désespoir, mon cher, et pour se rattraper à la ressemblance, il l'épouse! il l'a épousée! Et, là-dessus, il est revenu sans un sou, avec une paysanne et des chambranles de cheminée en marbre provenant de la démolition d'un palais de Gênes, marié, pas changé, et... parbleu comme le voilà! — fit Malambic en coupant sa phrase.

Chassagnol entrait, boutonné dans cet éternel habit noir que ses plus vieux amis lui avaient toujours vu, et qui semblait sa seconde peau.

— Ma foi, — lui dit Anatole en lui serrant la main, — on n'était pas sûr que tu viendrais, et tu vois, on ne t'a pas attendu.

— Oui, oui... je n'ai quitté le Louvre qu'à quatre heures... Je sais, je suis en retard, — fit Chassagnol, et il s'assit.

Le dîner continua; mais le froid de ce monsieur noir qui ne parlait pas, tombait sur sa gaieté.

— Ah çà! dis donc, — fit Anatole, — tu as donc été en Italie?

— Moi?.. oui, oui, en Italie... En Italie certainement...

Et Chassagnol s'arrêta, s'enfonçant dans un de ces silences qui repoussent les questions. Penché sur son assiette, il avait l'air d'être à cent lieues des gens et des paroles de là, d'être ramassé en lui-même et tout seul, absent du dîner, ignorant de la présence des autres. Ses sens mêmes paraissaient concentrés et retirés à l'intérieur, sans contact avec un voisinage humain de semblables et de vivants.

La folie du dîner ne tardait pas à revenir, passant par-dessus la tête de ce convive qui faisait le mort, et que les femmes ne regardaient même plus. Le café venait d'être apporté sur la table, quand Chassagnol appelant à lui, d'un brusque coup de coude, l'attention d'Anatole :

— Mon voyage d'Italie, hein, n'est-ce pas? Qu'est-ce que tu me disais? L'Italie? Ah! mon cher! Les primitifs... vois-tu, les primitifs! les *Uffizi!* Florence! Ah! les primitifs!

— Malambic! Malambic! — cria une voix de femme interrompant la tirade, — la ronde du Bas-Meudon!... Et tout le monde à l'accompagnement!... Le monsieur qui parle, là-bas... de la musique! Voyons! un peu de couteau sur votre verre!

Quand la ronde fut finie : — Tiens! les voilà qui vont être embêtants, à parler de leurs machines, — fit une femme qui se leva, et entraîna les autres femmes au dehors, à l'air, au crépuscule, sur le chemin barré de bancs, devant le cabaret.

Chassagnol était resté penché sur Anatole avec une phrase commencée, arrêtée sur les lèvres. Il reprit, dans le silence fait par la fuite des femmes et le recueillement des hommes fumant leurs pipes :

— Ah! les primitifs!... Cimabué! Des tableaux comme des prières... La peinture avant la science, avant tout, avant l'art! Ricco de Candie... Les Byzantins... les mains de Vierge comme des eustaches... l'Ingénu barbare...

Il s'arrêta, et revenant à son habitude de parler en manches de chemise, il ôta son habit, et s'asseyant sur la table, ne s'adressant plus trop à Anatole, mais parlant à tous ceux qui étaient là, à un vague public, aux murs, aux têtes coloriées de tirs à macarons accrochés de travers sur la chaux vive de la pièce, il continua : — Oui, la mosaïque byzantine, la cathèdre, la Mère de Dieu en impératrice, le petit Jésus porphyrophore... adorable! Des ciels d'or, des nimbes... *Ave gratia!* une parole d'or qui s'envole d'un tableau de Memmi... des anges d'orfèvrerie, de reliquaire, les ailes arrosées de rubis, Memmi!... des rêves... des rêves qu'on dirait faits sous le grand rosier de Damas du couvent florentin de Saint-Marc... Et Gaddi! magnifique... des casques de rois à barbe pointue, où des oiseaux battent des ailes... Gaddi! la terreur du décor de la Bible, l'Orient de la Bible... un dessinateur de Babylones... des femmes aux mentonnières de gaze près de grands fleuves verts, des paysages comme celui du premier meurtre, des firmaments où il y a le sang d'Abel sous le sang du Christ!... Et Gentile de Fabriano! La chevalerie... des lances, des chameaux, des singes, tout le moyen âge de Delacroix... Fiesole, la *transfiguration* prêchée par Savonarole, l'ange de la peinture à l'œuf... le miniaturiste du paradis... Des saintes comme des hosties... des hosties, des pains à cacheter célestes, hein, c'est ça?... Botticelli... il vous prend comme Alfred Durer, celui-là... des plis cassés d'un style! des chairs souffrantes... des lumières boréales... Et Lippi, l'amoureux des blondes... Masaccio... un grand bonhomme! le trait d'union entre Giotto et Raphaël... C'est la Foi qui va à l'Académie... l'Art s'incarnant dans l'humanité... *Et homo factus est...* voilà, hein?... Et ses fonds! des rangées de crânes de sénats marchands... des profils vulturins penchés sur la délibération des intérêts... Et une variété dans tous ces gens-là! Il y a les virgiliens... Cosimo Roselli... Des tableaux qui vous font chanter : *En nova progenies!*... Baldovinetti... la Fête-Dieu dans une toile... Et puis, des embryons de Michel-Ange, Pollaiolo qui vous casse les reins d'Antée dans le cadre d'une carte de visite... toute la gestation de la Renaissance, ces hommes-là!... Et Ghirlandaio! le saint Jean-Baptiste, le Précurseur... Il renoue les deux Romes, il mène Dieu au Panthéon, il met des frises d'amour dans le gynécée de la Nativité... Il pose le toit de la crèche sur les colonnes d'un temple, il berce le petit Jésus dans le sarcophage d'un augure... Ghirlandaio... positivement, n'est-ce pas, hein?

A ce « hein? » de Chassagnol, la porte s'ouvrit violemment. On entendit les femmes crier : « En barque! en barque! » Et presque aussitôt une irruption folle, prenant les hommes par les bras, les soulevant de leurs tabourets, les traîna, avec Chassagnol, jusqu'au canot.

— La Grande! au gouvernail! — commanda Anatole à une femme; et il passa un aviron à Chassagnol pour qu'il ne parlât plus.

Et le canot partit, fou et bruyant de la gaieté du café et des glorias, dans le tralala d'un refrain déchirant un couplet populaire.

Il était neuf heures, le soir tombait. Le ciel, pâlissant d'un côté, s'éclairait de l'autre du rose du soleil couché. Il ne semblait plus passer que des voix sur les rives; et sous les arbres du bord murmuraient des causeries basses de gens, de l'amour qu'on ne voyait pas. Tout s'estompait et grandissait dans l'inconnu et le doute de l'ombre. Les gros bateaux amarrés prenaient des profils bizarres, menaçants; de grands noirs d'huile s'étendaient sur l'eau dormante; les peupliers se massaient avec l'épaisse densité de cyprès, et soudain à la cime de l'un, la lune apparut, ronde, pareille à une lanterne jaune accrochée tout en haut d'un arbre. Lentement le repos de la nuit descendit en s'épandant sur le sommeil du paysage où les sonorités s'éteignaient. L'haleine des industries haletantes se tut aux fabriques. Le bruit du passant expira sur le chemin de halage. Rien ne s'entendit plus qu'un frissonnement de courant, un tintement; l'heure qui tombe d'un clocher de banlieue, l'agaçante crécelle d'une grenouille, le roulement lointain de tonnerre d'un train de chemin de fer sur un pont. La lune montait, marchait avec le canot, comme si elle le suivait, jouait à cache-cache derrière les arbres, surgissant à leur bord et découpant leurs feuilles, puis passant derrière leur masse, et brillant à travers en perçant leur noir de piqûres d'or. En allant, elle éclaboussait de gouttes d'éclairs et d'argent un jonc, le fer de lance d'une plante d'eau, un petit bras de la rivière, une petite anse mystérieuse, une racine, un tronc mort; et souvent les rames, en entrant dans l'eau, frappaient dans sa lumière tombée et coupaient sa face en deux. Le ciel était toujours bleu, du bleu d'une robe de bal voilée de dentelle noire; les étoiles de l'été y faisaient comme un fourmillement de fleurs de feu. La terre et sa rumeur finissante mouraient dans le dernier écho de la retraite de Courbevoie. Le canot glissait, balancé, bercé par le clapotement continu de l'eau et par l'égoutement scandé de chaque coup d'aviron, comme par une mélancolique musique de plainte où tomberaient des larmes une à une. Une fraîcheur se levait dans le soir comme un souffle venant d'un autre monde et caressait les visages chauffés de soleil sous la peau.

Des branches pendantes et balayantes de saules mettaient parfois contre les joues des chatouillements de chevelure...

Peu à peu l'obscurité, la vide et muette grandeur dans laquelle les canotiers glissaient, la douceur solennelle de l'heure, la majesté de sommeil de ce beau silence, glaçaient sur les lèvres la chanson, le rire, la parole. La Nuit, au fond de cette barque de Bohême, embrassait au front et dégrisait l'ivresse du vin bleu. Les yeux, involontairement, se levaient vers cette attirante sérénité d'en haut, regardaient au ciel... Et la bêtise même des femmes rêvait.

XXVIII

L'hiver arrivé, les commandes, les portraits manquant, Anatole fut obligé de descendre aux bas métiers qui nourrissent l'homme d'un pain qui fait d'abord rougir l'artiste, et finissent par tuer chez tant de peintres, sous le labeur ouvrier, le premier orgueil et la haute aspiration de leur carrière. Il accepta, chercha, ramassa les affaires d'industrie, les travaux de rebut et d'avilissement : les panneaux, dont on déjeune, les paysages de Suisse qui donnent l'argent d'une paire de souliers. Il fit, dans cette misérable partie, tout ce qui concernait son état : des portraits de morts, d'après des photographies; des dessins décolletés, pour la Russie; des dessus de cartons de modes pour Rio-Janeiro. Il accrocha des entreprises de Chemins-de-Croix au rabais, qu'il peignait à la diable, aidé de deux ou trois camarades de l'atelier, avec le procédé des tableaux de nature morte exposés sur le boulevard : chacun était chargé d'une couleur, préposé au rouge, au bleu ou au vert. La Passion marchait ainsi d'un train de poste, et l'on enlevait les *stations* pour la province au milieu de parodies effroyables et de charges du crucifiement qui mettaient dans la bouche de l'agonie du Sauveur la pratique de Polichinelle !

Pourtant, malgré tout, souvent la pièce de cent sous manquait. Mais il finissait toujours par venir un hasard, une chance, quelque occasion ; et, dans les moments les plus désespérés, un petit manteau-bleu apparaissait dans l'atelier, un homme providentiel, singulièrement informé des *noces* et des *dèches* d'artistes, surgissant le matin devant le lit où ils dormaient encore, et pour le moins d'argent possible, leur achetant deux ou trois esquisses qu'il marquait par derrière d'une pointe à son nom. L'homme *à la fabrique*, c'est ainsi qu'on l'appelait, était un petit homme, habillé de couleurs sobres, portant des guêtres blanches, les souliers vernis d'un faiseur d'affaires qui a toujours une voiture pour ses courses. Il avait du militaire en bourgeois, un ton net, un air coupant, le teint bilieux, les yeux bridés, le nez d'un garçon de place napolitain, une bouche sans dessin dans une barbe noire. Il faisait son principal commerce de l'exportation des tableaux pour les pays du nouveau monde qui boivent du champagne confectionné à Montmorency. Ses plus gros prix étaient soixante francs ; mais il ne les donnait qu'aux talents qui lui étaient sympathiques et aux peintres de style ; et de soixante francs il descendait à quatre francs juste pour les petites compositions. Pour peu qu'il crût à l'avenir d'un artiste, il lui faisait faire toutes sortes de choses ; il apportait des esquisses pour qu'on les lui finît, qu'on y mît du piquant, qu'on les amenât au joli : il payait cela cinq francs. Il faisait peindre des gravures d'Overbeck sur des toiles de six. Il venait encore souvent avec des panneaux sur lesquels étaient lithographiés des sujets de bergerie, des Boucher de paravent, qu'on n'avait plus que la peine de couvrir. Il traitait vite, ne riait jamais, avait des opinions, s'asseyait devant une copie, critiquait, disait des mots d'art : « C'est creux... ça fait lanterne..., » demandait plus de plis aux robes de vierges, des lumières dans les yeux, du modelé partout, un tas de petites touches « tic, comme ça » au bout des doigts et de la conscience, et de l'outremer dans les ciels.

Bref, il demandait tant de choses pour si peu d'argent, qu'Anatole, à la fin, préféra travailler pour M. Bernardin.

XXIX

M. Bernardin, un embaumeur, le rival de Gannal, se trouvait occupé à faire des préparations anatomiques pour le musée Orfila. C'était un préparateur d'un grand mérite, auquel n'avait guère manqué jusque-là, pour devenir célèbre que la chance d'embaumer des hommes connus. Il était parvenu à conserver le poids et le volume de la nature à ses préparations; seulement il ne pouvait les empêcher de prendre, avec le temps, une couleur de momification qui détruisait toute illusion. Il proposa à Anatole de les peindre d'après les modèles qu'il lui fournirait. Et ce fut alors qu'Anatole alla tous les jours à une belle et grande maison dans la rue du Faubourg-du-Temple. Il montait au cinquième, à une petite chambre de domestique, trouvait là le membre préparé, et, à côté, le membre, écorché frais par Bernardin, et qui devait lui servir de modèle pour les tons.

Quelquefois, en travaillant, il hasardait un regard dans la cour; et il n'était pas trop rassuré en voyant toutes les têtes des locataires et l'horreur de tous les étages tournées vers sa mansarde.

Un jour, s'étant mis un peu de sang aux doigts en changeant de place son modèle, il voulut se laver dans une grande terrine, dont il n'avait pas vu dans l'ombre la teinte sanguinolente. Comme il retirait ses mains, il lui vint aux doigts quelque chose comme une peau qui ne finissait pas

— Ah! celle-là, c'est d'une jeune fille... — dit négligemment M. Bernardin, en train de préparer de l'ouvrage pour le lendemain. — Oui, c'est le moment... après le carnaval... le passage des femmes dans les hôpitaux...

Il prit un tel frisson à Anatole, qu'il ne revint plus. Cela étonna M. Bernardin qui le payait bien.

A quelques semaines de là, il n'était bruit à Paris que d'un meurtre mystérieux, d'une femme coupée en morceaux, dont on avait trouvé la tête dans la fontaine du quai aux Fleurs. On frappa chez Anatole : c'était M. Bernardin. Il avait été chargé d'embaumer cette femme, que la police voulait faire exposer et reconnaître. Mais comme elle avait séjourné sous l'eau et qu'elle avait des taches, M. Bernardin, qui voulait faire un chef-d'œuvre, frapper un coup de maître, avait pensé à faire *raccorder* la malheureuse; il venait demander à Anatole de passer des glacis dessus.

— Mon cher, c'est mon avenir, — dit-il à Anatole. Et il lui offrit un gros prix.

Anatole, que la Morgue avait toujours attiré, et qui était naturellement curieux des grands crimes, se laissa décider. Et une demi-heure après, derrière le rideau tiré de la salle, il travaillait à couvrir, en couleur chair, les taches de la morte, à laquelle le coiffeur de la rue de la Barillerie, plus blanc qu'un linge, faisait la raie, tandis que M. Bernardin, retirant l'un après l'autre de la tête ses yeux en émail, essuyait dessus, soigneusement, la buée avec son foulard!

XXX

Au bout de tous ces travaux de raccroc tombait dans l'atelier la misère que l'artiste appelle de son petit nom la *panne*.

L'hiver revint cette année-là au commencement du printemps. Tous les fournisseurs du quartier étaient usés, « brûlés ». Anatole condamna au feu un vieux fauteuil qui boitait. Du fauteuil, il passa aux tiroirs du chiffonnier, et arriva à ne laisser de ses meubles que les deux côtés qui ne touchaient pas au mur. Les amis avaient fui devant le froid et l'absence de tabac. Alexandre était parti pour Lille, où l'appelait un engagement. Et il ne restait plus à Anatole qu'un camarade, qui avait pris dans son existence la place d'Alexandre.

Il est en Russie un plat national et religieux, l'*Agneau de beurre,* un agneau à la toison faite avec du beurre pressé dans un torchon, aux yeux piqués de petits points de truffe, à la bouche portant un rameau vert. Les Russes attachent une grande importance à la confection artistique de cet agneau qu'on sert dans la nuit de Pâques. Un cuisinier français, maître de cuisine chez le prince Pojarski, pendant un séjour du prince à Paris, s'était mis à étudier chez un sculpteur d'animaux pour se faire un talent de modeleur de pareilles pièces en beurre et en suif. Au milieu de ses études, saisi par l'amour de l'art, il avait donné sa démission de cuisinier pour se faire artiste. Et ses économies mangées, par ce hasard des rencontres qui accroche les malheureux, par cet instinct du ménage à deux qui associe presque toujours par paires les pauvres diables pour faire front aux duretés de la vie, il était devenu le compagnon de lit d'Anatole.

La panne continuait pendant l'été et l'automne. Tout manquait, jusqu'à l'homme à la fabrique. Bardoulat — c'était le nom du camarade d'Anatole — commençait à donner des signes de démoralisation.

— C'est drôle! décidément, c'est drôle! — répétait-il — nous voilà à ramasser des bouts de cigarettes pour fumer, à présent. Ah! c'est drôle, l'art! très-drôle! maintenant, quand je sors dehors, je marche au milieu de la rue : tu comprends, si j'avais le malheur de casser un carreau!... Oh! très-drôle, tout çà! très-drôle, très-drôle!

— Mon cher — lui disait Anatole pour le remonter —

tu cultives un genre qui a eu du succès à Jérusalem, mais qui est mort avec Jérémie... Que diable ! nous n'en sommes pas encore à la misère de Ducharmel... Ducharmel, tu sais bien? auquel on a fait, depuis qu'il est mort, un si beau tombeau par souscription... Lui, la Providence l'avait affligé d'un enfant... Sais-tu ce qu'un jour, que son moutard avait faim, il a trouvé à lui donner à manger?... Une boîte de pains à cacheter blancs !

XXXI

Le soir, ils s'en allaient tous les deux à la barrière, au *Désespoir*, chez Tisserand le Danseur, où l'on dînait pour neuf sous. Et l'estomac à demi rempli, sans un liard pour une consommation, regardant à travers les rideaux les gens assis dans les cafés, ils s'en revenaient tristement.

Alors commençait la veillée, la causerie, et presque toujours l'ironie d'une conversation succulente. Curieux de tout ce qui avait un caractère étranger, enclin d'ailleurs à cette gourmandise d'imagination qui lui faisait demander sur les cartes des restaurants les mets inconnus et de noms chatouillants, Anatole mettait l'ancien chef du prince Pojarski sur son passé ; et le cuisinier, s'animant au souvenir du feu de ses fourneaux, et comme repris par sa première profession, lui parlait cuisine, et cuisine russe. Les yeux brillants, il énumérait les cailles des gouvernements de Toul et de Koursk, les gélinottes de Wologda, Arkhangel, Kazan ; les coqs de bruyères, les bécasses de bois, les sangliers des gouvernements de Grodno et de Minsk ; les jambons, les pattes d'ours, tout le gibier conservé gelé toute l'année dans les glacières de Pétersbourg. Il dissertait sur la délicatesse des poissons vivant dans ces fleuves de glace : les sterlets du Volga, l'esturgeon du lac Ladoga, les saumons de la Newa, les lavarets, le soudac, dont le meilleur apprêt est celui dit du *Cabaret rouge*; et les truites de Gatschina, les *carassins* des environs de Saint-Pétersbourg, les éperlans de Ladoga, les goujons perchés, les goujons délicieux de Moscou, les riapouschka, les chabots de Pskoff, dont on se sert dans le carême pour le *stschi* maigre, et dans la semaine du carnaval pour les *blinis*. Et de l'énumération, Bardoulat passait impitoyablement aux détails de son ancien art, avec des termes techniques, des explications, des gestes qui semblaient remuer les choses dans la casserole, des mots qui sentaient bon et qui fumaient. C'était le potage Rossolnick, le potage aux concombres liés, au moment de servir, avec de la crème double et des jaunes d'œuf, dans lequel on met les membres de deux jeunes poulets cuits dans le velouté du potage.

— Le velouté du potage! — répétait Anatole, comme pour se faire passer sur la langue la friandise de l'expression.

Mais Bardoulat ne l'écoutait pas : il était lancé dans l'extravagance des soupes : le potage de sterlet aux foies de lotte, mouillé de vin de Champagne, les bortsch, les stschi à la paresseuse, le bouillon de gribouis, fait de ces exquis champignons qui ne viennent que sous les sapins, les potages au gruau de sarrazin, au cochon de lait, aux morilles, aux orties, et les potages à la purée de fraises, pour les grandes chaleurs...

Anatole écoutait tout cela, aspirant l'exquisité des plats que l'autre évoquait toujours, les petits pâtés de vesiga, les coulibiac de feuilletage aux choux, les varenikis lithuaniens, les vatrouschkis au fromage blanc, les saussellis farcis des pellmènes sibériens, les ciernikis et nalesnikis polonais : il lui semblait être au soupirail d'une cuisine où Carême travaillerait pour Attila, et il lui entrait des rêves dans l'estomac.

— Mais vois-tu ce qu'il faut manger, — lui dit une fois l'ancien chef, — au premier argent que nous aurons, j'en fais un, tu verras! Un faisan à la Géorgienne!... C'est qu'il faut du raisin.

— Oh ! — dit négligemment Anatole, — j'en ai vu chez Chevet... vingt francs la boîte, mon Dieu..

— Écoute ! — fit le chef, et se mettant à parler comme un livre de cuisine, — tu vides, tu flambes, tu trousses ton faisan... tu le bardes, tu le mets dans une casserole... ovale, la casserole... tu enlèves avec précaution les pellicules d'une trentaine de noix fraîches, et tu les mets dans la casserole.

— Bon !

— Tu écrases dans un tamis deux livres de raisin et la chair de quatre oranges... tu verses cela sur ton faisan, tu ajoutes un verre de Malvoisie, autant d'infusion de thé vert... Tout cela sur le feu, une heure avant de servir, et lorsque c'est cuit... tu as ajouté, bien entendu, gros comme un œuf de beurre fin... Tu passes les trois quarts de la cuisson à la serviette pour la réduire avec une bonne espagnole... Tu sers... Et ce que c'est bon ! Ah ! mon ami !

— Assez ! — dit d'un ton impératif Anatole.

— Oui, assez, — dit mélancoliquement l'ancien chef de cuisine du prince Pojarski.

Tous deux commençaient à trop souffrir de ce supplice abominablement irritant, torture de tentation pareille à celle qu'auraient des naufragés si, dans le ciel au-dessus d'eux, le *Parfait Cuisinier* s'ouvrait avec des recettes écrites en lettres de feu.

XXXII

Par une journée de froid noir, en décembre, où ils étaient restés au lit, couchés avec leurs vareuses, à jouer au piquet, il leur prit l'idée d'aller se chauffer gratis dans un endroit public.

Ils étaient sur le boulevard, ne sachant trop où ils entreraient, hésitant entre le Louvre et un bureau d'omnibus, lorsque Anatole dit :

— Tiens! si nous allions aux commissaires-priseurs? Il y a longtemps que j'ai envie d'acheter un mobilier en bois de rose...

Bardoulat ne fit pas d'objection. Ils arrivèrent au long corridor de la rue des Jeûneurs, entrèrent dans une première salle et s'assirent sur deux chaises, les pieds posés sur la bouche d'un calorifère, le corps ramassé dans la chaleur qu'il faisait. Au bout de quelques instants seulement ils regardèrent.

— Ah! — fit Anatole, — une esquisse de Lestonat... Tiens!... une autre... C'est encore de lui, ça... Et ça aussi... Une crânement bonne chose, cette esquisse-là... Langibout, je me rappelle, quand il la lui a montrée, était joliment content... Que c'est drôle, qu'il *lave* tout ça!... Il est donc connu à présent, qu'il se paye une vente... Ah! voilà Grandvoinet... là-bas, dans le coin, ce grand... C'était son intime... Il va nous dire... Eh! Grandvoinet...

Grandvoinet arriva à Anatole.

— Tiens! c'est toi? Bonjour...

— Ça se vend-il?

Grandvoinet ne répondit que par un signe de tête triste.

— Ah ça! pourquoi vend-il?

— Pourquoi?... Tu n'as donc pas lu l'affiche?

— Non.

— Eh bien! il est mort... simplement...

— Mort! bah?... Comment, lui!... Sapristi! Lestonat... un garçon auquel, à l'atelier, le père Langibout et tout le monde croyaient tant d'avenir...

— Tiens! le voilà, à présent, son avenir!

Et Grandvoinet montra de l'œil à Anatole, au bas du bureau du commissaire-priseur, une pauvre maigre jeune femme, vêtue du deuil propre et pauvre de la misère, en chapeau, les épaules serrées dans un châle reteint. Elle était là, droite, ne bougeant pas, les mains dans le creux de sa jupe, avec une figure d'une pâleur jaune, et son chagrin à peine séché dans les yeux. A côté d'elle, et de fatigue se penchant par moments contre son bras, un enfant de deux ou trois ans, juché sur la chaise trop haute pour lui, laissait pendre ses deux jambes qu'il remuait, et dont les pieds, en se tortillant, se tournaient l'un sur l'autre; et puis il regardait vaguement, d'un air étonné et distrait, de l'air des enfants trop petits pour voir la mort, et qui sont amusés d'être en noir.

— De quoi est-il mort? — demanda Anatole.
— De quoi?... De la peinture, mon cher... de ce joli métier de galère-là! — fit Grandvoinet d'un ton d'amertume sourde. — Les bourgeois croient que c'est tout rose, notre vie, et qu'on ne crève pas à ce chien de travail-là! Tu la connais, toi: l'atelier, depuis le matin six heures jusqu'à midi; à déjeuner, deux sous de pain et deux sous de pommes de terre frites; après ça, le Louvre, où l'on peint toute la journée... Et puis, le soir, encore l'école, le modèle de six à huit heures, et ce qu'on fait en rentrant chez soi... Trouvez le temps de dîner seulement là-dedans! Ah! elle est jolie, l'hygiène, avec la gargotte, les embêtements, les échignements pour les concours, les éreintements d'estomac, de tête, de piochade, de volonté et de tout... Va, il faut en avoir une santé et un coffre pour y résister!... Soixante-quinze francs! Mais c'est son plafond pour la Tanucci, l'esquisse, qu'on vend... Quatre-vingts! Est-ce fin de ton, hein?... Quatre-vingt-cinq! Je suis capable de ne rien avoir... Enfin, j'ai tout de même eu une bonne idée de mettre au clou ma montre et ma chaîne... Si je n'avais pas poussé, ce gueux de Lapaque aurait tout eu pour rien... Quatre-vingt-quinze!... On n'a pas idée de ça: il n'y a que lui de marchand ici...

La vente se traînait péniblement avec l'horrible ennui d'une vacation qui ne va pas. Les enchères misérables angoissaient. Rien n'avait amené le public à cette dernière exposition d'un peintre à peu près inconnu des amateurs, qui n'avait de talent que pour ses camarades, et dont les autres peintres achetaient les esquisses pour

« se monter le coup ». D'ailleurs, la mode n'existait pas encore des ventes d'artistes; et il pesait sur le marché de l'art les préoccupations politiques de la fin de cette année 1847.

Des gens qui étaient là, des vingt personnes espacées autour des tables, la moitié était venue, comme Anatole et son ami, pour se chauffer. A peine si trois ou quatre faisaient un petit mouvement d'avance, quand une toile passait devant eux; et, dans un coin, un homme au chapeau roux dormait tout haut. De temps en temps, un passant regardait, de la porte de la salle, les cadres, les panneaux, le chevalet Bonhomme, les cartons, le mannequin; et voyant si peu de monde, il n'avait pas le courage d'entrer. Le gros commissaire-priseur, renversé sur son fauteuil et se grattant le dessous du menton avec son marteau d'ivoire, se laissait aller à bâiller; le crieur ne donnait plus que la moitié de sa voix; et jusqu'au dos des lourds Auvergnats emportant les numéros adjugés, tout et tous semblaient mépriser cette peinture qui se vendait si mal, ce talent que la réclame de la mort n'avait pas fait monter.

Enfin, on arrivait à la fin de la vente.

La pauvre femme était toujours là, plus douloureuse, plus humiliée à chaque nouvelle adjudication, comme si, devant les morceaux de la vie de son mari vendus si bon marché, pleurait et saignait l'orgueil qu'elle avait placé sur son talent. Le commissaire-priseur se animait; et, paraissant sourire à l'idée de son dîner et de son plaisir du soir, il regardait en dessous cette douleur de jeune veuve avec de gros yeux sensuels de célibataire sceptique. Il criait, pressait les enchères, disait :

— Messieurs, il y a un cadre! — ou bien : — Une belle femme nue, messieurs!... Pas d'erreur?... Vu?... On y renonce? — Il jetait sur les toiles, à mesure qu'elles passaient, ces lourdes et cyniques plaisanteries de son métier, qui enterrent l'œuvre d'un mort dans une profanation de risée.

— Le misérable! — fit Grandvoinet indigné, — il

égaye la vente!... Ah! si sa femme, avec les frais, a seulement de quoi payer les dettes!

Anatole et Bardoulat restèrent sous l'impression de cette triste scène. Dans la rue :

— Merci! — dit Bardoulat, — ayez donc du talent!

Le soir après dîner, comme Anatole croyait que Bardoulat, sa vareuse ôtée, allait se coucher, il le vit prendre la redingote commune.

— Tu prends notre redingote? — lui dit-il.

— Oui, je sors un moment...

— A cette heure-ci?... Coquin!

Dans la nuit, tout en dormant, il sembla à Anatole que le thermomètre baissait : le lendemain, il fut étonné de se trouver seul dans son lit. La journée se passa sans nouvelles de Bardoulat. Le soir, il ne revint pas. Le matin qui suivit, Anatole inquiet commençait à se demander s'il ne ferait pas bien d'aller voir à la Morgue, quand il reçut un petit billet de Bardoulat. Bardoulat s'avouait dégoûté de l'art, et il demandait pardon à Anatole de l'avoir quitté si brusquement, mais il n'osait plus le revoir; il n'en était plus digne : il s'était replacé comme cuisinier chez un Russe qui le faisait partir en courrier pour la Russie.

— Cet animal-là! — fit Anatole, — il aurait bien dû mettre la redingote dans sa lettre, d'autant plus qu'il est parti avec les derniers quarante sous de la maison!... Enfin, tant mieux qu'il soit parti : avec ses histoires de cuisine, c'était le *supplice de Cancale!*...

XXXIII

Cependant arrivait cette année dure à l'art : 1848, la Révolution, la crise de l'argent.

Anatole n'en souffrait pas trop d'abord. Il trouvait à s'employer dans une série de portraits des députés de la

Constituante. Mais après cela, des semaines, des mois se passaient sans qu'il trouvât autre chose à faire que l'en-tête d'une romance légitimiste : *Où est-il?* qu'il exécuta en faisant violence à ses opinions républicaines. Puis, la gêne des temps croissant, il arriva à se laisser embaucher par un individu qui avait eu l'idée de placer en province des livres invendables, des *rossignols* de librairie, avec la prime d'une pendule ou d'un portrait au choix. Chaque portrait, y compris les mains, devait être payé 20 francs à Anatole, et l'on commençait la tournée par Poissy. Anatole et son meneur se glissaient dans les maisons, furtivement, sans rien dire du pourquoi de leur visite, qui les eût fait jeter à la porte; et tout à coup, Anatole ouvrant une boîte qui contenait son portrait, se mettait à côté dans la pose, tandis que son compagnon, levant un mouchoir démasquait la pendule de la prime. Cette pantomime n'eut aucun succès auprès des bouchers de l'endroit. Elle ne réussit guère mieux dans les autres villes du département. Et, peu de jours avant les journées de Juin, Anatole retomba sur le pavé de Paris, aussi pauvre qu'avant de partir. Les journées de Juin lui donnaient l'idée de faire d'imagination un faux croquis d'après nature de l'épisode de la barrière de Fontainebleau : l'assassinat du général Bréa. Un journal illustré lui payait assez bien ce dessin d'actualité. Anatole en tirait une seconde mouture en lithographiant un portrait du général, dont il vendait pour une trentaine de francs.

Mais c'était son dernier gain, toute affaire s'arrêtait. Il eut beau chercher, courir, solliciter : un moment, il n'y eut plus que la faim à l'horizon désespéré de son lendemain.

Il regarda autour de lui. Ses effets, sa chambre ellemême avait presque toute déménagé au mont-de-piété. Il fouilla machinalement la poche de son gilet : le poisson d'or de Coriolis, qui lui avait si souvent avancé un peu d'argent, était parti pour la dernière fois, et n'était pas revenu. Il chercha dans la pauvreté de ses nippes et le vide de ses meubles : rien, il ne restait plus rien dont le *clou* eût voulu.

Alors il eut une idée : ses matelas avaient encore le luxe de leurs toiles ; il se mit à les découdre, trouva dessous la laine assez tassée en galette pour y pouvoir coucher, et courant les engager au premier bureau de commissionnaire, il en tira quelques sous. Et il se mit à manger un pain de seigle pour son déjeuner, un autre pour son dîner. En se rationnant ainsi, il calculait qu'il avait de quoi vivre une huitaine de jours. Et il dormit sans mauvais rêve sur la laine de ses matelas.

Il ne trouvait pas qu'il était temps de s'inquiéter. C'était simplement une situation tendue, une faillite momentanée de chance. Puis, il y avait, dans ce qui lui arrivait, une sorte de caractère, un côté pittoresque, comme une nouveauté d'aventure, qui amusait son imagination. Cette misère absolue lui paraissait une extrémité extravagante, presque drôle. D'ailleurs, il avait toujours adoré le pain de seigle : quand il en achetait un au Jardin des Plantes pour le donner aux animaux, il le mangeait.

Aussi n'eût-il point de tristesse. Le second jour, il fut tout heureux d'avoir failli dîner avec un camarade enlevé par « une ancienne » après l'absinthe, et presque sur le pas de la gargotte où ils allaient entrer. Les lendemains se succédèrent pareils, nourris des mêmes deux pains de seigle, également déçus par des rencontres d'amis qui le menaient jusqu'au bord d'un dîner. Anatole supporta cet allongement de déveine et cette conjuration de contre-temps sans se laisser abattre. Il se roidissait dans sa philosophie, se disait que rien n'est éternel, trouvait en lui de quoi se plaisanter lui-même, et n'avait pas même la pensée d'injurier le ciel ou d'en vouloir aux hommes. Il espérait toujours avec une confiance vague, avec un ressouvenir instinctif du système des compensations d'Azaïs qu'il avait autrefois feuilleté à un étalage sur le quai. Deux ou trois fois il trouva en rentrant, sur sa porte, écrit avec le morceau de craie posé à côté dans une petite poche de cuir, le nom d'amis aisés venus pour le voir : il n'alla point chez eux, par une pudeur de timidité, et aussi de belle dignité, qui l'avait toujours empêché d'emprunter.

Comme à la longue il se sentait une espèce d'ennui dans les entrailles, il songea à aller chez sa mère, avec laquelle il était complétement brouillé, et qu'il ne voyait plus que le premier jour de l'an. Mais pensant au sermon que lui coûterait là une pièce de cent sous, il prit le parti de patienter encore. Il attrapa ainsi la fin de ses pains de seigle; mais, à une dernière digestion, des crampes si atroces le prirent qu'il fut forcé de se coucher.

La nuit commençait à tomber; et avec la nuit, la douleur ne s'apaisant pas, ses réflexions s'assombrissaient un peu, quand la clef tourna dans la porte. Il entendit un frou-frou de soie et de femme : c'était une vieille connaissance de ses parties de canot, qui venait lui demander dix sous pour aller manger une portion à un bouillon. Mais quand elle eût vu l'atelier, elle s'arrêta comme honteuse de demander à plus pauvre qu'elle, le regarda, le vit jaune d'une jaunisse, lui dit de se faire de la limonade, et s'en alla.

Anatole resta seul, souffrant toujours, et laissant aller ses idées à des lâchetés, à des tentations de s'adresser à sa mère.

Sur les dix heures, la femme d'avant le dîner rentra, ôta ses gants, fouilla dans ses poches, et en retira ce qu'elle avait rapporté du restaurant où quelqu'un l'avait emmenée : le citron des huîtres et le sucre du café. La limonade faite, elle voulut la faire chauffer, demanda où était le bois : Anatole se mit à rire. Elle réfléchit un instant, puis tout à coup sortit, et reparut l'air triomphant avec tous les paillassons de la maison qu'elle était allée ramasser sur les paliers. Elle alluma cela, mit la limonade sur le feu, en apporta un verre à Anatole, lui dit : — *Il m'attend en bas,* — et se sauva.

Le lendemain, la crise qui jette la bile dans le sang était passée. Anatole se sentait soulagé, et il se laissait aller à la somnolence de bien-être qui suit les grandes souffrances, quand Chassagnol entra chez lui

— Tiens ! tu es malade?

— Oui, j'ai la jaunisse.

— Ah ! la jaunisse, — reprit Chassagnol en répétant machinalement le mot d'Anatole, sans paraître y attacher la moindre idée d'importance ou d'intérêt.

C'était assez son habitude d'être ainsi indifférent et sourd au dedans à ce que ses amis lui apprenaient d'eux, de leurs ennuis, de leurs affaires, de leurs maux. Généralement, il paraissait ne pas écouter, être loin de ce qu'on lui disait, et pressé de changer de sujet, non qu'il eût mauvais cœur, mais il était de ces individus qui ont tous leurs sentiments dans la tête. L'ami, dans ce grand affolé d'art, était toujours parti, envolé, perdu dans les espaces et les rêves de l'esthétique, planant dans des tableaux. Cet homme se promenait dans la vie comme dans une rue grise qui mène à un musée, et où l'on rencontre des gens auxquels on donne, avant d'entrer, de distraites poignées de main. D'ailleurs la réalité des choses passait à côté de lui sans le pénétrer ni l'atteindre. Il n'y avait pas de misère au monde capable de le toucher autant qu'une *Famille malheureuse* bien peinte.

— La jaunisse, ce n'est rien, — reprit-il tranquillement. — Seulement, il ne faut pas te faire d'embêtement... Je voulais toujours venir te voir... mais j'ai été pris tous ces temps-ci par Gillain qui est devenu *salonnier* dans un journal sérieux... Et comme il ne sait pas un mot de peinture... Si on publiait dans le *Charivari* un Albert Durer, sans prévenir, il croirait que c'est de Daumier... Enfin, il fait un salon, le voilà maintenant critique artistique... C'est absolument comme un homme qui ne saurait pas lire qui se ferait critique littéraire... Alors il prend séance avec moi... Il me fait causer, il m'extirpe mes bonnes expressions, il me succ tout mon technique... C'est si drôle, un homme d'esprit ! c'est si bête en art !... Enfin, je lui ai enfoncé un tas de mots :

frottis, glacis, clair-obscur... Il commence à s'en servir pas trop mal... Il est capable de finir par les comprendre!... Eh bien, vrai, c'est amusant! Par exemple, je l'ai seriné à la sévérité, raide... Ça sera une cascade d'éreintements... Je lui ai dit qu'il s'agissait de nettoyer le Temple, de tomber sur le dos aux fausses vocations, à ces milliers de tableaux qui ne disent rien et qui encombrent... Oh! la fausse peinture!... Du talent ou la mort! il n'y a que cela... Il faut décourager trois mille peintres par an... sans cela, dans dix ans, tout le monde sera peintre, et il n'y aura plus de peinture... Dans toute ville un peu propre, et qui tient à son hygiène, il devrait y avoir un barathre, où l'on jetterait toutes les croûtes mal venues, pas viables, pour l'exemple!... Mais, nom d'un chien! l'art, ça doit être comme le saut périlleux: quand on le rate, c'est bien le moins qu'on se casse les reins!... On me dira: Ils mourront de faim... Ils ne meurent pas assez de faim! Comment! vous avez tous les encouragements, toutes les récompenses, tous les secours... j'en ai lu l'autre jour la statistique, c'est effrayant... les croix, les commandes, les copies, les portraits officiels, les achats de l'Etat, des ministères, du souverain quand il y en a un, des villes, des *Sociétés des amis des arts*... plus d'un million au budget!... Et vous vous plaignez! Tenez! vous êtes des enfants gâtés... Ni tutelle, ni protection, ni encouragements, ni secours... voilà le vrai régime de l'art... On ne cultive pas plus les talents que les truffes... L'art n'est pas un bureau de bienfaisance... Pas de sensiblerie là-dessus: les meurt-de-faim en art, ça ne me touche pas... Tous ces gens qui font un tas de saloperies, de bêtises, de platitudes, et qui viennent dire au public: Il faut bien que je vive... Je suis comme d'Argenson, moi, je n'en vois pas la nécessité! Pas de larmes pour les martyrs ridicules et les vaincus imbéciles! Qu'est-ce qui resterait aux autres, alors? Et puis, est-ce que l'art est chargé de vous faire manger? Est-ce que vous avez pris ça pour un état? Je vous demande un peu les secours qu'on donne à un épicier lorsqu'il a fait faillite!... Mourez de faim, sapristi! c'est le seul bon exemple que vous ayiez à donner... Ça servira au moins d'avertissement aux autres!... Comment! vous ne vous êtes pas affirmé, vous êtes anonyme, vous le serez toujours!... Vous n'avez rien trouvé, rien inventé, rien créé... et parce que vous êtes un artiste, tout le monde s'intéressera à vous, et la société sera déshonorée si elle ne vous met, tous les matins, un pain de quatre livres chez votre concierge! Non, c'est trop fort!...

Ces sévères paroles, cruelles sans le vouloir, sans le savoir, tombaient une à une comme des coups de poing sur la tête d'Anatole. Il lui semblait entendre le jugement de sa vie. Cette condamnation, que Chassagnol jetait en l'air sur d'autres vaguement, c'était la sienne. Pour la première fois, il se sentit l'amertume des misères méritées; il vit le rien qu'il était dans l'art; sa conscience lui montra tout à coup, pendant un instant, son parasitisme sur la terre.

— Si tu me laissais un peu dormir, hein? — fit-il en coupant brusquement la tirade de Chassagnol.

— Ah! — fit Chassagnol qui prit son chapeau, en poursuivant son idée et en monologuant avec lui-même.

A quelques jours de là, Anatole était sur pied. Il devait la vie à sa jeunesse et à une vieille bonne de la maison, sa voisine sur le carré; brave femme, adorant les deux petits enfants de maître qu'elle élevait, et dont Anatole avait pris les têtes pour les mettre dans des tableaux de sainteté. La brave femme avait cru voir ses deux petits chéris dans le ciel; et elle fut trop heureuse d'apporter au malade ses soins et le bouillon qui lui rendirent les forces.

Comme il était convalescent, une rentrée inespérée, le payement d'un transparent qu'il avait fait pour un bal Willis des environs de Paris, quatre-vingts francs arriéré le sortaient de la faim.

XXXIV

Un matin, Anatole fut fort étonné de voir entrer la petite bonne de sa mère lui apportant une lettre. Sa mère le priait de venir passer la soirée chez elle avec un de ses oncles, un frère de son père, qu'il n'avait jamais vu, et qui désirait le connaître.

Le soir, Anatole trouva chez sa mère un baba, du thé, les deux lampes Carcel allumées, et un monsieur à collier de barbe noire qui l'invita à déjeuner avec lui le lendemain.

Le lendemain, sur les deux heures, dans un cabinet du Petit-Véfour, au Palais-Royal, les deux coudes sur une table où trois bouteilles de Pomard étaient vides, l'oncle, le gilet déboutonné, contait, avec l'expansion du Bourgogne, ses affaires à son neveu, la part qu'il avait à Marseille dans une fabrique de produits chimiques pour la savonnerie, ses déplacements pour la commission, le charmant voyage fait par lui, l'année précédente, en Espagne, moitié pour sa maison, moitié pour son plaisir. Et disant cela, il laissait tomber sur ses souvenirs, qu'il semblait revoir, de gros sourires scélérats. Maintenant, il avait envie d'aller à Constantinople. Il aimait le mouvement, et cela lui ferait voir du pays. Puis un homme comme lui devait toujours trouver à brasser quelque chose là-bas. D'ailleurs, comme actionnaire des paquebots, il comptait bien avoir le passage gratuit pour lui, et peut-être pour un compagnon, s'il en trouvait un.

Ce dernier mot, jeté en l'air, tombait dans une demi-ivresse d'Anatole, soudainement réconcilié avec les idées de famille, et qui sentait toutes sortes de tendresses fumeuses aller à son oncle. Il fit : — A Constantinople ! — Et il regarda devant lui, fasciné.

Il avait toujours eu un désir flottant, une sourde démangeaison, une espèce d'envie de bureaucrate d'aller à du merveilleux lointain. Il caressait depuis longtemps la pensée vague, confuse, la tentation instinctive de faire quelque grand voyage, de partir flâner quelque part, dans des endroits bizarres, dans des lieux à caractère, à travers des paysages dont il avait respiré l'étrangeté dans des récits et des dessins de voyageurs. Ce qui aspirait en lui à l'exotique, à ces horizons attirants déroulés dans les descriptions qu'il avait lues, c'était le Parisien musard et curieux, le badaud avec ses imaginations d'enfant bercées par *Robinson* et les *Mille et une Nuits*. Constantinople! ce seul mot éveillait en lui des rêves de poésie et de parfumerie où se mêlaient, avec les lettres de Coriolis, toutes ses idées d'Eau des Sultanes, de pastilles du sérail, et de soleil dans le dos des Turcs.

— Eh bien! si tu m'emmenais, moi? — fit-il à brûle-pourpoint.

L'oncle et le neveu se tutoyaient depuis le café.

— Mon Dieu, tout de même, — répondit l'oncle en homme désarçonné par la brusquerie de la demande. — Mais tu ne seras jamais prêt, — reprit-il.

— Quand pars-tu?

— Mais... demain, à cinq heures.

— Oh! j'ai un jour de trop.

Anatole fut exact au chemin de fer. Il avait arraché trois cents francs à sa mère, dont la vanité de bourgeoise était humiliée des costumes dans lesquels on rencontrait son fils à Paris. Il paya sa place, et partit avec son oncle pour Marseille.

A Lyon, la glace était tout à fait rompue entre les deux voyageurs : l'oncle et le neveu s'étaient confié réciproquement les malheurs de leurs bonnes fortunes.

Arrivés à Marseille, à cinq heures, ils descendirent à l'hôtel des Ambassadeurs. On dîna à table d'hôte. Anatole but un peu trop de vin de Lamalgue, un vin généralement fatal aux nouveaux venus, et monta se coucher. Il dormait, lorsqu'une voix de stentor l'éveilla : Anatole! Anatole! — lui criait son oncle de la rue — nous sommes chez Conception! le pisteur de l'hôtel t'y mènera...

Anatole sauta en bas de son lit, s'habilla; et le pisteur le mena au troisième étage d'une maison de la rue de Suffren, où se trouvaient, autour d'un bol de punch, son oncle, quatre amis de son oncle et la maîtresse de son oncle, mademoiselle Conception, une petite Maltaise, brune de naissance, et danseuse de profession au Grand-Théâtre.

Les trois ou quatre jours qui suivirent parurent délicieux à Anatole. Des promenades sur le Prado, aux Peupliers, des déjeuners à la Réserve, des dîners avec Conception et les amis de son oncle, des soirées au spectacle, au café de l'Univers, c'était sa vie. Son oncle se montrait charmant pour lui; seulement, Anatole trouvait assez singulier qu'il ne parût point s'occuper du tout de la façon dont il allait vivre : il ne parlait pas de l'aider, et n'ouvrait plus la bouche sur le voyage de Constantinople.

Au bout d'une semaine, Anatole commençait à s'inquiéter assez sérieusement, lorsque le maître de l'hôtel vint lui dire qu'une dame, qui venait de descendre chez lui, demandait un peintre. Cette brave dame avait pour fils un maire d'un village des environs qui, dans un accès de fièvre chaude, s'était taillé à coups de rasoir la gorge et le ventre. La gangrène étant venue, les médecins désespérant du malade, elle avait fait un vœu à Notre-Dame de la Garde, et son fils ayant été sauvé, elle venait à Marseille faire faire l'*ex-voto*. Anatole se hâta de brosser l'apparition de la bonne Notre-Dame à la mère près de son fils couché. Il eut pour cela une centaine de francs.

Cet *ex-voto* lui amena la commande d'un épisode d'émeute dans les rues de Marseille, commande faite par un monsieur qui s'y fit représenter en Horatius Coclès de la propriété, pour obtenir la croix. Ce tableau, où il fallut inventer une insurrection, lui fut très-bien payé. Un portrait qu'il fit d'un agent maritime lui amena toute la série des agents maritimes. Des figures d'odalisques avec des sequins, qu'il exposa à la devanture de

Réveste, et qu'on acheta, le firent connaître. L'ouvrage lui vint de tous les côtés. Il gagna de l'argent, mena large et joyeuse vie pendant plusieurs mois.

voyait toujours son oncle, il allait souvent chez Conception. Mais l'oncle paraissait fort refroidi à son égard. Il était intérieurement offusqué des succès de son neveu, de la façon dont, avec sa gaieté, son esprit, sa familiarité, Anatole avait réussi dans sa société, au cercle, au café, partout où il l'avait présenté. Il se sentait éclipsé, relégué, au second plan, par cette place faite au Parisien, à l'artiste; les histoires marseillaises qu'il essayait de raconter, après les histoires d'Anatole, ne faisaient plus rire : il ne brillait plus. Outre cela, il était blessé d'une certaine légèreté de ton que son neveu prenait avec lui, le traitant par-dessous la jambe avec des plaisanteries d'égalité et de camaraderie inconvenantes, l'appelant, à cause d'un vert caisse d'oranger usuel dans son commerce, « mon oncle *Schwanfurt* ». Il trouvait enfin que mademoiselle Conception s'amusait trop avec « ce crapaud-là », qu'elle riait trop quand il venait, et qu'elle avait l'air de le regarder comme le plaisir de la maison. Tout cela fit qu'il commença par ne plus inviter Anatole, et qu'il finit par lui remettre un beau jour la note de tous les dîners qu'il lui avait payés, en lui faisant remarquer qu'il avait la discrétion de ne les lui compter que trois francs pièce. Cette réclamation arrivait au moment où la vogue de l'artiste de Paris commençait à baisser. Tous les agents maritimes s'étaient fait peindre; et tous les Marseillais qui désiraient une odalisque en avaient acheté une chez Réveste. La gêne venait. Et c'était alors que se déclarait à Marseille le choléra qui faisait fuir à Lyon la moitié des habitants, et l'oncle d'Anatole un des premiers.

Anatole, lui, était forcé de rester : il n'avait pas de quoi se sauver. Il se trouva heureusement avoir affaire à un hôtelier qui avait encore plus peur que lui. Cet homme avait voulu lui donner son compte quelques jours avant le choléra : Anatole le vit venir à lui avec une contrition piteuse, le soir du jour où l'on avait enterré le pisteur de l'hôtel. Il y avait déjà plusieurs mois que, forcé de faire des économies, Anatole allait dîner à l'hôtel de la Poste, pour vingt-cinq sous, avec l'état-major des paquebots. Son hôtelier venait le supplier de dîner chez lui, avec lui, au même prix ; il lui offrait même de payer ce qu'il devait à la Poste. Anatole accepta, et pour ses vingt-cinq sous, il eut un dîner à trois services, dans la grande salle à manger de cent couverts, désolée et désertée, au bout de la grande table, où ne s'asseyaient plus que cinq convives, son maître d'hôtel, lui, et trois autres personnes dans sa situation : le pâtre calculateur Mondeux, dont les représentations étaient arrêtées net, et qui ne faisait plus d'argent, même dans les séminaires ; le démonstrateur du pâtre, un nommé Regnault, et madame Regnault.

On se serrait pour s'empêcher de trembler, on se ramassait les uns les autres : tout ce petit monde était fort épouvanté, à l'exception du petit pâtre, qui n'avait pas l'idée du choléra et qui planait dans le septième ciel des nombres. Chaque nuit, un des quatre appelait les autres.

Le thé, le rhum, à toute heure, courait l'escalier : l'hôte était si bouleversé qu'il n'y regardait plus. A la fin, Anatole eut un héroïsme à la Gribouille : pour échapper à ces terreurs, il résolut de plonger dedans à fond ; et il alla tout droit se faire inscrire au bureau des cholériques, pour visiter les malades et porter des secours.

Il passa alors des jours, des nuits, à aller où on l'appelait, chez des pauvres diables, enragés de quitter leur vie de misère, chez des poissonniers et des poissonnières qui s'éteignaient le visage éclairé par les bougies d'une petite chapelle, au-dessus de leur lit, enguirlandée de chapelets de coquillages. Il les touchait, les frictionnait, leur parlait, les plaisantait, quelquefois les sauvait : souvent il fit rire la Mort, et lui reprit les gens. Peu à peu, s'aguerrissant dans ce métier où il usait ses peurs, il finit par lui trouver comme un sinistre côté comique ;

et avec sa nature comédienne, sa pente à l'imitation, son sens de la charge, il faisait, aussitôt qu'il lui revenait un moment de courage, des simulations caricaturales et terribles de ce qu'il avait vu, des convulsions qu'il avait soignées, des morts auxquels il avait fermé les yeux : cela ressemblait à l'agonie se regardant dans une cuiller à potage, et au choléra se tirant la langue dans une glace !

L'épidémie finie, Anatole revint au rêve de Constantinople, qui ne l'avait jamais quitté. Il avait dîné une fois chez son oncle avec un écuyer de Paris, le fameux Lalanne, qui dirigeait un cirque à Marseille. Toutes les affinités de sa nature de clown l'avaient aussitôt porté vers l'écuyer et le personnel de sa troupe : le petit Bach, l'inventeur du célèbre exercice de la boule; Emilie Bach, qui faisait valser son cheval, en le forçant à poser de deux tours en deux tours les pieds de devant sur la barrière des premières; Solié, qui courait debout, dans l'hippodrome de Marseille, la poste à trente-deux chevaux. Toute cette troupe était engagée pour aller donner des représentations à Constantinople, dans le cirque où madame Bach avait gagné presque une fortune, en laissant le prix d'entrée à la générosité des Turcs, et en faisant la recette à la porte dans un turban.

Anatole vit là une providence : il n'avait qu'à monter en croupe derrière le cirque pour aller là-bas. L'affaire s'arrangeait : il était convenu qu'on le prenait pour contrôleur; mais le contrôleur dans la troupe devait, en cas de besoin, figurer dans le quadrille, et même, s'il le fallait, doubler un écuyer. Anatole n'était pas homme à reculer pour si peu. D'ailleurs, ce qu'on lui demandait rentrait dans sa vocation. Il était naturellement un peu acrobate. Chez Langibout, il aimait à se pendre par les pieds à la barre du modèle. Dans tous les jeux, il était d'une élasticité, d'une souplesse merveilleuse. Il faisait très-bien le saut périlleux du haut de son poêle d'atelier. Il avait à la fois le tempérament et l'enthousiasme des tours de force. Avec ces dispositions, il parvint en quelques semaines à faire le manège debout et à se tenir sur un pied : il aurait bien voulu aller plus loin, quitter le cheval des deux pieds, sauter les banderoles; mais au bout de six mois, il n'en avait pas encore trouvé le courage, lorsqu'on apprit la mort de madame Bach. Constantinople lui échappait encore une fois !

Accablé de la nouvelle, il arpentait tristement le quai du port, — quand tout à coup un homme lui tomba dans les bras en même temps qu'un singe sur la tête.

L'homme était Coriolis.

XXXV

C'était un atelier de neuf mètres de long sur sept de large.

Ses quatre murs ressemblaient à un musée et à un pandémonium. L'étalage et le fouillis d'un luxe baroque, un entassement d'objets bizarres, exotiques, hétéroclites, des souvenirs, des morceaux d'art, l'amas et le contraste de choses de tous les temps, de tous les styles, de toutes les couleurs, le pêle-mêle de ce que ramasse un artiste, un voyageur, un collectionneur, y mettaient le désordre et le sabbat du bric-à-brac. Partout d'étonnants voisinages, la promiscuité confuse des curiosités et des reliques : un éventail chinois sortait de la terre cuite d'une lampe de Pompéi; entre une épée à trois trèfles qui portait sur la lame : *Penetrabit*, et un bouclier d'hippopotame pour la chasse au tigre, on pouvait voir un chapeau de cardinal à la pourpre historique tout usée; et un personnage d'ombre chinoise de Java découpé dans du cuir était accroché auprès d'un vieux gril en fer forgé pour la cuisson des hosties.

Sur l'un des panneaux de la porte, encadrée dans des arabesques d'Alhambra, une tête de mort couronnait une panoplie qui dessinait vaguement, dessous, l'ostéologie d'un corps. Des sabres à pommeaux, arrangés en fémurs, des lames à manches d'ivoire et d'acier niellé, des poignards courbes ébauchant des côtes, des yatagans, des khandjars albanais, des flissats kabyles, des cimeterres japonais, des cama circassiens, des khoussar indous, des kris malais, se levait une espèce de squelette sinistre de la guerre, le spectre de l'arme blanche. Au-dessus de la porte, deux bottes marocaines en cuir rouge pendaient, comme à califourchon, des deux côtés d'un grand masque de sarcophage, la face noire et les yeux blancs : posés sur le front du large et effrayant visage, des gants persans en laine frisée lui faisaient une sorte d'étrange perruque de cheveux blancs.

A côté de la porte, auprès d'une horloge Louis XIII à cadran de cuivre et à poids, une crédence moyen âge portait un moulage d'Hygie : devant elle, un ânon de plâtre semblait boire dans un gobelet de fer-blanc plein de vermillon. Entre les jambes d'un écorché, on apercevait comme un coin du Cirque : un petit modèle d'éléphant et un lutteur antique lancé en avant. La Léda de Feuchères, les jambes furieusement croisées autour du cygne, ses genoux lui relevant les ailes, était devant le Mercure de Pigalle, dont l'épaule coupait la gorge d'une nymphe de Clodion. Au-dessus de la crédence, une pochette en ébène enrichie d'incrustations de nacre, représentant des fleurs de lys et des dauphins, masquait à demi un albâtre de Lagny, du XVIe siècle, où était figuré le songe de Jacob.

De l'autre côté de la porte, contre une autre crédence, des toiles sur châssis empilées et retournées portaient en lettres noires : 1, *rue Childebert, Paris, Hardy Alan, fabricant de couleurs fines.*

Le milieu du panneau de gauche était décoré d'un faisceau d'oriflammes et de drapeaux d'or, rouges et bleus, ayant servi à quelque représentation de théâtre, et qui, avec la fulgurance de leurs plis, avec leurs éclairs de lame de cuivre, avaient des lueurs de voûte des Invalides et de coupole de Saint-Marc. Ce faisceau, splendide et triomphal, sortait de casques, de masses d'armes, de boucliers, de rondaches. Là-dessus, une tête de lion empaillée, la gueule ouverte, les crocs blancs, sortait du mur. Elle dominait et semblait garder un fauve chef-d'œuvre, une petite copie du temps du *Martyre de Saint-Marc*, de Tintoret, dont le riche cadre doré se détachait d'une boiserie noire reliée à un coffre en bois de chêne sculpté, orné de petites armoiries peintes et dorées. Sur un coin du coffre qui portait cela, une boîte à couleurs ouverte faisait briller, du brillant perlé de l'ablette, de petits tubes de fer-blanc, tachés et baveux de couleur, au milieu desquels de vieux tubes vides et dégorgés avaient le chiffonnage d'un papier d'argent. Il y avait encore sur le coffre, un grand plat hispano-arabe, à reflets mordorés, où s'éparpillait un paquet de gravures, un serre-papier fait d'un pied momifié couleur de bronze florentin, des petites fioles, une cruche à huile en grès à dessins bleus, et une grande statue en bois de sainte Barbe, à la main de laquelle était suspendu, par un cordonnet, un petit médaillon en cire, le portrait d'une vieille parente de Coriolis, guillotinée en 93.

Le reste du mur, de chaque côté, était couvert de plâtres peints, de grands écussons bariolés et coloriés. Un profil de Diane de Poitiers, la chair rosée, les cheveux blondissants, sous un clocheton gothique et flamboyant, à choux frisés, la Poésie légère de Pradier sur un socle à pivot, des pipes accrochées et serrées à la gorge par deux clous, un fragment du Parthénon, un relief du vase Borghèse, un sceptre de la Mère folle de Dijon en bois sculpté et peint, garni de grelots ; une étagère chargée de bouteilles turques zébrées d'or et d'azur, un houka, enlacé du serpent poussiéreux de son tuyau, un tas de petits bouts d'ambre, une planche de coquilles, mettaient là une polychromie étourdissante, traversée d'éclairs d'irisations.

Par-dessus une haie de tableaux commencés, posés les uns devant les autres, le premier sur un chevalet Bonhomme, le second sur la peluche rouge de deux chaises, le dernier appuyé contre le mur, l'œil allait, sur le panneau de droite, à un masque de Géricault, sur lequel était jeté de travers un feutre de pitre à plumes de coq. Après le masque, c'était une petite Vierge de retable qui avait, passée derrière le dos, une branche de buis bénit tout jauni, apportée à l'atelier par un modèle de femme, un dimanche des Rameaux. A côté de la Vierge, une mince colonnette, à enroulements or, argent, bleu et rouge, semée de croissants de lune argentés et de fleurs de lis d'or, portait en haut une boule couverte de dessins astrologiques.

Après la colonnette, s'étalait une grande toile orientale abandonnée, sur le bas de laquelle étaient écrits, à la craie, des adresses d'amis, des noms de modèles, des dates de rendez-vous, des mementos de la vie parisienne, qui entraient dans des jupes d'almées. Au-dessus de la toile était pendue l'ossature d'une tête de chameau, avec tout son harnachement de brides mosaïquées de pierres bleues, tout un entourage de sellerie orientale, d'étriers de mameluck, au milieu desquels tombait un manteau de peau d'un grand chef des *Pieds noirs*, troué d'un trou de balle, et qui avait été échangé, dans le pays, contre vingt-deux poneys.

En bas, une petite armoire vitrée laissait voir, pressées et mêlées, des étoffes d'où s'échappaient des fils d'or, des soieries à couleurs de fleurs, des vestes turques dont chaque bouton d'or enserrait une perle fine. Un peu plus loin, par terre, les cassures métalliques d'un monceau de charbon de terre étincelaient contre le poêle qui allait enfoncer le coude de son tuyau dans le mur, au-dessus d'un bas-relief de saint Michel terrassant le diable, à côté de l'inscription philosophique, gravée en creux dans la pierre par un prédécesseur de Coriolis :

Quare
Nec time
Hic aut illic mors
Veniet.

Puis, entre le moulage de la tête d'un chauffeur d'Orgères et un médaillon bronzé d'une tournure furieuse à la Préault, pendaient une paire de castagnettes et deux souliers de danseuse espagnole, qui avaient comme une ombre de chair au talon. La décoration continuait par un bas-relief de camarade, un sujet de prix de Rome, portant le cachet en creux, au haut, à gauche : *École royale des Beaux-Arts*. Et le mur finissait par un moulage de la Vénus de Milo.

Un mannequin, couvert d'un sale costume d'arlequin loué, était debout devant la déesse, et il en écornait un grand morceau avec sa pose de bois qui faisait la cour à Colombine.

Le fond de l'atelier était entièrement rempli par un grand divan-lit qui ne laissait de place, dans un coin, qu'à une psyché en acajou, à pieds à griffes. Sous le jour de la baie, une sorte d'alcôve s'enfonçait là entre deux grandes cantonnières de tapisserie à verdure, sous un large *tendo* de toile grise, qui rappelait le ton et le grand pli lâche d'une voile sur une dunette de navire. Ce *tendo* pendait à des cordes que paraissaient tenir, de chaque côté de la baie, deux grands anges de style byzantin, peints et nimbés d'or. Le divan était recouvert de peaux de panthères et de tigres, aux têtes desséchées. Aux deux encoignures du fond, deux moulages de femme de grandeur naturelle, les deux moulages admirables du corps de Julie Geoffroy et de ses deux faces, par Rivière et Vittoz, se dressaient en espèces de cariatides. C'était la vie, c'était la présence réelle de la chair, que ces empreintes, celle surtout qu'éclairait à gauche une filtrée de jour, ce dos que fouettait, sur tous ses reliefs et sur le plein de ses orbes, une lumière chatouillante allant se perdre le long de la jambe sur le bout du talon. Une ombre flottante dormait tout le jour dans ce réduit de mystère et de paresse, dans ce petit sanctuaire de l'atelier, qui, avec ses odeurs de dépouilles sauvages et sa couleur de désert, semblait abriter le recueillement et la rêverie de la tente.

Là-dedans, dans cet atelier, il y avait le grand Coriolis qui peignait debout; — Anatole, qui faisait sur un album, en fumant une cigarette, un croquis d'après un corps dormant et perdu dans l'ombre du divan; — et le singe de Coriolis, grimpé et juché sur le dossier de la chaise d'Anatole, fort occupé à faire comme lui, se dépêchant de regarder quand il regardait, crayonnant quand il crayonnait, appuyant avec rage son porte-crayon sur la page blanche d'un petit carnet. A tout moment, il avait des étonnements, des désespoirs; il jetait de petits cris de colère, il tapait sur le papier : son crayon était rentré et ne marquait plus. Il voulait le faire ressortir, s'acharnait, flairait le porte-crayon avec précaution, comme un instrument de magie, et finissait par le tendre à Anatole.

Le jour insensiblement baissait. Le bleuâtre du soir commençait à se mêler à la fumée des cigarettes. Une vapeur vague où les objets se perdaient et se noyaient tout doucement, se répandait peu à peu. Sur les murs salis de traînée de fumée, culottés d'un ton d'estaminet, dans les angles, aux quatre coins, il s'amassait un voile de brouillard. La gaieté de la lumière mourante allait en s'éteignant. De l'ombre tombait avec du silence : on eût dit qu'un recueillement venait aux choses.

Coriolis s'assit sur un tabouret devant sa toile, et se perdit dans les rêveries que l'heure douteuse fait passer dans les yeux d'un peintre devant son œuvre. Anatole alla s'étendre à la place que les pieds du dormeur laissaient libre sur le divan. Le singe disparut quelque part.

Les tableaux semblaient défaillir; ils étaient pris de ce sommeil du crépuscule qui paraît faire descendre dans les ciels peints le ciel du dehors, et retirer lentement des couleurs le soleil qui s'en va de la journée. La mélancolique métamorphose se faisait, changeant sur les toiles l'azur matinal des paysages en pâleurs émeraudées du soir; la nuit s'abaissait visiblement dans les cadres. Bientôt les tableaux, vus sur le côté, firent les taches brouillées, mêlées, d'un cachemire ou d'un tapis de Smyrne. La tournure d'un rêve vint aux silhouettes des compositions qui prirent, dans la masse de leurs ombres un caractère confus, étrange, presque fantastique. Les petites colonnes encastrées dans le mur, les consoles et les portoirs des statuettes, arrêtaient encore un peu de jour qui se rétrécissait en une filée toujours plus mince sur leurs nervures. Au-dessus de la copie du Saint-Marc, du noir était entré dans la gueule ouverte du lion qui paraissait bâiller à la nuit.

Un nuage d'effacement se nouait du plancher au plafond. Les plâtres devenaient frustes à l'œil, et des apparences de formes à demi perdues ne laissaient plus voir que des mouvements de corps lignés par un dernier trait de clarté. Le parquet perdait le reflet des châssis de bois blancs qui se miraient dans son luisant. Il continuait à pleuvoir ce gris de la nuit qui ressemble à une poussière. La fin de la lumière agonisait dans les tableaux : ils s'évanouissaient sur place, décroissaient sans bouger, mystérieusement, dans la lenteur d'un travail de mort, et dans l'espèce de solennité d'une silencieuse décomposition du jour. Comme lassée et retombant sur l'épaule, la tête de mort sembla se pencher davantage et se baisser sur un manche de yatagan.

Puis ce fut ce moment entre le jour et la nuit où ne se voit plus que ce qui est de l'or : l'ombre avait mangé tout le bas de l'atelier. Il n'y restait plus de lumière qu'aux deux godets de la palette de Coriolis, posée sur une chaise. Les choses étaient incertaines et ne se laissaient plus retrouver qu'à tâtons par la mémoire des yeux. Puis des taches noires couvrirent les tableaux. L'ombre s'accrocha de tous les côtés aux murs. Une paillette, sur le côté des cadres, monta, se rapetissa, disparut à l'angle d'en haut ; et il ne resta plus dans l'atelier qu'une lueur d'un blanc vague sur un œuf d'autruche pendu au plafond, et dont on ne voyait déjà plus ni la corde ni la houppe de soie rouge.

A ce moment, le domestique apporta la lampe.

Le dormeur du divan, réveillé par la lumière, s'étira, se leva : c'était Chassagnol.

Quelque temps, il se promena dans l'atelier avec les mouvements, l'espèce de frisson d'un homme agitant et secouant la dernière lâcheté de sa somnolence. Et tout à coup : Ingres! Delacroix! — il jeta ces deux grands noms comme s'il revenait d'un rêve à l'écho de la causerie sur laquelle il s'était endormi.

— Ingres! Ah! oui, Ingres! Le dessin d'Ingres! Allons donc! Ingres!... Il y a trois dessins : d'abord l'absolu du beau : le Phidias; puis le dessin italien de la Renaissance : les Raphaël, les Léonard de Vinci; puis le dessin *rengaine*... encore beau, mais avec des indications, des appuiements, des soulignements de choses qui doivent être perdues dans la ligne, fondues dans la coulée, le jet de tout le dessin... Tenez! par exemple, un modèle, mettez-le là : Léonard de Vinci le dessinera avec ingénuité... tout auprès... poil par poil, comme un enfant... Raphaël y mettra, dans l'après-nature de son dessin, le ressouvenir de formes, l'instinct d'un noble à lui... Eh bien! dans le Vinci comme dans le Raphaël, dans celui qui n'a fait que copier comme dans celui qui a interprété, il y aura plus que le modèle, quelque chose qu'ils seront seuls à y voir... Tenez! voilà une tête de cheval de Phidias... Eh bien! ça a l'air de n'être que la nature : moulez une tête de cheval et voyez-la à côté!... C'est le mystère de toutes les belles choses de l'antiquité : elles ont l'air moulées; cela semble le vrai et la réalité même, mais c'est de la réalité vue par de la personnalité de génie... Chez Ingres? Rien de cela... Ce qu'il est, je vais vous le dire : l'inventeur au dix-neuvième siècle de la photographie en couleur pour la reproduction des Pérugin et des Raphaël, voilà tout!... Delacroix, lui, c'est l'autre pôle... Un autre homme!... L'image de la décadence de ce temps-ci, le gâchis, la confusion, la littérature dans la peinture, la peinture dans la littérature, la prose dans les vers, les vers dans la prose, les passions, les nerfs, les faiblesses de notre temps, le tourment moderne... Des éclairs de sublime dans tout cela... Au fond, le plus grand des ratés... Un homme de génie venu avant terme... Il a tout promis, tout annoncé... L'ébauche d'un maître... Ses tableaux? des fœtus de chefs-d'œuvre!... l'homme qui, après tout, fera le plus de passionnés comme tout grand incomplet... Du mouvement, une vie de fièvre dans ce qu'il fait, une agitation de tumulte, mais un dessin fou, en avance sur le mouvement, débordant sur le muscle, se perdant à chercher la boulette du sculpteur, le modelage de triangles et de losanges, qui n'est plus le contour de la ligne d'un corps, mais l'expression, l'épaisseur du relief de sa forme... Le coloriste? Un harmoniste désaccordé... pas de généralité d'harmonie... des colorations dures, impitoyables, cruelles à l'œil, qui ont besoin de s'enlever sur des tonalités tragiques, des fonds tempétueux de crucifiement, des vapeurs d'enfer comme dans son Dante... Une bonne toile, ça!... Pas de chaleur, avec toute cette violence de tons, cette rage de palette... Il n'a pas le soleil... La chair, il n'exprime pas la chair... Point de transparence... des crépis rosâtres, des rouges d'onglée, il fait de cela la vie, l'animation de la peau... Toujours vineux... des demi-teintes boueuses... Jamais la belle pâte coulante, la grande traînée délavée des maîtres de la chair... Avec cela un insupportable procédé d'éclairage des corps et des objets, des lumières faites avec des hachures ou des traînées de pur blanc, des lumières qui ne sont jamais prises dans le ton lumineux de la chose peinte, et qui détonnent comme des repeints... Regardez dans le *Dante* ce brillant de bord d'assiette posé sur la fesse de l'homme repoussant du pied le ventre de la femme... Delacroix! Delacroix! Un grand maître? oui, pour notre temps... Mais au fond, ce grand maître, quoi? C'est la lie de Rubens!...

— Merci! — fit Anatole. — Eh bien? alors, qu'est-ce qui nous restera comme grands peintres?

— Les paysagistes, — répondit Chassagnol, — les paysagistes...

Une brusque détonation lui coupa la parole.

— Hé! là-bas? — fit Anatole en regardant le coin de l'atelier d'où le bruit était parti; et s'approchant de la petite table sous laquelle on mettait les bouteilles de bière, il aperçut le singe blotti qui, les yeux fermés, faisait très-sérieusement semblant de dormir, en tenant encore dans la main le bouchon d'un cruchon de bière qu'il avait débouché.

— Farceur! — dit Anatole; et il le saisit par la patte. Le singe se fit tirer comme quelqu'un qu'on va battre; et au moment où Anatole allait lui donner une correction, il fut sauvé par l'annonce du dîner.

XXXVI

Anatole était revenu à Paris, rapatrié par Coriolis qui avait voulu absolument lui payer ses dettes à Marseille et son voyage. Aux résistances, aux susceptibilités, aux délicatesses fières d'Anatole, Coriolis avait répondu par des mots d'une brutalité cordiale, lui disant que « c'était trop bête » et qu'il l'emmenait.

Pendant que Coriolis était en Orient, son oncle était mort; et il revenait, après avoir été à Bourbon prendre possession de la succession. Il était riche, il avait maintenant une quinzaine de mille livres de rentes. Il comptait prendre un grand atelier. Anatole logerait avec lui; et il resterait tant qu'il voudrait, tant qu'il se trouverait bien, jusqu'à ce qu'il y eût dans sa vie une chance, une embellie. La chaleur des offres de Coriolis, leur simple et rude amitié avaient triomphé des scrupules d'Anatole. qui, se laissant faire, était devenu l'hôte de Coriolis, dans son grand atelier de la rue de Vaugirard.

Sans être tendre, Coriolis était de ces hommes qui ne se suffisent pas et qui ont besoin de la présence, de l'habitude de quelqu'un à côté d'eux. Il avait peine à passer une heure dans une chambre où n'était pas un être humain. Il était presque effrayé à l'idée de retrouver la vie enfermée de l'Occident dans un grand appartement où il serait tout seul, seul à vivre, seul à travailler, seul à dîner, toujours en tête-à-tête avec lui-même. Il se rappelait sa jeunesse, où pour échapper à la solitude, il avait toujours mis une femme dans son intérieur et fini ses liaisons en accoquinements. Dans le compagnonnage d'Anatole, il voyait une gaie et amusante société de tous les instants, qui le sauverait de l'enlacement d'une maîtresse, et aussi de la tentation d'une fin qu'il s'était défendue : le mariage.

Coriolis s'était promis de ne pas se marier, non qu'il eût de la répugnance contre le mariage ; mais le mariage lui semblait un bonheur refusé à l'artiste. Le travail de l'art, la poursuite de l'invention, l'incubation silencieuse de l'œuvre, la concentration de l'effort lui paraissaient impossibles avec la vie conjugale, aux côtés d'une jeune femme caressante et distrayante, ayant contre l'art la jalousie d'une chose plus aimée qu'elle, faisant autour du travailleur le bruit d'un enfant, brisant ses idées, lui prenant son temps, le rappelant au *fonctionarisme* du mariage, à ses devoirs, à ses plaisirs, à la famille, au monde, essayant de reprendre à tout moment l'époux et l'homme dans cette espèce de sauvage et de monstre social qu'est un vrai artiste.

Selon lui, le célibat était le seul état qui laissât à l'artiste sa liberté, ses forces, son cerveau, sa conscience. Il avait encore sur la femme, l'épouse, l'idée que c'était par elle que se glissaient, chez tant d'artistes, les faiblesses, les complaisances pour la mode, les accommodements avec le gain et le commerce, les reniements d'aspirations, le triste courage de déserter le désintéressement de leur vocation pour descendre à la production industrielle hâtée et bâclée, à l'argent que tant de mères de famille font gagner à la honte et à la sueur d'un talent. Et au bout du mariage, il y avait encore la paternité qui, pour lui, puisait à l'artiste, le détournait de la production spirituelle, l'attachait à une création d'ordre inférieur, l'abaissait à l'orgueil bourgeois d'une propriété charnelle. Enfin, il voyait toutes sortes de servitudes, d'abdications et de ramollissements pour l'artiste, dans cette félicité bonasse du ménage, cet état doux, lénitif, cette atmosphère émolliente où se détend la fibre nerveuse et où s'éteint la fièvre qui fait créer. Au mariage, il eût presque préféré, pour un tempérament d'artiste, une de ces passions violentes, tourmentées, qui fouettent le talent et lui font quelquefois saigner des chefs-d'œuvre.

En somme, il estimait que la sagesse et la raison étaient de ne demander que des satisfactions sensuelles à la femme, dans des liaisons sans attachement, à part du sérieux de la vie, des affections et des pensées profondes, pour garder, réserver, et donner tout le dévouement intime de sa tête, toute l'immatérialité de son cœur, le fond d'idéal de tout son être, à l'Art, à l'Art seul.

XXXVII

Assis le derrière par terre, sur le parquet, Anatole passait des journées à observer le singe qu'on appelait Vermillon, à cause du goût qu'il avait pour les vessies de *minium*. Le singe s'épouillait attentivement, allongeant une de ses jambes, tenant dans une de ses mains son pied tordu comme une racine; ayant fini de se gratter, il se recueillait sur son séant, dans des immobilités de vieux bonze : le nez dans le mur, il semblait méditer une philosophie religieuse, rêver au Nirvanâ des macaques. Puis c'était une pensée infiniment sérieuse et soucieuse, une préoccupation d'affaire couvée, creusée, comme un plan de filou, qui lui plissait le front, lui joignait les mains, le pouce de l'une sur le pouce de l'autre. Anatole suivait tous ces jeux de sa physionomie, les impressions fugaces et multiples traversant ces petits animaux, l'air inquiétant de pensée qu'ils ont, ce ténébreux travail de malice qu'ils semblent faire, leurs gestes, leurs airs volés à l'ombre de l'homme, leur manière grave de regarder avec une main posée sur la tête, tout l'indéchiffrable des choses prêtes à parler qui passent dans leur grimace et leur mâchonnement continuel. Ces petites volontés courtes et frénétiques des petits singes, ces envies coléreuses d'un objet qu'ils abandonnent, aussitôt qu'ils le tiennent, pour se gratter le dos, ces tremblements tout palpitants de désir et d'avidité empoignante, ces appétences d'une petite langue qui bat, puis tout à coup ces oublis, ces bouderies en poses ennuyées, de côté, les yeux dans le vide, les mains entre les deux cuisses; le caprice des sensations, la mobilité de l'humeur, les prurigos subits, les passages de la gravité à la folie, les variations, les sautes d'idées qui, dans ces bêtes, semblent mettre en une heure le caractère de tous les âges, mêler des dégoûts de vieillard à des envies d'enfant, la convoitise enragée à la suprême indifférence, — tout cela faisait la joie, l'amusement, l'étude et l'occupation d'Anatole.

Bientôt avec son goût et son talent d'imitation, il arriva à singer le singe, à lui prendre toutes ses grimaces, son claquement de lèvres, ses petits cris, sa façon de cligner des yeux et de battre des paupières. Il s'épouillait comme lui, avec des grattements sur les pectoraux ou sous le jarret d'une jambe levée en l'air. Le singe, d'abord étonné, avait fini par voir un camarade dans Anatole. Et ils faisaient tous deux des parties de jeu de gamins. Tout à coup, dans l'atelier, des bonds, des élancements, une espèce de course volante entre l'homme et la bête, un bousculement, un culbutis, un tapage, des cris, des rires, des sauts, une lutte furieuse d'agilité et d'escalade, mettaient dans l'atelier le bruit, le vertige, le vent, l'étourdissement, le tourbillon de deux singes qui se donnent la chasse. Les meubles, les plâtres, les murs en tremblaient. Et tous deux, au bout de la course, se trouvant nez à nez, il arrivait presque toujours ceci : excité par le plaisir nerveux de l'exercice, l'irritation du jeu, l'enivrement du mouvement, Vermillon, pièté sur ses quatre pattes, la queue roide, sa raie de vieille femme dessinée sur son front qui se fronçait, les oreilles aplaties, le museau tendu et plissé, ouvrait sa gueule avec la lenteur d'un ressort à crans, et montrait des crocs prêts à mordre. Mais à ce moment, il trouvait en face de lui une tête qui ressemblait tellement à la sienne, une répétition si parfaite de sa colère de singe, que tout décontenancé, comme s'il se voyait dans une glace, il sautait après sa corde et s'en allait réfléchir tout en haut de l'atelier à ce singulier animal qui lui ressemblait tant.

C'était une vraie paire d'amis. Ils ne pouvaient se passer l'un de l'autre. Quand par hasard Anatole n'était pas là, Vermillon restait à bouder solitairement dans un coin, refusait de jouer avec des mouvements grognons qui tournaient le dos aux personnes; et si les personnes insistaient, il leur imprimait la marque de ses dents sur la peau, sans mordre tout à fait, avec une douceur d'avertissement. Quoiqu'il eût la longue mémoire rancunière de sa race, des patiences de vengeance qui attendaient des mois, il pardonnait à Anatole ses mauvaises farces, ses cadeaux de noisettes creuses. Quand il voulait quelque chose, c'était à lui qu'il faisait son petit cri de demande. C'était à lui qu'il se plaignait quand il était un peu malade, auprès de lui qu'il se réfugiait pour demander une intercession, quand il avait fait quelque mauvais coup et qu'il sentait une correction dans l'air. Quelquefois, au soleil couchant, il lui venait de petits gestes de câlinerie qui demandaient pour s'endormir les bras d'Anatole. Et il adorait lui éplucher la tête.

Il semblait que le singe se sentait comme rapproché par un voisinage de nature de ce garçon si souple, si élastique, à la physionomie si mobile; il retrouvait en lui un peu de sa race : c'était bien un homme, mais presque un homme de sa famille ; et rien n'était plus curieux que de le voir, souvent, quand Anatole lui parlait, essayer avec ses petites mains de lui toucher la langue, comme s'il avait eu l'idée de chercher à se rendre compte de ce mécanisme étonnant que ce grand singe avait, et que lui n'avait pas.

A la longue, les deux amis avaient déteint l'un sur l'autre. Si Vermillon avait donné du singe à Anatole, Anatole avait donné de l'artiste à Vermillon. Vermillon avait contracté, à côté de lui, le goût de la peinture, un goût qui l'avait d'abord mené à manger des vessies de couleur ; puis saisi par une rage de gribouiller du papier, il s'était mis à arracher des plumes aux malheureuses poules du portier, à les tremper dans le ruisseau, et à les promener sur ce qu'il trouvait d'à peu près blanc. Malgré tout ce qu'Anatole avait fait pour encourager ces évidentes dispositions à l'art, Vermillon s'était arrêté à peu près là. Il n'avait pu encore tracer, en dessinant d'après nature, que des ronds, toujours des ronds, et il était à craindre que ce genre de dessin monotone ne fût le dernier mot de son talent.

XXXVIII

Tel était l'heureux ménage d'artistes vivant dans cet atelier de la rue de Vaugirard, excellent ménage de deux hommes et d'un singe, de ces trois inséparables : Vermillon, Anatole, Coriolis, — les trois êtres que voici.

Vermillon était un macaque *Rhésus*, le macaque appelé *Memnon* par Buffon. Sur sa fourrure brune, aux épaules, à la poitrine, il avait des bleuissements de poils rappelant des bleus d'aponévroses. Une tache blanche lui faisait une marque sous le menton. Il portait sur la tête des espèces de cheveux plantés très-bas avec une raie qui s'allongeait sur le front. Dans ses grands yeux bruns, à prunelles noires, brillait une transparence d'un ton marron doré. La pinçure de son petit nez aplati montrait comme l'indication d'un trait d'ébauchoir dans une cire. Son museau était piqué du grenu d'un poulet plumé. Des tons fins de teint de vieillard jouaient sur le rose jaunâtre et bleuâtre de sa peau de visage. A travers ses oreilles tendres, chiffonnées, des oreilles de papier, traversées de fibrilles, le jour en passant devenait orange. Ses miniatures de mains, du violet d'une figue du Midi, avaient des bijoux d'ongles. Et quand il voulait parler, il poussait de petits cris d'oiseau ou de petites plaintes d'enfant.

Anatole avait une tête de gamin dans laquelle la misère, les privations, les excès, commençaient à dessiner le masque et la calvitie d'une tête de philosophe cynique.

Coriolis était un grand garçon très-grand et très-maigre, la tête petite, les jointures noueuses, les mains longues, un garçon se cognant aux linteaux des portes basses, au plafond des coupés, aux lustres des appartements de Paris ; un garçon embarrassé de ses jambes, qui ne pouvaient tenir dans aucune stalle d'orchestre, et que, dans ses siestes d'homme du Midi, il jetait plus haut que sa tête sur les tablettes des cheminées et les rebords des poêles, à moins qu'il ne les nouât, en sarments de vigne, l'une autour de l'autre : alors on lui voyait sous son pantalon remonté, un tout petit pied de femme, au cou-de-pied busqué d'Espagnole. Cette grandeur, cette maigreur flottant dans des vêtements amples, donnaient à sa personne, à sa tournure, un dégingandement qui n'était pas sans grâce, une sorte de dandinement souple et fatigué, qui ressemblait à une distinction de nonchalance. Des cheveux bruns, de petits yeux noirs brillants, pétillants, qui éclairaient à la moindre impression ; un grand nez, le signe de race de sa famille et de son nom patronymique, Naz, *naso*; une moustache dure, des lèvres pleines, un peu saillantes, et rouges dans la pâleur légèrement boucanée de son visage, mettaient dans sa figure une chaleur, une vivacité, une énergie sympathiques, une espèce de tendre et mâle séduction, la douceur amoureuse qu'on sent dans quelques portraits italiens du seizième siècle. A ce charme, Coriolis mêlait le caressant de ce joli accent mouillé de son pays, qui lui revenait quand il parlait à une femme.

Dans ce grand corps, il y avait un fond de tempérament féminin, une nature de paresse, de volupté, portée à une vie sans travail et de jouissances sensuelles, une vocation de goûts qui, si elle n'eût pas été contrariée par une grande aptitude picturale, se fût laissée couler à une de ces carrières d'observation, de mondanité, de plaisir, à un de ces postes de salon et de diplomatie parisienne que les ministres savaient créer, sous Louis-Philippe, pour tel séduisant créole. Même à l'heure présente, engagé comme il l'était dans la lutte de ses ambitions, dans le travail de cet art qui remplissait sa vie, tout soutenu qu'il se sentait par la conscience d'un vrai talent, il lui fallait de grands efforts pour toujours vouloir. La continuité lui manquait dans le courage et le labeur de la production. Il éprouvait à tout moment des défaillances, des fatigues, des découragements. Des journées venaient où l'homme des colonies reparaissait dans le piocheur parisien, des journées qu'il usait, étourdissait, perdait à faire de la fumée et à boire des douzaines de tasses de café. Dans la dure et longue violence qu'il venait d'imposer à ses goûts en Orient, il avait eu, pour se soutenir, l'enchantement du pays, le bonheur enivrant du climat, et aussi le far-niente bienheureux d'une contemplation plus occupée encore à regarder des visions qu'à peindre des tableaux. Travailleur, son tempérament faisait de lui un travailleur sans suite, par boutades, par fougues, ayant besoin de se monter, de s'entraîner, de se lier au travail par la force maîtresse d'une habitude; perdu, sans cela, tombant, de l'œuvre désertée, dans des inactions désespérées d'un mois.

XXXIX

Coriolis était revenu d'Asie Mineure avec un talent dont l'originalité, alors toute neuve, faisait sensation parmi le petit cercle d'amis qui fréquentaient l'atelier de la rue de Vaugirard.

Il rapportait un Orient tout différent de celui que Decamps avait montré aux yeux de Paris, un Orient de lumière aux ombres blondes, tout pétillant de couleurs tendres. Aux objections de première surprise et d'étonnement, il se contentait de répondre : — Si, c'est bien cela ; et souriait des yeux à ce que sa toile lui faisait revoir. Il n'ajoutait rien de plus. Parfois pourtant, quand on le poussait : — Voyez-vons — se mettait-il à dire — cela, je le sais... et je suis sûr que je le sais Je suis une mémoire... Je ne suis peut-être pas autre chose, mais j'ai cela du peintre : la mémoire... Je puis poser sur la toile le ton juste, rigoureux, qu'a tel mur là-bas dans telle saison.. Tenez ! ce blanc qui est là dans ce coin de l'atelier, eh bien ! je vais vous étonner : c'est précisément la valeur du ton de l'ombre à Magnésie, au mois de juillet... C'est mathématique, voyez-vous... absolu comme deux et deux font quatre... — Une seule fois, un jour où la discussion s'était animée, et où, dans l'entraînement des paroles, l'éloge du talent de Decamps avait fini par être, dans la bouche de Chassagnol, la condamnation de l'Orient de Coriolis, Coriolis assis à la turque sur le divan, le doigt, dans un quartier de sa pantoufle qu'il tourmentait, laissa tomber une à une ses idées sur un grand rival, ainsi :

— Decamps !... Decamps n'est pas un naïf... Il n'est pas arrivé tout neuf devant la lumière orientale... Il n'a pas appris le soleil, là... Il n'est pas tombé en Orient avec son éducation de peintre à faire, avec des yeux tout à fait à lui... Il était formé, il savait... Il a vu avec un parti pris. Il a emporté avec lui des souvenirs, des habitudes, des procédés... Il s'était trop rendu compte comment les anciens peintres font la lumière dans les tableaux... Il avait trop vécu avec les Vénitiens, l'école anglaise, Rembrandt... Il a toujours voulu faire le coup de soleil du Rembrandt du Salon carré... Enfin, pour moi, quand il a été là, il ne s'est pas assez livré, oublié, abandonné... Il n'a pas assez voulu voir comment la lumière qu'il avait devant les yeux se faisait, et alors, pour avoir sa lumière plus vive, il a forcé, exagéré ses ombres... Des coups de pistolet, ses tableaux... Pas de sincérité : il n'a pas eu l'émotion de la nature... Toujours trop de lui dans ce qu'il faisait... Il n'a jamais su, tenez, comme Rousseau, être un refléteur en restant personnel... Puis, Decamps, il a fait très-peu de chose en pleine lumière... Dans ses tableaux, il n'y a jamais de lumière diffuse... Il ne connaît pas ça, les bains de jour, les pleins soleils aveuglant, mangeant tout... Ce qu'il fait toujours, ce sont des rues, des culs-de-sac, des compartiments de lumière dans des corridors d'ombre... Decamps? Jamais une finesse de ton... Des gris? cherchez ses gris!... Ses rouges? c'est toujours un rouge de cire à cacheter... Coloriste? non, il n'est pas coloriste... Criez tant que vous voudrez, non, pas coloriste... On est coloriste, n'est-ce pas, avec du noir et du blanc?... Gavarni est un coloriste dans une lithographie... Partons de là... Qu'est-ce qui fait maintenant qu'une chose peinte avec des couleurs est d'un coloriste, paraît d'un coloriste dans une reproduction gravée ou lithographiée? Qu'est-ce qui fait ça? Une seule chose, absolument, la même chose que pour le noir et le blanc : le rapport des valeurs... Par exemple, voici un Velasquez...

Et Coriolis prit un morceau de fusain, dont il sabra une feuille d'album.

— .. Il combinera d'abord ses valeurs d'ombre et de lumière, de noir et de blanc... Il les combinera dans une tête, un pourpoint, une écharpe, une culotte, un cheval, — et le fusain marchait avec sa parole. — Puis, de quelque couleur qu'il peigne ces différentes choses, orangé, ou jaune, ou rose, ou gris, vous pouvez être sûr qu'il s'arrangera toujours pour garder les valeurs d'ombre et de lumière de son noir et de son blanc... Decamps ne s'est jamais douté de ça... Ce qui l'a sauvé, c'est que presque tous ses tableaux sont des monochromies bitumineuses avec des réveillons, des espèces de crayons noirs relevés de touches de pastel... Ça peut rendre l'Orient de l'Afrique, l'Orient de l'Egypte, je ne sais pas, je n'ai pas étudié ce pays-là ; mais pour l'Asie Mineure... l'Asie Mineure ! Si vous voyiez ce que c'est ! Un pays de montagnes et de plaines inondées une partie de l'année... C'est une vaporisation continuelle... Tenez ! une évaporation d'eau de perles... tout brille et tout est doux... la lumière, c'est un brouillard opalisé... avec des couleurs... comme un scintillement de morceaux de verre coloré...

XL

Lors de son retour en France, vers la fin de l'année 1850, Coriolis s'était trouvé à court de temps pour exposer au Salon qui ouvrait, cette année-là, le 30 décembre. Anatole avait vainement essayé de le décider à envoyer au Palais-National quelques-unes de ses belles esquisses. Coriolis sentait qu'à son âge, n'ayant jamais étalé, il lui fallait un début qui fût un coup d'éclat. Il ne voulait arriver devant le public qu'avec des morceaux faits, où il aurait mis tout son effort, l'achèvement du temps.

L'année 1851 n'ayant pas d'Exposition, il eut tout le loisir de travailler à trois toiles. Il les remania, les caressa, les retoucha, les retournant pour les laisser dormir, y revenant avec des yeux plus froids et détachés de la griserie du ton tout frais, y mettant à tous les coins cette conscience de l'artiste qui veut se satisfaire lui-même.

Le premier de ces trois tableaux, peints d'après ses souvenirs et ses croquis, était le campement de Bohémiens dont il avait envoyé à Anatole l'ébauche écrite. Une lumière pareille à la horde qu'elle éclairait, errante et folle, des rayons perdus, l'éparpillement du soleil dans les bois, des zigzags de ruisseau, des oripeaux de sorcière et de fée, un mélange de basse-cour, de dortoir et de forge, des berceaux multicolores, comme de petits lits d'Arlequin accrochés aux arbres, un troupeau d'enfants, de vieilles, de jeunes filles, le camp de misère et d'aventure, sous son dôme de feuilles, avec son tapage et son fouillis, revivait dans la peinture claire, cristallisée, pétillante de Coriolis, pleine de retroussis de pinceau, d'accentuations qui, dans les masses, relevaient un détail, jetaient de l'esprit sur une figure, sur une silhouette.

Sa seconde toile faisait voir une vue d'Adramiti. D'une touche fraîche et légère, avec des tons de fleurs, la palette d'un vrai bouquet, Coriolis avait jeté sur la toile le riant éblouissement de ce morceau de ciel tout bleu, de ces baroques maisons blanches, de ces galeries vertes, rouges, de ces costumes éclatants, de ces flaques d'eau où semble croupir de l'azur noyé. Il y avait là un rayonnement d'un bout à l'autre, sans ombre, sans noir, un décor de chaleur, de soleil, de vapeur, l'Orient fin, tendre, brillant, mouillé de poussière d'eau de pierres précieuses, l'Orient de l'Asie Mineure, comme l'avait vu et comme l'aimait Coriolis.

Le troisième de ses tableaux représentait une caravane sur la route de Troie. C'était l'heure frémissante et douce où le soleil va se lever; les premiers feux, blancs et roses, répandant le matin dans le ciel, semblaient jeter les changeantes couleurs tendres de la nacre sur le lever du jour vers lequel, le cou tendu, les chameaux respiraient.

La veille de son envoi, Coriolis donnait encore ce dernier coup de pinceau que les peintres donnent à leurs tableaux dans leur cadre de l'Exposition.

XLI

Le jury du Salon fonctionnait depuis quelque temps, quand Coriolis se sentit inquiet, pris de l'impatience de savoir son sort. L'absence de toute lettre de refus, les promesses de réception faites à ses tableaux par ceux qui les avaient vus, ne le rassuraient pas. Anatole avait vaguement entendu dire dans une brasserie que son ami était refusé, au moins pour une de ses toiles. La tête de Coriolis se mit à travailler là-dessus. Il était embarrassé pour sortir de cette incertitude qui lui taquinait l'imagination et les nerfs. Anatole lui conseilla d'aller voir leur ancien camarade Garnotelle, qu'il n'avait pas revu depuis son retour de Rome, et qui était devenu un artiste posé, lancé, « pourri de relations ». Coriolis se décidait à aller voir Garnotelle.

Il arrivait à la cité Frochot, à ce joli phalanstère de peinture posé sur les hauteurs du quartier Saint-Georges; gaie villa d'ateliers riches, de l'art heureux, du succès, dont le petit trottoir montant n'est guère foulé que par des artistes décorés. Vers le milieu de la cité, à une porte en treillage, garnie de lierre, il sonna. Un domestique à l'accent italien prit sa carte et l'introduisit dans un atelier à la claire peinture lilas.

Sur les murs se détachaient des cadres dorés, des gravures de Marc-Antoine, des dessins à la mine de plomb grise, portant sur leur bordure le nom de M. Ingres. Les meubles étaient couverts d'un reps gris qui s'harmonisait doucement et discrètement avec la peinture de l'atelier. Deux vases de pharmacie italienne, à anses de serpents tordus, posaient sur un grand meuble à glaces de vitrine, laissant voir la collection, reliée en volume dorés sur tranche, des études et des croquis de Garnotelle. Dans un coin, un *ficus* montrait ses grandes feuilles vernies ; dans l'autre, un bananier se levait d'une espèce de grand coquetier de cuivre, à côté d'un piano droit ouvert. Tout était net, rangé, essuyé, jusqu'aux plantes qui paraissaient brossées. Rien ne traînait, ni une esquisse, ni un plâtre, ni une copie, ni une brosse. C'était le cabinet d'art élégant, froid, sérieux, aimablement classique et artistiquement bourgeois d'un prix de Rome, qui se consacre spécialement aux portraits de dames du monde.

Au milieu de l'atelier, au plus beau jour, sur un chevalet d'acajou à col de cygne, reposait un portrait de femme entièrement terminé et verni. Devant ce portrait était un tapis, et devant le tapis, trois fauteuils en place, fatigués d'un passage de personnes, formaient un hémicycle. Ces fauteuils, le tapis, le chevalet, mettaient là un air d'exhibition religieuse, et comme un petit coin de chapelle. Coriolis reconnut le portrait : c'était le portrait de la femme d'un riche financier, un portrait que les journaux avaient annoncé comme devant être le seul envoi de Garnotelle au Salon.

Garnotelle, en vareuse de velours noir, entra.

— Comment ! c'est toi ? — dit-il en laissant voir le malaise d'équilibre d'un homme qui retrouve un ami oublié. — Tu as été longtemps là-bas, sais-tu ? Je suis enchanté... Ah ! tu regardes mon exposition...

— Comment, ton exposition ?

— Ah ! c'est vrai... tu reviens de si loin ! tu as l'innocence de ces choses-là... Eh bien ! j'ai tout bonnement écrit à la Direction que j'avais besoin d'un délai pour finir... et voilà... Je n'envoie pas comme les autres... et je fais ici ma petite exposition particulière, comme tu vois... Votre tableau ne passe pas comme cela avec le commun des martyrs... Vous êtes distingué par l'administration... cela fait très-bien... Je l'enverrai au dernier jour, et tu verras, il ne sera pas le plus mal placé... Ah ça ! et toi ? Est-ce qu'on ne m'a pas dit que tu avais quelque chose ?

— Oui, trois tableaux de là-bas, et c'est justement

pour ça... Je ne sais pas si je suis refusé... Et je voudrais être fixé, savoir décidément...

— Oh! très-bien... C'est très-facile... Je te saurai cela ce soir... Où demeures-tu?

— Rue de Vaugirard, 23.

— Comment habites-tu là? C'est loin de tout. Pour peu qu'on aille un peu dans le monde... les ponts à traverser... Et ça te va-t-il, mon portrait?

— Très-bien... très-bien... Le collier de perles... Oh! il est étonnant... — dit Coriolis sans enthousiasme.

— Mon Dieu! c'est un portrait sérieux, sans tapage... Si j'avais voulu, ces temps-ci... La Tanucci m'a fait demander... Il était deux, trois heures... enfin une heure honnête pour se présenter chez une femme qui ne l'est pas... Elle était au lit... Une chambre de satin, feu et or... éblouissante... Elle s'amusait à faire ruisseler dans une grande cassette Louis XIII, tu sais, avec du cuivre aux angles, des bijoux, des diamants, de l'or... Elle était à demi sortie du lit, les épaules nues, des cheveux superbes, une chemise... tu sais de ces chemises qu'elles ont!... elle m'a demandé son portrait comme une chatte... J'ai été héroïque, j'ai refusé... Vois-tu, mon cher, au fond, ces portraits-là, quand on voit du monde, quand on connaît des femmes bien, c'est toujours une mauvaise affaire... ça jette de la déconsidération sur un talent... il faut laisser cela aux autres... Tu dis... ton adresse?

— 23, rue de Vaugirard.

— Je t'écris, vois-tu, pour plus de sûreté... parce que j'ai tant de choses... Et puis, je veux aller te voir... Tu me montreras tout ce que tu as rapporté... Je serais très-curieux... Veux-tu que nous descendions ensemble jusqu'aux boulevards? Je suis invité à déjeuner ce matin...

Il sonna son domestique, passa un habit, et quand ils furent dehors : — Pourquoi, — dit-il à Coriolis, — n'habites-tu pas par ici?

— Pourquoi? — répondit Coriolis. — Tiens, regarde...

— et il désigna une croisée. — Vois-tu ces bougies roses à cette toilette, des bougies couleur de chair qui font penser à la jambe d'une danseuse dans un bas de soie? Vois-tu cette bonne sur le trottoir qui promène ce petit chien de la Havane? La bonne a du blanc, et le petit chien a du rouge... Sens-tu cette odeur de poudre de riz qui descend les escaliers et sort par la porte comme l'haleine de la maison?... Eh bien! mon cher, voilà ce qui me fait sauver... J'en ai peur... Il flotte trop de plaisir pour moi par ici... La femme est dans l'air... on ne respire que cela! Je me connais, il me faut ma rue de Vaugirard, mon quartier, un quartier d'étudiants qui ressemble à l'hôtel Cicéron de la vache enragée... Ici, je redeviendrais un créole... et je veux faire quelque chose...

— Ah! moi pour travailler, il n'y a que Rome... ma belle Rome! Quand avec l'école nous allions acheter, je me rappelle, aux *Quattro Fontane*, des oranges et des pommes de pin pour les manger dans les thermes de Caracalla...

Et disant cela, Garnotelle quitta Coriolis avec une poignée de main, sur la porte du café Anglais.

Le lendemain matin, Coriolis reçut une carte de Garnotelle, qui portait écrit au crayon : « Les trois *reçus*. »

XLII

Un grand jour que le jour d'ouverture d'un Salon!

Trois mille peintres, sculpteurs, graveurs, architectes l'ont attendu sans dormir, dans l'anxiété de savoir où l'on a placé leurs œuvres, et l'impatience d'écouter ce que ce public de première représentation va en dire. Médailles, décorations, succès, commandes, achats du gouvernement, gloire bruyante du feuilleton, leur avenir, tout est là, derrière ces portes encore fermées de l'Exposition. Et les portes à peine ouvertes, tous se précipitent.

C'est une foule, une mêlée. Ce sont des artistes en bande, en famille, en tribu; des artistes gradés donnant le bras à des épouses qui ont des cheveux en coques, des artistes avec des maîtresses à mitaines noires; des chevelus arriérés, des élèves de Nature coiffés d'un feutre pointu; puis des hommes du monde qui veulent « se tenir au courant »; des femmes de la société frottées à des connaissances artistiques, et qui ont un peu dans leur vie effleuré le pastel ou l'aquarelle; des bourgeois venant se voir dans leurs portraits et recueillir ce que les passants jettent à leur figure; de vieux messieurs qui regardent les nudités avec une lorgnette de spectacle en ivoire; des vieilles faiseuses de copies, à la robe tragique, et qu'on dirait taillée dans la mise-bas de mademoiselle Duchesnois, s'arrêtant, le pince-nez au nez, à passer la revue des torses d'hommes qu'elles critiquent avec des mots d'anatomie. Du monde de tous les mondes : des mères d'artistes, attendries devant le tableau filial avec des larmoiements de portières; des actrices fringantes, curieuses de voir des marquises en peintures; des refusés hérissés, allumés, sabrant tout ce qu'ils voient avec le verbe bref et des jugements féroces; des frères de la Doctrine chrétienne, venus pour admirer les paysages d'un gamin auquel ils ont appris à lire; et çà et là, au milieu de tous, coupant le flot, la marche familière et l'air d'être chez elles, des modèles allant aux tableaux, aux statues où elles retrouvent leur corps, et disant tout haut : « Tiens! me voilà! » à l'oreille d'une amie, pour que tout le monde entende... On ne voit que des nez en l'air, des gens qui regardent avec toutes les façons ordinaires et extraordinaires de regarder l'art. Il y a des admirations stupéfiées, religieuses, et qui semblent prêtes à se signer. Il y a des coups d'œil de joie que jette un concurrent à un tableau raté de camarade. Il y a des attentions qui ont les mains sur le ventre, d'autres qui restent en arrêt, les bras croisés et le livret sous un bras, serré sous l'aisselle. Il y a des bouches béantes, ouvertes en *o*, devant la dorure des cadres; il y a sur des figures l'hébétement désolé, et le navrement éreinté qui vient aux visages des malheureux obligés par les convenances sociales d'avoir vu toutes ces couleurs. Il y a les silencieux qui se promènent avec les mains à la Napoléon derrière le dos; il y a les professants qui pérorent, les noteurs qui écrivent au crayon sur les marges du livret, les toucheurs qui expliquent un tableau en passant leur gant sale sur le vernis à peine séché, les agités qui dessinent dans le vide toutes les lignes d'un paysage, et reculent du doigt un horizon. Il y a des dilettantes qui parlent tout seuls et se murmurent à eux-mêmes des mots comme *smorfia*. Il y a des hommes qui traînent des troupeaux de femmes aux sujets historiques. Il y a des ateliers en peloton, compactes et paraissant se tenir par le pan de leurs doctrines. Il y a de grands diables à cravates de foulard, les longs cheveux rejetés derrière les oreilles, qui serpentent à travers les foules et crachent, en courant, à chaque toile, un lazzi qui la baptise. Il y a, devant d'affreux vilains tableaux convaincus et de grandes choses insolemment mal peintes, comme de petites églises de pénétrés, des groupes de catéchumènes en redingotes, chacun le bras sur l'épaule d'un frère, immobiles; changeant seulement de pied de cinq en cinq minutes, le geste dévotieux, la parole basse, et tout perdus dans l'extatisme d'une vision d'apôtres crétins...

Spectacle varié, brouillé, sur lequel planent les passions, les émotions, les espérances volantes, tourbillonnantes, tout le long de ces murs qui portent le travail, l'effort et la fortune d'une année!

Coriolis voulut ce jour-là faire « l'homme fort ». Il n'avança pas l'heure du déjeuner, par une espèce de déférence pour la blague d'Anatole. Mais au dessert l'impatience commença à le prendre. Il trouvait qu'Anatole mettait des éternités à prendre son café. Et le voyant siroter son gloria en disant tranquillement : — Nous avons bien le temps ! — il l'enleva brusquement de table, l'emporta dans un coupé et se jeta avec lui dans les salles. Anatole voulait s'arrêter à des tableaux, l'appelait, le retenait : Coriolis s'échappait, allait devant lui ; il voulait se voir.

Il arriva à ses tableaux. Sa première toile lui donna dans la poitrine ce coup de poing que vous envoie votre œuvre exposée, accrochée, publique. Tout disparut ; il eut ce premier grand éblouissement de sa chose où chacun voit en grosses lettres : MOI !

Puis il regarda : il était bien placé. Cependant, au bout d'un moment, il trouva que sa place, si bonne qu'elle fût, avait des inconvénients, des voisinages qui lui nuisaient. La lumière ne donnait pas juste sur la Halte de Bohémiens ; le jour l'éclairait un peu à faux. Sa Vue d'Adramiti avait l'honneur du grand Salon ; mais le portrait gris et terriblement sobre de Garnotelle, placé à côté, le faisait paraître un peu trop « bouchon de carafe ». Du reste, ses trois tableaux étaient sur la cimaise. Sans doute, ce n'était pas tout ce qu'il aurait voulu : Coriolis était peintre, et, comme tout peintre, il ne se serait estimé tout à fait bien placé que s'il avait été exposé absolument seul dans le Salon d'honneur. Mais enfin c'était satisfaisant, il n'avait pas à se plaindre ; et tout heureux d'être débarrassé d'Anatole accroché par d'anciens amis d'atelier, il se mit à se promener dans le voisinage de ses tableaux en faisant semblant de regarder ceux qui étaient à côté, l'oreille aux aguets, essayant d'attraper des mots de ce qu'on disait de lui, et laissant tomber des regards d'affection sur les gens qui stationnaient devant sa signature.

Bientôt lui arriva une joie que donne le succès direct, tout vif et présent, la joie chaude de l'homme qui se voit et se sent applaudi par un public qu'il touche des yeux et du coude. Il lui passa un chatouillement d'orgueil au bruit de son nom qui marchait dans la foule. Il était remué par des bouts de phrases, des exclamations, des chaleurs de sympathie, des riens, des gestes, des approbations de tête, qui saluaient et félicitaient ses toiles. Une bande de rapins en passant lança des hourras. Un critique s'arrêta devant, et demeura le temps de penser un feuilleton sans idées. Peu à peu, l'heure s'avançant, les passants s'amassèrent ; aux regardeurs isolés, aux petits groupes succéda un rassemblement grossissant, trois rangées de spectateurs tassés, serrés, emboîtés l'un dans l'autre, montrant trois lignes de dos, froissant entre leurs épaules deux ou trois robes de femmes, et renversant une soixantaine de fonds ronds de chapeaux noirs où le jour tombé d'en haut lustrait la soie.

Coriolis serait resté là toujours si Anatole n'était venu le prendre par le bras en lui disant :

— Est-ce que tu ne consommerais pas quelque chose ?

Et il l'emmena dans un café des boulevards où Coriolis, en fumant son cigare et en regardant devant lui, revoyait tous ces dos devant ses tableaux.

XLIII

A ce triomphe du premier jour succéda bien vite une réaction.

On ne trouble point impunément les habitudes du public, ses idées reçues, les préjugés avec lesquels il juge les choses de l'art. On ne contrarie pas sans le blesser le rêve que ses yeux se sont faits d'une forme, d'une couleur, d'un pays. Le public avait accepté et adopté l'Orient brutal, fauve et recuit de Decamps. L'Orient fin, nuancé, vaporeux, volatilisé, subtil de Coriolis le déroutait, le déconcertait. Cette interprétation imprévue dérangeait la manière de voir de tout le monde, elle embarrassait la critique, gênait ses tirades toutes faites de couleur orientale.

Puis cette peinture avait contre elle le nom de son auteur, ce qu'un nom noble ou d'apparence nobiliaire inspire contre une œuvre de préventions trop souvent justifiées. La signature *Naz de Coriolis*, mise au bas de ces tableaux, faisait imaginer un gentilhomme, un homme du monde et de salon, occupant ses loisirs et ses lendemains de bal avec le passe-temps d'un art. A beaucoup de juges de goût peu fixé, allant pour rencontrer sûrement le talent là où ils croient être assurés de rencontrer le travail, l'application, la peine de tout un homme et l'ambition de toute une carrière d'artiste, ce nom donnait toutes sortes d'idées de méfiance, une prédisposition instinctive à ne voir là qu'une œuvre d'amateur, d'homme riche qui fait cela pour s'amuser.

Toutes ces mauvaises dispositions, la petite presse, qui a ses embranchements sur les brasseries de la peinture, les ramassa et les envenima. Elle fut impitoyable, féroce pour Coriolis, pour cet homme ayant des rentes, qu'on ne voyait point boire de chopes, et qui, inconnu hier, accaparait, à la première tentative, l'intérêt d'une exposition. Le petit peuple du bas des arts ne pouvait pardonner à une pareille chance. Aussi pendant deux mois Coriolis eut-il les attaques de tous ces arrière-fonds de café, où se baptisent les gloires embryonnaires et les grands hommes sans nom, où chauffent ces succès de la Bohême, auxquels chacun apporte l'abnégation de son dévouement, comme s'il se couronnait lui-même en couronnant quelqu'un de la bande. On le déchira spécialement à l'estaminet du *Vert-de-gris*, le rendez-vous des *amers*. Les *amers*, les amers spéciaux que fait la peinture, ceux-là qu'enrage et qu'exaspère cette carrière qui n'a que ces deux extrêmes : la misère anonyme, le néant de celui qui n'arrive pas, ou une fortune soudaine, énorme, tous les bonheurs de gloire de celui qui arrive, les amers, tout ce monde d'avenirs aigris, de jeunes talents grisés de compliments d'amis et ne gagnant pas un sou, furieux contre le monde, exaspéré contre la société, la veine et le succès des autres, haineux, ulcérés, misanthropes qui s'humaniseront à leur première paire de gants gris-perle, — les amers se mirent à *exécuter* tous les soirs la personne et le talent de Coriolis jusqu'à l'entière extinction du gaz, soufflant la technique de l'éreintement à deux ou trois criticules qui venaient prendre là le mauvais air de l'art.

Coriolis trouvait enfin une dernière opposition dans la réaction commençant à se faire contre l'Orient, dans le retour des amateurs sévères, posés, au style du grand paysage encanaillé à leurs yeux par un trop long carnaval de turquerie.

En face de cette hostilité presque universelle, Coriolis était à peu près désarmé. Il lui manquait les amitiés, les camaraderies, ce qu'une chaîne de relations organise pour la défense d'un talent discuté. Les huit ans passés par lui en Orient, la sauvagerie paresseuse qu'il en avait rapportée, son enfoncement dans le travail avaient fait l'isolement autour de lui. Cependant, comme il arrive presque toujours, des sympathies sortirent des haines. Ce qui se lève sous le contre-coup de l'injustice et de l'unanimité des hostilités, le sens de combattivité et de générosité qui se révolte dans un public, mettaient la dispute et la violence d'une bataille dans la discussion du nouvel Orient de Coriolis. Devant la partialité de la négation, les éloges s'emportaient jusqu'à l'hyperbole; et Coriolis sortait des jalousies, des passions et de la critique, maltraité et connu, avec un nom lapidé et une notoriété arrachée à une sorte de scandale.

Au milieu de toutes ces sévérités, des attaques des journaux, de la dureté des feuilletons, Coriolis tombait presque journellement sur l'éloge de Garnotelle. Il y avait pour son ancien camarade un concert de louanges, un effort d'admiration, une conspiration de bienveillance, d'aménités, de phrases agréables, de douces épithètes, de restrictions respectueuses, d'observations envelopppées. Presque toute la critique, avec un ensemble qui étonnait Coriolis, célébrait ce talent honnête de Garnotelle. On le louait avec des mots qui rendent justice à un caractère. On semblait vouloir reconnaître dans sa façon de peindre la beauté de son âme. Le blanc d'argent et le bitume dont il se servait étaient le blanc d'argent et le bitume d'un noble cœur. On inventait la flatterie des épithètes morales pour sa peinture : on disait qu'elle était « loyale et véridique », qu'elle avait la « sérénité des intentions et du faire ». Son gris devenait la sobriété. La misère de coloris du pénible peintre, du pauvre prix de Rome, faisait trouver et imprimer qu'il avait des « couleurs gravement chastes ». On rappelait, à propos de cette belle sagesse, l'austérité du pinceau bolonais; un critique même, entraîné par l'enthousiasme, alla, à propos de lui, jusqu'à traiter la couleur de basse, matérielle et vicieuse satisfaction du regard; et faisant allusion aux toiles de Coriolis qu'il désignait comme attirant la foule par le sensualisme, il déclarait ne plus voir de salut pour l'Art contemporain que dans le dessin de Garnotelle, le seul artiste de l'Exposition digne de s'adresser, capable de parler « aux esprits et aux intelligences d'élite ».

XLIV

L'étonnement de Coriolis était naïf. Cette vive et presque unanime sympathie de la critique pour Garnotelle s'expliquait naturellement.

Garnotelle était l'homme derrière le talent duquel la critique de ces critiques qui ne sont que des littérateurs pouvait satisfaire sa haine d'instinct contre le *morceau peint*, contre le bout de toile ou le panneau de couleur éclatante, contre la page de soleil et de vie rappelant quelque grand coloriste ancien, sans avoir l'excuse de la signature de son grand nom. Il était soutenu, poussé, acclamé par tout ce qu'il y a d'imperception et d'hostilité inavouée, dans les purs phraseurs d'esthétique, pour l'harmonie de pourpre du Titien, le courant de pâte d'un Rubens, le gâchis d'un Rembrandt, la touche carrée d'un Velasquez, le tripotage de génie de la couleur, le travail de la main des chefs-d'œuvre. Le peintre satisfaisait le goût de ces doctrines, aimées de la France, sympathiques à son tempérament, qui mènent l'admiration de l'estime publique et des gens distingués à une certaine manière de peindre unie, sage, lisse, blaireautée, sans pâte, sans touche, à une peinture impersonnelle et inanimée, terne et polie, reflétant la vie dans un miroir dont le tain serait malade, fixant et desséchant le trait qui joue et trempe dans la lumière de la nature, arrêtant le visage humain avec des lignes graphiques rigides comme le tracé d'une épure, réduisant le coloris de la chair aux teintes mortes d'un vieux daguerréotype colorié, dans le temps, pour dix francs.

Garnotelle servait de drapeau et de ralliement à la critique purement lettrée, et au public qui juge un peintre avec des théories, des idées, des systèmes, un certain idéal fait de lectures et de mauvais souvenirs de quelques lignes anciennes, l'estime d'une certaine propreté délicate, une compétence bornée à un mépris acquis et convenu pour les tons roses de Dubuffe. L'école sérieuse, puissante et considérée, descendue des professeurs et des hommes d'Etat critiques d'art, l'école doctrinaire et philosophique du Beau, l'armée d'écrivains penseurs qui n'ont jamais vu un tableau même en le regardant, qui n'ont jamais goûté devant un ton cette jouissance poignante, cette sensation absolue que Chevreul dit aussi forte pour l'œil que les sensations des saveurs agréables pour le palais; ces juges d'art qui n'apprécient jamais l'art par cette impression spontanée, la sensation, mais par la réflexion, par une opération de cerveau, par une application et un jugement d'idées; tous ces théoriciens ennemis de la couleur par rancune, affectant pour elle le mépris, répétant que cela, cette chose divine que rien n'apprend, la couleur, peut s'apprendre en huit jours, que la peinture doit être simplement en dessin lavé à l'huile; que la pensée, l'élévation de l'Idée doivent faire et réaliser cette chose plastique et d'une chimie si matérielle : la Peinture, — tels étaient les gens, les théories, les sympathies, les courants d'opinion qui constituaient le grand parti de Garnotelle.

De là le succès des portraits de Garnotelle. Leur absence de vie, leur décoration passait pour du style; leur platitude était saluée comme une idéalisation. On voulait trouver dans leur air de papier peint je ne sais quoi d'humble, de modeste, de religieux, l'agenouillement d'une peinture, pâle d'émotion, aux pieds de Raphaël. Il y avait une entente pour ne pas voir toute la misère de ce dessin mesquin, tiraillé entre la nature et l'exemple, timide et appliqué, cherchant aux personnages de basses enjolivures bêtes; car Garnotelle ne savait pas même tirer de ses modèles la forte matérialité trapue, l'épaisse grandeur de la Bourgeoisie : il arrangeait les bourgeois qu'il peignait en portiers songeurs, travaillait à les poétiser, tâchait de mettre une lueur de rêverie dans un ancien député du juste-milieu et d'alanguir un ventru avec de l'élégance. Il maniérait le commun, et jetait ainsi sur la grosse race positive, dont il était le peintre presque mystique, le plus divertissant des ridicules.

Mais les portraits les plus applaudis de Garnotelle étaient ses portraits de femmes : minutieuses et laborieuses copies de traits et de plis de robes, images patientes de dames sérieuses et roides, dans des intérieurs maigres. Réunis, ils auraient fait douter de la grâce, de l'animation, de l'esprit qu'a toute la personne de la Parisienne du xixe siècle. C'étaient des mains étalées gauchement sur les genoux avec les doigts forcés comme des pincettes, des physionomies ayant un air de calme dormant et de placidité figée, auquel s'ajoutait une sorte de mortification morne, provenant des longues et nombreuses séances exigées par le consciencieux portraitiste. Il semblait y avoir un travail pénible, très-mal éclair un travail de prison; dans ce douloureux dessin, dans ces ostéologies s'enlevant sur des fonds olive, dans ces femmes décolletées qu'on eût dit posées par le peintre sous un jour de souffrance. Vaguement, devant ces portraits, l'idée vous venait de bourgeoises en pénitence dans les Limbes. Ce que Garnotelle leur mettait pour pensée et pour ombre sur le front avait l'air d'une préoccupation de ménage, d'un souci d'addition, ou plutôt de ces réflexions de femme qui marchande une chose trop chère. Malgré tout, c'étaient les portraits à la mode. Les femmes, en dépit de toute la coquetterie qu'elles ont d'elles-même et de cette immortalité de leur beauté, les femmes s'étaient laissé persuader que cette façon rigoureuse de les peindre avait de la sévérité et de la noblesse. Ce qu'elles perdaient avec Garnotelle en jeunesse et en piquant, elles pensaient qu'il le leur rendait en autorité de grâce et en transfiguration sérieuse. Et parmi les plus élégantes, les plus riches et les plus jolies, les portraits de ce peintre, à propos duquel elles avaient entendu nommer si souvent Raphaël, devenaient un objet de jalousie, d'envie, une exigence imposée à la bourse du mari.

XLV

Il y avait encore, pour le succès de Garnotelle, d'autres raisons.

Garnotelle n'était plus l'espèce de sauvage timide, marchant dans les pas d'Anatole, attaché et collé à lui, vivant de sa société et à son ombre. Il n'était plus ce pauvre garçon, ce rustre gêné, mal appris, honteux de lui-même, qui demandé, par hasard, dans un château pour une décoration, avait passé quinze jours sans se laisser arracher une parole, avec des larmes d'embarras lui venant presque aux yeux, quand l'attention des femmes s'occupait de lui, et qu'il avait peur comme un petit paysan que veut embrasser une belle dame. L'École de Rome a un mérite qu'il faut reconnaître : si elle ne fait rien pour le talent des gens, elle fait beaucoup pour leur éducation ; si elle n'inspire pas le peintre, elle forme et dégrossit l'homme. Par la vie en commun, l'espèce de frottement d'un club académique, le façonnement des natures abruptes au contact des natures civilisées, ce que les gens bien nés enseignent et font gagner aux autres, ce que les lettrés donnent et communiquent d'instruction aux illettrés, par son salon, ses réceptions, la villa Médici fabrique, dans des tempéraments de peuple, des espèces de gens du monde que cinq ans élèvent, en apparence de manières, en superficie de savoir, en politesse acquise, au niveau du commun des martyrs et des exigences de la société actuelle. Là avait commencé la métamorphose de Garnotelle, encouragée par la bienveillance de deux ou trois salons français et étrangers, où les gâteries des femmes l'enhardissaient à prendre peu à peu l'aplomb du monde. Sa tête lui servait et aidait à ses succès : il plaisait par une beauté brune, un peu commune et marquée, mais de ce genre qu'aiment les femmes, une beauté vulgairement souffrante, où de la pâleur, presque de la maladie, un reste de vieux malheurs de sang, devenu une espèce de teint fatal, mettaient ce caractère, qui l'avait fait surnommer par ses camarades « l'ouvrier malsain ». Dans ce physique, le monde ne voulait voir que le tourment de la pensée, les stigmates du travail, l'émaciement de la spiritualité. Et pour les yeux des femmes, Garnotelle était la figure rêvée, une poétique incarnation du pittoresque et romanesque personnage qui peint avec son cœur et sa santé, il était ce malheureux céleste : — l'*artiste!*

À Paris, par des liaisons nouées à Rome dans une famille française, il était entré dans un monde de femmes du haut commerce et de la haute banque, un monde orléaniste de femmes sérieuses, intelligentes, cultivées, mêlées aux lettres, à l'art, tenant le haut bout de l'opinion publique par leurs salons et leurs amis du journalisme. Il trouva là de puissantes protectrices, supérieures à la banalité, ardentes et remuantes dans l'amitié, mettant leur activité et leur dévouement d'esprit au service des intimes habitués de leur maison, faisant d'eux, de leur nom, de leur célébrité, de leur carrière, l'intérêt, l'occupation, l'orgueil de leur vie de femme et la petite gloire de leur cercle. Il eut toutes les bonnes fortunes et tout le profit de ces liaisons pures, de ces attachements, de ces adoptions qui finissent par laisser tomber sur la tête d'un peintre le sentimentalisme ému d'une bourgeoise éclairée, passionnent ses démarches, ses prières, ses intrigues, tout ce que peut une femme à l'époque du Salon pour le lancement d'un succès.

En dehors de ce monde, Garnotelle allait encore dans quelques salons de la haute aristocratie étrangère, où il rencontrait de grands noms avec lesquels il pouvait peser sur le ministère, des femmes au désir despotique, habituées à tout vouloir dans leur pays, et qui n'avaient perdu qu'un peu de cette habitude en France. C'était pour Garnotelle une récréation et un délassement, que ce monde aimant le plaisir, la liberté, les artistes. Il s'y sentait entouré de la naïve admiration des étrangers pour un talent de Paris : il était le peintre, le Français, l'homme célèbre que les femmes, les jeunes filles courtisaient avec la vivacité de l'ingénuité ravissante des coquetteries russes. On le choyait, on l'enguirlandait. Il était le cornac des plaisirs, la fête des soirées, l'invité annoncé et promis. Les sociétés se le disputaient, se l'arrachaient, avec des jalousies féminines et des querelles gracieuses qui chatouillaient et réjouissaient sa vanité jusqu'au fond. Il était là comme dans une délicieuse atmosphère d'enchantement amoureux. On ne le voyait dans ces salons que masqué par une jupe, la tête à demi levée derrière un fauteuil de femme, mêlé aux robes, toujours dans une intimité d'aparté, dans une pose d'enfant gâté, discret, étouffant de petits rires, des demi-paroles, des chuchotements, ce qui bruit tout bas autour d'un secret, d'une confidence, avec de petites mines, des silences, des contemplations, des yeux d'admiration, tout un jeu d'adoration d'une épaule, d'un bras, d'un pied, qui touchait les femmes comme le platonisme et le soupir d'un amour qui leur aurait fait la cour à toutes. Aux hommes aussi il trouvait moyen de plaire et de paraître amusant avec un rien de cet esprit que tout peintre ramasse dans la vie d'atelier. Et s'agissait-il de l'achat d'un de ses tableaux par quelques gros banquier? Une conspiration de sympathies s'organisait dans l'ombre, et il avait non-seulement la femme, mais les experts, les familiers, le médecin même pour lui, travaillant à forcer la main au Million.

Appuyé sur ces relations et ces protections, persuadé que tout ce qu'il pouvait avoir à demander au gouvernement serait emporté par des exigences de jolies femmes, ou des transactions de femmes influentes, Garnotelle qui, sous sa peau de mondain, avait gardé de la finesse et de la malice du paysan, estimait qu'il était inutile, presque dangereux, de passer pour un ami du gouvernement. Il ne se montrait pas aux soirées officielles, boudait les avances, jouant la réserve et la froideur d'un homme appartenant à l'Institut et attaché à ses doctrines.

Près du maître des maîtres, il avait une humilité parfaite. Avec son nom et sa position, il sollicitait de l'aider dans ses travaux; il s'offrait à lui peindre des fonds, des *à-plats*, à lui couvrir des ciels, des terrains, à lui poncer des draperies « pour se dévouer et apprendre », disait-il. Il s'informait, comme d'une cérémonie sacrée du jour où il y avait exposition chez lui. Et devant le tableau, dont il semblait ne pas oser s'approcher de trop près, il restait à distance respectueuse, plongé dans une muette contemplation. Dans ce genre d'admiration accablée, écrasée, la seule à laquelle pût encore se prendre la vanité du maître blasé sur la pantomime enthousiaste, les spasmes, les lèvements d'yeux extatiques, les monosyllabes entrecoupés, il avait imaginé une invention sublime, et qui avait attaché à son avenir la protection du grand homme. A une exposition intime, il avait gardé devant « l'œuvre » un silence morne; puis, rentré chez lui, il avait écrit au maître une lettre où il laissait naïvement échapper son découragement, se disait désespéré par cette perfection, cette grandeur, cette pureté, qui lui ôtaient l'espérance de jamais rien faire, presque la force de travailler encore ; et faisant répandre par ses amis le bruit de son découragement, il avait attendu, cloîtré dans son atelier, jusqu'à ce qu'une lettre du maître relevât son courage avec des éloges, l'encourageât à vivre et à peindre.

De plus, Garnotelle était un des habitués les plus assidus de cette société de l'*Oignon*, réunissant et reliant les anciens prix de Rome avec deux grands dîners annuels et quelques petits dîners subsidiaires, dans cette espèce de franc-maçonnerie de la courte-échelle, où l'on se passait les travaux, les commandes, les voix à l'Institut, entre la poire et le fromage, entre les pièces de vers en l'honneur des gloires académiques et des satires contre les autres gloires.

Avec la presse, il était froidement poli. Il ne gâtait pas les critiques de lettres ni d'esquisses, ne les recherchait pas et tenait à distance ceux qu'il rencontrait dans les salons avec une poignée de main qui leur tendait seulement le bout d'un doigt ou de deux. Cette attitude de réserve lui avait valu le respect avec lequel la plupart des feuilletons parlaient de son talent.

Ainsi adulé, respecté, protégé, appuyé, renté par l'argent de ses portraits, renté par l'argent de son atelier, un atelier aristocratique de jeunes et riches étrangers payant cent francs par mois, et s'engageant pour six mois; riche et parvenu à tous les bonheurs, comblé dans ses désirs et ses ambitions, le Garnotelle du succès, le Garnotelle des chemises brodées et des parfums à base de musc, n'ayant plus rien de son passé que ses longs cheveux, qu'il gardait comme une auréole d'artiste, Garnotelle se montrait parfois enveloppé d'une vague tristesse. Il paraissait avoir le noble et solennel fond de souffrance d'un homme éloigné « de l'objet de son culte ». Il se plaignait à demi-mot de n'être plus là où étaient ses regrets et son amour; et de temps en temps, il laissait échapper, avec une voix attendrie et un regard d'aspiration religieuse, une : — « Chère Rome, où es-tu? » — qui apitoyait autour de lui un public d'imbéciles sur cette pauvre âme sombre d'exilé.

XLVI

Le talent, l'ambition, l'énergie de Coriolis sortaient de ces contradictions, de la contestation, fouettés et aiguillonnés. La bataille autour de ses tableaux, de son nom, de son Orient, ce soulèvement de colères soudaines et d'ennemis inconnus lui donnaient la surexcitation de la lutte, le poussaient à la volonté d'une grande chose, d'une de ces œuvres qui arrachent au public la pleine reconnaissance d'un homme.

On ne le connaissait que par les côtés de coloriste pittoresque. Il voulait se révéler avec les puissantes qualités du peintre; montrer la force et la science du dessinateur, amassées en lui par des études patientes et acharnées de nature, qui mettaient à ses moindres croquis l'accent et la signature de sa personnalité.

Abandonnant le tableau de chevalet, il attaquait le nu dans un cadre où il pouvait faire mouvoir la grandeur du corps humain. Le décor de sa scène était un *Bain turc*. Sur la pierre moite de l'étuve, sur le granit suant, il plia une femme, sortant comme de l'arrosement d'un nuage, de la mousse de savon blanc jetée sur elle par une négresse presque nue, les reins sanglés d'une *foutah* à couleurs vives. La baigneuse, sur son séant, se présentait de face. Elle était gracieusement ramassée et rondissante dans la ligne d'un disque : on l'eût dite assise dans le C d'un croissant de lune. Ses deux mains se croisaient dans ses cheveux, au bout de ses bras relevés qui dessinaient une anse et une couronne. Sa tête, penchée, se baissait mollement, avec un chatouillement d'ombre, sur sa gorge remontée. Son torse avait les deux contours charmants et contraires de cette attitude penchée : pressé d'un côté, serré entre le sein et la hanche, il se tendait de l'autre, déroulait le dessin de son élégance; et jusqu'au bout des deux jambes de la baigneuse, l'une un peu repliée, l'autre longuement allongée, l'opposition des lignes se continuait dans l'ondulation d'un balancement. Derrière ce corps ébauché, sorti de la toile avec du pastel, Coriolis avait massé au fond des groupes de femmes qu'on entrevoyait dans une buée de vapeur, dans une aérienne perspective d'étuve rayée de traits de soleil qui faisaient des barres.

Au commencement de l'hiver, Coriolis avait fini ce tableau. Anatole, qui n'était pas complimenteur et qui n'avait guère de sympathie pour les sujets orientaux, ne put retenir, devant la toile achevée :

— Très-bien, ton corps de femme... c'est ça !

Coriolis avait l'horreur de certains peintres pour le compliment qui porte à faux, qui loue une qualité qu'ils n'ont pas, ou un coin d'une œuvre qu'ils sentent n'être pas le bon de cette œuvre. Un éloge à côté avait beau être sincère et de bonne foi : il jetait Coriolis dans des colères d'enfant.

— « C'est ça! » dit-il en se retournant avec un geste violent. — Ah! tu trouves que c'est ça, toi?... Ça! mais c'est d'un commun!... ce n'est pas plus le corps que je veux... Voilà six semaines que je m'échine dessus... Tu as bien fait de me dire que c'était bien... Allons! je te dis, c'est bête... bête comme une académie de parisienne... et tortillé... Tiens! Il traîne sur les quais une Vénus de Goltzius... qui a des perles aux oreilles, avec des colombes qui volent autour... voilà!... Je sentais bien que c'était mauvais. Mais, attends!

Et Coriolis commença à effacer sa figure. Anatole essaya de l'arrêter, l'injuria, l'appela « imbécile et chercheur de petite bête ». Coriolis continuait à démolir sa baigneuse en disant :

— Après cela, c'est le diable, un torse qui vous donne la note... C'est dégoûtant maintenant... Il n'y a plus un corps à Paris... Voyons! voilà six mois que nous n'avons pu avoir un modèle propre... Une femme qui ait pour un liard de race, de distinction, un ensemble pas trop canaille... où ça se trouve-t-il? sais-tu, toi? Oh! les modèles? une espèce finie... Rachel a commencé à les perdre avec le Conservatoire... Il n'y a plus de modèles! Ça vous donne deux séances... et puis, à la troisième, vous rencontrez votre étude, dans un petit coupé, coiffée en chien, qui vous dit : « Bonjour!... » Une femme lancée, plus de pose! Et celles qu'on a encore la chance d'attraper, sont-ce des modèles? Ça ne tient pas la pose... ça n'a pas de tendons... ça ne *crispe* pas!... ça ne *crisve* pas!...

XLVII

L'hiver de Paris a des jours gris, d'un gris morne, infini, désespéré. Le gris remplit le ciel, bas et plat, sans une lueur, sans une trouée de bleu. Une tristesse grise flotte dans l'air. Ce qu'il y a de jour est comme le cadavre du jour. Une froide lumière, qu'on dirait filtrée à travers de vieux rideaux de tulle, met sa clarté jaune et sale sur les choses et les formes indécises. Les couleurs s'endorment comme dans l'ombre du passé et le voile du fané. Dans l'atelier, un mélancolique effacement ôte le rayon à la toile, promène entre les grands murs, une sorte d'ennui glacé, polaire, glisse du plâtre qui perd ses lignes à la palette qui perd ses tons, et finit par remplacer, dans la main du peintre, les pinceaux par la pipe.

Ces jours-là, on voyait à Vermillon des attitudes

paresseuses, engourdies, inquiètes et souffrantes. Travaillé par le malaise de ce vilain temps, ayant comme le froid de la neige au fond de lui, il se postait près du poêle, et passait des demi-heures, immobile, en équilibre sur son derrière, et se chauffant ses deux pattes dans ses deux mains. Toute son attention paraissait concentrée sur le rouge du poêle. La demi-heure passée, il tournait sa tête sur son épaule, regardait de côté, avec méfiance, cette plaque de faux jour blanchissant dans le cadre de la baie, se grattait le dessous d'une cuisse, poussait un petit cri, regardait encore un peu le ciel, et ne le reconnaissant pas, il paraissait y chercher une seconde le souvenir de quelque chose de disparu. Puis il revenait à la chaleur du poêle, et s'enfonçait dans une espèce de nostalgie profonde et de méditation concentrée, avec un air confondu, cette espèce de peur de voir le soleil mort, qu'ont observée les naturalistes chez les singes en hiver.

Tout à côté, Anatole faisait comme le singe, se chauffait les pieds, en se pelotonnant près du poêle, se regardait fumer, entre deux cigarettes essayait de taquiner la plante du pied de Vermillon. Mais Vermillon, grave et préoccupé, repoussait ses agaceries.

Pour Coriolis, après quelques essais de travail lâche, quelque coups de brosse, il prenait dans une crédence une poignée d'albums aux couvertures bariolées, gaufrées, pointillées ou piquées d'or, brochées d'un fil de soie, et jetant cela par terre, s'étendant dessus, couché sur le ventre, dressé sur les deux coudes, les deux mains dans les cheveux, il regardait, en feuilletant, ces pages pareilles à des palettes d'ivoire chargées des couleurs de l'Orient, tachées et diaprées, étincelantes de pourpre, d'outremer, de vert d'émeraude. Et un jour de pays féerique, un jour sans ombre et qui n'était que lumière, se levait pour lui de ces albums de dessins japonais. Son regard entrait dans la profondeur de ces firmaments paille, baignant d'un fluide d'or la silhouette des êtres et des campagnes; il se perdait dans cet azur où se noyaient les floraisons roses des arbres, dans cet émail bleu sertissant les fleurs de neige des pêchers et des amandiers, dans ces grands couchers de soleil cramoisis et d'où partent les rayons d'une roue de sang, dans la splendeur de ces astres écornés par le vol des grues voyageuses. L'hiver, le gris du jour, le pauvre ciel frissonnant de Paris, il les fuyait et les oubliait au bord de ces mers limpides comme le ciel, balançant des danses sur des radeaux de buveurs de thé ; il les oubliait dans ces champs aux rochers de lapis, dans ce verdoiement de plantes aux pieds mouillés, près de ces bambous, de ces haies efflorescentes qui font un mur avec de grands bouquets. Devant lui, se déroulait ce pays des maisons rouges, aux murs de paravent, aux chambres peintes, à l'art de nature si naïf et si vif, aux intérieurs miroitants, éclaboussés, amusés de tous les reflets que font les vernis des bois, l'émail des porcelaines, les ors des laques, le fauve luisant des bronzes tonkin. Et tout à coup, dans ce qu'il regardait, une page fleurissante semblait un herbier du mois de mai, une poignée du printemps, toute fraîche arrachée, aquarellée dans le bourgeonnement et la jeune tendresse de sa couleur. C'étaient des zigzags de branches, ou bien des gouttes de couleur pleurant en larmes sur le papier, ou des pluies de caractères jouant et descendant comme des essaims d'insectes dans l'arc-en-ciel du dessin nué. Çà et là, des rivages montraient des plages éblouissantes de blancheur et fourmillantes de crabes ; une porte jaune, un treillage de bambou, des palissades de clochettes bleues laissaient deviner le jardin d'une maison de thé ; des caprices de paysages jetaient des temples dans le ciel, au bout du piton d'un volcan sacré ; toutes les fantaisies de la terre, de la végétation, de l'architecture, de la roche déchiraient l'horizon de leur pittoresque. Du fond des bonzeries partaient et s'évasaient des rayons, des éclairs, des gloires jaunes palpitantes de vols d'abeilles. Et des divinités apparaissaient, la tête nimbée de la branche d'un saule, et le corps évanoui dans la tombée des rameaux.

Coriolis feuilletait toujours : et devant lui passaient des femmes, les unes dévidant de la soie cerise, les autres peignant des éventails ; des femmes buvant à petites gorgées dans des tasses de laque rouge ; des femmes interrogeant des baquets magiques ; des femmes glissant en barques sur des fleuves, nonchalamment penchées sur la poésie et la fugitivité de l'eau. Elles avaient des robes éblouissantes et douces, dont les couleurs semblaient mourir en bas, des robes glauques à écailles, où flottait comme l'ombre d'un monstre noyé, des robes brodées de pivoines et de griffons, des robes de plumes, de soie, de fleurs et d'oiseaux, des robes étranges, qui s'ouvraient et s'étalaient au dos, en ailes de papillon, tournoyaient en remous de vague autour des pieds, plaquaient au corps, ou bien s'en envolaient en l'habillant de la chimérique fantaisie d'un dessin héraldique. Des antennes d'écaille piquées dans les cheveux, ces femmes montraient leur visage pâle aux paupières fardées, leurs yeux relevés au coin comme un sourire ; et accoudées sur des balcons, le menton sur le revers de la main, muettes, rêveuses, de la rêverie sournoise d'un Debureau dans une pantomime, elles semblaient ronger leur vie, en mordillant un bout de leur vêtement.

Et d'autres albums faisaient voir à Coriolis une volière pleine de bouquets, des oiseaux d'or becquetant des fruits de carmin, — quand tombait, dans ces visions du Japon, la lumière de la réalité, le soleil des hivers de Paris, la lampe qu'on apportait dans l'atelier.

XLVIII

— La Bastille ! l'Odéon ! Montmartre ! Saint-Laurent ! les correspondances !... Personne n'a de correspondance ?
— Tiens ! tu fais très-bien la charge, — dit Anatole, étonné d'entendre faire une imitation au grave Coriolis.

—... Et l'omnibus repart... Une suite de malechances ce soir-là... Un mauvais dîner chez Garnotelle... de la pluie, pas de voitures, et l'omnibus!... C'est peut-être l'habitude qui me manque... mais je trouve ça mortel, l'omnibus... cette mécanique qui fait semblant d'aller et qui s'arrête toujours! On voit les gens sur le trottoir qui vont plus vite que la voiture... Et puis rien que l'odeur!... Ça sent toujours le chat mouillé, un omnibus!... Enfin, je m'embêtais... J'avais fini d'épeler les annonces qu'on a sur la tête, la bougie de l'Etoile, la benzine Collas... Je regardais stupidement des maisons, des rues, de grandes machines d'ombre, des choses éclairées, des becs de gaz, des vitrines, un petit soulier rose de femme dans une montre, sur une étagère de glace, des bêtises, rien du tout, ce qui passait... J'en étais arrivé à suivre mécaniquement, sur les volets des boutiques fermées, l'ombre des gens de l'omnibus qui recommence éternellement... une série de silhouettes... Pas un bonhomme curieux... tous, des têtes de gens qui vont en omnibus... Des femmes... des femmes sans sexe, des femmes à paquet... Zing! le cadran du conducteur, un voyageur! Il n'y avait plus qu'une place au fond... Zing! une voyageuse... complet! J'avais en face de moi un monsieur avec des lunettes qui s'obstinait à vouloir lire un journal... Il y avait toujours des reflets dans ses lunettes... Ça me fit tourner les yeux sur la femme qui venait de monter... Elle regardait les chevaux par-dessous la lanterne, le front presque contre la glace de la voiture... une pose de petite fille... l'air d'une femme un peu gênée dans un endroit rempli d'hommes... Voilà tout... Je regardai autre chose... As-tu remarqué, toi, comme les femmes paraissent mystérieusement jolies en voiture, le soir?... De l'ombre, du fantôme, du domino, je ne sais pas quoi, elles ont de tout cela... un air voilé, un empaquetage voluptueux, des choses d'elles qu'on devine et qu'on ne voit pas, un teint vague, un sourire de nuit, avec ces lumières qui leur battent sur les traits, tous ces demi-reflets qui leur flottent sous le chapeau, ces grandes touches de noir qu'elles ont dans les yeux, leur jupe même remuante d'ombres... — La Madeleine! le boulevard! la Bastille! Pas de correspondance!... — Tiens! elle était comme ça... tournée, regardant, un peu baissée... La lueur de la lanterne lui donnait sur le front... c'était comme un brillant d'ivoire... et mettait une vraie poussière de lumière à la racine de ses cheveux, des cheveux floches comme dans du soleil... trois touches de clarté sur la ligne du nez, sur un bout de la pommette, sur la pointe du menton, et tout le reste, de l'ombre... Tu vois cela?... Très charmante cette femme... et c'est drôle, pas Parisienne... Des manches courtes, pas de gants, pas de manchettes, la peau des bras... une toilette, on n'y voyait rien dans sa toilette... et je m'y connais... une tenue de grisette et de bourgeoise, avec quelque chose dans toute la personne de déroutant, qui n'était pas de l'une et qui n'était pas de l'autre... — Auteuil! Bercy! Charenton! le Trône! Palais-Royal! Vaugirard! n° 17! n° 18! n° 19!... — Ici, une éclipse... elle a tourné le dos à la lanterne... sa figure en face de moi est une ombre toute noire, un vrai morceau d'obscurité... plus rien, qu'un coup de lumière sur un coin de sa tempe et sur un bout de son oreille où pend un petit bouton de diamant qui jette un feu de diable... L'omnibus va toujours son train... Le Carrousel, le quai, la Seine, un pont où il y a sur le parapet des plâtres de savoyard... puis des rues noires où l'on aperçoit des blanchisseuses qui repassent à la chandelle... Je ne la vois plus que par éclairs... toujours sa pose... son oreille et le petit diamant... Et puis tout à coup, au bout de cette vilaine rue du Vieux-Colombier, elle a fait signe au conducteur... Mon cher, elle a passé devant moi avec une marche, des gestes de statue, paroles d'honneur... Et ce n'est pas facile d'avoir du style, une femme, en omnibus... Je ne l'ai un peu vue qu'à ce moment-là... elle m'a paru avoir un type, un type... Elle est entrée dans un sale magasin où il y a en montre des lorgnettes en ivoire et du plaqué.

— Des lorgnettes? Au 27 ou au 29 alors?

— Ah! le numéro, je n'en sais rien.

— Un magasin de vieux neuf, enfin!... Brune et des yeux bleus bizarres, ta femme, n'est-ce pas?...

— Je crois...

— Oh! elle est bonne! C'est la Salomon...

— Salomon? Mais il y avait une vieille femme, il me semble, je me souviens, dans le temps, qui nous apportait de la parfumerie...

— Ça, c'est la mère... qui a fait des enfants, des bottes... tous qui posent... la mère au magasin, à la brocante... Elle, c'est la fille, c'est sa dernière... une dix-huitaine d'années... Ton affaire, au fait... Serin que je suis! je n'y avais pas pensé... Manette... Manette Salomon...

— Si tu lui écrivais de ma part, de venir, hein? de venir lundi, tiens... Je verrai si elle me va...

— Parfaitement... Ah! plus de papier... Voilà la lettre de mort de Paillardin... Je prends la page blanche... Oui c'est au 27 ou au 29... La mère lui remettra... Je crois qu'elle ne demeure plus avec elle...

XLIX

Le lundi, Manette Salomon ne vint pas, Coriolis l'attendit le lendemain et les autres jours de la semaine : elle ne parut pas, n'écrivit pas, ne fit rien dire. Coriolis se décida à chercher un autre modèle.

Il passa en revue les corps connus. Il fit poser tout ce qui se présentait à son atelier, les poseuses d'occasion et de misère, jusqu'à une pauvre femme qui monta sur la table en costume d'Ève, avec son chapeau, son voile et un oiseau de paradis sur la tête. Aucun de ces galbes de femme n'avait le caractère de lignes qu'il cherchait; et, découragé, s'en remettant au temps, à quelque heureuse rencontre pour trouver l'inspiration de nature qu'il voulait, il lâcha sa figure principale et se mit à retravailler le reste de son tableau.

Un soir qu'Anatole et lui battaient les boulevards, avec une soirée vide devant eux, Anatole tomba en arrêt devant l'affiche d'un grand bal à la salle Barthélemy.

— Tiens! — dit-il, — c'est le Carnaval des juifs... si nous y allions?

Ils entrèrent rue du Château-d'Eau dans la salle où la fête de la *Pourime*, — le vieil anniversaire de la chute d'Aman et de la délivrance des Juifs par Esther, — était célébrée par un bal public.

Quelques pauvres costumes, les oripeaux du « décrochez-moi ça », de vieilles vestes de débardeur couleur de raisin de Corinthe usé, sautaient au milieu des paletots et des redingotes. La famille et l'honnêteté apparaissaient çà et là par places, sur les côtés de la danse, dans des coins où s'élevaient comme un mâchonnement de mauvais allemand, un patois demi-français sonnant de consonnes tudesques, dans les files de vieilles femmes branlant de la tête à la mesure de la musique, les mains posées à plat sur les genoux avec la rigidité de statues d'Égypte, dans des groupes d'enfants parsemés sur le gradin de la banquette, souriant et dansant des yeux, en remuant à demi les bras. C'était un bal qui ressemblait, au premier aspect, à tous les autres bals parisiens, où le cancan fait le plaisir. Cependant, au bout de deux ou trois tours, Coriolis commença à y démêler un caractère. Cette foule, pareille de surface et d'ensemble à toutes les foules, ces hommes, ces femmes sans particularité frappante, habillés des costumes, des airs de Paris, et tout Parisiens d'apparence, laissèrent voir bientôt à son œil de peintre et d'ethnographe le type effacé, mais encore visible, les traits d'origine, la fatalité de signes où survit la race. Il remarqua des visages brouillés, sur lesquels se mêlait la coupe fière de profil des peuples de désert à des humilités louches de commerces douteux de grande ville, des teints plombés tout à la fois par un ancien soleil et par une réverbération de vieil argent.

des jeunes gens aux cheveux laineux, à la tête de bélier, des figures à cheveux papillotés, à gros diamant faux sur la chemise, étalant ce luxe de velours gras qu'aiment les marchands de choses suspectes, les petits yeux allumés de la fièvre du lucre, et des sourires d'Arabes dans des barbes de crin. Il reconnut, sous les capuchons et les palatines, ces femmes qu'il avait vues au plein air du Temple et dans les boutiques de la rue Dupetit-Thouars. C'étaient des blondes d'Alsace, à la blondeur dorée du blé mûr, des chevelures noires et crépées, des nez busqués, des ovales fuyant dans des pâleurs ambrées de joue et de cou où se détachait la coquille rose de l'oreille, des coins de lèvres ombrées de poil follet, des bouches poussées en avant comme par un souffle : des épaules décolletées avaient une ombre de duvet dans le creux du dos. A toutes, il voyait ces yeux tout rapprochés du nez et tout cernés de bistre, ces yeux allumés comme de femmes poudrées, ces yeux vifs de bête aux cils sans douceur laissant à nu le noir d'un regard étonné, parfois vague.

— Tiens! la Manette... — fit tout à coup Anatole, et il montra à Coriolis une femme qui regardait de la galerie d'en haut danser dans la salle. Coriolis aperçut un bras enveloppé dans un châle dénoué, un coude appuyé sur la balustrade, une main soutenant une tête, un bout de profil, un ruban feu nouant des cheveux pris dans une résille à perles d'acier. Immobile, Manette laissait le bal venir à ses yeux, avec un air de contentement paresseux et de distraction indifférente.

— Eh bien! — dit Coriolis à Anatole — monte lui demander pourquoi elle n'est pas venue.

Anatole redescendit de la galerie au bout de quelques instants.

— Mon cher, elle est furieuse... Il paraît que notre lettre n'était pas signée... Elle m'a dit qu'il n'y a qu'aux chiens qu'on écrit sans mettre son nom... Et puis, elle s'est encore vexée que nous ne lui ayons pas fait l'honneur d'une feuille de papier à lettre toute neuve... Je lui ai tout dit pour la radoucir... Enfin, si tu y tiens, montons là-haut... Tu n'as qu'à lui faire des excuses... Mets ça sur moi, dis que c'est moi, appelle-moi pignouf... tout ce que tu voudras!... Au fond, je crois qu'elle a envie de venir... Il n'y a que sa dignité... tu comprends? La dignité de mademoiselle!...A la fin, elle m'a demandé si c'était bien de toi que les journaux avaient parlé...

— Et comme ils montaient le petit escalier qui allait à la galerie : — Ah! tu vas en voir, par exemple, deux sibylles avec elle... de vrais enfants de Moïse et de Polichinelle!

Manette était assise à une table où posaient trois verres de bière à moitié vidés, à côté de deux vieilles femmes. L'une, les yeux troubles et louches, le visage rempli et gêné par un nez énorme et crochu, avait l'air d'une terrible caricature encadrée dans la ruche noire d'un immense bonnet noué sous son menton de galoche; un fichu de soie, aux ramages de madras, d'un jaune d'œillet d'Inde, croisait sur son cou décharné. Les yeux, la bouche, les narines remplis du noir qu'ont les têtes desséchées, la figure charbonnée comme par le poilu horrible d'une singesse, l'autre portait, rejeté en arrière sur des cheveux de négresse, un chapeau blanc de marchande à la toilette, orné d'une rose blanche; et des effilés de poils de chèvre pendaient des épaulettes de sa robe.

Anatole fit la présentation, et s'attabla avec son ami à la table des trois femmes qui se serrèrent pour leur faire place. Coriolis parla à Manette, s'excusa. Manette le laissa parler sans l'interrompre, sans paraître l'entendre; puis quand il eut fini, tournant vers lui un de ces regards « grande dame » qu'ont tous les yeux de femme quand ils le veulent, elle le toisa du bout des bottes jusqu'à la racine des cheveux, détourna la tête, et, après un silence, elle se décida à lui dire qu'elle voulait bien, et qu'elle viendrait « prendre la pose » le lundi suivant. Et presque aussitôt, tirant de sa ceinture sa petite montre pendue à la chaîne d'or qui battait sur sa robe de soie noire, elle se leva, salua Coriolis, et disparut suivie de ses deux monstres gardiens.

L

Le lundi, Manette fut exacte. Après quelques mots, elle commença à se déshabiller lentement, rangeant avec ordre sur le divan les vêtements qu'elle quittait. Puis elle monta sur la table à modèle avec sa chemise remontée contre sa poitrine, et dont elle tenait entre ses dents le festonnage d'en haut, dans le mouvement ramassé, pudique, d'une femme honnête qui change de linge.

Car, malgré leur métier et leur habitude, ces femmes ont de ces hontes. La créature bientôt publique qui va se livrer toute aux regards des hommes, a les rougeurs de l'instinct, tant que son talon ne mord pas le piédestal de bois qui fait de la femme, dès qu'elle s'y dresse, une statue de nature, immobile et froide, dont le sexe n'est plus rien qu'une forme. Jusque-là, jusqu'à ce moment où la chemise tombée fait lever de la nudité absolue de la femme la pureté rigide d'un marbre, il reste toujours un peu de pudicité dans le modèle. Le déshabillé, le glissement de ses vêtements sur elle, l'idée des morceaux de sa peau devenant nus un à un, la curiosité de ces yeux d'hommes qui l'attendent, l'atelier où n'est pas encore descendue la sévérité de l'étude, tout donne à la poseuse une vague et involontaire timidité féminine qui la fait se voiler dans ses gestes et s'envelopper dans ses poses. Puis, la séance finie, la femme revient encore, et se retrouve à mesure qu'elle se rhabille. On dirait qu'elle remet sa pudeur en remettant sa chemise. Et celle-là qui donnait à tous, il n'y a qu'un instant, toute la vue de sa jambe, se retournera pour qu'on ne la voie pas attacher sa jarretière.

C'est dans la pose seulement que la femme n'est plus femme, et que pour elle les hommes ne sont plus des hommes. La représentation de sa personne la laisse sans gêne et sans honte. Elle se voit regardée par des yeux d'artistes ; elle se voit nue devant le crayon, la palette, l'ébauchoir, nue pour l'art de cette nudité presque sacrée qui fait taire les sens. Ce qui erre sur elle et sur les plus intimes secrets de sa chair, c'est la contemplation sereine et désintéressée, c'est l'attention passionnée et absorbée du peintre, du dessinateur, du sculpteur, devant ce morceau du Vrai qu'est son corps : elle se sent être pour eux ce qu'ils cherchent et ce qu'ils travaillent en elle, la vie de la ligne qui fait rêver le dessin.

De là aussi, chez les modèles, ces répugnances, cette défense contre la curiosité des amis, des connaissances venant visiter un peintre, ces peurs, ces alarmes devant tous les gens qui ne sont pas du métier, ce trouble sous ces regards embarrassants d'intrus qui regardent pour regarder, et qui font que tout à coup, au milieu d'une séance, un corps de femme s'aperçoit qu'il est nu et se trouve tout déshabillé. — Un jour, dans l'atelier de M. Ingres, une femme posait devant trente élèves, trente paires d'yeux ; tout à coup, on la vit se précipiter de la table à modèle, effarée, frissonnante, honteuse de toute la peau, et courant à ses vêtements se couvrir bien vite tant bien que mal du premier qu'elle trouva : qu'avait-elle vu ? Un couvreur qui la regardait d'un toit voisin, par la baie au-dessus de sa tête.

Cette honte de femme dura une seconde chez Manette. Soudain, elle laissa tomber de ses dents desserrées la fine toile qui glissa le long de son corps, fila de ses reins, s'affaissa d'un seul coup au bas d'elle, tomba sur ses pieds comme une écume. Elle repoussa cela d'un petit coup de pied, le chassa par derrière ainsi qu'une queue de robe ; puis, après avoir abaissé sur elle-même un regard d'un moment, un regard où il y avait de l'amour, de la caresse, de la victoire, nouant ses deux bras au-dessus de sa tête, portant son corps sur une hanche, elle apparut à Coriolis dans la pose de ce marbre du Louvre qu'on appelle le *Génie du repos éternel*.

La Nature est une grande artiste inégale. Il y a des

milliers, des millions de corps qu'elle semble à peine dégrossir, qu'elle jette à la vie à demi façonnés, et qui paraissent porter la marque de la vulgarité, de la hâte, de la négligence d'une création productive et d'une fabrication banale. De la pâte humaine, on dirait qu'elle tire, comme un ouvrier écrasé de travail, des peuples de laideur, des multitudes de vivants ébauchés, manqués, des espèces d'images à la grosse de l'homme et de la femme. Puis de temps en temps, au milieu de toute cette pacotille d'humanité, elle choisit un être au hasard, comme pour empêcher de mourir l'exemple du Beau. Elle prend un corps qu'elle polit et finit avec amour, avec orgueil. Et c'est alors un véritable et divin être d'art qui sort des mains artistes de la Nature.

Le corps de Manette était un de ces corps-là : dans l'atelier, sa nudité avait mis tout à coup le rayonnement d'un chef-d'œuvre.

Sa main droite, posée sur sa tête à demi tournée et un peu penchée, retombait en grappe sur ses cheveux; sa main gauche, repliée sur son bras droit, un peu au-dessus du poignet, laissait glisser contre lui trois de ses doigts fléchis. Une de ses jambes, croisée par devant, ne posait que sur le bout d'un pied à demi levé, le talon en l'air; l'autre jambe, droite et le pied à plat, portait l'équilibre de toute l'attitude. Ainsi dressée et appuyée sur elle-même, elle montrait ces belles lignes étirées et remontantes de la femme qui se couronne de ses bras. Et l'on eût cru voir de la lumière la caresser de la tête aux pieds : l'invisible vibration de la vie des contours semblait faire frémir tout le dessin de la femme, répandre, tout autour d'elle, un peu du bord et du jour de son corps.

Coriolis n'avait pas encore vu des formes si jeunes et si pleines, une pareille élégance élancée et serpentine, une si fine délicatesse de race gardant aux attaches de la femme, à ses poignets, à ses chevilles, la fragilité et la minceur des attaches de l'enfant. Un moment, il s'oublia à s'éblouir de cette femme, de cette chair, une chair de brune, mate et absorbant la clarté, blanche de cette chaude blancheur du Midi qui efface les blancheurs nacrées de l'Occident, une de ces chairs de soleil, dont la lumière meurt dans des demi-teintes de rose thé et des ombres d'ambre.

Ses yeux se perdaient sur cette coloration si riche et si fine, ces passages de ton si doux, si variés, si nuancés, que tant de peintres expriment et croient idéaliser avec un rose banal et plat; ils embrassaient ces fugitives transparences, ces tendresses et ces tiédeurs de couleurs qui ne sont plus qu'à peine des couleurs, ces imperceptibles apparences d'un bleu, d'un vert presque insensible, ombrant d'une adorable pâleur les diaphanéités laiteuses de la chair, tout ce délicieux je ne sais quoi de l'épiderme de la femme, qu'on dirait fait avec le dessous de l'aile des colombes, l'intérieur des roses blanches, la glauque transparence de l'eau baignant un corps. Lentement, l'artiste étudiait ces bras ronds, aux coudes rougissants, qui, levés, blanchissaient sur ces cheveux bruns, ces bras au bas desquels la lumière, entrant dans l'ombre de l'aisselle, montrait des fils d'or frisant dans du jour; puis, le plan ferme de la poitrine blanche et azurée de veinules; puis cette gorge plus rosée que la gorge des blondes, et où le bout du sein était de la nuance naissante de l'hortensia.

Il suivait l'indication presque tremblée des côtes, la ligne à peine éclose d'un torse de jeune fille, encore contenu et comprimé dans sa grâce, à demi mûr, serré dans sa jeunesse comme dans l'enveloppe d'un bouton. Une taille à demi épanouie, libre, roulante, heureuse, comme la taille des femmes qui n'ont jamais porté de corset, lui montrait cette jolie indication molle et sans coupure, la ceinture naturelle marquée d'un sinus d'amour dans le bronze et le marbre des statues antiques. De cette taille, son regard allait au douillet modelage, aux inflexions, aux méplats, à la rondeur enveloppée, à la douce et voluptueuse ondulation d'un ventre de vierge, d'un ventre innocent, presque enfantin, sculpté dans sa mollesse et délicatement dessiné dans le *flou* de sa chair : une petite lumière, à demi coulée au bord du nombril, semblait une goutte de rosée glissant dans l'ombre et le cœur d'une fleur. Il allait à ce bas du ventre, où il y avait de la convexité d'une coquille et du rentrant d'une vague, à l'arc des hanches, à ces cuisses charnues, caressées, sur le doux grain de leur peau, de blancheurs tranquilles et de lueurs dormantes, à ces genoux moelleux, délicats et noyés, cachant si coquettement sous leurs demi-fossettes l'agrafe des muscles et le nœud des os, à ces jambes polies et lustrées, qui semblaient garder chez Manette, comme chez certaines femmes, le luisant d'un bas de soie, à ce fuseau de la cheville, à ces malléoles de petite fille, où s'attachait un tout petit pied, maigre et long, l'orteil en avant, les doigts un peu rosés au bout...

Sous cette attention qui semblait ne pas travailler, Manette à la fin éprouva une sorte d'embarras. Laissant retomber ses bras et décroisant ses jambes, elle parut demander à Coriolis de lui indiquer la pose.

— Nom d'un petit bonhomme ! — s'écria Anatole dans un élan d'admiration, et mettant sur ses genoux un carton, il commença à tailler un fusain.

— Tu vas faire une étude, *toi?* — lui dit Coriolis avec un « toi » assez durement accentué.

— Un peu... Je ne t'ai pas dit... un fabricant de papier à cigarettes... Il m'a demandé une Renommée grandeur nature... Quatre cents balles ! s'il vous plaît.

Coriolis, sans répondre, alla à Manette, la mit dans la pose de sa baigneuse, revint à sa place et se mit à travailler. De temps en temps, il s'arrêtait, tirait et froissait sa moustache, regardait de côté Anatole, auquel il finit par dire :

— Tu es assommant avec ton tic !... Tu ne sais pas comme c'est nerveux...

Anatole avait pris la bizarre habitude, toutes les fois qu'il peignait ou dessinait, de se mordiller perpétuellement un bout de la langue qu'il avançait à un coin de la bouche, comme la langue d'un chien de chasse.

— Je vais te tourner le dos, voilà tout...

— Non, tiens, laisse-moi... va-t'en, veux-tu? Aujourd'hui... je ne sais ce que j'ai... j'ai besoin d'être seul pour faire quelque chose...

Le lendemain et pendant tout le mois, Anatole alla se promener pendant la séance de Manette ; il avait pris son parti de faire sa Renommée « de chic ».

LI

— Qu'est-ce que tu as fait hier? — disait un matin à la fin du déjeuner Coriolis à Anatole.

— Hier, j'ai été au Père-Lachaise.

— Et aujourd'hui?

— Ma foi, je pourrais bien y retourner... je trouve ça très-amusant comme promenade...

— Ça ne te fait pas penser à la mort?

— Oh! à celle des autres... pas à la mienne... — fit Anatole avec un mot dans lequel il était tout entier.

Il y eut un silence. Les idées de Coriolis semblèrent se perdre dans la fumée de sa pipe; puis il lui échappa, comme s'il pensait tout haut :

— Un drôle d'être! En voilà pas mal que je vois... Je n'en ai pas encore vu une comme ça...

Et se tournant vers Anatole :

— Figure-toi une femme qui travaille avec vous jusqu'à ce qu'elle soit tombée dans votre pose... Et une fois qu'elle y est, c'est superbe!... on bûcherait deux heures, qu'elle ne bougerait pas... C'est qu'elle a l'air de porter un intérêt à ce que vous faites... Oh! mon cher, c'est étonnant... Tu sais, ça se voit quand ça ne va pas... Il y a des riens... un mouvement de lèvres, un geste... On est nerveux... il vous passe des inquiétudes dans le corps... Enfin, ça se voit... Eh bien! cette mâtine-là, quand elle voyait que ça ne marchait pas, elle avait l'air aussi ennuyé que ma peinture... Et puis quand j'ai commencé à m'échauffer, quand ça s'est mis à venir, voilà qu'elle a eu un air content! Il me semblait qu'elle s'épanouissait... Tiens! je vais te dire quelque chose de stupide : on aurait dit que sa peau était heureuse!... Vrai! je voyais le reflet de ma toile sur son corps, et il me semblait qu'elle était chatouillée là où je donnais un coup de pinceau... Une bêtise, je te dis... quelque chose de bizarre comme le magnétisme, le courant de caresse d'un portrait à une figure... Et puis, à chaque repos, si tu avais vu sa comédie!... Tiens, comme ça... son jupon à demi passé, la chemise serrée à deux mains sur sa poitrine, en tas, comme un mouchoir de poche... elle venait regarder avec une petite moue, en se penchant.. Elle ne disait rien... elle se regardait... une femme qui se voit dans une glace, absolument... Et quand c'était fini, elle s'en allait avec un mouvement d'épaules content... Elle venait toujours les pieds dans ses petits souliers, sans mettre les quartiers... C'est très-gentil les femmes qui boitent, qui clochent, comme ça... Une drôle de femme tout de même!... Quand je la fais déjeuner, elle me parle tout le temps des tableaux où elle est, de ce qu'elle a posé... Oh! d'abord, elle n'aurait donné qu'une séance, il y aurait eu dix autres femmes après elle, ça ne fait rien, c'est elle, et pas les autres... Là-dessus, il ne faut pas la contrarier : elle vous grifferait! Elle est d'une jalousie sur ces questions-là... et éreinteuse! Je t'assure que c'est amusant de l'entendre abîmer ses petites camarades... Elle en fait des portraits! Jusqu'à des noms de muscles qu'elle a retenus pour les échigner!... c'est très-malin ça... Oh! une vraie vanité... C'en est comique... D'abord, c'est toujours elle qui a trouvé le mouvement... Elle est persuadée que c'est son corps qui fait les tableaux... Il y a des femmes qui se voient une immortalité n'importe où, dans le ciel, dans le paradis, dans des enfants, dans le souvenir de quelqu'un... elle, c'est sur la toile! pas d'autre idée que ça...

L'autre jour, sais-tu ce qu'elle m'a fait? Il me fallait un dessin de draperie... Je l'arrange sur elle... je la vois qui fait une tête... une tête! Figure-toi une reine qu'on insulte!... Moi, je ne comprenais pas d'abord... Et puis c'est devenu si visible! Elle avait si bien l'air de me dire : Pour qui me prenez-vous? Est-ce que je suis un mannequin, moi? Vous n'avez droit qu'à ma nudité pour vos cinq francs... Et avec cela elle posait si mal, et une figure si maussade... j'ai été obligé d'y renoncer... Il faudra que j'en prenne une autre pour les draperies... Depuis, elle m'a dit qu'elle ne posait jamais pour ça, qu'elle n'avait pas osé me le dire... Et si tu savais de quel ton elle m'a dit : *pour ça!*... Elle trouvait que je lui avais manqué, positivement... J'étais pour elle un homme qui ferait un porte-manteau de la Vénus de Milo!

LII

Ce jour-là, Coriolis avait dit à Anatole de ne pas l'attendre. Il devait dîner dehors et ne rentrer que fort tard, s'il rentrait.

Anatole, se trouvant seul, alla passer sa soirée au café de Fleurus.

Le café de Fleurus, dans la rue de ce nom, au coin du jardin du Luxembourg, était alors une espèce de cercle artistique fondé par Français, Achard, Nazon, Schulzenberger, Lambert, et quelques autres paysagistes, auxquels s'étaient joints des peintres de genre et d'histoire, Toulmouche, Hamon, Gérôme. Dans la salle, décorée de peintures par les habitués et ornée d'une figure de la grande Victoire entourée de l'allégorie de ses amours, un dîner des vendredis s'était organisé sous le nom de *Dîner des grands hommes*. Le dîner, restreint d'abord à un petit nombre de peintres, puis ouvert à des médecins, à des internes d'hôpitaux, avait bientôt été égayé par la surprise d'une loterie, tirée à chaque dessert, et imposant au gagnant l'obligation de fournir un lot pour le dîner suivant. De là, une succession de lots d'artistes, d'objets d'art, de meubles ridicules, de dessins et de pots de chambre à œil, de bronzes et de clysopompes, de tableaux et de bonnets grecs, une tombola de souvenirs et mystifications qui faisaient éclater chaque fois de gros rires. Peu à peu la table s'agrandissait : elle arrivait à compter une cinquantaine de convives, lors du retour de la colonie pompéienne, après la fermeture de la *Boîte à thé*, cet essai de phalanstère d'art, sur les terrains de la rue Notre-Dame-des-Champs, licencié, dispersé par le mariage, l'envolée des uns et des autres. Ce dîner, l'habitude de chaque soir, avait fait du café une sorte de club gai, spirituel, où la cordialité se respirait dans une réunion de camarades et de gens de talent. Anatole y venait souvent; Coriolis y apparaissait quelquefois.

— Imaginez-vous — disait un des habitués — imaginez-vous!... il m'est tombé une fois un bourgeois qui m'a dit : « Monsieur, je voudrais être peint sous l'inspiration du Dieu... — Comment, sous l'inspiration du Dieu? — Oui... après avoir entendu Rubini... J'aime beaucoup la musique... Pourriez-vous rendre cela?... » Vous croyez que c'est tout? Quand je l'ai eu peint, sous l'inspiration du Dieu, il m'a amené son tailleur... Oui, il m'a amené Staub, pour vérifier sur son portrait la piqûre de son gilet!... Non, on ne saura jamais combien ils sont bêtes les bourgeois!

Après cette histoire, ce fut une autre. Chacun jetait son anecdote, son mot, son trait; et chaque nouveau récit était salué par des hourras, des risées, des grognements, des rires enragés, une sauvagerie de joie qui avait l'air de vouloir manger de la Bourgeoisie. On eût cru entendre toutes les haines instinctives de l'art, tous les mépris, toutes les rancunes, toutes les révoltes de sang et de race du peuple des ateliers, toutes ses antipathies

foncières et nationales se lever dans un *tolle* furieux contre ce monstre comique, le bourgeois, tombé dans cette Fosse aux artistes qui se déchiraient ses ridicules!
— Et toujours revenait le refrain : — Non, non, ils sont trop bêtes, les bourgeois!

— Tiens! — fit Anatole en voyant entrer Coriolis qui laissait voir un air mal dissimulé de mauvaise humeur.

— C'est toi? — lui dit-il. — Qu'est-ce que tu prends?

— Rien...

Et Coriolis resta muet, battant, avec les ongles, une mesure de colère sur le marbre de la table, à côté d'Anatole.

— Qu'est-ce que tu as? — lui demanda Anatole au bout de quelques instants.

— Ce que j'ai?... J'étais avec une femme à la porte Saint-Martin... Elle m'a quitté à dix heures... pour être rentrée à dix heures et demie... parce qu'elle tient à la considération de son portier! Comprends-tu? Voilà!

— Elle est drôle!... Qui ça donc? — fit Anatole.

Coriolis ne répondit pas, et se lançant dans une discussion engagée à la table à côté, il étonna le café par une défense passionnée de la *momie*, des éclats de voix terribles, une argumentation agressive et violente, un accent de contradiction vibrant, agaçant, blessant. Il abîma le *bitume* comme un ennemi personnel, comme quelqu'un sur lequel il aurait voulu se venger; et il laissa son défenseur, l'inoffensif et placide Buchelet, étourdi, aplati, ne sachant ce qui avait pris à Coriolis, d'où venait cette subite animosité, cassante et fiévreuse, montée tout à coup dans la parole de son contradicteur.

LIII

Quelques semaines après cette scène, Coriolis et Anatole, revenant de chez le marchand de couleurs Desforges, et surpris, dans le Palais-Royal, par une ondée de printemps, se promenaient sous les galeries, en attendant la fin de l'averse. Ils firent un tour, deux tours ; puis Coriolis, s'appuyant contre une grille du jardin, se mit à regarder devant lui, d'un air distrait et absorbé.

La pluie tombait toujours, une pluie douce, tendre, pénétrante, fécondante. L'air, rayé d'eau, avait une lavure de ce bleu violet avec lequel la peinture imite la transparence du gros verre. Dans ce jour de neutre atteinte liquide, le jet d'eau semblait un bouquet de lumière blanche, et le blanc qui habillait des enfants avait la douceur diffuse d'un rayonnement. La soie des parapluies tournant dans les mains jetait çà et là un éclair. Le premier sourire vif du vert commençait sur les branches noires des arbres, où l'on croyait voir, comme des coups de pinceau, des touches printanières semant des frottis légers de cendre verte. Et dans le fond, le jardin, les passants, le bronze rouillé de la Chasseresse, la pierre et les sculptures du palais, apparaissaient, s'estompant dans un lointain mouillé, trempant dans un brouillard de cristal, avec des apparences molles d'images noyées.

Anatole, qui commençait à s'ennuyer de voir son compagnon planté là et ne bougeant pas, essaya de jeter quelques mots dans sa contemplation : Coriolis ne parut pas l'entendre. Anatole, à la fin, le prenant par le bras, l'entraîna vers une voiture d'où descendait du monde, à un passage de la rue de Valois. Coriolis monta machinalement, et laissa encore tomber dans le silence les paroles d'Anatole.

— Ah çà ! mon cher, — lui dit au bout de quelque temps Anatole impatienté, — sais-tu que tu me fais l'effet d'un homme qu'on met dedans ?

— Moi ? — dit Coriolis.

— Toi-même... avec cette petite... Mais Buchelet lui a plu à la quatrième séance ! Buchelet ! juge !

— Il n'y a pas que Buchelet, — fit Coriolis.

— Ah ! — fit Anatole en le regardant. Alors quoi ?

—Alors... alors...—dit Coriolis d'un ton sourd, et s'arrêtant avec l'effort d'un homme habitué à garder ses pensées, à refouler ses émotions, à se renfoncer le cœur dans la poitrine, — alors... tiens, laisse-moi tranquille, hein, veux-tu? et parlons d'autre chose.

Ainsi qu'il venait de le dire à Anatole, Coriolis avait été aussi vite et aussi facilement heureux que le petit Buchelet. Mais ce caprice, qu'il croyait user en le satisfaisant, s'était enflammé, une fois satisfait. Il s'était changé en une sorte d'appétit ardent, irrité, passionné, de cette femme; et dès le lendemain, Coriolis se sentait devenir jaloux de ce modèle, du passé et du présent de ce corps public qui s'offrait à l'art, et sur lequel il voyait en ne voulant pas les voir, les yeux des autres. Des colères auxquelles ses amis ne comprenaient rien, l'animaient contre ceux qui avaient fait poser cette femme avant lui. Il niait leur talent, les discutait, parlait d'eux avec une injustice rancunière, comme des gens qui, en lui prenant d'avance pour leurs figures un peu de la beauté de cette femme, l'avaient trompé dans leurs tableaux.

Pour l'enlever aux autres, il avait pensé à la prendre tous les jours, à la tenir dans son atelier, sans en avoir besoin, et, en travaillant à peine d'après elle : il lui payait des séances où il ne donnait que quelques coups de crayon ou de pinceau. Mais Manette s'était vite aperçue de ce jeu où elle trouvait une sorte d'humiliation; elle avait inventé des prétextes, manqué des rendez-vous de Coriolis, pour aller chez d'autres artistes qu'elle voyait travailler vraiment et s'inspirer d'après elle. Et c'est alors qu'avait commencé pour Coriolis ce supplice dont le monde des ateliers a plus d'une fois pu étudier le tourment ce supplice d'un homme tenant à une femme possédée par les regards du premier venu.

—Oui, voilà, — fit Coriolis, quand il fut arrivé, dans le roulement de la voiture, au bout de toutes ses pensées, et comme s'il les avait confiées à Anatole,— voilà... — et il se retourna nerveusement vers lui sur le coussin du fiacre. — Un mari qui voudrait empêcher sa femme de se décolleter pour aller dans le monde, eh bien ! ça lui serait encore plus facile qu'à moi d'empêcher Manette d'ôter sa chemise pour se faire voir...

LIV

Coriolis aurait voulu avoir Manette toute à lui, la faire habiter avec lui. Elle avait résisté à ses prières, à ses promesses. Devant les propositions qu'il lui avait faites, le bonheur de femme qu'il lui avait offert, un large entretien, une vie choyée, la haute main sur l'intérieur, le gouvernement de son ménage de garçon, il avait été étonné de la trouver si peu tentée. Elle resterait sa maîtresse tant qu'il voudrait ; mais elle tenait à ne pas quitter son « petit chez elle », le petit chez elle qu'elle s'était arrangé avec l'argent de son travail. En tout, elle avait l'idée de s'appartenir, de garder son coin de liberté. Elle ne comprenait la vie qu'avec l'indépendance, le droit de pouvoir faire tout ce qui plaît, la permission même des choses dont on n'a pas envie. C'était une de ces petites natures ombrageuses qui gardent un caractère de jolie sauvagerie têtue, et ne veulent point de main qui se pose sur elles : il semblait à Coriolis la voir reculer devant ses offres, ainsi qu'un fin et nerveux animal, d'instincts libres et courants, qui ne voudrait pas entrer dans une belle cage.

Cette volonté qu'avait Manette de garder sa liberté, Coriolis ne voyait aucun moyen de la vaincre. Il se trouvait n'avoir aucune prise sur ce singulier caractère de femme. Elle ne semblait pas avide. Pour la lier à lui, il n'avait pas la ressource dont use à Paris l'amant riche auprès de la fille, la ressource de la griser de luxe, de plaisir, et de tout ce qui asservit à un homme les coquetteries et les sensualités d'une maîtresse. Manette n'avait point les petits sens friands de la femme. De sa race, de cette race sans ivrognes, elle montrait la sobriété, une espèce d'indifférence pour le boire et le manger. De coquetterie, elle ne connaissait que la coquetterie de son corps. L'autre lui manquait absolument. Par une étrange exception, elle était insensible aux bijoux, à la soie, au velours, à ce qui met du luxe sur la femme. Maîtresse de Coriolis, elle avait gardé sa mise modeste de petite ouvrière honnête, de grisette. Elle portait des robes de laine, de petits châles malheureux en imitation de cachemire, une de ces toilettes proprettes aux couleurs sombres et de coupe pauvre qui enveloppent d'ordinaire la maigreur des trotteuses de magasin. La toilette d'ailleurs lui allait mal : la mode faisait sur son admirable corps de faux plis comme sur un marbre. Parfois Coriolis lui achetait à un étalage, en passant, une robe de soie : Manette le remerciait, emportait la robe chez elle, et la serrait en pièce dans une armoire.

Presque tous les goûts de la femme lui faisaient pareillement défaut. Elle était paresseuse à désirer les distractions. Elle n'aimait ni le plaisir, ni le spectacle, ni le bal. L'étourdissement, le mouvement, la vie fouettée dont a besoin la nervosité de la Parisienne lui paraissaient une fatigue. Il fallait qu'une autre volonté que la sienne l'entraînât à s'amuser; et s'agissait-il d'une partie, elle était toujours prête à dire : « Au fait, si nous n'y allions pas? » Sa nature apathique et sans fantaisie se contentait de goûter une espèce de tranquille bonheur stagnant. Il semblait qu'il y eût en elle un peu de l'humeur casanière et ruminante de ces femmes du Midi qui se nourrissent et se bercent avec un ciel, un climat de paresse. Vivre sur place, sans remuer, dans une sérénité de bien-être physique, dans l'harmonieux équilibre d'une pose à demi sommeillante, avec du linge fin et blanc sur la peau, c'était toute sa félicité, — une félicité qu'elle pouvait se payer avec l'argent de sa pose, et sans avoir besoin de Coriolis.

LV

Créole, Coriolis avait le cœur et les sens du créole.
Dans ces hommes des colonies, de nature subtile, délicate, raffinée, mettant dans les soins de leur corps, leurs parfums, l'huile de leurs cheveux, leur toilette, une recherche qui dépasse les coquetteries viriles et les sort presque de leur sexe, dans ces hommes aux appétits de caprice et d'épices, n'aimant pas la viande, se nourrissant d'excitants et de choses sucrées, il y a, en dehors des mâles énergies et des colères un peu sauvages, une si grande analogie avec la femme, de si intimes affinités avec le tempérament féminin, que l'amour chez eux ressemble presque à de l'amour de femme. Ces hommes aiment, plus que les autres hommes, avec des instincts d'attachement et d'habitude tendre, avec le goût de s'abandonner et de se sentir possédés, une espèce de besoin d'être caressés, enveloppés continûment par l'amour, de s'enrouler autour de lui, de se tremper dans ses lâches douceurs, de s'y perdre, de s'y fondre dans une sorte de paresse d'adoration et de molle servitude heureuse.

De là les prédispositions naturelles, fatales, du créole à la vie qui mêle l'amant à la maîtresse, à la vie du concubinage. Coriolis n'y avait pas échappé. Presque toutes les liaisons de sa jeunesse étaient devenues des chaînes. Et il retrouvait ses anciennes faiblesses devant cette vulgaire et facile aventure, cette femme d'une espèce qu'il connaissait tant : un modèle !

Et cette fois, il était lié par une attache toute nouvelle, et qu'il n'avait point connue avec ses autres maîtresses. A son amour se mêlait l'amour de sa vie, l'amour de son art. L'artiste aimait avec l'homme. Il aimait cette femme pour son corps, pour des lignes qu'elle faisait, pour un ton qu'elle avait à une place de la peau. Il aimait comme s'il entrevoyait en elle une de ces divines maîtresses du dessin et de la couleur d'un peintre dont la rencontre providentielle met dans les tableaux des maîtres un type nouveau de l'*éternel féminin*. Il l'aimait pour sentir devant elle une inspiration et une révélation de son talent. Il l'aimait pour lui mettre sous les yeux cet Idéal de nature, cette matière à chefs-d'œuvre, cette présence réelle et toute vive du Beau que lui montrait sa beauté.

LVI

A force d'obstination, de prières, d'ardente insistance, Coriolis finissait par obtenir de Manette qu'elle vint habiter avec lui. Il fut heureux de cette victoire comme d'une conquête de sa maîtresse. Il tenait maintenant sa vie. Tout ce qu'elle ferait serait sous sa main, sous ses yeux. Elle lui appartiendrait mieux et de plus près à toute heure. Elle serait la femme à demeure, qui partage avec le domicile l'existence de son amant.

Cependant, Manette, tout en venant et en s'installant chez lui, ne voulut pas donner congé de son petit logement de la rue du Figuier-Saint-Paul. Coriolis voyait là, de sa part, une idée de méfiance, une réserve de sa liberté, la garde d'un pied-à-terre, la menace de ne pas rester toujours. Puis ce logement lui déplaisait encore pour être la cause des absences de Manette : sous le prétexte de le nettoyer et d'y être le jour du blanchisseur, elle allait y passer une journée chaque semaine. Mais quoi qu'il fît, il ne put la décider à l'abandon de ce caprice.

Elle était donc à peu près tout à fait à lui. Il l'avait détachée de ses habitudes, de son intérieur. Il l'avait rapprochée de lui par une intime communauté de vie; mais toujours quelque chose de cette femme qu'il serrait contre lui lui semblait appartenir aux autres : elle posait. Son corps était prêt pour le tableau d'un grand nom de l'art. Quand il avait essayé d'obtenir d'elle le sacrifice de ne plus se montrer, le renoncement à l'orgueil d'être nue et belle devant des hommes qui peignent, elle lui avait simplement dit que cela était impossible ; et son regard, en disant cela, lui avait lancé un peu du dédain d'un artiste à qui l'on proposerait de se faire épicier. Il avait voulu exiger, menacer : elle s'était redressée comme une femme prête à un coup de tête ; et devant le mouvement de révolte qu'elle avait fait, en ébouriffant méchamment ses cheveux sur ses tempes avec une passe rapide des mains, Coriolis avait reculé. Alors l'hypocrisie de sa jalousie s'était rejetée sur de misérables petits moyens de mauvaise foi, des exclusions de tel ou tel peintre, des camarades qu'il connaissait et chez lesquels il ne voulait pas que Manette allât. Et de défenses en défenses, d'exclusions en exclusions, il arrivait au ridicule de ne plus lui permettre que quelques vieillards de l'Institut. Puis, las de ces ruses indignes de lui, il éclatait, s'ouvrait à Manette, lui avouait ses fausses hontes, ses tortures, les mensonges sous lesquels son cœur saignait ; et l'enveloppant de supplications, de paroles brûlantes, de baisers où passait la rage de ses colères et de ses souffrances, il lui demandait que ce fût fini.

Manette, à la longue, avait l'air de le prendre en pitié. Tout en continuant obstinément à poser, et à poser où il lui plaisait, elle montrait une espèce d'apparente condescendance pour ses exigences, paraissait leur céder, lui faisant des promesses, comme à ce que demande un enfant gâté qui pleure. Mais cette compassion exaspérait les jalousies de Coriolis au lieu de les apaiser.

Quand Manette était sortie, une inquiétude qui devenait une obsession le prenait tout à coup. Il arrivait tout courant dans l'atelier d'une connaissance où il supposait qu'elle était, et refermant sur son dos la porte comme un agent de police venant saisir la cagnotte d'une lorette, il passait l'inspection de tous les recoins de l'atelier, furetait, cherchait, et quand il avait tout vu sans rien trouver, il se sauvait, pour aller faire sa visite chez un autre peintre. Sa manie était connue, et l'on n'en riait même plus. De basses envies de savoir le prenaient : il pensait à des hommes de la rue de Jérusalem, dont on lui avait parlé, qui suivent une femme pour cinq francs donnés par un mari qui soupçonne. Dans des ateliers de camarades, il s'arrêtait à des dessins, à des esquisses qui lui mettaient brusquement le froncement d'un pli au milieu du front, et devant lesquels il restait dans une absorption rageuse. L'un d'eux avait eu la délicate pitié de le comprendre; et il avait retiré une étude que Coriolis, chaque fois qu'il venait, regardait douloureusement, avec des yeux amers. Mais il y avait à d'autres murs d'autres études que cette étude, pour tourmenter le regard de Coriolis et lui jeter à la face la publicité de sa maîtresse. Il la retrouvait partout, toujours, et même où elle n'était pas; car peu à peu c'était devenu chez lui une idée fixe, une folie, une hallucination, de vouloir la voir dans des toiles, dans des lignes, pour lesquelles elle n'avait pas posé : tous les corps, d'après les autres modèles, finissaient par ne lui montrer que ce corps, et toutes les nudités peintes des autres femmes le blessaient, comme si elles étaient la nudité de cette seule femme.

Son sang se retournait à la pensée qu'elle posait toujours. Il ne l'avait pas surprise, personne ne le lui avait dit. Tous ses amis, autour de lui, gardaient le secret de sa maîtresse. Mais quand il lui disait à elle : « Tu as posé chez un tel ? » elle lui disait un « Non », qui lui donnait envie de la tuer, — et qu'il aimait encore mieux qu'un oui.

LVII

Ils dînaient. Il sembla à Coriolis que Manette se pressait de dîner. Aussitôt le dessert servi, elle se leva de table, alla dans sa chambre, revint avec son châle et son chapeau. Coriolis crut voir je ne sais quelle recherche dans sa toilette. Il remarqua que son chapeau était neuf.

Il eut envie de lui demander où elle allait ; puis il se dit : « Elle va me le dire ».

Manette, à la glace, arrangeait les brides de son chapeau, chiffonnait son nœud de rubans, lissait d'un coup de doigt ses cheveux sur une tempe, faisait ce joli mouvement de corps des femmes qui regardent, en se retournant, si leur châle, dont elles rebroussent la pointe du talon de leurs bottines, tombe bien.

Coriolis la regardait, interrogeait son dos, son châle, et toutes sortes de pensées lui traversaient la cervelle.

Il avait dans la tête comme le bourdonnement de cette idée : « Où va-t-elle ? »

Il attendait que Manette eût fini. — Où vas-tu ? — il avait sa phrase toute prête sur les lèvres.

Manette donna un petit coup sur un pli de sa robe :
— Je sors, — fit-elle simplement.

Coriolis n'eut pas le courage de lui dire un mot. Il l'écouta faire dans l'antichambre le bruit de la femme qui s'en va, parler aux domestiques, tourner une dernière fois, fermer la porte... Elle était partie.

Il posa sa pipe sur la table, devant Anatole qui le regardait étonné, la reprit, tira deux bouffées, la reposa sur une assiette, et brusquement saisissant un chapeau, il se jeta dans l'escalier.

Manette était à une quinzaine de pas de la maison. Elle marchait d'un petit pas pressé, d'un air à la fois distrait et recueilli, ne regardant rien. Elle prit la rue

Hautefeuille : elle n'allait pas chez sa mère. Elle passa devant une station de voitures sur la place Saint-André-des-Arts : elle ne s'arrêta pas. Elle prit le pont Saint-Michel, le pont au Change. Coriolis la suivait toujours. Elle ne se retournait pas, ne semblait pas voir. Il y eut un moment un homme qui se mit à marcher derrière elle en lui parlant dans le cou : elle n'eut pas l'air de l'entendre. Coriolis aurait voulu qu'elle parût se sentir plus insultée. Au coin de la rue Rambuteau, elle acheta un bouquet de violettes. Coriolis eut l'idée qu'elle portait cela à un amant; il vit le bouquet chez un homme, sur une cheminée, dans un verre d'eau. Manette prit la rue Saint-Martin, la rue des Gravilliers, la rue Vaucanson, la rue Volta. Des figures d'hommes et de femmes passaient que Coriolis reconnut pour des juifs, et auxquels Manette faisait en passant un petit salut. Tout à coup, passé la rue du Vertbois, elle tourna une grande rue en pressant le pas. Dans une porte, au-dessus de laquelle il y avait un drapeau tricolore, que Coriolis ne vit pas, elle disparut. Coriolis se lança derrière elle, et, au bout de quelques pas, il se trouva dans un petit préau bizarre, un *patio* de maison d'Orient, une espèce de cloître alhambresque : Manette n'était plus là.

Il eut le sentiment d'un cauchemar, d'une hallucination en plein Paris, à quelques pas du boulevard. Il lui sembla apercevoir une porte avec des points de lumière dans un fond. Il alla à cette porte, entra : dans une salle d'ombre, il aperçut un grand chandelier autour duquel des têtes d'hommes en toques noires, en rabats de dentelle, psalmodiaient sur de grands livres, avec des voix de nuit, des chants de ténèbres...

Il était dans la synagogue de la rue Notre-Dame de Nazareth.

Une lueur éclairait une tribune ouverte : la première femme qu'il aperçut là fut Manette.

Il respira, et tout plein de la joie de ne plus soupçonner, le cœur léger dans la poitrine, soudainement heureux du bonheur d'un homme dont une mauvaise pensée s'envole, il laissa tout ce qu'il y avait de détendu et de délivré en lui s'enfoncer mollement dans cette demi-nuit, ce bourdonnement murmurant d'un peuple qui prie, le mystère voltigeant et caressant de ces demi-bruits et de ces demi-lumières qui, s'accordant, se mariant, se pénétrant, semblaient chanter à voix basse dans la synagogue comme une soupirante et religieuse mélodie de clair-obscur.

Ses yeux s'abandonnaient à cette obscurité crépusculaire venant d'en haut, et teinte du bleu des vitraux que le soir traversait; ils allaient devant eux aux lueurs de la mourante polychromie effacée des murs assombris et noyés, aux reflets rose de feu des bobèches de bougies scintillant çà et là dans le roux des ténèbres, aux petites touches de blanc, qui éclataient, de banc en banc, sur la laine d'un *taleth*. Et son regard s'oubliait dans quelque chose de pareil à la vision d'un tableau de Rembrandt qui se mettrait à vivre, et dont la fauve nuit dorée s'animerait. Il revenait à la tribune, aux figures de femmes, à ces têtes qui, sous les grands noirs que leur jetait l'ombre, n'avaient plus l'air de têtes de Parisiennes, et paraissaient reculer dans l'Ancien Testament. Et par instants, dans le marmottement des prières, il entendait se lever des roulements de syllabes gutturales qui lui rapportaient à l'oreille des sons de pays lointains...

Puis, peu à peu, parmi les sensations éveillées en lui par ce culte, cette langue, qui n'étaient ni son culte ni sa langue, ces prières, ces chants, ces visages, ce milieu d'un peuple étranger et si loin de Paris dans Paris même, il se glissa dans Coriolis le sentiment, d'abord indéterminé et confus, d'une chose sur laquelle sa réflexion ne s'était jamais arrêtée, d'une chose qui avait toujours été jusque-là pour lui comme si elle n'était pas, et comme s'il ignorait qu'elle fût. C'était la première fois que cette perception lui venait de voir une juive dans Manette, qu'il avait sue pourtant être juive dès le premier jour. Et avec cette pensée, il remontait à des souvenirs dont il n'avait pas conscience, à des petits riens de Manette qui ne l'avaient pas frappé dans le moment, et qui lui revenaient maintenant. Il se rappelait un petit pain sans levain apporté un jour par elle à l'atelier; puis un soir, où en remontant avec elle, tout à coup, au beau milieu de l'escalier, elle avait posé le bougeoir sur une marche, sans vouloir, jusqu'au coucher du soleil du lendemain, toucher à rien qui fût du feu.

Et à mesure qu'il revoyait, retrouvait en elle de la juive, il se dégageait en lui, du fond de l'homme et du catholique, des instincts du créole, de ce sang orgueilleux que font les colonies, une impression indéfinissable.

LVIII

— Ah! Garnotelle est venu aujourd'hui, — dit Anatole à Coriolis. — Je crois qu'il avait à te parler... Il devient puant, sais-tu? Garnotelle... Nous avons eu un petit empoignement... oh! à la douceur... C'est que c'est si bête qu'il fasse son monsieur avec moi!... Quand on a été comme nous... Tu te rappelles, à l'atelier?... C'est trop fort!... Il me dit, en s'asseyant, d'un air... tu sais, d'un air perdu dans des chefs-d'œuvre, avec sa voix languissante : Est-ce que tu fais toujours de la peinture? Moi je lui dis : Et toi?... Et puis, je l'attrape, dame! Tu vas toujours dans le monde?... le Raphaël de la cravate blanche!... Ah! j'ai vu de toi un portrait de femme... Eh bien! vrai, ça y était... une portière séraphique tirant le cordon du Paradis!... — Tu seras donc toujours blagueur? — Que veux-tu? je n'ai pas de génie, moi... il faut bien que je me console... — Et les travaux, mon pauvre Bazoche? — *Son pauvre!...* Ah! les travaux... — je lui dis — par-dessus la tête, mon cher! je vais prendre des ouvriers... J'ai tous les portraits du Tribunal de Commerce à faire... des belles têtes!... Et puis, j'ai une idée de tableau... Si je ne sors pas avec ce tableau-là! si je ne tape pas en plein dans le public, dans le vrai, dans le tien!... On est spiritualiste, n'est-ce pas ? ou on ne l'est pas... Et bien ! voilà mon tableau : c'est un enfant, un enfant qu'on a laissé seul, et qui va se brûler avec des allumettes chimiques... Il y a son ange gardien qui est là, qui lui prend les allumettes chimiques et qui lui donne des allumettes amorphes... Sauvé, mon Dieu!... Et je peindrai ça avec le cœur, comme ce que tu peins... — Ah! je l'ai un peu abîmé, ce poulet sacré de l'Institut! Il était vert... ce qui ne l'a pas empêché de me dire en s'en allant qu'il était content de me trouver toujours le même, aussi jeune, le Bazoche du bon temps...

— Oh! tu sais, moi, Garnotelle... je n'ai jamais eu une sympathie bien vive... C'était plutôt à cause de toi, qui étais lié avec lui... Après ça, il a été très-gentil pour moi, à l'Exposition... et je ne voudrais pas me fâcher...

— N'aie pas peur... tu es un homme bien, toi; tu as une position... Garnotelle ne se fâchera jamais avec toi...

Et Anatole reprit l'exercice qu'avait interrompu la rentrée de Coriolis : il se remit à lancer avec une sarbacane des pois secs à Vermillon, qui, tout en haut de l'atelier, boudait sur une poutre et se refusait à descendre. Anatole s'entêtait, envoyait pois sur pois, comme un homme qui se vengerait d'une humiliation sur un ami intime. Le singe grimaçait, menaçait, se secouait sous les cinglements ainsi qu'une bête mouillée, poussait de petits cris agacés en montrant les dents, — et sa colère finissait par avoir la colique.

Là-dessus, on apporta une lettre à Coriolis.

— Attention, Manette!... Je parie que c'est d'une femme, — dit Anatole à Manette qui, pour réponse, fit un petit haussement d'épaules.

— Tiens, c'est de lui... — fit Coriolis — de Garnotelle... Il m'invite à venir voir sa chapelle à l'Église Saint-Mathurin, qu'on découvre demain...

— Tu iras?

— Oui... sa lettre est très-chaude... Je ne peux pas ne pas y aller... Ça aurait l'air...

— Très-malin, sa chapelle... Il a senti, à son dernier envoi de Rome, qu'il n'avait pas assez de reins pour la grande peinture... celle qu'on risque en pleine exposition à côté des petits camarades... Comme ça, il a son petit salon... Et puis, c'est commode... on dit que le jour est mauvais, que la disposition architectonique vous a empêché d'être sublime, qu'on a fait plat pour l'édification des fidèles, et gris pour ne pas faire de tapage dans le monument. Et puis, pas de public... des amis, rien que des invités, c'est superbe!... Très-malin, Garnotelle!

A une heure, le lendemain, Coriolis arrivait à la porte de la petite église, dans le vieux quartier pauvre étonné, ébranlé par les voitures bourgeoises et les fiacres versant près de la grille, au bas des marches, des hommes bien mis et des femmes en toilette. Dans l'église, sur un des bas-côtés, la petite chapelle était encombrée de monde. On y voyait des marguilliers, des ecclésiastiques, des personnages de la Fabrique, des vieillards en cravate blanche, leurs lorgnettes en arrêt sur les pendentifs, des femmes académiques à cheveux gris, à physique professoral, et des femmes littéraires, maigres, blondes et plates, qui semblaient n'être qu'une âme et des cheveux.

Garnotelle, qui était en habit, alla au-devant de Coriolis, lui prit le bras, lui fit voir tous les compartiments de sa composition, lui demanda son avis, sollicita sa sévérité sur tout ce qu'il sentait lui-même d'incomplet dans son œuvre. Coriolis lui fit deux ou trois critiques : Garnotelle les accepta. Des dames arrivaient, il pria Coriolis de l'attendre, cicérona les dames, revint à Coriolis. Ils sortirent ensemble. Et, en marchant, Garnotelle devint cordial, presque affectueux. Il se plaignit de l'éloignement que fait la vie, du refroidissement de leur vieille amitié d'atelier, de la rareté de leurs rencontres. Il fit à Coriolis de ces compliments bon enfant, un peu brutaux, et comme involontaires, qui entrent au cœur d'un talent. Il lui indiqua un article élogieux que Coriolis n'avait pas lu. Il joua l'homme simple, ouvert, abandonné, alla jusqu'à féliciter Coriolis d'avoir à demeure, auprès de lui, la gaieté de ce brave garçon d'Anatole, rappela les légendes de chez Langibout, les farces, les rires, les souvenirs. Et, en se refaisant l'ancien Garnotelle qu'il avait été, il le redevint tout à coup.

Coriolis venait de prendre des londrès chez un marchand de tabac, et allait les payer. Garnotelle en saisit un dans la boîte en lui disant :

— Tu sais, moi, je suis un cochon.

Coriolis ne put s'empêcher de sourire. Il retrouvait l'homme qui avait l'habitude de sauver ses petites avarices en les tournant en plaisanterie, de devancer et de parer par une blague la blague des autres, de sauver sa ladrerie avec du cynisme ; le Garnotelle qui, devenu riche et gagneur d'argent, disait toujours : — « Moi, tu sais, je suis un cochon », — et continuait, en se proclamant un pingre, à faire bravement dans la vie toutes les petites économies de la pingrerie.

LIX

Manette ressemblait aux juives de Paris. Chez elle, la juive était presque effacée ; elle s'était à peu près oubliée, perdue, usée au frottement de la vie d'Occident, des milieux européens, au contact de tout ce qui fusionne une race dépaysée dans un peuple absorbant, avant de toucher aux traits et d'altérer tout à fait le type de cette race.

Par-dessus l'Orientale, il y avait, dans sa personne, une Parisienne. De ses langueurs indolentes, elle se réveillait quelquefois avec des gamineries. Sa belle tête brune, par instants, s'animait de l'ironie d'un enfant du faubourg; et dans le mépris, la colère, la raillerie, il passait tout à coup, sur la pure et tranquille sculpture de sa figure, des airs de crânerie et de petite résolution rageuse, le mauvais sourire des méchantes petites têtes dans les quartiers pauvres : on eût dit, à de certaines minutes, que la rue montait et menaçait dans son visage.

C'est avec cette expression qu'elle était peinte dans un portrait qu'elle avait voulu apporter chez Coriolis; singulier portrait, où, dans un caprice d'artiste, son premier amant l'avait représentée en gamin, une petite casquette sur la tête, le bourgeron aux épaules, le doigt sur la gachette d'un fusil de chasse, regardant par-dessus une barricade, avec un regard effronté et homicide, le regard d'un moutard de quinze ans, enragé et froid, qui cherche un officier pour le *descendre*. La peinture était saisissante : on gardait dans les yeux, dans la tête, cette femme en blouse, jetée sur les pavés, et qui semblait le Génie de l'émeute en Titi.

Coriolis détestait ce portrait. Il n'y trouvait pas seulement le souvenir blessant d'un autre; il y reconnaissait encore malgré lui, et tout en voulant se le nier, une ressemblance mauvaise, une expression de quelque chose qu'il n'aimait pas à voir, et qui semblait se mettre entre lui et Manette, quand il regardait Manette après avoir regardé la toile. Il avait essayé vainement de décider Manette à s'en séparer, à le renvoyer chez sa mère Manette disait y tenir. Alors il avait tenté de faire un portrait d'elle pour oublier celui-là; mais toujours s'arrêtant tout à coup, il avait laissé les toiles ébauchées. Il lui arrivait de temps en temps encore de les reprendre. Il s'arrêtait dans l'entrain et la chaleur d'un travail, allait à une des ébauches, la posait sur la traverse du chevalet, et la palette à la main, la tête un peu penchée de côté sur son appui-main, il regardait Manette.

Des cheveux châtains voltigeaient en boucles sur le front de Manette, un petit front qui fuyait un peu en haut. Sous des sourcils très-arqués, dessinés avec la netteté d'un trait et d'un coup de pinceau, elle avait les yeux fendus et allongés de côté, des yeux dans le coin desquels coulait le regard, des yeux bleus mystérieux qui, dans la fixité, dardaient, de leur pupille contractée et rapetissée comme la tête d'une épingle noire, on ne savait quoi de profond, de transperçant, de clair et d'aigu. Sous la pâleur chaude de son teint, transparaissait ce rose du sang qui paraît fleurir et pasteller de carmin la joue des juives, cette lueur de rouge en haut des pommettes pareil au reste essuyé de fard qu'une actrice s'est posé sous l'œil. Tout ce visage, le front creusant à la racine du nez, le nez délicatement busqué, les narines découpées et un peu remontantes, montrait un modelage ciselé de traits. La bouche, froncée et chiffonnée, légèrement retombante aux coins et dédaigneuse, à demi détendue, rappelait la bouche respirante, rêveuse, presque douloureuse, des jeunes garçons dans les beaux portraits italiens.

Coriolis voulait peindre cette tête, cette physionomie, avec ce qu'il y voyait d'un autre pays, d'une autre nature, le charme paresseux, bizarre et fascinant, de cette sensualité animale que le baptême semble tuer chez la femme. Il voulait peindre Manette dans une de ces attitudes à elle, lorsque, le menton appuyé au revers de sa main posée sur le dos d'une chaise, le cou allongé et tout tendu, le regard vague devant elle, elle montrait des coquetteries de chèvre et de serpent, comme les autres femmes montrent des coquetteries de chatte et de colombe.

— Ah! toi, — finissait-il par lui dire en reposant sa palette, — tu es comme la fleur que les faiseurs d'aquarelles appellent le « désespoir des peintres! »

Et il souriait. Mais son sourire était ennuyé.

LX

Rentrant un soir, Coriolis trouva Manette couchée. Elle ne dormait pas encore, mais elle était dans ce premier engourdissement où la pensée commence à rêver. Les yeux encore un peu ouverts et immobiles, elle le regarda, sans bouger, sans parler. Coriolis ne lui dit pas un mot; et lui tournant le dos, il se mit au coin de la cheminée à fumer avec cet air qu'a par derrière la mauvaise humeur d'un homme en colère contre une femme.

Puis tout à coup, d'un mouvement brusque, jetant son cigare au feu, il se leva, s'approcha du lit, empoigna le bâton d'une petite chaise dorée sur laquelle avaient coulé la robe et les jupons de Manette. Manette ne remua pas. Elle avait toujours ce même regard qui regardait et rêvait, ces yeux tranquilles et fixes, nageant à demi dans le bonheur et la paix du sommeil. Sa tête, un peu renversée sur l'oreiller, montrait la ligne de son visage fuyant. La lueur d'une lampe à abat-jour posée sur la cheminée se mourait sur la douceur de son profil perdu; ses traits expiraient sous une caresse d'ombre où rien ne se dessinait que deux petites touches de lumière pareilles à la trace humide d'un baiser : le dessous de la paupière se reflétant dans le haut de la prunelle, le dessous rose de la lèvre d'en haut mouillant les dents d'un reflet de perles; et sous les draps, son corps se devinait, obscur et charmant ainsi que son visage, rond, voilé et doux, tout ramassé et pelotonné dans sa grâce de nuit, comme s'il posait encore pour dormir...

Devant ce lit, cette femme, Coriolis resta sans parole; puis sa main lâcha la chaise, et le bâton qu'il avait tenu tomba cassé sur le tapis.

Le lendemain, en dérangeant les habits de Coriolis qui n'était pas encore levé, Manette y trouva une photographie de femme nue — qui était elle, — une carte qu'elle avait laissé faire, croyant que Coriolis n'en saurait jamais rien. Elle comprit la rage de son amant, remit la carte, et attendit, préparée à tout. Elle commença, pour être toute prête à partir, à ranger en cachette son linge, ses affaires.

Mais Coriolis paraissait avoir oublié qu'elle était là, et ne plus la voir. Au déjeuner, il ne lui adressa pas la parole. Au dîner, il mit le journal devant son verre et lut en mangeant. Manette attendait, muette, impatiente, froissée et humiliée de ce silence, avec des mordillements de lèvres, avec ce regard qui chez elle, à la moindre contrariété, se chargeait d'implacabilité, avec tout ce mauvais d'une femme dont elle savait s'envelopper et qu'elle dégageait autour d'elle pour faire jaillir le choc et l'étincelle d'une explication.

— Qu'est-ce qui t'a donné cela? — lui dit tout à coup Coriolis : il rentrait de sa chambre où il avait été chercher quelque chose, et il lui montrait une petite pièce d'or qu'il avait ramassée dans le désordre de ses affaires tirées hors des tiroirs.

— Je ne sais plus... — répondit Manette. — J'étais toute petite... Maman me menait dans les ateliers pour poser les Enfants Jésus... J'étais blonde, à ce qu'il paraît, dans ce temps-là... Ah! oui... j'ai accroché la chaîne d'un monsieur, sa chaîne de montre... Alors...

— C'était moi, ce monsieur-là, — dit Coriolis.

— Toi? vrai, toi?

Et les yeux de Manette retombèrent à terre. Elle resta un instant sérieuse, sans un mot. Des pensées lui passaient. On eût dit qu'elle voyait, avec ses idées d'Orientale, comme la volonté divine d'une fatalité dans ce lien de leur passé et ces fiançailles si lointaines de leur liaison.

Elle se répéta à elle-même : Lui... Et ses yeux allaient presque religieusement de la pièce d'or à Coriolis, et de Coriolis à la pièce d'or, grands ouverts, étonnés et vaincus.

Puis elle se leva lentement, gravement; et marchant avec une espèce de solennité vers Coriolis, elle lui passa par derrière les deux bras autour du cou, et lui soulevant un peu la tête, tout doucement, elle lui mit le baiser de soie de ses lèvres contre l'oreille pour lui dire :

— Plus jamais!... C'est promis... plus jamais! pour personne..

LXI

Le tableau du *Bain turc* était complétement terminé. Les amis, les connaissances, des critiques vinrent le voir, et tous admiraient, s'exclamaient. La toile arrachait des cris aux uns, des lambeaux de feuilleton aux autres. — « C'était réussi, c'était superbe!... Il faisait chaud dans le tableau... De la vraie chair... admirable! C'était dessiné avec du jour... Le fameux coloriste un tel était enfoncé... » — on n'entendait que cela. Quelques-uns regardaient pendant un quart d'heure, et allaient serrer les mains à Coriolis avec une force enragée qui lui faisait mal aux os des doigts.

A tous les compliments, Coriolis répondait : — Vous trouvez? — et ne disait que cela.

Quand il était dehors, s'asseyant dans des endroits de soleil, il restait pendant des quarts d'heure les yeux sur un morceau de cou, un bout de bras de Manette, une place de sa chair où tombait un rayon. Il étudiait de la peau, — les mailles du tissu réticulaire, ce feu vivant et miroitant sur l'épiderme, cet éclaboussement splendide de la lumière, cette joie qui court sur tout le corps qui la boit, cette flamme de blancheur, cette merveilleuse couleur de vie, auprès de laquelle pâlit ce triomphe de chair, l'*Antiope* du Corrége elle-même.

— Dis donc, Chassagnol, — dit-il un jour en se tournant vers le divan où le noctambule Chassagnol se livrait, quand il venait, à de petites siestes, — qu'est-ce que tu penses, toi, du jour du Nord pour la peinture?

— Hein? hé! quoi?... jour du Nord!... peinture... hein? — grogna en se réveillant Chassagnol... Tu dis!... Qu'est-ce que tu demandes?... Le jour du Nord, qu'est-ce que je pense? Rien... Ah! le jour du Nord?... Eh bien, le jour du Nord... Tous les ateliers, jour du Nord! Tous les artistes, jour du Nord! Tous les tableaux, jour du Nord!... Mes opinions? Mes opinions! quand je les crierais sur les toits... Eh bien, après? Les idées reçues, mon cher, les idées reçues! Comment! vous voilà peintres... c'est-à-dire un tas de pauvres malheureux, d'infirmes, qui avez toutes les peines du monde à attraper la nature dans sa puissance éclairante... Il n'y a pas à dire, vous êtes toujours au-dessous du ton... Eh bien, quand vous avez si besoin de vous monter le coup... Comment! pour faire de la couleur, pour éclairer de la peau, des étoffes, n'importe quoi, pour y voir, enfin, pour peindre... pour peindre!... vous allez prendre une lumière... ce cadavre de lumière-là!... Un jour purifié, clarifié, distillé, où il ne reste plus rien, rien de l'orangé de la lumière du soleil, rien de son or... quelque chose de filtré... C'est pâle, c'est gris, c'est froid, c'est mort!... Et par là-dessus le jour du nord de Paris, le jour de Paris! un crépuscule, une lueur d'éclipse, une réverbération de murs sales... De la lumière, ça? Oui, comme de l'abondance est du vin... Allons donc! les théories, les rengaines, la nécessité d'un jour neutre, d'un jour « abstrait... » Un jour abstrait! Et puis le soleil décompose le dessin... chimiquement, c'est prouvé... Et puis... et puis... Ils disent encore que ça laisse la liberté aux coloristes, qu'un coloriste est toujours coloriste, qu'on peint ce qu'on a vu, et non ce qu'on voit; que la couleur est une impression retrouvée... est-ce que je sais! un tas de raisons... Parbleu! il est clair qu'un monsieur qui n'a pas ça dans le sang, vous lui mettrez devant le nez le Régent dans un feu de Bengale, ça ne lui fera pas trouver des éclairs sur sa palette... Mais je réponds qu'un grand peintre qui peindra avec un jour vivant, un peintre qui peindra dans du vrai soleil, dans un jour coloré par du soleil, dans la lumière normale enfin, verra et peindra autre chose que s'il peignait dans ce joli petit froid de lumière-là ce nuançage mixte et terne... C'est peut-être ce qui fait la supériorité des paysagistes... Eux ils peignent, ou du moins ils esquissent au plein jour de la nature... Ah! mon cher, peut-être, si on savait la disposition des ateliers du temps de la Renaissance!... Tiens, les artistes italiens... Malheureusement, il n'y a pas un document là-dessus... Voyons, t'imagines-tu... prenons les grands bonshommes... Véronèse, si tu veux, et le Titien... qu'ils peignissent dans des conditions de gris bête comme ça, et si contre nature?... Sais-tu une chose, toi? une chose que j'ai découverte... Un autre aurait mis ça dans un livre et serait entré à l'Institut!... C'est que Rembrandt... mon maître et le bon dieu de la couleur, — fit Chassagnol en saluant, — c'est que Rembrandt, eh bien, il avait un atelier en plein midi... Ça, c'est comme si je l'avais vu... et avec des jeux de rideaux, il faisait la lumière qu'il voulait... Mais regarde tous ses tableaux... Il faisait poser le Soleil, cet homme-là, c'est évident!

— Est-ce que l'atelier de Delacroix, rue Furstemberg, n'est pas au Midi?

Chassagnol fit un léger mouvement qui semblait indiquer le peu d'importance qu'il attachait à ce détail.

Le lendemain, Coriolis mettait les maçons dans une grande chambre au midi qu'il avait au haut de la maison. Les maçons changeaient la fenêtre en une baie d'atelier.

Et là, quelques jours après, il reprenait le corps de sa baigneuse, d'après le corps de Manette, dans le jour du soleil.

LXII

Fidèle à la promesse qu'elle avait faite à Coriolis, Manette ne posait plus pour d'autres.

Quand Coriolis sortait, et qu'elle le savait parti pour plusieurs heures, elle restait immobile à regarder la pendule, attendant pendant un certain temps qu'elle comptait. Puis, se levant, elle allait à la porte de l'atelier dont elle ôtait la clef, retirait d'un coffre des petits fagots de bois de genévrier, qu'elle jetait sur le feu du poêle, en regardant autour d'elle comme une petite fille qui est seule et qui fait une chose défendue.

Elle commençait à se déchausser, mais tout doucement, peu à peu, avec une lenteur où elle mettait comme une paresseuse et longue coquetterie, écoutant complaisamment le cri de soie de son bas, qu'elle arrachait mollement de sa jambe. Ses bas ôtés, elle prenait tour à tour dans ses mains chacun de ses pieds, des pieds d'Orientale, qui semblaient d'autres mains entre ses mains; puis les reposant à terre, elle les enfonçait, en se dressant, sur le tapis de Smyrne : le bout de ses ongles rougis blanchissait, et un peu de chair rebroussait par dessus. Relevant alors sa jupe des deux mains, Manette se penchait, et restait quelque temps à regarder au bas d'elle ses pieds nus, et son long pouce, écarté comme le pouce d'un pied de marbre.

Puis elle marchait vers le divan. Elle soulevait son peigne, qui laissait à demi descendre sur son cou le flot de ses cheveux. Elle défaisait son peignoir, elle laissait tomber sa chemise de fine batiste : ce luxe sur la peau, la batiste de sa chemise et la soie de ses bas, était son seul et nouveau luxe.

Elle était nue, n'était plus qu'elle.

Elle allait se glisser sur les peaux fauves garnissant

le divan, s'étendait en se frottant sur leur rudesse un peu râpeuse, et là couchée, elle se caressait d'un regard jusqu'à l'extrémité des pieds, et se poursuivait encore au delà, dans la psyché au bout du divan, qui lui renvoyait en plein la répétition de son allongement radieux. Et quand sur ses doigts, ses yeux rencontraient ses bagues, elle les ôtait d'une main avec le geste de se déganter, et les semait, sans regarder, sur le tapis.

Alors elle commençait à chercher les beautés, les voluptés, la grâce nue de la femme. C'était, sur les zébrures des peaux, un remuement presque invisible, un travail sur place et qui semblait immobile, des avancements et des retraites de muscles à peine perceptibles, d'insensibles inflexions de contours, de lents déroulements, des coulées de membres, des glissements serpentins, des mouvements qu'on eût dit arrondis par du sommeil. Et à la fin, comme sous un long modelage d'une volonté artiste, se levait de la forme ondulante et assouplie, une admirable statue d'un moment...

Une minute, Manette se contemplait et se possédait dans cette victoire de sa pose : elle s'aimait. La tête un peu penchée en avant, la poitrine à peine soulevée par sa respiration, elle restait dans une immobilité d'extase qui semblait avoir peur de déranger quelque chose de divin. Et sur le bord de ses lèvres, des mots de triomphe, les compliments qu'une femme murmure tout bas à sa beauté, paraissaient monter et mourir, expirer sans voix dans le dessin parlant de sa bouche.

Puis brusquement, elle rompait cela avec le caprice d'un enfant qui déchire une image.

Et se laissant retomber sur le divan, elle reprenait son amoureux travail. L'odeur doucement entêtante du bois de genévrier qui brûlait montait dans la chaleur de l'atelier : Manette recommençait cette patiente création d'une attitude, cette lente et graduelle réalisation des lignes qu'elle ébauchait, remaniait, corrigeait, conquérait avec le tâtonnement d'un peintre qui cherche l'ensemble, l'accord et l'eurythmie d'une figure. L'heure qui passait, le feu qui tombait, rien ne pouvait l'arracher à cet enchantement de faire des transformations de son corps comme un Musée de sa nudité; rien ne pouvait l'arracher à l'adoration de ce spectacle d'elle-même, auquel allaient toujours plus fixement ses deux pupilles pareilles à deux petits points noirs dans le bleu aigu de ses yeux.

Quelquefois, Coriolis rentrant brusquement avec sa clef, la surprenait. Il ne disait rien. Mais Manette se dépêchait de lui dire :

— Bête! puisqu'il n'y a que la glace qui me voit!

LXIII

Arrivait l'Exposition de cette année 1853. Le *Bain Turc* de Coriolis y obtenait un grand et franc succès.

Ceux qui n'avaient voulu voir en lui qu'un joli « faiseur de taches » étaient forcés de reconnaître le peintre, le dessinateur, le coloriste puissant, s'affirmant dans une toile dont les dimensions n'avaient guère été abordées, pour de pareils sujets, que par Delacroix et Chasseriau. Tout le public était frappé de l'ensoleillement de ce corps de femme, d'un certain lumineux que Coriolis avait tiré de son dernier travail dans l'éclat du jour. Les premiers admirateurs du peintre, tout fiers de l'avoir pressenti et prophétisé, se répandaient en enthousiasme. Et la persistance de quelques injustices rancunières passionnait les éloges.

Il fut le nom nouveau, le *lion* du Salon. Le gouvernement lui acheta son tableau pour le Musée du Luxembourg, et les journaux donnèrent la nouvelle presque officielle de sa décoration.

LXIV

Ce succès de Coriolis fit un grand changement dans les idées et les sentiments de Manette.

Elle avait accepté Coriolis pour amant sans l'aimer. Elle l'avait rencontré dans un moment où elle n'avait personne. Abandonnée par Buchelet, elle l'avait pris comme une femme qui a l'habitude de l'homme prend celui que l'occasion lui offre et que son goût ne repousse pas. Coriolis ne lui avait ni plu ni déplu : elle n'avait vu en lui qu'une chose, c'est qu'il était artiste, c'est-à-dire un homme de son monde, et qu'il était naturel de connaître. Elle pensait là-dessus ainsi que beaucoup de femmes de sa profession, qui se regardent comme exclusivement vouées à la corporation, et qui n'imaginent pas l'amour hors de l'atelier. A ses yeux, l'univers se divisait en deux classes d'hommes : les artistes, — et les autres. Et les autres, à quelque classe qu'ils appartinssent, qu'ils fussent n'importe quoi de grand et d'officiel dans la société, ministre, ambassadeur, maréchal de France, n'étaient rien pour elle : ils n'existaient pas. La femme chez elle n'était sensible qu'à un nom d'art, à un talent, à une réputation d'artiste.

Élevée à Paris, dans un milieu où les leçons d'innocence lui avaient un peu manqué, elle n'avait eu ni l'idée de la vertu ni l'instinct de ses remords; la conscience qu'il y eût le moindre mal à faire ce qu'elle faisait lui manquait absolument. Avoir un amant, pourvu qu'il fût peintre ou sculpteur, lui semblait aussi convenable et aussi honnête que d'être mariée. Et pour elle, il faut le dire, la liaison était une sorte d'engagement et de contrat. Manette était de l'espèce de ces maîtresses qui mettent l'honnêteté du mariage dans le concubinage. Elle était de ces femmes qui se font un honneur d'être, fidèles jusqu'au jour où elles en aiment un autre. Ce jour-là, elles ne trompent point l'homme avec lequel elles vivent : elles le quittent et s'en vont avec leur nouvel amour. Cette loyauté était un principe chez elle.

Elle avait encore d'autres côtés d'honnêteté relative, de certaines élévations d'âme. Elle se donnait sans calcul, sans arrière-pensée. Elle ne regardait point à l'argent chez un homme.

Les douceurs, les gâteries de Coriolis l'avaient laissée assez froide. Le bonheur qu'il lui voulait, les caresses qu'il mettait dans sa vie de tous les jours, l'agrément des choses autour d'elle ne l'avaient point touchée d'attendrissement et de reconnaissance. Elle se sentait bien lui venir avec l'habitude de l'amitié pour Coriolis, mais rien que de l'amitié. Elle s'y attachait comme à un bon garçon, à un camarade, à quelqu'un de très-gentil. Ce qui lui manquait pour l'aimer, c'était d'y croire, d'avoir foi en lui. Habituée jusqu'alors à vivre avec des hommes brusques, des messieurs assez peu commodes, presque brutaux, elle voyait à Coriolis des habitudes, un ton, des paroles d'homme du monde : elle se demandait s'il était de la même race, et elle se laissait aller à croire qu'il était trop bien élevé pour devenir jamais célèbre comme les gens célèbres qu'elle avait connus. Le succès de Coriolis tomba sur elle comme un coup de lumière.

Lorsqu'elle vit cette unanimité d'éloges, des journaux, des feuilletons, lorsqu'elle toucha cette gloire, grisée du présent, de l'avenir, de ce bruit de popularité qui commençait, l'orgueil d'être la maîtresse d'un artiste connu fit tout à coup lever de son cœur une chaleur, une flamme, presque de l'amour.

LXV

Sans éducation, Manette avait la pure ignorance de l'enfant, de la femme de la rue et du peuple. Mais cette ignorance originelle et vierge d'une maîtresse, si blessante d'ordinaire pour l'amour-propre d'un homme, ne froissait pas Coriolis. A peine si elle l'atteignait : elle glissait et passait sur lui sans lui donner un mouvement d'impatience, sans lui inspirer un de ces retours, un de ces regrets où l'amour humilié se sent rougir de ce qu'il aime.

Coriolis était un artiste, et les hommes comme lui, les artisans d'idéal, les ouvriers d'imagination et d'invention, les enfanteurs de livres, de tableaux, de statues, sont faciles et indulgents à de pareilles créatures. Il ne leur déplaît pas de vivre avec des intelligences de femme incapables d'atteindre à ce qu'ils cherchent, à ce qu'ils tentent. Leur pensée peut vivre seule et se tenir compagnie. Une maîtresse qui ne répond à rien de ce qu'ils ont dans la tête, une maîtresse qui est uniquement une société pour les repos de la journée et les trêves de l'esprit, une maîtresse qui met, autour de ce qu'ils font et de ce qu'ils rêvent, une espèce d'incompréhension soumise et instinctivement respectueuse, cette maîtresse leur suffit. La femme, en général, ne leur paraît pas être au niveau de leur cervelle. Il leur semble qu'elle peut être l'égale, la pareille, et selon le mot expressif et vulgaire, la *moitié* d'un bourgeois : mais ils jugent que, pour eux, il n'y a pas de compagne qui puisse les soutenir, les aider, les relever dans l'effort et le mal de créer; et aux maladresses dont ne manquerait pas de les blesser une femme élevée, ils préfèrent le silence de bêtise d'une femme inculte. Presque tous n'en sont venus là, il est vrai, qu'après des illusions mondaines, des essais de passion spirituelle ; ils ont rêvé la femme associée à leur carrière, mêlée à leurs chefs-d'œuvre, à leur avenir, une espèce de Béatrice, ou bien seulement une madame d'Albany. Et tombés meurtris, blessés, de quelque haute déception, ils sont devenus comme cette actrice encore belle, encore jeune, à laquelle on demandait pourquoi on ne lui voyait que les plus bas amants au théâtre : « Parce qu'ils sont mes inférieurs », — répondit-elle d'un mot profond.

L'amour avec une inférieure, c'est-à-dire l'amour où l'homme met un peu de l'autorité du supérieur, et trouve dans la femme la légère et agréable odeur de servitude d'une espèce de bonne qu'il ferait asseoir à sa table, l'amour qui permet le sans-gêne de la tenue et de la parole, qui dispense des exigences et des dérangements du monde, et ne touche ni au temps, ni aux aises du travailleur, l'amour commode, familier, domestique et sous la main, — c'est l'explication, le secret de ces liaisons d'abaissement. De là, dans l'art, ces ménages de tant d'hommes distingués avec des femmes si fort au-dessous d'eux, mais qui ont pour eux ce charme de ne pas les déranger du perchoir de leur idéal, de les laisser tranquilles et solitaires dans le panier des Nuées où l'Art plane sur le Pot-au-feu.

Coriolis était de ces hommes. Il n'eût pas donné vingt francs pour faire apprendre l'orthographe à Manette. Il prenait sa maîtresse comme elle était, et pour ce qu'elle était, une bête charmante, dont le parlage ne le choquait pas plus que les notes d'un oiseau qu'on n'a pas seriné. Même cette jolie petite nature, sans aucune éducation, lui plaisait par certains côtés de spontanéité drôle et de naïveté personnelle : il trouvait dans sa fraîche niaiserie une originalité d'enfance, une jeune grâce. Et souvent le soir, en s'endormant, il se prenait à rire tout haut, dans son lit, d'un mot bien amusant que Manette avait laissé tomber dans la journée, et qu'il se rappelait.

Manette, d'ailleurs, rachetait auprès de lui son insuffisance spirituelle par une qualité qui, aux yeux de Coriolis, excusait tout chez une femme, et sans laquelle il n'eût pas pu vivre trois jours avec une maîtresse. Elle offrait une séduction qui, après sa beauté, avait attaché Coriolis et le tenait lié à elle. Elle possédait ce qui sauve les créatures d'en bas du commun et du canaille : elle était née avec ce signe de race, le caractère de rareté et d'élégance, la marque d'élection qui met souvent, contre les hasards du rang et de la destinée des fortunes, la première des aristocraties de la femme, l'aristocratie de nature, dans la première venue du peuple : — la distinction.

LXVI

Le nouvel attachement de Manette pour Coriolis eut bientôt l'occasion de se montrer et de se consacrer, comme les passions de femmes, dans le dévouement.

La fatigue surmontée et vaincue par Coriolis pendant son dernier mois de travail, son effort énorme et inquiet pour arriver à temps, avaient amené chez lui un abattement, un vague malaise. Un refroidissement qu'il prenait le rendait tout à fait malade.

Coriolis avait toujours eu de bizarres façons d'être souffrant. Il se couchait, ne parlait plus, regardait les gens sans leur répondre, et quand les gens restaient là, il tournait le dos et se collait le nez dans la ruelle. C'était sa manière de se soigner ; et après deux, trois, quatre, quelquefois cinq jours passés ainsi, sans une parole ni un verre de tisane, il se levait comme à l'ordinaire et se remettait à travailler sans parler de rien, ni vouloir qu'on lui parlât de rien.

Mais cette fois il ne put se soigner à sa guise. Au second jour, Anatole le vit si malade qu'il alla chercher un médecin, le médecin ordinaire du monde de l'art, et que la moitié des hommes de lettres et des artistes traitaient en camarade. Singulier homme, avec sa tête méchante et souriante de bossu, son œil clignotant, ses paupières plissées de lézard : quand il était là, assis au pied du lit d'un malade, il prenait un inquiétant aspect de vieux juge qui regarderait souffrir. Il avait l'air d'être content de tenir un homme de talent, un homme connu, de l'avoir à sa discrétion, de pouvoir lui ausculter le moral, tâter ses peurs, ses lâchetés devant le mal; et sur sa mine paterne et mielleuse passaient de petits éclairs froids où s'apercevaient ensemble la rancune implacable d'une carrière manquée, d'une vie déçue, blessée à la fortune des autres, et la curiosité d'une étude impie et féroce aux prises avec l'instinct de guérir d'une grande science médicale.

— Ah! sapristi, mon pauvre enfant, — dit-il à Coriolis, — pas de chance! Dire que ta réputation allait si bien!... Tu marchais, tu marchais... Tu commençais à embêter pas mal de gens... Ah! tu étais lancé...

Il suivait ses paroles sur le visage de Coriolis.

— Je suis fichu, hein? n'est-ce pas? — dit Coriolis en relevant sur lui des yeux braves.

Le médecin ne répondit pas tout de suite. Il paraissait tout occupé à écouter le pouls de Coriolis, à en compter les battements. Et tous deux se regardant face à face, il y eut un instant de silence et de lutte au bout duquel le médecin sentit faiblir son regard sous le regard appuyé sur le sien.

— Qu'est-ce qui te parle de ça? — reprit-il d'un air bonhomme. — Mais il était temps, là, vrai... Tu as ce qu'on fait de mieux en fait de fausse fluxion de poitrine.

Et il se mit à écrire une terrible ordonnance.

Comme Manette le reconduisait, muette, sans oser lui dire : Eh bien? — Ah! le gaillard! — fit-il en prenant sur un tabouret son chapeau de philanthrope à larges bords, et jetant un regard sur les murs de l'atelier garnis d'esquisses: — On ferait une jolie vente ici... oui... oui...

Et sur ce mot il salua Manette avec une ironie habituée à laisser tomber dans les désespoirs de la femme les cupidités de la maîtresse.

Sous l'impression de cette visite, sous les souffrances aiguës de la maladie et l'affaiblissement des saignées, Coriolis se crut perdu. Il se prépara à mourir, et il trouva, pour quitter la vie, des adieux d'une douceur étrange.

Venu tout enfant en France, Coriolis avait toujours eu le sentiment, la passion de l'exotique, la nostalgie, le mal du pays des pays chauds. Il s'était toujours senti l'envie et comme le regret d'un autre ciel, d'une autre terre, d'autres arbres. Sa bouche aimait à mordre à des fruits étrangers; ses mains allaient aux objets peints et teints par le Midi, ses yeux se plaisaient à des feuilles d'Asie. L'Orient l'avait toujours appelé, tenté. Il aimait à le respirer dans les choses venues d'outre-mer, qui en rapportent la couleur, l'odeur, le souffle. Son rêve, son bonheur, l'illumination et la vocation de son talent, la naturalisation de ses goûts, sa patrie de peintre, il avait trouvé tout cela là-bas. Mourant, il voulut charmer son agonie avec ce qui avait charmé son existence, et il n'eut plus que cette pensée d'aspiration suprême : l'Orient! On eût dit que, comme dans les religions de ses peuples de lumière, il tournait sa mort vers le soleil.

Il voulait avoir sur le pied de son lit des morceaux de tissus qu'il avait rapportés, des étoffes lamées d'argent, des soieries safranées où couraient des fils d'or; et, la tête un peu affaissée dans les oreillers, avec les regards longs des mourants, il regardait ces choses aimées. De temps en temps il fermait un instant les yeux pour jouir en lui-même comme un buveur qui savoure les délices d'un vin; puis il les rouvrait, et ne pouvant les rassasier, il suivait ainsi jusqu'au jour baissant les pas du jour sur la splendeur des soies. Et ce qu'il voyait, ces étoffes, ces ors, ces rayons, peu à peu l'enveloppant, l'enlevaient à l'heure, à la chambre, au lit où il était. Sa vie, il ne la sentait plus battre qu'au cœur de ses souvenirs. Les couleurs qu'il avait devant lui devenaient ses idées, et l'emportaient à leur pays. Il était là-bas : il revoyait ce ciel, ces paysages, ces villes, ces bazars, ces caravanes, ces fleurs, ces oiseaux roses, ces ruines blanches ; et des caquetages de femmes prises dans u caïack qu'il avait entendus à Tichim-Brahé, lui revenaie dans un bourdonnement de faiblesse.

Dans ses mains il se faisait mettre des amulettes, des petits flacons d'essence, des bourses, des bijoux, des grains de collier ; et de ses doigts détendus, errant dessus et qui avaient peine à prendre, il les palpait, les retournait, les touchait pendant des heures, lentement, avec des attouchements amoureux et dévots qui semblaient égrener un chapelet et caresser des reliques. Ses yeux se fermaient presque ; les lèvres chatouillées d'un demi-sourire heureux, il tâtonnait toujours vaguement. Et quand Manette voulait pour qu'il dormît les lui reprendre, il les serrait de ses faibles mains avec une force d'enfant.

Quelquefois encore il approchait de ses narines le parfum évaporé qui reste à ces objets, et en les sentant, il les effleurait de ses lèvres pâlies comme pour mettre dans une dernière communion le baiser de son agonie sur l'adoration de sa vie !

Cinq jours se passèrent ainsi. Manette ne le quittait plus, ne se couchait pas. Elle le soignait comme une femme qui ne veut pas qu'on meure. Anatole l'aidait admirablement et de tout cœur : il avait, lui aussi, des soins de femme, les merveilleux talents de garde-malade d'un homme à tout faire.

Coriolis fut sauvé.

LXVII

Un soir, Coriolis, qui n'était pas encore recouché, lisait, allongé sur le divan. Manette allant et venant, rangeait dans l'atelier, repliait dans la petite armoire les étoffes turques éparpillées sur des meubles; et de temps en temps, se mettant devant la psyché qu'éclairaient deux bougies, elle essayait sur elle, en se souriant, des morceaux de costume d'Orient, — quand Anatole rentra suivi de quelque chose de blanc à quatre pattes, qui avait le collier de faveur rose d'un mouton de bergerie.

— Ah ça! qu'est-ce que vous nous amenez? — fit Manette en poussant un petit cri de peur.

— Oh! mon Dieu! — dit Anatole, — rien... un cochon...

Le goret trottinait déjà dans l'atelier, furetant, le nez en terre, avec de petits grognements, faisant la reconnaissance de tous les recoins et de tous les dessous de meubles de la grande pièce.

— Tu es fou! — fit Coriolis.

— Parce que je rapporte un cochon, un amour de cochon, un cochon qui a des rubans comme une boîte de baptême?... Tu ne méritais pas de le gagner, par exemple.... Merci, le gros lot, plains-toi!... Oui, mon cher... On a été si content au café de Fleurus de te savoir remonté sur ta bête, qu'on t'a conservé ton assiette au dîner et qu'on a tiré pour toi à la loterie... Tu as eu la chance... et tu as la bête... C'est doux, c'est gentil, ça aime l'homme... et ça sauve de la tentation : vois saint Antoine!... Et puis ce sera une société pour Vermillon... Il faut que je le lui présente... Hop! Vermillon!

Sur cet appel d'Anatole, Vermillon, qui avait hasardé un bout de son museau hors de sa cage à l'entrée du goret dans l'atelier, le rentra en se renfonçant précipitamment.

— Vermillon! — cria impérieusement Anatole

Vermillon se pencha, se gratta la tête, se lança après sa corde, descendit vite jusqu'au milieu, et s'arrêta là, en liant, comme un clown, son jarret autour du chanvre. Anatole, secoua la corde : le singe lui tomba sur l'épaule, et de là, sautant à terre, il se mit de loin, baissé et appuyé sur le dos de ses deux mains, à regarder cette bête imprévue qui ne le regardait pas. Il en fit le tour : le cochon se mit à marcher, le singe le suivit, avec de petits sauts, se penchant de temps en temps, le regardant en dessous, le considérant avec une attention profonde, méditative, presque scientifique.

— Nous étions une flotte, — reprit Anatole, — au grand complet... Je t'ai excusé... J'ai dit que tu étais encore un peu patraque... Oh! ça été d'un chaud! On a crié à faire venir les sergents de ville!

Le singe peu à peu, suivant le cochon pas à pas, se familiarisait avec lui. Il le flaira, le toucha un peu, aventura sa patte dessus, et goûta le doigt avec lequel il l'avait touché. Puis, tournant derrière lui, il lui prit délicatement la queue, la releva, regarda, et, comme si son instinct de la ligne droite était blessé par cette queue en vrille, il la tira pour la redresser, la lâcha pour voir s'il avait réussi; et voyant qu'elle restait tire-bouchonnée, la retira encore. Le cochon restait immobile, cloué sur ses quatre pattes, effrayé de l'opération, plein d'une sorte de terreur paralysée, ne donnant d'autre signe d'impatience qu'un émoustillement d'oreille.

— Vermillon! à ta niche! — cria Coriolis; et se retournant vers Anatole : — Dis donc, qu'est-ce qu'il faut que je leur donne la prochaine fois... quel lot? Je voudrais faire les choses bien, tu comprends, tout à fait bien... Ça serait bête de leur donner quelque chose de moi...

— Tiens! si tu leur donnais ton vilain singe? — lança Manette.

— Mon fils adoptif! — dit Anatole. — Ah! bien!...

— Un bronze de Barbedienne?... — reprit Coriolis, — ce n'est pas bien neuf, un bronze de Barbedienne... Ma foi! si je leur rendais, comme lot, un dîner à tous ici... pour la fin de ma convalescence?

— Hum! un dîner... — fit Anatole, — ça sent la fête.

de famille, un dîner... Donne donc plutôt un souper... c'est toujours plus drôle.

— Oh! mon Dieu, un souper, si tu veux... Mais qu'est-ce qu'on fera avant souper?

— Tout ce qu'on voudra... de la musique religieuse... Une idée!... si on se livrait à un petit tremblement de jambes?

— Moi, d'abord, je mets ça, si on danse... — dit Manette qui venait de passer sur elle une magnifique robe de Smyrniote.

— Mais, ma chère, tu n'y penses pas... ce n'est plus l'époque des bals masqués...

— Bah! si ça l'amuse? — fit Anatole. — Donne-lui cette petite fête-là... Elle ne l'a pas volée... Elle n'a pas eu trop d'agrément ces temps-ci... Garnotelle connaît le préfet de police, il vient de faire son portrait... Il nous aura une permission... Nous aurons un municipal à la porte... C'est ça qui aura de l'œil!... Enfoncés les bourgeois!

Manette, sans rien dire, s'était posée toute costumée devant Coriolis.

— Accordé! — dit Coriolis, — bal et souper! Voilà le programme... Par exemple, c'est toi que ça regarde Anatole... tu te charges de tout... Ah! canaille de Vermillon!

Et tous les trois partirent d'un grand éclat de rire.

Après s'être acharné à vouloir redresser la queue du cochon, après avoir essayé inutilement de grimper sur son dos, Vermillon avait paru lâcher sa victime. Grimpé sur un coffre, et là se tenant bien tranquille en ayant l'air de ne penser à rien, il avait attendu que le goret rassuré passât dans sa promenade quêtante juste au-dessous de lui. Il avait saisi le moment, calculé son saut, bondi juste sur le pauvre animal qui, de terreur, faisait en cercles éperdus, comme dans le manége d'un cirque, une course qu'aiguillonnaient les ongles de Vermillon cramponné, par la peur de tomber, à la peau du coureur. Le petit cochon, les oreilles rabattues sur les yeux, lancé et détalant comme s'il avait un diablotin en croupe, le petit singe avec ses inquiétudes nerveuses, avec sa mine de voleur, aplati, rasé, collé sur le dos de cette bête de graisse, se rattrapant et se raccrochant dans des pertes d'équilibre continuelles, — c'était un spectacle du plus prodigieux comique, où un philosophe aurait peut-être vu l'Esprit monté sur la Chair et emporté par elle.

LXVIII

A minuit, le 20 juin, commençait dans l'atelier de Coriolis ce bal qui devait devenir historique et laisser dans les légendes de l'art une mémoire encore vivante.

Entre les quatre murs rayonnant de lumière, on eût cru voir se presser un peu de toutes les nations et de tous les siècles. L'histoire et l'espace semblaient ramassés là. L'univers s'y coudoyait. C'était comme une évocation où le peuple d'un Musée, descendu de ses cadres, se cognait au Carnaval. Les étoffes, les modes, les dessins, les lignes, les souvenirs, les pays, tout se mêlait dans le tohubohu étourdissant des couleurs. Il y avait des échantillons de toutes les civilisations, des morceaux de toute la terre, et des robes volées à des statues. Les costumes allaient d'un pôle à l'autre, et de Jupiter à un garde national de la banlieue. Ceux-ci venaient du Niger; ceux-là avaient été détachés d'une page de Cesare Vecellio. Il passait des cardinaux et des Mohicans. Des couples se parlaient comme de la distance d'une forêt vierge à Trianon. Un portrait historique, un personnage drapé dans un chef-d'œuvre, prenait la taille de la dernière des débardeuses. Des bouts de chlamyde flottaient sur des pointes de mules. Yeddo était dans cette jupe, un barbare de la colonne Trajane dans cette braie. La fustanelle plissée à côté de la jupe écossaise. La toge, comme la porte la statue de Tibère, voisinait avec la *tébula* d'Océanie. Une déesse de la Raison, une Diane de Poitiers et une belle écaillère faisaient un groupe des trois Grâces. Un paysagiste figurait une statue antique avec un masque de plâtre et du madapolam amidonné. On voyait un galérien en vareuse rouge, en bonnet vert, avec la chaîne et un boulet fait d'un ballon d'enfant peint en noir. Un fou de Vélasquez serrait la main à un Jean-Jean de l'Empire. Deux Égyptiens, du temps de Rhamsès II, détachés d'une graphie égyptienne, fraternisaient avec un Mezzetin. De la toile à matelas par instant cachait de la pourpre. La tête d'un lion, qui coiffait un Hercule, était coupée par le plumet d'un Chicard. Un premier communiant à barbe, dans un habit et un pantalon de collégien trop courts, avec le brassard blanc, donnait le bras à un page mi-parti qui s'était peint les jambes à la colle, en noir et bleu. Une femme, en Moluquoise, avait un chapeau de six pieds de large, tout garni de nacre et de coquillages. Une autre était la sainte Cécile, en rouge, du Dominiquin.

Et à tous ces costumes, hommes et femmes avaient ajouté, avec la conscience d'artistes qui se déguisent, la tournure, l'air, le teint, la physionomie, la couleur locale du maquillage, la grimace même de chaque latitude. Toute une bande d'atelier, costumée en Peaux-Rouges, avait passé la journée à se peindre religieusement, d'après les planches de Catlin, tous les tatouages rouges, verts et jaunes des Indiens : on les aurait reçus à la danse du buffle. Et une femme qui était en Chinoise s'était donné la migraine en se faisant tirer les cheveux aux tempes pour se remonter le coin des yeux.

Dans ce brouhaha de pittoresque se détachait un coin d'Olympe : la beauté d'un modèle de femme en Amphitrite, vêtue d'une écume de mousseline à travers laquelle paraissaient, à ses chevilles, des *péricelidès* d'or copiés sur la *Venus physica* du Musée de Naples ; la beauté d'un homme dont les muscles jouaient dans un maillot ; la beauté de Massicot, le sculpteur, dans le costume des fromagiers de Parmesan, la chemise bouillonnée, coupée sur le biceps, le petit tablier bleu sur le ventre, le caleçon arrêté au genou, les jambes nues, basanées, nerveuses et parfaites, dignes de son costume et de ce type de race qui montre le Bacchus indien dans les fermes milanaises.

Puis çà et là, c'étaient des apparitions, des fantaisies de Mardi gras, comme en trouve l'atelier, des caricatures taillées de main d'artiste, des parodies cocasses, un Moyen âge à la Courtille, des défroques de la chevalerie du sire de Franboisy, des valets héraldiques de jeux de cartes, des ombres grotesques de l'Iliade, des héros qui avaient ramassé un casque dans un Daumier, des vengeances de pensum sur le dos d'Achille, une cour de Cucurbitus I*er*, des imaginations de travestissements volés dans la cuisine de Grandville, des gens qui avaient l'air d'être tombés dans un pot-au-feu, la tête la première, et d'en avoir été retirés avec une couronne de lauriers et de carottes.

Coriolis avait la grande robe de brocard à pèlerine, à ramages jaunes et verts, du seigneur qui lève une coupe dans les *Noces de Cana.*

Manette portait un des costumes rapportés d'Orient par Coriolis : les jambes dans un large pantalon de soie flottant, de la délicieuse nuance fausse du rose turc, elle avait la taille dessinée par une petite veste de soie marron soutachée d'or, d'où sortaient ses bras nus, battus par les grandes manches d'une chemise de tulle sans agrafes qui laissait voir en jouant la moitié de sa gorge. Sur sa tête, elle avait le charmant *tatikos* de Smyrne, le tarbouch rouge aplati, tout couvert d'agréments et de broderies, dans lesquels elle avait passé, noué, enroulé les tresses de ses cheveux avec l'art et la coquetterie d'une femme de là-bas. Et ravissante ainsi, elle semblait la vraie femme d'Ionie, — la femme de la séduction.

Garnotelle, tout en gardant ses cheveux longs, s'était très-bien arrangé dans le pourpoint de brocard noir, aux manches violettes, du beau portrait de Calcar du Louvre.

Chassagnol était superbe dans son costume de comique florentin, en Stenterello du théâtre Borgognisanti, avec sa perruque rousse, sa petite queue remontante, ses coups de noir à travers la figure, ses sourcils terribles, sa veste courte à carreaux.

Pour Anatole, il s'était déguisé en saltimbanque, en saltimbanque classique de baraque. Il avait des chaussettes de laine noire, sur lesquelles il avait fait coudre un lacet d'or en triangle et de la fourrure, un maillot blanc, un caleçon de cachemire rouge bordé de velours noir, des bracelets en velours noir et or, une collerette en velours noir et or, un diadème en or sur une grande perruque, et une trompette dans le dos.

LXIX

Ce costume de saltimbanque était le vrai costume de la danse d'Anatole, une danse folle, éblouissante, étourdissante, où le danseur, avec une fièvre de vif argent et des élasticités de clown, bondissait, tombait, se ramassait, faisait un nimbe à sa danseuse avec le rond d'un coup de pied, s'aplatissait dans un grand écart au solo de la pastourelle, se relevait sur un saut périlleux. On riait, on applaudissait. La danse autour de lui s'arrêtait pour le voir. Son agilité, sa mobilité, le diable au corps qui faisait partir tous ses membres, mettait comme une joie de vertige dans le bal.

Tout à coup, au milieu de son triomphe, des groupes qui se bousculaient et se marchaient sur les pieds, Anatole disparut. On le cherchait, on se demandait ce qu'il était devenu : il reparut en cravate blanche, en habit noir, avec la figure enfarinée d'un Pierrot, et gravement, il recommença à danser.

Ce n'était plus sa danse de tout à l'heure, une danse

de tours de force et de gymnastique : c'était maintenant une danse qui ressemblait à la pantomime sérieuse et sinistre de sa blague, — une danse qui blaguait ! — Mouvements, physionomie, les jambes, les bras, la tête, tout son être, le danseur l'agitait dans le jeu d'une indicible gouaillerie cynique. On ne savait quoi de sardonique lui courait le long de l'échine. De toute sa personne, jaillissaient des charges cruelles d'infirmités : il se donnait des tics nerveux qui lui détraquaient la figure, imitait en clopinant le bancal ou la jambe de bois, simulait, au milieu d'un pas, le gigottement de pied d'un vieillard frappé d'apoplexie sur un trottoir. Il avait des gestes qui parlaient, qui murmuraient : « *Mon ange!* » qui disaient : « *Et ta sœur!* » qui semblaient secouer de l'ordure, de l'argot et des dégoûts ! Il tombait dans des béatitudes hébétées, des extases idiotes, des ahurissements abrutis, coupés de subites démangeaisons bestiales qui lui faisaient se battre le haut de la poitrine avec des airs d'un naturel de la Terre-de-Feu. Il levait les yeux au plafond comme s'il crachait au ciel. Il avait des regards qui semblaient tomber du paradis à la brasserie ; il avait, sur le front de sa danseuse, des bénédictions de mains à la Robert Macaire. Il embrassait la place des pas de la femme qui lui faisait vis-à-vis, il se gracieusait, se déformait, faisait le geste de cueillir de l'idéal au vol, piétinait comme sur une illusion flétrie, rentrait sa poitrine, se bossuait les épaules, jouait don Juan, puis Tortillard. Il imprimait un mouvement de rotation mécanique à une de ses mains, et tournant dans le vide, il paraissait moudre un air qui semblait le chant de l'alouette de Juliette sur l'orgue de Fualdès. Il parodiait la femme, il parodiait l'amour. Les poses, les balancements de couples amoureux, consacrés par les chefs-d'œuvre, les statues et les tableaux, les lignes immortelles et divines de caresse qui vont d'un sexe à l'autre, qui saluent la femme et la désirent, l'enlacement qui lui prend la taille et se noue à son cœur, la prière, l'agenouillement, le baiser, — le baiser! — il caricaturait tout cela dans des charges d'artiste, dans des poses de dessus de pendule et de troubadourisme, dans des attitudes dérisoires d'imploration, de pudeur et de respect, moquant, avec un doigt de Cupidon sur la bouche, toute la tendre sentimentalité de l'homme... Danse impie, où l'on aurait cru voir Satan-Chicard et Méphistophélès-Arsouille! C'était le cancan infernal de Paris, non le cancan de 1830, naïf, brutal, sensuel, mais le cancan corrompu, le cancan ricaneur et ironique, le cancan épileptique qui crache comme le blasphème du plaisir et de la danse dans tous les blasphèmes du temps!

A la fin, tout le bal se groupait autour du quadrille où il dansait; et les femmes qui avaient le bonheur d'être costumées en Turcs et de porter des pantalons, montées sur des épaules de doges, de cardinaux, de sénateurs romains, regardaient de là-haut, criant à force de rire.

LXX

Coriolis avait été assez rudement secoué par sa maladie. Il ne reprenait ses forces que lentement, travaillant mal, manquant de l'entrain de la santé, souffrant de la chaleur de l'été, intolérable cette année-là.

— C'est une drôle de chose, — dit-il un jour à Anatole, — quand on a dix-huit ans on ne s'aperçoit pas du mois de juillet à Paris... On ne sent pas qu'on étouffe et que les ruisseaux puent; du diable si l'on a l'idée de penser à des endroits où il y a de l'air et de l'ombre d'arbres...

— Ah ça!... — fit Anatole, — est-ce que tu aurais le projet d'acheter une maison de campagne avec un jet d'eau?

— Non, — répondit Coriolis, — ça ne va pas jusque-là... mais, mon Dieu, si ça vous convenait à Manette et à toi...

— Quoi? — fit Manette.

— D'aller à la campagne, tout bêtement, comme des boutiquiers de passage, respirer...

— A la campagne? oh! oui... — dit nonchalamment Manette, à laquelle ce mot faisait voir quelque chose au-delà de Saint-Cloud, de vert, d'inconnu, d'attirant, avec de l'herbe où l'on peut s'asseoir.

Elle reprit aussitôt :

— Où ça?

— Ma foi, — reprit Coriolis, — je ne connais pas Fontainebleau... Il paraît, à ce qu'ils disent tous, que c'est une vraie forêt... Nous irions dans un trou... à Barbison, à l'auberge... Une installation, ce serait le diable... nous laisserons nos domestiques ici.

— Oh! c'est ça, en garçons! — fit Manette, à laquelle l'idée d'aller à l'auberge plaisait comme sourit à un enfant l'idée de dîner au restaurant.

Pour Anatole, il faisait de joie la roue d'un bout de l'atelier à l'autre. Tout à coup, il s'arrêta court :

— Et Vermillon.

— Tu vas vouloir qu'on l'emmène, je parie? Tiens, au fait, — dit Coriolis, — on ne le voit plus.

— Mon cher, ce que je vais te dire est tout à fait confidentiel... Il y a l'honneur d'une femme, et tu comprends... Vermillon a une passion, parole d'honneur! malheureuse, je l'espère... Il brûle pour la forte épouse de notre concierge. Oui, il a été séduit par sa grosseur... Il passe maintenant tout son temps à lui savonner son linge dans le ruisseau pour lui prouver son dévouement... C'est touchant!... Et il lui fait une cour dans sa loge, des yeux au ciel, des airs d'adoration... un homme ne serait pas plus bête, quoi!

— Très-bien... Tu le laisseras en pension chez son adorée.

— C'est peut-être très-grave... Je te dirai que je crois qu'ils sont jaloux l'un de l'autre : le mari et lui... Le mari est sombre, de plus, il est tailleur, et les hommes qui travaillent toute la journée les jambes croisées sur une table sont rangés par les criminalistes dans la classe des gens concentrés, dangereux, capables de perpétrations...

— Imbécile!

— Aux paquets! — cria Anatole.

LXXI

Le lendemain, la calèche de louage que Coriolis avait prise à Fontainebleau débouchait, au bout d'une heure et demie de voyage à travers la forêt, d'une route de sable sur le pavé.

Des vergers touchaient le bois, le village naissait à sa lisière. De petites maisons aux volets gris, aux toits de tuile, élevées d'un étage, avec l'avance d'un auvent sous lequel causaient à l'ombre des femmes sur des siéges rustiques, des murs au chaperon de bruyères sèches, d'où sortaient et se penchaient des verdures de jardin, des façades de fermes avec leurs grandes portes charretières, commençaient la longue rue. Tout à l'entrée, un tout jeune enfant, de l'âge des enfants qui dessinent des maisons de travers avec un tirebouchon de fumée, assis par terre et la curiosité de deux petites filles dans le dos, crayonnait on ne savait quoi d'après nature. Les maisons garnies de vignes, prudemment montées et plaquées hors de la portée de la main, les murailles de moellon des granges continuaient. Çà et là, une grille en bois cachait mal des fleurs; un store chinois apparaissait à un rez-de-chaussée; des fenêtres à moulure étaient encastrées dans une construction paysanne. Une baie, à demi barrée d'une serge verte, laissait voir les poutres d'un atelier. Par une porte ouverte, un chevalet s'apercevait avec une étude sur un buffet. Coriolis reconnaissait des toits de bois sur des portes, des cours, des ruelles de masures donnant sur la campagne, que des eaux fortes lui avaient déjà montrées. La voiture arrêta devant une longue bâtisse où la vigne repoussait les volets verts : on était arrivé, c'était l'auberge.

Le maître de l'auberge, coiffé d'un feutre d'artiste, mena les voyageurs à un petit pavillon où ils trouvèrent trois chambres assez proprettes, dont l'une ouvrait sur un petit atelier au nord, meublé d'un canapé en noyer, recouvert de velours d'Utrecht rouge, dont les accotoirs avaient des sphinx à mamelles du Directoire et les pieds des griffes en terre cuite.

Coriolis trouva le soir les draps un peu gros, mais pénétrés de la bonne odeur du linge qui a séché sur des haies et sur des arbres à fruit; et il s'endormit au bruit d'un égouttement d'eau qui ressemblait à un chant de caille.

Pittoresque et riante auberge que cette auberge de Barbison, vrai vide-bouteille de l'Art! une maison dans un treillage mangé de lierre, de jasmin, de chèvrefeuille, de plantes qui grimpent avec de grandes feuilles vertes! Des bouts de tuyau de poêle fument dans des touffes de roses, des hirondelles nichent sous la gouttière et frappent aux carreaux; dans le rentrant des fenêtres, des torchis de pinceaux font des palettes folles. La verdure de la maison saute par-dessus les tonnelles, monte les escaliers aux petits toits de bois, garnit les petits ponts tremblants, s'élance aux baies des petits ateliers. Des vignes collées au mur balancent et secouent leurs brindilles et leurs vrilles sur le trou noir de la cuisine et les bras bruns d'une laveuse. Une découpure de treille encadre dans des feuilles, une tête de cerf aux os blancs.

Et ce sont, dans le plein air, des tables où traînent des verres tachés de vin et de vieux livres usés où se déchire le papier qui fait un manche au gigot, des buffets, des fontaines, des garde-mangers remplis de viandes saignantes sous l'abri d'une feuille de zinc; des *moss*, des canettes, des verres vides, encombrant le dessus de la cave ouverte et pleine. La poulie, la corde et le grincement d'un puits se perdent dans les branches d'un abricotier. Des poules montent aux échelles pour aller pondre au grenier sans fenêtre ; des corbeaux familiers volent çà et là ; de tout petits chats jouent entre des barreaux de tabouret ; sur la traverse d'un chevalet cassé, un coq jette son cri.

Il y a dans le fumier des canetons en tas, des chiens qui dorment, des poussins qui courent. Il y a des tonneaux coulés dans des mares ; et çà et là des chaudrons noirs de suie, des seaux de fer-blanc, des terrines, des cages à poulet, des arrosoirs, des écuelles et de petits sacs de graines renflés ; des palissades où sont fichés, dans chaque pieu, des goulots de bouteille ; une herse démanchée à côté d'un débris de berceau en osier ; un moulin à café, dans un bourdonnement d'abeilles, encore odorant de ce qu'il a brûlé ; des claies de fromages séchant à côté de brosses à peindre et de torchons bis sur des bourrées sèches ; des cordes de balançoire pourries pendant d'un sureau ; des piles de bois, des amoncellements de solives, des appentis, des toits de branchages, des poulaillers rapiécés, des lapinières improvisées, des hangars où s'enfonce l'établi avec du soleil sur les outils ; des portes battantes, dont le poids est une pierre dans un morceau de mouchoir bleu ; des sentiers où traînent des morceaux et des restes de tout ; des resserres encombrées de vieilles choses hors de service... Bric-à-brac hybride de café et de ferme, de capharnaüm et de basse-cour, de marchand de vin et d'atelier, qui, avec son fouillis fourmillant, animé, batttu, remué par l'air ventilant du pays, fait penser à la cour d'une hôtellerie bâtie par les pinceaux d'Isabey.

LXXII

Les premières journées passées à Barbison parurent à Coriolis douces et reposantes. Il avait quitté Paris encore convalescent, dans un état de fatigue de corps et de tête, à une de ces heures de la vie qui poussent le travailleur à aller se détendre et se retremper dans l'air sain et calmant de la vie végétative. La bête, chez lui, avait besoin de se mettre au vert. Aussi eut-il plaisir à se sentir dans cet endroit si bien mort à tous les bruits d'une capitale, et où la publicité n'était que le *Moniteur des communes.* Sa vue était heureuse de cette grande rue avec des poules sur le pavé, et de ces dernières diligences dételées sur le bord de la chaussée. Il goûtait des jouissances d'oubli à voir le peu qui passe là, le lent travail des bêtes et des gens, cet apaisement particulier que les grandes forêts font auprès de leur lisière, comme les grandes cathédrales répandent l'ombre sur les maisons et les existences de leurs places. Il aimait ces jours qui se succèdent, sans être plutôt un jour qu'un autre, ce temps du village auquel on se laisse aller, ces heures inoccupées qui le menaient au soir, un soir sans gaz où ne restait de lumière, dans le noir de la rue, que le quinquet du billard. La nuit même, dans le demi-sommeil du matin, il éprouvait une certaine satisfaction, lorsque le conducteur de la voiture de Melun criait à l'aubergiste : — Rien de nouveau ? — et que l'aubergiste répondait : — Rien — ce *rien* qui disait que rien là n'arrivait.

Pour Manette, la campagne était comme le déballage de la première boîte de joujoux d'où sortent des moutons, une maison qui serait une ferme, et des arbres frisés. Elle avait des curiosités puériles, des questions d'une raison de quatre ans, des : qu'est-ce que c'est que ça? de petite fille au spectacle. Du ciel plein les yeux, de la terre, des arbres partout, un jardin qui n'en finissait pas, des oiseaux, des champs remplis de choses qui poussent, c'était pour elle comme un monde nouveau d'étonnements et d'amusements.

Elle avait la virginité bête et heureuse d'impressions, l'allégresse un peu oisonne de la Parisienne à la campagne. Il lui paraissait charmant de manger à genoux des fraises dans le plant. A tout moment elle se penchait dans le mouvement de cueillir. Elle prenait des bêtes à bon Dieu, les embrassait sur le dos, les mettait un instant dans son cou. Elle attrapait une branche sur un chemin en passant, volait ce qui pendait, ramassait la Nature dans un fruit comme un enfant la mer dans un coquillage.

On eût dit que la terre avec sa vitalité la sortait de son apathie, de sa nonchalance sérieuse. Elle devenait, dans cet air, d'humeur alerte, dansante, sautante, presque grimpante. Il lui passait des envies de monter à des cerisiers. Avec les femmes de la maison, elle s'en alla faner, et revint radieuse, enchantée, la peau heureuse de soleil, les reins chatouillés de fatigue. Elle allait dans la chambre à four regarder couler la lessive dans le grand cuveau. Elle portait de l'herbe à la vache : elle voulut la traire, essaya ; ses mains eurent peur, elle n'osa pas.

Mais le plus souverainement heureux des trois était Anatole. Il éclatait en gestes, en bouts de chansons, en paroles folles, en apostrophes qui ressemblaient à de la griserie, à cette ivresse que verse à certains hommes de bureau et de théâtre l'air de la campagne. Il passait des demi-journées en tête-à-tête avec les bêtes de la basse-cour, les étudiant, notant leurs cris, se mettant leurs voix dans la bouche, faisant l'écho au chant du fumier, et laissant les chiens lui débarbouiller, comme à un ami, la moitié d'une joue d'un coup de langue.

Dans les champs, dans la forêt, on le voyait étendu, étalé, aplati tout de son long, les yeux demi-clos sous son chapeau de paille qui lui rabattait de l'ombre sur la figure, la tête sur ses bras en manches de chemise. Il restait là, bien heureusement immobile, le bouton de sa ceinture lâché, avec de petits tressaillements d'aise qui lui couraient tout le corps. Et tout enfoncé dans ce lazzaronisme en plein air, à demi extasié dans l'épanouissement d'une jubilation infinie, il cuvait le paysage. Il « vachait », — comme il disait avec l'expression crapuleuse qui peint ces félicités retournant à la brute.

Ils passèrent ainsi plusieurs semaines, pendant lesquelles Coriolis ne se serait pas aperçu des dimanches, sans les boules étamées qu'exposait, ce jour-là, dans un jardin, un employé qui les apportait le samedi soir et les remportait le lundi matin.

LXXIII

Le dîner était la grande récréation de la journée. Ce qui le sonnait, c'était le coucher du soleil, faisant apparaître tout noir, sur son rayonnement de feu rouge, le genévrier mort servant d'enseigne à l'auberge.

Un à un, les peintres rentraient dans cet éblouissement qui pavait de lumière la rue du village. Les premiers arrivés se mettaient à l'ombre sur le banc de pierre en face, à côté d'une charrette, et se tenaient dans des poses lassées, avec des silences affamés, battant de leurs bâtons leurs semelles pleines de sable. La fille de la maison, sortant sur le pavé, la main devant les yeux, regardait au loin, et, sitôt qu'elle voyait arriver les derniers attendus, avec le bout de leurs parasols dépassant leur sac, elle allait tremper la soupe et l'apportait fumante dans la salle à manger.

A peine si l'on se donnait le temps de laver les brosses. On jetait ses chapeaux, on démêlait, au petit bonheur, les grandes serviettes jaunes de toile de ménage, on attachait avec des ficelles les chiens aux pieds des chaises; et un formidable bruit de cuillers sonnait dans les assiettes creuses. Le grand pain posé sur le dessus du piano passait, et chacun s'y coupait un michon. Le petit vin moussait dans les verres, les fourchettes piquaient les plats, les assiettes couraient à la ronde, les couteaux frappant sur la table demandaient des suppléments, la porte battait sans cesse, le tablier de la fille qui servait volait sur les convives, les bouteilles vides faisaient la chaîne avec les bouteilles pleines, les serviettes fouettaient les chiens qui mettaient effrontément la tête dans la sauce de leurs maîtres. Des rires tombaient dans les plats. Une grosse joie de jeunesse, une joie de réfectoire de grands enfants, partait de tous ces appétits d'hommes avivés par l'air creusant de toute une journée en forêt. Et le tapage ne se recueillait qu'à la solennelle confection de la salade à la moutarde, pour laquelle, à la fin, la table suppliante obtenait un jaune d'œuf cru.

Et autour de la table égayée, tout riait : le grand buffet avec ses soupières à coq et sa grande tête de dix-cors; la salle à manger avec toutes ses peintures dans des baguettes de bois blanc, où semble encadré l'album de l'École de Fontainebleau. Le jour mourait sur tout ce petit musée, barbouillé par tous les hôtes de Barbison, et qui met à ces murs, derrière les chaises de ceux qui dînent, l'ombre ou le souvenir, le nom de ceux qui ont dîné là, écrit d'un bout de pinceau, un jour de pluie, avec un reste d'étude et la verve de leur premier talent, dans tous ces tableaux qui se cognent. paysages, moutons, dessous de bois, parapluies gris dans la forêt, chevaux, chenils, chasses en habits rouges, natures mortes, crépuscules mythologiques, soleils sur le Rialto, partie de canotage sur la Seine, amours boiteux frappant à la porte de Mercure. Et de derniers rayons allaient à ces panneaux de buffet qui montrent la pochade d'un marché aux chevaux à côté d'une cueillette de pommes sur des échelles; ils allaient à ces guirlandes où le pinceau de Brendel a noué aux pipes du Rhin les verres de Bohême; ils quittaient, comme à regret, des esquisses de Rousseau jetées sur le bois d'une boîte à cigares, et ces panneaux de lumière et de caprice, ces bouquets de fleurs et de femmes écloses sous la brosse de Nanteuil et la baguette magique de Diaz, ces grappes de fées montrant leurs bas de femmes sur des balançoires de roses...

Les bougies apportées dans des chandeliers de cuivre

jaune, le fromage de gruyère dévoré, le café versé dans les demi-tasses opaques, les pipes s'allumaient. Des aparté se faisaient dans des coins où des camarades se parlaient à mi-voix, tandis que des farceurs écrivaient des vers faux sur le livre de souvenir de la maison. La nuit endormait la rue, les charrettes, le village; les paroles devenaient plus rares; le sommeil de la campagne tombait peu à peu dans la pièce. Les paysagistes, dans leurs yeux à demi fermés, sentaient revenir leur étude, leur motif, leur journée, et souriaient vaguement à leurs couleurs du lendemain, avec les rêves de leurs chiens grognants entre leurs jambes. La fatigue se berçait dans une vision de travail. Un coude faisait un accord sur le piano ouvert... Et tous allaient se coucher, dormir un de ces bons sommeils dans lesquels tombait le son lointain de la trompe du *corneur* de Macherin, et qu'éveillait, avec ses bruits du matin, le réveil de la basse-cour.

LXXIV

Coriolis passait ses journées dans la forêt, sans peindre, sans dessiner, laissant se faire en lui ces croquis inconscients, ces espèces d'esquisses flottantes que fixent plus tard la mémoire et la palette du peintre.

Une émotion, une émotion presque religieuse le prenait chaque fois, quand, au bout d'un quart d'heure, il arrivait à l'avenue du Bas-Bréau : il se sentait devant une des grandes majestés de la Nature. Et il demeurait toujours quelques minutes dans une sorte de ravissement respectueux et de silence ému de l'âme, en face de cette entrée d'allée, de cette porte triomphale, où les arbres portaient sur l'arc de leurs colonnes superbes l'immense verdure pleine de la joie du jour. Du bout de l'allée tournante, il regardait ces chênes magnifiques et sévères, ayant un âge de dieux, et une solennité de monuments, beaux de la beauté sacrée des siècles, sortant, comme d'une herbe naine, des forêts de fougère écrasées de leur hauteur : le matin jouait sur leur rude écorce, leur peau centenaire, et passait sur leurs veines de bois les blancheurs polies de la pierre. Coriolis se mettait à marcher sous ces voûtes qui éclataient au-dessus de lui, à des élévations de cent pieds, en fusées de branches, en cimes foudroyées, en furies échevelées et tordues, ayant l'air de couronnes de colère sur des têtes de géant. Il marchait sur les ombres couchées barrant le chemin, qui tombaient du fût énorme des troncs; et en haut, le ciel ne lui apparaissait plus que par des piqûres du bleu d'une fleur et de la grandeur d'une étoile, par de petits morceaux de beau temps que la verdeur de la feuillée faisait fuir et presque pâlir dans un infini d'altitude. Des deux côtés du chemin, il avait des dessous de bois, des fonds de ce vert doux et tendre qu'a l'ombre des forêts dans la transparence pénétrante du midi, et que déchire çà et là un zigzag de soleil, un rayon courant, frémissant jusqu'au bout d'une branche, voletant sur les feuilles, en ayant l'air d'y allumer une rampe de feu d'émeraude. Plus près de lui, des petits genévriers en pyramide étincelaient de luisants de givre; et les houx rampants remuaient sur le vernis de leurs feuilles une lumière métallique et liquide, l'éblouissement blanc d'un diamant dans une goutte d'eau.

Le radieux spectacle, le bonheur de la lumière sur les feuilles, cette gloire de l'été dans les arbres, cet air vif qui passe sur les tempes, les senteurs cordiales, l'odeur de santé et la fraîche haleine des bois, ce qui passe de grave et de doux dans la caresse de la solitude, enveloppaient Coriolis qui sentait revenir à son corps l'allégresse d'être jeune. Il passait le long de tous ces arbres aux membres d'athlètes, au dessin héroïque, ceux-ci qui s'inclinaient avec les lignes penchées des grands pins italiens dans les villas, ceux-là qui montaient droits dans un jet de rigide élancement. Il y en avait de solitaires comme des rois; et d'autres qui, réunis, assemblés, mêlant et nouant leurs bras en dôme de verdure, semblaient dessiner un rond de danse pour des hamadryades. Le sable, derrière Coriolis, enterrait son pas ; et il avançait dans ce silence de la forêt muette et murmurante, où tombe des arbres comme une pluie de petits bruits secs, où bourdonnent incessamment, pour le bercement de la rêverie, tous les infiniment petits de la vie, le battement du rien qui vole, le bruissement du rien qui marche. Et quand il s'étendait sur un tertre de mousse, le coude sur la terre, les yeux à l'éternel balancement des branches auprès du ciel, de petits souffles accouraient à lui, sur l'herbe et les feuilles tombées, avec le pas d'une bête.

L'allée qu'il reprenait avait au bout, sous la flamme du jour, la jeune clarté d'un bourgeonnement de printemps. Aux grands chênes succédaient les futaies, aux futaies les petits bois, où tout à coup, en passant, il faisait sauter, au milieu d'un arbre, un écureuil qui le regardait de là ; ou bien, c'était un grand bruit qu'il faisait lever, un grand remuement de branches d'où s'échappait au galop comme un grand cheval rouge, qui était un cerf.

Puis la forêt s'ouvrait : un âpre plein midi brûlait, devant lui, dans le paysage découvert, les gorges sauvages d'Apremont, les rochers qui, sous le bleu africain du ciel et l'implacable intensité de la lumière, se dressaient en masses violettes, avec des cernées sèches. Alors, quittant le grand chemin, il grimpait à l'aventure au hasard de la route serpentante. Il se glissait entre les pierres d'où se dressait l'arbre sans terre et sans ombre, le grêle bouleau. Il s'enfonçait dans les fougères, presque aussi hautes que lui, faisait craquer sous son pied la mousse grillée et grésillante, se glissait entre des écartements de roc, marchait sous des tortils d'arbres étouffés, étranglés entre deux blocs et poussant de côté une branche sans feuille qui courait en l'air comme une mèche de fouet. Il sondait et battait de son bâton, au passage, l'inconnu de ces arbustes pareils à des nœuds de serpents lapidés, et dont la végétation se tord avec des airs d'animalité blessée, ces genévriers aux brindilles mortes, aux cassures de branchettes semblables à des fœtus de chanvre tillé, à l'emmêlement de chevelure noueuse et fileuse, aux rameaux serrés, excoriés, à travers lesquels se convulsionne le tronc vert-de-grisé avec ces arrachis d'où l'on dirait qu'il s'égoutte du sang.

Il allait par des sables, par de hautes herbes ondulantes de glissements furtifs et de rampements suspects, par des sentiers de chèvre, par des lits de torrents séchés, par des montées où les marches étaient faites de réseaux de racines pareilles à des squelettes de lézards, par des escaliers où de grandes dalles figuraient des affleurements de fossiles mal enterrés; et l'instinct de ses pas le portait presque toujours, au bout de ses courses errantes, dans la vallée étroite et creuse qui va à Franchart. Il prenait le petit chemin d'un blanc de chaux calciné, tout miroitant de micas, dont l'éclatante blancheur n'était rompue, çà et là, que par un morceau de mousse d'un vert humide et une tache de terre de bruyère qui avait le noir de la traînée d'un charroi de charbon. Et alors, à sa gauche et à sa droite ce n'était plus que des roches. De la crête des deux collines, découpant sur le ciel la déchiqueture de leurs arêtes, jusqu'au bas de la pente, il croyait voir l'éboulement, l'avalanche, la cascade de morceaux de montagnes lâchés par une défaite de Titans. Un pan du Chaos semblait avoir croulé et s'être arrêté là; il y avait dans le tumulte immobile du paysage comme une grande tempête de la nature soudainement pétrifiée. Toutes les formes, tous les aspects, toutes les formidables fantaisies et toutes les terribles apparences du rocher, étaient rassemblés dans ce cirque où les grès énormes prenaient des profils d'animaux de rêves, des silhouettes de lions assyriens, des allongements de lamentins sur un promontoire. Ici, les pierres entassées figuraient un soulèvement, un écrasement de tortues monstrueuses, de carapaces essayant de se chevaucher ; là deux sphinx camus serraient la route et barraient presque le passage. Les vastes galets d'une première mer du monde, des crânes de mammouths troués de leurs orbites immenses, le souvenir et le dessin des grands os du passé se levaient sur ce chemin bordé de roches creusées par des remous de siècles, fouillés et battus peut-être par une vague antédiluvienne.

Au haut de la montée, Coriolis s'arrêtait à cette grotte de Franchart, qui a, à son seuil, le désordre et le bousculement de siéges de granit renversés par un festin de Lapithes. Il épelait ces pierres qui ont le fruste de murs anciennement écrits, ces pierres millénaires griffonnées par le temps d'indéchiffrables graphies, et où l'eau de l'éternité a creusé l'apparence de sculpture d'une cave d'Elephanta. Il restait devant ces grottes béantes où le Désert semble rentrer chez lui, devant ces antres de bêtes féroces auxquels on s'étonne de voir aller, au lieu de pas de lion, des traces de breacks...

De rares oiseaux traversaient l'air, et Coriolis songeait involontairement à des oiseaux qui porteraient à manger à un Saint dans une grotte de la Thébaïde.

Puis, il longeait la petite mare à côté, enfermant une eau fauve dans sa cuvette de pierre blanche, à la marge mamelonnée, ondulante et rongée. Il s'asseyait quelques minutes au petit café de Franchart, repartait, retrouvait les arbres, retraversait encore une fois le Bas-Bréau.

Il se faisait, à cette heure, une magie dans la forêt. Des brumes de verdure se levaient doucement des massifs où s'éteignait la molle clarté des écorces, où les formes à demi flottantes des arbres paraissaient se déraidir et se pencher avec les paresses nocturnes de la végétation. Dans le haut des cimes, entre les interstices des feuilles, le couchant de soleil en fusion remuait et faisait scintiller les feux de pierreries d'un lustre de cristal de roche. Le bleuissement, l'estompage vaporeux du soir montait insensiblement ; des lueurs d'eau mouillaient les fonds ; des raies de lumière, d'une pâleur électrique et d'une

21.

légèreté de rayons de lune, jouaient entre les fourrés. Des allées, du sable envolé sous les voitures, il se levait peu à peu un petit brouillard aérien, une fumée de rêve suspendue dans l'air, et que perçait le soleil rond, tout blanc de chaleur, dardant sur les arbres toutes les flammes d'un écrin céleste... La fenêtre de Rembrandt, où il y a un prisme, et où jouerait la Titania de Shakespeare dans une toile d'araignée d'argent, — c'était ce paysage du soir.

LXXV

Depuis quelques années, les hôtelleries campagnardes de l'art ont changé d'aspect, de physionomie, de caractère. Elles ne sont plus hantées seulement par le peintre; elles sont visitées et habitées par le bourgeois, le demi-homme du monde, les affamés de villégiature à bon marché, les curieux désireux d'approcher cette bête curieuse : l'artiste, de le voir prendre sa nourriture, de surprendre sur place ses mœurs, ses habitudes, son débraillé intime et familier, ses charges, un peu de cette vie de déclassés amusants, que les légendes entourent d'une auréole de licence, de gaieté et d'immoralité. Peu à peu, on a vu venir loger dans ces chambrettes, manger à cette gamelle de la jeunesse, de la bonne enfance et de l'étude d'après nature, toutes sortes d'intrus, des professeurs, des officiers en congé, des magistrats, des mères de famille, des touristes, de vieilles demoiselles, des passants, le monde composite d'une table d'hôte.

Ce mélange existait dans l'auberge de Barbison. Autour de la table, à côté de sept ou huit jeunes gens, travaillant et prenant là leurs quartiers d'été et d'automne, à côté de deux paysagistes américains, amenés à Barbison par la réputation de cette forêt de Fontainebleau populaire jusque dans la patrie des forêts vierges, il venait s'asseoir une vieille demoiselle tenant toujours en laisse un écureuil, et qu'on ne connaissait que sous le nom de « la demoiselle de Versailles »; un professeur de septième d'un collége de Paris, flanqué de son épouse et de deux grandes asperges de fils ; un vieillard maniaque passant sa vie à rectifier les cartes de Dennecourt ; un jeune sourd, à sourde vocation de peinture, sorti de la grande école des Batignolles.

Cette immixtion de gens avait éteint, effarouché l'entrain de la société : devant l'inconnu des convives, l'imposante présence de la famille et de la virginité bourgeoise, les jeunes peintres avec la timidité de gens sans éducation, craignant de laisser échapper une inconvenance, et se mettant à viser à une sorte de comme il faut, s'étaient congelés dans une de ces tenues de froideur et de bon ton qui glacent dans l'artiste *poseur* le rire naturel de l'art. Ils respectaient le comique du professeur, une espèce de M. Pet-de-Loup, homme sévère, mais juste, qui passait la moitié de son temps à morigéner ses deux fils, et l'autre à sculpter des têtes de cannes. Ils n'abusaient pas de la crédulité sans fond de la demoiselle de Versailles. Ils étaient à peu près polis avec l'infirmité du jeune sourd qui les *sciait* avec ces petits gloussements qu'ont les sourds-muets dans les cours, essayant d'attirer l'attention sur l'écriteau de leur infirmité pendu sur leur poitrine.

Avec Anatole, tout changea. Il déchaîna les charges. Il criait dans l'oreille du sourd des choses qui le faisaient rougir. Il rendait à tout moment des visites au vieux monsieur si peureux de l'invasion de quelqu'un dans sa chambre, d'un dérangement de ses papiers, de ses notes, de ses cartes, qu'il faisait lui-même son lit. Il abondait avec des intonations de Prudhomme dans les anathèmes du professeur contre les débordements de la jeunesse actuelle ; et il prenait ses fils à part pour leur inculquer les plus sataniques principes d'insoumission. Quant à la vieille fille de Versailles, il en fit sa victime d'adoption. Il commença par lui persuader très-sérieusement, avec des textes de livres de médecine à l'appui, que la cohabition avec un écureuil donnait à la longue la danse de saint Guy. Il lui fit mettre des bottes d'hommes contre la morsure des vipères pour aller se promener dans la forêt. Il lui fit croire qu'un des deux Américains de la table était un sauvage défroqué qui avait été élevé à manger de la chair humaine. — N'est-ce pas? — disait-il; et l'Américain, dressé à la charge, répondait, avec des sourires voraces et inquiétants, que c'était bon, que cela avait un goût entre le bœuf et le turbot. Un soir, après une répétition secrète dans la journée, Anatole fit danser au Yankee une danse effroyable d'anthropophagie : les gros yeux bleus écarquillés du danseur, son nez crochu, ses cheveux et ses moustaches jaunes, son air de Polichinelle vampire, la « figure » où il faisait sauter comme un morceau délicat l'œil de sa victime, mirent l'horreur de leur cauchemar dans les nuits de la pauvre demoiselle. Mais la plus belle charge que lui monta Anatole fut la charge de la lionne, qui l'enferma quinze jours chez elle dans sa chambre. Elle avait lu dans un journal qu'une lionne s'était échappée d'une ménagerie de Melun : on lui dit que la lionne s'était sauvée dans la forêt, qu'elle avait mis bas onze lionceaux déjà très-gros; et pour la bien convaincre du péril, Anatole, tous les soirs, faisait son entrée dans la salle à manger avec le fusil de l'aubergiste, comme s'il n'osait s'aventurer dehors qu'avec une arme.

LXXVI

Manette se trouvait parfaitement heureuse entre ces deux vieilles femmes, au milieu de cette réunion d'hommes. Les attentions, les prévenances, les égards allaient à sa jeunesse, à sa beauté. Elle se sentait trôner à cette table : elle y était comme une petite reine.

Elle trouvait encore dans cette société une satisfaction nouvelle pour elle, et qui la flattait dans la fausse position où elle était. L'épouse du professeur, bonne créature ingénue, s'était laissé prendre à son excellente tenue, au nom dont on l'appelait, à des « Madame Coriolis » qu'elle avait entendus dans l'escalier. Elle croyait que le couple était un ménage, que Manette était la femme du peintre. Aussi avait-elle répondu à ses amabilités.

Dans ses rapports avec elle, ses bonjours, les rapprochements du voisinage, les menues relations de la communauté des repas, elle avait mis ce liant qui établit comme une politesse de plain-pied entre femmes du même monde et de pareille situation sociale. De temps en temps, sur le banc de pierre où l'on attendait le dîner, elle honorait Manette de petits bouts de conversation familière.

Manette était excessivement touchée d'être ainsi traitée ; et elle s'appliquait à se maintenir dans cette estime, en continuant à la tromper, en jouant avec un art admirable cette comédie de la femme honnête qu'aime tant à jouer la femme qui ne l'est pas, et d'où monte souvent à la tête d'une maîtresse la tentation de devenir ce qu'elle essaye de paraître.

Chaque matin, elle avait un petit moment d'anxiété, de peur d'une découverte, d'une indiscrétion, en interrogeant la figure de l'épouse légitime. Elle se surveillait elle-même dans ses gestes, ses paroles, ses expressions, s'enveloppait de robes simples, de petits fichus modestes, faisait des raccommodages de ménage, travaillait, avec tous les airs de sa personne, au mensonge qui devait entretenir l'illusion et continuer la méprise de la respectable femme du professeur. Et une joie intérieure la remplissait, qui se gonflait et se pavanait en une espèce de petit orgueil exubérant. Cette considération de l'honnêteté qu'elle rencontrait pour la première fois lui procurait l'enivrement, l'étourdissement qu'elle donne aux créatures qui n'y sont pas nées, et qui n'ont pas toujours respiré, naturellement, comme l'air autour d'elle, l'atmosphère de l'estime.

Aussi adorait-elle Barbison, et elle ne tarissait pas de rires et de plaisanteries pour moquer, comme elle disait, ce « *geignard* » de Coriolis qui commençait à se plaindre du séjour.

LXXVII

L'homme du monde, le Parisien gâté par son intérieur, s'était réveillé chez Coriolis. Il était blessé physiquement de riens qui ne semblaient atteindre personne autour de lui, ni Anatole ni même Manette. La rusticité de l'auberge lui devenait dure, presque attristante. Il souffrait du bon fauteuil qui lui manquait, de toutes les petites insuffisances de l'installation, de cette misère d'eau et de linge faite à sa toilette, des serviettes de huit jours, de l'égueulement du pot à l'eau, de la cuvette de faïence si vilainement rosée sur le bord.

La nourriture l'ennuyait par la monotonie des omelettes, les taches de la nappe, la fourchette d'étain qui salit les doigts, les assiettes de Creil avec les mêmes rébus. Le petit *jinglet* du cru lui irritait l'estomac. Il se faisait un peu lui-même l'effet d'un homme ruiné, tombé à la table d'hôte d'une ferme. En vivant dans sa chambre, il y avait découvert tous les dessous de la chambre garnie des champs : le fané des siéges, la pauvreté sale du papier, le rapiéçage du couvre-pied, la couleur mangée des rideaux, la corde de la descente de lit, le déplaquage de la commode d'occasion. Et il lui venait là les instinctives inquiétudes qui prennent les délicats et les souffreteux, jetés hors de chez eux dans ces logis de hasard et de pauvreté, entre ces quatre murs où gondolent de mauvaises lithographies dans des cadres de bois noir.

Il avait usé ce premier moment de contentement qu'a le Parisien à sortir de chez lui, à changer ses aises contre l'imprévu et les privations de l'auberge. Il ne se trouvait plus d'indulgence pour un manque de tous les bien-êtres qu'il eût bien encore supportés en Orient, mais qu'il trouvait dur et exorbitant de subir à dix lieues de Paris : sa patience d'un mauvais lit, d'un dîner sans lampe, du carreau sans tapis, avait fini avec sa distraction, avec le plaisir de la nouveauté. Il ne pouvait s'empêcher, par instant, de s'indigner intérieurement de l'*arriéré* du pays, de ce reste de sauvagerie entêtée et de paysannerie inculte qui reste aux bords des forêts, s'y défend si longtemps contre la civilisation et le confortable moderne, et garde toujours un peu de cette France d'il y a cent ans, voisine des bois, qui couchait les caravanes d'artistes sur des oreillers de coquilles d'œufs.

Puis il avait une habitude d'être servi qui était comme toute dépaysée par le service de l'endroit, une sorte de service bénévole dont on semblait faire la gracieuseté aux gens, et où se trahissait l'indépendance du forestier, mêlée à la supériorité du paysan qui a du bien. On sentait une auberge habituée à des gens de vie presque ouvrière, au ménage à peine soigné par une femme de ménage, tout prêts, au besoin, à remplir l'ordre qu'ils donnaient, à aller chercher une assiette au buffet et l'eau de leur pot à l'eau au puits. Les hôtes, hébergés par la maison, y semblaient reçus comme des amis avec lesquels on ne se gêne pas ; et l'aubergiste, qui leur donnait la main, paraissait les traiter, quoiqu'ils payassent, uniquement pour les obliger, et continuer à mériter le surnom de « *Bienfaiteur des artistes* », inscrit en grandes lettres sur la tombe de son prédécesseur.

LXXVIII

Coriolis en était à ce moment de désenchantement, quand un soir, à l'heure du dîner, il aperçut au bout de la rue de Barbison une silhouette de sa connaissance, la silhouette de Chassagnol ayant pour tout bagage une canne qu'il avait coupée en chemin dans la forêt.

— Bah! c'est toi?... Ah! c'est gentil...

— Oui, j'éprouvais le besoin de repasser mon Primatice... voilà. Je suis parti pour Fontainebleau... deux jours que j'y suis... On m'a dit que vous étiez ici... Et je viens casser une croûte...

— Oh! tu resteras bien quelques jours avec nous... Nous te ferons voir la forêt.

— Moi... Oh! tu sais la forêt... j'ai horreur de ça, moi... A Fontainebleau, tout le temps que je ne pouvais pas étudier mon bonhomme... j'ai été dans un cabinet de lecture pas mal monté pour la province... Ils ont une collection de romantiques de 1830... C'est bête, mais ça exalte... Je n'ai pas même été voir les carpes... Tu sais, moi, je suis un vrai pourri... je n'aime que ce qu'a fait l'homme... Il n'y a que cela qui m'intéresse... les villes, les bibliothèques, les musées... et puis après, le reste... cette grande étendue jaune et verte, cette machine qu'on est convenu d'appeler la nature, c'est un grand rien du tout pour moi... du vide mal colorié qui me rend les yeux tristes... Sais-tu le grand charme de Venise? C'est que c'est le coin du monde où il y a le moins de terre végétale... Ah çà! Manette va bien? Et Anatole?

— Oui, oui, tu vas la voir... Anatole est encore en forêt, il va revenir.

Après le dîner, quand les dîneurs eurent quitté la table, ceux-ci pour aller faire un piquet chez des amis, ceux-là pour se promener, d'autres pour se coucher:

— Mais il me semble que vous n'êtes pas mal ici, — fit Chassagnol qui venait de dire, sans se déranger: C'est bon! à l'aubergiste qui voulait lui montrer sa chambre.

— Pas mal!... Heu! heu!

Et Coriolis raconta à Chassagnol tous ses petits déboires de confortable.

— Ah! ah! — jeta tout à coup au milieu de ces doléances Chassagnol, avec l'explosion de son éloquence du soir allumée par l'imprudence des confidences de Coriolis. — Ah! ah!... bien fait!... Grand seigneur! toi, grand seigneur! gentilhomme!... toi seul, par exemple! Et tu viens ici pour être bien? Dans un endroit où il vient des peintres! Les peintres! un tas de rats, vivant mal... Tous des pingres!... Tous, laisse donc!

— Allons, mon cher, — essaya de dire Coriolis, — parce qu'il y a quelques crasseux parmi nous, ce n'est pas une raison pour envelopper toute notre classe...

— Moi, les peintres, je les adore... j'ai passé toute ma vie avec eux... Mais, précisément parce que je les adore, je les vois et je les juge... tous des pingres... sauf toi, avec une douzaine d'autres... — reprit Chassagnol se lançant à fond dans son paradoxe. — Oh! les préjugés! les préjugés du bourgeois! Penses-tu à cela? Tous ces braves gens de bourgeois qui ont, sous la calotte du crâne, l'idée, l'idée enfoncée, solide, indéracinable, chevillée, qu'un artiste est un homme rempli de vices coûteux, un mangeur, un dépensier, un luxueux!... un bourreau d'argent qui le jette comme il le gagne, qui se paye tout ce qu'il y a de meilleur et de plus cher à boire, à manger, à aimer! Mais ils sont ordonnés, rangés, serrés... ce sont des papiers de musique, que les artistes!... Ah! la calomnie, mon ami, la calomnie!... Ils dépensent... ils dépensent quand ils sont jeunes pour faire comme les camarades; ils gaspillent un peu d'argent envoyé par la famille, carotté aux parents, prêté par leur bottier, de l'argent aux autres... Mais quand c'est de l'argent à eux, quand c'est cet argent sacré et solennel, de l'argent gagné, de l'argent de leur talent et de leur travail; quand il leur descend dans la case du cerveau où se font les comptes que des pièces mises sur des pièces ça fait des piles, et que des piles qu'on pose sur des piles, ça fait ces choses vénérées et considérables : des rentes, des maisons, des propriétés, des propriétés!... Oh! alors, il entre dans l'artiste une économie... mais une économie!... la magnifique avarice bourgeoise de l'art!... Enfin, dans toutes les autres professions, il y a, n'est-ce pas? un certain degré de fortune, de bénéfices, d'enrichissement, qui pousse l'homme à la largeur, le parvenu à la dépense, le joueur heureux à la profusion... Un boursier, je prends un boursier, un boursier qui fait un coup de bourse, est capable d'envoyer deux douzaines de chemises garnies de Malines à sa maîtresse... Mais dans l'art? Cherche! On dirait une industrie de luxe où les riches restent pauvres diables... L'argent qui leur pleut dessus avec le succès, ça garde dans leurs mains la vilenie et la crasse de ces argents de peine qu'on gagne avec de la sueur... Il y en a beaucoup qui font des années de chirurgiens, des recettes de cent mille francs; il y a donc dans ce monde-là des signatures de cinquante mille francs le mètre carré... Eh bien! sois tranquille, jamais ça ne leur donnera la folie de la dépense, et le mépris d'un homme né riche pour une pièce de cent sous... Une race plate... avec des goûts plats, des sens plats, des appétits plats... Oui, des gens capables de faire des fortunes de ténors, sans avoir un certain jour l'idée de fumer un cigare de trente sous ou de boire une bouteille de bordeaux de dix-huit francs... Au fond, des natures *peuple*, presque tous... Une pauvreté de goûts d'origine, de première éducation qui va très-bien avec leur vie, qui simplifie tout dans leurs arrangements d'existence, l'amour, le ménage, la famille, l'intérieur. Des garçons nés avec le peu de raffinement qui permet le bon marché des deux choses les plus chères de la vie : le Plaisir et le Bonheur... La femme, je prends la femme, parce que c'est l'étiage de la distinction, du luxe et de la dépense de l'homme, est-ce qu'elle est, dans ce monde-là, la grande dépense qu'elle est ailleurs dans d'autres couches sociales? Un peintre, quand il gagne quarante, cinquante mille francs par an, se donne-t-il cet animal de luxe et de paresse, broutant des billets de banque, qui passe chez un jeune homme de vingt-cinq mille livres de rente? Pour l'artiste, la maîtresse, presque toujours, qu'est-ce que c'est ? Hein ? qu'est-ce que c'est ? Une utilité, une raccommodeuse, une personne de compagnie, une femme entre la gouvernante et la femme de ménage, bonne fille qui porte des bijoux d'argent doré, et qu'on entretient, en se rattrapant sur ses vertus domestiques... de domestique, son ordre, sa couture, son économie... La femme légitime ? mon Dieu, c'est ça... avec un vernis... Le ménage ? un ménage d'ouvrier... Des enfants habillés de mises bas, qu'on endimanche aux fêtes... morveux, avec des chandelles sous le nez... voilà ! Connais-tu un peintre qui ait eu seulement voiture, toi ?... Pas un, n'est-ce pas ?... Enfin, dans tous les états, dans tous les métiers, dans les corporations de tanneurs comme dans les confréries d'huissiers, jusque dans le monde des lettres où l'on gagne moins d'argent qu'à élever des couchers de soleil, et où l'on paye trois sous, une fois payée, une idée dont un peintre se ferait trois mille francs tous les ans... dans les lettres même, on entend dire quelquefois à des gens : J'ai dîné hier chez Chose... Et il y a eu chez Chose un dîner qui avait tout ce qui constitue un dîner... Chez les peintres, jamais ! Je demande quelqu'un qui ait fait un vrai dîner chez un peintre... Qu'il le dise et qu'il le prouve ! Mais non, la cuisinière d'un peintre, c'est mythique, c'est une abstraction... Depuis le commencement du monde, on n'a jamais parlé de la cuisinière d'un peintre !... Les peintres, on sait comment ça reçoit : ça vous invite à des soirées où, comme rafraîchissements, c'est Gozlan qui a dénoncé celle-là, on passe des eaux-fortes et des dessins !... Et quand il y a des circonstances impossibles qui les forcent à vous offrir le pot-au-feu, je les connais, leurs phrases sur le « pas de cérémonie », la table avec une toile cirée, le bon petit fricot de portier, et le bon petit vin du pays, si bon pour la santé ! le petit vin simple et naturel, qui se boit dans de petits verres ordinaires, sans prétention !... Je les connais, leurs pipes en terre ! Je les connais, leurs collections de deux sous, leur bric-à-brac de faïence de

Rouen ! Je les connais, leurs habitudes, les bouchons rustiques, les gargots pittoresques, les cuisines d'empoisonnement où ils vous mènent dans les campagnes, et dont vous sortez avec l'idée qu'ils ne se sont jamais assis dans un restaurant, avec des glaces dans le dos et des trois francs devant les plats de la carte ! Les peintres ?... Les peintres ! Ah ! oui, les peintres !... Mais si Solimène... Oui, si Solimène revenait...

Et s'interrompant brusquement, en voyant la tête de Coriolis qui s'inclinait :

Tu dors ?

Pardon, mon cher... il est deux heures du matin... Et ici, on prend un peu les habitudes des poules.. A neuf heures, tout le monde est *en paille* comme on dit dans le pays...

— Deux heures ?... — répéta tranquillement Chassagnol, — deux heures... La voiture part à six heures... Ça ne vaut guère la peine de se coucher... Je vais un peu flâner dehors jusque-là... Tiens ! au fait, si je réveillais Anatole ? Oui, c'est ça, je vais réveiller Anatole... Nous ferons un tour ensemble.

LXXIX

Anatole, las de flâner et tourmenté du remords de son art, avait commencé une étude dans la forêt. Il était parti dans une de ces grandes tenues d'artiste qui donnent aux peintres, sous la feuillée, l'air terrible de bandits du paysage, avec une vareuse bleue, un chapeau de chauffeur, une ceinture rouge, des braies de toile, des jambards de cuir, son parapluie gris en sautoir sur son sac. Et il avait été ainsi bravement *piger le motif*

Cependant, au bout de deux jours, il commença à trouver que ce qu'il faisait ne marchait pas, que la nature l'enfonçait, et que le bon Dieu était décidément plus fort que la peinture. Il se coucha sur un rocher, regarda le ciel, les lointains, les cimes ondulantes des arbres, les huit lieues de la forêt jusqu'à l'horizon; puis son regard tomba et s'arrêta sur le rocher. Il en étudia les petites mousses vert-de-grisées, le tigré noir de gouttes de pluie, les suintements luisants, les éclaboussures de blanc, les petits creux mouillés où pourrit le roux tombé des pins. Puis il crut voir remuer, épia, chercha de tous ses yeux une vipère, et finit par s'endormir avec du soleil sous les paupières.

Les autres jours, il recommença. Il appelait cela « dormir d'après nature ».

Puis il s'en allait faire quelque protestation en faveur du pittoresque à l'instar du paysagiste Nazon : il s'armait de gros souliers contre les plantations déshonorant la forêt, et piétinait pendant deux heures les petites pousses des pins en ligne. Il passait des journées avec l'homme des vipères, le vieux aux deux bâtons et aux deux boîtes de reptiles. Il allait causer avec le vendeur d'orangine de la Cave aux Brigands. Il était familier dans les huttes de gardeurs de biches. Il jouait aux boules à l'entrée de la forêt avec des gens quelconques qui connaissaient des peintres; il sonnait du cor avec des messieurs qui mettaient le soir au bout de Barbison l'écho des entre-sols de marchands de vin au Mardi-gras.

La nuit, il se glissait, vêtu de sombre, au bout des futaies, et restait sans bouger, sans fumer, sans souffler, attendant un bramement, espérant voir un de ces fantastiques combats de cerfs qui sont la légende du pays.

Jamais il ne s'était trouvé une si douce et si pleine existence. La forêt le nourrissait de spectacles, d'émotions, de distractions. Il se fit un grand plaisir de chercher tout ce qu'on trouve là, ce que la main ramasse par terre, sous le bois, avec une joie étonnée. De la chasse aux vipères, il passa à la récolte des champignons.

Une nuit de pluie en faisait l'herbe pleine, en gonflait d'énormes aux pieds des chênes : Anatole ne revenait plus qu'avec sa vareuse nouée aux quatre coins, toute pesante et bourrée de ces *giroles* d'or que le pas écrase, tant elles se pressent. Il les accommodait lui-même, à l'huile, à la provençale : car il était assez cuisinier de goût et de vocation, et il n'y avait pas besoin que la table le priât beaucoup pour qu'il se fît un tablier d'une serviette et remuât dans une casserole son fameux gigot à la juive.

Le temps remis au sec, les champignons finis, Anatole revint à son étude, travailla encore un jour ou deux. Puis tout à coup, en plein Bas-Bréau, les chênes qui le regardaient virent l'incorrigible maître aux Pierrots accrocher à l'arbre qu'il avait peint un Pierrot pendu.

Anatole donna cette toile à son nouvel ami, l'aubergiste. Et ce cadeau resserra l'intimité qui le mêlait à toute la famille; car il était pour la maison un camarade. Il vivait un peu à la cuisine; il prenait part, le dimanche, aux soirées du ménage et des connaissances en blouse de la ferme, aux parties de cartes à la chandelle des petites bonnes en madras, avec des cartes grasses et des châtaignes sèches pour enjeu.

Quand l'aubergiste allait faire son marché de la semaine, le samedi, à Melun, il emmenait Anatole dans sa carriole, et lui faisait manger dans un cabinet cet extra qui est un rêve pour un estomac de Barbison : un homard. Et tous deux ne revenaient qu'à la nuit, un peu gais, fraternellement liés par le bras de l'un passé sur l'épaule de l'autre.

LXXX

— Dis donc, — fit un matin Anatole, en frappant à la porte de Coriolis, — tu ne viens pas à Marlotte?... une partie que nous venons d'arrêter devant le beau temps qu'il fait... On va à pied, nous allons nous payer la *Mare aux Fées*, le *Long Rocher*, les *Ventes à la Reine*, l'affaire de deux jours : viens donc, hein?

— Non... Ce serait trop dur pour Manette... Mais vois un peu ça, si l'on est mieux là-bas qu'ic

. . . .

Anatole revenu :

— Eh bien? — lui dit Coriolis.

— Ah! mon cher, superbe! Le Long Rocher... nous avons été voir ça la nuit, une lune magnifique! Ah! voilà un décor pour la Porte-Saint-Martin, avec un beau crime là-dedans...

— Et les auberges?

— Les auberges, délicieux! un monde!... Pas des bonnets de nuit comme ici... d'un jeune!... et un train! Ah! des vrais, ceux-là... On les entend à une demi-lieue sur la route, jusqu'à deux heures du matin.

— Et la nouriture?

— Oh! la nourriture... Je leur ai pêché un fameux plat de grenouilles, va!... La nourriture? Tu sais, moi, je n'ai pas trop fait attention... Par exemple, le vin est meilleur qu'ici... Un vrai père Lajoie, mon cher, l'aubergiste là-bas... pas de façons... les pieds nus dans ses chaussons... Oh! une bonne tête!... Très-animé, le pays... il tombe des convois du quartier Latin, des baladeuses qui vous arrivent en cheveux, en pantoufles et avec une chemise au dos pour la semaine. Ça met des courants d'air de *Closerie des lilas* dans la forêt... Enfin je te dis, c'est tout ce qu'il y a de plus gai.

— Bon, je suis fixé, — dit Coriolis.

— Pas moyen de s'embêter une minute — continua sans l'entendre Anatole, — des histoires de femmes toute la journée; la maîtresse de Chose qui a accusé la maîtresse de Machin de lui avoir démarqué ses bas... ça a fait une scène à table!... Les lits? je n'y ai rien senti... Ma foi! nous n'y serions pas mal, — dit en finissant Anatole tourmenté du besoin de mouvement qu'ont les enfants, et toujours prêt à changer de place.

— Merci, — fit Coriolis, — que j'emmène Manette là?

— Ah! c'est vrai, oui, Manette... Je n'y pensais pas, —

fit Anatole en homme subitement éclairé par Coriolis, et n'ayant guère des convenances de la vie une perception nette, immédiate et personnelle.

LXXXI

Manette, la vieille demoiselle, le vieux monsieur, le professeur et sa famille s'étaient retirés de la salle à manger. Et Anatole déployait ses talents de brûleur d'eau-de-vie, en promenant la poche de Ruolz pleine de sucre sur la flamme d'un bol de punch parié et perdu par Coriolis.

Les récits, les souvenirs, ce qui dans une société d'hommes, dans l'effusion bavarde de la digestion, se lève de la mémoire de chacun et s'en répand, après la première pipe, des histoires de tous les pays et de toutes les couleurs, se croisaient autour du bol de punch.

Un des Américains, dans un français impossible, racontait que par amour pour une gitana, il s'était engagé dans une troupe de bohémiens courant l'Amérique. Et il entrait dans les plus curieux détails sur cette vie de trois mois, mélangée de vol, d'aventures et de bonne aventure, interrompue par un singulier incident. La femme du chef vint à mourir : la religion de la bande exigeait qu'elle fût enterrée dans du sable, et il n'y avait de sable qu'à quinze jours de marche de là, au Potomac : dans le voyage, son amour pour la gitana diminuant à mesure que l'odeur de la morte augmentait, il avait fini par se sauver à mi-chemin des bohémiens et de son amante.

Un cosmopolite, un observateur spirituel et charmant, un garçon connaissant les coins et recoins des capitales de l'Europe, parlait de deux assassins de grand chemin qu'il avait vu pendre à Florence. Ces industriels assassinaient, sans se salir ni se compromettre. Ils avaient chacun une espèce de fourreau de parapluie qu'ils remplissaient de terre tassée, et avec lequel ils frappaient à très-petits coups, tout doucement, sur l'épigastre de leur victime, de manière à ne jamais déterminer d'ecchymose ni d'extravasement de sang. Vingt minutes, en moyenne, suffisaient à leur petite opération. Après quoi, ils rentraient chez eux, comme d'honnêtes paysans, avec leurs gaînes de parapluie vides. Puis venaient des descriptions d'autres pendaisons, merveilleusement observées, contées avec tout le détail impressionnant et scientifique de la chose vue, finissant par un tableau sinistre d'un lancement dans l'éternité à Londres, avec le bourreau splénétique, le paletot de caoutchouc sur le condamné, et l'éternelle petite pluie désolée des exécutions de là-bas.

Un autre exposait les origines de Barbison, remontait au plus lointain des légendes du pays, attribuait l'immigration des peintres à une espèce de précurseur mythique, un peintre d'histoire inconnu du temps de l'empire, un élève de David sans nom, qui vint habiter le pays, dans des époques anté-historiques, et demanda un sabre à un certain père Ordet pour aller dans la forêt. Il avait, d'après la tradition, un petit domestique qu'il faisait poser nu dans les bois et les rochers; et c'était tout ce qu'on savait de son histoire. Ses successeurs avaient été Jacob Petit, le porcelainier, puis un M. Ledieu, puis un M. Dauvin. Puis venaient Rousseau, Brascassat, Corot, Diaz, arrivant vers 1832, deux ans après que l'auberge, fondée en 1823, avait exhaussé son rez-de-chaussée d'une chambre à trois lits, où l'on montait par une échelle, et où l'on accrochait le soir son étude du jour au-dessus de son lit. C'est à cette époque, ajoutait l'historiographe, qu'on peut fixer le commencement de sûreté du pays pour les artistes, non à cause des brigands, mais à cause des gendarmes qui, jusque-là, arrêtaient pour trop de pittoresque « les hommes à pique», que le père de l'aubergiste actuel était obligé de réclamer.

Anatole avait rempli les verres.

— Tiens! sourd, voilà le tien, — dit-il au Batignollais.

— Mais dis donc, farceur! tu as reçu une lettre chargée ce matin... Tu vas payer quelque chose... Viens un peu par ici que nous reprenions notre conversation...

Le sourd des Batignolles avait une corde comique, l'avarice, une avarice qu'on eût dite amassée par plusieurs générations paysannes de la banlieue de Paris. Il avait une défiance terrible de ce monde où il s'était aventuré, et qu'une tante, dont il rabâchait en neveu respectueux et en héritier affectionné, lui avait peint sans doute comme une caverne. Rien n'était plus amusant que sa grossière peur d'être carotté, et la continuelle préoccupation avec laquelle il se défendait d'avoir de l'argent dans sa poche. Il parlait toujours de sa misère, des sept cents pauvres malheureux francs de la pension de sa tante, de ses créanciers des Batignolles. Il montrait, comme des contraintes, des en-têtes de contributions, grommelait, mâchonnait des chiffres, des comptes de pauvre, demandait le prix de tout. Quand on voulait le faire jouer, il demandait à ne jouer que des centimes; et quand il avait perdu cinq sous, il disait qu'il allait mettre en gage sa redingote de velours.

La plaisanterie habituelle d'Anatole consistait à lui persuader qu'il voulait épouser sa tante, une charge qui, malgré sa monstruosité, ne laissait pas que d'inquiéter vaguement, par son retour quotidien et l'air sérieux d'Anatole, les espérances du neveu.

Quand le sourd fut assis à côté de lui, Anatole lui empoignant le cou à lui dévisser la tête, approcha sa bouche de la meilleure de ses deux oreilles, et lui cria dedans de toute sa force :

— Quel âge m'as-tu déjà dit qu'avait ta tante?...

— Trente-cinq.

— Mettons quarante... Est-elle ragoûtante?

— Qui ça?

— Ta tante.

— Ma tante?... Elle est belle femme.

— Aurait-elle des enfants, si je l'épousais ?

— Hein ?

— Je te demande : aurait-elle des enfants si je l'épousais? Parce que moi, je ne veux me marier qu'avec la certitude d'avoir des enfants...

— Ah! dame... je ne sais pas, moi...

— Ça me suffit... tu es mon ami... il faut que tu me fasses épouser ta tante...

Le sourd remua la tête balourdement, et balança un : — Non, — à demi formulé dans un sourire d'idiot.

Anatole lui ressaisit la tête :

— Tu ne me trouves pas bien ?

Le sourd le regarda, et continua à rire d'un rire indéfinissable.

— Où demeures-tu ?

— Rue Cardinet... 14.

— Il y a des omnibus ?

— Oui.

— J'irai te voir.

Le sourd riait toujours.

Anatole reprit :

— Nous irons tous te voir... Ça fera plaisir à ta tante, à ta brave femme de tante... un cœur d'or... je la vois d'ici... Elle nous fera un petit dîner...

— Plus la cuisine est grasse, plus le testament est maigre... — murmura le sourd avec une espèce de finesse malicieuse.

— Ah! très-fort! Est-il roublard! Un proverbe!... La sagesse des nations!... Amour de sourd, va!... Quelle canaille, hein! — ajouta Anatole en se tournant vers les autres qui, arrivant l'un après l'autre, prenaient la tête du Batignollais, et lui criaient dans sa bonne oreille :

— Nous irons tous chez votre bonne tante, tous!

— Tenez, — dit quelqu'un, — voulez-vous que je vous dise? Il n'est pas sourd du tout... Il nous fait poser... c'est un truc que lui a montré sa tante pour qu'on ne lui emprunte pas cent sous.

Anatole l'avait repris par le cou et lui jetait dans le tympan avec une voix caverneuse, fatale et méphistophélique :

— Tu m'as dit que tu voudrais être un homme de génie... Si, tu me l'as dit... C'est une ambition honnête... Il n'y a qu'un moyen... c'est de commencer par manger ta fortune...

— Toucher à mon *tapital!* — s'écria, dans un premier soubresaut d'effroi, le sourd avec une inarticulation d'enfant. Puis, se remettant et reprenant sa sérénité à la fois bête et sournoise, il se mit à dire, comme s'il parlait avec lui-même à ses idées : — Moi... je ne veux pas me marier... J'aime les gens connus, moi... Je les inviterai... un jour... Et puis, je voudrais fonder quelque chose après ma mort...

— C'est cela! — lui beugla Anatole, — une fondation, bravo! Tiens! la fondation d'un punch perpétuel à Barbison! Trois cent soixante-cinq bols par an!... Superbe idée! Tu seras la flamme de ton siècle! Dans nos bras!

Et tous, imitant Anatole, se jetèrent dans les bras du sourd, ahuri et se débattant.

LXXXII

Voyant son monde heureux, Coriolis s'était résigné à patienter. Le trio restait à l'auberge, continuant sa vie de promenade et de paresse, jouissant de l'air, de la forêt, de la campagne, quand un soir il apparut à la table deux nouveaux visages : un gros gaillard épanoui, de large encolure, les mains énormes; et une petite femme, sa femme, une petite brune, toute sèche et nerveuse, aux grands yeux noirs, aux traits fins, découpés, presque pointus, à l'amabilité aigrelette, à l'œil dédaigneux, à la parole coupante, à l'élégance correcte et pincée du haut commerce parisien; un type de cette femme légitime de l'artiste chez laquelle une sorte de puritanisme grinchu, une dignité hérissée, une susceptibilité agressive, toujours en garde contre un manque de respect, une honnêteté nette, aiguë, reiche, presque amère, dessinent dans la petite bourgeoise une petite madame Roland manquée.

Du premier coup, elle vit ce qu'était Manette; et, pendant le dîner, elle laissa tomber sur elle deux ou trois de ces regards avec lesquels les femmes honnêtes savent jeter leur mépris et leur haine à la figure des autres.

En sortant de table, Manette demanda à la femme de l'aubergiste ce que c'était que ces gens-là, et s'ils resteraient longtemps. Elle apprit qu'ils s'appelaient M. et madame Riberolles; qu'ils venaient passer tous les ans une partie de la saison. Le mari, le gros homme, par un contraste fréquent dans tous les arts entre la tournure de l'individu et le genre de son talent, avait la spécialité de peindre des branches de groseillier et de cerisier sur de petits panneaux, dont il laissait le fond et les veines de bois. Sa femme passait toute la journée avec lui, ne le quittait pas : elle en était très-jalouse.

Le lendemain, à déjeuner, Manette retrouva le dédain de madame Riberolles se reculant de son voisinage, se garant d'elle, affectant de ne pas la voir, de ne pas l'entendre; et elle remarqua la gêne, l'embarras, l'espèce de honte troublée qu'avait vis-à-vis d'elle la femme du professeur, évitant son regard et se levant, la première au dessert, pour ne pas la rencontrer.

A partir de ce jour, Coriolis fut tout étonné de trouver chez Manette un écho, une voix qui se mêla peu à peu à ses plaintes. Les choses en étaient là, quand un soir, un des Américains se mit à dire que dans son pays, le métier de modèle était considéré comme honteux; et, comme exemple du préjugé, il conta qu'un jour où il avait dessiné un modèle de femme dans une académie de New-York, pas une jeune personne, à un petit bal où il était allé le soir, n'avait voulu danser avec lui. L'honnête Américain avait raconté cela fort innocemment, et en toute ignorance du passé de Manette. Son histoire, malgré tout, blessa Manette à fond : elle y trouva un outrage direct ; elle voulut absolument y voir une intention d'allusion et d'offense. En dépit de tout ce que Coriolis put lui dire, elle resta attachée à cette idée, avec l'entêtement bête et enragé, enfoncé pour toujours dans la cervelle d'une femme du peuple, et que rien n'en arrache, ni le raisonnement, ni l'évidence. Elle déclara à Coriolis qu'elle ne reparaîtrait plus à une table où on l'outrageait.

Anatole ne disait rien. Au fond, il n'eût pas été trop fâché qu'on quittât l'auberge : l'endroit lui reprochait un crime. En grisant d'eau-de-vie le corbeau favori de la maison, il l'avait foudroyé. Le croyant échappé, on le cherchait partout.

Coriolis promit à Manette qu'elle ne dînerait plus à la table des peintres. Ils se feraient servir à part, tous les trois. Il n'était guère plus content qu'elle de l'auberge ; mais, quoi qu'il fût tout prêt à s'en aller, il lui demandait de rester encore quelques jours. On lui avait parlé de Chailly : il irait voir par là s'ils ne pourraient pas s'établir un peu mieux.

Et l'on s'était arrêté à cet arrangement, lorsqu'à la suite d'un pannotage pour la destruction des grands animaux dont se plaignaient les paysans, un peintre de l'endroit, une des popularités du pays, le fameux paysagiste Crescent, ayant reçu un chevreuil du garde général, invita à venir le manger chez lui tous les artistes faisant séjour à Barbison, Coriolis, « sa dame » et Anatole.

LXXXIII

Crescent était un des grands représentants du paysage moderne.

Dans le grand mouvement du retour de l'art et de

l'homme du XIX° siècle à la nature *naturelle*, dans cette étude sympathique des choses à laquelle vont pour se retremper et se rafraîchir les civilisations vieilles, dans cette poursuite passionnée des beautés simples, humbles, ingénues de la terre, qui restera le charme et la gloire de notre école présente, Crescent s'était fait un nom et une place à part. Un des premiers il avait bravement rompu avec le paysage historique, le site composé et traditionnel, le persil héroïque du feuillage, l'arbre monumental, cèdre ou hêtre, trois fois séculaire abritant inévitablement un crime ou un amour mythologique. Il avait été au premier champ, à la première herbe, à la première eau; et là, toute la nature lui était apparue et lui avait parlé. En regardant naïvement et religieusement en l'air et à ses pieds, à quelques pas d'un faubourg et d'une barrière, il avait trouvé sa vocation et son talent. Dans la campagne commune, vulgaire, méprisée du rayon de la grande ville, il avait découvert la campagne. Le verger mêlé aux champs, les assemblages de toits de chaume dans un bouquet de sureaux, les maigres coteaux de vigne, les ondulations de collines basses, les légers rideaux de peupliers, les minces bois clairs de la grande banlieue lui avaient suffi pour trouver ces chefs-d'œuvre « qu'on peut faire, — disait un de ses grands camarades, — sans quitter les environs de Paris. »

Pour lui, la terre n'avait point de lieux communs : le plus petit coin, le moindre sujet lui donnait l'inspiration. Une ferme, un clos, un ruisseau sous bois clapotant sous le sabot d'un cheval de charrette, une tranche de blé vert plein de coquelicots et de bluets froissée par l'âne d'une paysanne, une lisière de pommiers en fleur blancs et roses comme des arbres de paradis : c'étaient ses tableaux. Une ligne d'horizon, une mare, une silhouette de femme perdue, il ne lui fallait que cela pour faire voir et toucher à l'œil la plaine de Barbison.

Sa peinture faisait respirer le bois, l'herbe mouillée, la terre des champs crevassée à grosses mottes, la chaleur et, comme dit le paysan, le *touffe* d'une belle journée, la fraîcheur d'une rivière, l'ombre d'un chemin creux : elle avait des parfums, des *fragrances*, des haleines. De l'été, de l'automne, du matin, du midi, du soir, Crescent donnait le sentiment, presque l'émotion, en peintre admirable de la sensation. Ce qu'il cherchait, ce qu'il rendait avant tout, c'était l'impression, vive et profonde du lieu, du moment, de la saison, de l'heure. D'un paysage il exprimait la vie latente, l'effet pénétrant, la gaieté, le recueillement, le mystère, l'allégresse ou le soupir. Et de ses souvenirs, de ses études, il semblait emporter dans ses toiles l'espèce d'âme variable, circulant autour de la sèche immobilité du motif, animant l'arbre et le terrain, — l'atmosphère.

L'atmosphère, la possession, le remaniement continu, l'embrassement universel, la pénétration des choses par le ciel, avaient été la grande étude de ces yeux et de cet esprit, toujours occupés à contempler et à saisir les féeries du soleil, de la pluie, du brouillard, de la brume, les métamorphoses et l'infinie variété des tonalités célestes, les vaporisations changeantes, le flottement des rayons, les décompositions des nuages, l'admirable richesse et le divin caprice des colorations prismatiques de nos ciels du Nord. Aussi, le ciel pour lui n'était-il jamais *un fait isolé*, le dessus et le plafond d'un tableau ; il était l'enveloppement du paysage, donnant à l'ensemble et aux détails tous les rapports de ton, le bain où tout trempait, de la feuille à l'insecte, le milieu ambiant et diffus d'où se levaient tous les mirages de la nature et toutes les transfigurations de la terre.

Et tantôt, dans ses toiles, qui étaient le poëme rustique des Heures retrouvé au bout de la brosse, il répandait le matin, l'aube poudroyante, les dernières balayures de la nuit, le jour timide dans un brouillard de rosée, la lumière argentée, virginale, comme tramée de fils de la Vierge, sous laquelle la verdure frissonne, l'eau fume, le village s'éveille : on eût dit que sa palette était la palette de l'*Angelus*. Tantôt il peignait le midi ardent et poussiéreux, gris de chaleur orageuse, avec ses tons neutres et brûlants, ses soleils sourds faisant peser la fadeur écœurante de l'été sur la sieste des moissonneurs. Et toute une série admirable de ses tableaux déroulait le soir, ses incendies, ses roulées de nuages de rubis sur un horizon d'or, les lentes défaillances, les pâlissements de jour, la descente de la mélancolie sereine des heures noires dans la campagne éteinte et presque effacée.

Là-dedans, souvent Crescent jetait une scène, quelque scène champêtre, les semailles, la moisson, la récolte, — un de ces travaux nourriciers de l'homme dont il essayait d'indiquer la grandeur et l'antique sainteté avec l'austère simplicité des poses, avec la rondeur d'une ligne rudimentaire, l'espèce de style fruste d'une humanité primitive, faisant de la paysanne, de la femme de labour, courbée sur la glèbe, de ce corps où le labeur du champ a tué la femme, la silhouette plate et rigide habillée comme de la déteinte des deux éléments où elle vit : — du brun de la terre, du bleu du ciel.

LXXXIV

Le dîner donné par Crescent eut lieu à une heure, l'heure du dîner de la campagne, sous une tente faite avec des draps, dressée dans le jardin.

On mangea gaiement le chevreuil servi à toutes les sauces. Et bientôt, dans l'expansion de ce repas en plein air, Crescent et Coriolis, qui avaient d'avance, sans se connaître, une mutuelle estime de leurs talents, devinrent presque des amis, se parlant dans l'intimité de l'aparté, et l'isolement de la causerie à deux.

Avec son rire, sa gaieté gamine, ce mélange de familiarité bouffonne et de galanterie attentionnée, qui était un charme auprès des femmes, Anatole avait fait tout de suite la conquête de madame Crescent.

Seule, Manette, un peu dépaysée dans ce dîner

d'hommes, où il n'y avait d'autre femme avec elle que madame Crescent, laissait voir une espèce de gêne.

La femme du paysagiste s'en aperçut; et à peine le dessert fut-il sur la table qu'elle lui dit : — Ma belle, venez voir ma poulaille... ça vous amusera plus que de rester avec toutes ces horreurs d'hommes... Et vous? — fit-elle en se tournant vers Anatole, vous, le *bélier*...

Madame Crescent avait pour la volaille, le goût, la passion, répandus et vulgarisés dans tout Barbison par la *poulomanie* de Jacques, le peintre graveur. Au bout du jardin, dans le champ, elle avait créé un petit parc divisé en quatre compartiments, et dont un émondage de peupliers relié par des perchettes nouées avec de l'osier faisait le palis garni en bas de paille de seigle. Elle mena là Manette et Anatole, tira le gros loquet de la porte, et leur fit voir les poulaillers aux murs de pierrailles, traversés de lattes, couverts de chaume; les petits hangars reliés aux poulaillers par une rallonge de refuge contre la pluie; les juchoirs mobiles, les pondoirs en osier attachés au mur par une tringle de bois, les boîtes à élevage. Elle leur expliquait ceci et cela, leur disait qu'il fallait un terrain ne prenant pas l'eau, ne *gâchant* pas, que les poulaillers étaient exposés au levant, parce que l'exposition au midi faisait de la vermine; que l'hiver, il fallait mettre une bonne couche de fumier sous les hangars, pour empêcher les poules d'avoir froid. Elle les arrêtait à la petite place, au milieu du gazon, où elle déposait du sable fin qui servait aux poules à se poudrer. Elle leur faisait remarquer une augette recouverte qu'elle avait inventée pour mettre le grain à l'abri de la pluie et des piétinements.

Et toute contente des petits étonnements de Manette, enchantée d'Anatole, de son air et de ses assentiments de connaisseur, des cris imitatifs dont il inquiétait la basse-cour, des *cocoricos* avec lesquels il faisait se piéter et se créter batailleusement les coqs, elle montrait et remontrait ses Houdan, ses Crèvecœur, ses Cochinchine, ses Brahma, ses Bentham, ses espèces indigènes, exotiques, ses petites poules naines : des boules de soie.

Elle appelait toutes ces bêtes, les petites, les grandes, leur parlait, les caressait avec une sorte d'attendrissement grisé mêlé à un sentiment de famille.

LXXXV

Madame Crescent était une petite femme grasse et courte, avec une tournure boulotte où il y avait quelque chose de fallot, de cocasse, de comique. Deux *couettes* de cheveux en désordre, couleur de chanvre, s'échappaient sur son front de la ruche de son bonnet. Ses yeux bleus tout clairs montraient un grand blanc quand elle les levait. Elle avait un petit nez étonné, un teint tout frais avec des pommettes du rose d'une pomme d'api. Il restait de l'enfant dans ce visage d'une femme de quarante ans, où l'on croyait voir par moments comme la figure et la peau d'une petite fille sous un bonnet de grand'mère.

Paysanne, elle était restée paysanne en tout, de corps, d'habitude, de langue et d'âme. Ses robes, faites à Paris, rappelaient, sur son dos, les paquets et les plis du village. Elle portait des souliers qui faisaient le bruit d'un pas d'homme. Elle racontait que son premier chapeau l'avait rendue sourde, et qu'elle avait manqué deux fois d'être écrasée dans la journée. Ses idées étaient les idées têtues de l'ignorance du peuple; elle en avait d'excentriques sur la médecine, de républicaines sur le gouvernement, sur une façon de gouverner à elle, de françaises contre les étrangers, d'économiques pour empêcher les Anglais d'acheter ce qu'on mange en France. Contre les Anglais particulièrement, elle nourrissait toutes sortes de préjugés : elle était persuadée qu'on faisait de Paris une pension de cent mille francs à la fille de la reine d'Angleterre. Tout cela jaillissait d'elle pêle-mêle, avec des observations fines de paysan, en saillies drôlatiques, dans une langue colorée des mots de son pays et des expressions faubouriennes de Paris, une langue moitié entendue, moitié créée, moitié inventée, moitié estropiée, une langue de raccroc et de chance brouillée avec la grammaire, et qui avait un fond d'arrière-goût des champs, l'originalité native et brute de cette nature restée champêtre.

Elle riait toujours et bougonnait toujours. C'était un mélange de bonne humeur et d'impatience, de grogneries sans amertume lui montant de la vivacité de son sang, et d'accès d'hilarité pouffante, de vraies cascades de rire, qui faisaient dans son gosier un bruit d'écroulement de piles de cent sous, et l'étranglaient presque.

Mais le plus curieux de cette créature, c'est qu'elle ne pouvait rien retenir de sa pensée. Elle ne pouvait la garder, intime, secrète, enfermée, cachée, comme tout le monde. Une sensation, une impression, était immédiatement chez elle sur ses lèvres. Son cerveau pensait tout haut avec des paroles. Tout ce qui le traversait, les idées les plus baroques, les plus sangrenues, les plus « endiablées », comme elle disait, lui venaient au même moment au bout de la langue. Les mots de choses qui lui passaient dans la tête s'échappaient d'elle par un phénomène étrange, dans l'espèce de bouillonnement d'un pot sans couvercle. Et cela était chez elle aussi involontaire qu'instantané. Souvent, aussitôt après un mauvais compliment lâché à la première vue de quelqu'un, elle devenait rouge comme une cerise, et malheureuse comme les pierres.

Cette singulière organisation faisait qu'elle parlait du matin jusqu'au soir, et qu'elle parlait à tout, aux murs, à la pièce où elle se trouvait. Dans un éternel monologue de confession, elle disait innocemment toute seule ce qu'elle faisait, ce qu'elle allait faire, ce qui l'occupait, ce qu'elle regardait, tous les riens de son imagination, l'annonce de ses moindres intentions. En travaillant, en faisant la cuisine, elle causait avec son travail; elle dialoguait avec tout ce que touchaient ses mains : elle prévenait une pomme de terre qu'elle allait la faire cuire. Elle interpellait le charbon, la cheminée, les casseroles, grondait toutes sortes d'objets qui la mettaient en colère, et qu'elle appelait sérieusement « *horreurs* », un mot universel qu'elle appliquait à tout.

Un amour, une passion remplissait la vie de madame Crescent : l'adoration des animaux. Les bêtes faisaient son bonheur et comme ses enfants. Il semblait qu'il y eût de la maternité dans sa charité et sa tendresse pour eux.

Elle avait été nourrie par une chèvre, qui ne la quittait pas, qu'elle menait avec elle aux champs, dans les bois. A douze ans, elle avait vu tuer et manger sa nourrice par ses parents. Depuis ce temps, la révolte, l'horreur de son estomac pour la viande avait été telle, qu'elle avait passé toute sa jeunesse sans pouvoir toucher à un *creton* de lard; et encore maintenant, elle ne mangeait pas volontiers de ce qui était de la chair, refusant de goûter au gibier, à ce qui lui rappelait un oiseau, vivant de légumes et de verdure, comme de la seule nourriture innocente et sans crime. Son instinct avait naturellement de la religieuse répugnance du brahme pour la bête qui a vécu et qu'on a tuée : pour elle, la boucherie ressemblait à de l'anthropophagie.

Les animaux lui tenaient comme physiquement au cœur. Il y avait d'elle à eux des liens secrets, une espèce de chaîne, des rapports comme d'une autre vie commune. Son allaitement par une chèvre, ce premier sang que fait une nourrice animale, ces mystérieuses attaches naturelles qu'elle met dans un être humain, lui avaient presque donné une solidarité de parenté, une communion de souffrances avec les bêtes. Leurs maux, leurs joies lui remuaient un peu les entrailles. Elle sentait vivre de sa vie en elles. Quand elle en voyait maltraiter une, il se levait de son petit corps, de sa timidité, des audaces, des colères, des apostrophes en pleine rue à se faire assommer. Contre les bouchers menant leurs bestiaux à l'abattoir, contre les charretiers abîmant de coups leurs attelages, elle entrait dans des fureurs qui la faisaient revenir au logis tout en feu, son bonnet de travers, avec des indignations terribles. Elle rêvait la nuit de tous les chevaux battus qu'elle avait vus dans la journée.

Elle ne pensait guère qu'à cela : les animaux. Sa grande joie était de voir un chien, un chat, n'importe quoi de vivant, de volant, de jouant, d'heureux d'un bonheur de bête sur la terre ou dans le ciel. Les oiseaux surtout lui prenaient ses pensées. Elle avait peur pour eux du froid, de l'hiver, de la neige, de la faim, de l'orage qui les éparpille piaillants.

Un oiseau qui chantait sur un toit lui faisait passer une heure, à demi cachée derrière une persienne, distraite, intéressée, absorbée, sans bouger, perdue dans une attention amoureuse, charmée, avec une immobilité de ravissement dans les plis de sa robe. Et quand, par un joli soleil de printemps, gaie de tout le corps, elle trottinait allègrement, il lui sortait, avec une voix qui avait l'air de remercier le beau temps et les premières pousses de verdure comme la charité du bon Dieu pour ces petits pauvres : « Les oiseaux sont riches cette année, il y a du mouron; ils vont se faire de bonnes petites panses. »

LXXXVI

— Ah! on est dans la *boutique*, — dit madame Crescent en se servant du mot dont son mari appelait son atelier, et elle rentra du jardin avec Manette et Anatole.

Ils trouvèrent dans l'atelier Coriolis et Crescent qui causaient familièrement : Coriolis enchanté de trouver enfin un peintre qui parlât un peu de son art ; Crescent, le sauvage, vivant à l'écart des habitants du pays, tout heureux de rencontrer un causeur intelligent qui l'entretenait de sa peinture, lui rappelait des tableaux vus à des vitrines de marchands, les analysait en homme qui les avait étudiés, flairés, sentis. De la peinture, la conversation alla au pays, au manque de confortable des auberges, singulier auprès d'une si belle forêt, à côté d'un si grand rendez-vous de promeneurs et de curieux. Coriolis expliqua à Crescent ses regrets d'avoir fait sa connaissance juste au moment de s'en aller, de retourner à Paris. Le pays lui plaisait; il aurait voulu y passer encore un mois ou deux, mais il s'y trouvait matériellement trop mal, et ne voyait pas un moyen d'y être mieux.

— Un moyen? — dit vivement madame Crescent qui trouvait Manette charmante. — Mais il y en a un... Il faut devenir nos voisins, voilà tout... Si au lieu de rester a l'auberge... La maison, tu sais Crescent, qui est là, de l'autre côté de notre mur?

— Tiens, c'est vrai, — dit Crescent. — Ils m'ont écrit... la famille anglaise qui l'habite tous les ans. Ils ne viennent pas cette année... Je suis chargé de la louer... Ainsi, si ça vous va... Il y a un petit atelier où le mari faisait de l'aquarelle d'amateur... Mais venez la voir, ce sera plus simple.

Et, se levant, il alla leur montrer la maison voisine, une petite maison gaie, construite avec de la pierraille encastrée dans du ciment rouge, aux volets, aux persiennes, peints en acajou, au toit de tuile caché dans l'ombre de deux grands bouleaux, plaisante d'aspect par la confortable rusticité d'une installation anglaise.

— Signons le papier, — dit Coriolis au bout de la visite.

Et, dès le lendemain, il s'établissait dans la maison, où la cuisinière, rappelée de Paris, faisait le dîner.

LXXXVII

Le voisinage porte à porte, les instructions que madame Crescent était obligée de donner pour l'approvisionnement fait à Barbison par des fournisseurs en voiture, les visites à toute minute pour se demander, s'emprunter, se rendre quelque chose, mettaient au bout de quelques jours la plus grande intimité entre les deux femmes.

Manette était enchantée de la connaissance. Au fond, elle éprouvait un certain soulagement à n'avoir plus besoin de « se tenir » comme avec la femme du professeur, à se sentir affranchie de la réserve, de la surveillance sur elle-même, de toute cette manière d'être cérémonieuse qu'elle avait eu tant de peine à soutenir. Elle se trouvait à l'aise avec cette femme toute ronde, ses manières à la bonne franquette, sa langue de peuple. Cette rude, grossière et cordiale compagnie de la campagnarde la remettait dans son milieu, en lui laissant sa supériorité de jeunesse, de beauté, de distinction parisienne.

Puis Manette était encore flattée de trouver dans cette relation l'espèce de chaperonnage d'une femme mariée, d'une femme honnête, estimée, aimée par tout le pays. Car madame Crescent était sans préjugés : elle avait cette singulière indulgence de la femme pour la maîtresse, assez ordinaire dans le monde des arts, et qu'apprend peut-être là aux femmes légitimes l'exemple de toutes les maîtresses qui finissent par y être épousées.

De son côté, la brave femme trouvait un vif agrément dans la société de Manette, dans une espèce d'autorité d'expérience et d'âge sur cette jeune et jolie femme qui aurait pu être sa fille. Son cœur chaud et aimant de paysanne sans enfant allait, de lui-même, à cette compagne sympathique qui lui faisait une société, un auditoire, prêtait ses deux oreilles au bavardage que n'entendait même pas Crescent.

Aussi avait-elle à la voir un épanouissement. Quand Manette arrivait dans l'après-midi, une sorte de gros bonheur fou la prenait, la mettait sens dessus dessous, lui faisait bousculer tout, et crier comme la plus belle surprise : — Ma belle, nous allons nous faire une bonne salade à la crème !

Et puis, au jardin, au milieu des fleurs, dans l'ombre chaude, les yeux heureux de regarder Manette, de sa voix criarde qui se faisait toute douce, elle laissait échapper cette phrase comme une musique.

— Est-on bien ici !... c'est comme si l'on était sur de la mousse en paradis...

LXXXVIII

Coriolis passait des heures dans l'atelier de Crescent.

Il ne pouvait s'empêcher d'envier cette facilité, le don de cet homme né peintre, et qui semblait mis au monde uniquement pour faire cela : de la peinture. Il admirait ce tempérament d'artiste plongé si profondément dans son art, toujours heureux, et réjoui en lui-même chaque jour de poser des tons fins sur la toile, sans que jamais il se glissât dans le bonheur et l'application de son opération matérielle, une idée de réputation, de gloire, d'argent, une préoccupation du public, du succès, de l'opinion. Qu'il y eût toujours des motifs, des effets de soir et de matin dans la campagne et des couleurs chez Desforges, c'était tout ce que Crescent demandait. A le voir travailler sans inquiétude, sans tâtonnement, sans fatigue, sans effort de volonté, on eût dit que le tableau lui coulait de la main. Sa production avait l'abondance et la régularité d'une fonction. Sa fécondité ressemblait au courant d'un travail ouvrier.

Et véritablement, de la vie ouvrière, de l'ouvrier, l'homme et l'atelier à première vue montraient le caractère.

L'atelier était une grange avec une planche portant à sept ou huit pieds de haut des toiles retournées, trois chevalets en bois blanc, et quelques faïences de village écornées.

L'homme était un homme trapu, à la forte tête encadrée dans une barbe rousse, avec de gros yeux bleus, des yeux *voraces*, comme les avait appelés un de ses amis. Il portait le pantalon de toile et les sabots du paysan.

LXXXIX

Cependant, à bien regarder Crescent, on apercevait dans l'homme inculte et rustique comme un Jean Journet des bois et des champs. Il y avait encore en lui de la figure de ce Martin, le visionnaire laboureur de la Restauration, qui avait entendu des voix et Dieu lui parler dans un pré. Sa tenue, son air, ses lourds gestes, l'espèce de bouillonnement de son front, ses silences, les sourires passant sur ses grosses lèvres, ses regards, dégageaient le vague, le pénétrant, le troublant qu'on sentirait auprès d'un paysan apôtre.

Sans instruction, sans éducation, ne lisant rien, pas même un journal, ignorant de tout et du gouvernement qu'il faisait, replié sur lui, ne se mêlant point aux autres, ne voyant personne, se dérobant aux visites, retiré, muré dans sa « barbisonnière », étranger au monde, n'ayant pas mis le pied depuis une douzaine d'années au Luxembourg, ni dans les Expositions, sourd au bruit de sa femme, Crescent était arrivé, par l'excès de la solitude et de la contemplation, à l'espèce de mysticisme auquel l'art agreste élève les âmes simples.

Une griserie d'un panthéisme inconscient lui était venue de ces études errantes qu'il faisait hors de son atelier, sans peindre, sans dessiner, plongé dans l'infini des ciels et des horizons, enfoncé du matin au soir dans l'herbe et dans le jour, s'éblouissant de la lumière, buvant des yeux l'aurore, le coucher de soleil, le crépuscule, aspirant les chaudes odeurs du blé mûr, l'âcre volupté des senteurs de forêt, les grands souffles qui ébranlent la tête, le Vent, la Tempête, l'Orage.

Cette absorption, cette communion, cet embrassement des visions, des couleurs, des fantasmagories de la campagne, avaient à la longue développé dans Crescent l'espèce d'illumination d'un voyant de la nature, la religiosité inspirée d'un prêtre de la terre en sabots. Le ruminement des songeries d'un berger, l'exaltation des perceptions d'un artiste, la ténacité paysanne de la méditation, le travail surexcitant de l'isolement, l'immense enivrement sacré de la création, tout cela, mêlé en lui, lui donnait un peu de l'extatisme des anciens Solitaires. Comme chez quelques grands paysagistes à existence sauvage, à idées congestionnées, on eût dit que la séve des choses lui était montée au cerveau.

XC

Les Coriolis et les Crescent prenaient l'habitude de se réunir le soir, en passant alternativement la soirée les uns chez les autres. Les hommes causaient, fumaient; les deux femmes jouaient aux cartes. Au jeu, madame Crescent apportait ses vivacités, la passion la plus comique, montrant des désespoirs d'enfant quand elle perdait, prenant les cartes à partie, les injuriant, leur donnant des coups de poing sur la figure en disant : —

A-t-on idée de ces pierrots-là, de ces Machabées! Voyez-vous ça! une giboulée de piques, le roi de pique! C'est ce monstre-là qui m'a fait perdre! Ah! par exemple, la première fois que j'attraperai un *moricaud*... Eh bien! oui, un chat noir... ça porte chance...

Les hommes riaient, et dans l'hilarité le gros rire de Crescent éclatait, sonore et large, pareil à ce rire de Luther qu'on entend dans les *Propos de table*.

— Voyons, madame Crescent, calmez-vous, — disait Anatole, — nous allons faire une partie ensemble, vous serez plus heureuse.

— Ne jouez pas avec ma femme, — criait Crescent en continuant à rire, — elle triche!

— Je triche. Ah! bon sang! — s'exclamait là-dessus madame Crescent avec l'exclamation barbizonnaise dont elle usait à tout propos : — Si l'on peut dire! — Elle étouffait d'indignation et de colère. — Je triche, moi? Dis donc encore un peu que je triche? Mais tu sais, toi, un jour je te lâcherai de la ficelle, et tu courras après la pelote, tu verras!

Elle remuait, se levait, allait, revenait, s'agitait, ne pouvait se taire ni rester en place. Des trépidations de nerfs la traversaient; elle était tourmentée par des influences atmosphériques, prise et secouée d'inquiétudes animales qui la faisaient se jeter à la fenêtre et regarder avec peur.

— Tenez, voyez-vous, là dans le coin, ce qui est jaune dans le ciel, je suis sûre, vous allez voir, il va encore en avoir un...Ah! oui, riez! il va en faire un, je vous dis... Oh! bon Dieu, que je suis malheureuse! Vous ne me croyez pas, monsieur Anatole? venez donc voir.

— Mais non, madame Crescent, ce n'est rien, il n'y aura pas d'orage... Tenez! la revanche...

— Voyez-vous, je l'ai dans le corps, voilà le chiendent... je suis comme un damné, ça me soulève sous la plante des pieds... et puis dans les bras... J'ai, vous savez... j'ai comme des fourmis dans les ongles... Ah! tant pis! le roi, je le marque.

Elle oubliait l'orage, revenait à sa préoccupation, à la monomanie de ses tendresses. — Figurez-vous, commençait-elle à dire, — les gens d'ici, c'est si canaille, c'est si... je ne sais pas quoi, oh! les rendoublés! s'ils avaient les moyens, ils feraient un carnage de toutes les pauvres bêtes de la forêt. Tenez! il y a Boichu... Il sort tous les soirs à la tombée de la nuit, je ne sais pas ce qu'il va faire, mais Dieu de Dieu, si j'étais le garde! C'est mon choléra, cet homme-là... avec ça qu'il est laid comme la bête. Moi, d'abord, tous les gens qui font du mal aux animaux, je les sens... Dans le temps, à Paris, dans une maison où nous habitions, j'ai dit un jour en rentrant à mon mari : Il y a un garçon boucher emménagé ici... Mais non... Mais si... Et c'était vrai : je le savais bien, je l'avais senti dans l'escalier! Moi! un homme que je saurais faire souffrir une bête, je ne suis pas traître, n'est-ce pas?... eh bien! je lui ferais rouler la tête avec mon pied! Ça ne me ferait pas plus que ça!... Et ici, c'est un malheur. Les enfants, des tout petits qu'on les moucherait, il leur sortirait du lait, ils ne savent que manigancer pour faire du mal : c'est toujours après les fusils, les pistolets... de la mauvaise herbe de braconnier. Et les petites filles, donc! C'est encore plus enragé que les garçons... il y a des chasses... ça les rend mauvaises... Voilà-t-il pas qu'aujourd'hui la petite à Prudent, cette moucheronne, elle était en train de tirer avec du sable dans son petit fusil sur la biche que nous avons! Vous ne l'avez pas vue, ma biche, quand elle me suit si gentiment derrière la carriole? Ah! je lui ai flanqué une *touille*, à cette petite coquine-là... qu'elle n'aura pas *bouffeté* de la journée, je vous en réponds! Monstres d'enfants! vouloir abîmer des bêtes!...

Crescent essayait de l'interrompre. — Allons, laisse-nous un peu Anatole, tu es à l'ennuyer depuis une heure...

— Ah! monsieur Anatole, dites donc, — faisait encore madame Crescent en le retenant par le bras, — je suis sûre que pour cela vous serez de mon avis... Vous savez, cet orgue dans la journée qui est venu jouer devant chez nous?... Ça vous a-t-il rendu tout crin comme moi?... Eh bien! n'est-ce pas que le gouvernement devrait défendre les orgues?... parce que, voyez-vous, on le voit bien par soi, ça doit avoir une influence sur les chiens enragés, hein, n'est-ce pas?

XCI

— Oh! madame! madame! des peintres avec un groom! — criait à madame Crescent la petite bonne qui l'aidait dans son ménage.

—Un groom, pour *groomer* quoi?—dit madame Crescent, et elle passa par la fenêtre une tête tout ébouriffée : elle vit devant la porte des Coriolis un break attelé en poste.

C'était Garnotelle qui, emmené par quelques-uns de ses jeunes élèves aux courses de Fontainebleau, et sachant que Coriolis était à Barbison, venait lui dire un petit bonjour.

— Je tombe chez toi pour une heure, — lui dit-il.

Et comme Coriolis voulait qu'ils revinssent dîner, lui et son monde : — Impossible, nous dînons à... — Et Garnotelle jeta le nom d'un des grands châteaux des environs. — Ah çà! fais-tu quelque chose ici?

— Rien du tout... Je pense à faire quelque chose... Et toi?

— Moi, je travaille tout bonnement à m'arranger un petit séjour à Rome pour la fin de l'automne, parce que Rome, vois-tu... c'est le seul endroit au monde pour vous donner le dégoût des choses trop vivantes... du succès facile, du coin de bouche retroussé... Ici on y va, on y glisse, on a beau se roidir... tandis que là-bas, le style, le style... ça vous entre, ça vous pénètre... c'est l'air!... Rien que cette grande ligne horizontale... — et

de la main il dessina la sévérité d'une campagne plane.
— La grande ligne horizontale!... Et puis ces fonds d'art, le dessin haut et concis de Michel-Ange!... Raphaël!... Mais, dis donc, ces messieurs et moi, nous serions curieux de voir les peintures de l'auberge d'ici...

— Nous allons vous y mener avec Anatole...

On partit. En chemin, Anatole s'empara des élèves de Garnotelle, qui étaient des Russes de grande famille s'amusant à apprendre l'art; et arrivé dans la grande pièce de l'auberge, il commença :

— Il n'y a pas de catalogue, messieurs... je vais vous en servir... Je vous dirai qu'ici c'est un vrai petit musée du Luxembourg... tous les noms, toutes les tendances, l'école moderne au complet... tous les genres... Ça, la mort d'un hanneton sous Périclès... le néo-grec... Un pifferare italien... la queue de Léopold Robert! une femme Louis XV... chic Schlesinger et compagnie! le Breton qui fume sa pipe... la Bretagne à Leleux!... un café dans la Forêt Noire... école de la bière de Strasbourg!... la Vérité sortant d'un moss... le grand mouvement des brasseries!... Le temple du Réalisme, au fond du jardin, avec une porte où il y a : « C'est ici... » l'école de l'allégorie!... Et des noms! Tenez! cette vue de Venise, peinte au *jaune de soleil*... Bonington! Ces moutons... Brascassat! Un Tatar dans la neige... Horace Vernet *fecit en diligence!* Cette danse de nymphe au clair de la lune... Gleyre! Ce duel au moyen âge... Delacroix! Vous voyez qu'il se servait du *vert cadavre* pour les sujets dramatiques... Ces deux gendarmes... Meissonnier! Ce sabot et cette lanterne d'écurie... là... un Decamps!... un pur Decamps!... Ce qu'il y a de plus curieux, c'est que tous ces farceurs-là ont signé avec des pseudonymes...

Il montra une tête à grand chapeau fusinée sur le mur :

— Le portrait de notre hôte, par Flandrin, *ipse* Flandrin!

Les charges d'Anatole aux inconnus, aux étrangers,

causaient presque toujours un insupportable agacement de nerfs à Coriolis. Il trouvait cela, selon une expression à lui, horriblement « perruquier », et s'il ne s'était retenu, il aurait cédé à une envie de le battre. Entraînant Garnotelle dans la chambre à côté, il essaya d'appeler son attention sur un panneau encadré dans le mur.

Anatole continuait : — Ça?

Et il montrait devant la cheminée un paravent représentant la fin d'un dîner à Barbison, où l'on voyait des femmes fumant des cigarettes, des baisers de maîtresse, des artistes pâles et rêveurs, et des buveurs sanguins, aux bras nus, au madras rouge.

— C'est de M. Ingres!... Il a fait ça, quand il est venu, huit jours ici, pour sa lune de miel, lorsqu'il a épousé sa seconde femme, l'Idéal... pour remplacer sa première, la Ligne, qui était morte... Une débauche dans son œuvre... très-curieux... Un monsieur en a déjà offert vingt-cinq mille francs et une pipe en écume qui lui venait de sa mère...

En revenant chez Coriolis, Garnotelle prit à part Anatole, et lui dit : — Mon cher... que tu me fasses des charges à moi, c'est très-bien... mais que tu fasses poser ces messieurs, je trouve ça bête...

— Tiens, Garnotelle, tu me fais de la peine... les gens du monde t'ont perdu... tu désertes les grands principes de 89... l'Egalité devant la Blague!

XCII.

Des causeries de leur art, des confessions de leur métier, Crescent et Coriolis étaient arrivés à se parler de leur vie, à se raconter leur passé l'un à l'autre.

— Moi, — disait Crescent, — je suis un paysan, fils de paysan. Quand je suis arrivé dans le pays, un jour, dans un champ, des faucheurs se fichaient de moi : ils m'appelaient « le Parisien ». J'ai été à un de ceux qui m'appelaient comme ça, je lui ai pris sa faux des mains, en faisant la bête, en lui demandant si c'était bien difficile, si ça coupait... Et puis, v'lan! j'ai donné un coup de faux à la volée .. Ah! il a vu que je connaissais son métier mieux que lui, et que je n'avais pas du poil aux mains pour cet ouvrage-là!... Depuis ça, ils me tirent tous des coups de chapeau...

Une histoire simple que la sienne. Il était tombé à la conscription. Enfant, en revenant de la ville, il crayonnait dans son village les images qu'il avait vues aux boutiques de Nancy. Au régiment, il avait continué à dessinailler, et faisant un assez mauvais soldat, il avait eu la chance de tomber sur un capitaine qui se pâmait à ses charges. Presque tous les jours, c'était la même scène :

— Eh bien! n... de D... f...! disait le capitaine, qui l'avait fait appeler, — qu'est-ce que c'est, Crescent? Encore un manque de service... Je devrais vous faire fusiller, s... n... de D...! Est-ce que vous vous f... de moi! f...! Tenez! fichez-vous là, et faites-moi la charge de la femme de l'adjudant... — La charge faite : — Étonnant, ce b...-là! C'est n... de D... n... de D... bien l'adjudante... — Et par la fenêtre : — Lieutenant! venez voir la charge de ce b... de Crescent!

En sortant du régiment, Crescent avait épousé sa femme, une *payse*, pauvre comme lui, qu'il avait retrouvée sur le pavé de Paris. Avec l'admirable instinct d'un dévouement de femme du peuple, elle lui avait laissé faire « ses petites machines » auxquelles elle ne comprenait rien, en apportant au ménage tous ses pauvres gains d'ouvrière.

— De la rude misère! — disait Crescent, en parlant de ce temps-là, — et des bricoles!... il n'y avait pas à dire... Ah! je faisais de tout, des petites femmes nues dans le genre Diaz qui me font sauter à présent quand je les revois... une honte! — Et sa voix avait l'indignation d'un rigorisme sincère, le remords d'une nature d'artiste austère et sévère. — De tout! — reprenait-il. — Et puis de la gravure à l'eau-forte d'ornements... A-t-elle trotté, ma pauvre bonne femme, par tous les temps, la pluie, la neige, à courir les étalagistes, les marchands sous les portes cochères, trempée, crottée, avec un petit carton et son bonnet de linge, pour attraper quelques sous par-ci, par-là!... Non, ma femme, voyez-vous, il n'y a que moi qui sache ce qu'elle vaut!... Enfin, un peu d'argent nous tomba... Il me vint l'idée de devenir propriétaire... oui, propriétaire...

Et il partit d'un de ces gros éclats de rire qui faisaient trembler la baie vitrée de son atelier.

— J'achetai pour trente francs un wagon de marchandise mis à la réforme par le chemin de fer d'Orléans... et avec ça, cinquante mètres de terrain à cinq francs au petit Gentilly... Je mis mon wagon sur mon terrain, une maison comme une autre, très-commode, je vous assure... Quelquefois un gendarme qui voyait là-dedans de la lumière la nuit me criait : Qui est là? Je répondais : Propriétaire!... Tenez! je la loue encore maintenant soixante-dix francs à un marchand de copeaux, et les réparations à sa charge... Eh bien! c'est cette maison-là qui a fait de moi un paysagiste... Elle m'a fait découvrir la Bièvre... Et je sors de là... Moi, un homme de la campagne, je n'avais pas du tout vu la campagne... C'est ma source, je vous dis... Oui, cette salope de petite rivière, c'est elle qui m'a baptisé.. J'ai commencé à pêcher dedans ce que je suis, ce que je sens, ce que je peins... Oui, la Bièvre, c'est ça qui m'a ouvert la grande fenêtre...

Et tirant d'une huche à pain un tas de panneaux d'études qu'il essuya avec sa manche :

— Tenez! voilà...

XCIII

Et l'étrange coin de faubourg et de campagne dans lequel Crescent avait ouvert ses yeux et trouvé son génie, se développa devant Coriolis.

C'étaient les tanneries à côté du théâtre Saint-Marcel : une eau brune, rousse, mousseuse, une eau de purin, encaissée entre des revêtements de pierre, une espèce de quai plein de cuves de bois plâtreuses, salies de blancheurs verdâtres de glaise, à côté desquelles le blanc et le noir de monceaux de toisons étaient triés par des femmes en camisole lilas, coiffées de chapeaux de paille. L'eau lourde et sale, trouble et sans reflet, coulait entre de hautes masures d'industrie, des tanneries aux tons de vieux plâtre, replâtrées de chaux vive criarde ; les fenêtres sans persiennes étaient percées comme des trous ; les couronnements surhaussés de séchoirs découpaient en l'air, au-dessous du toit et des lucarnes, des silhouettes de tonnelles ; des peaux blanches pendaient recroquevillées tout en haut à de grandes perches ; et l'eau allait se perdant dans un fond coupé de barrières de vieux bois noir, dans un encombrement de constructions rapiécées, d'architectures grises, de cheminées droites et noires d'usine, de grandes cages à jours barrant, dans le ciel, le dôme du Val-de-Grâce.

De là, les études de Crescent avaient remonté la Bièvre. Elles avaient été par les boues où marchent les petits garçons pieds nus et les petites filles dans les grandes savates de leur mère, par tout ce quartier Mouffetard, par ces rues où ne s'aperçoivent, à travers la baie des portes, que des montagnes de tan et des étages de maisons blafardes à toits de tuile ; et elles avaient trouvé cette espèce de malheureuse nature, la nature de Paris, la nature qui vient après les rues baptisées *Campa gne-Première*. Les esquisses de Crescent rendaient le style de misère, la pauvreté, le rachitisme mélancolique de ces prés râpés et jaunis par places, serrés dans de grands murs, arrosés par la Bièvre étroite, sèchement ombragée de peupliers et de petits bouquets de saules. Elles mettaient devant les yeux ces chemins noirs de houille qui vont le long de ces carrés marécageux où pâturent des rosses; ces lignes d'horizon et de collines bossues où éclate un blanc brutal de maison neuve, ces sentiers à côté de champs de blé blanchissant au soleil, où finissent les réverbères à poteaux verts; ces bouts de paysage plâtreux où le rouge d'une cerise sur un cerisier étonne comme un fruit de corail inattendu; ces endroits vagues, verts d'orties, où le bleu d'un bourgeron qui dort, un dos d'homme tapi montre une sieste suspecte de pochard ou d'assassin.

Au-dessus des ciels de banlieue d'un jour aigu, des nuages aux rondeurs solides et concrétionnées, des ciels bas, pesant sur les coteaux, étaient coupés par des bâtons de blanchisserie. Puis on retrouvait encore la Bièvre charriant des morceaux de mousse pareils à des champignons pourris, la Bièvre roulant, comme un ruisseau de mégisserie, une eau ouvrière et la salissure d'une rivière qui travaille. Dans ces peintures de Crescent, elle serpentait et courait, encaissée, sous les saules à demi morts, les sureaux aux bouquets de fleurs frissonnants, entre les usines, les blanchisseries, les cahutes à contre-forts semblables à des bâtiments brûlés, dont la flamme aurait noirci la porte et la fenêtre; contre les tonneaux à laveuses, les grandes pierres plates à battre le linge, le bas des auvents à grands toits moussus et moisis, sous lesquels deux mains d'ouvriers laminent des peaux sur des morceaux de bois rond.

De cette pauvre rivière opprimée, de ce ruisseau infect, de cette nature maigre, malsaine, Crescent avait su dégager l'expression, le sentiment, presque la souffrance.

XCIV

Avec la prompte adaptation de sa nature aux lieux où il se trouvait, sa facilité à entrer dans le moule de la vie environnante et des habitudes d'une localité, Anatole, un peu fatigué de la forêt, était en train de devenir un vrai Barbisonnais, et ses journées s'écoulaient dans des passe-temps de petit bourgeois de village.

Après déjeuner, passant en se baissant sous la porte basse dont l'avarice du paysan avait économisé la hauteur, il entrait chez la rustique débitante de tabac de l'endroit, et y achetait régulièrement ses cinq sous de tabac; puis, se juchant en face de la débitante sur la cheminée peinte en bois noir, il se donnait le plaisir, en fumant des cigarettes, de voir les consommateurs qui venaient, causait champs, céréales, mercuriales de Melun, attrapait au passage les nouvelles du pays, apprenait par cœur l'ameublement de la pièce blanchie à la chaux, le comptoir, l'almanach, le tableau du prix de la vente des tabacs, la balance, les deux pots blancs à bordure bleue, portant : *Tabac*, les verres où était coulée la tête de Louis-Napoléon, président de la république, et d'où sortaient des pipes de terre, l'horloge dans sa gaîne de noyer, avec son heure arrêtée et son cadran immobile orné du cuivre estampé de Jésus et de la Samaritaine. Et son regard trouvait toujours le même amusement sur le mur du fond, à contempler l'image coloriée de la rue Zacharie, représentant le *Catafalque de l'empereur Napoléon aux Invalides*, un catafalque jaune à guirlandes vertes, à renommées roses, éclairé par quatre brûle-parfums, avec, au premier plan, une femme en chapeau vert-pois, un boa au cou, un châle bleu de ciel à franges oranges sur une robe vermillon, donnant la main à un jeune enfant en pantalon collant et en bottes à la hussarde.

25

De temps en temps, il disait des paroles à la débitante, et la vieille femme au madras, sortant alors d'entre ses épaules sa tête enfoncée, lentement et de côté, avec le mouvement pénible et soupçonneux d'une tortue, lui répondait : — S'il vous plaît ?

Après une heure ou deux usées ainsi, quand il avait assez du bureau et de la marchande, il raccrochait un indigène ou un artiste, et l'emmenait près de l'auberge à un petit billard où les coqs sautaient de la cour dans la salle, et où le garçon était un petit paysan en chaussons.

Pour ses soirées, il avait trouvé une distraction. Il existait dans l'endroit un charcutier retiré qui, pour se créer des relations, une popularité, attirer chez lui le monde de Barbison, et s'ouvrir, disait-on, le chemin de la mairie, s'était avisé de donner des séances de lanterne magique. Anatole devint naturellement le démonstrateur des verres du charcutier, un démonstrateur étonnant, le délirant cicérone de lanterne magique, qu'il était fait pour être.

XCV

La grande amitié de madame Crescent pour la maîtresse de Coriolis recevait un coup soudain et mortel d'une révélation du hasard : madame Crescent apprenait que Manette était juive.

Il y avait dans la brave femme toutes les superstitions peuple, et d'un peuple de vieille province.

Au fond d'elle dormaient et revivaient sourdement les crédulités du passé contre les juifs, la tradition de leur hostilité contre les chrétiens, les fables populaires absurdement dérivées de l'article du Talmud qui permet qu'on vole les biens des étrangers, qu'on les regarde comme des brutes, qu'on les tue. Elle avait dans l'imagination le vague flottement des sacrifices d'enfants, des blessures saignantes aux hosties, des cruautés impies, des histoires de Croquemitaine enfoncées dans le *credo* de barbarie et d'ignorance des légendes de village.

De son pays, il lui était resté les préjugés envenimés, la suspicion, la haine, le mépris contre cette race d'ensorceleurs parasites, ne produisant rien, n'ensemençant pas, ne cultivant pas, et surgissant toujours, sortant toujours du sillon, partout où il y a une vache à vendre, la part d'un marché à prendre. De son enfance, il lui revenait ce qui l'avait bercée, les malédictions de la France de l'Est, des paysans de l'Alsace et de la Lorraine, les deux pays de sa mère et de son père, les deux provinces où l'usure a livré une partie du sol aux juifs. Et de ces souvenirs, de ces impressions, de ces instincts, il avait fini par se lever en elle l'idée obstinée, irréfléchie, que tout ce qui était juif, homme ou femme, était mauvais et marqué du signe de nuire, apportait aux autres de la fatalité, et faisait inévitablement le malheur et la ruine de tous ceux qui s'en laissaient approcher.

Tout en ne voyant rien dans Manette qui pût justifier ses préventions, tout en cherchant à se raisonner, à revenir de son injustice, à se faire entrer dans la tête, en se répétant, qu'il y a de bonnes gens partout, madame Crescent ne pouvait vaincre ses leçons d'enfance, les antipathies de son vieux sang de Lorraine. Et son observation s'éveillant, dans un sentiment soupçonneux, avec ce sens pénétrant de jugement que donne aux natures de bonnes bêtes la simple comparaison d'elles-mêmes avec les autres, elle commença à découvrir chez Manette une espèce d'arrière-âme, cachée, enveloppée, profonde, suspecte, presque menaçante, pour l'avenir de Coriolis.

Madame Crescent avait une nature trop en dehors, elle était trop peu maîtresse de ses impressions et de sa physionomie pour rester la même personne avec Manette. Manette s'aperçut immédiatement du changement. Sa réserve amenait la contrainte chez madame Crescent;

et, en quelques jours, il se faisait un grand refroidissement instinctif entre les deux femmes.

XCVI

Septembre amenait les derniers beaux jours. La forêt, sous les chaleurs de l'été, avait pris des rayonnements plus doux. Des touches de jaune et de roux couraient sur le bout des feuillages, rompant les crudités du vert. Le ciel faisait de grands trous dans les masses plus légères. Autour des branches dégagées et d'un dessin plus net, les feuilles plus rares ne mettaient plus que des nuances. Au-dessus des houx métalliques, des genévriers à verdure dense, tout se fondait en montant dans des harmonies suprêmes et pâlissantes, qui mêlaient les teintes du Midi aux brumes du Nord. On eût cru voir les adieux de la forêt. L'arcade de ses grands chemins baignait dans une tendresse verte et rose; elle trempait dans des effacements de pastel et des limpidités de brouillard éclairé. Un instant, cela tremblait comme un décor qui va s'éteindre; et les chênes avec leurs grands bras, la route avec son mystère, le bois avec sa mourante lumière, sa transparence d'enchantement, semblait montrer aux pensées de Coriolis le chemin d'un conte de fées, l'avenue d'une Belle au bois dormant. Par moments, à ces heures, la forêt n'avait pour lui presque plus rien de réel; elle enlevait son imagination de terre : un chevalier noir de roman, un paladin de la Table ronde eût débouché à un détour du Bas-Bréau qu'il n'en aurait pas été trop surpris.

Cependant, peu à peu, avec l'automne, la mélancolie qui tombe des grands bois pénétrait Coriolis : il était atteint par cette lente et sourde tristesse qui enlace les habitués, les amoureux de Fontainebleau, et profile des dos d'artistes si désolés dans les allées sans fin.

Il commençait à trouver à la forêt le recueillement, la grandeur muette, l'aridité taciturne, l'espèce de sommeil maudit d'une forêt sans eau et sans oiseau, sans joie qui coule, sans joie qui chante; d'une forêt n'ayant que la pluie dans la boue de ses mares, et le croassement du corbeau dans le ciel amoureux. Sous l'arbre sans bonheur et sans cri, la terre lui semblait sans écho; et son pas s'ennuyait de ce sol de sable qui efface le bruit avec la trace du promeneur, et où toutes les sonorités de la vie des bois viennent goutte à goutte tomber, s'enfoncer et se perdre.

Les paysages de rochers lui apparaissaient maintenant avec leur dureté rude et leur rigueur nue. Même les magnificences de la végétation, les arbres énormes, les chênes superbes ne lui donnaient point cette heureuse impression du bonheur des choses qu'on ressent devant l'épanouissement facile et béni de ce qui jaillit sans effort, et de ce qui monte au ciel sans souffrir. A voir la torsion de leurs branches noires sur le ciel, la convulsion de leurs forces, le désespoir de leurs bras, le tourment qui les sillonne du haut en bas, l'air de colère titanesque qui a fait donner à l'un de ces géants furieux du bois le nom qu'ils méritent tous : le *Rageur*, Coriolis éprouvait comme un peu de la fatigue et de l'effort qui avait arraché à la cendre ou à la maigre terre toutes ces douloureuses grandeurs d'arbres. Et bientôt tout, jusqu'au bruit de l'homme, lui devenait poignant dans cette forêt qui parlait tout bas à ses idées solitaires. Si, à quelque horizon, à quelque coin de bois du côté de Belle-Croix ou de la Reine-Blanche, il entendait un coup de pic régulier et résigné sur la pierre, il pensait malgré lui à la courte vie que fait aux carriers cette mortelle poussière de grès filtrant dans les ressorts de leurs montres, filtrant dans leurs poumons.

Arrivaient les jours gris, les temps de pluie, les grands vents frissonnants jetant leurs gémissements qui se lamentent dans le haut des arbres. Sur la lisière du Bornage, déjà les petits peupliers faisaient trembler au bout de leurs branches de petits paquets de feuilles d'un or maladif. Dans le bois, les feuilles tombaient en tournoyant lentement, et voletaient un instant, balayées, ainsi que des papillons desséchés; toutes rouillées, elles laissaient à peine paraître le velours de la mousse au pied des arbres, et, dans les clairières au loin, amassées en tas, elles faisaient en jaunissant des apparences de grève, pendant que le vent à l'horizon soulevait, dans le creux de la forêt, le mugissement de la mer. Des branches se plaignaient et poussaient, sous des rafales, le cri d'un mât qui fatigue sous la tempête.

Partout c'était le dépouillement et l'ensevelissement de l'automne, le commencement de la saison sombre et du soir de l'année. Il ne faisait plus qu'un jour éteint, comme tamisé par un crêpe, qui dès midi semblait vouloir finir et menaçait de tomber. Une espèce de crépuscule enveloppait toute cette verdure d'une lumière voilée, assoupie et sans flamme. Au lieu d'une porte de soleil, les avenues n'avaient plus à leur bout qu'une éclaircie où défaillait le vert; et les grandes futaies hautes, maintenant abandonnées de tous les rayons qui les éclaboussaient, de tous les feux qu'elles faisaient ricocher à perte de vue, les grandes futaies, endormies avec l'infinie monotonie de leurs grands arbres inexorablement droits, n'ouvraient plus que des profondeurs d'ombre bâtonnées éternellement par des lignes de troncs noirs. Un vague petit brouillard poussiéreux, couleur de toile d'araignée, s'apercevait sous les bois de sapins qui, avec leurs troncs moisis et suintants, leurs dessous de détritus pourris, leurs jaunissements d'immortelles, mettaient des deux côtés du chemin l'apparence de jardins mortuaires abandonnés.

Aux gorges d'Apremont, dans les landes de bruyères aux fleurs en poussière, dans les champs de fougères brûlées et roussies, les routes serpentant à travers les rochers, tout à l'heure étincelantes du blanc du sable, mouillées à présent, avaient les tons de la cendre. Au-dessus pesait le ciel d'un froid ardoisé, pendaient des nuages arrêtés, plombés et lourds d'avance des neiges de l'hiver ; et sur les rochers, répétant avec leur solidité de pierre le gris cendreux du chemin, le gris ardoisé du ciel, çà et là, le feuillage grêle et décoloré d'un bouleau frissonnait avec la maigreur d'un arbre en cheveux. Morne paysage de froideur sauvage, où l'âpre intensité d'une désolation monochrome montrait tous les deuils de nature du Nord !

Mais la plus grande mort de tout était le silence, un de ces silences que la terre fait pour dormir, un silence plat qui avait enterré tous les bruits des silences de l'été. Il n'y avait plus le bourdonnement, le voltigement, le sifflement, le stridulant murmure d'atomes ailés, la vie invisible et présente qui fait vivre la touffe d'herbe, la feuille, le grain de sable : le froid et l'eau avaient tué l'insecte. Le cœur de la forêt avait cessé de battre ; et le vide et la peur d'un désert, d'un sol inanimé et sourd, se levaient de cette grande paix d'anéantissement.

De bonne heure le jour s'en allait ; l'ombre déjà guettait et rampait, tapie au bord des chemins, sous les arbres. Le soir s'amassait lentement dans le lointain effacé des fonds. Et puis un moment, comme un agonisant sourire, une dernière lueur de la maussade journée passait dans le bas du ciel et semblait y mettre la nacre d'une perle noire. Une faible sérénité d'argent se levait, dans une bande longue, sur l'horizon : alors une fausse clarté de lune passait sur la route, un poteau détachait sa tache de blancheur du sombre d'une allée, un éclair mordoré courait sur le fouillis rouillé des fougères, un oiseau perdu jetait son bonsoir dans un petit cri frileux au ciel déjà refermé. Et presque aussitôt, derrière les gros chênes, les rochers gris avaient l'air de se répandre et de couler dans un brouillard bleuâtre. Puis les ornières devant Coriolis se brouillaient et s'emmêlaient en s'éloignant.

A la pleine nuit, toutes ces sévérités de l'automne se perdant dans la grandeur du noir, devenaient redoutables et d'un mystère sinistre. Quand il avait marché sous ces voûtes, où rien ne guide que la petite fissure du ciel entre les têtes des arbres, quand il avait descendu l'*Allée aux Vaches*, en enfonçant dans le sable, dans le vague et l'inconnu du terrain mou, entre ces murs d'obscurité, à travers ce sommeil de l'avenue, réveillé seulement par le rire du hibou, Coriolis revenait avec un peu de cette nuit de la forêt dans la tête, rêvant, avec une certaine sensation troublée, à cette solennité terrible de l'immense silence et de la vaste immobilité.

XCVII

Au milieu des journées que Coriolis passait à paresser dans l'atelier du paysagiste, regardant pardessus l'épaule du travailleur absorbé ce qui naissait magiquement sur sa toile, — c'était souvent un effet qu'ils avaient vu ensemble la veille, — Crescent, de temps en temps, appuyant sa palette sur sa cuisse, se retournait vers le regardeur, et, lentement, avec l'accent traînant du paysan, il disait : « J'ai toujours les brosses et la palette du tableau que je peins... Changer de palette et de brosses c'est changer d'harmonie... Ma palette, vous le voyez, c'est comme une montagne... J'ai de la peine à la porter... La brosse sèche mord comme un burin, cela devient un outil résistant. »

Il se taisait, revenait au mutisme du travail; puis, au bout d'une heure, il laissait tomber, mot par mot, comme du fond de lui-même et du creux de ses réflexions : « Il faut poser le ton sans le remuer, arriver à modeler sans remuer la couleur... chercher à avoir les veines de la palette. » Il s'arrêtait, repeignait; et après d'autres heures, l'échauffement lui venant de son travail, une espèce de luisant blanc montant à son front il recommençait à parler comme s'il se parlait à lui-même. Il disait alors : « La palette est la décomposition à l'infini du rayon solaire, l'art est sa recomposition. »

Des secrets de la pratique, des recettes raffinées de l'exécution, des superstitions du procédé, il passait avec un ton de révélation à des axiomes qui lui tombaient des lèvres, heurtés, saccadés, scandés comme des versets d'un évangile à lui. Il répétait : « Il faut faire rentrer la variété dans l'infini. »

De loin en loin, il jetait dans le silence des phrases énigmatiques, enveloppées, mystérieuses, sur le *summum* et la conscience de l'art. Des fragments de théories lui échappaient, qui montaient à une certaine philosophie de la peinture, allaient à l'*au delà* du tableau, au but moral de la conception, à la spiritualité supérieure dominant l'habileté, le talent de la main. Il parlait des vertus de caractère de la peinture, de la sincérité qu'il disait la vraie vocation pour peindre. A des bribes d'esthétique, à un fond de Montaigne, le bréviaire du paysagiste et sa seule lecture, il mêlait toutes sortes de convictions ardemment personnelles, de croyances couvées, fermentées dans le recueillement de son travail et le croupissement de sa vie. Peu à peu, s'entraînant, s'exaltant, mais parlant toujours avec de grands arrêts, de longues suspensions, des phrases coupées, pièces de longs ruminements muets, il dogmatisait sans suite, s'élevait par de courts jaillissements de paroles à une suspecte et nuageuse formulation d'idéalité d'art; et ce qu'il disait finissait par devenir insaisissable et inquiétant, comme le commencement de l'entraînement et de l'envolée d'une cervelle vers l'absurde, l'irrationnel, le fou.

Coriolis, qui avait l'esprit carré, droit et solide, qui aimait en toutes choses la simplicité, la clarté et la logique, éprouvait une sorte de malaise à côté de ces idées, de ces paroles, de cette esthétique. Les fièvres d'imagination, les griseries de cervelle, les théories qui perdent terre lui avaient toujours inspiré une répulsion native et insurmontable, presque un premier mouvement physique d'horreur et de recul.

Il avait peur instinctivement de leur contact comme d'une approche dangereuse, de quelque chose de malsain et de contagieux qu'il craignait de laisser toucher à la santé de sa tête, à l'équilibre de sa pensée. Et il arrivait qu'au même moment où madame Crescent se refroidissait pour Manette, Coriolis sentait pour la société du paysagiste, tout en restant l'ami de l'homme et de son talent, une espèce d'involontaire éloignement.

XVCIII

Au milieu d'octobre, Coriolis rentrait d'une longue promenade par une de ces nuits humides qui font apparaître dans un brouillard la lampe des petites salles à manger du village. En l'apercevant, Manette lui cria du coin du feu auprès duquel elle causait avec Anatole.

— Arrive donc; si tu savais les bêtises qu'il me dit! Crois-tu qu'il a l'idée de passer l'hiver ici?

— Bah! L'hiver, comment ça? Veux-tu m'expliquer un peu?

— Parfaitement, — dit Anatole surmontant l'espèce de petite honte d'un enfant surpris dans ces tentations chimériques auxquelles la lecture des voyages entraîne les premières imaginations de l'homme. Et il se mit à raconter d'un ton moitié sérieux, moitié plaisant, comme s'il se moquait de lui-même, un de ces projets qui passaient de temps en temps dans sa cervelle d'oiseau, et lui donnaient deux ou trois bonnes soirées de rêvasserie dans son lit avant de s'endormir. — Tu connais bien la cave des Barbissonnières? Elle a une cheminée naturelle... Il n'y a qu'à boucher quelques petites fissures, l'affaire d'une poignée de bruyère... Avec ça une porte d'occasion... je serai chez moi... Il y a bien un Américain qui y a déjà demeuré... Je ferai ma cuisine... Qu'est-ce que ça me coûtera? Pas de bois à acheter, tu comprends... L'hiver, on dit que c'est si beau... Il paraît qu'il y a des jours de givre dans la forêt... un vrai décor en cristal! Et puis, après l'hiver, j'attrape le printemps... et c'est là que moi, malin, je me livre à ma petite industrie... Ici, ils n'ont pas d'idées, ils ne ramassent pas les champignons, ils les laissent perdre... J'aurai une petite voiture à bras... Eh bien! quoi? Qu'est-ce qu'il y a de drôle à ça?... C'est que je connais les espèces à présent... et bien... Ce n'est pas à moi qu'on repasserait une fausse oronge... Tu vois l'affaire, une affaire énorme!... Je me mettrai en rapport avec un grand marchand de la halle... je lui fournirai des *ceps*, des *têtes de nègre*, des *ombelles*... je ne te parle pas des girolles... Un vrai commerce... Car enfin à Paris, un petit panier de morilles comme la main, ça vaut deux francs... et c'en est plein ici... Calcule... La forêt... ah! on ne sait pas tout ce qu'elle peut rapporter!...

Et se mettant à faire peu à peu la caricature de ses projets comme pour n'en pas laisser la moquerie aux autres :

— Non, on ne le sait pas... La forêt de Fontainebleau! Mais je parie qu'on peut s'en faire, comme des lapins, cinq mille livres de rente, et plus!... Tiens! une idée... une idée magnifique qui me vient à l'instant... Tu sais bien? ces familles d'étrangers qui ont des petits bras et qui se collent huit comme l'écorce pour mesurer le tour d'un arbre... Eh bien, mon cher, voilà un revenu... Je mets sur un morceau de papier : le *Chêne de l'empereur*... *Élévation : tant*... *Circonférence à hauteur d'homme : tant*... Tous les chênes célèbres comme ça... Je fais imprimer à Melun... format d'une carte de visite... et un sou! je leur vends un sou, pas plus... Des gens qui sont avec des femmes, ils n'y regardent pas... ils m'achètent... Il y a des milliards d'étrangers dans le monde... Ce sont les patards qui font les millions... Je gagne un argent à devenir fou... et je fais bâtir un château où je t'inviterai à passer quinze jours : on dînera en habit !

— C'est à ce moment-là que tu feras ton grand tableau pour l'exposition, n'est-ce pas ? Tu seras donc toujours aussi bête, vieil imbécile ?... Eh bien ! est-ce qu'on va dîner ?... Moi, c'est bizarre, je ne suis pas comme Anatole : à mesure que je me promène dans la forêt, je trouve que ça manque de gaieté...

— As-tu vu ce temps d'aujourd'hui ? — dit Manette.

— C'est affreux d'humidité... Et puis, ces maisons en grès, c'est comme une cave...

— Allons ! — fit Coriolis, — il me semble que voilà un bien joli moment pour revenir à Paris ?... Le temps d'installer Anatole dans son terrier... — et Coriolis se tourna vers lui en riant, — et nous partons, n'est-ce pas, Manette ?

— Ah ! flûte ! — dit Anatole dégrisé de ses projets en les parlant et tourné tout à coup au vent de Paris, — les champignons n'auraient qu'à avoir la maladie l'année prochaine !... Et puis, mon avenir !... La Postérité remarquerait mon absence... Rentrons dans l'Art !

— Alors, le départ pour après-demain, par la voiture de Melun, à deux heures ? Nous serons pour dîner à Paris...

XCIX

Revenu à Paris, le trio eut le plaisir du retour, la joie de retrouver les meubles, les objets de souvenir, les choses qui paraissent nouvelles quand on revient.

En arrivant, Coriolis se mit à retourner, à regarder de vieilles esquisses. Anatole alla à Vermillon qui ne venait pas à lui, et qui, sommeillant dans un coin de l'atelier, sous une couverture, s'était contenté, à l'entrée de son ami, d'ouvrir ses deux grands yeux et de les fixer avec un regard de reconnaissance.

— Eh bien! Vermillon, qu'est-ce que c'est? — fit Anatole. — Voilà tout? Pas plus de fête que ça? Voyons, voyons...

Et il se pencha sur la bête couchée.

Vermillon grimpa après lui avec des gestes engourdis et pénibles, et lui passant les bras autour du cou, il laissa paresseusement aller sa tête sur son épaule, dans un mouvement incliné qui semblait chercher à y dormir.

— Eh bien! quoi? mon pauvre bibi? ça ne va pas?... des chagrins? C'est vrai qu'il y a longtemps que tu n'as eu un camarade... je t'ai joliment manqué, hein? mais attends...

Et, se mettant devant Vermillon qu'il reposa sur sa couverture, Anatole commença à lui faire ses anciennes grimaces. Tout à coup le singe se mit à tousser, et une quinte, coupée de petits cris d'impatience et de colère, secoua d'un tremblement convulsif tout son corps jusqu'au bout de sa queue.

— Ta rosse de portier! — lança Anatole à Coriolis. — Je te l'avais bien dit, avant de partir... Il l'aura laissé avoir froid... Pauvre chou! n'est-ce pas que tu as eu froid?

Et prenant le malheureux animal qui s'était pelotonné et ramassé sur sa souffrance, l'emmaillottant doucement dans la couverture, il l'apporta devant la chaleur du poêle. Le singe était entre ses jambes : Anatole le câlinait, lui adressait des mots, des douceurs de nourrice, et, de temps en temps, lui donnait à boire une cuillerée de l'eau sucrée qu'il avait mise tiédir sur la plaque.

Les jours suivants, Vermillon fut à peu près de même. Il eut des hauts, des bas, de bons moments, suivis de mauvais, des réveils de vie, des heures de gaieté, puis des tousseries, des quintes déchirées et entêtées lui laissant des abattements qu'Anatole essayait vainement de distraire et d'égayer.

Anatole l'avait monté dans sa chambre et lui avait fait un petit lit par terre à côté du sien. Quand il l'entendait tousser la nuit, il sautait pieds nus par terre, et lui donnait du lait qu'il tenait chaud sur une veilleuse.

Le matin, lorsqu'il se levait, l'œil doux et clair de l'animal suivait le moindre de ses mouvements. Sa tête se soulevait peu à peu, et montait tout doucement pour voir. Au moment où Anatole allait sortir, le singe était presque sur son séant, tout le corps tendu, les yeux attachés sur le dos d'Anatole, sur la porte qu'il fermait, avec l'expression des yeux d'une personne qui regarde la tristesse de voir s'en aller quelqu'un et venir la solitude. Un jour, Anatole eut là la curiosité de rouvrir la porte quelques minutes après l'avoir fermée : Vermillon était toujours dans la même position, le regard d'une pensée fixe tournée vers la porte, tetant mélancoliquement un doigt de sa petite main entré dans sa bouche : on eût cru voir un enfant malheureux qu'on a laissé le matin en pénitence.

Anatole trouva horrible de laisser s'ennuyer ainsi cette pauvre bête. Il descendit à l'atelier, établit un petit plancher sur le poêle de fonte, organisa une espèce de matelas avec des couvertures, remonta :

— Viens, Vermillon, — fit-il.

Vermillon le regarda.

— Saute donc, vieux! — lui dit-il en baissant sa poitrine vers lui.

Le pauvre animal s'élança des deux bras, mais ce fut tout ce qu'il put faire : le bas de son corps ne se souleva pas. Quelque chose semblait le clouer par les pattes au lit. Il resta, jeté en avant, poussant des petits cris, essayant vainement de bondir.

— Ah! nom d'un chien! — dit Anatole en le découvrant, — il a le train de derrière paralysé!

C

Coriolis sortait avec Chassagnol d'une exposition de tableaux et de dessins modernes qui avait attiré aux

Commissaires-priseurs, dans une des grandes salles de l'hôtel Drouot, tout le Paris faisant de l'art sa vie, son commerce, son goût ou son genre.

Ils marchaient sur le trottoir à côté l'un de l'autre, Chassagnol absorbé, avec l'air mal éveillé; Coriolis silencieux et laissant échapper des gestes.

Tout à coup Coriolis s'arrêta :

— Oui, une feuille, une tuile sur un toit... deux choses comme ça dans le ciel... — et il dessina du doigt l'accolade d'un vol d'oiseau dans l'air, — c'est signé, c'est de lui... Une personnalité du diable ce matin-là !

Et il se remit à marcher auprès de Chassagnol, qui paraissait ne pas l'avoir entendu.

Au bout de vingt pas, il s'arrêta une seconde fois tout net, et faisant faire halte à Chassagnol :

— As-tu remarqué, mon cher, comme tout fiche le camp à côté de lui ? Tous les autres, ça paraît ce que c'est : des modernes... Lui, ses tableaux... ça recule, ça s'enfonce, ça se dore, ça se culotte en chef-d'œuvre...

— Ah çà ! de qui parles-tu ?

— De Decamps, parbleu ! — fit sourdement Coriolis.

Chassagnol le regarda, étonné d'entendre sortir de sa bouche ce nom que Coriolis n'aimait pas dans la bouche des autres.

— Eh bien, oui, de lui, — reprit Coriolis. — Je l'ai assez discuté et chicané pour lui rendre justice.

Et son admiration jaillissant de sa rivalité, de sa jalousie vaincue, il se mit à vanter ce grand talent avec cette langue qu'ont les peintres, ces mots qui redoublent l'expression, ces paroles qui ressemblent à une succession de touches, à de petits coups de pinceau avec lesquels ils semblent vouloir se montrer à eux-mêmes les choses dont ils parlent.

Il parlait du tempérament, de l'originalité, de la puissance pittoresque de ce dessinateur s'avouant incapable de « flanquer sur ses pattes » une figure de prix de Rome, et mettant pourtant, à tout ce qu'il touche, cette griffe, cette marque, ce DC qui, sur sa peinture, ses toiles, ses dessins, ses fusains, font l'effet des lettres du maître imprimées aux flancs brûlés d'une meute. Il parlait du coloriste, qu'il avait nié lui-même autrefois, du coloriste écrasant, tuant tout autour de lui. Il trouvait dans sa peinture la vie, la vie intime et pénétrante des choses, une intensité de vitalité, une étonnante âpreté de sentiment.

— Des ficelles ! allons donc ! — s'écriait-il. — Est-ce qu'on est Decamps avec des ficelles ? Qu'est-ce que ça fait le procédé ? Pourquoi alors ne reproche-t-on pas à Delacroix ses pinceaux à l'aquarelle, pour avoir les pleins et les déliés qu'il n'attrape pas à la brosse, et la manière dont il a préparé son char du Soleil dans la galerie d'Apollon ? Et puis on vous dit : Verdier ! qu'il a volé, Verdier ! un faux Lebrun !... Ils me font mal !

Et il remettait sous les yeux de Chassagnol ce paysage vu à la vente, les gardes-chasse, ruisselants d'eau, tout le désolé de la pluie, une trombe dans le buisson de Ruysdaël, la crevée de l'ondée au bout d'un champ, et sur le fond qu'il indiquait devant lui d'un mouvement de main, sur le liséré de blanc blafard, ce tape-cul fantastique, d'un bourgeois presque effrayant, ayant l'air de mener le diable chez un notaire de campagne.

Il disait le paysagiste saisissant qu'est Decamps, comme il fait frissonner la nature, comme il dramatise le bois et l'horizon, quel grand décor mystérieux et sourd il bâtit avec les bois de cyprès autour des lacs, quels arbres sacrés il tire de terre pour y accrocher le carquois de Diane, quels ciels il construit, terribles, puissants, cyclopéens, roulant des colonnades, des architectures, des bases de temple, pareils à des assises, à de grands escaliers, à des gradins de Cirque autour d'une arène d'Histoire, tassés, plissés souvent sur l'horizon comme le bas de la robe des tempêtes, rayés parfois de barres d'or, de sang et de feu comme une échelle de Jacob.

Il disait cette grande et sauvage poésie qu'exhalent ces sentiers perdus, ces routes abandonnées, suspectes, aventureuses, où le peintre de la mélancolie du grand chemin jette ses silhouettes bohémiennes : le Pâtre, le Mendiant, le Braconnier, les derniers nomades et les derniers sauvages, vus plus grands que nature, élevés par le caractère, l'aspect, la sculpture du haillon à une espèce de style héroïque moderne.

Le style, c'était là la grande supériorité, le signe de force suprême que Coriolis reconnaissait à Decamps. Et toutes les pages de style de Decamps lui repassant dans la tête, il citait, en s'animant, en devenant éloquent sous une espèce d'amertume, ces batailles bitumineuses, fumantes de massacres, ces mêlées furieuses, ces chocs barbares où de petits chevaux blancs galopent entre des peuples qui se broient. Il citait les dessins du Samson; il les proclamait bibliques avec quelque chose de fauve dans l'épique, il criait : « C'est de l'homérique juif ! »

En revenant au souvenir de ce Café turc dont il s'était empli les yeux à l'exposition pendant une demi-heure, il rappela à Chassagnol cette bande de ciel ouaté de blanc, martelé d'azur, sur lequel semblait trembler un tulle rose; ces petits arbres buissonneux, pareils à des massifs de rosiers sauvages, le cône des ifs, des cyprès noirs percés de jours, cette rondeur d'une coupole, la ligne des terrasses, ce rayon vibrant sur des plâtres tachés du velours des mousses, ces murs ayant des tons de peau de serpent séchée et comme des écailles de reptile, ce craquelé de la muraille chatoyant sous les traînées du pinceau, l'égrenage du ton, l'émail de la pâte, les gouttelettes de couleur huileuse, les tons coulant en larmes de bougie, jusqu'à ce petit réduit de fraîcheur, où le coup de soleil pailletait d'or les nattes, allumait le fourneau vermillonné d'une pipe, le blanc ou le rouge d'un turban, une veste couleur d'or vert, une fleur au fond dans un jardin de fleurs. Il évoquait, ressuscitait, semblait repeindre tout le tableau, sa lumière, son ombre, la grande ombre chaude, vaporisée de chaleur, et au bas des colonnes porphyrisées et marbrées de bleu d'étain, la mare sourde et fumante aux eaux de sombre transparence, piquées çà et là d'un feu d'escarboucle, d'un reflet de ces palets de pierre précieuse avec lesquels jouent les gamins des *Mille et une Nuits*. Au bout de cela, Coriolis dit rêveusement :

— Ah! mon cher, l'Orient... l'Orient !... Moi je n'ai fait que de la cochonnerie...

— Laisse donc, — fit Chassagnol, — tu as tes qualités à toi... de très-grandes...

— De la cochonnerie, je te dis!... Une turquerie intelligente, spirituelle, coloriée, avec des qualités comme tu dis... oh! beaucoup de qualités! Mais jamais la note extrême... Et sans cette note-là, vois-tu en art... Ce qu'il fait, lui, ce n'est peut-être pas si vrai que moi... Mais c'est mieux, c'est... tiens, je ne sais pas quelque chose au-dessus... Vois-tu, c'est un Orient... un Orient...

— L'Orient de la poésie de *Child-Harold* et de *Don Juan*, dans du soleil à Rembrandt, c'est ça, hein?... Du Child-Harold rembranisé... — répéta deux ou trois fois Chassagnol.

Coriolis ne répondit pas, prit le bras de Chassagnol, et l'emmena, sans lui parler, dîner chez lui.

CI

— Eh bien! comment est-il aujourd'hui? — demanda Coriolis à Anatole qui apportait Vermillon pour l'installer sur le poêle.

Anatole, pour toute réponse remua tristement la tête. Et il se mit à arranger la couverture, la bourrant en traversin sous la tête du singe.

— Oh! qu'il pue! — dit Manette en regardant Vermillon par-dessus l'épaule de Coriolis qui était venu le caresser, et elle alla se rasseoir, à distance, au fond de l'atelier.

Le triste abattement de la mobilité, de la souplesse, de l'élasticité animale, faisait peine à voir chez Vermillon. La paresse aolente, la peine de ses mouvements, la paralysie de ses gamineries et de sa diablerie, ce qu'il y avait de la douleur d'un visage sur sa mine, en faisaient comme un petit malade approché tout près de l'homme et de sa pitié par cet air de souffrance humaine qu'a la souffrance des animaux. A tout moment, le pauvre petit malheureux soulevait sa tête, se retournait, changeait de pose et de place, donnant le déchirant spectacle de l'agitation continue dans l'incessant malaise et l'angoisse de toujours souffrir. Il se lamentait, se plaignait, poussait en grognant de petits : *hun, hun.* Une respiration visible et pénible courait sous la maigreur de ses côtes. Des frémissements nerveux lui fronçaient le front, relevant au-dessus de ses sourcils sa houppe de poils, et des crispations plissaient la chair de poule de son petit mufle aux coins de la bouche. Au haut de leurs orbites caves, ses yeux fermés laissaient voir une tache rouge, une meurtrissure de sang extravasé, qui faisait paraître plus bleu le bleuissement de ses paupières. Il restait longtemps avec un seul œil ouvert et veillant; puis, il s'enfonçait dans ce sommeil des malades, accablé, assommé, qui ne dort pas; il rouvrait soudain ses paupières, jetait de côté ses yeux agrandis de souffrance, où passait du désespoir et de la prière de bête. D'autres fois, il avait des regards circulaires qui faisaient le tour de la pièce, et s'arrêtaient avant de finir sur Anatole, des regards pleins de toutes sortes d'expressions, où se voyait comme la stupéfaction de sa souffrance, de son immobilité, de la corde qui pendait du plafond sans qu'il s'y balançât. On eût cru que par moments, dans la lente douceur de ses yeux orange, aux grandes pupilles noires, il y avait l'étonnement de voir le soleil jouer sans lui à la fenêtre.

De petites secousses de douleur faisaient donner à ses mains des coups nerveux dans l'air. Des frissons lui passaient qui remuaient ses poils et en ouvraient les épis comme un souffle. Ses jambes avaient des allongements de cuisse de lièvre blessé à mort. Sa tête se mettait à branler d'un horrible tremblement, au milieu d'efforts pour se dresser et se soutenir sur son séant, à l'aide de ses petites mains faibles qui se soulevaient de temps en temps et mettaient leurs deux petits poings crispés contre ses tempes; — un mouvement que les deux amis avaient vu dire, dans des agonies d'hommes : *Mon Dieu! que je souffre!*

Coriolis qui regardait cela, sa palette à la main, s'en retourna à son chevalet. Anatole resta près de Vermillon, lui relevant de son mieux la tête sous des bourrelets de couverture, le retenant doucement des deux mains dans les crises convulsives qui l'agitaient. Vermillon se jetait en avant comme s'il voulait se précipiter en bas du poêle. Puis, il restait agenouillé et aplati dans la pose d'un animal qui boit, avec son petit bras pendant; ou bien encore, il se tenait, de grands moments, appuyé sur le dos de ses mains rebroussées et montrant leur paume jaunâtre, les coudes élevés de chaque côté de son dos comme les pattes d'une sauterelle prête à sauter, la tête toute en dehors de la plaque du poêle, immobile, en arrêt sur une feuille de parquet.

La vie, comme il arrive chez ces petits êtres délicats, vivaces et nerveux, se débattait cruellement dans ce malheureux petit corps. C'étaient des secousses, des tressautements, des étirements, des tortillements inapaisables, des élancements, tout pareils à ces dernières révoltes qui jettent de travers, brusquement, les membres d'un malade, les pieds hors du lit, la tête dans le mur. Il essayait de s'arc-bouter, de se cramponner tout autour de lui; et sa main, sortie de sa couverture, se nouait à l'anse d'un gobelet de fer-blanc avec l'étreinte d'une griffe d'oiseau serrant une branche.

Avec les heures, presque avec les minutes, une sorte de vieillesse descendait dans le creux de l'amaigrissement de ses petits traits. Des tons malsains de corruption se mêlaient peu à peu sur sa face à un jaunissement de vieille cire. Son petit nez froncé prenait un brun de nèfle. Un peu de mousse bavait à son mufle. Des commencements d'immobilité et de refroidissement faisaient déjà monter de la mort dans le petit corps où la vie n'était plus guère que le mouvement du globe de l'œil sous les paupières toutes bleues, le battement et la fièvre d'un regard fermé. Tout à coup, il roula sur le côté ; sa tête eut un renversement suprême : elle bascula toute en arrière, avec un subit renfoncement dans les épaules, en découvrant le dessous blanc de son menton. Au bout de ses deux bras, allongés et roidis, ses deux mains serrèrent leur pouce sous leurs doigts ; des ondulations affreuses coururent, en serpentant, tout le bas de son corps. Un mouvement furieux, semblable à la détente d'un ressort qui casse, agita une de ses jambes qui battit désespérément dans le vide... Puis ce fut une immobilité où rien ne bougea plus qu'un petit tremblement de la plante des pieds.

— Tiens! il pleure!... Anatole qui pleure vraiment! — fit Manette.

Une larme venait de tomber de la joue d'Anatole sur le cadavre du singe, et le jour la faisait briller au bout d'un poil.

— Moi, je pleure?... — fit Anatole honteux, et se dépêchant de sécher sa larme avec du cynisme : — Ah! sacristi, j'ai oublié de lui demander s'il voulait un prêtre...

— Allons, c'est fini, dit Coriolis, en voyant le regard d'Anatole revenir au singe; et il jeta la couverture sur le singe.

— Alors je vais sonner pour qu'on nous débarrasse de ça? — fit Manette.

— Pas la peine, ma petite, — lui dit Anatole en lui arrêtant le bras d'un geste dramatique. — C'est papa que ça regarde!

CII

Anatole attrapa une serge verte jetée sur un plâtre dans un coin de l'atelier. Il coucha dedans, avec des mains presque pieuses, le cadavre de Vermillon; ramena la serge, la noua aux quatre coins, passa un paletot sur sa vareuse, mit son chapeau.

— Où vas-tu? — lui demanda Coriolis.

— Loin. Je vais où les concessions à perpétuité ne coûtent rien.

Quand il fut dans la rue de Rivoli, il monta sur l'impériale d'un de ces grands omnibus qui jettent les Parisiens dans la campagne. Il tenait son paquet sur ses genoux, et regardait dedans, de temps en temps, en écartant un petit peu de la toile.

A la porte Maillot, il descendit, entra dans le bois de Boulogne, prit une allée à droite, marcha, cherchant une place, un petit morceau de solitude où l'on pût faire une fosse en creusant un trou. Il y avait du monde partout, et pas un bout de désert.

Ce n'était pas l'heure. Il sortit du bois, s'en alla dans l'avenue de Neuilly, s'attabla dans un cabaret, et se mit à attendre l'heure du dîner en se faisant verser une absinthe.

Après le premier verre, il en redemanda un; après le second, un autre. Il suffisait d'un chagrin tombant dans un verre de n'importe quoi pour griser Anatole: au troisième verre d'absinthe, il était « raide comme la justice ».

Il mit sa tête contre le mur du cabaret, creusé, dans le plâtre, de trous de queues de billard qui y avaient fouillé du blanc. Il regarda le paquet de serge verte posé sur la paille d'un tabouret à côté de lui, et l'attendrissement de ses pensées lui échappant dans un monologue de pochard : — Mort! toi, mort! Pauvre bibi! hein, c'est vilain?... Penser que tu es là! ratatiné, tout froid... C'est ça, toi! ça!... plus que ça, rien que ça!... On me prend, vois-tu, pour un garçon bottier qui reporte de l'ouvrage en ville... Des imbéciles, laisse donc... Qu'est-ce que ça me fait? Pauvre vieux, te voilà donc lancé dans l'éternité, dans cette grande canaille d'éternité!... Te laisser ramasser par un chiffonnier, par exemple... comme elle voulait, elle... pour que je te trouve empaillé sur le boulevard Montmartre, chez le naturaliste, dans une scène à personnages!... Ah! bien oui, plus souvent!... C'est moi qui vais te mettre à l'ombre quelque part où tu ne seras pas embêté... dans un joli endroit où tu n'auras pas des bottes de sergent de ville sur la tête... As pas peur!... Petit gredin! tu m'as pourtant mordu une fois... C'est vrai que tu m'as mordu, te rappelles-tu?

Des maçons mangeaient un morceau à une table à côté de la sienne. Il demanda à manger à la fille qui servait. Mais quand il eut devant lui le *rata* du jour, il ne put y goûter. Il avait comme un malheur qui lui barrait l'estomac et lui bouchait l'appétit : il souffrait d'une impression d'avoir perdu quelqu'un, qu'il n'avait jamais eue.

Il demanda un litre, après le litre de l'eau-de-vie, et en buvant : — Hein? Vermillon, — fit-il en se penchant, — plus de petits verres, c'est fini... Nous ne mettrons plus notre petite langue rose là-dedans...

Et il se leva, dit à ce qui était dans le paquet : — Viens! — et alla payer au comptoir.

Dehors, c'était la nuit. Sur le ciel violet et froid, roulait et moutonnait le caprice d'un grand nuage blanc, une immense nuée flottante et transparente, traversée, pénétrée, rayonnante de la lumière diffuse de la lune qu'elle voilait.

Anatole se trouvait au milieu de l'avenue de l'Impératrice, quand un morceau de la lune jaillit du nuage déchiré.

— Bravo l'effet! — fit Anatole. — Le tableau de Girodet... l'enterrement d'Atala, gravé par monsieur... monsieur... Tiens, voilà que je ne sais plus le nom de la gravure d'Atala... Mais, regarde donc, Vermillon, vois-tu? Le soleil avec un crêpe... un enterrement nature, et soigné! Tu as le ciel à ton convoi... la lune, rien que ça! Première classe, franges d'argent, tenture et tout, les nuages dans des voitures...

La lune pleine, rayonnante, victorieuse, s'était tout à fait levée dans le ciel irradié d'une lumière de nacre et de neige, inondé d'une sérénité argentée, irisé, plein de nuages d'écume qui faisaient comme une mer profonde et claire d'eau de perles; et sur cette splendeur laiteuse, suspendue partout, les mille aiguilles des arbres dépouillés mettaient comme des arborisations d'agate sur un fond d'opale.

Les massifs serrés et maigres du bois commençaient à s'étendre. Le ruban blanchissant des allées s'enfonçait très-loin dans des taches de noir. Une voiture qui riait passa; puis un pas.

Anatole prit à gauche, entra dans un fourré, marcha cinq minutes, s'arrêta comme un homme qui a trouvé : il était dans une petite clairière. L'éclaircie était mélancolique, douce, hospitalière. La lune y tombait en plein. Il y avait dans ce coin le jour caressant, enseveli, presque angélique de la nuit. Des écorces de bouleaux pâlissaient çà et là, des clartés molles coulaient par terre; des cimes, des couronnes de ramures fines et poussiéreuses, paraissaient des bouquets de marabouts. Une légèreté vaporeuse, le sommeil sacré de la paix nocturne des arbres, ce qui dort de blanc, ce qui semble passer de la robe d'une ombre sous la lune, entre les branches, un peu de cette âme antique qu'a un bois de Corot, faisaient songer devant cela à des Champs-Élysées d'âmes d'enfants.

Rien ne déchirait le silence qu'un appel de canards, de loin en loin, et le bruissement de la nappe d'eau du lac, frissonnante, à l'horizon.

Une rochée de trois bouleaux se levait sur un côté de la clairière, se détachant du massif; la lune écaillait un peu le bas de leur écorce. Anatole défit, tout auprès, le nœud de son paquet : les paupières entr'ouvertes de Vermillon laissaient voir ses yeux, ces yeux horriblement doux de singe mort qui avaient encore un regard; ses dents blanches, serrées, avançaient un peu sur son museau contracté et retiré.

Anatole s'agenouilla, tira son couteau et se mit à creuser. Et tandis qu'il travaillait, un chantonnement nègre lui vint aux lèvres, une espèce de bercement funèbre, comme si, avec le gazouillis des chansons que Saïd chantait à l'atelier, il espérait s'approcher de l'oreille de Vermillon.

Il marmottait : — Dansez, Canada! fougoum, fougoum! Vermillon mouru, moi lui faire petit trou, petit nid, petit, petit... bien gentil! Paradis là-dessous... Bienheureux, Vermillon... paradis! Dansez, Canada! Plus souffrir, Vermillon! bon petit singe s'en aller, s'envoler... dans le bleu! Asie, Afrique, Amérique, à lui! Dansez, Canada! dansez, Cocoli, Bengali, Colibri! Des Mississipi, des forêts vierges à Vermillon... boire aux rivières, boire au soleil, boire aux fruits des arbres! des noix de coco, tout plein! Dansez, Canada! Pays où il n'y a pas d'hommes... Le bon Dieu pour les singes, tous les jours, toute la vie... Vermillon courir, Vermillon avoir bien chaud dans le dos... Vermillon retrouver ses amis... Vermillon là-haut! Vermillon, amour! oiseau! étoile!... petite fleur bleue! pervenche! Psitt!... plus rien! Dansez, Canada!

Le trou était creusé : posant au fond le dos de sa main, Anatole tâta :

— Ah! mon pauvre frileux, — dit-il sérieusement et tristement, avec un son de voix dégrisé, — tu vas trouver la terre bien froide...

Et le prenant dans ses bras, il lui ferma les paupières comme à une personne. Il lui déroidit les membres, plia sa queue sous lui, le mit dans la petite fosse, ramena avec les mains la terre sur le trou. Et, quand il eut marché et piétiné dessus, il se mit, assis à la turque, à fumer une longue cigarette silencieuse.

Il était plein d'idées qui ne pensaient à rien. Cependant quelque chose de lui lui paraissait mort et fini : il y avait de sa gaminerie sous terre.

Il se leva. Il était ému et barbouillé. Il avait le cœur ivre, étourdi et remué. Il tomba sur le premier banc dans une grande allée, s'allongea tout de son long, un bras, une jambe pendants, et là s'endormit.

Au bout de quelques heures, il se réveilla. Il n'y avait plus de lune, et il pleuvait. Il se tâta : il était trempé.

Il sauta sur ses jambes, courut devant lui, jusqu'à une porte du bois, vit de la lumière à un poste de douaniers, entra là, demanda à se chauffer, envoya chercher une bouteille d'eau-de-vie, but cette bouteille-là et une autre avec les douaniers ; et quand il rentra le matin, Coriolis lui demandant ce qu'il était devenu, ne put rien tirer de ses souvenirs abrutis que cette phrase : — Les gabelous, très-gentils !... très-gentils, les gabelous...

CIII

Les amis de Coriolis s'étaient étonnés de ne pas le voir commencer quelque grand morceau, une œuvre importante à son retour de Fontainebleau, après un si long repos. Des mois se passaient : Coriolis continuait à ne rien jeter sur la toile. Il sortait toute la journée, et s'en allait errer dans Paris.

Il battait les quartiers les plus éloignés et les plus opposés ; il coudoyait les populations les plus diverses. Il allait, marchant devant lui, fouillant, d'un œil chercheur, dans les multitudes grises, dans les mêlées des foules effacées ; tout à coup, s'arrêtant et comme frappé d'immobilité devant un aspect, une attitude, un geste, l'apparition d'un dessin sortant d'un groupe. Puis, accroché par un individu bizarre, il se mettait à suivre, pendant des heures, l'originalité d'une silhouette excentrique. Les passants se troublaient, s'inquiétaient presque de l'inquisition ardente, de la fixité pénétrante de ce regard qui les gênait, se promenait sur eux, leur faisait l'effet de les creuser et de les pénétrer à fond.

Quelquefois, tirant de sa poche un petit carnet grand comme la moitié de la main, il jetait dessus deux ou trois de ces coups de crayon qui attrapent l'instantanéité d'un mouvement. Il fixait d'un trait l'effort d'une attelée de maçons, la paresse d'un accoudement sur un banc de jardin public, l'accablement d'un sommeil dans des démolitions, le hanchement d'une blanchisseuse au panier lourd, le renversement d'un enfant qui boit au mufle de bronze d'une fontaine, la caresse enveloppante avec laquelle un ouvrier herculéen porte son enfant dans des bras de nourrice, ce qu'il y a des cariatides du Puget dans un fort de la Halle, un morceau quelconque du sculptural naturel, superbe, ému, qu'indique et montre le spectacle de la rue. Journées de fatigue, souvent stériles, mais qui souvent aussi donnaient à l'artiste, en quelque coin obscur, sous quelque porte cochère, une de ces rencontres soudaines de la réalité pareilles à une illumination de son art.

Une fois, par exemple, il avait passé des heures à se graver dans la mémoire une tête de mendiante aveugle, le plus beau des visages douloureux que la peinture ait jamais rêvés : un profil de vieille femme octogénaire, dans la ligne rigide du dessin de Guido Reni du Louvre, une tête décharnée, fondue, ciselée par la maigreur, sculptée par toutes les misères, les joues remuées et tremblantes du souffle d'une petite toux, le masque de marbre de la Vie sans yeux et sans pain, avec, sur la peau d'un blanc de vélin, des polissures comme d'une chose usée ; une tête de Niobé aux Petits-Ménages et de Reine en madras, dont les cheveux gris, le cou tendu et plein de cordes, la majesté du désespoir, la paralysie de statue, faisaient retourner jusqu'à l'étonnement des gens du peuple qui passaient.

D'un bout à l'autre de Paris, il vaguait, étudiant les

types saillants, essayant de saisir au passage, dans ce monde d'allants et de venants, la physionomie moderne, observant ce signe nouveau de la beauté d'un temps, d'une époque, d'une humanité : — le caractère, qui passe comme un coup de pouce artiste sur ces figures fiévreuses, agitées; le caractère qui marque et désigne pour l'art la face des pensées, des passions, des intérêts, des vices, des maladies, des énergies d'une capitale. Sa curiosité scrutait ces visages de civilisés, qui reportent le regard si loin du vague sourire dormant des Eginètes et de la divine placidité grecque; ces visages travaillés d'idées, de sensations, de toutes les acquisitions d'activité morale de l'homme, éreintés par la complexité des préoccupations, tourmentés par la dureté de la carrière, le labeur enragé, la peine de vivre. Il interrogeait ces faces de gens qui courent dans les rues, comme la fourmi dans la fourmilière, avec un paquet sous le bras, ou une affaire dans la poche, les hommes de misère qui traînent leur faim devant les changeurs, ces physiques de voyou, cachant la méchanceté des instincts sous la féminilité d'une tête de Faustine, ces tournures d'inventeurs, portés par leurs jambes qui vont, monologuant sur le trottoir, avec de grands gestes d'acteur.

Il étudiait cette beauté singulière, spirituelle, l'indéfinissable beauté de la femme de Paris. Il suivait ces apparitions imprévues, ces mines chiffonnées et rayonnantes, ces petites personnes étranges, fleuries entre deux pavés, ce qui s'enfonce à Paris, comme la lumière d'une grisette et l'aube d'une courtisane, dans le noir d'un escalier à rampe de bois. Il essayait d'analyser le charme de ces jeunes filles maigres ayant aux tempes le reflet des lampes de l'atelier, pâles de veilles, et comme vaguement torturées d'une nostalgie de paresse et de luxe. Parfois, sous un mauvais bonnet, il apercevait une exquisité de grâce, une rareté d'expression, un air de cette suavité souffrante, de cette mélancolie virginale que la vie des grands centres, le raffinement des civilisations, la fin des sangs pauvres, semblent faire tomber sur le visage des petites ouvrières. Un jour, il emporta dans son souvenir, pour une étude qu'il commença le lendemain, le visage de la fille d'une portière, une pauvre petite lymphatique, si douce, si souffreteuse, si blanche, les yeux si pleins de ciel dans leur grande ombre, qu'elle faisait rêver à un ange malade.

Au fond de lui, dans cette agitation de ses promenades, il y avait un grand malaise, l'inquiétude qui prend un homme quitté par une religion de jeunesse. Il était à ce moment critique, à cette heure de la vie d'un artiste où l'artiste sent mourir en lui comme la première conscience de son art : instant de doute, de tiraillement, d'anxiété où, tâtonnant de son avenir, tiraillé entre les habitudes de son talent et la vocation de sa personnalité, il sent tressaillir et s'agiter en lui le pressentiment d'autres formes, d'autres visions, le commencement de nouvelles façons de voir, de sentir, de vouloir la peinture.

CIV

— Vrai, la terre tourne?

Manette posait pour une répétition du *Bain turc*, commandée par un banquier de Rotterdam à Coriolis qui faisait effort dans ce travail pour se rattacher à sa peinture passée.

Un hasard de parole l'avait amené à dire à sa maîtresse que la terre tournait.

— La terre tourne? Ça sur quoi je suis? — reprit Manette en regardant en bas : elle avait l'air d'avoir peur de tomber. — Ça tourne?

Elle releva les yeux sur Coriolis comme pour lui demander s'il ne se moquait pas d'elle.

Coriolis se mit à vouloir lui expliquer ce qu'elle ne savait pas, et comme il le lui expliquait aussi mal qu'il le savait :

— Ne continue pas, — lui dit-elle tout à coup, — il me semble que j'ai mal au cœur, avec tout ce que tu me dis qui tourne...

Coriolis se tut, et se remit à peindre Manette... Mais il n'était pas en train. Il grondait, tout en brossant, contre la hâte singulière que Manette avait de le voir finir cette toile.

— Ton corps, — finit-il par lui dire, — eh? mon Dieu, ton corps, il ne va pas changer d'ici à huit jours...

— Tu crois? — fit Manette. Et elle laissa tomber de la pointe rose de sa gorge jusqu'au bout de ses pieds, sur la virginité de ses formes, le dessin de sa jeunesse, la pureté de son ventre, un regard où semblait se mêler l'amour d'une femme qui se regrette à la douleur d'une statue qui se pleure.

— Ah! — fit Coriolis.

Il avait compris.

— Oui... — dit Manette en baissant la tête, avec le ton d'une femme qui va pleurer.

Coriolis se sentit une secousse au cœur. Mais aussitôt, honteux de cette émotion, l'artiste fit taire l'homme avec une ironie :

— Eh bien! ma pauvre Manette, qu'est-ce que tu veux? nous sommes dans des siècles chipies et prudhommesques... Autrefois, dans un pays d'antiques, un pays dont tu as vu les statues au Musée, il y avait un modèle, un modèle comme toi, aussi bien, à ce que je me suis laissé dire... On l'appelait Laïs... Il lui arriva... ce qui t'arrive... Cela fit une révolution dans le pays... L'Institut de l'endroit où il y avait des peintres aussi coloristes que M. Picot, et des marbriers un peu plus forts que M. Duret, l'Institut de l'endroit poussa des cris de désolation... Les dessinateurs en masse déclarèrent qu'ils ne trouveraient jamais la correction de M. Ingres, si on laissait la nature abîmer leur modèle... Il y eut des rassemblements, des articles de petits journaux, des commissions, des sous-commissions, tout ce qui constitue un mouvement national... Et l'on finit par mener

Laïs à Cos, chez un fameux médecin que tu as peut-être vu dans une gravure, le nommé Hippocrate...

Et comme il allait continuer, Coriolis s'arrêta dans sa plaisanterie, devant l'expression de Manette, la fixité de la pensée de ses yeux.

Allant à elle, il lui prit la tête, la lui renversa sur ses genoux, et appuyant sur elle le sérieux de son regard, il fouilla jusqu'au fond de sa tentation.

Manette se cacha dans son cou, pour qu'il ne la vît pas rougir.

CV

L'intérieur de Coriolis était toujours heureux. Anatole continuait à y jeter sa gaieté, ses folies gamines. Manette y mettait l'enchantement de sa personne.

Quand elle était là, dans l'atelier, vêtue d'une robe blanche, sur laquelle tranchait un petit châle d'enfant d'un rouge sang de bœuf, la taille dénouée et toute alanguie des paresses de la femme grosse, belle d'une beauté nonchalante, épanouie, rayonnante, — Coriolis oubliait tout.

Une tendresse reconnaissante s'était peu à peu glissée dans son amour pour cette femme qui remplissait et animait sa maison, lui faisait la vie coulante et facile, lui épargnait les tracas du ménage, mettait chez lui un de ces gouvernements légers qu'on ne voit pas et qu'on ne sent pas.

Entre Manette et lui, il y avait tous les rapprochements qui font du modèle la maîtresse naturelle de l'artiste. Au milieu de cette ignorance de peuple qui ne lui déplaisait pas, Coriolis lui trouvait le charme de ces connaissances qu'ont les femmes grandies dans les ateliers. Manette avait vu peindre et savait comment se fait de la peinture. Les choses du métier de l'art lui étaient familières : elle en connaissait le nom et l'usage. Elle ne disait pas de bêtises bourgeoises devant une toile. Elle respectait le silence d'un homme à son chevalet. Elle s'entendait à laver des brosses, et elle reconnaissait vaguement des tons distingués dans une toile. En un mot, elle était « *du bâtiment* ».

Coriolis lui savait encore gré d'autres agréments. Elle lui plaisait en se suffisant à elle-même, en se tenant compagnie, en se passant des sociétés de femmes, en ne voyant point d'amies. Elle lui plaisait par sa froideur au plaisir, sa paresseuse sérénité, son air content dans cette existence paisible et monotone. Elle avait un ensemble de qualités soumises, une docilité gracieuse à ce qu'il disait, à ce qu'il voulait, une obéissance à ses idées, une sorte d'aimable effacement de caractère : elle ne laissait guère échapper que de petites susceptibilités sur des mots, des phrases qu'elle ne comprenait pas et qui, tout à coup lui mettant un coup de rouge aux pommettes, la rendaient un moment boudeuse ou colère avec de petits gestes de sauvagerie méchante.

Aussi un attachement de gratitude et de confiance venait-il à Coriolis pour cette maîtresse si peu absorbante, d'apparence si détachée de tout désir de domination, et qu'il voyait, repliée sur elle-même, ennuyée d'en sortir, fatiguée d'allonger sa pensée aux choses à côté d'elle. Elle était pour lui dans sa vie du calme et du repos, une compagnie bonne pour ses nerfs d'artiste. Dans sa société tranquille, sa douce présence, les demi-paroles de sa bouche, les demi-caresses de ses mains, il y avait comme un mol apaisement qui berçait les fatigues du peintre, endormait ses contrariétés, ses prévisions mauvaises, ses tourments d'imagination...

Et il lui semblait que cette jolie créature apathique dégageait autour d'elle la paix, la santé, la matérialité d'un bonheur hygiénique.

CVI

Coriolis devenait casanier, presque sauvage. Il avait l'horreur de s'habiller, refusait les invitations, n'allait plus nulle part. L'homme de travail, d'incubation, ne se plaisait plus que dans le recueillement de l'intérieur, la tranquillité du coin du feu, le négligé de la vareuse et des pantoufles.

Le soir, après dîner, dans son atelier, il fumait de longues pipes méditatives; puis, au milieu de la causerie de deux ou trois amis qui étaient venus manger sa soupe, il se mettait à dessiner et crayonnait jusqu'à minuit.

Un soir qu'il dessinait ainsi, seul avec Chassagnol et Anatole :

— Eh bien! — lui dit Chassagnol, en regardant ce qu'il jetait sur le papier, un souvenir de la rue, — toi qui me blaguais quand je te disais qu'il y avait quelque chose là... Il me semble que tu y viens...

— Eh bien! oui, j'y viens... Je me débattais contre moi-même en te combattant... Je me gendarmais, je ne voulais pas... J'étais dans une autre chose... C'est le diable... On ne veut pas reconnaître qu'on se blouse... Tiens! ç'a été fini à ma dernière maladie... La turquerie, bonsoir! Je lui ai fait mes adieux en croyant mourir... Maintenant, c'est mort... Et tu me vois depuis ce temps-là... désorienté... Tiens! c'est le mot... un homme qui cherche... qui essaye de se raccrocher... Enfin, ce qu'il y a de sûr, c'est que je vais passer à d'autres exercices... Tu verras ce que je veux faire...

— Bravo! Le moderne... vois-tu, le moderne, il n'y a que cela... Une bonne idée que tu as là... Eh bien! vrai, ça me fait plaisir, beaucoup de plaisir... parce que... écoute... Je me disais : Coriolis qui a ça, un tempérament, qui est doué, lui qui est quelqu'un, un nerveux, un sensitif... une machine à sensations... lui qui a des yeux... Comment! il a son temps devant lui, et il ne le voit pas! Non, il ne le voit pas, cet animal-là... Non, non, non... — répéta Chassagnol avec un rire bête et fou qui ricanait. — Mais, est-ce que tous les peintres, les grands peintres de tous les temps, ce n'est pas de leur temps qu'ils ont dégagé le Beau? Est-ce que tu crois que ça n'est donné qu'à une époque, qu'à un peuple, le beau? Mais tous les temps portent en eux un Beau, un Beau quelconque, plus ou moins à fleur de terre, saisissable et exploitable... C'est une question de creusage, ça... Il se peut que le Beau d'aujourd'hui soit enveloppé, enterré, concentré... Il faut peut-être, pour le trouver, de l'analyse, une loupe, des yeux de myope, des procédés de physiologie nouveaux... Voyons, tiens, Balzac? Est-ce que Balzac n'a pas trouvé des grandeurs dans l'argent, le ménage, la saleté des choses modernes? dans un tas de choses où les siècles passés n'avaient pas vu pour deux liards d'art? Et il n'y aurait plus rien pour l'artiste dans l'ordre des choses plastiques, plus d'inspiration d'art dans le contemporain!... Je sais bien, le costume, l'habit noir... On vous jette toujours ça au nez, l'habit noir! Mais s'il y avait un Bronzino dans notre école, je réponds qu'il trouverait un fier style dans un Elbeuf. Et si Rembrandt revenait... crois-tu qu'un habit noir peint par lui ne serait pas une belle chose?... Il y a eu des peintres de brocard, de soie, de velours, d'étoffes de luxe, d'habits de nuage... Eh bien! il faut maintenant un peintre du drap : il viendra... et il fera des choses superbes, toutes neuves, tu verras, avec ce noir d'affaires de notre vie sociale... Ah! cette question-là, la question du moderne, on la croit vidée, parce qu'il y a eu cette caricature du Vrai de notre temps, un épatement de bourgeois : le *réalisme!*... parce qu'un monsieur a fait une religion en chambre avec du laid bête, du vulgaire mal ramassé et sans choix, du moderne... bas, ça me serait égal, mais

commun, sans caractère, sans expression, sans ce qui
est la beauté et la vie du Laid dans la nature et dans
l'art : le *style* ! dont tu faisais si justement l'autre jour le
génie, la griffe du lion, chez un peintre... Et puis quoi,
le Laid ? ce n'est qu'une ombre de ce monde-ci, si vilain
qu'il soit. A côté de la rue, il y a le salon... à côté de
l'homme, il y a la femme... la femme moderne... Je te
demande si une Parisienne, en toilette de bal, n'est pas
aussi belle pour les pinceaux que la femme de n'importe
quelle civilisation ? Un chef-d'œuvre de Paris, la robe,
l'allure, le caprice, le chiffonnement de tout, de la jupe
et de la mine !... et dire que cette femme-là, la femme
du dix-neuvième siècle, la poupée sublime, tu ne l'as
pas encore vue dans un tableau d'une valeur de deux
sous... Pourquoi ? On n'a jamais pu savoir... Ah ! les
lisières, les exemples, les traditions, les anciens, la
pierre du passé sur l'estomac !... Sais-tu sur quoi me
semblent donner les ateliers d'à présent ? tiens ! sur le
cimetière de l'Idéal... Mais vois donc David, David qui a
jeté pour trente ans d'Hersilie dans les boîtes à couleur,
David n'a fait qu'un morceau de passion, qu'un tableau
qui vit : son Marat !... Le moderne, tout est là. La sensation, l'intuition du comtemporain, du spectacle qui
vous coudoie, du présent dans lequel vous sentez frémir vos passions et quelque chose de vous... tout est là
pour l'artiste, depuis l'âge d'Égine jusqu'à l'âge de l'Institut... Ah ! je sais, il y a des articles de rêveurs, des
enfileurs de phrases à sang blanc pour vous dire qu'il
faut s'abstraire de son époque, remonter au répertoire
du *canon* ancien des sujets et de l'intérêt ! L'hiératisme
alors ? Des farces enfoncées par la vapeur et 1789 !... ça
rentre dans les individus métempsycosistes et transposés
qui ont besoin que les choses où les gens aient cinq
cents ans sur le dos pour leur trouver de la noblesse,
de l'actualité ou du génie... Le dix-neuvième siècle
ne pas faire un peintre ! mais c'est inconcevable... Je
n'y crois pas... Un siècle qui a tant souffert, le grand
siècle de l'inquiétude des sciences et de l'anxiété du

vrai... Un Prométhée raté, mais un Prométhée... un Titan, si tu veux, avec une maladie de foie... un siècle comme cela, ardent, tourmenté, saignant, avec sa beauté de malade, ses visages de fièvre, comment veux-tu qu'il ne trouve pas une forme pour s'exprimer qu'il ne jaillisse pas dans un art, dans un génie à trouver, et qui se trouvera... Après ce grand grisailleur douloureux, Géricault, il y a eu un homme, tiens! Delacroix... c'était peut-être l'homme à cela... un tempérament tout nerfs, un malade, un agité, le passionné des passionnés... Mais il n'a rien vu qu'à travers le romantisme, une bêtise, un idéalisme de pittoresque... Et pourtant, que de choses dans ce sacré dix-neuvième siècle !... C'est que, sacristi! il y en a pour tous les goûts... Si c'est trop petit pour vous, les mœurs du temps, les scènes, la rue qui passe, vous avez aussi du grand, du gigantesque, de l'épique dans ce temps-ci... Vous pouvez être un peintre d'histoire du dix-neuvième siècle... et un fier! toucher à des émotions humaines qui seront un jour aussi classiques, aussi consacrées que les plus vieilles! L'Empire, tenez! il y a de quoi se promener, même après Gros... Homère, toujours Homère! Et l'Homère de l'Institut! Mais nous avons eu, depuis Achille, un monsieur qui faisait des épopées à la journée, un certain Napoléon qui ramassait tous les jours de la gloire à peindre... L'incendie de Moscou, voyons, ça peut bien tenir à côté de l'embrasement de Troie... et la retraite des Dix Mille a peut-être un peu pâli depuis la retraite de Russie... Voilà des cadres! voilà des pages! Il y a tous les soleils là-dedans, et de l'homérique tant qu'on en veut! Des grands tableaux, des tableaux d'histoire, mais le moderne en a donné des programmes aussi magnifiques que les plus beaux du monde... Depuis 1789, il en pleut des scènes dans les révolutions de France, qui sont grandes... comme nous!... La Terreur, ce sont nos Atrides!... Tiens! prends la Vendée, et dans la Vendée le passage de la Loire à Saint-Florent-le-Vieux...... Figure-toi l'*Iliade* et le *Dernier des Mohicans!*... le demi-cercle de la colline... la vaste plage... quatre-vingt mille personnes entassées... l'eau où l'on entre.., les chevaux qu'on pousse... l'incendie, la fumée, les *bleus* par derrière... La Loire jaune, plate et large avec une île au milieu comme un radeau... et le bord, là-bas, noir de gens passés et plein de leur murmure... Une vingtaine de mauvaises barques pour passer tout cela... les barques de Michel-Ange dans le *Jugement dernier!*... Devant, pêle-mêle, les prisonniers républicains, les chapeaux avec des sacrés-cœurs, Bonchamps qui agonise, Lescure mourant sur un matelas porté par deux piques, les pieds dans des serviettes... et des femmes des enfants, des vieillards, des blessés, un peuple, la migration d'une guerre civile en déroute!... Et là-dedans des déguisements, comme ces cavaliers avec de vieux jupons. ces officiers avec des turbans pris au théâtre de la Flèche, la défroque du *Roman comique* tombée sur l'épaule d'une légion thébaine... Quel tableau! hein! quel tableau!... C'est grand comme le Passage du Nil!

— Oui, dit Coriolis profondément absorbé, et ne paraissant pas entendre. — Oui, rendre cela avec un dessin qui ne serait ni antique ni renaissance...

— Ça ne te satisfait pas, la main de Michel-Ange? — dit Anatole en levant le nez, dans le fond de l'atelier, d'un volume de l'*Illustration*.

— La main de Michel-Ange, qui n'en est pas d'abord, de Michel-Ange... Et puis, non, ce n'est pas ça... Il faudrait une ligne à trouver qui donnerait juste la vie, serrerait de tout près l'individu, la particularité, une ligne vivante, humaine, intime, où il y aurait quelque chose d'un modelage de Houdon, d'une préparation de La Tour, d'un trait de Gavarni... Un dessin qui n'aurait pas appris à dessiner, qui serait devant la nature comme un enfant, un dessin... Je sais bien, c'est bête ce que je dis... plus vrai que tous les dessins que j'ai vus, un dessin... oui, plus humain, ça me rend mon idée.

CVII

Lentement Manette avait pris sa place dans l'intétérieur. Elle s'y était peu à peu et de jour en jour installée, établie. De cette pose dans la maison qu'a la maîtresse, dont le paquet d'affaires est tout fait dans la commode, de la pose sur la branche où la femme, mal à l'aise avec les gens, effarouchée de ce qui entre, humble, inquiète, furtive, tremble au vent comme une chose aux ordres d'un caprice, toute prête au balayage du lendemain, elle s'était élevée à l'aisance, à l'équilibre, à cet air de maîtresse de maison qui laisse voir dans toute une femme, dans son geste, son ton, sa voix, dans l'épanouissement de sa robe sur un divan, qu'elle est chez elle chez son amant. Elle avait passé le temps où les domestiques s'adressent à l'homme, et consultent du regard Monsieur avant de faire ce que dit Madame : ses ordres commençaient à être pour le service la volonté de Coriolis. Les camarades qui venaient à l'atelier ne la traitaient plus avec leur premier sans-façon : il y avait chez eux comme un accord tacite pour reconnaître en elle la maîtresse officielle, la femme à demeure, ancrée dans le domicile, dans la vie de leur ami, montée à l'espèce de dignité d'une liaison quasi-conjugale. Devant elle, la conversation devenait moins libre, prenait un ton qui la respectait à peu près comme une personne mariée; et un jour qu'Anatole avait lancé un mot un peu vif, Coriolis lui dit un : « Où te crois-tu? » si sérieusement, que Manette elle-même ne put s'empêcher d'en rire.

Manette avait eu à peine besoin de travailler à ce changement. Il s'était fait presque tout seul, par le courant naturel des choses, par la lente et progressive infiltration de l'influence féminine, par l'habitude, par l'oreiller, par la succession de ces accroissements, pareils aux alluvions du concubinage, grandissant la position, le pouvoir, l'initiative de la maîtresse avec tout ce qui se détache à la longue, dans l'amollissement du ménage, de la force de l'homme pour aller à la faiblesse de la femme.

Et maintenant Manette n'était plus seulement la maîtresse : elle était une mère.

CVIII

En devenant mère, Manette était devenue une autre femme. Le modèle avait été tué soudainement, il était mort en elle. La maternité, en touchant son corps, en avait enlevé l'orgueil. Et en même temps une grande révolution intérieure s'était faite secrètement au fond d'elle. Elle s'était renouvelée et avait changé de nature, comme dans un dédoublement de son existence qui aurait porté en avant d'elle et de son présent tout son cœur et toutes ses pensées. Elle avait fini d'être la créature paresseuse d'esprit et de corps, d'instinct bohème, satisfaite d'une inertie de bien-être et d'un bonheur d'Orientale. Des entrailles de la mère, la juive avait jailli. Et la persévérance froide, l'entêtement résolu, la rapacité originelle de sa race, s'étaient levés des semences de son sang, dans de sourdes cupidités passionnées de femme rêvant de l'argent sur la tête de son enfant.

Pourtant ce fond de son amour de mère restait enfoncé et caché chez Manette. Elle ne montrait rien de ces avidités ambitieuses qui s'agitaient en elle. Elle n'avait point demandé au père de reconnaître son fils. Même à ces moments d'effusion qui suivent les couches, dans ces heures où la femme est comme une malade douce et sacrée, elle n'avait pas laissé échapper un mot, une allusion au sort de ce fils. Jamais il ne lui était échappé une de ces paroles qui cherchent et tâtent, dans la charité ou la générosité d'un homme, le père d'un enfant naturel. Elle avait paru vouloir toujours, au contraire, écarter de Coriolis toute idée d'avenir, toute préoccupation d'engagement et de lien. Ce qui couvait en elle, les nouvelles et hardies convoitises éveillées par ses sentiments maternels, ne se trahissaient au dehors que par de longues absorptions dans lesquelles brillait son regard clair.

Elle attendait : elle n'avait ni hâte, ni précipitation. Le temps était pour elle, le temps qu'elle voyait tous les jours, autour d'elle, apporter à ses semblables, à d'anciennes camarades, la fortune de leurs rêves, faire monter des modèles à la société, au mariage, à la richesse, donner à celle-ci le nom et l'argent d'un marchand de châles, à celle-là, un château et une couronne de comtesse : elle le laissait agir, patiente et ferme dans l'assurance de ses espérances. Elle se confiait aux circonstances, aux hasards favorables, à la Providence de l'imprévu, à ces pouvoirs mystérieux qui semblent encore, aux héritiers du peuple d'Israël, chargés de mener à bien leurs affaires; elle se confiait à l'avenir que fait aux Juifs le Dieu des Juifs. Comme toutes ses pareilles, elle avait ce restant de croyances, la foi insolente dans sa chance, la certitude religieuse de son bonheur, de l'arrivée de tout ce qu'elle désirait. « Moi, d'abord, — disait-elle tranquillement, — je suis d'une religion où tout réussit. »

CIX

A peu près vers le temps où Chassagnol avait fait dans l'atelier sa grande tirade sur le moderne, Coriolis s'était mis à attaquer deux grandes toiles. Il y travaillait quinze mois, soutenu dans la fatigue, le courage d'un si long effort, par la perspective de l'Exposition universelle de 1855, qui, en rassemblant l'Art de tous les peuples, allait donner le monde pour public à sa grande et hardie tentative.

A l'Exposition du 15 mai, ces deux toiles montraient en même temps que le dégagement complet du coloriste annoncé par le *Bain turc*, un renouvellement du peintre, de ses procédés, de ses aspirations, de son genre. Dans ces deux compositions, intitulées, l'une : *Un Conseil de révision* et l'autre : *Un Mariage à l'église*, Coriolis apportait une pâte de couleur se rapprochant de la belle pâte espagnole, de larges harmonies solides et sévères, où ne restait plus rien des tons claquants de sa première manière, une étude rigoureuse de la nature, une accusation caractéristique de la réalité.

Le sujet de la première de ces toiles, la *Révision*, lui avait permis ce mélange de l'habillé et du nu qu'autorisent si rarement les sujets modernes. Des parties de corps superbes, un torse, un bras, une jambe, un fragment d'une forme qui se rhabillait ou se déshabillait, se détachaient çà et là. Au centre de la toile, sur l'estrade, devant les personnages du bureau, les uniformes, les habits noirs officiels, les têtes de fonctionnaires, l'académie d'un jeune homme examiné par le chirurgien dressait la figure admirable du nu martial du dix-neuvième siècle. Et des fonds de foule, dans la grande salle Saint-Jean, s'agitaient avec les turbulences et les émotions des loges du *Cirque* de Goya, dans ses lithographies de Bordeaux.

L'autre tableau de Coriolis, *Un Mariage à l'église*, représentait une messe de première classe à Saint-Germain-des-Prés. Le moment choisi par Coriolis était celui où le prêtre, faisant face au public, bénissait le poêle levé par deux enfants, deux petites figures éphébiques ressemblant à des génies de l'hyménée en collégiens. Derrière les mariés, se voyaient les deux familles sur les fauteuils rouges de premier rang. Beaucoup de femmes étaient complétement retournées ou de profil, regardant les toilettes avec la vague émotion du mariage et de la messe sur la figure. Des jeunes filles maigres, des virginités séchées, pointaient çà et là. Du milieu de la légèreté des élégances, se levait, dans une couleur puissante et magnifique, un suisse tenant de la main gauche une hallebarde dont le fer de lance laissait pendre un ruban de satin blanc : Coriolis l'avait peint de profil perdu, la bajoue et la barbe grise rebroussées par son col de chemise, sa grosse oreille détachée et coupée par le linge roide, son grand baudrier amarante et or traversant son habit chamarré et lourd, ses basques se perdant sur ses mollets bas et farnésiens, enfermés dans un coton blanc dont ils faisaient crever les mailles. Au delà de la balustrade, dans les stalles de bois, au-dessous des peintures, se dessinaient deux spirituelles silhouettes de prêtres, en surplis, dont l'un se chatouillait les lèvres avec le pompon de sa barrette; l'autre lisait l'office penché sur un livre dont la tranche dorée avait une lueur de la flamme des cierges. Dans le chœur, comme dans une rose de lumière, se perdaient des enfants de chœur à ceintures bleues, à robes de dentelles, l'officiant en chasuble d'or, l'autel d'or, avec son petit temple, les chandeliers, les candélabres allumés et dont les feux montaient dans le scintillement criard des verrières modernes. Pour repoussoir à toutes ces splendeurs, un coin de bas côté près du chœur rassemblait, au-dessous d'un tronc d'offrande, une vieille femme à genoux par terre, un bonnet sale et troué laissant voir ses cheveux gris; une espèce de petite brune mystique, en deuil de laine, les yeux au ciel, appuyée sur un parapluie, avec un geste de Sainte d'ancien tableau qui pose ses mains sur un instrument de supplice; une mère du peuple portant un enfant qui dormait tout roide dans ses bras, et un tout jeune ouvrier, en veste et en pantalon de cotonnade bleue, regardant la messe, les deux mains dans ses poches, et une miche de pain sous le bras.

CX

Coriolis éprouvait une grande et cruelle déception devant l'indifférence qui accueillait ses deux toiles à l'Exposition.

Le public, cette année-là, allait aux grands noms d'Ingres, de Delacroix, de Decamps. Sa curiosité s'éparpillait sur les écoles allemandes, anglaise, sur l'art étranger d'outre-Rhin, d'outre-mer. Son attention avait trop à embrasser pour reconnaître et saluer les efforts nouveaux de l'art français.

Il eut encore contre ses tableaux l'idée générale, l'opinion faite que la question de la représentation du moderne en peinture, soulevée par les essais, hardis jusqu'au scandale, d'un autre artiste, était définitivement jugée. La critique ne voulut pas y revenir; et il se fit entre elle et le public une tacite entente de parti pris pour ne pas tenir compte à Coriolis du réalisme nouveau qu'il apportait, un réalisme cherché en dehors de la bêtise du daguerréotype, de la charlatanerie du laid, et travaillant à tirer de la forme typique, choisie, expressive des images contemporaines, le style contemporain.

Son exposition n'eut aucun retentissement. On ne parla de lui que pour le plaindre de cette singulière idée. Et, au moment de clôturer son salon, dans un méprisant post-scriptum, le patriarche de l'éreintement classique l'accablait sous ce cliché de sa critique :

« ... Qu'il nous soit permis de parler ici, en finissant, de deux toiles sur lesquelles notre critique nous semble appelée à dire un dernier mot. Quoique le public en ait fait justice, il nous semble de notre devoir d'insister sur le caractère de ces deux malheureuses tentatives, osées par un peintre qui avait donné quelques promesses, et autour duquel la camaraderie avait essayé de faire quelque bruit... Quand de tels symptômes se produisent, quand le trouble de l'art se révèle par de tels signes, il faut les enregistrer; c'est à ce prix seulement qu'on peut suivre les déviations et les défaillances de l'école moderne... Comment l'auteur de ces deux pauvres et regrettables toiles, un *Conseil de révision* et une *Messe de mariage*, n'a-t-il pas compris que la grande peinture était incompatible avec la vulgarité, la réalité commune du moderne? Comment n'a-t-il pas compris qu'il y avait presque un blasphème à vouloir faire du nu, du nu divin, du nu sacré, avec le nu d'un conscrit? Comment n'a-t-il pas compris que la toilette a besoin de perdre son actualité et sa frivolité dans ce caractère de noblesse éternelle et permanente que savent seuls lui attribuer les maîtres?... A Dieu ne plaise que nous voulions décourager les jeunes talents! Mais il y a là, nous ne pouvons le cacher, quoi qu'il nous coûte, un grand abaissement. Peindre de tels sujets, c'est manquer à la haute et primitive destination de la peinture, c'est descendre l'art à la photographie de l'actualité. A quels abîmes de ce qu'on appelle maintenant « le vrai contemporain » veut-on donc nous entraîner? Supprimera-t-on dans la peinture l'intérêt moral, la perspective du passé, tout ce qui force l'esprit à s'élever au dessus de l'atmosphère commune? Nous ne pouvons nous défendre d'une pénible impression, en songeant que c'est devant l'étranger, à l'Exposition des grandes œuvres de l'Europe, en face de l'Allemagne, cette terre de la pensée qu'un peintre français a eu le triste courage d'exposer de pareils échantillons de la décadence de notre art... Sans doute, il n'y a pas à craindre que de tels exemples prévalent jamais : la France, si fidèle au sentiment et au bon sens de l'art, se rappellera toujours qu'elle est la noble patrie du Poussin et de Le Sueur. Mais les esprits clairvoyants ne peuvent s'empêcher de voir l'art actuel menacé, comme l'École grecque après la mort d'Alexandre, d'une invasion de ces peintres de mœurs vulgaires qu'on appelait alors des *rhyparographes*... Les barbares sont toujours aux portes de l'art, ne l'oublions pas ; et il importe à tous ceux dont c'est la charge, à la critique, dont c'est la mission, au gouvernement, dont c'est le devoir, de redoubler d'encouragements pour les talents purs, honnêtes, se vouant dans l'ombre à la peinture sévère, résistant aux basses sollicitations de la mode, du succès et du public, défendant la tradition, disons-le, la religion de cet art élevé dont l'École de Rome est le sanctuaire, l'asile et le palladium. »

CXI

Depuis quelque temps, Garnotelle venait assez souvent dîner chez Coriolis.

Manette, qui commençait à donner sa petite opinion, le soutenait dans la maison, disant à Coriolis qu'elle ne comprenait pas comment il vivait entouré de gens qui ne lui étaient bons à rien, et pourquoi il repoussait les avances d'un homme de talent, ayant un nom, une position, de relation honorable, et capable plus tard de lui être utile dans le chemin de son avenir.

Coriolis laissait Garnotelle revenir, non sans prendre un secret plaisir aux chamaillades, aux petites disputes taquines, aux asticotages entre Anatole et Garnotelle, chaque fois qu'ils se rencontraient ensemble. Anatole se trouvait blessé du ton de Garnotelle à son égard, et il était bien rare que sous l'excitation du vin, de la causerie, il n'*attrapât* pas son ancien camarade.

Un soir, il ne lui avait encore rien dit.

— Eh bien ! mon vieux, — fit-il après dîner, en allant s'asseoir auprès de lui, et en lui frappant amicalement sur la cuisse, — on dit donc que tu te présentes à l'Institut... Comment ! nous allons avoir un ami qui a encore des cheveux avec des palmes vertes ?... Merci ! de la chance

— Oh! oh! — dit Garnotelle, — je me présente... mais voilà tout... Je sais que je n'ai aucune chance... que je suis tout à fait indigne... Mon Dieu! ce sont mes camarades... On m'a un peu forcé la main... Oh! je ne serai pas nommé... Mais enfin, je l'avoue, je serais très-content, très-flatté, si tu veux, que mon nom fût sur la liste des candidats...

— Tu la fais à la modestie? C'est comme tu voudras... Farceur, va! laisse-moi donc tranquille... Tu as des chances, des chances... Tu ne te figures pas toutes tes chances, tiens!

— Eh bien! veux-tu me faire l'amabilité de me les dire? tu m'obligeras...

— Voici... D'abord, mon cher, tu n'es pas savant... Très-bon... excellent... L'Institut, ça lui va... Rien à craindre... Pas d'articles dans la *Revue des Deux Mondes*, pas même une brochure de cinquante centimes sur la fabrication des couleurs... Tu sais cela aussi bien que moi : un monsieur qui écrit... l'Institut, jamais! Et d'une... Comme orateur, tu ne tires pas des feux d'artifice... tu es tempéré comme métaphores... tu causes même mal... Encore très-bon, ça! Tu serais brillant dans les salons, tu ferais de l'effet, de l'esprit, du bruit, des mots, pour défendre l'Institut... Très-mauvais! Tu manquerais à la gravité de sa cause, tu compromettrais la solennité du corps... Du sérieux, du silence, voilà ce qu'il faut... et ce que tu as de naissance... Et de deux! Tu ne travailles pas dans la solitude... Encore une très-bonne note... Ça leur fait toujours peur d'un gaillard bizarre, indépendant, pas soumis... Le monde où tu vas, parfait! On n'y a jamais dit un mot contre l'Institut, c'est connu... Et puis, encore une bonne chose, ce n'est pas du monde qui tire trop l'œil... Tu l'as très-bien choisi... Voilà quelque temps que tu n'as pas trop de Presse; on ne parle pas trop de toi... une chance de plus... Ah çà! qu'est-ce qui te manque, je te demande un peu? Tout, tu as tout!... Voyons, tiens... tu ne montes pas à cheval...

Très-important... Si l'on te voyait cavalcader, tu comprends... Tu n'es pas d'une élégance exagérée... Enfin, tu n'as pas un chic de gentleman... tu n'es pas même... je te dis cela entre nous... tu n'es pas même, Dieu merci pour toi, d'une propreté à effrayer, — fit Anatole en lui mettant le doigt sur des taches de son collet d'habit. — Ah! si tu n'appelles pas tout cela des chances!... Comment! tu n'as rien qui te fasse remarquer, rien dans toute ta personne qui soit voyant... tu ressembles à tout le monde, des pieds à la tête... tu es arrivé, gros malin! à n'avoir pas de personnalité du tout... et tu viens nous dire que l'Institut ne voudra pas de toi!... Mais tu es l'idéal de l'Institut : ils te rêvent!

— Tu es très-amusant, — dit Garnotelle d'un air piqué.

— Et, quand à tout cela il vient s'ajouter la protection d'un bonhomme de là, qui voit dans le charmant garçon qui se présente le mari futur de mademoiselle sa fille...

— Oh! il n'y a rien de fait, — dit vivement Garnotelle, tout étonné de ce que savait Anatole, — et je te prierai de ne pas parler d'une personne...

— Charmante!... mais pas jolie, à ce qu'on dit... Oh! je la laisse! oh! je la laisse!... — fit Anatole avec une intonation de Sainville; et il se versa le second verre d'eau-de-vie qui montait la verve de ses charges, les poussait à une sorte d'insistance et de ténacité acharnée.

— Enfin, mon cher, mes compliments. Ce ne serait que la nièce d'un membre de l'Institut que tu serais encore un veinard, et un joli! Il y a des camarades... et qui étaient forts... qui n'ont jamais pu arriver à s'approcher de l'Académie autrement que par des femmes qui connaissaient du monde de la boutique, et qui assistaient aux grandes séances... Mais toi...

Garnotelle fit un geste d'impatience.

— Ah çà! mon cher, est-ce que tu me crois assez bête pour que je ne trouve pas ça tout simple... qu'un beau-père tâche de repasser sa contre-marque à son gendre, et de lui avoir un petit fauteuil à côté de lui, sous la coupole? Mais ça se fait dans les meilleures sociétés... C'est même dans les lois de la nature, tu ne trouves pas? Autrefois, on avait des idées bêtes dans ce corps de vieux immortels : ils se figuraient qu'un artiste était fait pour vivre pour l'art... Un jeune artiste qui se mariait dans une famille chouette et posée, c'était pour eux un *habile*, un *monsieur*... Mais aujourd'hui...

— Tiens! moi, je vais te dire ce que tu es, toi... — fit Garnotelle, avec une certaine animation, en lui coupant la parole, — tu es un blagueur! La blague t'a mangé, mon cher, et tu ne feras jamais que cela, des blagues!

— Vous êtes assommant, Anatole, — dit Manette. — Vous êtes toujours à tourmenter Garnotelle, n'est-ce pas, Coriolis? Moi, qui déteste qu'on se dispute... C'est si bon d'être un peu tranquille, après son dîner... à causer gentiment...

— Ah! si l'on ne peut plus rire maintenant! — fit Anatole. — Eh bien! quoi, parce qu'on bave un peu sur ses contemporains?... Et puis ça l'amuse, Garnotelle... N'est-ce pas que ça t'amuse, mon vieux Garnotelle?

CXII

Lorsque Manette était entrée dans la maison, Anatole s'était effacé devant elle, et il avait mis la plus aimable bonne grâce à lui céder la direction de l'intérieur, cette espèce de rôle de gouvernante que peu à peu il s'était laissé aller à remplir auprès de Coriolis. Manette lui en avait su gré. Puis Anatole s'était encore bien fait venir d'elle par des soins, des attentions, une sorte de petite cour.

Sans être taillé pour la passion, Anatole était un garçon de tempérament amoureux et de nature insinuante.

Prompt à s'enflammer en dessous, habile à se glisser sans en avoir l'air, il était un soupirant dans les coins, un patito de complaisance infatigable, un de ces séducteurs à petit bruit, sournois et modestes, qui peuvent un jour devenir dangereux. Il se chauffait aux femmes comme au feu des autres, et il s'acoquinait près des maîtresses de ses amis comme il s'acoquinait dans leur atelier. Cela lui semblait sans déloyauté et tout simple. Dans la vie, il ne s'était guère connu la propriété de rien, il avait toujours un peu vécu d'une existence à côté, et l'amour auquel il assistait, et qui se passait près de lui, lui semblait une chose à partager aussi bien que la soupe qu'on mange avec un camarade.

Aussi fut-il avec Manette ce qu'il avait été avec toutes les femmes rencontrées ainsi par lui en demi-ménage avec un homme : un *désireur*. Et Manette ne manqua pas d'être flattée de cette adoration humble, muette, contemplative, où elle trouvait et goûtait l'aplatissement d'un domestique. Un jour, comme on revenait de la campagne, où l'on avait été en bande, elle s'amusa beaucoup d'une provocation en duel d'Anatole au beau Massicot. Massicot avait coqueté avec elle toute la soirée d'une façon marquée : Anatole s'en était aperçu, puis s'en était indigné au nom de Coriolis qui n'avait rien vu; et l'ivresse lui enlevant un instant sa peur naturelle et foncière des coups, il était entré dans une frénésie d'homme qui a le vin mauvais, et qui se croit un peu l'amant de la femme d'un ami. Au reste, cet accès de jalousie et de courage dura peu : dégrisé le lendemain, il ne songea pas à se battre. Mais il avait eu un mouvement dont Manette ne put s'empêcher d'être flattée tout bas, en en riant tout haut.

Cependant, comme elle ne voulait point tromper Coriolis, qu'Anatole d'ailleurs était le dernier homme avec lequel elle l'eût trompé, un homme qu'elle mésestimait pour son peu de talent, et surtout pour son peu de notoriété artistique, elle fut vite lassée et ennuyée de ce pauvre et bas adorateur. Aux premiers jours, elle avait eu pour lui des yeux indulgents, des pardons de camarade. Maintenant elle voyait tous ses mauvais côtés. Elle lui trouvait des expressions, des mots, des manières abjectes, populacières, qui la dégoûtaient comme les taches de sa blouse blanche. Avec la superbe aristocratie de la femme de basse classe, ses dédains pour tout ce qui ne joue pas le *distingué*, elle finit par le prendre en grippe et en mépris. Elle ne lui pardonna plus rien, pas même de la faire rire. Toutes ses vanités féminines se soulevèrent contre l'idée qu'un homme d'un si mauvais genre pût aspirer à elle, et elle se trouva, au bout de quelque temps, honteuse au fond, humiliée, enragée de la persistance de cet amoureux patient qui continuait à faire le gentil et l'aimable, avec l'air de ne rien demander et d'attendre.

Mais voyant la vive affection de Coriolis pour Anatole, le besoin qu'il avait de sa bonne humeur, elle dissimulait tous ses méchants sentiments. De temps en temps seulement, tout doucement, avec son tact de femme, et sans que Coriolis pût y trouver une intention, elle remettait et faisait redescendre Anatole à l'humble place qu'il avait dans la maison, à l'infériorité et au parasitisme de sa position.

CXIII

A la fin de l'été, Coriolis partait tout à coup seul pour les bains de mer.

Il y restait un mois et en rapportait l'ébauche très-avancée d'un tableau.

C'était la plage de Trouville par un beau jour d'août, vers les six heures du soir, à l'heure où le soleil, s'abaissant sur la mer, fait remonter de chaque vague les feux d'un miroir brisé, et jette dans l'air plein de reflets une réverbération où les couleurs s'allument avec des vivacités de fleurs.

Au premier plan, dans le coin à droite et à l'abri d'ombre de deux cabanes de bain posées à angle droit, un baigneur aux formes athlétiques, en chemise de flanelle rouge violacée par la mer et noircie de mouillure à la ceinture, était debout sur ses larges pieds tannés s'enfonçant dans le sable, auprès de Normandes assises, en jupons noirs et en tricots noirs, le bonnet de coton tout blanc sur leurs figures au teint de pomme, aux yeux d'avoués. De là partait le chemin de planches, menant les pieds nus à la mer, qui faisait voir au bord du tableau comme des corbeilles d'enfants renversées : des grappes, des tas de jolis bébés, à moitié enterrés dans les trous que creusaient leurs petites bêches et leurs grandes cuillers de bois; un fouillis de chevelures blondes, de chairs roses, d'yeux noirs, de bras ronds, de mollets nus, de jupons aux dents de dentelles, de chapeaux de petit marin, de tabliers pleins de coquillages, de petites mains faisant des gâteaux de sable dans des bols russes, de robes blanches au gros chou de rubans dans le dos, un pêle-mêle d'où se détachaient deux petits garçons voués au Sacré-Cœur, qui, tout en rouge des bottines à la casquette, semblaient montrer là de la pourpre d'église.

Au milieu de ce petit monde éparpillé par terre, se levait un groupe de jeunes gens tout habillés de velours noir, et dont les courtes braies laissaient à découvert des bas à bandes bleues et rouges. Appuyés sur des parasols de soie jaune doublés de vert, ils causaient avec deux jeunes femmes qui laissaient pendre tout épars sur leurs burnous leurs cheveux encore un peu pleurants et moites de la lame du matin; et l'une des deux, tenant de sa main retournée la corde du mât des bains, faisait sécher dessus et chatouiller de soleil sa blonde chevelure annelée, qu'elle frottait, la tête un peu renversée, en se balançant doucement, contre le chanvre vibrant.

Jeté en avant, ce groupe coupait la longue ligne de chaises adossées contre le front des cabanes de bains, et qui allongeaient presque jusqu'au fond de la toile la perspective des toilettes.

Là, sous le rose tendre et doux des ombrelles voltigeant sur les visages, les poitrines, les épaules, étaient assises les baigneuses de Trouville. Le pinceau du peintre y avait fait éclater, comme avec des touches de joie, la gaieté de ces couleurs voyantes qu'harmonise la mer, la fantaisie et le caprice des élégances nouvelles de ces dernières années, cette Mode, prise à toutes les modes, qui semble mettre au bord de l'infini un air de bal masqué dans un coin de Longchamp. Tout se mêlait, se heurtait, les lainages bariolés des Pyrénées, les saute-en-barque aux caracos, les mantelets de dentelle noire à des vestes de jockey, les transparents de mousseline aux vareuses coquelicot, les jupes de gaze de Chambéry aux paletots de cachemire agrémentés de soies du Thibet. Çà et là, s'apercevait quelque joli détail : un bout de pied sur un barreau de chaise montrait un bas écossais, un chignon s'échappait d'un tricorne de paille, des lueurs d'or pâle jouaient dans un creux de jupe maïs, la plume ocellée d'un paon ou l'aile mordorée d'un faisan courait sur un chapeau, un peigne d'or à lentilles de corail mordait la tête d'une brune, de grands pendants d'or remuaient à un bout d'oreille rouge d'avoir été percée le matin ; et les lourds colliers d'ambre à gros grains, la grosse et riche bijouterie des agrafes normandes, brillaient sur de coquettes roulières rayées.

En avant des chaises s'étendait la plage avec son sable piétiné et plein d'enfoncements de pas, la plage humide, brunissant vers la mer, et coupée de *naus* où se noyaient des morceaux de ciel.

Là allaient et venaient, avec un petit pas rapide qui se réchauffait du frisson du bain, des promeneuses caressées de leur voile, la robe troussée sur la jupe rouge, et découvrant leurs hautes bottines jaunes. D'autres marchaient lentement, s'appuyant d'une main gauche et coquette sur une grande canne, enveloppées les unes et les autres de ce flottement d'étoffes, de ce voltigement de rubans par derrière que fait la brise de la mer. Et là encore, des fillettes déchaussées, les jambes nues et hâlées sous leur robe, couraient après les chiens errants de la plage. Puis, sur des chaises groupées et semées, de petites sociétés ramassées faisaient ces taches de pourpre et de blanc, ces taches franches, brutales, criardes, qui jettent leur vie et leur fête dans l'aveuglante et métallique clarté de ces paysages, sur le bleu dur du ciel, sur le vert glauque et froid de la Manche. Au loin, un vieux cheval ramenait au galop une cabane à flot; plus loin encore, au delà de la dernière *nau*, avec cette touche nette et ce piquage de ton que l'horizon de la mer donne aux promeneurs microscopiques qui la côtoyent, se détachait une folle cavalcade d'enfants sur des ânes. Et tout au bout de la plage, au bord de l'écume de la première vague, tout seul, un vieux petit curé s'apercevait tout noir, lisant son bréviaire en longeant l'immensité.

CXIV

Pendant l'absence de Coriolis et son séjour à Trouville, Anatole avait eu l'étonnement de voir changer la manière d'être de Manette avec lui. La femme désagréable, froide et dédaigneuse, le tenant à distance, était peu à peu devenue douce, prévenante, aimable. Coriolis revenu, elle continua à parler à Anatole, à faire attention à lui, à le traiter en ami de la maison. Et il semblait à Anatole que chaque jour la bonne camaraderie de Manette prenait avec lui plus d'abandon et de familiarité. Un rien de coquetterie lui paraissait s'échapper d'elle. Dans ce qu'elle lui disait, dans les gestes dont elle le frôlait, dans les longs silences à l'atelier, dans ces heures où elle l'enveloppait d'elle-même sans lui parler, Anatole sentait quelque chose de cette femme lui sourire, l'irriter, le tenter, l'appeler. Et un reste de ce vieux sentiment qui n'était pas tout à fait mort lui revenait.

Une après-midi, il n'avait pas déjeuné ce jour-là à l'atelier : — Tiens ! Coriolis n'y est pas ? — fit-il en trouvant Manette seule.

— Je ne l'ai pas entendu rentrer, — répondit Manette.

Et comme Anatole décrochait sa vareuse de travail :

— Oh ! vous allez travailler ? Il fait si chaud aujourd'hui... Voyons, faites-moi une cigarette... et mettez-vous là... là...

Et se rangeant un peu sur le divan, où elle était étalée dans une pose dénouée et vaincue par la paresse du Midi, elle ne se retira pas assez pour qu'Anatole n'eût pas contre lui la chaleur de sa jupe vivante. A la fois renversée en arrière et penchée sur elle-même, avec un mouvement qui faisait bâiller un peu son peignoir négligemment déboutonné d'en haut, elle passait, de temps en temps, sur le commencement de rondeur et l'entre-deux moite de ses seins, la caresse distraite du bout de ses doigts.

Elle ne parlait pas à Anatole, elle ne le regardait pas, elle n'avait pas l'air de penser qu'il fût là. Rien d'elle ne s'occupait de lui. Et cependant, il paraissait à Anatole que jamais il n'avait été si près de la minute d'un caprice et de la faiblesse d'une femme. Le son de voix avec lequel Manette lui avait dit de venir s'asseoir auprès d'elle, sa jupe qu'elle laissait contre lui avec un peu de son corps, son abandon de rêve, le joli jeu animé des muscles de ses bras à demi nus, sa main laissant pendre sa cigarette éteinte, le demi-jour amoureux de la tente de l'atelier où elle se tenait à demi couchée, l'ombre tendre allongeant l'ombre de ses paupières sur le bleu adouci de ses yeux, ces passes lentes, errantes, dont elle promenait le chatouillement sur sa gorge, tout apportait peu à peu à Anatole ces séductions de volupté muette avec lesquelles la femme allume et sollicite, sans un mot, sans un sourire, rien qu'avec la tentation de sa mollesse et de son silence, l'audace des sens de l'homme.

Un moment, il voulut s'arracher de là. Mais son regard rencontra le regard de Manette, un de ces regards troublants qui laissent tout lire, une provocation, un défi, une ironie, dans l'énigme d'un éclair...

D'un mouvement fou, Anatole se jeta sur elle et voulut l'enlacer; mais Manette, glissant entre ses bras, l'arrêta net par un éclat de rire, au milieu duquel elle cria deux ou trois fois: — Coriolis!

Et, debout, posée devant Anatole, elle lui jetait au visage l'insulte de ce rire forcé de comédienne qui la secouait toute, et faisait onduler son peignoir autour d'elle.

— Eh bien! quoi? — fit en entrant Coriolis.

— Elle le savait rentré, — se dit Anatole.

— Qu'est-ce qu'il y a? — reprit Coriolis intrigué de l'air penaud de son ami, du rire interminable de Manette, et ne sachant trop quelle figure faire entre eux deux.

— Ah! mon cher, — ricana Manette, — tu as un ami qui est galant aujourd'hui... mais galant!...

Elle s'interrompit pour pouffer encore.

— Oh! une plaisanterie... — fit Anatole en cherchant son air le plus naturel; et il rougit.

— Certainement... certainement... une plaisanterie, — et Manette tapota enfantinement les joues de Coriolis.

Elle avait ce qu'elle voulait : une histoire qu'elle pouvait empoisonner, une arme traîtresse en réserve pour combattre et tuer quand elle voudrait l'amitié de cœur de Coriolis pour Anatole.

CXV

Coriolis avait fini son tableau de la plage de Trouville. Le peintre n'avait pas voulu seulement y montrer des costumes : il avait eu l'ambition d'y peindre la femme du monde telle qu'elle s'exhibe au bord de la mer, avec le piquant de sa tournure, la vive expression de sa coquetterie, l'osé de son costume, le négligé de sa robe et de sa grâce, l'espèce de déshabillé de toute sa personne. Il avait voulu fixer là, dans ce cadre d'un pays de la mode, la physionomie de la Parisienne, le type féminin du temps actuel, essayé d'y rassembler les figures évaporées, frêles, légères, presque immatérielles de la vie factice, ces petites créatures mondaines, pâles de nuits blanches, surmenées, surexcitées, à demi mortes des fatigues d'un hiver, enragées à vivre avec un rien de sang dans les veines et un de ces pouls de grande dame qui ne battent plus que par complaisance. Les distinctions, les lassitudes, les élégances, les maigreurs aristocratiques, les raffinements de traits, ce qu'on pourrait appeler l'exquis et le suprême de la femme délicate, il avait tâché de l'exprimer, de le dessiner dans l'attitude, la nerveuse langueur, la minceur charmante, le caprice de gestes, la distraction du sourire, l'errante pensée de plaisir ou d'ennui de toutes ces femmes épanouies à l'air salin, au vent de la côte, paresseuses et revivantes comme des plantes au soleil. De jolies convalescentes au milieu des énergies de la nature, — c'était le contraste qu'il avait cherché en faisant lever sous ses pinceaux, de toutes ces marques de petits talons de Cendrillon semés sur la plage, les figures qu'elles font rêver.

Le public ne vit rien de cette ambition de Coriolis dans son tableau exposé chez un grand marchand de la rue Laffitte.

CXVI

Avec la pudeur qu'il avait de ses découragements et de ses amertumes, l'espèce d'habitude sauvage qui lui faisait dévorer, sans rien dire, le chagrin comme la maladie, Coriolis resta, presque un mois, après l'humiliation de cet insuccès, taciturne, étendu sur son divan, fumant, ne faisant rien.

Au bout d'un mois de ce *far niente* rageur, il empoigna une grande toile, et se mit à la brouiller impétueusement d'un charbonnage rehaussé de coups de craie. Et bientôt de ce travail sabré, sous le tâtonnement et la confusion des lignes, des contours, des accentuations, des repentirs, dans le nuage de crayonnage et le trouble roulant des formes, il commença à sortir comme l'apparence d'une jeune femme et d'un homme, d'un vieillard.

Alors, se chambrant dans son atelier, Coriolis y resta quinze jours, enfermé, seul, n'y voulant personne. Le matin, il allumait lui-même son poêle pour être prêt au travail avec le jour. Il arrivait au dîner, las, épuisé, avec ces affaissements qu'ont les grands corps, ces fatigues éreintées qui les répandent, comme brisés, sur les meubles.

— A demain, — dit-il un soir à Manette et à Anatole en se levant de table pour aller dormir, — vous verrez.

— C'est cela, — leur dit-il brusquement le lendemain devant sa toile; et il se jeta derrière eux, sur le divan, dans l'ombre.

Cela, voici ce que c'était.

Dans un arrangement qui rappelait un peu *le Pâris et l'Hélène* de David, se voyait un couple de grandeur nature : une jeune fille nue au bord d'un lit, sur laquelle se penchait, avec des bras de désir, la passion d'un vieillard. D'un côté, une lumière, le matin d'un corps, la première innocence de sa forme, sa première splendeur blanche, une gorge à demi fleurie, des genoux roses comme s'ils venaient de s'agenouiller sur des roses, un éblouissement comme l'aurore d'une vierge, une de ces jeunesses divines de femmes que Dieu semble faire avec toutes les beautés et toutes les puretés comme pour les fiancer à l'amour d'une autre jeunesse ; de l'autre, imaginez la laideur, la laideur morale, la laideur de l'argent, la laideur des cupidités basses et des stigmates ignobles, la laideur froncée, écrasée, déprimée, abjecte, de ce que la Banque met sur la face de la Vieillesse, la voracité de l'Usure dans le Million, ce que la caricature physiologique de notre temps a saisi au vif, élevé à la grandeur, presque à la terreur, par la puissance du dessin.

Le vieillard créé par Coriolis n'avait rien de ce grand désir triste, presque mélancolique, de la vieillesse amoureuse qu'on voit dans l'ombre des vieux tableaux soupirer après la nudité d'une Suzanne. Il était l'amoureux sinistre peint par le mot des femmes : « *un vieux* ». On voyait en lui la paillardise, le libertinage de l'âge, ces derniers appétits presque féroces de la fin des sens, le goût des amours qui tournent en affaires de mœurs et se dénouent à la Correctionnelle. La galvanisation de l'érotisme sénile, la congestion sanguinolente d'yeux sans cils, le hiatus d'une bouche édentée et humide, des morceaux de nudités effrayants et grotesques montraient ce monstre : un minotaure dans un roquentin, — le satyre bourgeois.

Cependant la femme reposait tranquille, attendant, passive, sans se détourner. Sa peau, sans dégoût, ne reculait pas ; et elle paraissait livrer, avec l'habitude d'un métier, avec une indifférence ingénue, le rayonnement et la pudeur de tout son corps à ces yeux de viol.

Dans ce contraste de la femme et du monstre, du vieillard et de la jeune fille, de la Belle et de la Bête, le peintre avait mis l'espèce d'horreur de l'approche d'une blanche par un gorille. L'opposition était sans pitié, sans miséricorde, et pour ainsi dire inhumaine. On voyait qu'une volonté mauvaise, un caprice féroce d'artiste, s'étaient tendus pour faire la plus épouvantable, la plus révoltante, la plus sacrilége et la plus antinaturelle des antithèses. L'exécution en était presque cruelle. D'un bout à l'autre, la main, emportée par la rage de l'idée, avait voulu frapper, blesser, épouvanter et punir. Des coups de pinceau çà et là ressemblaient à des coups de fouet. Les chairs étaient rayées comme avec des griffes. Il y avait du rouge d'orage et de sang dans les rideaux de feu du lit, dans les flambées de la soie autour du corps de la femme. La lourde atmosphère de volupté d'un Giorgione pesait avec son étouffement dans la chambre. Et des morceaux d'étoffes, rigides, tordus, serpentant, faisaient voir comme les redressements de lanières et les envolées sifflantes de bouts de robes d'Erynnis et de vêtements d'anges vengeurs...

Ce n'était point obscène : c'était douloureux et blasphématoire.

Il est dans la vie de l'artiste des jours qui ont de ces inspirations, des jours où il éprouve le besoin de répandre et de communiquer ce qu'il a de désolé, d'ulcéré au fond du cœur. Comme l'homme qui crie la souffrance de ses membres, de son corps, il faut que ce jour-là l'artiste crie la souffrance de ses impressions, de ses nerfs, de ses idées, de ses révoltes, de ses dégoûts, de tout ce qu'il a senti, souffert, dévoré d'amertume au contact des êtres et des choses. Ce qui l'a atteint, froissé, blessé dans l'humanité, dans son temps, dans la vie, il ne peut plus le garder : il le vomit dans quelque page émue, saignante, horrible. C'est le débridement d'une plaie ; c'est comme si dans un talent crevait le fiel, cette poche, chez certains génies, de certains chefs-d'œuvre. Il y a des jours où, sur son instrument, violon, ou tableau, ou livre, dans une création où frémit son âme, tout artiste exquis et vibrant jette une de ces pages palpitantes, coléreuses, enragées, où il y a de l'agonie et du blasphème de crucifié; des jours où il s'enchante dans une œuvre qui lui fait mal, mais qui rendra ce mal qu'il se fait au public, des jours où il cherche, dans son art, l'excès de la sensation pénible, l'émotion de la désespérance, une vengeance de sa sensibilité à lui sur la sensibilité des autres... Coriolis était à un de ces jours-là.

Manette et Anatole restèrent quelques minutes silencieux, plantés là devant.

Anatole finit par dire :

— Superbe ! Mais, qui diable a pu te pousser à faire cela ?

— Ça m'est venu, — dit simplement Coriolis.

Au bout de quelques jours, le bruit de ce tableau de Coriolis était le bruit de Paris. La curiosité des gens d'art et des badauds s'allumait sur cette toile étrange à laquelle les commérages de la presse, les légendes du public, prêtaient le scandale d'un Jules Romain. L'atelier fut assiégé pendant un mois. Le dernier des amateurs fous, un grand marchand de blanc, offrit de la toile l'argent que Coriolis en voudrait.

Coriolis eut d'abord de ce succès une lueur de joie. Il voulut reprendre son esquisse. Il essaya d'y mettre la dernière main; mais sa fièvre était passée : il la laissa, et, au bout de quelques jours, il la retourna dans un coin contre le mur.

CXVII

La vie militante de l'art avait développé à la longue une singulière sensitivité maladive chez Coriolis. Pour souffrir, pour se faire malheureux, pour s'empoisonner les quelques bonnes heures de sa vie, il se découvrait une effrayante richesse d'imaginations anxieuses et de perceptions blessantes. Des sens d'une délicatesse infinie semblaient s'ouvrir chez lui et s'irriter des coups d'épingle de l'existence. Les plus petits contre-temps, les riens fâcheux, les ennuis insignifiants prenaient, dans le noir et le mécontentement de ses idées, les proportions démesurées, le grossissement que leur attribuent trop souvent ces natures d'êtres agitées, frêles et violentes, ces âmes inquiètes d'artistes qu'on pourrait appeler des Génies en peine.

Et en même temps, il était traversé d'envies, de caprices. Il avait des désirs d'enfant et de malade. Des velléités soudaines, des appétits lui venaient pour des choses dont la possession lui donnait le dégoût immédiat. Il entraînait Anatole dans un restaurant bizarre pour faire un repas qu'il avait rêvé, et auquel il ne touchait pas. Il l'emmenait dans de petits voyages de banlieue, dont il revenait furieux, exaspéré contre le pays, les hôteliers, le temps.

Il se levait avec des irritabilités sans cause qui ne se dissipaient qu'au milieu de la journée. Presque rien ne l'intéressait plus, en dehors de lui-même. Le cercle de son intérêt se rétrécissait chaque jour. Les autres, peu à peu, semblaient disparaître autour de lui. Il n'avait plus l'air de s'occuper d'eux, de savoir même qu'ils vivaient, qu'ils souffraient, qu'ils travaillaient, qu'ils faisaient quelque chose. Il s'enfonçait, s'enfermait dans l'étroite personnalité de son *moi*, avec cette absorption entière, avec cet égoïsme profond et absolu, carré et résistant, l'égoïsme de bronze du talent. Chez cet homme né sans tendresse, manquant avec les hommes d'expansive affectuosité, et dont la surface d'insensibilité avait été déjà remarquée à l'atelier, chez Langibout, la dureté finissait par se montrer dans une rudesse âpre, presque sauvage.

Et à la dureté de sa nature, le peintre joignait peu à peu l'amertume de sa carrière. Dans le découragement, le mécontentement de ses œuvres, avec un regard aiguisé par le pessimisme, il s'était mis à rendre aux autres les cruelles sévérités qu'il avait pour lui-même. Il était le conseilleur et le jugeur terrible qui, devant un tableau, mettait le doigt sur la plaie, jetait sa critique à l'endroit juste. « Un casseur de bras », disaient de lui les ateliers qui l'avaient baptisé : *Découragateur* II, en lui donnant la seconde place après Chenavard. Aussi, presque peureusement, s'écartait-on de lui comme d'un confrère dangereux, faisant toucher les impossibilités de l'art, glaçant l'illusion et le courage, désespérant la toile commencée, capable de dégoûter de la peinture le peintre le mieux doué.

Coriolis, qui aimait un peu plus tous les jours la solitude et ne voyait avec plaisir que deux ou trois intimes, avait encore provoqué cet éloignement par son acuité d'esprit, la teinte d'ironie mordante particulière aux créoles. Ce que le succès, des satisfactions de travail et d'amour-propre avaient contenu en lui et arrêté sur ses lèvres, maintenant lui échappait. Ses mépris, ses rancunes, ses dégoûts, ses colères d'artiste s'exhalaient en paroles fielleuses, en traits empoisonnés. Sur les camarades qu'il n'aimait pas, les gloires qu'il n'estimait pas, un tableau à la mode, il jetait le baptême d'un ridicule mortel dans des phrases qui mêlaient la couleur de la langue du peintre à la barbarie fine d'une observation de femme, avec des mots qui ne se pardonnaient pas, comme les mots d'Anatole, mais qui restaient plantés au vif des vanités saignantes.

CXVIII

Il n'avait qu'une joie, une joie des yeux : son fils.

Quand son enfant était né, Coriolis n'avait pas senti dans ses entrailles cette révolution qui fait les pères et qui semble ouvrir un nouveau cœur dans le cœur de l'homme. Devant l'enfant qui n'était qu'un « petit », une forme ébauchée, un morceau de chair vagissant et à demi moulé, il n'avait point senti la paternité tressaillir et remuer en lui. Il était resté froid à cette vie qui semble continuer la vie fœtale, à ces mouvements encore embryonnaires, à ce regard à peine né des enfants dans leurs langes, à cette formation obscure et sommeillante des premiers mois qu'épie et surprend la tendresse des mères. Mais quand ce petit corps commença à se modeler comme sous l'ébauchoir de François Flamand, quand ces petits bras, ces petites jambes rappelèrent en s'essayant, le souvenir des lignes rondissantes que Coriolis avait vues à des enfants maures, quand cette figure prit, sous les frissons de ses petits cheveux, l'expression d'un amour de tableau italien, quand la beauté, la beauté du Midi commença à s'y lever, sourieuse et presque déjà grave, la paternité du bourgeois et de l'artiste s'éveilla en même temps chez le père.

Son fils était véritablement un de ces enfants dont une naïve expression populaire dit qu'ils sont beaux comme le jour, un de ces enfants dont le teint, les mouvements, les cheveux, les yeux, la bouche, ont l'air de s'épanouir dans le bonheur et l'innocence d'une lumière. Il avait cette douce petite peau qui rayonne et éclaire, une peau appelant la caresse de la main comme une peau de petite fille. Ses petits cheveux, frisés en toison, des cheveux de soie fine et d'or pâle, avec des clartés de poussière au soleil, se tortillaient sur sa tête en mille boucles dont l'une toujours lui retombait sur le front. Autour de ses yeux, sur ses tempes, jouaient des transparences de nacre. Son grand petit front tout pur, sans nuage et sans pensée, semblait plein du rien auquel rêvent délicieusement les enfants. La tendresse blonde de ses sourcils et de ses cils faisait paraître noirs ses yeux bleus, des yeux d'enfant d'Orient, légèrement bridés dessous et allongés vers les coins, des yeux qui, par instant, lui remplissaient le visage. L'ébauche d'un nez arabe s'apercevait dans son petit nez à peine formé. Sa bouche, un peu en avant, tendait les lèvres d'un petit flûteur de Lucca della Robia; elle était petite avec un rire large qui inondait l'enfant de rire. Ses petits bras bien faits, ronds et pleins, faisaient de jolis gestes. Il remuait de la grâce dans ses petites mains.

Son père le voulait toujours à demi nu, vêtu seulement d'une chemise et d'un collier de corail; et quand, habillé ainsi, par terre, sur un tapis, le petit garçon se roulait, il était adorable avec ses jeux, ses câlineries, ses paresses, les souplesses qui semblaient lui venir de sa mère, ses jambes, ses épaules, ses bras, ses petits pieds se cherchant pour s'embrasser, sa chair, sa peau ferme et douce sortant de la blancheur écourtée de la toile.

Personne ne lui faisait peur : il allait aux nouveaux venus, confiant, les bras tendus, avec l'avance d'un baiser dans la bouche. Il donnait le plaisir d'un objet d'art. Un baby de Reynolds, un petit Saint Jean du Corrége, l'*Enfant à la Tortue* de Decamps, il évoquait à la fois tous ces types charmants de l'enfance anglaise, de l'enfance turque, de l'enfance divine.

Le soir, lorsque sa mère l'avait endormi en le berçant une minute sur ses genoux, et que, glissé sur les coussins du divan, il dormait, les cheveux ébouriffés, la mine fleurie et bouffie, dans une de ces poses où ses petits bras lui faisaient un oreiller, il semblait qu'on fût à côté du sommeil d'un petit dieu, auprès de ce petit endormi qui avait la respiration du ciel dans la bouche ouverte et le coup d'aile des songes de Paradis sur ses paupières chatouillées.

CXIX

Le petit intérieur n'était plus gai, riant, vivant, comme autrefois. Le froid de la gêne s'y glissait, le souvenir des jours heureux, fous et jeunes, y semblait mort avec l'écho des bonds de Vermillon, et le passé paraissait s'y effacer ainsi qu'une chose ancienne que la poussière fait peu à peu lentement oublier. On sentait dans l'air de la maison et des gens un commencement de détachement et de séparation. La vie commune du trio avait perdu l'intimité, la confiance; elle souffrait de ce premier éloignement des personnes qui se fait tout doucement, avant qu'elles ne se quittent. Manette avait des mutismes guindés, du sérieux de projets de femme sur la figure. Le bel enfant même était sage, et ne mettait pas dans l'intérieur le tapage de l'enfance. Un malaise pesait sur les réunions; Anatole n'avait plus le courage d'être Anatole. Son esprit était contraint. Le blagueur pesait ses mots, retenait ses gamineries et craignait l'effet d'une parole lâchée. Manette avait changé sa familiarité avec lui en une politesse sèche, coupée d'allusions qui le renfonçaient, sous leur intimidation, dans le faux de sa position. Chacun se tenait sur la réserve, les paroles s'arrêtaient, des silences tombaient, de grands silences froids qui mettaient au-dessus des têtes la menace muette d'un grand changement.

Souvent en eux-mêmes, à ces moments, Anatole et Coriolis repassaient les jours, tout pleins du présent seul, où ils ne croyaient pas se quitter. Ils comprenaient que c'était fini, que leur vie allait se modifier sans qu'ils sussent pourquoi, qu'ils étaient près d'un lendemain qui ne les verrait plus ensemble; et lâches devant cette idée, aucun des deux n'osait la dire à l'autre.

CXX

Et dans cet intérieur attristé grandissait le découragement de Coriolis.

Il arrivait à ce navrement qui semble fatalement couronner dans ce siècle la carrière et la vie des grands peintres de la vie moderne. Il était dévoré de cette fièvre de déception, de cette désolation intérieure que Gros appelait « la rage au cœur ». Il souffrait de la douleur suprême de ces grands blessés de l'art qui marchent la fin de leur chemin en serrant dans leurs entrailles les blessures reçues de leur temps. A côté des autres, au milieu de tant de contemporains qu'il voyait comblés, gâtés par le public, lancés tout jeunes à la renommée, courtisés par l'opinion, adulés par le succès, écrasés sous le viager de la gloire, le laurier de la réclame, le *Divo* qu'on ne donne qu'aux morts, il se sentait né sous une de ces malheureuses étoiles qui prédestinent à la lutte toute l'existence d'un homme, vouent son talent à la contestation, ses œuvres et son nom à la dispute d'une bataille. L'épreuve était faite, l'illusion n'était plus possible : tant qu'il vivrait, il était destiné à n'être pas reconnu; tant qu'il vivrait, il ne toucherait pas à cette célébrité qu'il avait essayé de saisir avec tous ses efforts, toute sa volonté, qu'il avait un instant touchée avec ses espérances.

Alors un infini de tristesse s'ouvrait devant Coriolis, et dans de sombres tête-à-tête avec lui-même qui avaient le découragement des mélancolies suprêmes que roulait à la fin Géricault, il se laissait aller à un sentiment affreux, à une cruelle obsession. Une idée noire, lui montrant l'avenir de ses ambitions et de ses rêves au delà de sa vie, tenait suspendu l'artiste sur la pensée et presque le souhait de mourir, comme sur la promesse et la tentation des justices de la Mort, des réparations de cette Postérité vengeresse que les vaincus de l'art attendent, qu'ils pressent, qu'ils appellent, — qu'ils hâtent quelquefois.

CXXI

Bientôt le tourment de ces heures, il cherchait à l'enfoncer dans le travail, la lassitude, le brisement d'une espèce d'art mécanique. Il lui venait comme une manie de l'eau-forte qu'il avait apprise en en voyant faire à Crescent. L'eau-forte l'empoignait avec son intérêt, son absorption passionnée, l'oubli qu'elle lui donnait de tout, du repas, du cigare, l'espèce d'effacement du temps qu'elle faisait dans sa vie. Penché sur sa planche, à gratter le cuivre, à découvrir, sous les tailles et les égratignures, l'or rouge du trait dans le vernis noir, il passait des journées. Et c'était comme une suspension momentanée de sa vie, que ce doux hébétement cérébral, cette espèce de congestion qu'amenait en lui la fatigue des yeux, ce vide qu'il se sentait dans le cerveau à la place du chagrin.

Au bout de cela, la morsure, ce travail de l'acide qui, selon le degré, la température, des lois inconnues, une chance, un hasard, va réussir ou manquer la planche, faire ou défaire son caractère, creuser ou émousser son style, la morsure le prenait aux émotions de son mystère et de sa chimie magique. Il était enlevé à lui-même quand, baissé sur les fumées rousses, les bulles d'air crevant à la surface, il suivait dans l'eau mordante les changements du cuivre, ses pâlissements, les bouillonnements verts qui moussaient sur les traits de la pointe. Et aussitôt la planche dévernie, essencée, il avait une hâte à sortir, et d'un pas affairé qui coupait les queues des petites filles à la porte des fritureries, il se dépêchait d'arriver, sa planche sous le bras, tout en haut de la rue Saint-Jacques.

Là, au bout d'un jardinet, dans une pièce pleine d'un jour blanc, dont le plafond laissait pendre sur des ficelles des langes de laine pour l'impression, devant une presse à grandes roues, dans le silence de l'atelier ayant pour tout bruit l'égouttement de l'eau qui mouille le papier, le basculement d'une planche de cuivre, les pulsations d'un coucou, les coups de la presse à satiner qu'on tourne, il avait une véritable anxiété à suivre la main noire du tireur encrant et chargeant sa planche sur la boîte, l'essuyant avec la paume, la tamponnant avec de la gaze, la bordant et la margeant avec du blanc d'Espagne, la passant sous le rouleau, serrant la presse, tournant la roue et la retournant. Il était tout entier à ce qui allait se lever de là, à ce tour de roue, la fortune de son dessin. L'épreuve toute mouillée, il l'arrachait des mains de l'ouvrier.

Et toutes les fois, il sortait de chez l'imprimeur avec une sorte de prostration, un épuisement physique et moral comparable à celui d'un joueur sortant d'une nuit de jeu.

CXXII

Tous les ans, à l'époque où Coriolis avait eu sa fluxion de poitrine, il retoussait un peu; l'été, les chaleurs de juillet emportaient ce rhume. Mais cette année-là, sa toux, irritée peut-être par les émanations de l'eau-forte dans lesquelles il avait vécu plusieurs mois, persista tout l'été, ne disparut pas, et ce qu'il fit, ce qu'il se décida à prendre, sur les instances de Manette, ne l'en débarrassa pas.

Aux premiers froids de la fin de l'automne, sans voir aucun danger dans son état, son médecin, défiant, par expérience, de la délicatesse des poitrines de créole, lui conseilla de ne pas rester dans le froid et l'humidité de Paris, d'aller passer son hiver en Égypte, dans quelque bon pays chaud, d'où il rapporterait, l'autre année, quelque pendant à son *Bain turc*. Coriolis s'emportait à cette idée de voyage, y opposait une résistance presque colère, disait qu'il ne pouvait quitter Paris, que toutes ses études étaient maintenant là, qu'il avait de grandes choses en tête.

Du temps se passait. Il n'éprouvait pas de mieux. Il continuait à souffrir, à ne pas pouvoir travailler. Souvent, il était forcé de passer des journées au lit. Et dans les soins qui penchaient Manette sur son amant couché, dans l'intimité, ce tête-à-tête confidentiel, ce rapprochement de petits secrets que fait la maladie entre le malade et la femme, Anatole sentait s'échanger auprès de ce lit des paroles basses qui l'écartaient, l'éloignaient de son ami, des conversations qui se taisaient à son approche, des espèces de consultations mystérieuses, des signes furtifs de discrétion, des silences qui venaient de parler de lui, et qui s'en cachaient.

CXXIII

Manette s'était levée de table pour aller coucher son enfant. Coriolis touchait à des objets sur la nappe, les reposait comme il les avait pris, sans y penser, regardait de temps en temps Anatole, et ne disait rien.

Anatole attendait. Depuis plusieurs jours, il se sentait mal à l'aise sous ce regard de Coriolis, qui avait l'air de vouloir lui parler et de ne pas oser. Il avait le pressentiment d'une mauvaise nouvelle, dure à dire pour Coriolis, cruelle à entendre pour lui-même.

Tout à coup Coriolis fit un de ces gestes brusques et décidés avec lesquels on ramasse son courage, et d'une voix qui se pressait pour en finir plus tôt :

— Ma foi, mon vieux, voilà huit jours que ça me pèse... Je me lève tous les matins en me disant : Je lui dirai aujourd'hui... Et puis, c'est plus fort que moi... Quand je suis pour te le dire, ça ne passe pas, ça reste là... c'est que ça me coûte, vrai... Enfin, je quitte Paris, voilà...

— Tu quittes Paris, toi ? — fit Anatole tout abasourdi sous le coup.

— Ah ! parbleu, — reprit Coriolis, — si nous n'étions pas tant de monde... l'enfant, deux domestiques... je t'aurais bien emmené, tu comprends...

— Complet!... oui, je comprends... La plaque est relevée comme dans les omnibus... C'est vrai qu'on ne peut pas me prendre sur les genoux, j'ai passé l'âge... — répondit Anatole sur un ton de bouffonnerie presque amère. Puis, s'arrêtant et mettant son amitié dans sa voix : — Est-ce que tu te sens plus souffrant?

— Oui et non... C'est-à-dire que certainement, depuis quelque temps, ça ne va pas comme je veux... Mais ce n'est pas ça... Au fond, vois-tu, il y a un grand embêtement dans mon affaire... Je ne sais pas où j'en suis de ma carrière, de mon talent, de ma peinture... Va, ça vaut une maladie, et c'en est une, je t'en réponds : on souffre assez... Je croyais avoir trouvé le *moderne*... A présent, je n'y vois plus ce que j'y voyais... et peut-être que ça n'y est pas... J'ai besoin de repos, de recueillement... Ça me tue, cette maudite température de fièvre de Paris... Je resterai un an... Nous allons à Montpellier... C'est Manette qui a eu cette idée-là... Je t'assure, c'est une bonne idée... La pauvre fille! c'est du dévouement, car la vie ne sera pas bien amusante pour elle... Si j'étais plus souffrant, il y a là de bons médecins... Et puis, il y a tout près, entre Montpellier et la mer, la Camargue, où je veux faire des études... Oh! ça me fera beaucoup de bien... Je voulais te prévenir plus tôt... Mais Manette n'a pas voulu que je t'en parle avant... parce que si cela ne s'était pas fait, ce n'était pas la peine de te faire cet ennui-là pour rien... Et puis, nous n'avons été tout à fait décidés que ces jours-ci... C'est égal, mon vieux, quand on a vécu ensemble comme nous, on ne se quitte pas comme on plie ça!

Et Coriolis jeta sa serviette sur la table.

— Enfin, je ne pars pas pour la Chine... Et quand je reviendrai, rien ne nous empêchera de recommencer ces si bonnes années-là, n'est-ce pas?

Et disant cela, il sentait bien que leur vie à deux était à jamais finie, et que c'était un dernier adieu qu'il faisait ce soir-là à la grande amitié de sa vie.

— Mais, — reprit-il, — je ne puis te laisser comme ça sur le pavé... sans un sou...

— Oh! j'ai ma chambre... j'ai le temps de me retourner...

— C'est que je vais te dire... — fit Coriolis d'un ton embarrassé, — nous avions, tu sais, encore une année de bail... Eh bien! Manette a trouvé moyen de relouer... Elle a tout arrangé... Il y a un marchand qui doit venir prendre les meubles... Par exemple, tu sais, les tiens... ceux de ta chambre... tu me feras plaisir de les garder... Oui, je me remeublerai... Nous renvoyons aussi les domestiques... Manette a trouvé des parentes qui ne sont pas heureuses, des cousines à elle... Nous serons cent fois mieux servis... Mais voyons, ce n'est pas tout cela, qu'est-ce qu'il te faut?

— Rien, — dit en relevant la tête Anatole, blessé d'être ainsi chassé par la femme à peu près de la même façon que les domestiques étaient renvoyés. — Merci... J'ai encore les cinq cents francs que tu m'as fait gagner, le mois dernier, pour le plafond de cet imbécile...

Le mensonge était héroïque : les cinq cents francs avaient roulé dans ce grand trou de toutes les petites dettes d'Anatole, qui semblait se creuser sous tous les à comptes qu'il y jetait.

— Bien vrai? — fit Coriolis soulagé, débarrassé de l'idée d'une lutte à soutenir avec Manette. — Ah! dis donc, tu sais, si tu avais des moments durs, si tu étais *brûlé* au *Spectre solaire*, tu peux tout prendre chez Desforges sur mon compte, je l'ai prévenu... Voyons, qu'est-ce que tu vas faire?

— Je ne suis pas encore mort de faim... Je vais tâcher que ça continue...

— Tiens, je me fais des reproches de t'avoir laissé paresser... j'aurais dû te faire travailler... Mais tu me faisais tant rire, que je n'ai jamais eu le courage...

— Et quand partez-vous? — demanda Anatole en l'interrompant.

— Samedi... ou lundi... Et où en es-tu avec ta mère?

— Ah! je t'en prie, pas d'attendrissement... Voilà que nous allons nous quitter, ça suffit... parlons d'autre chose.

Et l'un et l'autre se turent. Leur émotion les gênait tous deux. Anatole avait pris au hasard un album sur une table et le feuilletait.

— D'où est-ce, ça, dis donc? — demanda-t-il à Coriolis pour rompre le silence en lui montrant un croquis.

— Ça?... Ah! c'est de mon voyage à Bourbon... quand j'y ai été, tu sais, avant mon retour d'Orient...

Et comme si, à cet instant de séparation et de camaraderie brisée, il voulait ressaisir son cœur dans le passé, Coriolis se mit à raconter à Anatole ce qui lui était arrivé là-bas, aux colonies, avec des paroles qui s'arrêtaient et s'attardaient aux choses, des mots d'où semblait tomber le souvenir un moment suspendu.

Sur le bâtiment de Suez, il avait rencontré une jeune fille. — Figure-toi... elle écrivait un journal sur les bandes de papier de sa broderie... et elle attachait cela à la patte des oiseaux fatigués qui venaient se reposer sur le bateau... C'était si joli, cette idée-là, vois-tu... ces pensées de jeune fille, emportées par une aile d'oiseau, jetées de la mer à la terre, et qui devaient tomber quelque part comme du ciel, comme une lettre d'ange!... Tu sais, on ne sait pas comment on devient amoureux... Je fus très-bien reçu dans la famille... Elle avait une grande fortune... Mais il y avait une habitation... Il fallait mettre sa vie là, tout laisser, renoncer à la peinture... et je dis non.

— Et ça finit ainsi?

— A peu près... Seulement, en me reconduisant au bateau, quand je partis, la nourrice de la jeune personne, qui m'avait pris en adoration, me donna un petit sac de farine de manioc qu'elle savait que j'aimais beaucoup... Tous les passagers à qui j'en offris furent empoisonnés... un peu moins, heureusement, que je ne devais l'être à moi tout seul... C'est égal, — reprit

Coriolis d'un ton moitié ironique, moitié sérieux, — il n'y a pas de dévouement de domestique comme ceux-là dans notre Europe...

Et se taisant, il sembla s'enfoncer dans un retour sur lui-même où Anatole crut apercevoir le premier regret de l'amant de Manette.

CXXIV

— Mère Capitaine, auriez-vous un endroit à m'indiquer pour coucher pendant quelques jours?

Anatole disait cela à la maîtresse d'un petit *bislingo* transféré de la rue du Petit-Musc au quai de la Tournelle, et qu'il avait décoré, dans le temps, de fresques épisodiques de la guerre d'Afrique et d'exploits de zouaves. Depuis ce travail, il ne passait guère devant le cabaret sans y entrer, y prendre une consommation et causer avec la mère Capitaine.

— Ah! bien, tiens, j'ai justement ton affaire, — fit madame Capitaine, — y a Champion, un honnête garçon qui vient ici, que tu le connais bien, que tu as bu avec lui, qu'il a une grande chambre, que ça lui ira comme un gant de t'en céder la moitié... C'est son heure, il va venir...

Un sergent de ville parut, et après quelques mots de madame Capitaine, il alla à Anatole, lui dit que c'était une affaire faite, qu'il pouvait venir le soir même prendre l'air du « bazar », qu'il emménagerait son *biblot* le lendemain. Et s'attablant en face d'Anatole, il se mit à boire avec lui.

C'est ainsi qu'en dix minutes, Anatole se trouva le locataire d'une moitié de chambre inconnue, dans une maison dont il ignorait jusqu'au quartier, et le compagnon de chambrée d'un individu dont il ne s'était même plus rappelé au premier moment l'état de sergent de ville.

A minuit, les deux hommes passèrent les ponts, allèrent vers l'Hôtel de ville, arrivèrent à une petite rue derrière Saint-Gervais, où, dans le fond d'un marchand de vin, résonnait la musique nasillarde d'une vielle, avec l'accompagnement de la bourrée qu'elle jouait, scandé par des sabots. Là, à une petite allée noire, n'ayant que le filet blafard du gaz sur l'eau du ruisseau qui en sortait, ils entrèrent. Le sergent de ville alluma une allumette contre le mur; et ils se trouvèrent dans l'escalier, un escalier de briques sur champ, aux arêtes de bois.

— Bigre ! — fit Anatole, — ce n'est pas l'escalier du Louvre...

Et il monta.

Couché, il dormit avec l'admirable don qu'il avait de dormir partout, et aux côtés de n'importe qui.

— Hein? qu'est-ce qu'il y a? — fit-il à cinq heures du matin, en s'éveillant au bruit de la maison. — Qu'est-ce que c'est? Est ce qu'il y a des éléphants ici?

— Ça? — fit Champion négligemment. — Ah ! j'avais oublié de vous dire.... C'est une maison de maçons, ici. Au jour, ils dégringolent... Il y a trois départs tous les matins...

Au bruit des souliers des maçons se mêlait le bruit du bois qu'on sciait, des bûches qui tombaient, du feu qu'on soufflait pour la soupe.

— Oh ! on s'y fait, — reprit Champion, — demain vous n'entendrez plus rien. Moi, il faut que je file...

Son camarade parti, le jour venu, Anatole regarda sa chambre, et quelque habitué qu'il fût à tous les logis, le lieu lui fit un petit froid. Du carrelage sur la terre battue, il ne restait plus que trois carreaux. La fenêtre était à guillotine et donnait sur un mur interminable qui montait à dix pieds devant. Au mur, un papier dont il était impossible de discerner la couleur, avait été arraché contre le lit, à cause des punaises, et remplacé par une grande tache blanche faite à la chaux. Là-dedans tombait un jour de cave avec toutes ses tristesses, ce qu'on appelle si bien « un jour de souffrance », une lueur où il n'y avait que la pauvreté du jour.

CXXV

A dix heures, il descendit pour découvrir un gargot, et tomba dans la rue, une rue étroite aux petits pavés, où il trouva des bornillons resserrant des entrées d'allées, le ruisseau libre lavant le pied des constructions en surplomb sur des rez-de-chaussées noirs et pleins de trous d'ombre. Il regarda ces maisons de moyen âge s'écartant en haut pour voir un peu de ciel, les bâtisses rapiécées par trois ou quatre siècles et laissant, sous leur plâtre d'hier, repercer les saletés de leur vieillesse, des croisillons voilés d'un morceau de calicot, de grandes fenêtres aux petits carreaux verdâtres faisant paraître tout hâves les enfants collés derrière, des appuis de bois où séchaient pendus des pantalons de toile bleue. De temps en temps, de petites filles allaient avec le bruit de sabots de ce quartier sans souliers. La cage d'un perruquier, qui fait tous les dimanches la barbe aux maçons, était accrochée en dehors de la boutique sur le mur, et rappelait, avec ses deux serins, une vieille rue abandonnée de province derrière un évêché. Au fond d'une petite cour, il vit comme un reste des journées de Juin dans un enfant qui faisait l'exercice avec un morceau de ferraille, coiffé d'un shako de militaire ramassé dans du sang.

Ce pittoresque intéressa Anatole, qui aimait le caractère de la misère, les curiosités des recoins pauvres de Paris, et dont la badauderie allait instinctivement aux quartiers, aux habitudes, à la vie du peuple. Il s'amusa à se reconnaître ; il alla le long des rez-de-chaussée où toutes sortes d'industries pour les pauvres étaient cachées et enfouies : il y avait des teintureries pour deuil, des boutiques de modes aux volets desquelles étaient accrochés des gueux en terre, des revendeurs à l'enseigne faite d'un sac d'où s'ébouriffait de la laine à matelas, des étalages de fleurs sous globe, de vieilles cages, de vieux lits de sangle, de vieilles lanternes de voiture, toutes sortes de friperies flétries et pourries coulant au ruisseau comme un fumier de brocantage. C'était des boutiques de taillandiers, à la forge allumée, des fabricants d'auges et d'outils de maçons, des boutiques de confection pour les hommes d'ouvrage, sur lesquelles était écrit en gros caractères : *Blouses, Sarreaux, Habillements de fatigue.* A côté d'un bureau de garçons marchands de vin, Anatole lut une annonce à moitié effacée de « repassage de chapeaux à cinq sous »; et il s'arrêta au coin de la rue à de vieilles affiches de quête à domicile pour le bureau de bienfaisance de cet arrondissement chargé de dix-huit mille indigents.

Il trouva de grandes distractions dans cette exploration. Ce qui eût rendu triste un autre, l'amusait presque. Il était là en pleine misère, et se sentait à l'aise. Son premier sentiment de découragement, de mélancolie du matin, avait disparu. Il ne se trouvait plus ni dépaysé ni désolé. Plus il allait, plus ce milieu lui paraissait sympathique. Il se voyait, dans cette rue, libre, débarrassé de tout respect humain, mêlé à des travailleurs n'ayant guère plus d'argent devant eux qu'il n'en avait lui-même. Il fit encore deux ou trois tours dans les rues environnantes, et devint décidément enchanté du quartier.

A côté de sa maison était une crèmerie qui portait écrit sur des pancartes : *OEufs sur le plat, Bœuf et Bouilli à emporter.* Il entra, se mit à une table sans nappe, arrosa son déjeuner d'un petit « noir » à dix centimes; et quand il eut fini, il laissa aller sa pensée à une suite de réflexions consolantes, d'idées tranquilles, satisfaites, heureuses, au milieu desquelles tombait, sans les troubler, le bruit des morceaux de vitre jetés dans une charrette devant un marchand de verre cassé de la rue Jacques-de-Brosse.

Le jour même, il emménageait son petit mobilier dans la chambre du sergent de ville.

CXXVI

Cette vie qui devait durer dans les idées d'Anatole quinze jours, un mois au plus, se laissait bientôt couler, sans compter le temps, dans cette singulière communauté avec un sergent de ville.

Champion était un ancien gendarme, revenu de Cayenne, jaune comme un coing. Il avait des histoires de patrouilles dans les forêts vierges, de phénomènes météorologiques, de requins, de serpents, de chauves-souris vampires, de curiosités d'histoire naturelle, toutes sortes de récits embellis d'imaginations de chambrée et de légendes de gendarmerie coloniale, qu'il contait le soir de son lit, à Anatole, avec les *rra* et la vibration tambourinante du troupier. A ce fond si intéressant de causerie, le sergent de ville ajoutait et mêlait le narré détaillé des arrestations galantes qu'il opérait chaque soir; car, en attendant son passage à la Surveillance, Champion se trouvait être préposé aux mœurs. Une seule chose l'embarrassait : ses rapports. Anatole s'en chargea, les libella, y mit, avec son esprit de farceur, l'orthographe et le style d'un ami de la morale ; et les rapports d'Anatole eurent un tel succès à la Préfecture de police que Champion fut sur le point de passer brigadier.

Champion était demeuré, dans l'exercice de ses délicates et sévères fonctions, un vrai militaire français. « L'honneur et les dames », — il pratiquait la devise nationale. Il respectait le sexe dans le malheur. Il avait lu des romans sentimentaux, portait une bague en cheveux. Aussi avait-il, avec ses subordonnées, des formes, des manières, des indulgences même qui lui faisaient parfois fermer l'œil sur une contravention. De là souvent lui venaient des visites de remercîment, la reconnaissance d'une femme qui lui apportait timidement un bouquet, et mettait le bruit des volants de sa robe de soie dans la misérable pauvre petite chambre des deux hommes.

Alors, c'était chez Anatole une prodigieuse comédie d'amabilité, de galanterie, d'ironie, une dépense de ses bouffonneries économisées. Il faisait des ronds de bras de maître de danse pour mener la visiteuse au divan — qui était le lit. Il lui mettait, avec le geste de Raleigh, un vieux pantalon sous les pieds. Il lui demandait pardon de la recevoir dans ce petit intérieur de garçon : on était en train de le meubler, le tapissier n'en finissait pas de poser ses glaces Louis XV... Il pirouettait, il était Lauzun, Richelieu, talon rouge. Il tirait un papier de sa poche, disait : — Encore une invitation de la duchesse!... Il époussetait ses souliers, criait : — Jean! je vous chasse!... Madame, il n'y a plus de domestiques... Voilà où mènent les révolutions!... Il madrigalisait avec la femme, l'ahurissait, l'étourdissait, lui faisait passer dans la tête la confuse idée d'avoir affaire à un gentilhomme toqué dans la débine.

Et s'il y avait quelques sous ce jour-là au logis, on terminait la petite fête en faisant monter du vin blanc et des huîtres.

CXXVII

Ce compagnonnage de nuit et de jour avec ce nouvel ami, des repas pris aux gargots où mangeait Champion, les soirées passées dans les cafés où il allait, ne tardaient pas à faire d'Anatole, si prompt à accrocher sa vie à la vie, aux liaisons, aux habitudes des autres, le camarade de tous les camarades du sergent de ville, une connaissance de toutes ses connaissances, des gardes de Paris, des pompiers fréquentant les mêmes endroits que lui. Tout monde nouveau où pouvait s'amuser sa légèreté d'observation était toujours attirant, intéressant pour Anatole. Entré dans celui-là, il le trouva tout à fait cordial et charmant. Il fut séduit par la rondeur, la bonne-enfance militaire qu'il y trouvait, la franchise de l'entrain et le gros de ces ridicules épais et martiaux d'où il tira une *militariana* avec laquelle il faisait rire ses victimes jusqu'aux larmes. Car là, dans ce monde fort, il désarmait par sa faiblesse. Ses auditeurs lui pardonnaient tout, et jusqu'aux blagues des récits de bataille, avec une indulgence d'hommes pardonnant à un gamin. Et puis, il les amusait, fouettait leur gaieté avec des charges à leur portée, faisait leurs caricatures, des portraits poétiques et penchés de leurs épouses. Pour les bals de corps donnés à la fête de l'empereur, il fabriquait des transparents gratis. On le connaissait, on l'aimait, on le traitait dans les casernes comme un grand enfant de troupe du régiment : il avait *l'œil* à la cantine.

Mais c'était surtout avec les pompiers qu'il était lié et que ses relations devenaient intimes. Son goût de gymnastique l'avait porté vers eux, il prenait part à leurs exercices, et retrouvant son élasticité, sa souplesse de jeunesse, il luttait avec eux, faisait le *cheval*, les *barres parallèles*, la *poutre*, les *guirlandes*, la *corde à nœuds*, *l'échelle vacillante*. Et il n'était pas le moins agile dans ces courses au *chat coupé* de la caserne des Célestins, ou la partie de jeu des pompiers, s'élançant de la cour, sautant après les murs, bondissait de toit en toit sur les maisons du voisinage, et finissait par mettre le lendemain deux ou trois écloppés à l'infirmerie.

CXXVIII

Anatole présentait le curieux phénomène psychologique d'un homme qui n'a pas la possession de son individualité, d'un homme qui n'éprouve pas le besoin d'une vie à part, de sa vie à lui, d'un homme qui a pour goût et pour instinct d'attacher son existence à l'existence des autres par une sorte de parasitisme naturel. Il allait, par un entraînement de son tempérament, à tous les rassemblements, à toutes les agrégations, à tous les enrégimentements, qui mêlent et fondent dans le tout à tous l'initiative, la liberté, la personne de chacun. Ce qui l'attirait, ce qu'il aimait, c'était le Café, la Caserne, le Phalanstère. Resté bon, offrant l'admirable exemple d'un pauvre diable pur de toute haine et de toute amertume, encore plein d'utopies, quand il bâtissait du bonheur pour toute l'humanité, c'était ce bonheur-là qu'il lui souhaitait, qu'il lui voyait, un bonheur de communauté, la félicité de table d'hôte, le paradis à la gamelle que rêvent, pour eux et les autres, les gens roulés dans la misère d'une grande ville et se sentant à peine, comme dans une foule, une existence, des mouvements, un corps à eux. Aussi, de ce compagnonnage avec les pompiers, de sa vie avec eux, presque liée à leur règle, à leur ordre du jour, amusée de leurs récréations, de leurs plaisirs, buvant à leur table, emboîtant leur pas, il tirait une espèce de satisfaction, de bien-être difficile à exprimer, une sorte d'allégement, de libération de lui-même, comme s'il faisait à moitié partie de la caserne, et comme s'il avait mis un peu de sa personne à la *masse*.

Une autre heureuse disposition d'esprit avait encore contribué à lui faire tolérer cette vie qu'un autre eût été jeter à la Seine coulant si près de là. Il était soutenu par la grâce que la Providence fait aux malheureux : il avait au suprême point le sens de *l'invrai*. Une prodigieuse imagination du faux le sauvait de l'expérience, lui gardait l'aveuglement et l'enfance de l'espérance, des illusions entêtées que rien ne tuait, des crédulités idiotes et qui le berçaient toujours, une confiance enragée qui lui ôtait la prévision de tous les accidents de la vie, et ne faisait tomber sur lui que le coup inattendu des malheurs. Il se fiait à tout et à tous, ne pensait jamais le mal. Les plus horribles figures, avec lesquelles le hasard le faisait rencontrer, lui apparaissaient comme des visages de braves gens. Il voyait une affaire faite dans une parole en l'air. Les chances les plus impossibles, des miracles de salut, il les attendait de pied ferme. Et dans sa tête, où des restes d'ivresse flottaient sur des mirages de commandes, c'étaient des échafaudages de fortune, des emmanchements de hasards, des enfilades de travaux, des connaissances de grands personnages, des rêves à la piste de millionnaires offrant des sommes fabuleuses de son transparent des pompiers, et dont il allait chercher le nom et l'adresse dans des endroits incroyables, chez des *minzingues* de la rue Saint-Hilaire, à la Bourse des marchands d'habits! Et en tout, il poussait si loin le sens du faux, l'absence du flair des choses et des gens, qu'entre plusieurs travaux qui s'offraient à lui, il choisissait toujours celui dont il ne devait pas être payé. Ce mécompte, du reste, ne le fâchait pas ; il se mettait à la place de l'homme qui lui devait, lui trouvait mille excuses, et en faisait son ami.

Il arrivait que, sauvé du désespoir par toutes ces ressources de caractère, par cette vie où le frottement continuel des autres le soulageait de lui-même, Anatole trouvait dans la misère les coudées franches de sa nature, la libre expansion, l'occasion de développement de goûts inavoués qui portaient ses familiarités et ses amitiés vers les inférieurs. Il y avait pour lui le plaisir d'un épanouissement sans gêne dans les fraternités à brûle-pourpoint, les amitiés improvisées sur le comptoir, les tutoiements au petit verre. Doucement, et sans y résister, dans ces milieux d'abaissement, il s'abandonnait à cette pente de beaucoup d'hommes élevés bourgeoisement, et qui, par leurs préférences de sociétés, leurs relations, leurs lieux de rendez-vous, descendent peu à peu au peuple, se trempent à ses habitudes, s'y oublient et s'y perdent. Lui aussi était de ceux qui semblent tirés en bas par des attaches d'origine, de ceux qui tombent à l'absinthe chez le marchand de vin. Après boire, quand parfois il se voyait riche et faisait des projets, il parlait de festins qu'il donnerait dans de grands salons de Ménilmontant; et il esquissait la fête avec son gros luxe de femmes à chaînes de montre, ses grands plats de harengs saurs, ses saladiers d'œufs rouges, ses brocs de vin bleu, — une ripaille de barrière, une apothéose du Cabaret, où il semblait savourer un idéal de canaillerie.

A ces aspirations d'Anatole, les hasards de son existence présente, cette maison, cette chambrée, tous ces compagnonnages donnaient une pleine satisfaction. Il roulait de rencontres en rencontres, d'accrochages en accrochages, dans des sociétés de n'importe qui. Il se laissait emmener par des noces qui avaient pour demoiselles d'honneur des femmes faisant tirer des loteries dans des gargots, des noces qui allaient aux *Barreaux verts* en arrêtant les « sapins » et la mariée pour une « tournée » à la porte des marchands de vin; et dans ces grossières parties de joie, pelotonné dans le fond du fiacre, le dos rond, les deux mains nouées autour de ses genoux relevés, la bouche gouailleuse, il prenait des apparences de contentement presque fantastique, l'air d'ironique bonheur de Mayeux.

CXXIX

Dans les lâchetés et les dégradations de cette existence, Anatole perdait peu à peu les forces de sa volonté. Il devenait paresseux à chercher du travail. Il n'osait plus, dans sa timidité de pauvre honteux, aller au-devant d'une affaire, voir les gens, emporter une commande.

Il se faisait en lui comme un écroulement de ses dernières énergies et de ses derniers orgueils. Sa vocation mourait. Ce que l'artiste, au plus profond de ses chutes et de ses misères, garde du rêve et des illusions de sa carrière, ce qui le soutient dans la bassesse et le mercantilisme des travaux forcés du gagne-pain, la confiance, la foi et le goût de revenir un jour à l'art, l'orgueil de se sentir toujours un artiste, — cela même l'abandonnait. La misère avait dévoré le peintre; et dans l'ancien élève de Langibout se glissait et commençait à s'établir un nouvel être : le bohème pur, le lazzarone de Paris, l'homme sans autre ambition que la nourriture et la subsistance, l'homme de la vie au jour le jour, mendiante du hasard, à la merci de l'occasion, et dans la main de la faim.

Il vendait petit à petit de ses *frusques*, de ses meubles; puis, talonné par le besoin, il descendait à ramasser les plus bas deniers et la plus vile obole de son état. Il faisait, pour un marchand d'estampes du quai de l'Horloge, des portraits destinés à l'illustration des livres, les uns avec une encre rouillée imitant les vieilles gravures, les autres à l'aquarelle dans le goût de l'imagerie et des couleurs de confiserie, les premiers aux prix de soixante-quinze centimes, les autres aux prix de deux francs cinquante. Ou bien, c'étaient des dessins qu'il mettait en loterie au café du coin de l'Hôtel de Ville, heureux quand le maître du café arrachait quelques pièces de cinquante centimes à la goguette des gardes nationaux venant là.

Au milieu de cette *dèche,* il fut fort étonné un jour de voir tomber dans sa chambre la visite de sa mère qui n'avait jamais mis les pieds chez lui depuis leur séparation. Elle avait fait des pertes d'argent. La mode et l'industrie qui lui donnaient ses revenus étaient complétement abandonnées, perdues. Il ne lui restait plus qu'un petit capital à peine suffisant pour la faire vivre dans une petite localité des environs de Paris. Elle fit de cette situation un exposé pathétique à Anatole, lui demanda ses conseils, ne les écouta pas, et après l'avoir contredit tout le temps, sortit comme une femme venue pour faire une scène à effet, en se drapant dans du dramatique.

Sur le pas de la porte, se retournant elle dit à son fils :

— Je ne conçois pas comment vous restez dans une maison comme ça... Si du monde venait vous voir...

— Du monde? ah! oui... Des pairs de France, n'est-ce pas?

CXXX

L'été vint, et, avec l'été, les nuits brûlantes, mangées de punaises, lui firent découvrir un nouvel agrément de son quartier, de son logement : le bain *gratis* à deux pas, dans la Seine.

Vers les onze heures, il descendait de chez lui en chemise et en pantalon de toile, emportant sa carafe et son pot à l'eau, allait à l'abreuvoir du quai, et, en quelques brasses, il se trouvait dans la belle eau pleine et profonde, coulant entre l'Hôtel de Ville, l'île Saint-Louis et l'île Notre-Dame.

Les quais étaient noirs et comme morts; quelques fenêtres seulement, ouvertes, respiraient. De loin en loin, une lumière qui se noyait dans la rivière paraissait y faire trembler la lueur d'une fenêtre de bal. Çà et là une lanterne, un réverbère était un point de feu dans le noir de la rivière, sous les grands pâtés des maisons. La lune, au milieu d'un courant ridé, se mirait et rayonnait. Anatole nageait, se perdait dans l'ombre avec cette espèce d'émotion que fait chez le nageur l'inconnu et le mystère de l'eau; puis il allait vers la lumière, s'amusait à couper les reflets du gaz, dérangeait de la main le feu blanc de la lune qui s'égouttait de ses doigts. Il faisait de petites brasses, glissait, s'abandonnait à l'eau molle, et, par moments, se laissant couler sur le dos, le front à demi baigné, il regardait en l'air, comme du fond d'un puits, les tours de Notre-Dame, les toits de l'Hôtel de Ville, le ciel, la nuit d'argent. Toutes sortes d'impressions de paresse, de calme, le pénétraient de bien-être. Il écoutait s'éteindre la chanson d'un ivrogne sur un pont, le mélancolique sifflement d'un *écopeur* de bateau, des mots que l'écho de la Seine semblait suspendre en l'air, ce doux petit bruit d'une grande eau qui va dans une grande ville qui dort. Des heures au timbre mourant tombaient dans l'éloignement : minuit, une heure. Il nageait toujours, se disait : — Je vais sortir, — et restait encore, ne pouvant se lasser de boire de tout le corps et de tout l'être ce bonheur des muets enchantements nocturnes de la Seine, et cette délicieuse fraîcheur enveloppante de l'eau, mise là pour lui au milieu de ce Paris aux pierres chaudes étouffé et suant du soleil du jour.

CXXXI

Au fond, Anatole ne se trouvait pas trop malheureux.

Traitant sa misère par l'indifférence, il n'avait guère qu'un ennui, une contrariété qui le taquinait.

Tant que Champion avait été aux mœurs, Anatole n'avait vu dans son compagnon de chambre qu'un soldat civil de l'édilité, une espèce de douanier de la maraude de l'amour. Mais Champion venait de passer à la Surveillance : l'employé du gouvernement se transformait alors aux yeux d'Anatole ; il prenait une couleur politique, il devenait l'homme au tricorne, à l'épée, l'homme qui empoigne, l'homme de police contre lequel se soulevaient toutes les instinctives répugnances du Parisien et du vieux gamin. Anatole se mettait à souffrir dans ses opinions libérales du ménage qu'il faisait avec un pareil homme établi aussi à fond dans son intimité, — et parfois dans ses chemises.

Il lui semblait aussi qu'il était venu à son ami, avec ses nouvelles fonctions, de la roideur, un air autoritaire, un ton caporal qui avait brusquement arrêté ses tentatives de propagande phalanstérienne, et coupé net ses plaisanteries sur le gouvernement. Anatole avait encore contre son compagnon un autre grief, une plus sourde rancune. Champion qui se levait avec le jour, qui souvent passait la nuit en essuyant le plus dur de l'hiver, et méritait rudement son pain à côté de ce monsieur qui se levait à dix heures, flânait toute la journée, faisait semblant de chercher de l'ouvrage, en cherchait pour ne pas en trouver, ne s'occupait, ne s'inquiétait de rien, Champion avait à la longue fini par concevoir pour l'artiste le mépris que tout homme du peuple gagnant sa vie conçoit pour celui qui ne la gagne pas. Ce profond et violent dédain du travailleur pour le *loupeur*, Champion, avec sa grosse et lourde nature, le laissait échapper à toute minute dans des paroles et des airs qui étaient un reproche et une humiliation pour Anatole. Aussi Anatole eut-il la joie d'un grand débarras, quand Champion, craignant peut-être pour son avancement le compagnonnage d'un garçon aux idées dangereuses, vint lui annoncer qu'il le quittait.

Anatole restait seul dans la chambre, avec son mobilier réduit, par les *lavages* successifs, à un lit, à une chaise et à son morceau de guipure historique, seul débris de son opulence, auquel il tenait beaucoup sans savoir pourquoi. Il fut obligé de louer vingt sous par mois une table pour quelques dessins qu'il faisait encore, par hasard, de loin en loin.

CXXXII

Il y a au bout de l'île Saint-Louis, du côté de l'Arsenal, un coin de pittoresque échappé au dessinateur parisien Méryon, à son eau forte si amoureuse des ponts, des berges, des quais.

Une grande estacade, vieille, à demi pourrie, rapiécée de morceaux de fer, à demi déboulonnée par les voleurs de nuit, dresse là l'architecture à jour de son treillis de poutres. Cette masse de pilotis arc-boutés et s'entremêlant, ce fouillis d'échafaudages, ces énormes madriers goudronnés, noirs et comme calcinés en haut, boueux, glaiseux, tout gris en bas, les mille trous des niches de l'armature, font songer à une jetée de port de mer, à une machine de Marly détraquée, à une forêt dont l'incendie aurait été noyé dans l'eau, à une ruine de la Samaritaine suspecte et hantée par la maraude.

Le soleil, tombant dedans, frappe des coups splendides qui font des barres dans toutes les traverses de l'estacade, entrent dans ses creux, la battent, la pénètrent, y allument le blanc d'une blouse, chauffent de violet les têtes des poutres, dorent en bas leur pourriture de boue, et jettent à l'eau bleuâtre et tendre l'intensité noire et chaude du reflet de la grande charpente.

Anatole devenu, au voisinage de la Seine, un pêcheur à la ligne, allait pêcher là.

Il descendait dans les embrasures des poutres, s'amusant de la gymnastique périlleuse de la descente; et arrivé à son endroit, juché, installé, perché, en équilibre sur une solive, les jambes pendantes, il amorçait, avec une pelote d'asticots dans une boule de glaise, le *gardon*, le *barbillon*, la *brème*, le *chevenne*. Il voisinait avec les autres cases; et dans le ramas bizarre de ces individus que le goût commun de la pêche à la ligne assemble et mêle dans une ville comme Paris, il trouvait les relations imprévues dont la Providence semblait s'amuser à mettre le hasard et l'ironie dans les rencontres de sa vie. Bientôt ses amis furent un facteur de la Halle aux veaux ; un grand jeune homme qui refaisait les éducations incomplè·s, donnait des leçons discrètes aux personnes surprises par la fortune, aux lorettes d'orthographe insuffisante ; un inspecteur de la fourrière, fort curieux à entendre sur les objets inimaginables qui se perdent tous les jours sur le pavé de perdition de Paris ; un commis d'un magasin de la rue Coquillière, où l'on ne vendait que des rubans reteints, garçon de talent fort bien appointé pour imiter avec ses lèvres, en aunant, le sifflement de la soie neuve ; et avec quelques autres encore, un aide préparateur de M. Bernardin.

Un goût singulier avait toujours porté Anatole vers les hommes à professions funèbres. Il avait une pente vers l'embaumeur, le croque-mort, le nécrophore. La Mort, dont il avait très-peur, l'attirait. Il en était curieux, presque friand. La Morgue, la salle Saint-Jean après une révolution, les cimetières, les catacombes, les spectacles de cadavres, les images de squelette, avaient pour lui une espèce de charme affreux qu'il adorait. Et il trouvait original d'être l'intime d'un homme apportant à la société de gros asticots, sur lesquels personne n'osait l'interroger, et qui faisaient faire des pêches miraculeuses.

CXXXIII

Dans les rues, Anatole avait l'habitude de s'arrêter à la peinture qu'il voyait faire. Un jour, vaguant devant lui, le long du faubourg Montmartre, il fit halte pour regarder la boutique d'un pharmacien où un décorateur était en train de représenter le dieu d'Epidaure avec l'attribut sacramentel de son serpent enroulé.

— Un serpent, ça? — fit-il, — mais c'est une anguille de Melun !

Le décorateur se retourna, et tendit avec un sourire moqueur sa palette à Anatole.

Anatole saisit la palette, d'un bond sauta sur la chaise, et en quelques coups de pinceau, il fit un superbe trigonocéphale qu'il avait vu au Jardin des Plantes.

Du monde s'était amassé, le pharmacien était venu voir, et trouvait le serpent parlant.

Quand Anatole redescendit, le pharmacien le pria d'entrer et lui montra sa boutique. Il en voulait faire décorer les six panneaux d'allégories représentant les éléments de la chimie; malheureusement, il commençait les affaires, et ne pouvait pas mettre plus de cinquante francs par panneau.

Anatole accepta tout de suite, et le lendemain, il apportait les croquis de l'*Eau*, de la *Terre*, du *Feu*, de l'*Air*, du *Mercure*, du *Soufre*. Le pharmacien était charmé des dessins. On causait, des noms de connaissances communes venaient dans la conversation. Le pharmacien le retenait à dîner, et au dessert, il ne l'appelait plus qu'Anatole : Anatole, lui, l'appelait déjà Purgon.

Le lendemain, Anatole attaquait un panneau avec l'ardeur, la verve, le premier feu qu'il avait toujours au commencement d'un travail. « Messieurs, — criait-il en peignant la première figure qui était l'Eau, — voilà une peinture immortelle : elle ne sera jamais altérée ! » Pendant ses repos, il étudiait la boutique, les livraisons des remèdes, lisait les inscriptions des bocaux, les étiquettes, questionnait le garçon pharmacien, l'étonnait avec la demi-science qu'il possédait de tout. Bientôt, son ardeur à peindre baissant, il trôla dans le magasin, cacheta quelque chose, colla par-ci par-là une étiquette, ficela un paquet, remua un pilon en passant, mit du cérat dans un pot, aida à recevoir les pratiques. Et peu à peu, avec la facilité d'assimilation qui le faisait entrer, glisser dans toutes les professions dont il approchait, à se mêler à tout ce qu'il traversait, il devint là une sorte d'aide amateur du garçon pharmacien. Ce semblant de métier lui allait à merveille : il y avait en lui un fond de boutiquier, une vocation à une carrière de paresse dont la peine est d'ouvrir un tiroir, à une occupation légère, distraite par le dérangement, le mouvement des acheteurs, le bavardage avec les clients. Et du petit commerce de Paris, il avait non-seulement le goût, mais encore le génie naturel : il excellait à vendre, à « entortiller » le consommateur.

A ce train, les peintures ne marchaient guère vite. Anatole resta deux mois à les finir. Il ne faisait plus que coucher rue des Barres. Au bout des deux mois, comme l'amitié entre lui et le pharmacien avait pris la force d'habitude « d'un collage », le pharmacien, n'ayant plus rien à faire décorer, lui proposait de lui prêter comme atelier son « petit salon pour les accidents ». Ils mangeraient ensemble, et Anatole n'aurait qu'à répondre à la boutique dans les moments pressés, à donner un coup de main en cas de besoin. L'arrangement enchanta Anatole, qui s'oubliait volontiers partout où il était, et qui se trouvait toujours lâche pour sortir d'une habitude.

Tout d'ailleurs lui plaisait dans la maison. Jamais il n'avait rencontré de meilleur enfant que le pharmacien, un grand, gras et paresseux garçon, avec des lunettes lui coulant le long du nez, et qu'il remontait à tout moment d'un geste gauche des deux doigts : Théodule, c'était son petit nom, passait sa vie à boire de la bière qui lui avait donné, à force de le gonfler et de le souffler, l'apparence comique et inquiétante d'une baudruche. De là une plaisanterie journalière d'Anatole : — Fermez les fenêtres, Théodule va s'envoler ! Et à côté du pharmacien, il y avait le charme de sa maîtresse, installée dans l'arrière-boutique : une petite femme grasse, presque jolie, gracieuse à se cacher pour prendre à la dérobée une prise de tabac, faisant dans une bergère des ronrons de chatte, bonne fille, ayant du bagout, une espèce d'air comme il faut, et suffisamment de coquetterie pour satisfaire au besoin qu'Anatole avait auprès d'une femme d'en être un peu occupé et à demi amoureux.

Anatole goûtait l'embourgeoisement de cet intérieur, le bonheur du pot-au-feu, bien chauffé, bien nourri, bien éclairé, doucement bercé dans la mollesse d'un bon fauteuil et le plaisir d'une agréable digestion. Il s'assoupissait dans un engourdissement de félicité sommeillante, dans la platitude des causeries de ménage et du petit commerce, dans des commérages, des rabâchages, des conversations de vieux parents et des provinciaux de Paris, qui paralysaient ses charges. Sa verve lassée semblait prendre ses Invalides. Et puis, la pharmacie l'amusait : il trouvait un air d'alchimie rembranesque à la distillerie de l'arrière-boutique; la cuisine des remèdes l'occupait, ses curiosités touche-à-tout s'intéressaient au bouillonnement des bassines, aux filtrages, aux évaporations, aux manipulations. Il aimait à dire des mots de médecine à des gens du peuple, à donner des consultations pour toutes les maladies, à éblouir de vieilles femmes avec des bribes de Codex et du latin de Molière. Les accidents mêmes, les blessés qu'on apportait dans la boutique étaient pour lui une distraction, et jetaient dans ses journées l'aventure du fait divers. Aussi, rien n'était-il plus beau que son zèle à donner des secours : il était un père pour les écrasés ; il leur parlait, les palpait, les hissait en voiture. Mais où il se montrait surtout admirable d'attention, de charité, de sang-froid, c'était dans les crises de nerfs de femmes foudroyées de la nouvelle du mariage d'un amant, à la suite d'un dîner à quarante sous : il n'en perdit aucune, tout le temps qu'il resta à la pharmacie.

Attaché par ces agréments de toutes sortes, Anatole restait là, croyant y rester toujours, lavant de temps à autre quelque aquarelle, genre XVIIIe siècle, dont le pharmacien lui trouvait le placement chez des commerçants de ses amis. Mais, au bout de six mois, un matin qu'il apportait des dessins pour des bouchons de flacon qui devaient gagner à la pharmacie l'estime des gens de goût, le garçon lui apprit que son patron était parti pour le Havre, avec une place de pharmacien de troisième classe, attaché à l'expédition de Cochinchine.

Voici ce qui était arrivé. L'ami d'Anatole avait voulu remonter avec de bons produits une pharmacie tombée, il donnait ce qu'on lui demandait, il faisait des préparations scrupuleuses, il livrait du sirop de gomme fait avec de la gomme et non avec du sirop de sucre. Cette conscience l'avait perdu : les recettes baissant toujours, il s'était vu obligé de vendre son fonds à vil prix et de s'embarquer.

Anatole remit dans sa poche ses modèles de bouchons, prit la boîte d'aquarelle et le stirator dans le salon aux accidents, serra la main du garçon, et rentra rue des Barres avec le premier grand découragement de sa vie, et cette idée qu'il se dit à lui-même tout haut :

— Il y a un bon Dieu contre moi!

CXXXIV

Anatole passa alors des journées, des journées entières au lit.

Quand il s'éveillait, et qu'en ouvrant à demi les yeux, il apercevait autour de lui ce matin terne, ce jour sans rayon frissonnant à l'étroite fenêtre, ce pan de mur d'en face reflétant la blancheur d'un ciel glacé, l'hiver sans feu dans sa chambre, il n'avait point le courage de se lever. Et se ramassant dans le creux et le chaud de ses draps, pelotonné sous la tiédeur des couvertures et du reste de ses vêtements jeté et bourré par-dessus, il cherchait à perdre la conscience et le sentiment de sa vie, la pensée d'exister réellement et présentement. Il s'abandonnait à l'assoupissement, aux douceurs mortes d'une langueur infinie, au lâche bonheur de s'oublier et de se perdre. Ce qu'il goûtait, ce n'était pas le plein sommeil, c'était une bienheureuse impression de gris, un demi-balancement dans le vague et le vide, l'effacement d'un commencement de somnolence qui fait reculer les ennuis pressants de la vie, quelque chose comme l'attouchement d'une main de plomb comprimant les inquiétudes sous le crâne de la pauvreté.

C'est ainsi qu'il usait les jours de neige, de pluie, les jours mornes, les jours couleur d'ennui où il faut avoir un peu de bonheur pour vivre. Ce qui tombait sur lui des tristesses du ciel, de la rue, de la chambre, le froid des murs qui avait comme un souffle derrière la porte, la vision persécutante des créanciers, il oubliait tout, dans un demi-rêve, les yeux ouverts.

De temps en temps, pendant ces heures mêlées, confuses et pareilles, il sortait un peu le bras de dessous la couverture, prenait une pincée de tabac, une feuille de papier Job, et roulait, sous le drap, une cigarette qui brûlait un instant après à ses lèvres. Alors, il lui semblait que sa pensée montait, s'évaporait, se dissipait avec la fumée, le bleu et les ronds de nuage du tabac. Et il demeurait de longs quarts d'heure, laissant charbonner le papier au bout de sa cigarette, poursuivant à la fois une rêverie et un songe; et comme délicieusement envolé et se dépouillant de lui-même, il n'avait plus, à la fin, de ses membres et de toute sa personne qu'une sensation de moiteur.

La journée se passait sans qu'il mangeât, sans qu'il prît rien. Ce jeûne, cette débilitation diminuaient encore en lui le sentiment qu'il avait de sa personnalité matérielle, l'allégeaient un peu plus de son corps; et le vide de son estomac faisant travailler son cerveau, surexcitant chez lui les organes de l'imagination, il arrivait à s'approcher de l'hallucination. Le jour blafard de sa chambre, parfois, lui faisait croire une minute qu'il était noyé dans l'eau jaune de la Seine, une eau qui le roulait, et où il lui semblait qu'on ne souffrait pas du tout.

Quelquefois pourtant, il ne pouvait atteindre à cet état flottant de lui-même, trouver cette songerie et cet assoupissement. La notion de son présent persistait en lui et prenait une fixité insupportable. Alors il tirait de sa ruelle quelqu'une des livraisons à quatre sous fourrées entre la couverture et le froid du mur, et qui bordaient tout son lit du pied à la tête. Plongé dans le papier gras une heure ou deux, il lisait. C'était presque toujours des voyages, des explorations lointaines, des courses au bout du monde, des histoires de naufrages, des aventures terribles, des romans gros de catastrophes, toutes sortes de récits qui emportent le liseur dans le péril, l'horreur, la terreur. Là-dessus, il tâchait de dormir, avec le désir et la volonté de retrouver sa lecture dans le sommeil, et d'échapper tout à fait à ses pensées en grisant jusqu'à ses rêves de l'étourdissante apparition de ses peurs. Même à de certains jours, par raffinement, après ces lectures, et pour s'y mieux enfoncer, il se couchait exprès sur le côté gauche; et forçant à se mêler ainsi le malaise et le souvenir, le cauchemar de son corps au cauchemar de ses idées, il se donnait des demi-journées anxieuses et troubles, auxquelles il trouvait un charme étrange et une angoisse presque délicieuse : le charme de l'émotion du danger.

Il vécut ainsi un mois, s'escamotant les jours à lui-même, trompant la vie, le temps, ses misères, la faim, avec de la fumée de cigarette, des ébauches de rêves, des bribes de cauchemar, les étourdissements du besoin et les paresses avachissantes du lit.

Il ne se levait guère que lorsque le reflet d'une chandelle allumée quelque part dans la maison lui disait qu'il faisait nuit. Alors il s'habillait, entrait dans l'arrière-boutique de quelque marchand de vin, mangeait un rien de ce qu'il y avait à manger, puis il lui prenait comme une soif de lumière. Il allait où il y avait du gaz. Il se promenait une heure dans quelque rue éclairée, se remplissait les yeux de tout ce feu flambant et vivant, puis, quand il en avait assez de cet éblouissement, il revenait se coucher.

CXXXV

Par un jour de soleil de la fin de février, Anatole était à se promener sur le quai de la Ferraille, longeant le parapet, badaudant, le dos tendu à un de ces charitables rayons de soleil d'hiver qui semblent avoir pitié du froid des pauvres.

Il entendit derrière lui une voix de femme l'interpeller, et, se retournant, il vit madame Crescent toute chargée de paquets et d'ustensiles de jardinage.

— Ah! mon pauvre enfant! — fit-elle avec un regard qui alla de la tête aux pieds d'Anatole, — tu n'es pas riche...

La toilette d'Anatole était arrivée au dernier délabrement. Elle avait la tristesse honteuse, sordide, la mélancolie sale de la mise désespérée du Parisien; elle montrait les fatigues, les élimages, l'usure ignoble et crasseuse, l'espèce de pourriture hypocrite de ce qui n'est plus sur un homme le vêtement, mais la « pelure ». Il portait un chapeau cabossé avec des cassures d'arêtes, des luisants roux et mordorés où passait le carton; à des places, la soie collée, lissée, avait l'air d'avoir reçu la pluie par seaux d'eau; et de la vieille poussière respectée dormait entre ses bords gondolés. A son cou, une loque sans couleur et cordée laissait voir la cotonnade d'une mauvaise chemise à demi voilée d'un bout de gilet galonné du large galon des gilets remontés au Temple. Son paletot, un paletot marron, était entièrement déteint; une espèce de ton de vieille mousse se glissait dans le brun effacé du drap aux omoplates, et de grandes lignes blanches entouraient le tour des poches. Les lumières du collet de velours semblaient nager dans la graisse; et au-dessous du collet, le gras des cheveux s'était dessiné en rond dans le dos. Des taches immémoriales et des taches d'hier, tous les malheurs et toutes les avaries d'une étoffe, étalaient leurs marques sur le drap flétri, sur ce paletot de chimiste dans la *panne* : les manches cuirassées, encroûtées en dessous de tout ce qu'elles avaient ramassé aux tables saucées ou poisseuses des gargotes et des cafés, paraissaient avoir la solidité et l'épaisseur d'un cuir d'hippopotame. Un geste de pauvreté, l'instinctive pudeur qu'ont les malheureux de leur linge et de leurs dessous, lui faisait croiser avec les deux mains ce paletot à demi boutonné par des capsules de boutons tout effiloqués. Son pantalon chocolat flottant s'en allait en franges sur des souliers avachis, spongieux, le talon usé d'un côté, l'empeigne déformée, la semelle décollée et feuilletée, de ces souliers auxquels les connaisseurs reconnaissent la vraie misère.

Et l'homme avait là-dedans comme le physique de son costume. L'éreintement des traits, des poils blancs dans sa barbe rare et noire, des plaques près des oreilles, sur le cou, rouges et grenées comme du galuchat, un teint briqueté sur ce fond de jaune que met le vide et le creusement de l'heure des repas sous la peau des meurt-de-faim de grande ville, les privations, les stigmates des excès et des jeûnes, je ne sais quoi de brûlé et d'usé donnaient à son visage quelque chose de la flétrissure de ses habits.

— Mais prends-moi donc ça... — reprit vivement madame Crescent, — au lieu de rester là comme Saint Immobile... Débarrasse-moi un peu... Qu'est-ce que tu veux? Avec un paresseux comme j'en ai un... il faut la croix et la bannière pour le faire sortir de sa *turne*... C'est des affaires pour le faire venir deux ou trois fois dans l'année... Alors, c'est moi le voyageur... Un enfant, tu sais, mon homme... un vrai petit garçon... il lui faudrait un panier avec un pot de confitures !... Hein ! je suis chargée ?... Pas grand'chose de bon, va, dans tout ça... Maintenant les marchands, ce qu'ils vendent ?... de la *masticaille!*... Oh! les gueux! si je les tenais! ces muselés-là!... Ça ne fait rien, mon pauvre garçon... as-tu les joues maigres! tu pourrais boire dans une ornière sans te crotter!.. Tu ne viendrais donc jamais chez nous quand ça ne va pas? Ce n'est pas si long par le chemin de fer... Tu trouveras toujours ton lit et la soupe... Nous savons ce que c'est, nous... nous avons eu aussi nos jours!

— Mon Dieu, madame Crescent, je vais vous dire... Je vous remercie bien... Mais, vous savez... je suis comme les chiens qui se cachent quand ils sont galeux...

— Galeux! galeux!... Tiens bon! — Et madame Crescent éternua à se faire sauter la tête. — Ah! que c'est bête d'être enrhumée comme ça... j'ai une visite dans le nez à chaque instant... Dis donc, tu sais, nous allons dîner ensemble,..

Anatole fit un geste d'humilité comique en montrant son costume.

— Innocent! — fit madame Crescent. — Tiens, prends-moi encore ce paquet-là... Et donne-moi le bras... Nous allons aller comme ça tranquillement sur nos jambes dîner au Palais-Royal, et tu me reconduiras au chemin de fer...

— Et les bêtes, madame Crescent?

— Ah! ne m'en parle pas... Elles remplissent la maison... Ah! j'ai une alouette... C'est-il gentil!... quelque chose de si doux, que ça vous fait dormir de l'entendre chanter...

Arrivés au Palais-Royal, ils entrèrent dans un restaurant à quarante sous : pour madame Crescent, le dîner à quarante sous était le premier des repas de luxe.

— Eh bien! — dit-elle à Anatole tout en mangeant, — tu es donc si bas que ça, mon pauvre garçon?

— Mon Dieu! une déveine... rien en vue... Qu'est-ce que vous voulez?... Pas moyen de décrocher seulement un portrait de vingt-cinq francs!... une vraie crise cotonnière... Mais j'ai bien assez de m'embêter tout seul... ne parlons pas de ça, hein?... Il y avait quelque chose qui aurait pu me remettre sur pattes... une copie d'un portrait de l'empereur... ça se donne à tout le monde... Je n'avais pas Coriolis... il n'est pas à Paris... Garnotelle n'aurait eu à dire qu'un mot... Mais c'est un bon petit camarade, Garnotelle!... Il m'a fait dire deux fois qu'il n'y était pas... et la troisième, il m'a reçu comme du haut de la colonne Vendôme!... Je lui ai dit : Fais-toi faire une redingote grise, alors!

— Et ta mère?... Elle a toujours quelque chose, ta mère? fit madame Crescent, et remettant vite le pain d'Anatole à plat : — Le bourreau aurait le droit de le prendre...

— Ah! ma mère... c'est comme mes affaires... ne touchons pas à cette corde-là, madame Crescent... Tenez! vrai, c'est pas pour moi, c'est pour elle que j'ai été chez Garnotelle... Et ça me coûtait, je vous en réponds!... Oui, pour elle... car je la vois qui aura besoin de manger de mon pain d'ici à peu... Mais, je vous dis, ne parlons pas de ça... Il arrivera ce qui arrivera... Nous verrons bien... Qu'est-ce qu'il fait, dans ce moment-ci, monsieur Crescent?

— Toujours ses *sous-bois*... Nous, ça va... Il gagne gros comme lui, à présent, l'homme... même que c'est joliment payé, je trouve, de la couleur comme ça sur la toile... Mais c'est pas à moi à leur dire, n'est-ce pas?...

Et appelant le garçon : — Dites donc, garçon!... Votre fromage *camousse*... Qu'est-ce qu'il a donc, ce grand imbécile, avec ses oreilles comme des chaussons de lisière?... Tout le monde sait ce que ça veut dire, que c'est du fromage qui a de la barbe.

— Je crois que si vous voulez arriver à l'heure pour le chemin de fer... — dit Anatole.

— Non, j'ai changé d'idée... Je ne m'en irai que demain... J'avais oublié... Il faut que j'aille au ministère pour Crescent... C'est moi qui les amuse au ministère!... Il y a un vieux *calibot* qui a l'air d'un Bacchus tout farce... Ah! c'est que je ne me laisse pas entortiller! Sa dernière affaire, sans moi... Il n'a pas de caboche, mon homme, vois-tu... Je leur dis un tas de bêtises... Ah! si tu crois qu'ils me font peur!... J'ai attrapé ce que je voulais, et il faudra bien que ça continue... Nous allons voir demain... Au fait, on est si chose... Les garçons pourraient trouver étonnant de me voir payer... Tiens, paye, toi...

Et elle passa à Anatole sa bourse sous la table.

— Merci! — lui dit-elle comme ils allaient sortir du restaurant, — tu oubliais un de mes paquets, toi!... Tu vas me mener jusqu'à mon petit hôtel, où je couche quand je couche ici... C'est tout près... rue Saint-Roch... J'ai l'habitude... et puis, je n'y moisis pas... Allons! rappelle-toi ça, c'est moi qui te dis qu'il y a encore une chance pour les gens qui n'ont jamais fait de tort à personne... Et puis, viens donc un peu là-bas... Nous aurons tant de plaisir... Il y a une bêtise que tu as dite dans le temps à Crescent, je ne sais plus... il en rit encore chaque fois qu'il y pense... Maintenant, tu peux te donner de l'air... Bonsoir, mon garçon...

CXXXVI

A ces hommes de Paris, vivant au petit bonheur des charités du hasard et des aumônes de la chance, sur le pavé de la grande ville où deux cent mille individus se lèvent tous les matins, sans avoir le pain de leur dîner; à ces hommes dont l'existence n'est, selon le grand mot de l'un d'eux, Privat d'Anglemont, « qu'une longue suite d'aujourd'hui », il arrive tout à coup, vers l'âge de quarante ans, une sorte d'affaissement moral qui fait baisser l'insolente confiance de leur misère.

La Quarantaine est pour eux le passage de la Ligne. De là, ils aperçoivent l'autre moitié sévère de la vie, la perspective des réalités rigoureuses. De l'inconnu auquel ils vont, commence à se lever devant eux la figure redoutable et nouvelle du Lendemain. Ce qui avait été jusque-là leur force, leur patience, leur santé d'esprit et leur philosophie d'âme, l'étourdissement, la verve, l'ironie, la griserie de tête et de mots, tout ce qu'ils avaient reçu, ces hommes, pour se faire de la résignation et du bonheur sans le sou, ils le sentent soudainement défaillir. Ils n'ont plus à toute heure ce ressort, cette élasticité, ce rejaillissement de gaieté, ce premier mouvement d'insouci, ce scepticisme et ce stoïcisme de farceurs qui les faisaient rebondir si lestement et les relançaient à l'illusion. Leur instinct de blagueur s'en va, et ne revient plus que par saccades. Pour être drôles, il faut à présent qu'ils se montent; pour se retrouver, il faut qu'ils s'oublient, et pour s'oublier, qu'ils boivent. Tristesses, amertumes, inquiétudes, menaces d'échéances, vides de la poche et du ventre, hier, il suffisait, pour les empêcher d'en souffrir, d'une bêtise, d'un rire, d'un rien : aujourd'hui, ils ont des moments qui demandent à être noyés dans de l'eau-de-vie !

Tout s'assombrit. Les dettes ne sont plus les dettes d'autrefois. Elles ne paraissent plus avoir l'amusement d'une pantomime où l'on ferait le « combat à l'hache à quatre » avec des bottiers, des tailleurs, et autres monstres en boutique. Le coup de sonnette matinal du créancier, qui faisait dire tranquillement, en se retournant dans le lit : « Mon Dieu! que ces gens-là se lèvent de bonne heure! sonne à présent au creux de l'estomac; et le billet tourmente : il donne des insomnies de commerçant qui rêve à des protêts. Le corps même n'est plus aussi philosophe. Il perd l'assurance de sa santé. Les excès, les privations, les malaises refoulés, tous les reports des souffrances passées, commencent à y revenir et à y mettre comme une vague menace de l'expiation de la jeunesse. La vie se venge de l'abus et du mépris qu'on a fait d'elle. L'estomac ne s'accommode plus de rester vingt-quatre heures sans manger, avec une tasse de café le matin et deux verres d'absinthe avant de se coucher. L'hiver souffle dans le dos : le paletot manque... Sinistre retour d'âge de la bohême, où l'on croirait voir une jeune Garde partie, misérable et gaie, pour la victoire, et qui maintenant, s'enfonçant dans le froid, commence à sentir les rhumatismes des gîtes et des épreuves de ses premières campagnes !

Alors sur une banquette de café, dans la tristesse de l'heure, quand le jour descend et que la demi-nuit d'une salle encore sans gaz brouille sur le papier l'imprimé des journaux, il y a de lugubres rêveries de ces hommes si vieux après avoir été si jeunes. Ils songent à des amis riches qu'ils ont connus, à des tables toujours mises, à des maisons où il y a un piano, une femme, des enfants, du feu, une lampe. Ils revoient les meubles en acajou, les tapis sous les chaises, le verre d'eau sur la commode, le luxe bourgeois du marchand en gros au fils duquel ils vont donner des leçons. Ils pensent à ce qu'ont les autres : un intérieur, un ménage, une carrière...

Et alors, peu à peu, il semble qu'ils aperçoivent dans la vie d'autres horizons. Toutes sortes de choses méconnues par eux leur apparaissent pour la première fois sérieuses, solides et graves. Le propriétaire ne leur semble plus le grotesque Cassandre du loyer dont s'amusaient leurs charges de rapins : ils y voient l'homme qui vit de ses revenus, et le Pouvoir qui fait saisir. Et devant la vision qui leur montre leurs anciennes risées, la Société, la Famille, la Propriété, le Bourgeois ; devant l'écrasante image de toutes ces existences classées, rentées, confortables, prospères, honorées, — il leur vient comme la désolante idée, le regret et le remords de n'être que des passants et des errants de la vie, campés à la belle étoile, en dehors du droit de cité et de bonheur des autres hommes...

Anatole en était à cette quarantaine du bohême...

CXXXVII

Il faisait un de ces jours de printemps de la fin d'avril où souffle dans l'air la dernière aigreur de l'hiver, tandis que s'essayent sur les murs de Paris de pâles chaleurs et les premières couleurs de l'été.

Anatole, avec un chapeau décent, de vrais souliers une redingote neuve, un air heureux, traversait en courant le jardin du Luxembourg. Il se cogna presque contre un Monsieur qui se promenait à petits pas dans un paletot à collet de fourrure.

— Toi?... comment, c'est toi? — fit-il, — à Paris!... Et pas un mot? pas un bout de nouvelles?... Et comment ça va-t-il, mon vieux?

Coriolis eut un premier moment d'embarras, et rougissant un peu, comme un homme brusquement accroché par une rencontre imprévue :

— J'arrive... — répondit-il, — Manette voulait me faire rester jusqu'au mois de juillet, mais j'en avais assez... Et me voilà... oui... tu sais, je ne suis pas écrivassier, moi... Et toi, es-tu heureux?

— Merci... pas mal... Cette brave femme de madame Crescent a eu la bonne idée de m'obtenir une copie du portrait de l'empereur... douze cents francs... Ce qu'il y a de plus gentil, c'est qu'elle a fait cela sans me prévenir... La lettre du ministère m'est tombée comme un aérolithe... Ah çà? et ta santé?

— Oh! maintenant, je vais très-bien... je suis seulement frileux comme tout...

Et un silence se fit, amené par le silence de Coriolis et par une froideur particulière de toute sa personne. C'était le froid de glace que les femmes savent si bien mettre dans tout un homme pour un autre homme, l'indifférence antipathique, le détachement dégoûté qu'elles parviennent à obtenir des amitiés d'un amant. On sentait le méchant travail sourd, continu et creusant, d'une hostilité de maîtresse contre un camarade qu'elle n'aime pas, les médisances goutte à goutte, les attaques qui lassent la défense, le lent empoisonnement du souvenir, les coups d'épingle qui tuent l'habitude dans le cœur et la poignée de main de l'ami.

— Si nous buvions quelque chose là pour causer? — fit Anatole en montrant le café auprès duquel ils s'étaient rencontrés, et qui se dressait, au milieu des grands arbres à l'écorce verdie, entouré de son grillage de bois pourri, avec la tristesse d'hiver des lieux de plaisir d'été. Et prenant le bras de Coriolis, il le fit entrer dans le parterre abandonné, où des volailles becquetaient les piédestaux de quatre petits candélabres à gaz. Devant eux, ils avaient un de ces effets de lumière qui transfigurent souvent à Paris la grise platitude des maisons et la contrefaçon de grandeur des architectures bêtes.

Le ciel était d'un bleu si tendre qu'il paraissait verdir. Pour nuages, il avait comme des déchirures de gazes blanches qui traînaient. Là-dedans montait la coupole du Panthéon, baignée, chaude et violette, au milieu de laquelle une fenêtre renvoyait un feu d'or au soleil couchant. Puis, des fusées de folles branches et de cimes emmêlées, des arbres de pourpre aux premiers bourgeons verdissants, les deux côtés d'une longue et vieille allée du jardin, enfermaient dans leur cadre un grand morceau de jour au loin, un coup de soleil noyant des bâtisses et glissant par places, sur la terre blonde, jusqu'à deux statues de marbre blanc luisantes, au premier plan, des blancheurs tièdes de l'ivoire. On eût cru voir, par cette journée de printemps, le rayon d'un hiver de Rome au Luxembourg.

— Tiens ! — dit Anatole à Coriolis en s'accotant contre le mur du café peint en rose, — nous aurons chaud là comme si nous avions le dos au poêle... Garçon ! deux absinthes... Non? Veux-tu de la Chartreuse, hein?... Ah! mon vieux! dire que te voilà!... Eh bien! cré nom, vrai, ça me fait plaisir... Y a-t-il longtemps! C'est-il vieux! Comme ça passe! Avons-nous bêtifié ensemble, hein? Tiens, ici... voilà un café qui devrait nous connaître... Là, par derrière, te rappelles-tu? quand nous avons eu notre rage de billard chez Langibout... que nous faisions des parties de cinq heures!... Et Zaza?... Zaza, tu sais? qui était si drôle... qui m'appelait toujours Georges, et qui m'écrivait *Gorge* avec une cédille sous le *g* pour faire Georges!

Et voyant que Coriolis ne riait pas :

— Tu as dû travailler là-bas? As-tu fini une de tes grandes machines modernes... tu sais... dont tu étais si toqué?

— Non... non... — répondit Coriolis avec un accent de tristesse. — Oh! j'en ferai... tu verras... j'en vois.. Là-bas, ce que j'ai fait? Mon Dieu! j'ai fait une vingtaine de petits tableaux du midi de la France... En y joignant une quarantaine de mes esquisses d'Orient... tout cela, je te dirai, ce n'est pas mon dernier mot... mais enfin ça ferait une vente, tu comprends... il y aurait de quoi faire un jour aux Commissaires-Priseurs... C'est la mode à présent, les Commissaires-Priseurs... Et je crois que ce serait une bonne chose pour moi... Ça me ferait revenir sur l'eau, et j'en ai besoin... depuis trois ans que je n'ai pas exposé, on a eu le temps de m'oublier... Il y a un catalogue, les journaux parlent de vous, on donne les prix... Je ferai une exposition particulière... Oh! c'est très-bon... Ce qui ne montera pas à des sommes considérables, je le retirerai... Il faut bien faire comme tout le monde... Je n'y aurais pas pensé sans Manette... Elle est très-intelligente pour tout ça, Manette... Et puis ça me liquidera... Et maintenant que me voilà ici, avec tous mes matériaux sous la main et ce bon mauvais air de Paris qui vous fait piocher, je te demande un peu, — dit-il en s'animant et comme s'il se roidissait dans une volonté d'avenir, — je te demande un peu, qu'est-ce qui pourra m'empêcher de faire ce que je voulais faire, ce que je me sens dans le ventre... des

choses... tu verras!... Mais je t'ai assez embêté de moi...
Ah çà! qu'est-ce qui m'a donc dit que ta mère t'était
tombée sur le dos, mon pauvre garçon?

— Parfaitement... J'ai cette croix-là, la croix de ma
mère... Enfin! on n'a qu'une maman, ce n'est pas pour
la laisser sur le pavé... Et puis, je ne peux pas lui en
vouloir de m'avoir donné le jour... Elle croyait bien
faire, cette femme...

— Mais est-ce qu'elle n'avait pas une certaine aisance,
ta mère?

— Mais si... Il y a eu un temps où il y avait quatre
lampes Carcel à la maison... Mais maman avait une maladie, vois-tu, qui l'a perdue... Il fallait qu'elle donnât
à jouer au whist... La rage de recevoir, quoi!... d'inviter
des chefs de bureau à dîner... Tout ce qu'elle gagnait y
a passé... A la fin de tout, elle avait quelque chose en
viager pour ses vieux jours chez une perle de banquier:
il a levé le pied, et un beau jour, plus un radis! voilà
l'histoire... Tu comprends que ce n'était pas le moment
de lui demander des comptes de la fortune de papa...
J'ai pris deux chambres... et, quand elle a l'air trop
ennuyé le soir, je lui dis : Maman, si tu veux, je vais dire
au portier de monter pour faire ton whist!

— Allons! ne blague donc pas... il paraît que tu t'es
conduit admirablement, et toi qui es si *vache*, on m'a dit
que tu t'étais remué comme un enragé, que tu avais fait
des pieds et des mains pour vous sortir de misère...

— Moi? laisse donc... — fit modestement Anatole à
demi humilié d'être complimenté de son dévouement
filial, et revenant à ses idées d'observation comique :
— Le plus drôle, mon cher, c'est que ça ne l'a pas
changée, c'est toujours la même femme... Voilà donc
ses malheurs qui arrivent... plus le sou, plus rien que
les meubles de sa chambre... Moi, c'était roide... J'avais
six francs, six francs net pour le déménagement... Eh
bien! sais-tu ce qui la préoccupait? C'était d'envoyer
des cartes de visites avec P. P. C! pour prendre congé!...
Maman, je te dis, — et sa voix prit la solennité caver-

neuse du Prudhomme de Monnier, — c'est la victime des convenances sociales !

— Tais-toi, imbécile ! — fit Coriolis sans pouvoir s'empêcher de rire.

Et continuant à causer, ils laissaient peu à peu leurs paroles retourner au passé et toucher çà et là à ce qui réchauffe les années mortes. Les regards d'Anatole, chargés d'expansion, enveloppaient Coriolis, et, en parlant, il appuyait ce qu'il disait de pressions, d'attouchements caressants, de gestes posés sur quelque endroit de la personne de son interlocuteur. A ce contact, au frottement de ces mains qui retâtaient une vieille amitié, au souffle des jours passés, sous les mots, les questions, les souvenirs d'effusion qui remuaient une liaison de vingt ans et leurs deux jeunesses, Coriolis sentait mollir et se fondre sa froideur première. Et tu viens dîner à la maison, n'est-ce pas ? — dit-il à la fin.

Ils se levèrent, sortirent du Luxembourg et remontèrent la rue Notre-Dame-des-Champs, cette rue d'ateliers et de chapelles, aux grandes maisons conventuelles, aux étroites allées garnies de lierre, aux loges rustiques de portiers, aux affiches de pommade de Sœurs, la grande rue religieuse et provinciale où trébuchent de vieux liseurs de livres à tranches rouges, et qui, avec ses cloches, semble sonner l'heure du travail avec l'heure du couvent.

Anatole débordait de paroles; Coriolis parlait moins et se renfermait en lui-même avec un air de préoccupation, à mesure qu'on approchait de la maison.

— Et elle va bien, Manette ? — demanda Anatole, quand ils furent à deux ou trois portes de Coriolis

— Très-bien.

— Et ton moutard ?

— Très-bien, très-bien, merci.

Ils montèrent.

— Tiens ! veux-tu attendre un instant dans l'atelier, — dit Coriolis, — je vais prévenir Manette que tu dînes.

Anatole entra dans l'atelier, plein d'une tiède chaleur,

où se levait, d'une bouilloire sur le poêle, une forte odeur de goudron. Il était à peine là que, par une petite porte, un enfant se glissa comme un petit chat, et, ayant attrapé le coin du divan, il s'y colla, les mains derrière le dos, appuyées contre le bois, le ventre un peu en avant, avec cet air des enfants que leur mère envoie surveiller au salon un monsieur qu'on ne connaît pas.

— Tu ne me reconnais pas ? — dit Anatole en s'avançant vers lui.

— Si... tu es le monsieur qui faisait les bêtes... — répondit sans bouger le bel enfant de Coriolis ; et il fit le silence d'un petit bonhomme qui ne veut plus parler. Puis, comme pour se reculer d'Anatole, il se renversa en arrière sur le divan, avec une grâce maussade, et de là, se mit à suivre, sans le quitter de ses deux petits yeux ronds, tous ses mouvements.

Un peu gêné du tête-à-tête avec ce gamin qui le tenait à distance, Anatole se mit à regarder des panneaux posés sur deux chevalets, des paysages aux ciels de lapis, aux verts métalliques d'émail.

Il avait fini son examen, et commençait à trouver le temps long, quand Coriolis reparut avec un air singulier.

— Nous dînerons nous deux, — fit-il, — Manette a la migraine... Elle s'est couchée.

— Tiens !... Ah ! tant pis, — dit Anatole. — Moi qui me faisais un plaisir de la voir... Il est très-gentil, ton fils... Charmant enfant !

— Ah ! tu regardais ?... C'est de là-bas, tout ça... Tu sais, nous étions à Montpellier... On n'a qu'à descendre le Lez, une jolie petite rivière avec des iris jaunes, pendant une heure... Et puis, passé les saules d'un petit hameau qu'on appelle *Lattes*, c'est ça, mon cher... Oh ! un bien drôle de pays... une vraie Égypte, figure-toi... Tiens ! voilà... — Et il touchait dans ses études les effets et les couleurs dont il lui parlait. — Une terre... comme ça... des grandes flaques d'eau... des marais avec de l'herbe... et entre l'herbe, des grandes plaques d'azur, des morceaux de ciel très-crus... aussi crus que ça... Et puis à côté, tu vois... des langues de sable avec des touffes de soude... un tas de canaux là-dedans, avec ces bateaux-là, à drague, avec des roues à godets... des petits îlots brûlés... de temps en temps un grand pré vague... voilà... où il n'y a que deux ou trois juments blanches qui filent, ou des troupes de taureaux qui s'effarent quand vous passez... une fermentation du diable dans toutes ces eaux-là... une végétation ! des joncs, des tamaris, des ronces, des roseaux !... Et des ciels, mon cher ! C'est plus bleu que ça encore... Enfin, tout : des scorpions, du mirage... il y a du mirage... il y a même des flamants... tiens, d'après nature, s'il vous plaît, ces flamants-là... près de Maguelonne... et ils volaient, je te réponds !... Ils avaient l'air heureux, comme moi, de retrouver leur Orient...

— Mais, dis donc, — fit Anatole en regardant les murs du nouvel atelier de Coriolis à peine garnis de quelques plâtres, — qu'est-ce que tu as fait de tes bibelots?

— Oh! tout a été vendu quand nous sommes partis... C'était un nid à poussière... Viens-tu dans la salle à manger?... ça les décidera peut-être à nous servir...

Le dîner, un dîner de restes où rien ne rappelait l'ancienne largeur du ménage de garçon de Coriolis, fut servi par deux filles qui répondaient aigrement aux observations de Coriolis, s'asseyaient sur un coin de chaise, quand les dîneurs s'oubliaient, après un plat, à causer.

— Tiens! — dit Coriolis, quand on fut au café, avec un ton d'impatience qu'Anatole ne comprit pas, — prends ta tasse, le carafon d'eau-de-vie... Nous serons mieux dans l'atelier...

Anatole, en effet, s'y trouva bien. Le plaisir d'être avec Coriolis, quelques petits verres qu'il se versa, le firent bientôt s'épanouir; et ses vieilles gaietés lui revenant, il recommença ses anciennes farces, bondissant, criant : Hou! hou! aboyant comme un gros chien autour de Coriolis, l'étourdissant de tours de force et de menaces de tapes, se jetant sur lui en lui disant : — C'est donc toi! la voilà, la grosse bête! — le chatouillant, le pinçant, et tout à coup s'arrêtant, pour jeter sa joie dans ce mot : — Tiens! je suis content comme si j'étais décoré!

Tout en jouant, Anatole revenait à l'eau-de-vie. A la fin, il leva le carafon à la lumière de la lampe, et y chercha du regard un dernier verre : le carafon était vide. Coriolis sonna. Une bonne parut.

— De l'eau-de-vie...

— Il n'y en a plus, — dit la bonne avec une voix dont Anatole lui-même perçut l'insolence.

Au bout de quelques instants, il prenait sur un fauteuil le chapeau qu'il y avait posé à plat soigneusement sur les bords : c'était chez lui un principe absolu de poser ses chapeaux ainsi, pour empêcher, disait-il, les bords de tomber; et il partait sans que Coriolis cherchât à le retenir.

Une fois dans la rue, au froid de l'air fouettant sa griserie, le mot de la bonne lui retombant dans la pensée avec le dîner, la journée, la première gêne, les singularités de Coriolis, Anatole marcha en se parlant tout haut à lui-même, se répétant tout le long du chemin : — « Il n'y en a plus! Il n'y en a plus! » En voilà une bonne que je retiens! « Il n'y en a plus! » Et sa migraine, à madame!... « Il n'y en a plus! »... Et toute la maison... foutre! foutre! foutres, les domestiques! foutre, la femme! foutre, le moutard, foutre, mon ami! foutre!... tous, foutres!... pas moi, foutre...

CXXXVIII

La maîtresse avait frappé un grand coup en enlevant Coriolis de Paris, en brisant brusquement ses habitudes, en l'arrachant aux milieux de sa vie, en l'isolant et en le tenant près de deux années sous une influence que rien ne combattait, dans des endroits nouveaux qui ne lui parlaient pas de l'indépendance de son passé. Toutes les facilités s'étaient rencontrées là pour l'asservissement d'un homme malade, se croyant plus malade encore qu'il n'était, et disposé à accepter la volonté de l'être qui le soignait, comme on accepte une tasse de tisane, par fatigue, par ennui de lutter, par ce renoncement à vouloir que fait chez les plus forts la pensée de la mort. Son autorité de garde-malade, la maîtresse l'avait peu à peu tout doucement étendue sur l'homme. Elle avait touché à ses sentiments, à ses instincts, à ses pensées. Coriolis s'était laissé lentement enlacer, envelopper, du cœur à la cervelle, saisir tout entier, par ces mains de caresse remontant son drap ou lui croisant son paletot sur la poitrine, l'entourant à toute heure de chaleur, de tendresse, de dorloterie. Les attentions maternelles, si affectueusement grondeuses de Manette, la solitude, le tête-à-tête, l'habitude que chaque jour ramène, ces deux forces lentes et dissolvantes : le temps et la femme, avaient longuement usé les résistances de son caractère, ses instincts de soulèvement, ses efforts de rébellion. Des soumissions que la femme légitime n'impose pas au mari auquel elle est liée pour toujours, la maîtresse les avait imposées à l'amant qu'elle était libre de quitter : elle l'avait plié à une servitude de peur, à des retours craintifs et humiliés devant le moindre symptôme d'irritation, la plus petite menace de fâcherie. Un abandon, une rupture, un départ, c'était ce que Coriolis voyait aussitôt, et, dans une fièvre d'inquiétude, la terreur le prenait de perdre cette femme, la seule dont il pût être aimé et soigné, cette femme nécessaire à sa vie, et sans laquelle il n'imaginait pas l'avenir. Le maîtrisant par là, le tenant lié par cet immense besoin qu'il avait d'elle, et qu'elle surexcitait, en l'inquiétant, avec l'habileté et le génie de tact donnés aux plus médiocres intelligences de son sexe, Manette avait fini par faire pencher Coriolis vers ses manières de voir à elle, ses façons de juger, ses antipathies, ses petitesses. Ce qu'elle avait obtenu de lui, ce n'avait point été une entière et brusque abdication de ses goûts, de ses instincts, de ses attaches de cœur : ce qui s'était fait dans Coriolis était plutôt une diminution dans l'absolue confiance de ses opinions. Entre elle et lui, il s'était produit l'effet de cette loi ironique qui veut que dans la communauté de deux intelligences, l'intelligence inférieure prédomine, marche à la longue fatalement sur l'autre, et donne ce spectacle étrange de tant d'hommes de talent ne voyant rien que par le petit objectif de la femme qui les a.

Il avait bien encore dans la tête, tout en haut de l'esprit et de l'âme, des idées auxquelles il ne laissait pas Manette toucher; mais c'était tout ce que Manette n'avait pas encore atteint, abaissé et plié en lui. A mesure qu'il vivait de la société de cette femme, de sa causerie, de ses paroles, il perdait le mépris carré qui le défendait au premier jour contre l'impression de ce qu'elle lui disait. Il avait commencé par ne pas l'entendre quand elle lui parlait de choses qu'il ne voulait pas entendre; maintenant il l'écoutait, et, malgré lui, il l'entendait.

Cependant, quand il se retrouva à Paris, mieux portant, armé d'un peu plus d'énergie et de santé, renoué à ses connaissances, retrempé dans le courant parisien, fouetté par des plaisanteries d'amis; quand il se vit, dans un quartier qu'il n'aimait pas, avec des domestiques insupportables, tomber à cette vie que lui faisait Manette, une vie antipathique à tous ses goûts, mortelle à ses amitiés, étroite, *retrillonnée* au-dessous de sa fortune, indigne de ses habitudes, Coriolis ne put réprimer un mouvement de révolte. Mais alors, il rencontra dans la volonté de Manette une espèce de force qu'il n'avait pas soupçonnée, une résistance qui paraissait toujours céder et qui ne cédait jamais, un entêtement sans violence, une sorte d'opiniâtreté ingénue, caressante, presque angélique. A tout, elle disait : Oui, et faisait comme si elle avait dit : Non. S'il s'emportait, elle s'excusait : elle avait oublié, elle pensait ne pas le contrarier; c'était de si peu d'importance. Et pour tout ce qu'elle décidait, ce qu'elle commandait contre les ordres de Coriolis, contre son désir tacite ou formel, c'était le même jeu, la même justification tranquille et de sang-froid. Il y avait dans la forme de sa domination comme une douceur passive, un air d'humilité désarmante, une sorte d'indolence apathique, devant lesquelles les colères de Coriolis étaient forcées de se dévorer.

CXXXIX

La grande distraction de Coriolis avait été jusque-là de réunir deux ou trois amis à sa table. Il aimait ces dîners familiers qu'égayaient des causeries et des visages de vieux camarades; il avait pris une chère habitude de ces réceptions sans façon, qui étaient pour lui la fête et la récompense de sa journée, la récréation du soir où il oubliait la fatigue quotidienne de son travail, et se retrempait à la verve des autres.

Peu à peu, les dîneurs d'habitude devinrent rares et ne parurent plus que de loin en loin : Coriolis s'en étonna. Qui les éloignait? Il montrait toujours le même plaisir à les voir. Et il ne pouvait accuser Manette de les renvoyer : elle n'avait pas avec eux la migraine qu'elle avait eue avec Anatole. Elle les recevait aimablement, lui semblait-il, s'occupait d'eux, les servait, n'avait jamais d'aigreur ni de mauvaise humeur. Et cependant presque tous un à un désertaient. Ses plus vieux amis ne revenaient pas. Et quand Coriolis les rencontrait, ils essayaient de se dérober à la chaude insistance de son invitation, en s'excusant sur des prétextes.

Ce qui les chassait, c'était ce qui chasse les amis d'un intérieur, l'absence de cordialité qui se répand et s'étend de la maîtresse de la maison à la maison même, l'accueil maussade et rechigné des murs, une espèce de mauvaise volonté des choses qu'on gêne et qu'on dérange, la sourde hostilité des meubles contre les hôtes, la chaise boiteuse, le feu qui ne prend pas, la lampe qui ne veut pas s'allumer, l'égarement des clefs de ménage qu'on cherche, l'ensemble de petits accidents conjurés pour le malaise de l'invité. Les délicats étaient encore blessés de l'accent d'amabilité de Manette; ils y sentaient un ton d'effort et de commande, la grâce forcée d'une maîtresse obligée de les subir, leur en voulant comme d'une indiscrétion de s'être laissé inviter, et faisant, à travers son sourire, courir sur la table des regards qui semblaient faire des marques aux bouteilles. Ses attentions, l'occupation embarrassante qu'elle prenait d'eux, les plaintes en leur présence sur les plats manqués, les réprimandes sur le service, étaient chez elle autant de façons polies de les prier de ne pas revenir. Et pour les natures moins fines, moins sensibles, que ces façons de Manette ne blessaient point, il y avait autour de la table, pour les renvoyer, l'insolence des deux grandes bonnes, leur air grognon et lassé de la fatigue du dîner, le dédain de leur main à donner une assiette, leur impatience à attendre la fin du dessert, leur mine de domestiques à des gens qui ne viennent que pour manger.

Dans l'espèce de rêve et d'échappement à la réalité où vivent les hommes dont la tête travaille et que remplit une œuvre, Coriolis, planant au-dessus de tous ces détails, ne s'apercevait de rien. Enfin, un jour qu'il invitait Massicot, devenu son voisin et resté l'un de ses derniers fidèles :

— Dîner? — lui répondit Massicot — je veux bien... mais au restaurant.

— Pourquoi?

— Ah! pourquoi?... Eh bien, parce que chez toi... chez toi, il me semble qu'il y a des cents d'épingles anglaises dans le crin de ma chaise, et qu'on me met quelque chose dans ma soupe qui m'empêche de la manger!... Tiens! il y a des gens qui deviennent fous en regardant un anneau de rideau dans une chambre où leurs parents les ont embêtés... Moi, quand je regarde le papier de ta salle à manger, il me prend des envies de casser mon assiette sur le nez de tes bonnes... et de prier ta femme... pas poliment... d'aller se coucher!

CXL

Tout avait changé dans l'intérieur de Coriolis.

Son petit logement n'était plus son grand et large appartement de la rue de Vaugirard. Son atelier, dépouillé de ce clinquant d'art sur lequel l'œil du coloriste aime à se promener, semblait vide et froid, presque pauvre.

Là-dedans, à la place du domestique et de l'ancienne cuisinière, étaient installées les deux cousines de Manette, deux créatures à la désagréable tournure hommasse de bonnes de province, l'une retirée d'un service de ferme des Vosges, l'autre de la maison de Maréville, où elle soignait les fous.

Manette avait encore établi dans la maison sa vieille mère dont la colonne vertébrale était presque entièrement ankylosée, et qui, clouée et roide, restait à l'angle d'une cheminée, à un coin de feu, avec son serre-tête noir de veuve juive, sa figure orange, l'enfoncement sombre de ses yeux, l'automatisme effrayant de ses mouvements, le marmottage grommelant et redoutable de prières incompréhensibles. Dans l'escalier, à la porte, sans cesse, Coriolis rencontrait dans ses grandes jambes un jeune homme aux cheveux laineux, portant toujours un petit paquet enveloppé dans un mouchoir de couleur : c'était un frère de Manette. A de certains jours, il entrevoyait dans le fond de la cuisine des têtes pointues, des yeux louches et brillants, des lippes de ces *nixkandlers*, de ces industriels du trottoir et du boulevard sortis du petit village de Bischeim, près de Strasbourg.

Humblement, à pas rampants, la juiverie se glissait, montait à la dérobée dans la maison, l'enveloppait par-dessus, y mettait l'air de ses habitudes et la contagion de ses superstitions. Les deux cousines, conservées par la province plus près de leur culte et de leur origine, défaisaient peu à peu, dans Manette, l'indifférence et les oublis de la Parisienne. Elles la renfonçaient aux pratiques et aux idées du judaïsme, fouillant, retrouvant, ranimant dans la juive vieillissante la persistance immortelle de la race, ce qui reste toujours de juif dans le sang qui ne paraît plus du tout l'être.

Depuis le jour de la synagogue, Coriolis n'avait rien vu en elle de sa religion ni de son peuple. Manette avait pourtant toujours gardé de ce côté de secrètes attaches. Il ne s'était guère passé de samedi sans qu'elle menât ce jour-là sa promenade vers une petite place située à l'embranchement de la rue des Rosiers, de la rue des Juifs, de la rue Pavée, de la rue du Roi-de-Sicile, dans ce rassemblement au soleil de l'après-midi que font là les juifs. C'était comme un besoin pour elle de passer et de repasser une ou deux fois à travers ces figures de gens qu'elle ne connaissait pas, auxquels elle ne parlait pas, mais dont elle s'approchait, qu'elle touchait, et dont la vue lui donnait pour toute la semaine comme une espèce de communion avec les siens et avec une humanité de sa famille.

On arrivait à ne plus servir sur la table que des viandes tuées selon le rite traditionnel du *schechita*; on allait chercher de la choucroute rue des Rosiers. Maîtresses de l'intérieur, les femmes de la maison ne se gênaient plus pour soumettre Coriolis à la tyrannie des usages pour lesquels il avait de la répugnance.

Mais ce n'étaient là que de petits despotismes, ne faisant que taquiner, irriter, impatienter Coriolis. De plus graves ennuis, de poignants soucis de cœur lui venaient d'un bien autre envahissement de sa vie : il sentait la domination hostile de ces femmes toucher à l'affection de son enfant, et la détourner de lui. Son fils, à mesure qu'il grandissait, lui semblait aller à ces étrangères, se complaire dans leurs jupes, comme s'il était instinctivement attiré par une sympathie mystérieuse de consanguinité. Pour l'avoir, pour en jouir, il était obligé d'aller le prendre, l'arracher à sa grand'mère qui, de sa vieille mémoire chevrotante, versant à la jeune imagination de l'enfant le merveilleux du *Zeanah Surenah*, lui rabâchant des choses de vieux livres écrits en germanico-judaïque, le tenait charmé, ébloui devant les contes de l'Orient talmudique, les repas dont le vin sera celui d'Adam, dont le poisson sera le Léviathan avalant d'un seul coup un poisson de trois cents pieds, dont le rôti sera le taureau Behemot mangeant tous les jours le foin de mille montagnes.

CXLI

Crescent venait à peine trois ou quatre fois par an à Paris pour faire provision de toiles, de couleurs, de brosses, et toucher le prix d'un tableau. A chacun de ces petits voyages, il ne manquait pas d'aller voir Coriolis, passant le plus souvent avec lui toute une demi-journée.

Coriolis avait un grand plaisir à le revoir. Il retrouvait en lui un souvenir du bon temps de Barbison. Il aimait ce que le rustique artiste lui apportait de l'odeur et de la sérénité des champs. Et il était heureux de voir un brave homme heureux.

A une de ces visites : — Et Anatole ? — se mit à dire Crescent... — J'ai été si habitué à le voir avec vous...

— Oh ! il y a bien longtemps, — fit Coriolis, embarrassé. — Il est venu dîner un soir... Et puis, nous ne l'avons pas revu... je ne sais pas pourquoi...

— Oh ! il a assez mangé ici... — dit Manette.

— Pauvre garçon... — reprit Crescent — on vient de me faire des plaintes sur lui au ministère pour la commande que je lui ai fait avoir... Il paraît qu'il ne finit pas sa copie. On lui a écrit pour l'inspection.

— Je crois bien, — dit Manettte, — il est si paresseux !... une vraie couleuvre...

— Après ça, peut-être, qu'il n'y a pas de sa faute... Dans sa position, il faut d'abord manger, il faut gagner son pain de chaque jour... Gueuse de misère tout de même dans nos états, quand on reste en route...

Et changeant de ton : — Ah çà ! toi, — dit-il brusquement à Coriolis, — tu m'as toujours promis un dessin... Ce n'est pas tout ça... il me faut mon dessin... Où est mon dessin ?

— Tiens ! là, au fond de l'atelier... le carton rouge... C'est ça...

Crescent se baissa, ouvrit le carton, commença à feuilleter : c'était un choix des plus beaux dessins de Coriolis. Machinalement, il leva les yeux : il vit dans la psyché devant lui, Manette vivement rapprochée de Coriolis, lui faisant le signe de colère d'une femme furieuse de voir emporter de la maison un objet de valeur, quelque chose représentant de l'argent. Et presque aussitôt :

— Non, pas le rouge, — lui cria Coriolis, — l'autre, à à côté... le vert... tiens... là...

Crescent prit le carton vert, l'apporta à Coriolis.

Coriolis, avec un geste de tristesse, y prit un dessin, le mit sur une table, le retravailla, le *recala* longuement, puis le rendit à Crescent.

Quelques minutes après, Crescent lui serrait chaudement la main et sortait sans saluer Manette.

CXLII

Les amis ainsi écartés, l'isolement refait à Paris autour de Coriolis, le travail incessant de la maîtresse continua, poursuivant plus hardiment la diminution, l'annihilation du maître de la maison, avec cette espèce d'écrasant despotisme que la femme du peuple met dans la domination domestique. Manette eut, comme la femme du peuple, ces tyrannies affichées, publiques, montrées devant les domestiques, les fournisseurs, les gens qui passent, et ôtant à un homme la dignité qu'une femme de la société laisse par pudeur à la faiblesse d'un mari. Coriolis perdait le gouvernement et le commandement de son intérieur; on lui retirait des mains la direction de la maison; on lui ôtait de la bouche les ordres à donner. Il ne comptait plus, il n'entrait plus dans les arrangements qui se faisaient. Il n'était plus consulté pour tout ce que voulait Manette que par un : « N'est-ce pas, chéri? » qu'elle lui jetait de confiance, sans écouter sa réponse. Il n'eut bientôt plus d'argent : la femme le prit comme dans un ménage d'ouvrier, le serra, le retint, s'habitua à le regarder comme une chose à elle, qu'elle lui donnait, et dont il devait lui dire l'usage. Des privations, des retranchements furent imposés à ses goûts. Coriolis avait un sentiment d'élégance de créole. Il s'était toujours mis de façon distinguée et dépensait largement pour tout ce qu'un homme des colonies appelle « son linge ». On le contraria là-dessus jusqu'à ce qu'il prît un petit tailleur travaillant à bon marché; et à peu de temps de là commença à se montrer dans sa toilette le coup de ciseau d'ouvrières de la maison.

Toute sa vie fut rabaissée, asservie à des habitudes ménagères, à la façon de vivre de ce trio de femmes qui, tous les jours, le tiraient un peu plus à elles, approchaient de lui leur familiarité, l'entraînaient dans quelque place humble à un spectacle qui l'assommait, ou le poussaient à une soirée ministérielle pour le bien de ses affaires.

Ce fut comme une longue dépossession de lui-même, à la fin de laquelle il ne s'appartint presque plus. De soumission en soumission, Manette l'amenait à être dans la maison un de ces grands enfants qu'on soigne comme un petit enfant, un de ces êtres vaincus, désarmés, absorbés, dociles, qu'une femme mène, manœuvre, tapote, habille, cravate, embrasse, et qui, jusqu'au dehors et dans la rue, emportent la marque de leur humilité et de leur sujétion au logis.

Encore Manette le dédommageait-elle par des caresses, des chatteries, des affectuosités, des douceurs : de temps en temps, il sentait passer dans le toucher de sa main les tendresse dont on flatte, pour le faire obéir, un animal domestique. Mais à côté de Manette il y avait les deux cousines, les deux mauvaises figures, qui semblaient mépriser Coriolis en face, et rire ironiquement de sa déchéance. Avec leur air de dédaigner ses ordres, l'aigreur de leurs réponses, leur grossièreté amère, leur entente sournoise pour blesser ses goûts, ses préférences, ses manies, leur espèce de domination en sous-ordre, ces femmes entouraient Coriolis de son humiliation, et la lui rapportaient à toute heure. Ce qu'elles lui faisaient souffrir et dévorer, cette torture qui d'abord l'avait exaspéré, maintenant lui causait comme une peur : il se retournait vers Manette, implorait sa présence contre elles, lui demandait, quand par hasard elle sortait le soir, de revenir de bonne heure, pour ne pas être livré aux bonnes, leur appartenir toute la soirée.

On eût dit que, dans cet avilissement, les forces de résistance de Coriolis, tous les appareils de la volonté, tout ce qui tient debout le caractère d'un homme, cédaient peu à peu ainsi que cède la solidité d'un corps à la dissolution de cette maladie d'Égypte faisant des os quelque chose de mou qu'on peut nouer comme une corde.

CXLIII

Et cette domination domestique, cette volonté substituée à la sienne dans le ménage, Coriolis commençait à les voir se glisser peu à peu jusqu'aux choses de son métier, de son art, essayer doucement de s'attaquer à l'artiste, s'approcher de son chevalet, toucher presque à son inspiration.

Quand Manette, à une ébauche qu'il lui montrait, jetait un glacial encouragement; quand, à côté de lui, elle lui semblait faire la mine à ce qu'il brossait, ou bien seulement quand, avec l'admirable talent des femmes à jouer l'aveugle, elle affectait de ne pas voir ce qu'il peignait, Coriolis était pris dans son travail d'une impatience nerveuse qui lui faisait gâter son esquisse et son tableau. De sa toile, il ne percevait plus que les faiblesses, les difficultés, les côtés décourageants, ce qui arrête la verve en tuant l'illusion; et il ne tardait pas à abandonner son œuvre commencée.

Coriolis, le Coriolis cabré toute sa vie sous les conseils des autres, avec le juste orgueil de sa valeur; le Coriolis si dédaigneux de l'intelligence et des goûts d'art de la femme, si jaloux de ses sensations propres, de son optique personnelle, de l'indépendance et de l'ombrageuse originalité de son tempérament, Coriolis acceptait des découragements lui venant de cette femme! L'habitude de lui obéir, de la consulter, de lui soumettre et de lui confier tout le reste de sa vie, l'avait mené lentement à cet asservissement où les faiblesses de l'homme descendent dans l'artiste, mettent sur sa peinture le nuage du front de sa maîtresse, entament sa foi en lui-même et finissent par lui ôter le caractère jusque dans le talent.

Il n'osait s'avouer à lui-même cette influence de Manette. Il en repoussait l'idée, il n'y voulait pas croire, il se débattait sous elle. Et cependant, malgré lui, aux heures de ses réflexions solitaires, il se rappelait son exposition de 1855, cette tentative dans laquelle il avait entrevu un nouvel horizon d'art. Il fallait bien qu'il en convînt avec lui-même : ce n'étaient point la presse, les criailleries des journaux, la morsure de la critique qui l'avaient fait reculer devant le moderne et abandonner le grand rêve de peindre son temps. C'était elle avec ses « rengaînes » de mauvaise humeur, avec tout ce qu'elle lui avait dit ou laissé voir pour le détourner de l'art qui ne se vend pas, et le pousser à des tableaux de vente. Car Manette, comme une femme et comme une juive, ne jugeait la valeur et le talent d'un homme qu'à cette basse mesure matérielle : l'achalandage et le prix vénal de ses œuvres. Pour elle, l'argent, en art, était tout et prouvait tout. Il était la grande consécration apportée par le public. Aussi travaillait-elle infatigablement à mettre dans la carrière de Coriolis la tentation de l'argent. Elle comptait, faisait sonner à son oreille les gains des autres : elle l'étourdissait, l'humiliait des gros prix de celui-ci, de celui-là, des revenus de chaque année de la peinture de Garnotelle. Elle approchait encore de lui des ambitions mesquines, des aspirations bourgeoises, des velléités de candidature à l'Institut, toutes sortes d'appétits tournés vers le succès.

Vainement Coriolis essayait de ne pas l'entendre et de se fermer à ces excitations incessantes, à ces paroles qui avaient le retour et la patience de la goutte d'eau qui creuse ; lui qui s'était jusque-là estimé si heureux d'avoir son pain sur la planche, d'être au-dessus des exigences, des concessions de misère qui déshonorent un talent ; lui, plein de dégoût et de mépris pour tout ce qui sentait le commerce chez les autres ; lui, l'amoureux et le religieux de son art, qui avait fait de la peinture sa chose sainte et révérée, la religion désintéressée et le vœu sévère de son existence ; lui qui, à l'idéal de sa vocation, avait sacrifié des bonheurs de sa vie, du plaisir, un amour, les paresses du créole ; lui, l'artiste raffine, délicat, rare, qui s'était presque fait un point d'honneur de tenir à distance la vogue et la mode ; lui, dont la carrière n'avait été que fierté, liberté, pureté, indépendance, — il commençait à éprouver auprès de cette femme comme les premiers symptômes d'un ramollissement de sa conscience d'artiste.

Souvent une honte enragée le prenait, la honte d'une sorte de dégradation morale qui s'accomplissait graduellement en lui, la honte de quelqu'un qui va mettre une mauvaise action, le reniement de toute sa vie dans une vie d'honneur ! Il s'en allait, ne revenait pas dîner, par horreur du contact de cette femme ; et, seul avec lui-même, dans quelque promenade de solitude, fouillant ses lâchetés, se penchant dessus, en sondant le fond, il se demandait avec angoisse si, à force d'entendre ce mot, cette idée, ce maître et ce dieu de cette femme : l'Argent ! revenir toujours dans sa bouche, juger tout, excuser tout, couronner tout pour elle, l'Argent ne lui parlait pas déjà un peu aussi à lui.

CXLIV

Un moment arrivait où le talent de Coriolis paraissait vaincu, dompté par Manette, docile à ce qu'elle voulait de lui. L'artiste semblait se résigner aux exigences de la femme. De l'art, il se laissait glisser au métier. L'avenir qu'il avait rêvé, il l'ajournait. Ses projets, ses ambitions, la haute et vivante peinture qu'il avait eu l'idée de tenter, il les remettait, les repoussait à d'autres temps, quand un hasard vint, qui le rattacha violemment à ses œuvres passées, et, redressant l'homme dans le peintre, faillit lui faire briser d'un coup sa servitude.

Dans le débarras de tout le cher bric-à-brac que Manette avait su obtenir de son découragement, de son affaiblissement maladif, lors de leur départ pour le midi de la France, Manette avait encore voulu qu'il se dessaisît de ces deux toiles, *la Révision* et *le Mariage*, qu'elle disait encombrantes et invendables. Coriolis, auquel ces deux tableaux rappelaient un insuccès et des attaques, ennuyé et souffrant de les voir, n'avait pas fait grande résistance; et les deux toiles avaient été vendues, données à un marchand de tableaux. De là, l'une de ces toiles, *la Révision*, passait chez un amateur, homme du monde, élégant brocanteur en chambre, littérateur de revue à ses heures, lequel ramassait depuis dix ans une galerie de modernes avec un sang-froid calculateur, jouant sur les noms nouveaux comme un agioteur joue sur des valeurs d'avenir, et résolu à faire de sa vente un « grand coup ».

Cette vente annoncée, tambourinée fit grand bruit. Un débutant littéraire, brillant et déjà remarqué, voulant faire son trou et du bruit, cherchant une personnalité sur laquelle il pût accrocher des idées neuves et remuantes, crut trouver son homme dans Coriolis. Trois grands articles d'enthousiasme tapageur dans le petit journal le plus lu attirèrent l'attention sur « le maître de *la Révision* ». Accouru à la vente, Paris, qui avait à peine retenu le nom de Coriolis et ne savait plus sur quel tableau le poser, fit la découverte de cette toile balayée par les regards indifférents du public à la grande exposition de 1855. Des polémiques s'enflammèrent, coururent de journaux en journaux. Coriolis prit les proportions d'une curiosité et d'un grand homme méconnu.

L'heure des enchères venue, deux concurrents se trouvèrent en présence : un monsieur possédé de la rage de se faire connaître, du désir furieux d'une publicité quelconque, et un agent de change ayant besoin, pour rasseoir son crédit et écraser des bruits désastreux, de faire une dépense folle bien visible et annoncée dans les journaux. Entre cet intérêt et cette vanité, le tableau monta à une quinzaine de mille francs.

Coriolis avait été se voir vendre. Quand il rentra, Manette aperçut en lui comme un autre homme. Sa physionomie avait une telle expression de dureté reconquise, de dureté résolue, presque méchante, qu'elle n'osa pas lui demander des nouvelles de la vente. Ce fut Coriolis qui, le premier, rompit le silence, en allant à elle.

— Ah! vous êtes une femme qui entendez les affaires, vous! — Et il laissa tomber avec un accent de mépris : *les affaires*.

— Ma *Révision* vient de se vendre... savez-vous combien? Quinze mille francs!... Ah!... est-ce que vous croyez que ça me fait quelque chose?... Mais quand j'ai fait cela, vous n'étiez rien dans ma vie... rien que la femme qui vous sert de l'amour... comme elle vous cirerait vos bottes!... Eh bien! alors, j'étais quelqu'un, j'étais un peintre... je trouvais... Ah! vous avez eu une jolie idée de spéculation!... Savez-vous ce que vous avez fait de moi? Un homme de métier, un faiseur de peinture au jour le jour, le domestique de la mode, des marchands, du public!... un misérable!... Tenez! pendant qu'on promenait ma *Révision* sur la table, dans les enchères, je regardais... Il y a des choses là-dedans... l'homme nu, le coup de lumière, le dos en bas dans l'ombre... Je me disais : Mais c'est beau, ça! Je sens que c'est beau!... On se pressait, on se penchait... et je voyais que c'était beau dans tous les yeux qui regardaient!... A présent? Mais je ne saurais plus *fiche* une machine comme ça, ma parole d'honneur! je crois que je ne pourrais plus... Il faut pouvoir vouloir... Et c'est vous! — dit-il en s'avançant, d'un air menaçant, vers Manette, — vous, à force de tourments, en étant toujours là derrière mon chevalet, avec vos paroles qui me jetaient du froid dans le dos... Ah! ce que je serais aujourd'hui avec les tableaux que vous m'avez empêché de faire!... et l'argent que vous auriez gagné, vous!... Vous ne savez pas tout l'argent... C'est que maintenant, j'y pense aussi, moi, à ça... Vous m'avez passé de votre sang, tenez! Dieu me pardonne!... Ah! vous avez bien vidé l'artiste!... Je vous hais, voyez-vous, je vous hais...

Et voulez-vous que je vous dise! Il y a des jours... — et sa voix lente prit une douceur homicide — des jours... où il me vient l'idée, mais l'idée très-sérieuse de commencer par vous, et de finir par moi, pour en finir de cette vie-là!...

Puis, après deux ou trois tours agités dans l'atelier, revenant à Manette, et lui parlant avec le ton d'une prière égarée :

— Mais parle donc!... dis au moins quelque chose!... Parle-moi!... ce que tu voudras!... mais parle-moi!... Tiens! j'ai peur de moi... Manette! Manette!

Puis, partant d'une espèce de rire cruel et fou :

— De l'argent? Ah! de l'argent!... Vrai, tu l'aimes? tu l'aimes tant que ça?... Eh bien, attends.

Il sonna.

Une des bonnes parut à la porte.

— Vous allez me descendre toutes les toiles qui sont dans la chambre en haut...

La bonne ne bougea pas et regarda Manette.

Coriolis fit un pas vers elle, un pas terrible qui lui fit dire : — Oui, monsieur...

Quand toutes les toiles furent descendues, Coriolis s'assit devant le poêle, l'ouvrit, y jeta une toile, la regarda brûler. Il prit une autre toile, l'arracha de son châssis. Manette, qui s'était levée, voulut la lui retirer des mains.

—Allons, mon cher,—lui dit-elle avec son petit ton supérieur,—vous avez assez fait l'enfant... En voilà assez...

Coriolis saisit le poignet de Manette. Elle cria. Coriolis ne la lâcha pas, et la serrant toujours, il la mena jusqu'au divan, et là, de force, il la fit tomber dessus, assise, brusquement.

Puis il revint au poêle, arracha d'autres toiles, les jeta dans le feu. Il regardait le tableau plein d'huile et de couleurs qui se tordait, — puis Manette.

Un moment Manette fit un mouvement pour sortir.

— Restez là! — lui dit Coriolis, ou je vous attache avec une corde...

Et lentement, avec un visage qui avait l'air de jouir de ce sacrifice et de cette agonie de ses œuvres, il se remit à brûler ses tableaux. Quand le dernier fut consumé, il tracassa lentement ce qui restait du tout, une espèce de morceau de minerai, le résidu du blanc d'argent de toutes les toiles brûlées; puis, prenant cela entre les tiges de la pincette, il alla à Manette et le lui jeta brutalement dans le creux de sa robe.

— Tenez ! voilà un lingot de cent mille francs ! — lui dit-il.

— Ah ! — fit Manette avec un saut de terreur qui fit glisser à terre le lingot au bas de sa robe brûlée, — me brûler !... Il a voulu me brûler !

— Maintenant, — lui dit Coriolis, — vous pouvez vous en aller... Je n'ai plus besoin de vous.

Et il retomba, brisé, sur le divan.

CXLV

De tous les anciens amis de Coriolis, un seul n'avait pas été écarté par Manette : c'était Garnotelle. Elle avait pour lui l'estime, la considération, le respect que lui inspirait le succès d'argent. Elle le recevait avec des attentions complimenteuses, des coquetteries d'infériorité et d'humilité qui blessaient cruellement Coriolis dans l'orgueil de sa valeur méconnue.

Attiré par ses amabilités, n'ayant plus à craindre les hostilités d'Anatole, Garnotelle fréquentait assez assidûment la maison. Il avait toujours eu pour Coriolis une sorte de déférence; et l'homme arrivé semblait encore goûter, avec ses instincts de paysan, de l'honneur à se frotter à l'amitié du gentilhomme.

Puis il s'était passé dans sa vie, depuis un an, des événements qui le portaient à ce rapprochement. Nommé à l'Institut, il avait, avec une admirable adresse, dénoué son mariage avec la fille du membre de l'Institut qui avait mené et emporté son élection. Mais, quoiqu'il eût mis dans cette affaire délicate l'apparence des bons procédés de son côté, ce mariage manqué avait fait un assez mauvais effet, d'autant plus que la rupture concordait, par une malheureuse coïncidence, avec un revers de fortune du père. Aussi rencontrait-il dans le corps où il venait d'entrer une froideur, une réserve presque hostile. Il se retournait alors vers le ministère, les liaisons gouvernementales; et avec les influences qu'il faisait jouer là, la pesée de sa personnalité et de ses recommandations, il essayait, par les récompenses, les commandes, de gagner des reconnaissances, des sympathies, une clientèle avec laquelle il pût faire contre-poids à l'opinion publique et regagner de la considération.

— Allons! mon cher, — disait-il un soir à Coriolis dans l'atelier à demi sombre et qui attendait la lampe, — permets-moi de te le dire, c'est de l'enfantillage...

Coriolis se promenait à grands pas.

Manette, à côté de Garnotelle, regardait se promener Coriolis; et elle avait un sourire méprisant, presque cruel.

Il y eut un long silence.

— Tiens! — fit à la fin Coriolis, — je me sens trop vaniteux pour refuser...

— Ah! c'est bien heureux, — dit Manette.

— Mon cher, avant huit jours, ta nomination sera au *Moniteur*... Manette peut acheter du ruban rouge... Dès demain on aura ta réponse... J'irai moi-même...

Quand Coriolis fut couché, sa tête se mit à travailler, et dans la petite fièvre qui lui vint, peu à peu ses idées se laissèrent aller à une irritation d'amertume. Il pensait à cette croix que l'opinion publique lui avait donnée à son exposition de 1853, et qu'on pensait lui accorder après tant d'années, seulement maintenant, sur le bruit de cette dernière vente. Il songeait à tous ceux de ses camarades qui l'avaient obtenue à côté de lui, derrière lui; il se rappelait des nominations qui étaient presque des ironies ; il retrouvait les noms, revoyait les tableaux des individus. Il lui montait au cœur un soulèvement, la révolte légitime d'un homme de talent qui a la conscience d'avoir mérité la croix depuis longtemps, et qui trouve que quand le ruban attend pour lui venir ses cheveux blancs, ce n'est plus qu'une banale récompense à l'ancienneté. Il se demandait alors si ce n'était pas une lâcheté d'avoir accepté, et s'il n'était pas digne de lui de refuser une récompense qui arrivait trop tard et qu'il avait trop gagnée. Et peu à peu son orgueil parlait contre sa vanité : il était tenté par l'éclat de refuser la croix, de se singulariser par le mépris de ce ruban si envié, si quêté, si mendié. Une heure, deux heures, il y eut en lui la lutte de ses répugnances, le débat de sa nature, de l'homme, de l'artiste n'ayant pas la philosophie de Crescent, n'étant pas tout rempli et tout récompensé par l'art seul, très-touché par toutes les faiblesses humaines de l'homme de talent, très-sensible au désir des marques et des distinctions officielles de la célébrité.

A la fin, ses répugnances l'emportaient. Il lui semblait voir cette chose odieuse, et affreusement humiliante : sa croix au bout de la main de Garnotelle.

Il se jeta au bas de son lit, alluma une bougie et se mit à écrire une lettre où la dignité orgueilleuse de son refus se cachait sous l'humilité d'une exagération de modestie.

Le matin, il relut la lettre, la cacheta et l'envoya sans en dire un mot à Manette.

CXLVI

En apprenant ce refus de la croix, Manette fut prise d'un sentiment singulier. Il lui vint un profond mépris, un mépris de femme d'affaires pour l'homme qui repoussait la chance s'offrant à lui, et qui manquait tout ce que la décoration donne à un artiste : la consécration officielle, la plus-value de la signature, l'achalandage commercial, la part aux commandes ministérielles. Dans ce refus que rien n'expliquait, n'excusait à ses yeux, et dont elle était incapable de comprendre la hauteur et la dignité, elle ne vit qu'une bêtise. Coriolis était désormais pour elle un homme jugé ; il ne lui restait plus rien de ce qu'elle respectait et reconnaissait encore en lui : c'était un pur imbécile.

De ce jour, Manette devint une autre femme. Sa domination n'eut plus de caresse. Elle mit dans ses rapports avec Coriolis une sorte d'autorité, de sécheresse. Elle ne sembla plus lui demander pardon de le faire obéir : ce qu'elle voulait, elle le voulut sans même le prier de le vouloir avec elle. Elle eut avec lui des ordres brefs, sans phrases, sans explication, sans réplique, comme avec quelqu'un qui n'a pas le droit de demander plus. Elle prit, d'un air dégagé, l'assurance et le commandement d'une volonté nette et tranchante ; de sa voix se dégagea un ton impératif froid, posé, coupant. Ce fut si brusque, si décisif, que Coriolis en reçut comme le coup d'une soudaine interdiction : il resta, bras cassés, accablé, assommé.

Quelques jours après, un marchand de tableaux belge venait le voir le matin, et séance tenante, en présence de Manette qui débattait toutes les conditions de l'acte, Coriolis signait un traité par lequel il s'engageait à livrer un nombre de tableaux de chevalet par an, moyennant une rente annuelle.

C'était sa vie et son talent que Manette venait de lui faire vendre. Il avait tout accepté sans faire une objection : ses révoltes étaient à bout de forces, son énergie d'homme s'était brisée à jamais dans sa dernière scène avec Manette.

CXLVII

Alors commençait pour tous les deux le supplice du concubinage.

Manette apercevait dans Coriolis comme le fond noir des haines amassées par tout ce qu'elle lui avait fait souffrir, manger de hontes, dévorer d'avilissements, de chagrins, de désespoirs. Elle discernait distinctement ce qui couvait en lui contre elle, toute l'horreur de l'homme pour la femme à laquelle il rapporte toutes les dégradations d'une chaîne indigne. Ce qu'il roulait sans rien dire à côté d'elle, les mauvaises pensées, les ressentiments de son orgueil et de son cœur, les injures qu'il retenait, les révoltes qu'il taisait, elle les sentait sortir de lui, l'atteindre, l'insulter. Des silences de Coriolis lui semblaient la maudire. Il la blessait avec ces regards qui vont de la maîtresse qu'on a au bras à de l'honnêteté de femme, à des ménages qui passent ; il la blessait avec ses rêveries qu'elle croyait voir aller vers quelque pur amour, vers un souvenir de jeune fille, vers une idée ancienne de mariage, vers la vision et le regret d'une félicité manquée.

Sous ces reproches muets qui soufflettent une femme plus outrageusement que les brutalités d'un homme, les derniers liens attachant Manette à Coriolis se rompaient. Ce qui reste involontairement d'habitude aimante chez une femme qui n'aime plus un amant, mais qui a été et qui demeure sa maîtresse, qui est la mère de son enfant, qui a encore la chaleur de ses bras autour du cou, se brisa chez elle : son âme se referma, avec l'amertume de la femme ulcérée pour toujours, à ces douceurs qui reviennent de la mémoire des choses partagées, à ces pardons qui montent du côte-à-côte de la vie, à ce qui se laisse attendrir, désarmer par l'existence à deux et le contact du souvenir.

Et alors se fit dans le triste foyer, devant les cendres éteintes de leurs années vécues, l'horrible détachement de mort qui s'établit entre deux êtres vivant, mangeant, dormant ensemble, unis à tous les instants de l'existence, et se sentant séparés à jamais. Ce fut cet abominable éloignement du père et de la mère, que rien ne rapproche plus, pas même les jeux de leur enfant à leurs pieds; ce fut cette vie double, ennemie, tiraillée et contrainte, pareille à la chaîne qui rive la haine de deux forçats, cette vie en commun où chaque frottement est une irritation, où l'instinct même des corps s'évite et se fuit, où l'homme et la femme mettent la séparation d'un vide entre leurs deux sommeils, comme s'ils avaient peur de mêler leurs rêves!

Heure épouvantable de ces amours, qui donne à l'amant la terreur de cette moitié de lui-même, assise dans son intérieur, entrée dans sa maison, et qui est là, contre lui, implacable, concentrée, lui cachant à peine le mal qu'elle lui veut, savourant les ennuis qu'elle lui fait avec les chagrins qu'elle lui souhaite, le défiant de la chasser, et sachant bien qu'il la gardera parce qu'elle le tient par l'habitude, parce qu'elle le connaît lâche et se manquant de parole à lui-même, parce qu'elle sait que son cœur est à l'âge des bassesses de cœur d'homme et qu'il a peur, comme les enfants, d'être tout seul!

Et à mesure que les deux êtres se blessaient davantage à leur accouplement, à l'indissolubilité d'un lien intime intolérable et détesté, il semblait se dégager de Manette contre Coriolis une espèce d'hostilité originelle. L'éloignement de la femme paraissait se compliquer et s'aggraver de la séparation de la juive. Sans qu'elle en eût conscience, sans qu'elle s'en rendît compte, la juive, en revenant aux préjugés des siens, revenait peu à peu aux antipathies obscures et confuses de ses instincts. Une sorte de sentiment nouveau et naissant, impersonnel, irraisonné, lui faisait vaguement apercevoir dans la personne de Coriolis le chrétien contre lequel toujours, dans le creux de toute âme juive, persiste la tradition des haines, l'amertume de siècles d'humiliation, tout ce qu'une race éclaboussée du sang d'un Dieu peut avoir de fiel recuit. Il y avait au fond d'elle, à l'état latent, naturel, presque animal, un peu de ces sentiments échappés à un roi juif de l'Argent, lorsque dans un moment d'expansion, dans une de ces ivresses où l'on s'ouvre, il répondait à des amis qui lui demandaient le plaisir qu'il pouvait avoir à toujours travailler à être riche : « Ah ! vous ne savez pas ce que c'est que de sentir sous ses bottes un tas de chrétiens ! »

Ce plaisir haineux, cette vengeance réduite à la mesure d'une femme, Manette les goûtait en sentant Coriolis sous le talon de sa bottine.

La juive jouissait, comme d'une revanche, de la servitude de cet homme d'une autre foi, d'un autre baptême, d'un autre Dieu ; en sorte qu'on aurait pu voir, — ironie des choses qui finissent ! — la bizarre survie des vieilles vendettas humaines, des conflits de religions, des rancunes de dix-huit siècles, mettre comme le reste des entre-mangeries de races, de la race indo-germanique et de la race sémitique, là, en plein Paris, dans un atelier de la rue Notre-Dame-des-Champs, tout au fond de ce misérable concubinage d'un peintre et d'un modèle.

CXLVIII

Plus de deux ans s'étaient écoulés depuis le jour où Anatole avait dîné pour la dernière fois chez Coriolis. Il sortait du palais de l'Industrie, où il venait de commencer un second portrait de l'empereur, dont Crescent lui avait fait obtenir la commande, et il parlait à une femme encore jeune qui, marchant à côté de lui, semblait écouter religieusement ses paroles :

— Oui, ma chère dame, — disait sentencieusement

Anatole, — voilà la recette pour faire un Empereur dans les prix doux... La première fois, on fait des folies, on se laisse aller, on s'enfonce... Mais la seconde, plus de ça..., on devient sage... Et comme j'ai un véritable intérêt pour vous — son sourire eut une nuance de galanterie, — je vais vous donner mon expérience *à l'œil*... La toile, vous savez, c'est cinquante-huit francs, plus le calque, acheté à part cinq francs... Maintenant, attention ! *Gnien a* qui, pour le pantalon blanc et le manteau d'hermine, se fendent de huit vessies de blanc d'argent à cinq sous, total quarante sous... Moi, malin, avec quatre vessies de blanc de plomb à quatre sous, quatre fois quatre font seize, je fais mon affaire... J'en suis pour lui mettre un peu de jaune de Naples dans la culotte, et un peu de bitume dans les ombres et dans les demi-teintes de l'hermine, vous comprenez ? Pour les ors de l'épaulette, du collier, des parements, de la ceinture, du fauteuil, de la couronne, du sceptre, des crépines, de la table, c'est bien simple : une préparation d'ocre jaune pour les lumières et de bitume pour les ombres... Toutes les ombres de la toile, bien entendu, préparées au brun-rouge... Alors vous repiquez les lumières avec du jaune de chrome foncé et du jaune de Naples, et les brillants cassés avec du jaune de chrome brillant, de bonnes vessies de chrome à quinze et vingt centimes... Il existe des gens sans économie qui fourrent là-dedans du jaune indien, qui coûte des prix fous le tube, vous ne l'ignorez pas : c'est la ruine des familles... Point de siccatif de Harlem, ni de siccatif de Courtray, tout à l'huile grasse ordinaire... Inutile de vous recommander cela... Ah ! j'ai encore trouvé le moyen de remplacer le vert-émeraude par du bleu minéral, qui ne coûte qu'un sou de plus que le bleu de Prusse...

En donnant ces conseils à la copiste, Anatole était arrivé dans les Champs-Élysées à la place d'un jeu de boules. Tout à coup, il s'interrompit et s'arrêta, en apercevant, dans le groupe des spectateurs, quelqu'un qui suivait le roulement des boules, la tête en avant et découverte, les reins pliés, son chapeau à la main derrière son dos. Il regarda cette tête où des cheveux presque blancs, coupés ras, contrastaient avec le noir des sourcils, restés durement noirs. Il examina tout cet homme cassé, ravagé, chargé en quelques mois de vingt ans de vieillesse : stupéfait, il reconnut Coriolis.

— Adieu! dit-il brusquement en quittant la femme étonnée, — à demain...

A quelques pas, il lui jeta : — Mais surtout, ne glacez jamais avec de la capucine rose; de la laque Robert, de la laque de Smyrne!... rien que de la bonne laque fine à neuf sous!...

Et il marcha vers Coriolis.

— Tu n'en as pas un... un cigare? — Ce fut le premier mot de Coriolis. — Non, c'est vrai, toi tu fumes la cigarette... *Elle* ne me donne que de quoi m'en acheter deux, figure-toi!...

Et saisissant le bras d'Anatole, s'y accrochant, s'attachant, se cramponnant à lui, le touchant de son grand corps penché, avec un air heureux de le tenir et qui ne voulait pas le lâcher, il se mit à lui parler de « cette femme », comme il l'appelait, de cette tyrannie qui ne lui laissait pas un sou, qui ne lui permettait pas de voir ses amis, du malheur de l'avoir rencontrée, de tout ce qu'il souffrait dans cet intérieur, de sa vie, une vie d'aplatissement, de solitude, de lâcheté...

Il disait cela vivement, précipitamment avec des éclats de voix tout à coup réprimés, des gestes violents qui s'arrêtaient comme effrayés.

— Tu ne l'as pas vue... tu ne l'as pas vue avec son visage méchant, le visage qu'elle a pour moi... Ah! ce qui vient dans une figure de juive avec l'âge... la Parque qui se lève dans la femme... ce nez qui devient crochu.. et ses yeux aigus... ses yeux! Les as-tu jamais bien regardés?... Ces yeux!... — murmura Coriolis en baissant la voix. — Ah! les femmes!... Tu étais avec une femme tout à l'heure, toi?

— Oui, une pauvre diablesse... Ça a été riche, élevée

dans le luxe, au piano... Une canaille de mari qui a tout mangé et l'a plantée là avec deux enfants... Et maintenant, il faut vivre avec un talent d'agrément...

Le triste roman de misère esquissé dans les quelques mots d'Anatole ne parut pas entrer dans l'oreille de Coriolis. Il en était venu à cette monstrueuse surdité des grandes douleurs qui ne laissent plus entendre à un homme la souffrance des autres. Sans dire à Anatole un mot d'intérêt, sans lui parler de lui, de sa mère, sans s'inquiéter de ce qu'il était devenu depuis deux ans, et s'il avait de quoi manger, il se mit à lui repeindre l'enfer de sa vie. Le promenant, le repromenant sous les arbres des Champs-Elysées, gardant son bras, se collant à lui, il lui rabâcha ses plaintes, ses lamentations, ses jérémiades.

Accoutumé à lui voir dévorer ses maladies et ses chagrins, Anatole ne put se défendre d'un triste étonnement, en retrouvant cet homme si fort, si concentré, si maître de lui-même, descendu à cela : — à dire peureusement du mal de cette femme, à s'en venger comme un enfant qui *cafarde* derrière le dos de son tyran !

CXLIX

A partir de cette rencontre, presque tous les jours, à sa sortie, Anatole trouva Coriolis l'attendant.

Coriolis était là, un quart d'heure avant, il se promenait de long en large devant la porte, il guettait, et aussitôt qu'Anotole paraissait, il s'emparait de lui, et tout de suite, brusquement, du premier mot, il soulageait sa misérable faiblesse dans le débordement de lamentations où il essayait de vider et de dégorger ses souffrances.

— Une vraie juiverie, la maison, maintenant ! — lui disait-il un jour. — Non, tu n'as pas idée... C'est le sabbat chez moi, le sabbat!... D'abord les deux cousines qui sont à présent plus maîtresses qu'*elle*, et qui la tournent et la retournent comme un gant... Il y a la vieille paralysée qui fait tourner les sauces en marmottant de l'hébreu dessus... Et puis, c'est le scrofuleux de frère... Il vient une parente... qui travaille pour la synagogue, qui est brodeuse en *sepharim*... Je sais de leurs mots, tiens, à présent!... Horrible, celle-là!... Et puis, un tas de revenants de l'Ancien Testament, des parents, des juifs d'Alsace, est-ce que je sais! des gens qui ont des paletots verts avec des boutons bleus en acier, et des bâtons avec une poignée entourée de laine rouge et de fils de laiton... des coreligionnaires d'on ne sait où, qui viennent manger, « s'asseoir sous la lampe », comme ils disent... Et des têtes!... Ah! je suis puni d'avoir aimé Rembrandt! Il me semble que mon intérieur grouille de ses fonds d'eau-fortes... Et les cuisines qu'ils font, si tu savais!... des cuisines à eux, comme en Alsace, pour les noces, des panades où ils mettent des mèches de bonnet de coton... Oui!... Ces jours-là, je me sauve de chez moi... Non, c'est trop fort, que toute cette abomination de marchands de lorgnettes descende chez moi comme à l'auberge!... Tiens! tu sais, la cousine, la grande, avec ses cheveux comme un incendie, son visage terrible... celle qui ressemble à la prostituée de l'Apocalypse... qui a été chez les fous... Ah! les pauvres fous, ils ont dû souffrir!... est-ce qu'elle ne connaît pas des infirmiers de Charenton?... Et elle les amène à dîner!... Ils viennent avec les fous qu'ils sont chargés de promener... Avant-hier, il y en a eu un qui est redevenu fou à la cuisine... Il a fallu aller chercher la garde... C'est amusant... Des fous, conçois-tu? On m'amène des fous chez moi! Oui... et tu veux que je continue à supporter cela?...

Et voyant qu'Anatole, lassé de l'écouter, essayait de se dégager :

— Tu me quittes déjà?... Encore un quart d'heure. . Tiens! dix minutes, rien que dix minutes...

— Non, je t'assure... je vais te dire... Il y a une heure que je devrais être parti... Tu vas comprendre... figure-toi qu'il y a trois jours que maman a cassé ses lunettes... Voilà trois jours qu'elle ne peut rien faire, ni travailler, ni lire... J'ai eu seulement ce matin de quoi lui en commander... je dois les prendre en route... Elle m'attend comme ses yeux, tu penses...

— Toi? — dit Coriolis en se décidant à lui lâcher le bras. — Et bien ça ne fait rien...

Il s'arrêta et le regarda.

— Tu es tout de même bien heureux!...

CL

Puis Coriolis disparut. Anatole ne le revit pas. Deux mois se passèrent sans qu'il le trouvât à la porte du palais de l'Industrie. Il ne savait ce qu'il était devenu, lorsque, par un jour d'octobre, il fut étonné d'être accosté par lui, à sa sortie.

— Tiens! te voilà? — fit-il. — Y a-t-il longtemps!...

— Oui, il y a longtemps... très-longtemps... — dit Coriolis lentement, comme si lui seul, dans sa vie, pouvait mesurer la longueur douloureuse du temps.

En passant sous son bras le bras d'Anatole, en lui retenant amicalement la main dans la sienne :

— Es-tu content? Ça va-t-il?

— Oui... Et toi? — fit Anatole surpris de cette tendresse inaccoutumée de Coriolis.

— Moi? Ah! moi... je deviens raisonnable... — dit-il d'une voix sourde. — Tu comprends bien, mon ami, quand il y a un homme d'intelligence, il faut qu'il se trouve une femelle pour lui mettre la patte dessus, le déchirer, lui mordre le cœur, lui tuer ce qu'il y a dedans, et puis encore ce qu'il y a là... et il se toucha le front, — enfin le manger!... — On a toujours vu ça...

Ça arrive tous les jours... Et il faut vraiment être bien enfant pour s'en plaindre... c'est ridicule...

Il jeta cela avec une ironie presque sauvage.

— Je sais bien... il y un moyen de casser ces machines-là...

Ses mains firent devant lui le mouvement nerveux et enragé de serrer, comme des mains qui étranglent.

— Oui, il faudrait des choses... pas bien... Il faudrait... des meurtres... Ah! dans le temps!...

Ses yeux brillèrent; une lueur féroce y passa, dans laquelle Anatole retrouva le feu fauve des colères de jeune homme de son ami. Mais aussitôt cela tomba.

— Maintenant, je suis une...

Et il dit un mot ignoble.

— Ah! si tu veux voir un homme qui ne trouve pas la vie drôle...

Il essaya de faire avec les doigts le geste, le balancement chinois d'un comique en vogue; mais de l'eau monta à ses paupières, et sa blague finit dans l'horrible étouffement brisé d'une voix d'homme qui se mouille de larmes de femme.

Il reprit :

— Ah! oui, un joli instrument pour faire souffrir un homme, cette poupée-là!... Tiens! je ne sais plus si j'ai du talent... Non, vrai, je ne sais plus!... Je n'y vois plus... Je suis comme un homme que j'ai vu une fois, assommé dans une rixe à une barrière, et qui marchait devant lui, dans un sillon... Il ne savait plus, il allait... stupide, comme moi... On entre dans mon atelier, on me trouve à mon chevalet, n'est-ce pas? Si l'on regardait mes brosses et ma palette, on verrait que c'est sec... Je dormais dans quelque coin, j'ai entendu qu'on venait... je me suis levé pour faire croire que je peignais. Je ne peins plus, je fais semblant!... comprends-tu?... Et *elle* est toujours là, dans mon dos... Quand je n'en peux plus, que je me jette sur mon divan, elle vient voir... Elle a fait des trous dans le mur pour me moucharder!... Quand elle sort, j'ai les yeux des cousines sur moi, je les sens... Oh! on me soigne... Pardieu! c'est moi qui fais aller la maison... Je suis le bœuf, moi!... Quand je sors... tiens! aujourd'hui.. c'est comme si je leur mangeais une bouchée dans la bouche...

Il s'arrêta un moment; puis :

— Tu sais, mon enfant? mon fils, qui était si beau?... Eh bien, il est affreux... il est devenu affreux! — dit-il avec une espèce de rire amer qui fit mal à Anatole. — C'est maintenant un vrai mérinos noir... Ah! je te réponds qu'il n'aura pas besoin d'un professeur d'arithmétique, celui-là!... Mon fils, ça! mais il n'a rien de moi, rien des miens... rien! Tiens, il y a des moments où je crois que c'est l'âme de quelque grand-père qui vendait de la ferraille dans un faubourg de Varsovie... Un affreux petit bonhomme, vois-tu!... Et si tu l'entendais me dire ce qu'elles l'ont dressé à me dire toute la journée : *Papa, tu ne fais rien...* si tu l'entendais!

Et passant tout à coup à une autre idée :

— Viens-tu avec moi jusqu'à la rue du Bac? Je voudrais te faire voir un tableau nouveau que je viens d'exposer...

Arrivé rue du Bac, il poussa Anatole devant la devanture où était son tableau.

Anatole regarda, et après quelques compliments vagues, il se dépêcha de se sauver : il lui semblait qu'il venait de voir la folie d'un talent.

CLI

Un bizarre phénomène avait fini par se produire chez Coriolis. Avec l'énervement de l'homme, une surexcitation était venue à l'organe artiste du peintre. Le sens de la couleur, s'exaltant en lui, avait troublé, déréglé, enfiévré sa vision. Ses yeux étaient devenus presque fous. Peu à peu, il avait été pris comme d'une grande et pénible désillusion devant ses admirations anciennes. Les toiles qui autrefois lui avaient paru les plus splendides et les plus éclairées, ne lui donnaient plus de sensation lumineuse : il les revoyait éteintes, passées.

Au Louvre même, dans le Salon carré, ces quatre murs de chefs-d'œuvre ne lui semblaient plus rayonner. Le Salon s'assombrissait, et arrivait à ne plus lui montrer qu'une sorte de momification des couleurs sous la patine et le jaunissement du temps. De la lumière, il ne retrouvait plus là que la mémoire pâlie. Il sentait quelque chose manquer dans le rendez-vous de ces tableaux immortels : le soleil. Une monotone impression de noir lui venait devant les plus grands coloristes, et il cherchait vainement le Midi de la Chair et de la Vie dans les plus beaux tableaux.

La lumière, il était arrivé à ne plus la concevoir, la voir, que dans l'intensité, la gloire flamboyante, la diffusion, l'aveuglement de rayonnement, les électricités de l'orage, le flamboiement des apothéoses de théâtre, le feu d'artifice du grésil, le blanc incendie du *magnesium*. Du jour, il n'essayait plus de peindre que l'éblouissement. A l'exemple de certains coloristes qui, la maturité de leur talent franchie, perdent dans l'excès la dominante de leur talent, Coriolis, un moment arrêté à une solide et sobre coloration, était revenu, dans ces derniers temps, à sa première manière, et peu à peu, à force d'en exagérer la vivacité d'éclairage, la transparence, la limpidité, l'ensoleillement féerique, l'allumage enragé, l'étincellement, il se laissait entraîner à une peinture véritablement illuminée; et dans son regard, il descendait un peu de cette hallucination du grand Turner qui, sur la fin de sa vie, blessé par l'ombre des tableaux, mécontent de la lumière peinte jusqu'à lui, mécontent même du jour de son temps, essayait de s'élever, dans une toile, avec le rêve des couleurs, à un jour vierge et primordial, à la *Lumière avant le Déluge*.

Il cherchait partout de quoi monter sa palette, chauffer ses tons, les enflammer, les brillanter. Devant les vitrines de minéralogie, essayant de voler la Nature, de ravir et d'emporter les feux multicolores de ces pétrifications et de ces cristallisations d'éclairs, il s'arrêtait à ces bleus d'azurite, d'un bleu d'émail chinois, à ces bleus défaillants des cuivres oxydés, au bleu céleste de la lazulite allant du bleu de roi au bleu de l'eau. Il suivait toute la gamme du rouge, des mercures sulfurés, carmins et saignants, jusqu'au rouge noir de l'hématite, et rêvait à l'*amatito*, la couleur perdue du XVIe siècle, la couleur cardinale, la vraie pourpre de Rome. Il suivait les ors et les verts queue de paon des poudingues diluviens, les verts de velours, les verts changeants et bleuissants des cuivres arséniatés, le vert de lézard du feldspath; l'infinie variété des jaunes, du jaune-serin au jaune miellé des orpiments cristallisés et des fluorines; les couleurs embrasées des cuivres pyriteux, les couleurs de pierres roses ou violettes, qui font penser à des fleurs de cristal.

Des minéraux, il passait aux coquilles, aux colorations mères de la tendresse et de l'idéal du ton, à toutes ces variations du rose dans une fonte de porcelaine, depuis la pourpre ténébreuse jusqu'au rose mourant, à la nacre noyant le prisme dans son lait. Il allait à toutes les irisations, aux opalisations d'arc-en-ciel, miroitantes sur le verre antique sorti de terre comme avec du ciel enterré. Il se mettait dans les yeux l'azur du saphir, le sang du rubis, l'orient de la perle, l'eau du diamant. Pour peindre, le peintre croyait avoir maintenant besoin de tout ce qui brille, de tout ce qui brûle dans le Ciel, dans la Terre, dans la Mer.

CLII

— Comment! c'est vous, madame Crescent? — fit Anatole qui était couché. La brusque entrée de madame Crescent venait de le réveiller du délicieux sommeil de dix heures du matin. — Vous, chez moi? chez un jeune homme!

— Bêta! — dit madame Crescent, — il est joli, le jeune homme! Avec ça que les hommes m'ont jamais fait peur... Ouf! — fit-elle en soufflant comme si elle allait étouffer. — Eh bien! ce n'est pas sans peine qu'on te déniche... En voilà une horreur, ta rue!

— La rue du Gindre, madame!... La porte à côté du bureau de Bienfaisance... l'appartement à côté de la pompe... je trouve le matin des têtards dans ma cuvette!... Quand j'éternue, ça fait lever le papier... un détail!... Une boutique de porteur d'eau qu'on ne louait pas... On me l'a laissée à dix francs par mois... les champignons compris... Ça ne fait rien, ma brave madame Crescent, vous voyez quelqu'un de crânement heureux... Ah! j'en ai passé de dures avant ça!... Trois jours, pas ce qui s'appelle ça sous la dent!... Zéro à l'heure des repas... Je me couchais gris... Ah! dame, gris, vous me comprenez... Mais, psit! un changement à vue, une fortune! De la chance! Moi qui aurais dû crever, finir par la Morgue... Car, voilà!... Eh bien! pas du tout... Concevez-vous? M'amuser, bien dîner, être heureux, me payer des dîners à vingt-cinq sous!... Cinq jours de noce, là, à ne rien faire... Ah! rien... On aurait pu venir m'offrir n'importe quoi pour faire quelque chose... Le premier jour je me suis régalé du Jardin d'acclimatation, et je n'en suis sorti qu'à six heures... Il y a un oiseau, voyez-vous, madame Crescent, un oiseau... je ne vous dis que ça... Par exemple, cette foiscé, mes créanciers... rien, pas un monaco. Trop bête, de ne pas garder un sou... On ne m'y repincera plus... Quand j'ai reçu mon argent, toc! j'ai acheté un parapluie d'abord... C'est drôle, hein? moi, d'acheter un parapluie? Comme il faut que j'aie mûri! Et puis, trois chemises à quatre francs cinquante... Pas mal, hein? ce petit paletot-là pour dix-huit francs?... le gilet, quatre francs... Et deux paires de bottines... pas une... deux!... Ah! voilà comme je m'y mets, moi, quand je m'y mets... Ah! c'est toi...

Un gamin venait d'entrer, apportant à Anatole une tasse de café au lait.

— Tu reviendras demain... Aujourd'hui congé, pas de leçon... c'est saint Barnabé!

Et, revenant à madame Crescent, quand l'enfant fut parti : — Je suis très-bien ici... La portière me fait mon ménage à l'œil, pour des leçons que je donne à son moutard, à ce petit idiot-là... Il n'a pas la moindre disposition... Ça ne fait rien... Cette vieille bête de femme est si enchantée que, dans les premiers temps, elle m'envoyait un verre de vin avec mon café... des attentions à toucher un frotteur!... Ça s'arrange trèsbien... Pendant qu'elle est là qui brosse mes affaires, qui cire mes souliers, je colle ma leçon au petit... Hein? de beaux draps? Je m'en suis aussi payé deux paires avec quatre taies d'oreiller... Oh! je suis requinqué... Voyez-vous! maintenant, je mène une vie d'un rangé! je rentre tous les soirs de bonne heure pour me sentir bien chez moi, jouir de tout ça, de mon petit intérieur... Je m'amollis dans le bien-être, quoi!... Quand je suis là-dedans, dans mes draps, avec une bougie, je me sens un bonheur!... Dire que j'ai encore soixante francs en or, là-haut, sur ce cadre!... Moi qui depuis des temps ne me suis jamais vu d'avance pour plus de trois jours... Enfin, c'est un secours de deux cents francs qui m'est joliment tombé...

— Ah! tu es si heureux que ça? — fit madame Crescent avec un air embarrassé.

— On dirait que ça vous fait de la peine?
— Non... mais c'est que...
Elle s'arrêta.
— C'est que... quoi?
— Je t'apportais quelque chose.
Et elle tira gauchement de sa poche une lettre qui avait l'apparence d'une lettre ministérielle.
— Une commande? — fit Anatole en la regardant.
— Non, tu n'es pas assez gentil pour ça... Comment, petite saleté, nous te faisons avoir une copie... tu ne viens pas nous voir... On t'en a après ça une seconde : tu ne remues ni pied ni aile pour nous donner de tes nouvelles... Eh bien! moi, je pensais à toi, animal... Je ne sais pas pourquoi... Vois-tu, au fond, il n'y a que nous deux qui aimions vraiment les bêtes...
— Voyons, ma bonne madame Crescent... cette lettre!
— Oh! c'est rien, — dit madame Crescent, — c'est rien... — Et elle devint rouge. — On croit souvent, comme ça, faire pour le bien... moi, je croyais... et puis, pas du tout... tu es riche... te voilà avec soixante francs... Je pouvais tomber, un jour, n'est-ce pas? où tu n'aurais pas été si fier... Enfin, que veux-tu, une idée... Si ça ne te va pas, il ne faut pas pour ça m'en vouloir... Parce que, vrai, moi, c'était pour toi... — fit la grosse femme avec une adorable humilité honteuse. — Moi, je suis une bête... la langue me brouille... je ne sais pas tourner les choses. Eh bien! voilà comme ça m'est venu... Nous étions donc comme ça à avoir de tes nouvelles, de bric et de broc, par les uns, par les autres... Moi j'ai bien vu qu'au fond, les commandes, tout ça, ça ne te tirait pas de peine... Ça te faisait manger deux ou trois mois, et puis c'était toujours à recommencer... Eh bien! alors, moi je me suis mise dans mes rêves... C'est devenu ma colique de te savoir comme ça... je me suis dit : Voilà un homme qui aime les bêtes... Si on voyait à lui trouver une petite place, où il serait comme qui dirait dans ses amours, avec la maman... Au fait, et la maman?

— Je l'ai emballée pour la province, chez une amie, en attendant une embellie... C'était trop lourd, à la fin le ménage.., je me suis chargé de la liquidation... C'est elle qui m'a mis à sec.

— Eh bien! n'est-ce pas, si vous aviez comme ça, tous les deux, le pain et la caboulée... Tu sais, moi, quand j'ai une idée dans la tête... ça me trottait... Voilà la cour qui vient à Fontainebleau... Il nous tombe chez nous quelqu'un de bien... Merci! ce n'était pas de la chenille... un ministre, s'il vous plaît! de je ne sais plus quoi... Oh! un homme avec un front comme une porte de grange... Il voulait absolument avoir une décoration de son salon par Crescent... Tu sais que c'est moi qui fais les affaires... Lui, tu le connais, sorti de sa mécanique de peinture, cet empoté-là! le sabot d'un cochon serait aussi malin que lui... Si je n'étais pas là, il laisserait tout aller... Alors, quand nous avons été arrangés à peu près sur le prix... Ma foi!... il avait l'air si bon enfant, ce ministre... je lui ai dit que je voulais mes épingles... Il m'a dit: Quoi?... Eh bien! que je lui ai fait, je voudrais une petite place dans votre Jardin des Plantes pour quelqu'un... Il a commencé à me dire que ça ne se donnait pas comme ça... que c'était difficile, qu'il ne savait pas... Un tas de raisons... Monseigneur, que je lui ai dit... Ah! je n'ai pas bronché, je lui ai dit: Monseigneur... rien de fait, Crescent ne vous fera pas chez vous seulement grand comme la main, sans que j'aie ça pour un pauvre garçon qui a sa mère sur les bras... Et voilà ta lettre... je n'ai pu que ça... Oh! je me mets bien dans ta peau, va... je comprends... je me rends compte... un artiste, ce n'est pas tout le monde, je sais ce que c'est... on a ses idées, on tient à son état... Quand on a eu le courage jusqu'à quarante ans, qu'on s'est fait toute la vie des imaginations à ça... Après ça, tu pourras te lever plus matin, faire encore quelque chose... Et puis, quelquefois, on peint là-dedans, à ce qu'il paraît... on peint quelque chose... un modèle de poisson... C'est du pain, vois-tu... C'est pour manger tous les jours... Tu n'es pas seul, songe donc ! Et puis les années commencent à te monter sur la tête, sais-tu ?

Et elle avança timidement la lettre sur le pied du lit.

Anatole prit la lettre, la retourna dans ses mains, avec une expression presque douloureuse, et la reposa sans l'ouvrir. Il lui semblait qu'il y avait là-dedans la mort honteuse du rêve de toute sa vie. Madame Crescent était allée prendre les trois pièces d'or posées sur le rebord du cadre. Elle revint à Anatole en les tenant dans sa main ouverte.

— Sais-tu, — dit-elle doucement à Anatole, — ce que c'est que cet argent-là, mon enfant ? C'est de l'argent qui n'est pas gagné... et de l'argent qui n'est pas gagné, c'est de la charité... une vilaine monnaie, je te dis, dans la main d'un homme qui a ses quatre pattes...

Anatole baissa sur son drap un regard sérieux, reprit la lettre, l'ouvrit, y lut sa nomination d'aide-préparateur au Jardin des Plantes. Il la reposa sur son drap, la regarda quelque temps de loin sans rien dire. Puis tout à coup, criant : — Enfoncée la Gloire ! — il se jeta au bas de son lit pour embrasser madame Crescent, en oubliant qu'il était en chemise.

— Veux-tu te refourrer au lit tout de suite, vilain singe ! — fit madame Crescent qui reprit bientôt : — Et Coriolis ? C'est bien drôle chez lui, à ce qu'il paraît... Est-ce qu'il y a longtemps que tu ne l'as vu ?

— Des temps infinis.

— Eh bien ! il y a des affaires... mais des affaires !... C'est Garnotelle que j'ai rencontré qui m'a raconté ça... Ah ! mais, il faut te dire d'abord qu'il s'est marié, Garnotelle, tu ne savais pas ?... Oui, marié... Oh ! un beau mariage... Sa femme, c'est une princesse... Attends : Moldave... Oui, c'est bien ça qu'il m'a dit... Le nom, par exemple... tu sais, c'est des noms étrangers... cherche, apporte... Voilà que pour se marier, il va demander à Coriolis pour être son témoin... Un ancien camarade, je trouve que c'était gentil comme idée, moi... Il paraît que Coriolis l'a reçu ! qu'il lui a dit des choses ! qu'il venait pour l'insulter... que c'était lui faire un affront quand il savait que lui allait épouser une... Excusez du mot! — dit madame Crescent en le disant. — Une scène abominable!... Garnotelle a eu peur qu'il ne le battît... Il le croit devenu fou enragé... Après ça, mon Dieu! ça ne serait pas étonnant avec la femme qu'il a... une croquette comme ça!... Allons! tu sais qu'il y a encore quelques pièces de cent sous chez nous... Si tu avais des créanciers qui t'ennuient trop... Mais viens donc les chercher... Voilà ce qu'il faut faire... Nous passerons quelques bons jours... Tu verras les poules...

CLIII.

— Psit! psit! Chassagnol!

Ainsi interpellé par Anatole, Chassagnol, qui allait sortir de la mairie du Luxembourg, se retourna. Il avait à côté de lui une bonne portant un petit enfant sous un voile blanc.

— A toi? — demanda Anatole à Chassagnol en regardant l'enfant.

— Ma septième fille... — dit le père avec un sourire qui laissait échapper le secret si longtemps gardé de sa nombreuse famille. — Ah çà! comment es-tu ici?

— Oh! moi, rien, rien... Une petite histoire de justice de paix, un arrangement à trois mois... le dernier de mes créanciers... C'est que maintenant, tu ne sais pas, j'ai une place...

— Et moi, c'est bien plus fort! J'ai de l'argent... Figure-toi que Cecchina... ah! pardon, c'est ma femme... me voyant sans le sou, les enfants avaient faim, elle a eu une idée, ma paysanne de femme... Elle a trouvé je ne sais pas quoi pour nettoyer la paille d'Italie, elle dit que c'est un secret qui lui vient de la Madone... Enfin, les petites ont la becquée tous les jours, il y a toujours quelques sous dans la poche de mon gilet, et je puis flâner tranquillement... Ah çà ! je t'emmène, tu vas dîner chez nous...

Et comme ils causaient ainsi sur le pas de l'entrée de la Justice de Paix : — Vois donc... — dit tout à coup Anatole.

A ce moment, en haut du grand escalier de pierre, qu'on apercevait par le cintre de la porte vitrée du péristyle, sous le rayonnement diffus et blanc d'une large fenêtre, au-dessus de la rampe, une silhouette noire s'était montrée. Cette silhouette s'enfonça du côté du mur, disparut dans le retour de l'escalier que les deux amis ne pouvaient apercevoir. Puis il reparut, contre le carreau de la porte, un chapeau et un profil se détachant sur la carte en couleur du onzième arrondissement peinte au fond dans la cage de l'escalier. La porte battante s'ouvrit, et un homme se mit à descendre les douze grandes marches de l'escalier de la mairie, avec une main qui traînait derrière lui sur la rampe d'acajou, et des pieds de somnambule, distraits, égarés, tâtant le vide. Les deux amis se rejetèrent un peu dans le vestibule noir de la Justice de Paix. L'homme passa sans les voir : c'était Coriolis.

A quelques pas derrière lui venait Manette en grande toilette, suivie d'un groupe de quatre individus, vulgaires, effacés et vagues comme ces comparses des actes de l'État civil, raccolés au plus près dans les fournisseurs du voisinage.

Sorti de la mairie, Coriolis prit machinalement le trottoir, frôla, sans le sentir, des blouses qui lisaient le *Moniteur* affiché au mur, traversa la rue Bonaparte, et, comme s'il cherchait l'ombre, les pierres sans fenêtres et qui ne regardent pas, Anatole et Chassagnol le virent longer le grand mur du séminaire de Saint-Sulpice. Manette s'était arrêtée avec les témoins au coin de la rue de Mézières et semblait les remercier.

Tout à coup, les quittant, elle courut rattraper Coriolis, qu'elle saisit par le bras, et l'on vit les deux dos de la femme et du marié aller jusqu'au bout de la rue Bonaparte. Puis, le couple tourna à droite, disparut.

— Rasé! — dit Anatole en faisant le geste énergique du gamin qui peint, avec le coupant de la main, une vie d'homme décapitée.

CLIV

— Le Beau, ah! oui, le Beau!... s'y reconnaître dans le Beau! Dire c'est cela, le Beau, l'affirmer, le prouver, l'analyser, le définir!... Le pourquoi du Beau? D'où il vient? ce qui le fait être? son essence? Le Beau! la splendeur du vrai... Platon, Plotin... la qualité de l'idée se produisant sous une forme symbolique... un produit de la faculté d'*idéer*... la perfection perçue d'une manière confuse... la réunion aristotélique des idées d'ordre et de grandeur... Est-ce que je sais!... Le Beau, est-ce l'Idéal? Mais l'Idéal, si vous le prenez dans sa racine, *eido*, je *vois*, n'est que le Beau visible... Est-ce la réalité retirée du domaine du particulier et de l'accidentel? Est-ce la fusion, l'harmonie des deux principes de l'existence, de l'idée et de la forme, de l'essence de la réalité, du visible et de l'invisible?... Est-il dans le Vrai?... Mais dans quel Vrai?... dans l'imitation du beau des êtres, des choses, des corps? Mais quelle imitation?... l'imitation par élection ou par élévation? l'imitation sans particularité, sous l'image iconique de la personnalité, l'homme et pas un homme, l'imitation d'après un modèle collectif de perfections? Est-il la beauté supérieure à la beauté vraie... « *pulchritudinem quæ est supra veram...* » une seconde nature glorifiée? Quoi, le Beau? L'objectivité ou l'infini de la subjectivité? l'*expressif* de Gœthe? Le côté individuel, le naturel, le caractéristique de Hirtch et de Lessing? l'homme ajouté à la nature, le mot de Bacon? la nature vue par la personnalité, l'individualité d'une sensation?... Ou le platonicisme de Winckelmann et de saint Augustin?... Est-il un ou un multiple? absolu ou divers?... Oh! le Beau!... le suprême de l'illimité et de l'indéfinissable!... Une goutte de l'océan de Dieu, pour Leibnitz... pour l'école de l'Ironie, une création contre la Création, une reconstruction de l'univers par l'homme, le remplacement de l'œuvre divine par quelque chose de plus humain, de plus conforme au *moi fini*, une bataille contre Dieu!... Le Beau!... Quelqu'un a dit : le Beau est le frère du Bien... le Beau rentrant dans le point de vue de la conformation au Bien, une préparation à la morale, les idées de Fichte : le Beau utile!... Ah! la philosophie du Beau! Et toutes les esthétiques!... Le Beau, tiens! je le baptiserais comme les autres, et aussi bien, si je voulais : le Rêve du Vrai! Et puis après?... Des mots! des mots!... Le Beau! le Beau! Mais d'abord, qui sait s'il existe? Est-il dans les objets ou dans notre esprit? L'idée du Beau, ce n'est peut-être qu'un sentiment immédiat, irraisonné, personnel, qui sait?... Est-ce que tu crois au principe réfléchi du Beau, toi?

C'est ainsi que le soir du mariage de Coriolis, à des heures indues de la nuit, dans une petite chambre, au-dessus de l'atelier où séchaient les chapeaux de paille de sa femme, Chassagnol parlait à Anatole étendu sur la descente de lit, et qui dormait, une cigarette éteinte aux lèvres, avec l'air d'écouter.

CLV

Une fenêtre, dans un de ces jolis bâtiments moitié brique, moitié pierre, à l'air d'étable et de cottage, où s'accrochent les bras grimpants d'une glycine, une fenêtre s'ouvre toujours la première au bout du Jardin des Plantes. Elle s'ouvre au soleil, au matin que salue sous elle la volière des vanneaux siffleurs, elle s'ouvre à ce qui revit dans le jour qui ressuscite.

Cette fenêtre est la fenêtre d'Anatole qui, déjà descendu dans le jardin, traîne lentement ses pantoufles paresseuses dans les allées, le long des grilles. Partout c'est un épanouissement d'êtres; et de jardinet en jardinet, court le frémissement du réveil animal, charmant de souplesse, de légèreté, d'élasticité. La vie saute et bondit de tous côtés. Les mouflons grimpent sur l'échelle de leurs kiosques, de jeunes axis, penchés sur le côté, s'inclinent en patinant sur le sol où ils tournent; les lamas s'emportent en courses folles; les jeunes chevreaux, mal d'aplomb sur leurs jambes pattues, trébuchent dans des essais de galop; des onagres en gaieté, les quatre pattes en l'air, font de grandes roulées par terre. Tout ce qui est là, dans le mouvement, la fièvre, la vitesse, l'étirement, la course, le jeu des nerfs et des muscles, retrouve la jouissance d'être. Et les petits oiseaux, dans leur volière, font trembler, sous leur voletage incessant, l'arbre mort qu'ils fatiguent sans repos du rapide effleurement d'une seconde de pose.

A des places de fraîcheur verte, le blanc des toisons et des plumes montre le blanc de la neige; le trottinement des chèvres d'Angora balance comme des flocons d'argent mat; des paons blancs traînent, étalées, les lumières de satin d'une robe de mariée; et toute la splendide blancheur donnée aux bêtes apparaît là dans une sorte de douceur frissonnante, avec des reflets dormants de nuage et de nacre. Sur les petites pelouses, presque entièrement couvertes de l'ombre allongée des arbres, où l'ombre tremble et s'envole de l'herbe à chaque brise qui secoue en haut les cimes, Anatole s'amuse à voir le passage des animaux au soleil, la promenade de leurs couleurs dans des éclairs, la fuite, l'effacement instantané des petites lignes fines et sèches qui se dessinent en courant derrière les pattes des gazelles. Il regarde les vieux boucs agenouillés, et faisant gratter leur barbe au bois râpeux de leur auge; le zèbre, avec son élégance d'un âne de Phidias, ses formes pleines, pures et souples, ses impatiences de ruade par tout le corps; les bisons, absorbés, endormis dans leur passivité solide, laissant tomber de leur masse le sombre d'un rocher, laissant emporter à l'air des rouleaux de leur toison brûlée. Des biches de l'Algérie, à la démarche lente, élastique et scandée, il va aux grands cerfs, qui se dressent paresseusement sur leurs jarrets de devant, en levant leurs bois comme la majesté d'une couronne. Il va à ces grands bœufs de Hongrie, aux cornes gigantesques, qui semblent la paix dans la force et dans la candeur. Il va au dromadaire, dont le regard s'allonge au bout de son cou de serpent, et dont l'œil nostalgique a l'air de chercher devant lui la liberté, l'horizon, l'infini, le désert. Et sur du gazon, il suit les tortues couleur de bronze, allant, en ramant des pattes, à travers des brindilles qu'elles écrasent, et se traînant, avec leur marche qui tombe, jusqu'à un peu de soleil.

Au bord de la petite rivière, au milieu de l'herbe nouvelle et translucide, sur le décor mouillé des acacias, des peupliers, des saules, les cigognes tout à coup rompant leurs poses et leur immobilité empaillée, les cigognes prennent des essors boiteux; et courant, trébuchant, butant, s'élançant, s'ébattant avec des sauts ridicules et de grotesques velléités de vol, elles illuminent tout ce coin de jardin des couleurs vives qu'elles y jettent, du blanc palpitant de leurs ailes agitées, du rouge de leurs becs et de leurs pattes. A côté des cigognes, voici le petit étang et les oiseaux d'eau; Anatole s'y attarde comme à une mare du paradis : rien que des frissonnements, des frémissements, des ondulations, des ébats, des demi-plongeons, le lever, le bain de l'oiseau, la toilette coquette à coups de bec sur le dos, sous les ailes, sous le ventre, les contentements gonflés, les renflements en boule, les hérissements, les rengorgements qui soulèvent la ouate floche de tous ces petits corps avec le souffle d'une brise; et cela, dans du soleil et dans de l'eau, entre deux lumières, avec des vols qui nagent et des brillants de plume qui se noient, avec des reflets qui voguent et des éclaboussements de poussière humide qui semblent briser, tout autour de l'oiseau, en gouttes de cristal, le miroir où il se mire. Une divine joie est là, la joie gracieuse des animaux qui échappent à la terre et ne se traînent pas sur le sol, la joie sans fatigue de toutes ces existences flottantes, balancées, portées sans fatigue par un soupir de l'air ou par une ride du fleuve, promenées sur l'onde au fil du nuage, bercées dans de la transparence et de la limpidité, voyageant dans du ciel qui les mouille.

Un peu plus loin, Anatole fait halte devant l'hippopotame, qui dort à fleur d'eau, pareil, dans sa cuve, à une île de granit à demi submergée, et qui, de temps en temps, remuant un peu sa petite oreille et clignant son œil rond, montre, en ouvrant son immense bouche en serpe, le rose énorme d'une immense fleur de monde inconnu. Le pain de seigle qu'Anatole a l'habitude de grignoter en marchant dans le jardin, fait venir tout de suite à lui l'éléphant qui s'avance au petit trot, avec des éventements d'oreille semblables au jeu puissant d'un *pounka* : Anatole flatte de la main la bête vénérable, aux cils de momie, et il caresse presque pieusement cette peau de pierre qui a la couleur et le grain d'un bloc erratique, éraillé çà et là par le frottement d'un siècle. Et puis, il passe aux petits éléphants qui, se pressant et se nouant par la trompe, se poussent front contre front, et jouent à se faire reculer avec des malices d'enfants de géants qui luttent et de grosses douceurs de frères qui s'amusent.

Le soleil, en montant, resserre à chaque minute l'ombre de tout, et mordant le coin de cage, l'angle de nuit où sont réfugiés les nocturnes perchés, il allume un feu d'ambre dans l'œil du Jean-le-Blanc. L'éblouissement qu'il verse se répand sur tous les animaux. Au milieu des arbres, où l'on vient de les déposer, les perroquets éclatent. Les aras rouges font reluire sur leur rouge l'écarlate d'un piment; les plumages des aras blancs étincellent de la blancheur de stalactites de cire vierge et de larmes de lait. Et tandis que sur le haut d'un petit toit, un morceau de la queue d'un paon fait scintiller un feu d'artifice de pensées et d'émeraudes, l'aigrette de la grue couronnée tremble dans l'herbe comme un bouquet d'épis d'or.

Sur le sol, encore tout ombreux de la grande allée de marronniers, la lumière jette de distance en distance des palets de jour; et sur les troncs ensoleillés, la découpure digitée des feuilles dessine en tremblant des fleurs de lis d'ombre.

Assis sur un banc, sous cette épaisse feuillée où la respiration de l'air fait courir en passant comme des soulèvements d'ailes qui s'envolent et des battements de langues qui boivent, Anatole a devant lui la ménagerie enfermant le soleil et les féroces dans ses cages, la ménagerie où le roux des lions marche dans la flamme de l'heure, où le tigre qui passe et repasse semble emporter chaque fois sur les raies de sa robe les raies de ses barreaux, où de jeunes panthères, couchées sur le dos, s'étirent mollement avec des voluptés renversées de bacchantes. Il est enveloppé du gazouillement des oiseaux attirés par le pain qu'on donne aux animaux et les miettes des grosses bêtes. A l'étourdissant concert des moineaux gorgés, répond, de tous les coins du jardin, le chant de fifre des oiseaux exotiques, sifflante piaillerie, chanterelle infinie qu'écrase ou déchire tout à coup le beuglement sourd d'un grand bœuf, le rugissement d'un lion, le bramement guttural d'un cerf, le barrit strident d'un éléphant, le cor d'airain de l'hippopotame, — bâillements de féroces ennuyés, soupirs de bêtes sauvages, fauves haleines de bruit, sonorités rauques, dont Anatole aime à être traversé, et qui remuent dans sa poitrine l'émotion, le tressaillement d'instruments de bronze et de notes de tonnerre. Puis cela tombe, et bientôt s'éteint dans le cri d'un petit animal, ainsi qu'un grand souffle qui mourrait dans le dernier petit murmure d'une flûte de Pan; et il se fait un silence où l'on entend goutte à goutte le filet d'eau qui renouvelle le bain de l'ours blanc.

En errant, ses regards rencontrent dans des trouées de verdure des têtes aux yeux mourants, à la langue rose qui passe sur des babines luisantes, des bouches flexibles et ardentes d'hémiones, se tordant et se cherchant, dans un baiser qui mord, à travers les grillages. Il y a dans l'air qu'Anatole respire la senteur des virginias en fleur qui couvrent des allées de leur effeuillement; il y a des aromes fumants, des émanations musquées et des odeurs farouches mêlées aux doux parfums des roses « cuisse de nymphe » qui embaument de leurs buissons l'entrée du jardin...

Peu à peu, il s'abandonne à toutes ces choses. Il s'oublie, il se perd à voir, à écouter, à aspirer. Ce qui est autour de lui le pénètre par tous les pores, et la Nature l'embrassant par tous les sens, il se laisse couler en elle, et reste à s'y tremper. Une sensation délicieuse lui vient et monte le long de lui comme en ces métamorphoses antiques qui replantaient l'homme dans la Terre, en lui faisant pousser des branches aux jambes. Il glisse dans l'être des êtres qui sont là. Il lui semble qu'il est un peu dans tout ce qui vole, dans tout ce qui croît, dans tout ce qui court. Le jour, le printemps, l'oiseau, ce qui chante, chante en lui. Il croit sentir passer dans ses entrailles l'allégresse de la vie des bêtes; et une espèce de grand bonheur animal le remplit d'une de ces béatitudes matérielles et ruminantes où il semble que la créature commence à se dissoudre dans le Tout vivant de la création.

Et parfois, dans ce jour du commencement de la journée, dans ces heures légères, dans cette lumière qui boit la rosée, dans cette fraîcheur innocente du matin, dans ces jeunes clartés qui semblent rapporter à la terre l'enfance du monde et ses premiers soleils, dans ce bleu du ciel naissant où l'oiseau sort de l'étoile, dans la tendresse verte de mai, dans la solitude des allées sans public, au milieu de ces cabanes de bois qui font songer à la primitive maison de l'humanité, au milieu de cet univers d'animaux familiers et confiants comme sur une terre divine encore, l'ancien Bohême revit des joies d'Éden, et il s'élève en lui, presque célestement, comme un peu de la félicité du premier homme en face de la Nature vierge.

Décembre 1864. — Août 1866.

FIN.

www.ingramcontent.com/pod-product-compliance
Lightning Source LLC
Chambersburg PA
CBHW060935230426
43665CB00015B/1948

Writing, design, and artwork by Kate Mageau

Published by Kate Mageau

Rose Colored Glasses

Kate Mageau, LMHC, NCC

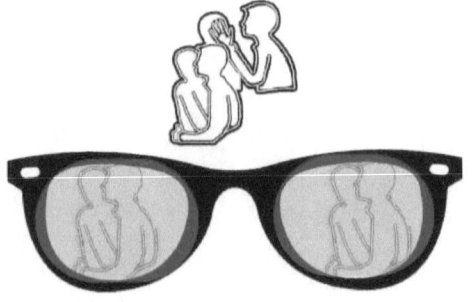

© 2025 Kate Mageau

I dedicate this book to New Beginnings, and all its participants I have stood alongside in our journeys to not only survive, but thrive.

Table of contents

Chapter 1: Beginning	1
Chapter 2: Meeting	9
Chapter 3: Falling	23
Chapter 4: Joining	37
Chapter 5: Journeying	55
Chapter 6: Exploring	75
Chapter 7: Befriending	89
Chapter 8: Following	109
Chapter 9: Betrothing	115
Chapter 10: Planning	125
Chapter 11: Wedding	135
Chapter 12: Honeymooning	161
Chapter 13: Cooking	173
Chapter 14: Adventuring	189
Chapter 15: Assisting	201
Chapter 16: Disagreeing	215
Chapter 17: Working	227
Chapter 18: Changing	239
Chapter 19: Reconciling	255
Chapter 20: Weekending	271
Chapter 21: Bonding	281
Chapter 22: Owning	287
Chapter 23: Partying	305
Chapter 24: Repairing	345
Chapter 25: Celebrating	357
Chapter 26: Finding	365
Chapter 27: Visiting	373

Chapter 28: Opening	383
Chapter 29: Hugging	397
Chapter 30: Vacationing	405
Chapter 31: Questioning	411
Chapter 32: Fearing	423
Chapter 33: Denying	435
Chapter 34: Flying	447
Chapter 35: Recovering	469
Chapter 36: Finalizing	483

Foreword

by Judith Camann, M.Ed. MFA, LMHCA, CDP, NBCT

Reading Rose Colored Glasses by Kate Mageau, LMHC, NCC is like sharing lunch with your best high school friend after having lost touch with each other soon after graduation.

What makes this lunch special though, is picking up the bestie connection. Mageau begins, "How do I 'Save As?' I asked him as I face palmed myself on the inside. I may have played up the distress part a bit too far," allowing the reader, the bestie, to be ready to listen, to hear her story of personal growth and learning through a mis-influenced relationship and failed toxic marriage.

As author, protagonist and professional, Mageau further prepares the reader for painful vulnerability, "This is my personal story of enduring abuse and how I eventually left."

However, the balance of Rose Colored Glasses is unique as it is so much more than memoir. It is a teeter-totter: on one seat her victim-self, her survivor-self on the other. The fulcrum, expressed in chapter explanations, is rooted in the researched psychology of abusive relationships.

Mageau implements straightforward dialogue which creates an easy-to-read book allowing the reader emotional energy and space to digest the pattern and progression of Intimate Partner Violence (IPV) and Domestic Violence (DV). The chronological storytelling unfolds, judgement free, with all the dark corners and hope a toxic relationship offers.

If you have never experienced IPV or DV, Mageau's disclosure will draw you close. If you are a survivor, you will know too well Mageau's roller coaster and final decision to disembark. If you are a current victim, you will relate, perhaps embrace the self-help nuggets towards removing your rose-colored glasses;

"Abusers minimize their partners' feelings to make them feel that they are not as important as their own."

Rose Colored Glasses is not a bow-tied feel-good book. While there is room for understanding, the bold truths including trauma, confusion and emptiness are bluntly exposed and examined.

"You can hold two truths at the same time."

"You can?!"

"Sure. Can't it be cloudy and sunny at the same time?"

If you are a therapist seeking a personal inside look at IPV or DV, a victim seeking solace or a friend, Rose Colored Glasses is a recommended read. It is the raw story of Mageau's struggle and her therapeutic professional LMHC wisdom earned in her life experience, degrees, and in-depth reflection.

At the end, if nothing else, the reader will gain insights into how life can unfold in ways that are not always evident. But more importantly, alongside any doubt, fear, courage, or anticipation readers will be assured there are broad shoulders to stand on starting with Kate Mageau.

Judith E. Camann LMHCA, NBCT, CDP
www.PsychologyToday.com /Judith E Camann
A Poet Studies for the National Counselor Examination –
2025

Prologue

I wrote this book to help people learn the warning signs of intimate partner violence (IPV) and domestic violence (DV). IPV is a subset of DV, as IPV is abuse between intimate partners or spouses and DV is abuse between any family members. Abuse is one person's intent to exert power and control over another person. It can take the form of physical, sexual, emotional, financial, or psychological acts or threats of violence. (For more, see the United Nation's page on domestic abuse.)

This is my personal story of enduring abuse and how I eventually left. After each chapter in the story, there is an explanation section that discusses the psychological mechanisms of domestic violence. When I experienced this abuse, I did not know what DV, IPV, or abuse really was, and thus I did not know what I was experiencing or that I needed to leave the relationship. I wrote the explanation sections to help people see the signs in the context of abuse as it occurs. At the end of each volume, there is a list of warning signs for quick retrieval.

My hope is that this book can teach people the warning signs so that people can: 1) Not enter abusive relationships; 2) Leave if they are in them; 3) Help people notice if someone is in an abusive relationship, and then teach them the warning signs so they leave; 4) Help people whose loved ones have experienced abuse understand what happened and why it was hard for them to see the signs and leave; and 5) Create a global discussion so that we can change these patterns, so as a society we can work toward ending abuse.

It is critical that we, as a society, do something to stop abuse. In the United States, one in four women, and one in nine men, will experience DV in their lifetimes (cited from the <u>National Coalition Against Domestic Violence</u>). Even if my book helps just one person reach safety sooner than they otherwise might have, I will consider it a success.

I spent eight years writing this book. In those eight years, I attended a domestic violence advocacy support group where I learned about abuse, later went back as a volunteer to run that support group for two years, saw a therapist who helped me emotionally process what happened, went to graduate school to become a therapist, started a private practice specializing in helping toxic relationship survivors, and taught classes to other therapists to help them do the same. I have experienced and studied this topic for more than a decade.

There is one more point I would like to address before beginning the story. I refer to people who lived through abuse as "survivors" because we are alive. We literally lived to survive the abuse. This is a much more empowering term than "victims." The victim mentality keeps people living in the mindset of being a victim of something that happened to them, while the survivor mentality helps people realize the strength they have that kept them alive. Some people actually are victims, though, and those are the ones that did not make it out alive.

This is a very important distinction to make because using this term gives those fortunate to survive, survivors, a feeling of power. Early domestic violence resources called people victims, or worse yet, wife-batterer victims. Intimate partner violence does not just happen to wives; it happens to people of all genders and relationship statuses. I am a survivor. Anyone that has experienced abuse who is still alive is a survivor. Throughout this book, I will use the term "survivor" to refer to anyone that has experienced DV or IPV.

As a community of people reading this book and people that care about survivors, I hope that we can help people make smart decisions. Share your thoughts and stories using #RoseColoredGlasses so we can grow together.

Part 1 Prologue

There is so much emotional content and information about abuse to share, that it felt easier to digest broken up into three parts. Part 1 shows the story about how we met, fell in love, and began our relationship together. In some ways, it reads as a romantic-comedy love story, as that is how it felt to me at the time. But looking deeper into it, one can see that there were warning signs that he could be abusive even at the beginning. This is one of the main purposes of this story, and this section in particular. Looking closely into what people say and how they act can illuminate signs of their character. By learning to identify these warning signs early on, we can hopefully avoid entering these relationships in the first place.

Part 2 shows the story of our marriage, how our relationship changed, and why I stayed with him. Part 3 shows how I began to understand what was happening, started questioning my trust in him, and eventually left him. It can feel frustrating to the reader to see how long that takes, but it is really what happened, and it is common. It takes survivors an average of seven times to actually leave their abusers.

Part 1

Chapter 1: Beginning

When I turned 25, I found myself in a quarter-century life crisis. I heard all my life that to be successful I needed to go to college, start a career, meet a man, wait two years to marry him, buy a house, and then bear children. I felt as though that was the only way to achieve happiness. Yet I had only accomplished step one.

I earned a bachelor's degree in psychology, and after a short stint in the corporate workforce I went to beauty school. I had always dreamt of being a hair stylist and salon owner, so I set out to make that happen. Unfortunately, I finished beauty school in 2008 and began leasing a chair to run my own business in the beginning of the 2009 recession. All my clients, or their partners, were getting laid off. I had a steady stream of clients, but with their sudden drop in income they all needed to push back their appointments or stop getting their hair done all together, which in turn dropped my income too. My dream of being a hair stylist was becoming futile.

Chapter 1: Beginning

I was also struggling in the romance department. I went on a lot of dates, but every guy I met said he wasn't looking to settle down. I couldn't understand it. I was dating guys around my age... Didn't they want to follow their life plans of success and get married? Yet, none were ready. They all said they wanted to travel and date several women, not marry one and buy a house with her.

In the summer of 2009, I began dating a friend whom I had a crush on since high school, Oscar. It was glorious – he was as sweet a boyfriend as he was a friend. Dating him was everything I had hoped it would be. But within a few weeks of dating, he told me he didn't want to get married, buy a house, or have kids. Sigh. He was like every other man I dated.

He did, however, talk fondly of adoption. He was the first person our age I knew to ever broach the subject. He said there were enough people in this world, and we didn't need to selfishly add more just to propagate our own genes, yet he might want to raise a child one day. Might. He wasn't even sure of that idea. I, on the other hand, found the concept of adoption noble and selfless, and the possibility excited me. I loved it. I didn't love his hesitation though.

I eventually changed my list of goals to accommodate adoption: Step One, college degree; Step Two, get married; Step Three, buy a house; Step Four, have one biological child; Step Five, adopt a child. However, he was against Steps Two through Four due to society's implications of necessity. I was beginning to

Chapter 1: Beginning

fall in love with him, yet I was confused. How would I continue my path of success with someone that didn't want to follow that path with me?

I put that aside for the next few months, while he helped me with the career part of my life plan. I worked through high school, college, and beauty school, and then when I finished all my schooling, I had to keep a second job just to pay my bills. I was exhausted, and my salon was getting quieter by the day, so I worked at a chain salon in the mall, hoping to make more money. But after a few months, I was still working two jobs and I was exhausted. I didn't want to give up on my dream, but I didn't have any more energy for it.

Oscar, and my dad, separately suggested I get a job in the corporate world, with benefits and a salary so I would only work 40 hours a week. After years of 70-hour weeks, this concept was breathtaking.

I smiled broadly, "Yeah, I think I would like that." And then I paused. "But how? All my experience is in restaurants, retail, and salons, and my degree is in psychology. I already tried looking for psychology jobs and they all require master's degrees."

Oscar smiled back. "Just start at the bottom, like anywhere else. You were a host before you were a server, right? Apply for entry-level jobs at companies that sound interesting to you, and then work your way up until you find a career you like."

Chapter 1: Beginning

I thought he was brilliant. I didn't know what jobs or companies I would like, but I did know I wanted to make sure I stayed in the Seattle area if I eventually got a promotion at headquarters. I grew up in the Seattle suburbs and went to college in a rural area of the state, and I hated both the suburbs and the farm town. I loved college, but the small-town doldrums and political climate bored me. I loved Seattle's thriving night life, progressive politics, and proximity to my family. I knew I could eventually get promotions, and that it was possible I'd move for work one day, so I wanted to ensure when that happened, I could return home.

I found an online list of corporations headquartered in the Northwest, and one by one I went to their websites and applied for all their entry-level jobs. There weren't as many options as I had seen in the past, since it was 2009 and the economy was still sinking. However, I wasn't picky, so I applied to nearly everything I saw – which amounted to around 200 jobs. I was eventually offered jobs at two companies, one a cell phone provider that would have hired me as a bill collector, and the other, a travel company that would have hired me as a sales agent. The former was a short commute from home. The latter was in a city almost an hour away, which required me to move and make new friends.

I couldn't see myself being happy as a bill collector, so I accepted the job as a travel sales agent. I found an adorable apartment in a historic building from the 1900s with a view of Mount Rainier, just half a mile from my new office. I loved walking to work, and it kept me in great shape. I was feeling and looking great, and excited for what opportunities this new job would bring me.

Step 1: College degree, check. Step 2: Career, check. Step 3: Marriage. Uncheck. I would have easily married Oscar one day, but he didn't agree with marriage and wasn't ready to settle down.

A week after I moved to the new city to start my new life, and just a few months after dating Oscar, I eventually conceded that I needed to break up with him. I told him, "I'm falling in love with you, Oscar, but I can't be with you if we don't want the same things."

The tears in his eyes mirrored mine and he looked at me sweetly. "I'm falling in love with you too, Kate. But I understand. We might as well end things now before it gets more difficult."

Hearing his feelings for me summoned my personality trait that had been as equally helpful as harmful. My relentless perseverance. Once I settle on something or someone I want, I do everything I can to make it happen.

I squeaked out a small voice and tried to find the courage to be persistent yet strong enough to know when to walk away. "Well, my aunt and uncle were together 10 years before they got married. Maybe, one day, do you think will you change your mind? I can wait!"

Chapter 1: Beginning

He sighed and let out a small chuckle. "I don't want to make you wait for me. Go with your instincts."

We hugged, cried, and said goodbye. Ironically, he is now a married homeowner with a child, and my aunt and uncle are divorced. Funny how life changes.

Chapter 1: Beginning

Chapter 1 Explanation

Welcome to your first explanation section. I want to acknowledge here how I was so firmly set on achieving my life goals. I think this is good, but only when you choose those goals for yourself. My goals for "success" were good goals to have, but the problem is that I thought I needed them for survival, as opposed to things that would have been nice to have. I think my dedication to achieving this success was part of what kept my rose-colored glasses on.

However, in no way am I victim-blaming myself. It is never appropriate to blame someone for staying in an abusive relationship, under any circumstances. I am only pointing out here that if I was not so focused on the goal of marriage, then I might have felt less emotionally dependent on him and perhaps left him sooner. It is important to recognize that everyone has their own reasons for staying in abusive relationships, though much of the reasons are that the abuser emotionally manipulates the person to stay with them. These explanation sections will also show reasons why I stayed and how difficult it was to leave.

Chapter 2: Meeting

I started my new career at TravelCo in July 2009, in a month-long training class with 15 peers. We were all new to selling travel and we quickly bonded, and several of us started hanging out every night after work. Being in a new city, and not close enough to see my old friends on a regular basis, I found great comfort in this.

One day, the trainer brought in two students from the previous class to talk to us. Jason and Clint answered questions about what it was like to work there, and they made jokes. They were adorable and hilarious. Jason had sandy blonde hair, light brown eyes, and a charming smile. Clint had brown hair, blue eyes, and a friendly smile. They were both about average height, but Jason was slightly smaller and thinner than Clint, who had more muscles.

My friend Jessica looked at Clint and said to me, "Ooh, that guy on the left is hot!"

"Yeah!" I looked at Jason. "But I think the other guy is cuter!" We jokingly set dibs on both of them.

When we started taking travel sales calls, I found excuses to ask Clint and Jason questions, finding the fine line between damsel in distress and competent employee.

Chapter 2: Meeting

"How do I 'Save as?' I asked him as I face palmed myself on the inside. I may have played up the distress part a bit too far.

Nevertheless, Jason, the resident Excel expert, eagerly came over to my desk to help me every time. He patiently answered my "questions," and then made small talk and flirted. Every day I asked a few more questions, and he lingered a bit longer to answer them.

One evening after work, Jessica organized for us, all of our training class friends, and Jason and Clint, to go out for happy hour. I was so excited to hang out with the cute boys at work! Having spent my first career after college amongst predominately women and gay men, I'd never met any eligible men at work before. I felt like my life was becoming a movie about an empowered, career-driven woman finding love!

The more I got to know Jason, the more I liked him. He told me all about his mom, dad, and two sisters; he described them with love and seemed excited about their lives. I loved that he was close with his sisters, as I believed it helped him understand women better than most men. I told him about my family, and my sister, Kristina, and sparks between us flew. He was about a year and a half younger than me, so it seemed we were at the same places in life.

One night I invited our group of friends to my apartment. Jason noticed *The Godfather* (Puzo, 1969) on my bookshelf and became elated. "You like *The Godfather*?! Those are my favorite movies of all time!"

Chapter 2: Meeting

"Oh," I said as I pursed my lips and lowered my shoulders. "Well, I didn't really like the first movie I saw so I didn't bother watching the rest of them. But I loved the book! It's so descriptive and exciting! Did you read the book?"

He hadn't, but he went on and on to tell me about how great he thought the movies were. I listened and was intrigued by his enthusiasm.

Our friends noticed we were deep in conversation and flirting and decided they would go out for a smoke to leave the two of us alone. I had recently quit smoking, so I had no interest in joining them, but Jason still smoked. He took our friends' hints and decided to stay inside to talk to me. I thought it was nice that he chose to spend time with me instead of smoking. We sat down on the couch next to each other and slid closer and closer to one another every few minutes.

I was – and *am* - bold and confident, and I was on a plan to achieve "success," so I decided to lean in and kiss him.

I was met with a pleasant surprise as he passionately kissed me back. We kept kissing, and a few minutes later we heard our friends knock at the door. We looked at each other and laughed. I raised an eyebrow at him.

He raised one back and asked, "Do you want to let them in?"

Chapter 2: Meeting

I kissed him again and then let out a hearty laugh. "Um, no?"

We yelled through the door, "Go home! We're going to hang out!"

I could hear our friends eye rolls through the door, as they laughed. "Okay, but we need our purses!"

We unlocked our lips just long enough to give our friends their belongings and say goodbye, then we went back to passionate kissing.

After that night, we spent nearly every night at either his apartment or mine, and a few days with friends and family. I enjoyed every minute with him. His sense of humor, intelligence, and playful nature made him infectious. I couldn't get enough. Yet, I still needed to make sure I wouldn't be wasting my time with him.

One morning while he drove us to work, in a confident yet slow and cautious voice I asked him, "Do you want to get married one day? Not necessarily to me, or now, but is marriage something you want?"

He excitedly jumped up in the driver's seat. "Yes!"

My heart leapt for joy. "Okay, great! Me too!" I then cautiously asked, "What about buying a house… and having kids?"

Chapter 2: Meeting

"Yes!" He said again, as he jumped even higher. He turned to grin at me before he shifted his eyes back to the road. "It makes financial sense to buy a house; my dad is an accountant so he's always telling me about this. And I love kids! My mom is a preschool teacher and sometimes I help her in the classroom, and it's really fun!"

"Okay, one more question. Do you like to travel, do outdoor activities like camp and ski, and have random spontaneous adventures?"

"Of course! I went to Greece last summer and it was the best time of my life! I really want to go back!" He told me all about his adventures in Greece.

I was smitten. I breathed in deeply and exhaled with a calm grin. I finally met someone I really liked, and we both wanted the same things for our futures. We talked more about kids and discovered we both wanted a biological child, and he was open to the idea of adopting a second child.

He seemed perfect. Smart, cute, fun to be around, loved family, and most importantly – wanted a family. Check, check, and all the checks. I was happy. Beyond that, we shared the same work schedule, so we could flirt all day long and hang out all night. We were inseparable.

One beautiful summer, weekday morning, Jason's roommate told us he and his girlfriend were renting a boat on Puget Sound for the day. Our part of the country didn't have many sunny, warm days, and I always strived to make the best of them. Plus, I loved boats and being on the water! I raised my eyebrows and voice and said, "Let's call in sick and go with them!"

He was very diligent when it came to work and told me he didn't like taking risks when it came to work. "Oh, hmm, do you think we should?"

I laughed in delight. "Hell yes! Let's go! It's the perfect temperature outside, and we have friends that want to enjoy it on a boat! Let's join them! You said you like random adventures, right? This is one!"

"Ah, hmm, I don't know… I've never called out of work before."

I laughed again, with slight cynicism. "Really? I do it about once every couple months. We have to take the time to enjoy life. We get sick days, right? What if we looked at them as mental health days, and took the time to enjoy life before we got too sick to feel miserable about life?"

I knew my point of view wasn't typical of modern Americans. But it worked for me. I didn't think we needed to sell ourselves to the corporate world, to debtors, or to anyone else. I wanted to whole heartedly live and enjoy life. Perhaps I was naïve in that respect. I often consciously made decisions to enjoy the moment, even when I knew would later have consequences. At this moment, my only goal was to enjoy the journey while I worked toward my goals of success.

Chapter 2: Meeting

Somehow, Jason finally understood my desire and need for spontaneity, if only in this very moment. "Okay, I guess if it's just for one day…" He slumped his shoulders in resign. "Yeah, I guess I'll go."

I was already standing, and literally jumped for joy. "Yay! Okay, let's go!"

His roommate and girlfriend joined me in celebration, and we prepared to leave.

Jason said that before we could go on the boat, he wanted to stop by his parents' house to borrow a cooler. I had never met his mom, Cassie. I wasn't mentally prepared for this part of the adventure. Yet, I was also excited. *Who was she? What was she like?*

He called her on the way to let her know we were coming. I could hear her scold him through the phone. "You have to give me more notice than this! I'm not ready!"

He laughed back, "Mom, it's fine! Really! You always look great. We'll be there in five minutes, and just for a moment to say hi."

I heard her sigh, "Harumph," into the other end of the phone.

Cassie opened the door. She was beautiful. I couldn't easily see Jason's features in her, but they were both good-looking. She warmly greeted me, "Hi! It's so nice to meet you! I'm so sorry I wasn't prepared…," she

Chapter 2: Meeting

said as she shot Jason an evil look. She smiled broadly at me. "But please, come in, come in!"

Jason laughed and kissed her on the cheek, "It's okay, Mom, you always look great. I'll go grab the cooler and we'll let you get back to your day."

"Okay, honey," she said to him. And then to me, "Is there anything else you need? Just a cooler? Do you have sunscreen? Do you know how to swim? Do you need a life jacket?"

I laughed. "We're all set; thank you. And yes, the water is pretty cold out there. I think I'll jump in for a second and then climb right back in the boat."

Cassie laughed hysterically. "Yes, it's cold! Are you kidding me?! You're going to get in the water? I was just asking for your safety! But you actually plan to swim?!"

I shrugged my shoulders. "Yup. But it's August! If I can't get in the water now, when can I? I might as well enjoy it, if even for a second!"

She shook her head in disapproving disgust. "I'm from California. This water isn't the beach, and it isn't warm."

I laughed, trying to ease her awkward tension while trying to figure out from where it came. "Well, sure, of course it's warmer in California. But we live here, and I want to enjoy life where I live! I love the water, even if it's cold!"

Chapter 2: Meeting

She laughed back, more relaxed this time, but shook her head at me as though I was delusional. "Okay, I guess." She rolled her shoulders back and took a breath. "It's just... I'm from California," she repeated.

"Oh, okay. How long ago did you live there?"

"My parents moved us here when I was twelve," she sighed and said with resentment.

I took a half-step backward. She had children in their late 20s, so I knew she had to at least be in her 40s. *She had lived in Washington for nearly 30 years, and she hadn't accepted it yet?*

"Oh, okay, well, um, do you like it now that you're here?" I tried not to laugh at the word "now," but I wasn't sure my face succeeded. I quickly looked around the room to avert my gaze and hide my facial expression.

At that moment, Jason came through the garage door. "Hey guys!" he said cheerily. "I found the cooler!"

We smiled back at him, glinted flickers of winks to one another, and said polite goodbyes. Cassie and Jason seemed to care a lot about each other, but there was something weird to me about her yearn for California. Then again, I recognized we're all hung up on something. I appreciated her care for her son above anything else. Besides, I was excited for a boating adventure!

Chapter 2: Meeting

Jason, his friends, and I had a great time together on the water. We enjoyed the sunshine, cool breeze, and occasional freezing cold plunge into the Puget Sound. Jason stayed in the warmth of the sunshine.

Back at work the next day, though, Jason said he felt guilty for calling in sick. I reminded him that it's okay to occasionally take a break and have fun. He eventually made peace with it and told me he took a personal oath to never miss work again. He took his job very seriously, and I admired his loyalty and work ethic. He always wanted to be responsible. I always wanted to have adventures and continue my journey ahead.

Chapter 2: Meeting

Chapter 2 Explanation

In the last two chapters I wrote about previously not having met many people ready to commit to a relationship. I also didn't meet many eligible men in either real life or dating online. I saw the fact that Jason wanted to get married, buy a house, and have a family as reasons to be with him; instead of looking at his actual personality characteristics. This was more of my determination to find love and plan my future, with my rose-colored glasses on, than a warning sign of him doing anything wrong at this point.

Jason and I both wanted to spend every day together from the very beginning, which was the beginning of our codependency. Codependency is when two people become dependent on one another for emotional and life satisfaction to the point that they lose the ideas of themselves. Codependency is a warning sign of abuse, because in abuse one person controls the other. In an abusive relationship, this is actually more dependency than codependency, yet at the beginning it looks like codependency.

For more information on this, I recommend reading <u>Codependency No More</u> by Melodie Beattie (1986). Jason and I spent nearly every day together immediately, we had the same friend circle, and we worked together, so we quickly became enmeshed in

Chapter 2: Meeting

one another's lives. Codependency is a result of a toxic relationship, but it can be hard to see when both people seem to be feeling the same ways. At this point, the codependency felt like falling in love; it felt happy and exciting. The actual codependency will become clearer in later chapters.

This is a good place to introduce the concept of love bombing. Love bombing is a tactic that abusers use to get a person to fall in love with them. They begin the relationship showering the person with love and affection, which makes them feel special, which increases their endorphins and chances of quickly falling in love. Examples are: Quickly saying, "I love you," buying gifts, constant compliments, lots of calls and texts, telling you both are soulmates or fated to be together, asking for early commitment, not respecting boundaries, needing your energy and attention, being intense, and making you feel the love is not equal (Healthline, 2021). Jason and I equally gave each other a lot of love, affection, and time, and intermingled our lives so in our case it was more codependency than love bombing. I included this for information, not necessarily because it pertains to this story.

When I told Jason about my love for the book, *The Godfather*, he ignored me and talked in depth about the movies instead of the books. People often do this when they get excited about a topic, so I did not think anything of it. However, looking back, this might have been one of the first signs that he was selfish.

Chapter 2: Meeting

When his mother, Cassie, told me about how she still missed California after living in Washington for nearly 30 years, I found it a bit awkward. It is not necessarily a warning sign, but it could be a sign that his mother was unhappy, which could have affected Jason and the way she raised him.

This part of the story is only the first few weeks that we met, so there weren't really clear warning signs besides our enmeshment. To me, at this point, everything felt perfect, and I was falling in love. This is why it is so important to recognize and understand the warning signs of abuse as soon as they appear.

Chapter 3: Falling

Jason and I quickly fell into a comfortable weekly routine. We went from spending most every night together just the two of us, to a few nights at his apartment together, a few nights with friends, and three to four nights with his parents at their house.

At first, I thought it was nice, and sweet that he was so close with his parents. We went there right after we got off work at 9:00 pm. But I was annoyed we never ate dinner first, and we were normally there for a few hours. I was always hungry, and Jason never seemed to care. When I brought this up on the way home one night, he said, "Sometimes I forget to eat; it's not a big deal."

I responded, "It's a big deal to me. We need to eat dinner after work. I can't wait a few hours to eat. Our bodies aren't supposed to do that. We ate lunch almost six hours ago." He was used to drinking a quad-shot mocha for breakfast, smoking cigarettes for lunch, and eating fast food for dinner. Those 2,000 plus calories at dinner must have been enough to keep him full through the next day. I preferred to eat small vegetarian meals throughout the day, so we had a hard time understanding each other's metabolisms.

Eventually, he said he agreed to allow us a few minutes to stop by a grocery store and get something to eat on the way to his parents' house. Once we did that,

Chapter 3: Falling

my mood and interactions with his family improved. Things were going really well, and I liked getting to know his family. The more I fell in love with Jason, the more I wanted to know the people that raised him.

I loved our casual evenings together, yet in the back of my mind I desired a romantic date. I wanted to dress up and eat a nice meal, and gaze into each other's eyes across the table. We hadn't done that yet.

I said to him at work, "Hey, so I think we've been dating for about a month now… When, do you think, is our one-month anniversary?"

"Oh, hmm… Late July? Early August? I don't know the date."

"That's what I was thinking too, but it would be nice to have a real date on the calendar and a real romantic date. Maybe we can look at receipts from the first night we went to happy hour?"

Proud and determined, he practically shouted, "I don't keep receipts, but we can check bank statements!"

"Great idea, honey! You're a genius!"

I investigated and then exclaimed with glee, "July 28th! Great teamwork! So, okay! August 28th is next weekend! Let's celebrate! Let's go have an actual date and celebrate!"

We went out for dinner and drinks, and a great time laughing and talking. That night, I realized how happy he made me.

We looked into each other's eyes, and I squeaked out a whisper.

"I love you."

He looked at me with surprise and delight, and asked, "You love me?"

I lowered my eyes, nodded, and then looked up with hopeful hesitation.

Then he grinned and replied, "I love you too."

That was it. Nothing could stop us from being together.

I also realized that if we were going to be together, I needed to voice my opinions. I enjoyed spending time with his family but a few nights a week with them and once every other week with mine wasn't fair.

I finally spoke up. "Hey, can we see my family more often? I like visiting with your family, but I miss mine."

"But they're almost an hour away! It's too late to see them after work!" he complained.

"I know, but we could see them on weekends," I persisted.

Chapter 3: Falling

"Okay, yeah I guess we could do that."

The following weekend, we visited my parents, and we all had a great time. I appreciated the way he listened to me and took actions to make changes. Life with Jason was great.

Once we fixed the eating issue, and spent time with my parents, I still couldn't understand why it bothered me to spend so much time with his parents. We could have spent time together with friends, with my family, adventuring... the possibilities seemed endless yet fruitless. I felt my sense of comfort taking over and my sense of adventure slipping.

A few weeks later, I asked him, "Do you think it's normal to spend so much time with your parents as an adult? I'm close with my parents, but even when we lived in the same city we saw each other weekly, not three to four times per week."

"Yeah, of course it's normal! I love them so why wouldn't I want to spend more time with them? I love you and I see you every day; is that weird?"

"I guess not then," I replied, not totally sold on his answer.

The next week, I realized it wasn't just the frequency that frustrated me. Jason's Dad, Adam, and Cassie held different religious and political opinions than I, and I felt like they thought their viewpoints were the only valid ones. Jason fell somewhere in the middle of us all.

Chapter 3: Falling

I didn't judge them for our differences, though I did have some challenges with not being able to calmly share opposing opinions.

It was the fall of 2009, and Congress was debating the ACA, the Affordable Care Act. Adam and Cassie were furious about it. Jason tried to look at it from both sides and refrained from sharing his opinion. I believed, and still do, that we need universal health care, and the ACA was a step in the right direction.

Adam said, "This is just going to make it harder for businesses to stay afloat, since they have to pay for their employees' healthcare."

I defended the ACA. "What about all of the good it will do, though? I think it's fantastic that everyone will have health insurance. And I'm sure the business owners will find a way to make things work. CEOs make millions of dollars, so they just need to spend some of that money on others instead of themselves."

Adam was outraged I would say such a thing. "Those CEOs worked hard to be where they are. They deserve what they make. And what about the smaller companies, where the CEOs don't make as much money?" He said, practically snarling at me with disgust for not understanding the plight of the business owners.

He went on to explain Cassie's and his views. He said they thought everything should be privatized to create market competition and therefore provide plenty of low-cost choices. They said they agreed everyone should receive healthcare, but the government didn't have the right to affect how the healthcare companies do business nor force businesses to provide it.

I didn't think the ACA was perfect, though I knew it could help a lot of people. My close friend Eric had one of the largest hearts of anyone I knew. He was also born with an enlarged heart and died the year after the ACA went in effect. He changed jobs and wasn't able to get health insurance because he had a pre-existing condition, and therefore wasn't able to get his prescription medicine. His fiancée found him on the floor one day. She later told me Eric had been getting his prescriptions through a friend who was a black-market drug dealer. He couldn't reach his dealer that week. If the ACA had been in effect just a few months prior, Eric might still be alive today.

So, when Jason's parents argued that people should continue to access healthcare through their jobs, I vehemently disagreed and didn't hold back from saying so. This conversation was a year prior to Eric's death, yet I still understood the principle of equal access. It seemed Adam spoke for his entire family, and he simply echoed sentiments from his favorite news channel.

I was furious. "Are you saying that the people who don't work for large enough companies to receive healthcare don't work hard? They don't deserve healthcare. Besides, if your concern is for smaller businesses, the law says those with under 50 employees don't have to pay for health insurance."

Chapter 3: Falling

I admit I was probably looking at Adam like he was a complete idiot. He would have been an even bigger idiot if he couldn't read that on my face. However, that wasn't my intention.

He turned to look at Cassie and Jason with a big sigh. He then squarely looked me in the eye and said, "Perhaps we shouldn't discuss politics."

Taken aback, but still trying to be polite, I took a deep breath and said, "That's perfectly fine. We can talk about anything else."

We sat in awkward silence for a couple minutes.

My parents taught me to think for myself and question everything. Our political conversations deepened my knowledge of the world, as we asked questions for understanding. As a 4-year-old, my most commonly used word was, "Why?" But in Jason's family, Adam echoed the news he chose to watch and then taught his family to echo *his* words.

Jason attempted to formulate his own opinions and told me them in private. But in front of his parents, he either voiced support — or nothing at all. He gave in to their desires of cohesive family opinions instead of challenging them.

Jason eventually decided he would break the tension by going out for a cigarette. Even though I didn't smoke, I usually joined him outside. I enjoyed the crisp fall evening air and space away from his parents.

Chapter 3: Falling

He jumped and paced around the front yard. Suddenly he turned to me and echoed Adam, "Maybe we shouldn't discuss politics with my parents anymore."

"Yeah, I guess not," I responded with despondence. I paused to think. Then I rolled my eyes and said, "I didn't realize they were more concerned with CEOs' welfare over others."

"Oh no, that's not true," he insisted. "My Dad is in finance, so he always looks at things from a fiscal perspective. My parents are fiscally conservative and socially liberal. I'm pretty liberal too, but I do tend to lean fiscally conservative."

I made my peace with agreeing to disagree. Otherwise, his parents seemed to be sweet and welcoming.

The next week, Cassie, Adam, Jason, and Jason's sister, Diana, and I talked in the living room. Jason and Adam walked to the hallway, and I followed behind them a minute later. As I left the living room, I heard Cassie say to Diana in a perfectly clear and audible voice, "I miss Stacy. She was so sweet."

Diana emphatically agreed, "Me too!"

Stacy was Jason's ex-fiancée. My heart dropped.

I asked Jason about it later. "Did you hear what your mom said?"

Chapter 3: Falling

"No, what did she say?" He asked perfectly casually, as though nothing happened.

"She said that she misses your ex, and Diana agreed. Don't you think that's a weird thing for them to say when I am here? Do they not like me?"

"Oh no, they think you're great! You just have different opinions than they do, and they're still getting to know you."

"Okay. Well, I don't plan to keep my mouth shut about my opinions if politics come up again, so hopefully they don't. I'm entitled to my own opinions."

He rolled his eyes and took a step backwards. I narrowed my eyes at him, and he understood my look to show that I was serious. He stepped in to kiss me. I thought, *This is how he shows me he loves me, even if sometimes he disagrees with me.*

After that, I decided it was more important to keep my political opinions to myself unless I was expressly asked, so I could get his parents to like me. I figured that even if they were a little frustrating and uncouth when expressing their political views, I still loved him, and he wasn't his parents.

Chapter 3: Falling

Chapter 3 Explanation

Jason did not seem to care that I needed to eat dinner after work, and it was strange that he did not feel he needed to either. When we left work and I asked him about dinner, he would always ask me to wait until after we saw his parents. But we saw them for a couple hours, so by the time we ate, I was starving. It seemed he did not notice or care about my need to eat dinner, which is a human need. The way he handled this shows me that he was selfish. A kinder person would have made sure both of our human needs were met instead of ignoring them. It should be a baseline expectation that a partner wants to make sure their partner is not hungry.

I told him I loved him on our one-month anniversary. He told me he loved me too, which at the time made me feel ecstatic. However, falling in love that quickly was a warning sign of the codependency we were already forming.

He did not even consider that I would want to spend time with my family too. Once I explained that it was possible to see them on a weekend, he agreed, although it seemed like a reluctant after thought. In this section, I wrote, "I appreciated the way he listened to me and took actions to make changes. Life with Jason was great." I was grateful that he listened to me and made changes, which is nice, but in a healthy relationship with a kind person these wouldn't have been changes we would need to make. We would have both already asked each other about the other's needs and have made decisions together. At this early in the relationship, it is a warning sign if the person is not respecting your needs, and a sign they may be selfish.

The political disagreement with parents could have happened in any relationship. The way that Adam and Jason told me that we shouldn't talk about it anymore, though, made me feel they were telling me to shut up. It might work for some people to just not talk about politics in their families, but this isn't how the situation made me feel. I agreed to it because I wanted to get along with his family. I ignored the way they silenced me because that felt easier. This is a warning sign that I did not listen to my intuition about feeling uneasy being silenced.

Cassie and Diana's clearly audible conversation about Jason's ex-fiancée in my ear shot was rude and disrespectful. Jason and I talked about it, and he made me feel better after that conversation. However, his family should not have had that conversation when I could hear it. It felt they were trying to tell me they liked her better, which made me feel insecure.

A huge warning sign I missed in all of these interactions with his family is that I ignored how his family treated me. They were disrespectful. In a healthy relationship, people's family members treat one another with respect. If I had paid attention to the way his family made me feel, I would have talked to Jason about it more and then decided whether or not I wanted to be part of his family. I never truly considered being accepted by his family and how that might affect our relationship down the road; I only focused on my relationship with Jason. I also never considered that being in a relationship means being accepted and respected by a partner's family. They frustrated me, but I always accepted them as his family and treated them with respect. Jason could not change his family, but he could have stepped in to ask them to be kinder. Or, we could have decided that since his family didn't seem to like me, that we would end the relationship at that point. But I decided to stuff my feelings and move on with my relationship with Jason.

Chapter 4: Joining

Jason and I continued to spend every day at work, and every night after work, together. The nights we weren't with his parents, we played pool, went to Irish bars, played a video game where we played musical instruments, or invited friends over. We always had a great time and never wanted to be apart. Sometimes when our friends were over for several hours, Jason and I told them we were "doing laundry" and snuck off to the laundry room to physically be together. We were very excited about how the first three months of our relationship were going.

We initially took turns spending nights at each other's apartment. But, when I was home alone at my apartment, I often heard gun shots. I didn't feel safe at my place by myself. Jason and I decided it was best if we stayed at his apartment more often.

I was also never really comfortable being by myself. Ever since high school, I spent all my free time with friends or boyfriends. I felt bored, restless, and anxious when I was by myself.

It was comforting to be with Jason every night, and I adored that he wanted to keep me safe. So, we spent every night at his place, and every morning I waited for him to shower and get ready, and then we drove to my apartment, and he waited for me to do the same. It got tiring after a while, and sometimes when we were at his

Chapter 4: Joining

place, I wanted something from my apartment, like a sweatshirt to keep me warm and comfortable.

One morning that September, when we were leaving his place, I asked, "Hey, would it be okay if I kept my sweatshirt here, so I don't have to bring it back and forth?"

He shrugged his shoulders, "Sure, of course. Why not?"

I was surprised at how easy his response was, considering all the previous commitment-phobe men I had met. I smiled and slowly said, watching his expression, "Okay, well what if I also left a toothbrush?"

He chuckled. "Sure, babe, you can leave whatever you want here."

"Thank you!" I said with a kiss.

The next morning, I said, "Hey, so we spend a lot of extra time in the mornings waiting for each other to get ready. And if you don't mind if I have a few things here... What if we lived together?"

He beamed. "Sure! Let's do it!"

I was so shocked that I laughed. "Really? You're okay with that? I mean, you want to live together?"

Chapter 4: Joining

He laughed back. "Of course! We spend every night together anyway, and we would save time and money, so why not?"

I smiled and then suddenly felt nervous. I had never lived with a boyfriend before. My only other serious boyfriend was in college, and he constantly pissed me off, so I consistently broke up with him every month. Then I always got back together with him when he convinced me to do so. He's a lawyer now. Go figure. So, Jason was the first boyfriend with whom I wanted to live.

I asked, "Wait, but are you sure? Are we ready?"

He kissed me on the cheek. "Oh, you're cute. Yeah, babe. We're ready. Let's do this!"

I kissed him back. "Okay!"

The next day we made arrangements with our landlords. I moved into his apartment the following week. He never really liked his apartment because it wasn't new and modern, but I loved it. It was in a historic building in the center of the city, and it had heart and character. I felt safe and happy there.

I also felt safe and happy at work. I loved selling travel to people, and its only minor downside was that it was so easy I was often bored.

We worked for TravelCo in a satellite office about an hour away from headquarters. In late October of 2009,

Chapter 4: Joining

just four months after I started working there, everyone in the office received an email invitation for a mandatory office-wide meeting. We worked on the phones, so it seemed strange for the entire office to go to a meeting at once. There was a thick layer of fog that day, and the temperament in the office mirrored it.

At 2:30 p.m., around our usual lunch time since we worked late shifts, we all gathered for the meeting. Someone in a very high position in headquarters greeted us. We never thought we would meet someone so high up the corporate ladder. It felt weird he was there, and even weirder he wasn't smiling and excited to meet us. We all felt the tension in the air.

He began, "We want to thank you for all you've done here. You've had amazing sales and you've all done a great job."

He took a deep breath, paused, and continued. "We called this meeting to let you know we are closing this office and outsourcing it to The Philippines. We have a sales and service office in Las Vegas, and we encourage you to apply for jobs there."

I heard a collective gasp and then whispers from every direction. I was solemn, lost, confused, frustrated... I felt the gamut of emotions. I was still new, and I had spent the previous six months looking for a new career. I spiraled back into a depression of the unknown.

Chapter 4: Joining

Jason, on the other hand, turned and looked at me with the utmost glee. "Vegas???!!! We can move to Vegas???!!! Let's do it!! You want to go, right?" I had never seen him so excited.

He tried to infect me with his enthusiasm, but all I could feel was dread and panic. I couldn't stomach it.

I went to college in a tiny town on the other side of the state. I only moved back to Seattle a few years prior, and I loved living in the city again. I loved the culture, the liberalism, the arts, the nature, and most importantly, that I was close to my family. I was happy here, and I hadn't planned on ever moving again. The city we lived in wasn't quite as big or great as Seattle, but it was close in feel and proximity.

I cautiously replied, "Um... sure... I don't think I want to go, but let's talk about this later. Let's see all of our options."

He pouted but obliged for the moment. When we left the meeting, he excitedly talked with our friends and colleagues about moving to Vegas and tried to convince everyone to go. I silently observed our friends point out the downsides of moving to and living in Vegas, and Jason illustrated the perks.

"It will be so much fun! There's sunshine! And 24-hour bars! And strip clubs! And pools! And so many shows and clubs!"

Chapter 4: Joining

Their moods seemed to be close to mine. They each said things like, "Um, sure, but it will be hard and expensive to move. And I like it here. I like having all four seasons and a more wholesome environment."

They went around and around in their disagreements, and I held out hope for Jason to see their points. Jason's mind couldn't be changed. He spent his childhood summers in inland California with his recently deceased grandmother about whom Cassie and he often reminisced. The dry heat and desert made him nostalgically happy. Plus, he loved to party. He loved Las Vegas.

TravelCo gave us a three-month settlement, in which we still received our paychecks and still had benefits such as health insurance. We were not in a big rush to make a decision, but we knew the recession was continuing to worsen and it was a hard time to find a job. In the following weeks I stopped trying to talk him out of moving to Vegas, and instead focused all my energy trying to find a job at home. I was determined to find a better opportunity, to prove to both of us we could be happy in careers at home. I spent five hours a day searching for and applying to jobs. In the four short months since the last time I applied for jobs, the options dropped. None of the corporations were hiring. Nonetheless, I searched, applied, and kept up my spirits.

Jason, on the other hand, was determined to go to Vegas and spent those same five hours playing video games. I didn't care for video games to begin with, but he was so enthused by it that I supported what made him happy. Yet, he spent most of his time playing games with graphics so life-like that the violence was nearly impossible to watch.

I did, however, find it frustrating that he wasn't looking for jobs with me. Occasionally I suggested he do so, and he refused to look for anything at home. He said he loved his job in sales at TravelCo and he wanted to move to Las Vegas, so he only applied for sales jobs at TravelCo Las Vegas. He said he didn't want to work for another company, so I looked for jobs for him at TravelCo's headquarters in a nearby city.

Every time I read a job description, he asked, "Does it require a college degree?"

They always did, so I tried to encourage him and said, "You know, managers often write a wish list on their job descriptions, and they still hire someone if they only meet some of the requirements."

He shook his head. "No, babe, it's not worth my time," and resumed attention to his video game.

One day, he sat down and looked at jobs with me. We ran into the same issue. It was tough to argue with him; the job market was tight. We were in the height of the recession. He only needed to take two more classes to finish his AA degree, but we both knew that the time it would take to finish those classes wouldn't have made much of a difference in his immediate job prospects. He reassured me he was happy working in sales. I

Chapter 4: Joining

suggested he apply for sales jobs at other companies at home.

He shook his head, and then shouted, "Let's go to Vegas, baby!"

I gave up the argument and decided to leave it up to my hard work, determination, and fate.

After I didn't hear from any job for three weeks, I realized how bad the economic situation was. I decided to partially give in to Jason's desires. I said to him, and the universe, if I get a promotion at the TravelCo Vegas office, then I would take the job and move. I bit the bullet and applied.

I heard back a few days later, and interviewed the next day, on a Friday in November. They offered me a job on the spot. I would be a Level 3 Senior Agent and represent the corporate office as the third level of customer support. I would research errors and resolve customer problems. The job sounded interesting, and management assured me this role would be the quickest path to further growth opportunities. It all sounded great, but I was still not thrilled about moving to Vegas, especially with someone I had only been dating a couple of months. Yet, since I hadn't heard back from anyone else, that seemed like my only option. They were excited to hire me and wanted my answer by the end of the week.

Chapter 4: Joining

Jason picked me up from the interview. "Hi, honey! How was the interview? Did you get it?" He asked excitedly, while kissing me on the cheek.

"Hi," I said in the cheeriest voice I could muster. "Um, yeah. They want me to tell them if I'll take it by Friday…" I trailed off, not sure how I felt or what else to say. I could have elaborated about the perks and pay of the job, which were admittedly good, but I didn't want to give him more ammunition for Vegas.

"Congratulations!!!!! I'm so happy for you!!! Great job!!! Yay, we're going to Vegas!"

I meekly half-smiled back and thanked him. I added, "I haven't totally decided yet. I want to wait a little bit longer in case I hear from one of the jobs I applied to here. And, well, if I don't get one, I could always get two retail jobs or move in with my parents again… Although I really want to be an adult and figure this out on my own."

Rent prices in Seattle hadn't yet soared to their second tech-era boom, but they were still too high for most entry-level jobs. I worked two jobs to afford my last apartment, so I knew I was capable, but I really didn't want to do that again. Mostly, though, I wanted a plan that included staying with Jason.

"Oh, okay honey. But Vegas!!! We can go to Vegas! Vegas, baby, Vegas!" Earlier in the week he insisted we watch the movie *Swingers* (Independent Pictures, 1996) to get in the "Vegas spirit." It was a fun movie, and I

Chapter 4: Joining

laughed at his joke while admiring his enthusiasm. Ever since, he couldn't resist saying, "Vegas, baby, Vegas," at every chance he got.

"You're adorable," I said with a kiss. "I just need time to think about this, though, okay?"

"Okay, baby. Let's go celebrate! We can at least celebrate the fact that they offered you a promotion, right?" It wasn't really a question.

"Haha," I said flatly. Then I tried to lift my mood, so I changed my tone and said, "Okay, honey. Yes, you're right. Thank you. Besides, I'm hungry and I could use a beer."

We stopped at home, and I walked in the door and looked around at our studio apartment. I gazed at our picture window with 1920s molding looking out to the downtown neighborhood and park across the street. I studied our kitchen with cool vintage, black and white tiles. I looked at our bathroom and the claw-foot bathtub. I stared at our living room, where we spent countless nights hanging out with our close friends.

Suddenly the apartment seemed to spin. I felt nauseous. I loved our apartment and the the Northwest's quintessential Evergreen trees. I wasn't ready to leave, but I didn't know what else I could do to find a job or convince Jason to stay. Our other friends from work told us they decided to use unemployment benefits until they got a job. Jason's parents balked at that and said they were lazy. They made it clear that

Chapter 4: Joining

should not be an option for us and shamed our friends. His parents also tried to convince me to get on board with us living in Vegas because it made Jason so happy. My parents, though, were supportive of any decision I made.

I looked at Jason, and he seemed concerned, yet still excited. I admired his positivity, but at that moment it wasn't appeasing me.

I went in the bathroom and threw up. I felt stuck. After a few minutes of heaving, I took some deep breaths, cleaned myself up, and reentered the rest of the apartment. Jason asked if I was okay. Without pausing for a response, he told me a friend was meeting us to celebrate so we should go and not keep him waiting. My moment of reflection and panic expired. I put on my best "happy" face.

We had dinner, and the whole time Jason and Clint talked about how great Vegas was. Clint also worked at TravelCo but had decided to stay in the Northwest. He was more than happy to help Jason convince me to go with him, though. It was November, so it was about 45 degrees Fahrenheit, cold, and rainy. This was the typical northwest weather I knew I could expect until March.

Jason showed me the Vegas weather report. It was 70 degrees and sunny. As freezing cold as I had been feeling lately, that sounded nice. They reminded me that most places have pools there, so we could swim and enjoy the weather year-round. They reminded me of Cirque du Soleil shows and all the entertainment in

Chapter 4: Joining

Vegas. They reminded me how inexpensive it was to live there, so we could easily have enough money to get a two-bedroom apartment to host family and friends, and still have enough to frequently fly home to see them.

Jason had been to Vegas once or twice before with family, and he loved it all: The sun, desert, gambling, strip clubs, and the fact that he could drink and smoke indoors.

I loved the blue water and green trees of the Northwest and didn't understand his affinity for the desert. He reminded me of his nostalgia for the desert and memories with his grandmother. I also didn't mind gambling or strip clubs, but I wasn't excited about them and certainly wouldn't move somewhere because of them. I quit smoking about a year prior, so didn't care that people were allowed to smoke inside. I joked with him that it would cause him to smoke even more frequently. He laughed and said that wouldn't happen, with a slight glint in eyes alluding the opposite.

He was really excited about the move. I could get on board with sunshine, swimming and Cirque shows, as long as I could still frequently see my friends and family. I finally agreed to a compromise: I would apply for a few more jobs and wait to see what happened. If I hadn't heard back from anyone by the end of the week, then I agreed to move.

On Wednesday around 1 p.m., Jason heard back from the sales manager in Vegas. They offered him a job

Chapter 4: Joining

in sales. Soon enough it was Friday. One week since they offered me the job. The day had come. I still hadn't heard back from anyone in Seattle or any neighboring cities. I waited until 4 p.m., just in case someone called for an interview. Tick. Tock. Tick. Tock.

At 4, I took a deep breath. And another. Finally, I called and accepted the Level 3 job. Jason almost bounced off the walls. My hands shook. He barely stopped jumping long enough to notice my fright. He sat by my side and hugged and held me. He reminded me how much we love each other and how much fun we would have. His love made me happy, and after a few minutes in his embrace I felt supported and relaxed.

He excitedly told me, "We're in this together, babe! I know it's going to be hard, but we will get through this together!" I believed him.

Chapter 4: Joining

Chapter 4 Explanation

Jason and I moved in together after only three months of knowing one another. That is incredibly fast, even for most healthy relationships. I knew it was fast, but I was also scared of the gun violence where I lived, so at the time I felt I was making the best decision for my safety. He and I were spending every night together anyway, so it also seemed appropriate for us and our relationship. This is another warning sign of codependency. I could have found a different apartment by myself, moved in with my family, found roommates… I could have made a variety of different decisions that would have been better, but I was set on my life plan and that included being in a relationship that I believed held promise for the future.

A possible warning sign was that he only played violent video games. He played games with realistic-looking people where he scored points for killing them. Just playing those games is not enough of a warning sign, but the fact that he only played those types of games very well could be one.

Another aspect to consider here is that he agreed to live with me after only dating for two months because I suggested it. Abusers tend to agree with whatever their partner wants in the beginning, so later they can get what they want, and possibly use this is a negotiating term. But, at the time, I didn't see that anything was wrong.

Chapter 4: Joining

Getting laid off and being forced to either find a job at a different company in the 2009 recession or to move to Las Vegas only made this quick move-in decision more complicated. Once Jason heard about the opportunity to move to Las Vegas, he made up his mind. He did not even try to find jobs at home, even though that was what I told him I wanted. He never truly had an open conversation with me about it. He never considered what I wanted, which is another warning sign showing how he was selfish and only cared about himself.

I eventually succumbed to his needs and applied for a job in Las Vegas, even though I didn't really want to. I was already feeling codependent and intricately involved in a life with him, so I applied for the job because it was the only solution that would keep us together. Once I got the job, he acted as though the decision was made. Except, I hadn't made the decision. I literally felt so conflicted that my stomach twisted and turned the same way my mind was. He ignored both my uneasiness and my desires, which was another warning sign of him being selfish. But I loved him and ignored my instincts, even when my body was telling me something was wrong. This is also a warning sign. It seemed easier to be swept up in his infectious joy than to push against it and fight for my own needs. I eventually gave in because I didn't want to be apart from him. I had grown dependent on him for meeting my emotional needs and "success" needs of a relationship.

Chapter 4: Joining

Once I decided I would make the move with him, I ended up doing all the research and setting everything up for our move. He didn't help with any of our moving plans, besides getting a friend to drive us, and he didn't help pack anything. I saw it as him being lazy, and perhaps unaware about what needed to be done, but I knew what needed to be done so I did it. This was also a warning sign about him being selfish. He didn't help, and he didn't act like it was a partnership.

In a healthy relationship, both partners would discuss their wants, needs, goals, and emotions. Then they would make a decision together. I attempted to have these conversations with Jason, but he dismissed them, and I found it was easier to go along with what he wanted instead of fighting. I didn't realize it at the time, but this is when I began slowly losing myself to him; a definite warning sign.

Chapter 5: Journeying

Once we decided to move, I began to prepare. I read countless articles about neighborhoods in Vegas and looked into countless apartments. TravelCo paid for us to go on a house hunting trip, so I mapped out apartments for us to see.

We looked at a few apartments in different areas. The first few we saw were inexpensive and also in walking distance from a few grocery stores and restaurants. They weren't super nice, but I was fine with that. Jason was not.

On our second day of apartment hunting, we saw a great apartment right across the street from our office. It was in the nicest, safest neighborhood, and it was a cute, modern apartment. The one downside was the office was the only amenity in walking distance. I asked the leasing agent if there were any restaurants or anything else nearby.

She answered, "Well there's a Burger King about a quarter mile away."

Good food has always been important to me, and I never liked fast food nor considered them to be "restaurants." Jason's family thought I was a food snob, but I knew I cared about food quality and my health.

Chapter 5: Journeying

I responded with hesitation and as much tact as I could muster, "Um, yes, I saw that. Are there any actual restaurants?"

She looked surprised at my response, and furthered, "Yes, Burger King is a restaurant."

Jason said, "Babe, that counts!"

I smirked and tried to hide my disdain. I shyly said, "Well they serve food there...Okay, I guess that's a no then."

Our prospective apartment had a fireplace, a patio, granite counters, stainless steel appliances, a built-in dishwasher, and an in-unit washer and dryer. Our previous unit didn't have either of the two latter features, to which Jason had lamented.

"Babe! A dishwasher *and* a washer and dryer?!"

I gently tapped his arm and whispered, "But where will we 'do laundry'?"

He laughed. "Maybe at the clubhouse with the gym and sauna?"

I laughed back. "Sold."

The apartment complex had a beautiful pool with a rock feature waterfall surrounded by jasmine blossoms and lush green grass, set amongst a backdrop of dramatic, red-orange desert mountains. All of this was

Chapter 5: Journeying

$400 more than the other units we saw, but only $200 a month more than we paid for our barebones-amenities studio apartment back home. I didn't want to spend more, but he convinced me. Then we were both excited, so we negotiated down the lease $100 less and signed it.

When we returned home, I scoured the internet for the best deal on a moving truck, utilities, and everything else we needed to know about the city. Jason found a friend to help us drive the truck, which was helpful since I couldn't drive, and he didn't feel comfortable driving a moving truck 1,100 miles in the winter.

The last week at home was the last week of December. TravelCo brought me into train at the satellite office full time that week. We were ready for our move, but also needed to plan our Christmas together, which included visiting my mom and Stepdad, my dad and Stepmom, Jason's parents, and Jason's grandparents. All our family members wanted to see us, and we also had to pack and work. We ended up figuring it out, but none of our family members were completely pleased with how little time we had for them. Jason expressed relief and a part of me agreed. It was stressful trying to please everyone. He reminded me that our families could visit us when they wanted, and we could do the same. He repeatedly mentioned that he looked forward to having time for just the two of us without the stress of other people's opinions and scheduling time for everyone, and admittedly the idea seemed kind of nice.

Chapter 5: Journeying

I felt as though I was operating on an incredibly high frequency, with no way of grounding myself. I felt stressed and anxious about the move and all the things needed to be done. When I told Jason this, he sat me down on the couch with him, held me, and helped me calm down and relax. He always told me I needed to relax more. So did my dad, and basically all my male friends and past romantic counterparts. With my mom and close girlfriends, though, our conversations always centered on our levels of productivity and what else we could be doing to make our lives better. Most of the females in my life took care of the household planning and details, and I was no different. It always felt difficult to relax if I knew there was something that needed to be done.

In those three days, we had a lot to do. Jason went out to smoke cigarettes every hour or so to relax, and I frequently joined him. I soon found myself smoking, too. I had quit smoking a few years prior, after a previous boyfriend asked me to stop for him. The temptation and the ease to smoke with Jason felt nice, and I enjoyed having the opportunity to talk with him when he wasn't playing video games.

Sometimes I wished he was as productive as I was, though. I asked for his help with the move, and he responded with, "Sure, how about in an hour? Let's relax together for a little while first," and kissed my cheek. We cuddled and watched TV together and he was right, I felt relaxed. But an hour easily turned into two, and a day turned into a week.

Chapter 5: Journeying

Eventually, I got his assistance for about a half an hour at a time before he got bored and wanted to go back to his violent video games. I packed a majority of the apartment, and he succeeded in packing only his belongings. I felt better about myself when I was productive, and confident in my abilities to take care of everything. Yet, I also felt annoyed at how little he helped.

I felt anxious about moving to Vegas and wasn't particularly thrilled about it, but I was excited for the sunshine, and more importantly, to see what Jason would be like without so much direct influence from his parents. I noticed that when it was just the two of us together, he was more relaxed, happier, and calmer.

I had observed in those last few weeks that the more frequently we saw his parents, the more he agreed with them, and the more conservative and strongly opinionated he became, as well as more critical of me and my political opinions. I began to look forward to Vegas more and more.

We celebrated our first Christmas together as I was scurrying around the house packing. He sat me down on the couch and brought me his card and gifts. He bought me a photography book of prominent Seattle locales so I would have a visual reminder of home, a wine bottle opener because I loved wine, and a tiny yet elegant Tiffany's necklace. His mom treasured Tiffany's. She loved it so much she painted one of the rooms in her house "Tiffany blue" and filled it with all her Tiffany boxes from previous holiday gifts her husband bought

Chapter 5: Journeying

her. I saw the fact that Jason bought me something from Tiffany's as a demonstration of him loving me as much as his father loves his mother.

His Christmas card to me read:

Καλά Χριστούγεννα για την Αγάπη μου

عيد ميلاد سعيد إلى حبي

It said, "Merry Christmas to my love," in both Greek and Arabic. He learned a little of both languages when he traveled to Greece and relished in the fact that he could read languages in alphabets other than Roman. He wasn't fluent in either language, but he was proud of knowing the alphabet and a few words and basic phrases. I loved how thoughtful his gifts were, and I found it sexy that he knew multiple languages.

Christmas with all our family members was tiring, but a lovely opportunity to see everybody a few days before we moved 1,100 miles away.

The day before moving my parents and sister helped us pack the moving truck and say goodbye. It was a cold, bright, and sunny day in late December. The weather matched my trepidation with optimism. My parents were tremendously helpful and brightened my spirits. We had a lovely dinner afterward. They asked us, as did everyone, "How long will you be in Vegas?"

Jason and I hadn't really discussed this, as we had no idea how long we would be there. He shrugged his

Chapter 5: Journeying

shoulders and looked at me with hopeful eyes we would be there forever. I looked back at my family's hopeful eyes that said they hoped we would come back soon.

I answered, "Well, we signed a contract with work that we will be there for at least a year or else we have to pay them back for moving expenses. So, we'll stay a year and discuss it then."

My parents sighed and lowered their shoulders. They briefly glanced at each other, picked up their voices, and said, "Okay, that makes sense." We said our goodbyes and hugged.

The next morning, Jason's close friend, Manny, met us at Jason's parents house to drive the moving truck to Vegas. The night before we had parked the moving truck at Jason's parents' house in the suburbs, so it would be safer than the city and so we could have one last opportunity to say goodbye to them. Cassie was crying uncontrollably. Adam was in a strangely jovial mood. I figured he was happy because Jason was happy. We all hugged goodbye and left. When I hugged Cassie she whispered through tears, "You take care of my boy."

"Oh, I will," I responded with a smile. She waved to us as we left. As we turned the corner, I looked through the side mirror and watched her run into the house sobbing.

Chapter 5: Journeying

Jason sighed deeply. With a nearly undetectable tinge of heartache and despair while trying to sound proud, he said, "I hope my mom is going to be okay without me. I've always been the one to hold the family together."

I rubbed his shoulders and calmly said, "She's an adult, honey. She'll be okay. She still has your dad and two sisters with her in Washington."

"Yeah... You're right," he said as though he didn't quite believe me.

I wondered if that was what made Adam so happy. I thought perhaps he finally felt the freedom to be the "Man of the House" upon whom Cassie could rely. Adam already did everything for Cassie, though. They each had their own cars, and when Cassie's was running low on gas, Adam drove it to the gas station and pumped it for her. He also bought all her clothes, because he enjoyed picking them out and she said she appreciated having one less thing on her plate. She rarely cooked since when she did, Adam, Jason, and his two sisters, often made fun of her for "ruining" the food. Instead, Adam generally picked up food for the family on his way home from work. Adam paid all the bills, did all the household repairs, and even wrote Cassie's work newsletter for her. Once, Cassie used an ATM and the machine ate her debit card. After that, Adam and the kids took turns retrieving cash for Cassie. It looked as though she emotionally held the family together while Adam did everything else. Jason told me he turned to her for emotional support, so much so that both parents told him when they had marital problems. I suspected Adam looked forward to his wife leaning on him instead of her son.

Manny was Jason's best friend. He rode motorcycles for fun, and for a living he worked on cars and drove trucks. Manny was very sweet, despite how often he told people how tough he was. Jason looked up to Manny for his heteronormative skills, and Manny looked up to Jason's intelligence with computers and languages. The moving road trip plan was for Manny to drive the first half of the 1,100 miles and then have Jason take over the rest. We also towed Jason's car behind the moving truck, so it wasn't an easy driving experience. Jason's first car was nearly thirteen years old and had over 160,000 miles on it. He loved it. When people asked him when he would buy a new one, he said, "I'm going to rock this car until the wheels fall off!" It was though he saw his car as an extension of his ego; if his car could survive anything so, could he. He was determined to drive his car as long as it would allow him.

As we approached the halfway point in northern California, Jason asked Manny if he wanted to switch. "Manny, you're doing awesome! Do you want to switch! You're such a great driver, man!" He yawned and continued, "So, how are you feeling?" It seemed he was appealing to Manny's machismo in order to encourage him to continue driving. "Do you feel okay, like you can keep going, or do you need me to drive now?"

Chapter 5: Journeying

"Oh, no I got it," Manny said in a proud voice with a broad smile. Jason was successful.

After we drove 10 hours, I asked Manny, with the voice of my mom's worries about our safety in my mind, "Do you want to stop and rest? I can get us a hotel room with the moving money I got from work." Since I earned a promotion to a higher position in Vegas, I received a lot more moving money than Jason did. I paid for the truck, the gas, food on the drive down, and all the move-in fees for our apartment.

Jason said smugly, "No we're fine; we don't need you to spend your money."

I hesitantly glanced at Jason, and then sort of halfway gave him a side eye. I wanted to acknowledge Jason, but I didn't like how he was manipulating Manny and disregarding my offer to help. There was no reason we couldn't stay in a hotel for a night. We left on December 29th, so if we got there in two days, we would have arrived in the middle of the day on New Year's Eve. We all wanted to celebrate New Year's Eve on the Las Vegas Strip. We started work on January 4th, so we had plenty of time to get to Vegas to party on New Year's, and plenty of time to unpack before we started work. I quickly looked at Manny and asked, "Are you sure you're okay to keep driving?"

Manny puffed up his chest and said, "Oh no, I'm good. I just need to stop and get some energy drinks."

Chapter 5: Journeying

"Okay," I responded calmly. "Well, let us know if you change your mind."

Manny drove all the way to Vegas in one night. It took 24 hours, including truck stops for gas and snacks, smoke breaks, and meals at fast food places. Manny and Jason referred to them as restaurants and savored those flavors, and I was disgusted. I was vegetarian at the time. I have never been a fan of eating processed foods made of chemicals, especially in places where business owners don't typically pay employees livable wages. Since Manny was driving, he chose our meals. Jason was happy with his decisions, and I was outvoted. I focused my energy on feeling appreciative for Manny's eagerness to drive.

We arrived safely in Vegas. We were early, so our apartment wasn't ready yet. We stayed in a hotel a few miles from our apartment. When we received the keys to our apartment, we unloaded the truck and carried everything inside.

I unpacked the apartment, and the boys returned the moving truck. When they came back, and saw all the work I was doing, Jason whined, "We don't need to do this right now... Let's just relax!" He smiled widely and opened his arms for a hug. "You know you just want to relax with me!"

I smiled and hugged him back. I was slightly tempted, but I responded, "I don't actually. We've been sitting in a truck for 24 hours and I want to be productive. And, we only have a few days before work

Chapter 5: Journeying

starts and I'd like to have the apartment ready for the work week. Can you guys please help me? Well, Manny doesn't need to, but can you?" I felt the same despondence about unpacking as I felt about packing, yet I was still determined to get Jason's help. I also believed Jason would be different in Vegas without his parents' influence.

"Okay, in a little bit. Let's get coffee first," he offered as a compromise.

We all had a nice time getting coffee and then drove back to the apartment. We drove around a roundabout. A mile down the road, we drove through a second roundabout.

When we went through the second one, we felt and heard something fall behind the car. Jason pulled over. We all got out of the car to see what happened. The hubcap came loose, and the wheel literally fell off the car and spun down the street for a whole block!

Manny and I laughed. Jason's face turned red with anger. Manny patted Jason on the back and said, "Well, you said you would drive this car until the wheels fall off! Are you ready for a new car now, buddy?"

Jason nearly shouted back, "God, no! I didn't think this would *actually* happen! I'll call the auto repair service and find a repair shop." He got out of the car, huffily jumped around, and kicked one of the remaining tires.

Chapter 5: Journeying

I didn't want to be around Jason when he was angry. I looked around and realized we were less than a mile from our apartment. I said, "Okay, well I will walk back home and take care of the apartment while you guys take care of the car."

Jason shouted, "Fine! "Thank you for unpacking but *don't* touch my electronics! I'll take care of them!"

I rolled my eyes, nodded, and said, "I know, honey! They're yours and only you know how to put them together." I did my best to give him a half a smile and started down the street.

When I got home, I unpacked the kitchen. In our apartment back home, Jason never wanted to cook, or really even let me cook meals for us; he didn't seem to notice the kitchen was even there besides for a place to hold his beer and energy drinks. Somehow this translated to me seeing the kitchen as my territory, and fixing the car was the men's territory. A few days later Jason was able to laugh about the irony of the situation. He drove his car until the wheels fell off, put them back on, and ignored the signs.

Chapter 5: Journeying

Chapter 5 Explanation

I know this is a long chapter. It's the pivotal transition time showing what happened once we decided to move to Las Vegas until we arrived there. There's a lot to unpack. I want to point out that this was still very early on in the relationship – just five months – so even though I was annoyed at some things, I was still very much in love. This is still the beginning phase when abusers don't show their cards, and this really does not happen in an obvious way until the end of the first book. This is typical, and part of why people stay with their abusers for so long. People do not even recognize they are being abused.

What we can look at here, are the unhealthy relationship aspects, and the beginnings of warning signs actually about to appear. Domestic violence (DV), is violence between family members; and intimate partner violence (IPV), is specifically violence between people in a romantic partnership. The Center for Disease Control and Prevention (CDC) includes physical violence, sexual violence, stalking, and psychological aggression in their definition (CDC, 2022). These are not isolated violent instances, though; abuse is a pattern of violence where one person tries to control one another. Yet, one violent incident is a likely sign for more to come.

Chapter 5: Journeying

The Power and Control wheel, created by the Duluth Model (1984), and commonly used in DV and IPV advocacy agencies, shows all the ways that someone can control someone. See the wheel here:

The idea is that abusers use various manipulation tactics to gain power, and when they gain even a little bit of power, they use that to control their partner, the survivor. This is often followed by the survivor calling out the abuser on their actions, which results in the abuser

apologizing and temporarily changing their behavior. This interaction makes the couple feel closer, which most often makes the abuser's power stronger. Then the abuser generally does something else abusive, the partner tries to talk to them about it, the abuser apologizes, and then repeats their action. This repeats and repeats and each time the cycle gets tighter and tighter, like a spiral turning into a cyclone. This is the general pattern of the cycle of violence. What we can do to defend ourselves is learn this cycle and learn the methods of control. When we learn these, we can identify them and leave the relationships before the cyclone spins so tight that it's too hard to leave.

Here are the warning signs from this chapter:

Even though Jason was the one who wanted to move to Las Vegas, I did all the work to prepare for the move: I mapped out apartments to see, I set up and paid for all of the utilities and moving truck, and I did 90% of the packing and unpacking. He was selfish in that he didn't help me do any of the work, even though I was the only one working at a job, for most of that time period. Part of this might also be contributed to his strong sense of patriarchy. It seemed he expected me to do the work. The patriarchy is an unofficial system of society that gives men the power to have control over women. Jason appeared to believe in this, as opposed to an egalitarian society in which both partners share power, or matriarchal in which the woman has the power.

When I offered to pay for a hotel for us on the road trip, Jason said, "No, we're fine; we don't need you to spend your money." This shows me that he was feeling insecure about me paying for everything, which is also a beginning sign of his strong belief in the patriarchy. We can also see this when he made me feel

Chapter 5: Journeying

that unpacking the kitchen was my territory and the men fixing the car was their territory, as those are traditional male and female roles.

Jason often mentioned how nice it would be to be by ourselves, without friends or family around. One tactic abusers use is to isolate their partner so that they can have further control over them. When friends and family are not around the couple, they cannot witness the abuse and they are not physically there for the person being abused to turn to go to them for support. That person can generally still call friends and family, but then they are only hearing what the person chooses to tell them instead of seeing the whole picture. Jason never liked it when I called my friends and family when he was home, and consistently tried to get me off the phone with them. I had to strategically call them when he was not around, which gave me fewer opportunities to be in contact and tell them about what was happening.

It took me awhile to understand Jason's family dynamic, and to be honest, I still don't fully understand it. But I know something about it seemed unhealthy. For instance, when Cassie told me, "You take care of my boy," I thought it felt weird. He was a 24-year-old adult, and I believed he could take care of himself. I also thought it was weird that Adam was in such a happy mood the morning we left. I think in a healthy family, parents would feel sad that their child was moving over a thousand miles away.

It is also not healthy that Jason's parents turned to him when they were having problems in their marriage. In a healthy family, parents do not tell their children about their problems or put them in the middle of their issues. When parents do this, they risk the child forming negative opinions of their parents, as well as risk the child feeling responsible for fixing their parents' problems. This can lead to the child feeling insecure about being responsible for the reason their parents have problems, which can also lead to feelings of guilt and shame.

When I was stressed and anxious about the move, I wrote that I was, "operating on an incredibly high frequency, with no way of grounding myself." I wish that I talked to someone about how anxious I felt, so that I could have tried to figure out what was causing the anxiety and then found a way to feel grounded. I think part of the anxiety might have been that I was ignoring my instincts about moving with him. But I chose to stay busy and keep focused on all the tasks that needed to be done. These are not expressly warning signs, but they are things that made me uncomfortable. Any time someone does not feel comfortable about the way they are being treated; they should pay attention to it.

When Jason told me to just relax with him instead of doing everything I needed to do, it annoyed me because he wasn't helping me do anything. He did not take responsibility for himself and the things that we both should have been doing together. Instead, he minimized the amount of things we had to do and

Chapter 5: Journeying

minimized my feelings about being anxious. Minimizing is another abusive tactic, and a warning sign. Abusers minimize their partner's feelings to make them feel that they are not as important as their own.

I clearly saw Jason manipulate Manny to make him do all the driving. He appealed to his ego and faked a yawn to encourage Manny to continue driving. This was not a warning sign of abuse to me, but it was a warning sign that he was capable of manipulation.

The last warning sign in this chapter was that Jason kicked the car tire when it fell off. Manny and I laughed because of the irony that Jason said he would drive the car until the wheels fell off, but Jason immediately turned to anger. I think some anger is natural in that situation, but him kicking the tire was a warning sign that he used physical aggression when he was angry. Around this time period, when we were still in Washington, Jason was using an old laptop to play video games. One day, his laptop overheated, and Jason stood up and yelled. Then he threw the laptop on the ground and stomped on it. It worried me when I saw that, but I figured it was just violence toward an inanimate object. I never thought he would use violence on a human.

Chapter 6: Exploring

We really enjoyed exploring Las Vegas together. The city was intoxicating — we gambled, danced, and drank the nights away. The electronic slot machines each made their own sounds, announcing themselves at seemingly random intervals, with the top 40 songs from the last three decades playing in the background, just barely loud enough to allow my ears to choose to hear, "Eye of the Tiger," instead of, "Play Texas Tea! Test your luck and drill for oil to see how much you can win!" Ironically this was one of my favorite games – I think it seemed the most sinful for someone who cares so much for the environment.

The neon lights of the Vegas Strip were brighter than the sky was dark. In the Northwest, we were accustomed to foreboding clouds hanging over our heads and distilling the night's darkness. In the Vegas suburbs, away from the lights, it was so dark I needed to use my phone to see my feet. On The Strip, though, the lights screamed at us with beautiful sex appeal. They shouted, "Come play! Come into the light!" The glorious neon was like the devil in a bad horror film, enticing us to follow the Sin City lights to sin and descend the staircase into hell. We blindly complied, only subconsciously aware that it was the darkness that would later become our shadows.

After long nights gambling and drinking, Jason typically suggested we go to strip clubs. It was his favorite way to sober up before driving home. We lived in the suburbs, half an hour from The Strip. Transit in Vegas left something to be desired, taxis cost $70 each way, and Uber and Lyft didn't exist yet, so strip clubs felt like an acceptable option rather than driving drunk. Sometimes hotel rooms on The Strip were extremely affordable so we stayed the night. But to both of us, not drinking just wasn't an option in Vegas. The city was appealing and exciting, but too much to handle sober.

The strip clubs were never my first choice, but he loved them, and I didn't mind so I went along for the ride. To my surprise, they were a lot of fun. The first few times I enjoyed simply observing the women dancing. They seemed to enjoy themselves and displayed more confidence than I could imagine. Sometimes I felt jealous of their their beautiful, athletic bodies. I also noticed the male patrons: A majority wore ill-fitting business suits, chain-smoked cigars and cigarettes, and smugly ogled the women while they leaned back in their leather armchairs that peeled apart at the seams. Yet, they all seemed to respectfully enjoy themselves and their views. Once I realized both the performers and attendees were content and respectful of one another, I relaxed and enjoyed the scene. I admired the dancers' abilities to display athleticism and grace, while simultaneously commanding electric control of the room. I spent some nights talking to the dancers, and some nights as a patron getting lap dances. It was a safe place to explore my sexuality, and truly indulge in the "sins" of Vegas.

Chapter 6: Exploring

Partying was how we forgot about work for a few hours. Every night seemed like it was the *only* time we would ever experience fun in our lives. Our new jobs were infinitely more challenging than our previous positions, and therefore caused more stress. We challenged ourselves at work and then again at night, to have the most fun possible. Work hard, play hard, and figure out life lessons through trial and error.

We also had a lot of fun making and meeting friends. Jason made a friend, John, who grew up in Vegas and had a close group of friends. John introduced us to Mario and Lisa, Chris and Missy, and Robert and Tiffany. We all got along really well and hung out several times a week. We also spent time with other friends who moved to Vegas with us, including Mary, Adria, Joe, and David.

Jason loved TravelCo, and was excited to continue work in sales, but the leadership team took several months to set up the Vegas sales department. In the meantime, he worked in customer service, contacting banks to reverse customers' superfluous bank authorizations. He anticipated upselling expensive vacations, and instead acted as a sounding board for irritated customers. We were both frustrated with TravelCo, but we signed agreements we would work there at least a year or else we had to return the money they gave us for moving expenses. We could have left early and paid a pro-rate of our contract, but we also felt loyal to a company that paid us to move and have new experiences.

Chapter 6: Exploring

The Level 3 job I was so excited about turned out to be more difficult than I ever thought. I was told I would have a powerful position that allowed me to help people and use problem solving skills to find creative solutions. The reality was 80% getting yelled at by angry customers, 15% learning DOS-like line-by-line software programs on the job without formal training, and 5% problem solving and appeasing the customer. Level 3 meant I was the third person the customer spoke with to solve their problem, so by the time I talked to the customer, they were audibly upset to the point I needed to move my headset a few inches away from my ear.

My first week I had a customer with a cancelled flight due to weather. She booked her ticket on two different airlines, so I called both airlines to help find her another flight home. The airline operating the flight offered to rebook her on their next available flight – five days later. The airline owning the ticket suggested she pay for a new ticket — for $5,000 — because weather is an "Act of God" and therefore neither airline is responsible for rebooking. I was so frustrated at both of these so-called options. I didn't think either was fair for the traveler. I took pride in myself and my job, and I wanted to give her a better choice. I remained calm on the phone, but I was beyond stressed on the inside. I squeezed the stress ball on my desk with all my might, released it and squeezed my shoulders to give myself motivation. I asked my supervisor for help, and she suggested a conference call with both airlines.

While I was on hold, my shift ended and so did Jason's. Jason came over to my desk to see if I was ready

Chapter 6: Exploring

to walk home across the street together. I explained the situation and asked if he had any ideas. He said nonchalantly, "That sucks. Well, just let the customer know." He cocked his head and angled his body to begin walking away from me. He shrugged his shoulders and said, "That's all you can do."

I looked back at him with tears in my eyes, faced my body square to his, and opened my shoulders to emotionally and physically to ask for help. In a high-pitched voice, trying not to whine, I said, "I think you're right. I've been trying to help for four hours, but it's not fair. She has a job and a cat to get back to; she can't just stay on vacation five more days." I put my head in my hands and leaned towards my knees, folding in on myself.

"You've been helping her for four hours?!" He said in disbelief, as he took a step away. "Yeah, just call her back and let her know."

I raised my eyebrows at him and turned back to the computer, pointing to show I was still on hold with the airlines. He knew I did my best to help her, so he didn't understand why I was still visibly upset. He waited 15 minutes for me and then left. I didn't mind walking home by myself, but I wished he stayed for emotional support.

The conference call diminished all hope for a sooner or less expensive flight. I let the customer know and we both held back tears. She thanked me for trying so hard, but I still felt dejected.

Chapter 6: Exploring

Thankfully this customer didn't yell at me, but I was upset with myself. I was still upset when I arrived home and Jason still couldn't understand why. I had worked through all my options but felt there must have been another idea that could have helped. I've never liked accepting subpar solutions, especially when it affects the customer so greatly. Accepting self-defeat and upsetting the customer were even more difficult to deal with when my boyfriend couldn't understand my pain.

Although, he was great at helping me relax and take my mind off work. His favorite distraction method, if we weren't exploring The Strip or hanging out with friends, was to watch movies with associated drinking games based on character verbiage or repeating themes. I preferred to talk out my issues until I felt better, or his understanding made me feel better, but I accepted distraction as a second option. After repeatedly watching the same type of movies with subtle sexist and racist themes, I eventually suggested we watch independent movies and make up our own drinking games based on phrases the characters said. I tried to explain to him the underlying sexism and racism in the Hollywood movies he liked, but he never understood and always told me to "lighten up." He frequently told me I didn't have a sense of humor because I didn't find his sexist and racist jokes funny. I eventually convinced him to let us take turns choosing movies, so I chose documentaries and movies featuring strong female leads. We made up drinking games to those as well, and I enjoyed erasing the workday with creativity, humor, and booze.

Chapter 6: Exploring

Throughout the next few weeks at work, I got more comfortable with the software programs, and finally felt I *sort of* knew what I was doing. The emotional aspect didn't get any easier, though. One day, a customer called because her coupon expired the following day. She said she couldn't use it because she was calling from the hospital where her mother was admitted. I was shocked she bothered to call us in that situation, and I wanted to help her, so I offered to extend her coupon for one month, with the original terms and conditions to uphold the company's policies.

She was outraged. "You're only giving me one month?! I'm calling you with my mother on her deathbed and you're only giving me one month?!"

I apologized for her circumstances and offered two months instead. She questioned me, and I reiterated myself, several times over. I stood strong.

I could have given her a coupon which lasted two years and waived the original terms and conditions, but I was recently reprimanded for giving too many of those away.

The customer hurled back at me, "What is your name?!"

"Kate," I replied firmly and clearly.

"Well, KATE!" she yelled into the phone, loudly enough for me to hear her voice echo off the hospital

Chapter 6: Exploring

walls. "I hope you meet a KATE on the day your mother dies!"

I was shocked. She didn't even know me. I was trying to help her and maintain my job. She was the one spending her time calling a travel company from the hospital about a damn $200 coupon while her mother was dying!

I took a deep breath and replied. "Well, I hope I do. I'm a very nice person."

She laughed maniacally and asked to talk to my supervisor. He suggested I extend the coupon for six months. Neither of us wanted to deal with someone so angry, so we looked for an easy way out. The extension was a consolation prize for everyone involved.

Half sarcastic and half appreciative, she said it was a nice offer, but didn't accept it. She guffawed and retorted back, "I SAID I wanted to talk to your supervisor. Not for YOU to talk to your supervisor and come back with this bullshit. Let me talk to him."

I was emotionally exhausted and generally still in shock of how badly the conversation was going. I grabbed my stress ball and lowered my head. I found some inner strength, took a deep breath, and asked if she would hold for him. When their conversation ended, he told me he gave her the 2-year coupon. I felt equally disrespected by the customer and betrayed by my supervisor. I wished he would have had my back and reiterated company policy, but he was more interested in saving himself stress than upholding the rules – an option I did not have.

I had only been in this position two months, and I still had 10 more months in the contract to work at the company. With that kind of daily emotional stress, I knew I needed to find a job that made me happier, even if it meant paying the early exit contract fees. During the next few weeks, I looked for jobs every night. Jason couldn't understand my level of stress and unhappiness. He was annoyed I spent so much time job searching instead of relaxing with him. His lack of support frustrated me, and I knew I needed to be happier. I continued job searching, despite his frustration. I also hoped once I found happiness, then I could inspire him to do the same. He was also miserable at work, but his supervisors consistently told him they would open the sales department the following month, so he did his best to retain his optimism. It took six months.

I figured we have 24 hours in a day, and we ideally spend eight hours sleeping. A workday is eight hours plus a 30-minute lunch break and two 15-minute breaks, so nine total. How do we spend the rest of it? An hour getting ready for work and more to commute. About another hour is spent eating dinner, whether that's cooking or going out. So, add eight hours sleeping, nine hours working, one hour getting ready, and one hour eating dinner; we're only left with five hours in our day, or less if there is a long commute. I surmised, then, as humans that need to work to live, we better as hell enjoy how we spend a majority of our time.

Chapter 6: Exploring

I had a few interviews, but all ended being for similar jobs disguised as something more intriguing. TravelCo was my first experience working in an office, and I had only been with them eight months. All my previous experience was customer service, restaurants, and the beauty industry. And 2010 had finally begun. The economy was getting better, but more and more companies were offshoring their customer service positions. I accepted that I would be in this current position longer than I wanted, but I continued searching. Once Jason eventually accepted that I would be spending more evenings job hunting, he was more supportive. It was a good thing because he was my largest source of happiness at that time.

Chapter 6: Exploring

Chapter 6 Explanation

Through the emotionally difficult work experiences, Jason did not show empathy for the customer I was trying to help, or for the stress I was enduring at my job. When I told him about the situation with the customer stuck with the cancelled flight and no reasonable alternatives, he said, "That sucks. Well just let the customer know." He did not seem to understand the stress the customer was in. Thankfully, since then, the airlines changed their policies, so they put people on new flights without charge when they cancel them, but that was not the case at the time.

Jason also couldn't understand why I was still upset when I came home that night. A healthy person would be able to understand that, and if they couldn't, they would listen to their partner until they understood. Healthy people have empathy, and healthy relationships have partners who empathize with one another. The fact that Jason could not understand my emotions or be there for me shows me that he did not have empathy, which was also a warning sign.

Jason frequently told me that I didn't have a sense of humor because I did not think his sexist and racist remarks were funny. On the Power and Control wheel, this is listed under "Emotional Abuse." The relevant parts here say, "Putting her down; making her feel bad

Chapter 6: Exploring

about herself." This is the first example that I remember that he did that to me, although it's highly likely there were other times.

Jason was annoyed that I spent time searching for jobs instead of spending time watching TV with him, even though I was there sitting with him. He did not support me in working to find a way to lessen my stress and tried to make me feel guilty for not spending quality time with him. "Making her feel guilty," is also listed on the Power and Control wheel under "Emotional Abuse." A supportive, healthy partner understands their partner's needs and gives them the emotional space and support to do what they need to do. They also often offer help. Jason did none of this. He seemed to only care about his need for me to be relaxing with him.

Emotional abuse is not just a warning sign of abuse, but it is actual abuse. This is often how abusers begin their abuse. Emotional abuse brings down the partner's sense of confidence, which leads to their insecurity. When a person feels insecure and dependent upon their partner, they often become reliant on their partner for emotional security and search for it in the good times when they are getting along. This often leads to the abused partner becoming more attached to their abuser, and consequently not even think about leaving them. This is where the codependency shown in the beginning started turning into dependency.

I ended the chapter with, "He was my largest source of happiness at that time." In all honesty, I really felt as though he was. My job was stressful, but after work I got to come home to him to relax with him on most evenings. I was not only becoming dependent on him, but I was also becoming more and more reliant and dependent on him for my own happiness.

Chapter 7: Befriending

Spring in Vegas was amazing. It was 70 to 80 degrees Fahrenheit March through May, and it felt nearly perfect. The winds were high, as they often reached more than 30 miles an hour, though the breezes made the warm weather sufferable. I loved that I could enjoy my evenings dipping my feet in the pool while flipping through a magazine in March, when it would have been 45 degrees back home. I missed my friends and family back home, but I found joy in that most of the year it was warm enough to host pool parties and barbecues. Jason and I had a lot of fun enjoying sunshine and pleasant outdoor evenings with our new friends.

I was still miserable at my job, though. In May, I heard from a colleague that a business travel division of TravelCo was opening a call center on the first floor of our building and hiring at least 100 people. I had been working in the leisure department, so this was seen as a step up. I applied and interviewed. They were skeptical I didn't have any business travel experience yet impressed with my software knowledge I learned in my current position. I was thrilled that at least some part of the challenges of my current job paid off.

A few weeks later I was hired and in training class. I was a Senior Booking Representative. The "senior" part of the title made me laugh since it was an entry

Chapter 7: Befriending

position, but I liked how fancy my title sounded. The training focused on a lot of the same software, so it was easy for me. I helped answer many of my peers' questions while still in training. At the end of training, we took a test and I scored highest in the class. Once we began the actual job, there were some challenges, but overall, it felt like a breeze. I loved how nice and appreciative the customers were. Within a few months I was answering colleagues' questions who had been in the business travel industry for decades. I felt important. I relished finally being recognized for my intelligence and abilities.

On top of that, life was going well with Jason. We had been in Vegas for about six months. We had finally settled into our lives in Vegas and found a routine. Once a week we had board game or poker nights with our friends, one or two nights we explored The Strip, and the remaining nights we stayed in together. Those nights we took turns choosing TV shows to watch, and the first couple hours he played games on his phone while I learned about things online.

Every few months I found a new topic in which to immerse myself, such as hypothetical wedding planning and home buying. I read as much as I could. The last few hours we cuddled together and paid attention to our TV shows. I loved the way we laughed at comedies together while enjoying our own interests online. It seemed he finally understood my needs to continually learn and grow. Later in the evenings, when we watched crime dramas together, he held me, so I felt safe and secure in his arms. I felt truly happy and

Chapter 7: Befriending

relaxed. Most importantly, my love for Jason grew stronger and I began to easily envision our future. I felt I had found my happiness.

The next time I had a challenging work problem, I told Jason I needed his emotional support.

"How?" he asked. "By listening to me vent and offering ideas to solve problems in the future. Basically, just talk with me."

"Oh!" he said, with a smile that read pleasant surprise. "I can do that."

He was able to listen to me and talk out my problems with me, and then he learned how to do the same with his problems. Once he got the hang of it, we spent a few hours talking about work every evening, and worked through our work issues together. We both got better at emotionally dealing with work stress and at solving customer problems. Not every day was perfect though. Jason seemed to get more stressed about work than I did, and then we spent a lot of time talking about his issues. It was usually helpful to talk things out, but some days he just wanted to be angry and stay angry even after hours of venting about it. I soon realized it was best just to give him space at that point. Once he was angry it was hard for me to do anything right.

Sometimes just offering him dinner or asking if he wanted to go out and do something angered him. His face would get red, he would narrow his eyes, and yell, "No! That's not what I want! You're so stupid!"

Chapter 7: Befriending

I was initially hurt by this, but quickly learned to deal with it by ignoring his words. I told him not to hurt my feelings anymore, and he apologized, but he repeated his behavior each time he was angry – Which turned out to be every week, and sometimes twice a week. After talking everything out for hours I tried to improve his mood by offering suggestions of fun things to do, such as going to The Strip or hanging out with friends. Sometimes he would accept one, and sometimes he just pouted and called me a bitch. I eventually learned to ignore him until he was in a better mood. But sometimes my suggestions worked and made him happy, so I didn't want to give up. I was never sure what his mood would be when he got home from work, yet I felt that most days were good.

Sometimes we had issues because I cooked dinner. He would yell at me, "I can't even eat this! You don't know how to cook at all! Why do you even bother?"

I *was* just learning how to cook, and I wasn't good yet, but I wanted to keep trying. And I enjoyed my meals. They weren't necessarily pretty, but they tasted good to me. One day, though, I asked my mom, "Should I even bother?"

She gently responded, "Well, do you enjoy cooking?"

Hesitantly I said, "Well, yes… I enjoy being creative and having an outlet, and I like having dinner ready for my boyfriend. But I don't like that he only likes what I cook once a week or so."

Chapter 7: Befriending

"Hmm… Maybe you could talk to him about what he likes to eat, or he could help you cook?"

I laughed, nearly choking. "He won't help me. I have asked him what he likes so many times, and all he says are bacon burgers, chicken strips, and pizzas. That's just not enough variety for me. I've already given up being vegetarian for him, just because it's too annoying to cook two separate meals. I'm not going to give up on vegetables and variety in food altogether."

She laughed with me. "Well, maybe you can discuss some meal plans and compromise with him."

I agreed and thanked her. I suggested the idea to Jason, and he agreed to decide on dinner menus together at the beginning of the week, which greatly improved the situation. I found recipes for simple meals, and sometimes he let me introduce him to new food.

That summer, Jason's best friend, Clint, needed a life change, so he moved to Vegas. He needed a place to stay, so Jason offered our couch in our one-bedroom apartment. I enjoyed Clint's company, so I was happy to help him, yet anxious about the tight living quarters.

It turned out that Clint's arrival was exactly what Jason needed. He instantly brightened Jason's mood. Jason was always excited to get home from work and see Clint. Clint spent his days cooped up in the apartment looking for jobs, so he was eager to go out at night and explore Vegas with us.

Chapter 7: Befriending

Clint handled Jason's bad moods with impeccable grace and knew how to gently tease him to make him happy again. He also didn't mind when Jason teased him back. They also enjoyed teasing me together, but it seemed harmless the way Clint did it, as opposed to Jason "teasing" me that I don't have a sense of humor or know how to cook. They listened to their favorite songs on repeat, and quickly discovered the most offensive songs were the ones that bothered me the most so those became their "favorite" songs. As long as Jason was happy and not criticizing me, I didn't mind too much. The three of us went out nearly every night. We showed Clint the spots we liked and discovered new touristy things to do together. It felt as though we were all on permanent vacation.

After a few months, the lack of space for Jason and I became more of an issue for our sex lives than our relationship could handle. We were barely having sex once a week and arguing more and more. Just when Jason and I were almost too frustrated, Clint found a job and his own apartment. The three of us still hung out on a regular basis, and I felt that we all felt emotionally and sexually healthier to be in our respective spaces.

In that fall of 2010, Jason's sister, Diana, and her best friend, Jenny, came to visit. Jason told Clint, "Hey, if you want to hook up with Jenny, I bet she would be down. She's pretty easy. I think she has a boyfriend, but I bet you could still get with her if you want."

Clint laughed and said, "That's okay buddy. That would be weird to hook up with your sister's best friend."

Jason patted him on the back and said, "Just wait till you meet her. Let me know when you change your mind."

Jenny and Clint had an instant attraction to one another and hooked up the last day of Jenny's vacation. When the girls left, Jason said, "See! I knew you could do it, man!"

Clint laughed and said, "Actually I like her a lot. We exchanged numbers and we're texting right now. She says she's going to come back and visit soon."

A few months later, Jenny moved to Vegas and in with Clint. They became close, and the four of us regularly spent weekends together. Jason was happy to have his friend living here, and even happier to see his friend happy. I was also happy having Jenny there. She was super sweet, and it was great having a balanced male-female dynamic.

We had fun adventures together, such as the time we rented a boat on Lake Mead. Somehow, we scraped the bottom of the boat on a barnacle, even though we avoided the barnacle-dotted map they provided. Clint and Jason negotiated with the boat company and the county sheriff to let us go free for *only* a cool grand for repairs. I say this sarcastically, as that was a lot of money for us. Despite the unfortunate ending of our rental, we

Chapter 7: Befriending

all agreed it was one of the most fun days of our lives together.

As a person that grew up around water, I've always loved being in or on the water. Pools, rivers, lakes, oceans... they all make me happy. The Vegas desert didn't have enough of those though. Lake Mead was about an hour from our apartment, and that rental experience didn't foretell any repeated events. Therefore, it was a regular occurrence that I would drink too much and start crying to Jason.

"Can we pleeeeeee-ase move back to the Northwest?" I asked, sobbing.

"No, honey," he said chuckling while rubbing my back in a half effort to console me.

"But whhhhhhhhy????" I brought this up sober as well, but when I drank too much, I felt the need to bring it up again. Yet by then it was too emotionally difficult to articulate, so I stuck to basic words. "Green! Blue! I mean, trees! Water! Family! Friends! Art museums! Culture! Liberalism and basic awareness!"

He laughed. "You're adorable. I like those things too, but our life is here. We have a great group of friends here, better than either of us have had before." Laughing to himself he said, "And strip clubs and smoking *and* drinking inside. Or smoking *and* drinking outside. Nice weather, pools, constant entertainment... You know it's more fun here, honey."

Chapter 7: Befriending

"But that's how *you* feel! I don't care about those things!" I whined.

"You don't care about our friends?" He asked, surprised.

I took a deep breath between sobs. "Okay, yes, I care about our friends. I love them. But I also love my friends back home!"

"Yeah, but didn't you say they never hang out all together as a group? You always have to make individual plans with them, right?"

"Well yeah, but I love them! We understand each other! We're liberal!"

That fall, I celebrated my birthday with my Vegas girlfriends, and I walked out on my own birthday dinner. The two women were first-generation Latina, and we were discussing the upcoming election between Barack Obama and Mitt Romney. They both told me they were voting for Romney because, "he is tough on borders and immigrants."

My jaw dropped. "But aren't you both first generation? I mean, your parents moved here to create better lives for you, right?"

"I mean, um, sure," Lisa said.

Missy chimed in, "Well, yeah, but we have too many people in this country. We don't need any more."

Chapter 7: Befriending

My mouth still agape, I asked, "So what if that was the law when your parents came here? You would be in Mexico, right? I mean, I love Mexico, but weren't your families barely surviving and that's why they moved?"

Lisa tried to explain, "Well, sure, but where's the limit? Do we let everyone in... Forever...?"

I tried my hardest not to roll my eyes at her ignorance and corrected, "This country doesn't just let everyone live here and the immigration process is nearly impossible for most people."

I had another Latina friend in Vegas, who was also first generation but didn't have legal papers because her mother never got them for her. She moved to the US when she was two, attended school here, and knew no other life but the one she had in the states. Yet when she researched her citizenship options, it proved impossible. It was easier for her to live off the grid. I loved her dearly. Missy and Lisa didn't feel the same way about her because she dated one of their exes, and they chose to maintain their preconceived notions, much like they did about politics.

I provided a brief explanation of the immigration laws, and then nearly yelled out of anger for their ignorance. "It's not even our land, anyway! The U.S. stole it from the Native Americans! Anyone should be allowed to live here! And anywhere they want! Why do we even have borders?!"

Chapter 7: Befriending

I stormed out of the restaurant and sat outside for 20 minutes while I recomposed myself. I eventually returned and we all agreed to stop talking about politics. Our conversation returned to its usual subjects —the men in our lives, shopping deals, our jobs, past and future group activities, and gossip.

So, when Jason mentioned our friends in Vegas as a selling point, to me it was equally a point of contention. They nicknamed me, "Hippie" because I did my best to ensure people recycled, and I was upset for months that our apartment building didn't have recycling. One day, I even drove our empty bottles and boxes 30 minutes across town to recycle them. I later reconciled with Jason's reasoning this wasted more time and gas than was worth it to recycle our refuse. It was only my concern for the environment which earned me that name. I barely spoke about politics or social justice since no one else wanted to discuss those issues. If they *did*, most friends held the conservative stance of leaving things how they were. But since they had such little awareness of "how things were," it was never much of a conversation. We could talk about politics with John and Anna, and some other work friends, but not with a majority of our close friends. And I still couldn't talk about it with his family.

On the other hand, I loved my friends and we always supported each other emotionally and professionally. We could always count on one another to lift us up, listen to our heartaches, and celebrate one another's birthdays with grandiose delight. We truly loved each other, but we just didn't talk about anything bigger than our little world.

I knew there was a bigger world out there, in which to travel and educate ourselves on others' lives and circumstances. I knew that my friends and family back home understood that, and more importantly actualized it. Yet Jason was more content than he'd ever been in our little circle. It was his life mission to continue that lifestyle, and to keep me a part of it.

So, our argument/my whining continued as a near-monthly pattern. The next time, I said, "Yes, I like it here, but I love it back home! Please, can we move back home?"

He laughed. "What is it this time, babe?"

"I miss nature!" I whined.

"There's trees and grass right outside! And a pool!"

"That's not what I mean," I pouted. "I need *real* trees and water." The landscaped trees in our apartment complex were barely a few years old, and the pool was not a natural water source.

He laughed again. I think this all amused him. "Those *are* real trees! Do you mean evergreens?"

I felt a little calmer once I knew he understood me. I took a deep breath and nodded.

Chapter 7: Befriending

He stroked my arm. "Okay, babe, we can go to Mount Charleston and Lake Mead more often. Will that make you happy?"

I nodded again, and then vehemently shook my head. "That would be nice, but it's not enough!" Mount Charleston is a large mountain an hour north of Vegas, but it's not visible from the city the way Mount Rainier and the Olympics are from the Northwest. Lake Mead is larger than Lake Washington, but it's surrounded by desert and to me it didn't have the same beauty as the latter.

Then he got more practical. "Could we even get jobs back home? We couldn't before we moved, so why do you think we would be able to now?"

"Well, the economy has gotten a lot better lately, under President Obama," I offered, and then suggested, "What if we got jobs at TravelCo Headquarters and convinced them to pay to move us back? It's their fault we live here in the first place; I bet we could talk them into it."

He laughed. "You're very optimistic. Sure, if that happens, I'll consider it."

I looked for jobs at headquarters every day for a month, and still found very little for which I was qualified. When I did find one, I told Jason about it. "Honey! This job sounds great! What do you think? Should I apply? If I do, and I get it, could we move?"

Chapter 7: Befriending

"Sure, you can apply. But what about me? Are there any jobs I could get?"

"I haven't found anything yet. Maybe you could finish your AA and then get a bachelor's degree? That would make you eligible for a lot more jobs."

"Yeah, I guess I could look into it... I don't know, though... I'm not sure how my credits would transfer here." He seemed sullen.

I became excited enough for both of us. "Let's look into it! You only have two classes left, right? I'm sure there's reciprocity programs!"

He patted me on the shoulder. "Okay, babe. I'll look into it."

Over the next few weeks, I asked him excitedly a few times, "Did you find anything out? Can you finish your AA here?"

He responded, "No, babe. It's a lot of work. Maybe later."

Then his answer eventually became, "I'll think about it, but I'm not ready to look into it at this point."

I finally stopped asking about school, but I still asked about moving home every month or so.

Chapter 7: Befriending

One day Jason got tired of the question, stood up, and firmly said, "*You* can go if you want. I'll be here. But you do what you want."

I tried once more, and he said the same thing but with more anger. The more frequently he responded that way, the less frequently I asked the question. I didn't want him to become angry, and I wanted to be part of his life more than anything. His love kept me happy more than any aspect of the Northwest and kept me on my life mission of "success." There was also a large part of me that enjoyed contentment, stability, and a life focused on love instead of paying as much attention to the news and all the misery of all that was wrong with the world.

Chapter 7: Befriending

Chapter 7 Explanation

This chapter shows a lot of the emotional abuse I endured. He called me names, he told me, "I couldn't do anything right," easily got angry and expected me to find solutions to make him happy, and "teased" me that "I don't have a sense of humor or know how to cook." Even though all these things are objectively horrible, I did not know what emotional abuse was at the time, so I did not know that was what it was. I thought that he was just a person that got angry often, and that sometimes he took it out on me. It may also be a warning sign how easily he got angry. In a healthy relationship, people do experience anger, but not super frequently, and they do not take it out on their partner.

I tried to focus on the good times instead of the abuse. I even wrote, "As long as Jason was happy and not criticizing me, I didn't mind too much." This is a warning sign in that I ignored things that bothered me and turned that energy to what was going well. In a good relationship, people can communicate to one another about problems they have with each other.

I was happy that Jason had Clint to keep him happy, which made me feel less responsible for his happiness. I don't know why I felt responsible for his happiness, but I did. The few times I was able to make suggestions that he liked gave me motivation to continue trying, so I felt as though I had the ability to change his mood. In hindsight, I recognize that humans are not responsible for other human's moods. We can try and help, but we are not responsible for the outcomes of our assistance. In New Beginnings, the domestic violence advocacy group where I volunteered, we have a Bill of Rights. One of the rights says, "I am not responsible for other adult's problems." I know this now, but I did not at the time.

    I was generally unhappy living in Las Vegas. I felt it was the complete opposite of living in Seattle – isolated from friends and family, in the desert, and in a different political climate. Jason never seemed to understand this or care that I didn't like living there. This is another example of his lack of empathy.

    I was grateful that he eventually learned how to listen to me and support me through my work stress. However, once I taught him how to communicate about stresses, he took over the conversations and gave me less and less time to talk about my own stresses. This is another example of him being selfish, and taking control over our dynamic.

    When Jason told Clint that he could hook up with Jenny if he wanted to, he showed another example of being patriarchal and sexist. Sexism is a warning sign in a heterosexual relationship because it shows that the abuser believes men should have power and privilege over women. He even said, "...I think she has a boyfriend, but I bet you could still get with her if you want." This statement shows that he did not care about Jenny and her feelings, but simply saw her body as an objective for his friend. This showed a lack of respect for women, even his sister's best friend, which is sexism. I found it horrifying when he said it, but at the time I didn't translate his lack of respect of Jenny to his lack of respect for myself.

I ended the chapter with, "His love kept me happy more than any aspect of the Northwest and kept me on my life mission of 'success.'" Even though he was emotionally abusing me, disrespecting women, and disregarding my feelings about living in Las Vegas, I was still wearing my rose-colored glasses, still focused on my success goals, and therefore still optimistic about the future Jason and I could have together. I had zero thoughts about leaving him through all of this. I was feeling emotionally dependent on him for love and support, and there were times he did give me that. Those times were the ones I held onto, the ones I focused on, and the ones that propelled me to move our relationship forward. That is the cycle of violence, shown here through emotional violence. Abusers bring their partners down through various forms of abuse, and then bring them back up again, which creates dependency and cravings for those good times, much like an addiction.

Chapter 8: Following

The next spring, in 2011, about a year and a half after we moved to Vegas, I asked Jason, "What are your thoughts for the future?"

Taken aback, and pausing from his usual jumpy nature, he stopped and squarely faced me. His voice heightened as he asked, "What do you mean? I like our routine! I don't think too much about the future."

But I thought about it a lot. I wanted more in life. I was shaking on the inside, but I replied as calmly as possible and said, "Well, when we first started dating, we talked about how we both want to get married, buy a house, and have kids. I'm about to turn 28 and I want to have kids before I'm 30…"

He sat down. He seemed to be mentally preparing himself to focus on the conversation. I followed his lead and sat down next to him. I slowly breathed in the faint scent of jasmine flowers in the distance. I tried to remain calm, but instead I spoke as though I was running a marathon. "Well, I want to be married for at least two years before we have kids so we can feel really comfortable being married first. And I want to buy a house after we get married, so ideally, we would do that within our first year of marriage so we can get through the home buying process and get used to being homeowners and have a nice house in a good neighborhood where we can raise our kids." When I get

Chapter 8: Following

excited, nervous, or both, I speak in quick run-on sentences. I worry the other person might try and shut down my ideas before hearing my complete thought, so I try and get it out as quickly as I can. My parents taught me to always defend my thoughts and actions, to prove I knew who I was and that I was making conscious decisions. I always felt I needed to prove myself to Jason, but not because he wanted me to make good choices but because he always wanted to prove that he was right and made better decisions than I did. He stared at me blankly while I tried to process my words.

I smiled broadly and continued, "So if we get engaged within the next year, I think we can achieve this plan. What do you think? Do you like this plan?"

He leaned his head back and exhaled. "Woah. That's a lot to take in." He angled his body away from me and looked away.

"I know," I gently replied with a small pout. I wanted to stroke his arm to calm him down, but I could tell he needed space. We had similar conversations before, so I knew it would be okay, yet it was the first time we really talked about everything concretely with a timeline in mind, and I could tell he was uncomfortable. I felt guilty for overwhelming him. I focused on breathing steadily and staying strong. These successful life "steps" had been on my mind for years, and I finally felt ready to get them off my chest and make them happen. I was happy to fully open myself to my boyfriend I loved. I knew he just needed a minute to process everything. I reminded myself of all this while I attempted to patiently wait for his response.

After a few moments, he turned his body toward me and calmly looked at me. "Well, it makes sense. But do we really need to be married two whole years before we have kids?"

"Yes," I persisted, speaking excitedly in run-on sentences again. "My mom always said she recommends waiting two years before having children, as that's what she did, and even that wasn't a long enough time because she and my dad still ended up getting divorced. But she has always insisted that she is happy she had my sister and I, and she doesn't regret it. Even so, she recommends waiting two years before having kids, and then being engaged for at least a year before getting married, and I think that makes sense."

Defensively whining he responded, "But, your parents got divorced! Mine are still together and they didn't wait that long before getting married or having kids. Maybe we can revisit this conversation in a few months?" He basically suggested we wait to get engaged and then shorten the timeline of having children.

Gently, I responded, "I know. It sounds like we are saying we want the same thing but at difference paces. But don't you think it makes more sense to wait before each big life decision? At the same time, though, I feel like I'm ready to get this ball rolling, because I'm already

Chapter 8: Following

28 and at this rate I'll still be past my goal of kids before 30."

"Hmm…I see…" he said, pouting. He took a deep breath, and then his eyes glimmered, and a smile spread on his face. "Well, yeah, that does make sense. Okay, yeah… I guess I haven't thought about the future too much. But I want kids before I'm 30 too, and with this plan it will be before I'm 30. But ha! You'll be 31!" He teased me, as he often did.

I laughed and agreed, and we hugged each other closely and kissed. We were ready to start our lives together.

Chapter 8: Following

Chapter 8 Explanation

The main issue in this chapter is that I pushed our relationship forward, even though it was clear he was telling me he wasn't ready. I was so determined to keep my life plan on track, that I continued moving forward without giving it much thought if it was the right relationship or time for us.

A warning sign is that he made me feel I had to prove myself. In a healthy relationship, partners support each other and accept each other without judgment. No one needs to prove themselves to the other because both people accept each other. Jason, on the other hand, always seemed as though he was proving to me that he was right about everything, even when they were generally just a matter of differing opinions, such as what movie to watch.

I also wrote that I felt guilty for overwhelming him, but I was really just attempting to have a mature conversation about making plans for the future. People should not have to feel guilty for bringing up difficult conversation topics, no matter how difficult.

He teased me about my age in this conversation, which is not necessarily a warning sign, because gentle teasing happens in healthy relationships too. What made it more difficult for me to determine whether or not this was a warning sign at the time, is that he often emotionally abused me in the form of "jokes" so it was hard to tell the difference. I think to determine whether or not the "jokes" or "teasing" are indeed those, or are emotional abuse, is how the words make you feel. If you are genuinely laughing along with them, then I think it counts as teasing. If you are not, and your instincts tell you something is wrong, then it is emotional abuse.

Chapter 9: Betrothing

Summer in Vegas was harsh. The mornings were 90 degrees and the afternoons reached 110 to 115. There wasn't much wind or cloud cover, so the nights stayed hot. I was miserable, though I took solace in having so many fun things to do in cool, air-conditioned casinos. We saw live music, Elvis-impersonation shows, comedians, burlesque, and everything in between. We delighted in the endless entertainment options.

One night we went out to see a late 80s rock cover band with our friends, and we got back in our car around midnight. The car temperature gauge read 107. Midnight and 107? The heat felt inescapable. There was no time of day that offered reprieve. 107 degrees at midnight felt like Vegas was mocking us, saying, "You chose to live here! Ha! Can you handle it?"

My sister, Kristina, graduated college the same week as her birthday that year, so I went home to celebrate with her. I knew Jason and I would get engaged soon, so prior to the trip he and I talked about wedding ideas so that I could start making plans while I was there. I only visited once every six months, on average, which meant I wouldn't be back again until after we got engaged. I needed to make the most out of my time in Seattle.

Chapter 9: Betrothing

Would we get married outside or inside? What time of year? What kind of venue ideas did we like? Seattle or Vegas? We agreed it made sense to host the wedding in Seattle because our family lived there, and it would have been more expensive to ask everyone to fly to us in Vegas. I had always wanted an outside wedding, but he made a pretty logical argument about the weather's unpredictability. Therefore, we considered inside wedding venues, and he agreed to my idea of an art gallery or museum.

Before the trip I researched options and created a map of all the potential galleries and museums. When I arrived, I scouted all the venues with Kristina and my friends. Then I narrowed the list down from 35 to 10 potential options to discuss with Jason. I loved researching everything to ensure we made the best choices, and he hated planning and having too many options. I really wanted to make every decision together, but he said that even 10 felt like too many options for him. This seemed reasonable to me compared to the infinite possibilities, so I saw it as our version of a compromise.

I also met with his family while back home. His mom, dad, and sisters met me in Seattle, where they infrequently traveled, despite being less than an hour from their house. I appreciated them coming to meet me, and to show them this appreciation I showed them one of my favorite places in Seattle. We met in Pioneer Square, a historic neighborhood of concrete buildings and cobblestone streets, where there is a hidden waterfall. I lived in the city for years before I knew about

Chapter 9: Betrothing

its existence, and when I found it it, I felt like I found a hidden gem. Water gushed from large slate rocks, magenta rhododendrons bloomed, and birds sang. His family said they loved it as much as I did, so it was the perfect setting for our meeting.

Jason had been previously engaged and had bought his fiancée a diamond ring. When the engagement ended, he procured the ring back and his parents kept it safe.

We weren't just meeting to enjoy the waterfall, but to pass the ring from them to me. It felt strange to receive a ring originally purchased for someone else, but it also felt wasteful to spend money on another ring when we already had one, not that we had any to spare anyhow. Cassie presented the ring to me. She grinned and held it out to me, almost as though she was proposing herself. I felt like his family was including me in their lives just as much as he did, and I felt honored.

The ring was visibly flawless. It sparkled and bounced light from the magenta rhododendrons to the water droplets hanging in the sky. We smiled brightly with excitement about the new life their son and I would be creating.

I flew back to Vegas a few days later and returned the ring to its temporary owner. Jason asked, "Are you sure this isn't weird for you?"

Chapter 9: Betrothing

"Well, it is a little. But also, the ring is too small for my fingers so we can get it reset and then it will feel like it's a new ring just for us."

He chuckled, "Yeah, her fingers are smaller than yours. Yours are kind of fat."

It felt unnecessary for him to tease me in what should have been a romantic moment, but that was his communication style, and I was used to it. I playfully shoved a pillow towards him and laughed. "Alright, we'll get a setting that fits my fat fingers."

A few months later, when he felt ready, we went to jewelry stores and looked at our options. I had been ready for this moment since I retrieved the ring; I was jumping for joy that it seemed he had finally met me in the same emotional place.

We went to a few stores. Most of them firmly told us a new gold setting would cost nearly $1,000. That was a lot more money than we had to spend on a ring. The sun was setting, and stores were closing, so we went home without a decision, feeling disappointed.

When we got home, I went online and researched our options, determined to find a setting we could afford. He asked me to put the computer away and relax with him, but I didn't want to end our night without a solution.

I found a store nearby that offered free quotes and custom designs, and I went to talk to them later that

Chapter 9: Betrothing

week. I looked at the options, brought in old jewelry for trade, and got an estimate that we could afford! I was beyond elated and knew Jason would be happy he didn't have to do the research work he hated so much.

"Oh, so you went to the ring store and chose your own engagement ring without me?" he asked, playfully teasing me.

"Well, yeah, I just made it easier for you!" I eagerly showed him the design, continuing, "And it's not too expensive! We can afford this, and it will be beautiful! You can pick it up at the end of the week!"

He gently grumbled under his breath, before he stepped back and smiled. He stepped forward and said, "Thank you; you did make this really easy for me and I appreciate that." We kissed and tightly embraced, excited for our future together.

Later that week the jewelry store called saying the ring was ready, and I texted Jason to let him know. He replied, "LOL I'm not sure this is how this usually works but okay. I'll pick it up."

That night he told me he got it, but he would propose when he was ready. I understood and did my best to contain my excitement. I put all my nervous energy into cleaning the apartment and preparing our home for our new life together. He sat on the couch, watched TV, and played on his phone.

Chapter 9: Betrothing

He called over to me, and asked, "Θα με παντρευτείς;"

"What?" I asked, laughing. "You know I don't know Greek!"

He laughed back. "Yeah, I know, I've been asking you to learn it with me! You said you would, but you never did." He let out a loud belly laugh and teased me. "If you had learned it then you would know what I said! You'll have to figure it out!"

I joined him on the couch and excitedly opened the computer to a translation website. I had a feeling what he meant, but he remained steadfast, and didn't give me any clues while he watched me. I repeated the pronunciation and tried several unsuccessful attempts at entering my understanding into the website. I enjoyed the challenge and had fun solving a puzzle, but I was also struggling. I also didn't want to be presumptuous; I really wanted to understand what he said.

Eventually he wrote it out in the Greek alphabet. He taught me a few letters a few months prior, though not all of them. He patiently, but excitedly, taught me each letter in the phrase, and helped me sound it out to determine each word.

"Know?" I guessed because the letters seemed close to that, even though I was pretty sure what the real question was.

Chapter 9: Betrothing

He shook his head and laughed. "No, but it is a question! You're on the right track!"

"What?" I asked to hide my ability to guess, much like I did when I asked him how to "save as" on the computer.

He shook his head, "No." "Keep trying!" He beamed.

"Will?"

He sat straight up and beamed with delight. "Yes! Can you figure out the next word?"

"You?" I smiled back. I raised one eyebrow to show him intrigue and excitement, yet also try to feign confusion to placate him.

"Yes!" He exclaimed, as he jumped off the couch.

I jumped up to join him. He retrieved the ring from the bag and presented it to me with a grin. A thin, white gold band held a solitaire round diamond set in a slightly raised square setting, giving the appearance of being a larger emerald cut diamond. It was perfect. "Θα με παντρευτείς?" he asked again.

"Yes!" I shrieked with joy and jumped two feet in the air. We hugged and kissed while we jumped around our living room, relishing our moment of our lives officially beginning together. We both called our families and close friends to tell them the good news.

Chapter 9: Betrothing

After, he said he didn't want to do anything to celebrate, but I begged him and then he let us go to my favorite restaurant to celebrate with champagne.

Chapter 9: Betrothing

Chapter 9 Explanation

In this chapter I also did everything to propel our relationship forward, as I had become increasingly dependent upon him to fulfill my success goals. I researched wedding venues, I picked up the ring from his family, found a ring setting, and had it made. I did all but propose. I was not very patient at this time in my life.

There was emotional abuse when he called my fingers fat. What made this particularly bad is that he said it at a time when I was feeling especially vulnerable to him and we were talking about our engagement, our future together. I was so enamored that we were actually about to get engaged, though, so I ignored it. And I was feeling so vulnerable and close to him, that I chose to hang onto that feeling of it being a good time instead of pay attention to how his words made me feel.

It was a bit of a warning sign that I pretended to not know what the Greek words were, even once I had figured it out. People should not have to pretend that they are not smart, or that they don't know something, just to make the other person feel better. In a healthy relationship, people appreciate one another's intelligence.

Chapter 9: Betrothing

The major warning signs in this chapter are that I wrote about how much I compromised with Jason, since I didn't realize how emotionally dependent upon him I had become. I had always wanted an outdoor wedding, but he made me feel that was not a reasonable option. Seattle weather is not perfect, but it is fairly predictable in its seasons. We easily could have planned a summer wedding with limited chance of anything more than light rain.

When we did finally get engaged, I had to beg him to let us go out and celebrate. I thought it was weird that he didn't want to do anything to celebrate, even though it was such a pivotal and romantic time in our lives. So, I took it as that him compromising with me to go out and celebrate. But, again, I was feeling enamored and vulnerable, and I was focusing on the good time we were having. I loved that he proposed to me in another language and that he made it a puzzle for me to solve with him. I thought that part of it was fun and romantic, so I focused on that feeling. At the time, these decisions did feel like equal compromises, so I felt that everything was fine. I had yet to realize how much of the time I was making compromises while he was getting his way.

Chapter 10: Planning

Fall in Vegas was spectacular. The few older trees that were around became bright red and orange, which was a welcome addition of color to the desert scene with young green trees lining every street. It was still hot. Not quite as hot as the penetrating summers, but seemingly more manageable, with the optimism of the end of insufferable heat just around the corner. We spent fall evenings hanging out at friends' backyards and patio bars, soaking up the gentle 90-degree sun. Clint had been laid off from his job that fall, so he and Jenny moved back home to the Northwest. Jason and I were sad, and we became even more grateful for our Las Vegas friends.

Our two close friends, Missy, who attended my birthday dinner, and Chris, got married that fall. They had a beautiful outdoor golf course ceremony and a seated four-course dinner reception. Jason and I observed what we liked and didn't like and found inspiration for our own wedding plans. We loved that they choose individual songs for each group of people in the procession, suited to the couple's taste, and we loved the simple floral arrangements. We hated that after the ceremony the couple had their photos taken and we had to wait for them while we sat at the same

Chapter 10: Planning

table that we were relegated to all night. We compared mental notes and were pleased we shared the same opinions about how we would plan our wedding. Since we agreed on most everything, Jason said he trusted me to plan our wedding.

The art museums and galleries all ended up being too expensive once we factored in table and chair rentals, and catering. Instead, we found a beautiful hotel that featured artwork and books on its walls, that already had tables and chairs, and a caterer. It was perfect. Then, over the next eight months, I spent countless nights researching myriad options. I looked at hundreds of wedding photography websites and narrowed it down to a few photographer choices. I also did this with flowers, decorations, and every other aspect of the wedding. Then I presented the options to Jason for us to decide together, just like I did with the venues. I enjoyed all the research, but also found it took a *lot* of time. On work breaks I called vendors and at night I relayed my findings to Jason. I was constantly thinking about the wedding and what decisions needed to be made. Each time we narrowed something down or decided something it seemed like another impending decision came forward.

One day I asked him if we could look at wedding decoration ideas, and he said he was tired of talking about the wedding. He made me agree to only ask him about it one day of the week. He even added a tab to my one gigabyte Wedding Excel Sheet. The tab title was, "Can we talk about the wedding today?" The Excel formula output was, "Enter the day of the week and if

Chapter 10: Planning

the day is Sunday the formula says, 'Yes'." "If the day is any other day, the answer is, 'No'." I chuckled; I was amused and impressed about his solution. On the inside, though, I felt alone in planning *our* wedding. He felt we needed more balance in our lives, and I felt he didn't understand how much work went into planning the perfect wedding. His idea of balance was working and relaxing. It never seemed to include planning for the future in any way.

This frustrated me, but I kept chugging ahead with the research while he grew frustrated, I wasn't "relaxing" with him and focusing more on our TV shows. He told me multiple times he was fine with anything I chose, and I appreciated that he trusted me. One time, I went to California to visit family and stopped by Ikea to buy wedding decorations. I chose simple, clear, square vases to hold roses and candles. When I came home, he said he didn't like anything I bought. He said then, but not earlier, that he had wanted round vases. I liked the square ones because they were more modern, but he said he didn't care and that they were ugly. I almost returned everything because he seemed so mad about it, but eventually he let me keep them since he knew it was more hassle than it was worth to try and ship back 25 vases to the store. More importantly, though, I stressed how important it was that we made decisions together – I didn't want this to be *my* wedding; I wanted it to be *our* wedding. So, I did my research and patiently waited for his Sunday Wedding Opinions.

I also wanted him to take care of, and have more say in, some aspects, so I asked him to choose the music and honeymoon. He agreed. He listened to music more often than I did, as I preferred listening to the news, and he still worked in leisure travel. We both understood these were aspects he would enjoy and where his knowledge reigned. It was March 2012, just three months prior to our wedding date, though, and he still hadn't made any decisions. We spent one evening talking about music and listening to different style ideas. It was the most fun we had together in a while. It really felt like we were bonding and being equally invested in our wedding. We chose several songs, and I chose the remaining ones later that week.

The next week we planned the honeymoon. He really wanted to go back to Greece, so he insisted we were going there. I reminded him that there's so much more of the world to see, and it would be good for him to see and experience more. I also told him I had always wanted to go to France, so I suggested a trip that included both countries. He complained that would cost more money and take more time. I told him I wasn't going to Europe without seeing at least one part of France. He told me he wasn't going if he couldn't see at least one of the islands in Greece. We were both frustrated. I checked prices on a few trip options and realized we didn't have enough money for both, let alone any country in Europe.

I said to Jason, "So, we can't afford Europe…" I looked up a few major Asian cities, then the rest of the

Chapter 10: Planning

continents. I pouted. "Well, we can't afford any cities outside of North America; not even Central America."

He laughed. "So... we've narrowed it down to North America?"

We cracked up. We knew there were innumerable choices inside North America.

We talked about domestic ideas such as New Orleans or New York, but they didn't feel fancy enough. We looked at options in Mexico, but he insisted then we had to go to an all-inclusive resort. I had no interest in an all-inclusive vacation, as I relished experiencing food and dining as part of the culture.

We finally settled on the Caribbean! Neither of us had ever been and we were excited. We could afford it, we got time to lay on the beach, and we got to explore a new culture. It checked all the boxes for both of us. We spent the next few weeks researching the islands and comparing their benefits. We chose an island and booked our trip.

Planning the wedding was difficult and stressful, yet ultimately a fun learning experience. We, well mostly I, created the perfect wedding for us. After the wedding my dad told me, "You know how to throw one hell of a party!"

Chapter 10: Planning

Chapter 10 Explanation

The amount of compromises I made with Jason become clearer here. He told me he trusted me to plan the wedding, so I did plan most of it, but I also felt he said that to manipulate me to do all the work. I tried to make decisions with him early on, but he grew easily frustrated and he eventually made the Excel sheet to tell me he would only discuss it one day of the week.

I saw that he was trying to help by telling me to relax, but here was so much to do that I felt I couldn't do it all alone. I also didn't want to do it alone because it was *our* wedding. I shouldn't have felt alone in planning our wedding. In a healthy relationship, people make decisions together and do their best to put in an equal amount of work.

In healthy relationships, people also don't tell people when they can and cannot bring up important conversation topics. They do set boundaries, though, which he was doing. In this situation, it was a very fine line between him setting a boundary of when he would allow the conversation topic and not allowing me to have conversations with him.

Chapter 10: Planning

It is perfectly acceptable for him to have set boundaries. The reason this became a problem, though, is that I did not set my own boundaries so I unknowingly allowed him to hurt and control me. When one person vies for control, and the other person does not set their boundaries about what they will and will not accept, then the person vying for control can gain more and more control of the other person.

If I had set my own boundaries of what behavior and communication I would and would not allow, I would have recognized when he crossed them and said something. Then, if I said something and he did not respect my boundary, then perhaps I would have ended the relationship.

At this time in my life, though, I did not know what boundaries were, so I did not know where to set them. This is the crux of this book. If people know what the warning signs of abuse are, then they will know where to set their boundaries, and prevent the abuse from occurring or leave when it does. If I had recognized that all Jason's "teasing" and putting me down was actually emotional abuse, and if I had set a boundary around myself not to allow that, then I might have stopped it from happening or left him.

I picture a boundary like a hula hoop around myself. The hula hoop spins around me, creating a space between me and another person. I can hula hoop with another person, nearby, and even touching one another, but the other person would also still be spinning their hula hoop around themselves, creating their own space and energy. If either of us touched one another's hula hoop, then it would stop it from spinning and crash to the ground, thereby eliminating the boundary of the hula hoop.

This is not to say that we do not allow people to enter our spaces in healthy relationships, including non-romantic relationships. It is to say that even when we do allow someone into our space, people that respect us will respect our boundaries. I can allow people to come into the hula hoop area with me, but only if I choose to move the hula hoop up or down to allow them to step through. This person would then be inside my bubble, but they would not have broken the actual hula hoop. If someone disrespects a boundary, then that person does not respect the person with the boundaries, and has a greater likelihood of controlling and/or abusing that person. I recommend making a list for yourself, or use this list of warning signs at the back of each book, as a bare minimum set of boundaries.

When I did ask Jason for input on wedding decisions, he didn't fairly communicate with me – he insisted we did things his way. He insisted we would go to Greece, he insisted we would go to an all-inclusive resort, and he insisted I returned the vases he thought were "ugly." Thankfully, I spoke up and he did not win any of those points, but that does not change how his insistence made me feel. I felt emotionally invaded, because he was trying to cross my boundaries.

This can also be viewed from the power and control wheel, where it says, "Using Male Privilege." Jason

Chapter 10: Planning

acted like the "master of the castle," by insisting we would do things his way or not at all. He said he would only go to Mexico if we went to an all-inclusive resort, so we did not go to Mexico. The Caribbean ended up being great, and at the time it felt as though we made equal compromises to arrive at that decision but looking back, I compromised more than he did.

I tried to give him the feeling of being in control in the areas that I thought he would enjoy, such as planning the music and the honeymoon. But, when he hadn't started working on either of those three months before the wedding, I knew I had to step in to get things done. At the time, I saw it as him being lazy. Now I see it as him purposely not doing anything as a way to manipulate me to do it all myself, which is also a warning sign. I not only compromised on the decisions I was making with him, but I heavily compromised in the amount of planning work I thought I was signing up for. Feeling that the relationship is one-sided, and not in an equal partnership, is a definite warning sign for the relationship to be continue being unequal moving forward.

Chapter 11: Wedding

I spent so much time planning the wedding, and was so invested in its theoretical impending perfection, that I was a nervous wreck the days prior. I spent upwards of 1,000 hours working on this wedding and I did everything in my power to make it perfect. I even designed our own logo to use on our invitations, napkins, and shot glass souvenirs. I found this adorable picture of Jason hugging and kissing me, so I traced the outline of us and turned it into our logo.

I arrived in Seattle a few days before the wedding to finalize preparations and enjoy the beautiful weather in May. The wedding roses arrived at my mom's house in Seattle two nights before the wedding. They were beautiful, but they were still tight buds and hadn't bloomed open yet. I cried to my mom, "But! I pictured big, beautiful roses floating in big square vases! Should we open each petal individually? That won't look good, though, right? Or be good for the flowers?"

My mom put her arm around me and said, "It's okay, honey. We'll put them in the pantry where it's nice and warm and by tomorrow they'll open more."

My cries turned to those of thankfulness, and I hugged her. "Thank you, Mom!"

The next day the roses opened to half blooms. It was enough to make me happy. Later that night, my mom,

Chapter 11: Wedding

Kristina, and friend Lisa arranged the bouquets and prepared the roses for their vases. They were bright magenta roses with silky cream outlines. They reminded me of my favorite roses my grandma used to grow in her backyard. I loved them.

As we began arranging the bouquets, we realized it was more difficult than we realized to "simply" group a bunch of roses with a ribbon. The flowers didn't lay just right, the tape was so sticky it was difficult to work with, and my family and I didn't seem to have the dexterity needed to work with the roses and tape at once. We sighed to each other in desperation.

I cried, "How are we going to do this?! I can't do it! Why is this so much harder than I thought it would be?" The tiniest things stressed me out. I wanted Jason's emotional support, but I didn't want to bother his short time with his family and friends. We were only back home for a few days before the wedding, and the day after the wedding we planned to leave for our honeymoon.

Lisa rubbed my shoulder, smiled a knowing smile, and chuckled as she said, "It's okay, honey. It is a lot harder than it looks. But I used to help at my sister-in-law's florist shop, so I can do the bouquets for you guys. Do you want to work on the boutonnieres? All you need to do is cut the stems and stick pins through them."

We all laughed and said, "Yes, we can do that! Thank you so much!"

Chapter 11: Wedding

Lisa's knowledge and initiative re-inspired my positivity for the wedding. I felt all would be right in the world. Wedding planning definitely hit the clichéd mark of an emotional rollercoaster.

I planned for the bridal party, my sister and Jason's two sisters, to get our nails done and have brunch the morning of the wedding. I was looking forward to bonding with everyone. But at the last minute, Jason's two sisters told me they wouldn't be able to make it. Kristina was the third bridesmaid, the maid of honor, and she was wonderfully by my side the entire process. The rest of us had a great afternoon, but I didn't appreciate the extra dip on the rollercoaster. I proceeded to my hair appointment, which was a wedding gift from a close hairdresser friend.

When I returned to the hotel, Jason's sisters had said they would be there to get ready together, but they texted that they were stuck in traffic. It was still a pleasant day, even though I got anxious during lunch, and it was not going as smoothly as I wanted. My wedding day jitters were in full force.

His sisters finally arrived and quickly got ready with us. I planned to be ready half an hour prior to the wedding to set table decorations with my mom and some friends, but when that time arrived, I wasn't ready. I got stressed again. I cried to my Mom, "How are we going to get this all done? People are already arriving!"

Chapter 11: Wedding

As gently as she typically speaks, she said, "It's okay, honey. We will find a way to take care of everything. You just focus on relaxing and enjoying your wedding day."

I dropped my shoulders and smiled. "Thank you, Mom. Okay, I'll try."

Kristina encouraged me too. "Yeah! Just have fun! Don't worry about anything!"

I grimaced to myself and smiled on the outside. "Okay, thank you both."

What felt like only moments later, my mom burst through the door exclaiming, "Your friends and I set up everything and it all looks perfect! Here! I took a picture to show you! Do you like it? We had a couple choices, and we went with this one."

I felt tears well in my eyes. "Ohhh… It *is* perfect. Thank you so much! I love you so much!"

She wrapped her arms around me, and I tried not to cry. My Mom and Kristina's support and optimism carried me through the day.

The photographers arrived and took pictures of us getting ready and putting wedding jewelry on one another. Then we took the elevator down to greet the guests and photograph the time Jason and I first saw each other in our suit and gown.

Chapter 11: Wedding

My breath was shallow, and my hands were shaking. I couldn't believe I was about to get married. A thousand thoughts flew through my head, racing between wondering if I was making the right decision, if it was too late to decide otherwise now, and grandiose emotions of how much I loved him. I took several deep breaths, rolled back my shoulders, and stepped out of the elevator in my ivory Vera Wang dress and sparkling fuchsia heels, and stepped into my new life.

I walked through the lobby and said hello to my friends and family. Someone called out, "There's Jason!" I spun around, searching for his face in the sea of people. I noticed it was strange I didn't immediately identify my soon-to-be-husband in a crowd of people. With other men I had dated I was able to find them right away, no matter the size of the crowd. I chalked it up to stress and reveled in his delight to see me.

"Hi!" He excitedly greeted me with a grin. He looked so adorable in his suit and silver tie we chose together. We embraced and kissed, while everyone around us watched and applauded. I was still nervous, but his embrace relaxed me, and I felt much more joyous than I had the rest of the day. I finally saw my almost-husband, and all my beautifying preparations paid off – he seemed ecstatic to see me.

We greeted our wedding guests and took pictures with our families. Then the bridal party and I stepped outside so we could formally enter the ceremony. Our venue, a hotel with art on its walls, had a grand staircase leading up to our altar, which was a sunlit landing. The

Chapter 11: Wedding

crowd gathered on the steps and anxiously awaited our entrance. It was a beautiful spring day, and we counted ourselves lucky to see the sun shining in Seattle; despite rain being a good omen for weddings.

The theme song from *The Hangover* played, which is a movie about a group of groomsmen partying the night before a wedding, and the groomsmen joyfully walked up, most likely with the same eponymous feeling.

Then, "The Imperial March", the Darth Vader theme song from *Star Wars* began, and Jason excitedly hopped up the stairs. When he initially told me that's what he wanted to play I thought he was joking. I cracked up.

He laughed back. "What, babe?" he said, kissing me on the cheek. And then, excitedly, "You know how much I love *Star Wars*! Oh, and wait, didn't you say you haven't seen all the movies?"

"I've seen the original ones, and that's enough for me," I said flatly.

"Do you even know which numbers those are?" he playfully teased me.

I rolled my eyes at him. "Yes, the original ones are 4 through 7. I get it."

He laughed even harder. "But you haven't seen the rest! You don't even know the backstory!"

I rolled my eyes harder. "I get it. Darth Vader was Luke's father. Space and stuff. I'm good."

Chapter 11: Wedding

We both cracked up, and then he said, "Okay, well you don't really know. You have to watch all of the *Star Wars* movies and all of *The Godfather* movies before we get married. Oh, and! And *The Sopranos*! It's soooo good!"

I rolled my eyes while laughing. "Or else we're not getting married? Are you for real?"

He laughed again. "Yeah! That's all I need!"

I shook my head and said, "Okay, well I need you to do dishes when I cook. Or cook. Your choice. I'll watch some stupid movies and TV shows with you if you'll help me more around the house."

He whined, "They're not stupid! You'll love them!"

I laughed and narrowed my eyes. "Doubtful. But you agree to help around the house more if I watch your shows?"

He squared off to face me directly and said, "Yes."

I smiled broadly and stuck out my hand. "Shake on it?"

He smiled broadly and shook my hand. "Deal!"

We kissed to seal the deal, and I begrudgingly followed up on my end of the agreement. It turned out I did *not* love the movies, nor did he hold up his end.

Chapter 11: Wedding

Next, "Girls, Girls, Girls" by Motley Crue played and cued the bridesmaids. Kristina turned to looked at me, and noticed my raised eyebrows and wide eyes showing obvious anxiety. She gave me a big hug and encouragingly said, "This will be great!" I thanked her and watched her and Jason's sisters dance up the aisle.

"Are You Gonna Be My Girl" by Jet began playing, and I greeted my father with a hug. He took my hand and we danced and spun up the aisle together. We kissed each other's cheeks at the top, then he shook Jason's hand and stepped aside.

There we were, at the top of the stairs, about to take the plunge. Jason and I grinned at each other as my stepdad, Hal, began officiating. I planned our ceremony to a T. Dotted every "i" and crossed every "t." I planned what Hal would say, what I would say, the fact that the first dance would happen at exactly 5:45… I planned it all. Hal read my introduction, and then I read my vows. I had taken the time to write heartfelt vows. I told Jason how much I loved him and how excited I was to marry him and noticed a few tears stream down my cheek as I grinned. I spoke for several minutes about how Jason made me feel. I described his love, his warmth, and everything I loved about him.

Jason read his vows next. "I've loved you in the past, I love you now, and I'll always love you."

I felt tears run down my cheeks. Not because they were so sweet, but because they weren't. They didn't

Chapter 11: Wedding

seem like his words, and he read them in a monotone voice with a half-smile as he finished.

A few days prior, he had called me and asked, "Do we really have to write our own vows?"

I sighed. "Yeah, I would really like it if we did. I want our wedding to be personal, and about us."

"Oh, okay," he sighed back. "Well, I found this poem about past, present, and future love, and I liked it, so I think I'll just use that." He laughed heartily.

I cringed. "Honey, please use your own words and feelings. We're marrying each other because we love each other, right? Can you please use your own words to describe how you feel about me? "

He laughed back, "Sure, honey, I was just kidding. Of course, I can do that."

But he didn't. He read what he found online instead of writing with his own voice. I suddenly felt a flood of emotions, like the ones people say they feel before they die. But I wasn't dying, I was getting married. I felt all my prior emotions about wedding planning flash in front of me. I thought about my one gigabyte Excel sheet, all my work break time and evenings used for wedding planning, and all the hours he spent playing on his phone while I fussed over every detail. I poured all my heart and soul into this marriage and this wedding, and all he could muster was a synopsis of something someone else wrote. I was devastated. I

Chapter 11: Wedding

turned to the crowd and saw all our friends and family, anxiously awaiting us to seal the deal and share our first kiss as a married couple. Seeing their faces made me smile.

Hal joyfully exclaimed, "You may kiss each other!" I was careful in my wedding planning to express gender equity.

Jason grinned, threw open his arms, and kissed me like no one was watching. Except everyone was watching. We kissed, and kissed, and kissed, and eventually stopped to grin at each other. He held out his hand, and I grabbed it as we galloped down the ceremony stairs. Our wedding guests showered us with rose petals, and "A Little Less Conversation" by Elvis played on the sound system. We exited the building and turned to excitedly kiss each other.

"We did it!" he exclaimed with a sloppy kiss on my cheek.

I squinted through tears, while smiling. "Yes! I can't believe it!"

"It's real!" he responded with glee. We embraced and kissed and returned to our wedding guests cheering for us. We heard "Howling for You" by the Black Keys play as we entered our wedding reception. I felt happy to be married to the man I loved, and happy to feel his joy.

Chapter 11: Wedding

Our wedding was beautiful. The single pink roses floated in square vases on each table just as I wanted. It was simple, elegant, and perfect. We had a three-tiered ivory cake with black ribbon swirls and actual black ribbon lining the bottom of each tier. We had a food spread of oysters, crab cakes, grilled vegetables, bruschetta, and sliders, practically overflowing. Wedding guests mingled and dined as they pleased, without any timing or seated constrictions. They drank wine and our favorite local Seattle beer, Mack and Jack's, as well as a craft cocktail I concocted with champagne, vodka, St. Germaine elderflower liqueur, and fresh raspberries. I named it the "Jate" as our friends called us, for Jason and Kate.

Since neither Jason nor I were dancers, we chose an upbeat song that would allow us to be cheesy and have fun: Chuck Berry's "You Never Can Tell." He had also said he didn't want a sappy, romantic slow dance, even though it was our wedding dance. He convinced me it would be more fun to have a silly dance. My father and I danced to The Temptations' "My Girl," and Jason and his mom danced to a country song about love. The DJ cued up "Rock and Roll All Night" by Kiss to signal to the guests that it was time to party! We danced and drank and had a fantastic time. It was so great to spend time with my Seattle friends, aunts, and uncles, all of whom I loved dearly yet saw less than twice per year.

For the garter toss, Jason chose "Pour Some Sugar on Me" by Def Leppard. I originally chose it for the bouquet toss but he said it was such a common song to hear in strip clubs that it would make more sense for it

Chapter 11: Wedding

to be his song, since he is the "man." I smirked and obliged, and instead chose Robert Palmer's "Addicted to Love." Perhaps I was addicted to his love. It brought me to Las Vegas and kept me there, after all.

By cake cutting time, Jason and I were both pretty drunk and having fun with our friends and family. Jason's immediate family had left earlier, citing his mother not feeling well. I was surprised and saddened to hear they left without saying goodbye to me. Cassie once told me she noticed that in her experience, that "only weddings with good cakes had marriages that survived." Yet she didn't wait to taste our cake.

Although, she may have waited awhile. Our guests had to come find us to tell us we needed to cut the cake because our older guests were ready to leave. We were immersed in spending time with our friends we rarely got to see. The DJ played "I Want to Love You Madly" by Cake, and we held the knife and cut the cake together. Beforehand we agreed we would not shove the cake in one another's faces, so I felt relaxed about the cake portion of our wedding. However, Jason, being the prankster he is, grabbed a handful of cake with his hands and flung it towards my face. My eyes widened as Jason's smile broke out into a teasing grin. "I told you I wouldn't do that, babe! Don't you trust me?" he laughed. I narrowed my eyes at him, as I wondered if I did trust him, and he put the cake back on the plate. I joined him in laughter as we fed each other a bite of cake.

Chapter 11: Wedding

Then we returned to drinking and having fun with our wedding guests. Once our venue rental time ended, several of us still wanted to party so we went to an Irish bar next door and danced to the live band. Jason didn't dance, but I wanted to, so I took turns dancing with a few male friends. I think he was too drunk to be jealous. He usually got jealous when I called my male friends on the phone to catch up, let alone danced with them.

We celebrated, as he exclaimed, "We pulled it off! We got married!" We all took shots and cheered in celebration. After the bar closed, Jason and I finally went to our honeymoon suite.

Jason was eager to consummate the marriage, but I was exhausted. Slowly, and most likely slurring some words, I said to him, "Can we please just lay down and sleep? I've been planning this wedding for six months, and now that it's done, I can finally relax, and all I want to do is sleep."

Angered, turning red, he yelled, "No! Are you kidding me? Are you fucking kidding me right now? This is our wedding night!"

Shocked and still so tired, I said, "No, I'm not kidding. I know and I'm sorry but I'm so tired. Maybe if you had helped me more with the research and planning, you would have felt as invested in it and you would be exhausted too."

Chapter 11: Wedding

He jumped back, aghast. "But this is our wedding night! You are my wife! You have to do what I say now!"

"What?! No, that's not how this is going to work. You've never said anything like that before. You're joking, right? Please just let me sleep and we'll consummate our marriage in the morning."

He yelled, "No! It needs to be tonight!" Then he slapped me across the face.

I let out a shriek, in complete shock. He had never been violent before. "What did you just do?! Did you really just hit me?! We just got married and now you're trying to control me?" Crying, and shoving my face in the pillow, I said, "Please, please just let me sleep. I can't deal with this right now."

I cried myself to sleep on the edge of the bed and he passed out next to me, with his feet at the top of the bed, unwilling to even use body language to attempt to make amends.

The next morning, we checked out of our hotel and went to get coffee. As we were waiting to cross the street, he said, "I'm so sorry, babe. I love you so much. I was just really tired and stressed. I promise I'll never do anything like that again."

I squinted back at him, trying to read his face for clues. *Would he? I didn't think he would ever do that in the first place, so how do I know he won't do it again?*

Chapter 11: Wedding

I turned my head from side to side and looked around the city for a sign. *Madison. First. Starbucks. North Face.* The rain blurred the signs, but none that gave me any indication of what to do or what would happen in the future. I didn't know what to think or do, so I said, "Okay, honey. Let's just get some coffee and go enjoy our honeymoon."

"Babe, really, though? Do you believe me? I promise we'll have a happy life together, and I'll do everything I can to make you happy!" he said, seemingly earnestly while he pursed his lips for a kiss.

I bleakly smiled back and simply said, "Okay, thank you." I stared at the gray sky and drizzling rain. I couldn't see anything through it, and I gave up trying to see and understand.

I loved him, and this seemed unusual for him, so I accepted his apology and kissed him. This was just a freak accident, I told myself. I didn't want to end my marriage before it started, I told myself. I didn't want to give up on this life I created, I told myself. And then, I told myself maybe it was my fault I drank too much to have any energy left for him that night. I pushed the incident away to the smallest corner of my mind and didn't tell anyone. I was shocked and ashamed to have married someone that could hit me on our wedding night – or at all. I didn't even remember it happened until three years later when I walked by our wedding venue.

Chapter 11: Wedding

Chapter 11 Explanation

This chapter is about our wedding, yet it is full of warning signs and straight abuse. The first warning sign here is that even though I was stressed about the flowers and wanted his emotional support, I didn't want to bother him. In a healthy relationship, partners can call each other for emotional support and don't feel that they are bothering them to ask for it.

As an aside, the wedding logo that I mentioned designing is part of the cover image for this book. That logo is the front part of the image, and then later I made the image behind it to show how the relationship actually felt.

Back to the warning signs. I had previously been concerned about how much his family liked me, but when they gave me the engagement ring, I felt they were finally showing me that they did like me and support our relationship. Yet, when his sisters didn't make it to the nail appointment or to the hotel room to get ready together, I felt like they didn't care about me or our relationship enough to show up. In healthy relationships, when the families state that they support the relationship, they emotionally support the couple, are excited about showing their support, and show up to do so.

Chapter 11: Wedding

Just before we were about to get married, I started feeling incredibly anxious. Looking back, I think I was on the cusp of a panic attack. I was ignoring my instincts not to get married, and I was pushing myself to go through with it because it seemed like the logical decision to make at the time. My instincts were telling me there were warning signs, but I ignored them.

It *was* strange that I didn't immediately spot my fiancée in the crowd. I don't know if that is an explicit warning sign, but that was definitely not the case in other relationships I had been in.

It was certainly odd that he chose his wedding song as the *Imperial March*, the song from *Star Wars* about the villain. All of these little things that felt "odd" to me, could be seen as warning signs, but they were hard to pinpoint, which is likely why I ignored them. But, feeling that something is "odd" or "off" is an instinct, which should not be ignored.

He told me that I had to watch all of his favorite shows, which were interestingly all about mobsters and villains, in order to marry him. That could also be a warning sign, although many people enjoy those movies, and they are not abusers. I think it is important to look at these warning signs as accumulation of different problems. Looking at them individually, as I did at the time, made it easier for me to overlook them.

When Jason told me that I needed to watch all of those movies and TV shows, I saw it as the perfect time to ask him to help out more around the house. In a healthy relationship, both partners contribute to housework. However, studies show that on average, women contribute to more than 50 percent of the housework (cooking, cleaning, child rearing) than men do, which I knew at the time, so I also thought it was pretty "normal." What I didn't recognize was normal, was that I was doing over 90% of the cooking and cleaning. I knew I wanted his help, so I tried to get it through this "compromise," but even that didn't work. He manipulated me into doing everything. His lack of help with the wedding planning also shows more signs of him using his male privilege to get what he wants – which seemed to be to do nothing.

I was absolutely heartbroken that Jason did not take the time or emotional energy to write his own vows. It is tough when a warning sign like that shows up in the middle of a wedding ceremony. I felt as though I was already committed to him, and so even though I was devastated, I continued through with making my commitment to him and enjoying the rest of the wedding.

He told me that he got to have, "Pour Some Sugar on Me," as his song because it was a "strip club song" and he is the "man," which is another example of his adoration for the patriarchy and emotional abuse of "Using Male Privilege." I ended up choosing, "Addicted to Love." I think perhaps I was addicted to his love. By this time in our relationship, three years of being together, I was already under his spell and dependent upon him, which is likely a lot of the reason I overlooked

Chapter 11: Wedding

his bad behavior. I also had not set any boundaries about what constituted acceptable or good behavior.

Even though I had previously made him promise that he would not shove cake in my face, he still pretended to do so. He didn't actually do it, but he said, "I told you I wouldn't do that, babe! Don't you trust me?" I recognized then, even if just for a split moment, that I didn't actually trust him. Yet, I laughed and tried to stay happy in the moment. The fact that I did not trust him was a huge warning sign.

It also seemed he did not trust me. He was often jealous when I talked to male friends or spent time with them. Yet, that night, he seemed to be okay with it, which made me feel perhaps he trusted me then because we were married. That made me feel better about the lack of trust, so I didn't think much of it after that. Although, lack of trust in a relationship is definitely a warning sign.

Jason hit me. That was not a warning sign of abuse, it was actual physical abuse. He hit me out of anger in an attempt to control me. He literally told me, "You are my wife! You have to do what I say now!" There is no disputing that he was trying to control me in that moment, and that he used physical force to attempt to do so.

It made it even more confusing that he hit me on our wedding night. Objectively, one can see this was wrong. I even knew it was wrong at the time. But I was already so much under his spell, that I began to self-blame for

Chapter 11: Wedding

his actions. I victim-blamed myself, which is actually a very common reaction to abuse because the abusers manipulate the survivors into thinking the abuse is their fault. It is part of the way they gain control. If survivors think the violence is their fault, then they do not blame or leave the abusers. I think I partially fell for it because I was already dependent upon him for his love, and I am empathic, so I looked at the situation from his eyes. In his eyes, I was in the wrong for not wanting to consummate our marriage on our wedding night. At the time, I saw the world through his eyes and my own rose-colored glasses.

Part 2

Part 2 Prologue

Thank you for continuing in this journey with me and reading the second part. In this section, I write about our marriage and how it felt. There were times that everything felt wonderful, and there were also some very scary times. And in between all of that, there was always emotional abuse, though I still hadn't recognized that yet.

The physical abuse in this volume can be very difficult to read, especially if this topic of domestic and intimate partner violence is new to you. There are trigger warnings before the most violent chapters. If the topics of DV and IPV are not new to you, it is possible you will find the violence here to be more or less scary than what you have heard about or experienced. The amount of violence is not a competition; no one's experience is necessarily worse or easier than another person's, they are just different experiences. All abuse is wrong.

No abuse should be tolerated, but when people are in these intimate partner violence relationships, it is difficult to know what to do when it occurs. In this section, you will learn about trauma bonding, which is one of the main reasons people stay in abusive relationships. A few other reasons include preserving the marriage for religious or societal influences;

financial control; using children as methods of control; controlling a person through their health, immigration, or sexual minority status; or believing that it will not happen again, or they will change. It can also be more deadly to attempt to leave a relationship than to stay in it. The important message in this volume is that people stay in these relationships for a variety of reasons, often combinations of reasons, and we should never judge someone for making the choice to stay. People will leave when they are ready and when they are safe to leave.

Chapter 12: Honeymooning

Chapter 12: Honeymooning

We took our first flight to our connection in Miami and stepped outside the airport. We were greeted by a thick cloud of smog, heat, and humidity, which was markedly different than the cool Seattle fog or the crisp Las Vegas sunny skies we were used to. We felt like we were wearing sweaters and snow pants in a steam sauna. Smiling, we embraced one another's sweaty bodies as we suffered through the heat, joyful to have made it across the country. I had never experienced that kind of humidity, and having lived in Vegas the previous two years I had become accustomed to the dry heat. All day Jason treated me sweetly; opening doors for me, buying coffee for me, and generally making sure I had what I needed. Yet it felt contrived, so it felt just as smothering as the humidity. I also wasn't accustomed to his sweetness on a regular basis. I did my best to accept it and trust him and see him as the man I initially loved. We were on our honeymoon, and I just wanted to be happy.

We took our next flight, and about an hour later we stared at the Caribbean Sea. The water was so clear I could see the algae from the plane. The pilot swiftly and narrowly landed the plane on the world's shortest runway, giving us the appearance of landing right in the sea. I gasped in delight at the sight. Jason and I stepped onto the tarmac and smiled broadly. The weather felt the same as in Miami, but we relished in the welcoming sea breeze from the water just a few hundred feet in front of us. Saint Martin was beautiful.

We checked into our timeshare condo my mom got us as a wedding gift and looked around our room. It was clean, spacious, and bright. The patio looked over the pool with a swim-up bar, hundreds of palm trees, golden sand, and the clear aqua Caribbean Sea. I was in heaven. A perfect place to start our relationship anew and begin our marriage with a clean slate. We consummated our marriage that afternoon, and each night after that. We put the past behind us and carried forward.

Saint Martin is an island governed by the Dutch on one side and French on the other. Jason looked forward to the Dutch side where people speak English, use American dollars, and gamble in the casinos. I looked forward to Sint Maarten, the French side, where people spoke French, used Euros, and dined in gourmet restaurants. We planned our trip to split our time on both sides of the island.

On the Dutch side, we spent our days at the beach. He played on his phone while I alternated between reading and swimming. At night, we went out and explored the nightlife. We gambled at a casino, heard jazz music at a piano bar, and listened to live music at a beach bar with our feet in the sand while overlooking the water and a bonfire. We toured Phillipsburg, the Dutch capital of the island. We perused their tiny yet fascinating history museum, tasted local hot sauces and liqueurs, ate local food such as fried gouda sticks that were like mozzarella sticks but filled with rich gouda cheese, and rented umbrellas and towels on the beach. We truly bonded again and enjoyed our new life together as a married couple.

On the French side of Saint Martin, called Sint Marteen, we went to Grand Case, known as "Restaurant Row." We discovered our new favorite French wine and dined from an elegant 10-course tasting menu, culminating with Grand Mariner soufflé. We also went to a nude beach, which excited both of us yet made us nervous. We quickly calmed down when we noticed how everyone kept to themselves and relaxed on the beach, just the same as if they were wearing swimsuits. I wondered to myself, *How much does a swimsuit cover up, anyway?*

Jason asked excitedly, "Are you going to go nude?"

I laughed, "Do you mean take everything off? Only if you are!"

He threw his head back and laughed. "My top is already off!"

I playfully grabbed his arm. "Well, yeah, you're a man. Are you going to take off your swim trunks?"

He looked around, rolled his eyes, shook his head, and smiled. He paused and said, "Um… no. But you should take everything off! Why not?"

Chapter 12: Honeymooning

"Oh, really?" I laughed back, "So I should but you won't? How is that fair?"

He laughed and gently tugged at my swimsuit top. "So, are you gonna?"

Hell, I thought. We're on fucking vacation. I tore off my top and playfully tossed it on the chair. I ran toward the sea. "Alright, let's go!"

"But wait!" he cried. "Are you taking off your bottoms?"

I shook my head no and laughed. "Are you?"

He pouted, "No..."

"Then I'm not. Come on, let's go enjoy the water!" I was already almost to the sea at that point. I was too excited to feel the magic of the sand and water.

The white sand emulated granulated sugar. The aqua water was the clearest I had seen in my life – I could see each of my toes as clearly as if they were on land; and see tiny ships more than 100 miles away.

For our wedding presents we asked for honeymoon adventures; my sister chose zip lining. We took a cab to a part of the island we hadn't seen yet and were pleasantly surprised to find ourselves in the jungle. We paid for our tickets and met the zip lining group, and then rode in the back of a pick-up truck to the top of the mountain. I had no idea we were going up so high! I knew I was afraid of heights, and I anticipated being up high, but I didn't realize just *how* high. The tour guide taught us how to secure our harnesses and demonstrated how to zip line, so I felt we were in responsible hands. The line was surprisingly only about 10-feet long, and relatively parallel to the ground so I felt like I would be okay.

I watched Jason fearlessly and easily glide across with a smile, land on a platform attached to the tree across the way, and grin back at me. Then it was my turn. I gripped the rope and jumped off the ledge, determined to get across to the other side, hanging on with all my force. I heard the screeching of my metal carabineer race across the metal ropes, and my body pushed through the humid air to feel the wind sail around my body. The tree approached my vision sooner than I thought, and just at that moment I realized I was zip lining for 10 feet at what felt like 20 miles an hour.

Bam! I slammed right into the tree at the other side. I squinted my eyes, afraid of the impending pain and what would happen next. The tour guide gently but sternly told me, "You were supposed to use the carabineer to grip the rope and then hang on to the carabineer with your gloves. Not hold the rope with your gloves." He paused and frowned, "You didn't listen to the directions and that's why you went too fast. Perhaps that's how I went through life at the time. I never heard the signs or directions from the universe.

"I'm sorry!" I cried out. "I didn't mean to! But it's over now, right?" I squeaked out through teary eyes.

Chapter 12: Honeymooning

The tour guide shook his head, chuckled, and said, "Oh this is one of 13! We've got a lot more to go!" He and Jason cocked their heads to the side, smiling and encouraging me but looking confused at my reaction. I looked at them blankly as I stood there, staring at them and feeling my nerves make their way from my toes to my head in anticipation of the next zip lines.

I immediately felt tears well up in my eyes. "What...?!" I stammered. "I don't know if I can do 12 more! That was so scary!" I paused. "Wait, really? *Twelve* more?!" I heard him, and it made logical sense we would zip line down the rest of the mountain, but inside I was too afraid to do it. I didn't want it to be real.

Jason gave me a big hug and kiss, to attempt to encourage me. "It's okay, honey. You can do this. This is for fun! If it wasn't safe, they wouldn't be in business."

I kissed him back to thank him for his support and we continued. They were all difficult, but they did get progressively easier. One of the last zip lines was 50-feet long and over an impossibly high ravine. The view of the sea behind the jungle was breathtaking, one of the best we'd seen thus far on the island. Looking at it, though, made my heart race and palms sweat enough to wash my own hands in it. *Thank God we decided to rent gloves*, I thought as I grabbed onto the carabineer, barely glancing down at the ground 100-feet below me, trying with all my might not to think about what would happen if I fell all those feet down into the ravine and then tumbled the next two miles through the jungle and into the sea. My mind raced in run-on sentences the way it usually did when I got nervous. This time it included thoughts of death.

I closed my eyes and leapt. I felt the warm breeze around me and found space in my heart to open my eyes. I vacillated between the beautiful view of the jungle, the sea, and thoughts of despair. Once I was almost all the way across, I turned my focus to Jason, hopeful to be in his embrace in a matter of moments. He always knew how to make me feel safe and happy.

Then – just five feet from land, safety, and Jason, the carabineer stopped. I was stuck in the air. I didn't see a way back to the land. I tried not to panic and held my breath. Then, I realized that at that point the ground was only about five feet below me, so I calmed down a little bit. Yet my feet still tingled, and my heart still swarmed with anxiety. Within what seemed like eons, yet was probably less than minute, the guide attached himself to the rope and helped me back to land. Jason hugged and kissed me and wiped away my tears. I was equally in shock from my potential death and proud of myself for confronting my fears.

There were only two short lines after that, interspersed with a tight rope walk and climbing up a tree ladder. After I realized I could get through the scary ones, the rest were a lot more fun. I survived zip lining, but I had never been more scared in my life. The fear of falling, akin to the fear of failing, was so real that danger felt imminent. Yet, my only option was to keep sliding down the mountain. Somehow that didn't feel like the

Chapter 12: Honeymooning

answer to appease my nerves. *Wasn't that just another form of falling and failing?*

When we finally disconnected our harnesses and felt our feet safely back on land, I smiled again. But even though I could feel the ground beneath my feet I couldn't find a sense of stability. I still felt as though I was nervously suspended in the air. It was a similar feeling to ice skating, skiing, or roller skating; when I took off my boots it always took me a while to remember how to walk normally again. Yet, those instances didn't include a horrifying fear of death. Maybe fear of a sprain, but nothing that caused me that much anxiety.

I did my best to regain normalcy and told Jason, "I'm still in a bit of shock and I'm hungry. I need a large glass of wine and a salad."

He laughed, "Okay, we can do that for you. Let's get some lunch."

We ate a lovely lunch in the jungle, went back to the hotel for fun, and then went out to dinner for Johnny Cakes at a Lolo near our hotel. Lolos are permanent open-air food stands with delicious indigenous food. Johnny Cakes are one of their specialties, fried corn puff-pastries similar to Native American fry bread but made out of corn instead of wheat flour. After dinner we walked through the town and along the beach to gaze at the sea and the stars. It was a perfect way to relax after such a stressful night.

Chapter 12: Honeymooning

The last day we went swimming and hunted for seashells, since his mother requested we bring her home a seashell. It was a seemingly impossible feat in water so clear we could see the algae from the plane. It was, in fact, so impossible that we ended up purchasing her a seashell from a gift shop. We laughed together that the beach was so perfect we couldn't find shells larger than the size of a nickel.

As the sun set, Jason said it was time to get out of the water and get ready for dinner and our trip home the next morning. Our trip had been perfect, and I didn't want it to end. "No! Not yet!" I said, whining and grinning all at once. "Can I just live here? Not on the island, but in the water?"

He laughed. "So, you want to be a mermaid?"

"Yes!" I laughed back, still upset, but trying to make the best of it. I sang in response, "Under the sea... Under the sea... Darling it's better, down where it's wetter, take it from me!"

We joked around and swam a bit more, until the water got cold. We had a grand time joyfully playing in the water, enjoying each, last, tiny, minuscule, moment of being on our honeymoon. I eventually picked myself up and returned to land, but I was still sad. And more than that, I was afraid.

What will life be like back home again? Will he hit me again? Everything has been wonderful on this trip; will he continue to be the wonderful man I thought I was marrying?

Chapter 12: Honeymooning

We had a great last fancy meal, including frog legs, filet mignon, frog, sorbet, and after dinner Courvoisier. We walked around the town and soaked it all in. We were sad to leave but took solace that we had a wonderful time and did everything we wanted on the island. I told myself life would continue to be fun and wonderful together when we returned home to Vegas. I put all my fears aside and focused on being happy.

Chapter 12: Honeymooning

Chapter 12 Explanation

Jason was so kind and sweet to me on our honeymoon. At first, it felt disingenuous, especially after what happened on our wedding night. But it didn't take long for me to ignore that night and push the memory into a far corner of my mind. I relished in the feeling of thinking our marriage and honeymoon was going exactly the way it was supposed to go. I was moving forward, the way I had always done, ignoring the warning signs and wearing the rose-colored glasses.

It felt weird to me, and perhaps a warning sign, that he wanted me to be completely nude at the nude beach, yet he chose to leave his swim trunks on and swim the same way at the nude beach as he would if he was with his family. It didn't feel like a warning sign at the time, though, because I recognized that many people would have felt uncomfortable being completely nude in public. The issue wasn't that he didn't want to be nude in public, it was that he wanted me to be while he wasn't. The warning sign was the inequality of it all, perhaps another nod to his support for the patriarchy.

When we went zip lining, I was so afraid. Yet, Jason supported me and helped me feel less afraid. He was providing another of those "good times" that I could latch onto and focus on. The zip lining experience made me feel that he was there for me, we could have adventures together, and those gave me signs that he would always continue to give me adventures and support.

On the last day of the honeymoon vacation, though, I was so fearful to leave and return to regular life with Jason. I loved feeling good in those "good moments." I returned to my eternal state of optimism and focused on more good times ahead. This is another example of how abusers can create good moments with their partners, which makes those partners ignore all the warning signs of abuse, and even the abuse itself.

Chapter 13: Cooking

Chapter 13: Cooking

We received a multitude of wedding presents, and a majority were cooking tools from our registry. I hadn't cooked too much before, and Jason didn't cook at all, but I was excited that these gifts could help turn me into my severely misconstrued idea of the 1950s housewife with perfect cooking skills meets Betty Page/Suicide Girls/That One Porn Star You Really Want to Meet. I was determined to have it all, plus excel at my job and get promoted; and you know, while we're at it, buy a house and have kids. I told myself I could *totally* live the "American dream."

Jason and I never met eye-to-eye when it came to taste preferences though. It seemed we both enjoyed the food in the Caribbean, but once we got home, he went back to telling me he only liked pizza, hamburgers, chicken strips, wings, and corn dogs. He also liked fast food and dive bar fare, and select meals cooked by our female friends who embodied the perfect wives with perfect children, homemade meals, and talks of nightly blow jobs.

I was vegetarian before Jason and I met, but readily gave it up when I got tired of cooking two separate meals. Or, more accurately, when I thought living up to his expectations, and the American dream, were more important than my personal decision not to eat animals.

Chapter 13: Cooking

Not that many of my meals appeased both of us. And when I first started cooking, a lot of them turned out pretty bad. It took me years to figure out how to not burn rice, even after I bought a rice cooker. Although, I had grown a lot from when I was a teenager and burned a pot of water because I forgot about it.

Jason continued to tell me he didn't like it when I cooked. I was always trying to use new flavors and spices, or sneak vegetables into the sauces. When I started cooking for him, he agreed to doing the dishes when I cooked. I agreed to do the dishes when *he* cooked, but that only happened three or four times throughout our entire relationship.

One day, he saw me unpacking groceries and immediately started inspecting all the produce. He picked up one. "What is this?" he angrily asked.

"Chives."

"Are these onions? They look like onions!"

"They're similar, but they have a different flavor."

"Hmmph." He set them down and picked up another. "What are these?"

"Shallots. Like a mild garlic." I knew I was stretching the truth on both of these, but I also knew that they had distinctly different flavors than standard white onions. I wanted him to expand his palate, so I got creative in my vegetable choices and descriptions.

Chapter 13: Cooking

"I see… That might be okay, then. But not those other ones. They're too green. I don't like green vegetables," he said with both narrowed eyebrows and a laugh. He half chuckled at his own pickiness while he was half angry at me for my adamancy for us to eat vegetables.

I laughed back. "Okay, well… What if I just put a little into a sauce, and if you don't like it, I can make you a different sauce?"

"Okay," he agreed. "Only if the other sauce is marinara because I know I like that."

"Alright, honey, I can do that for you," I said with a sigh and smirk. I tried not to sound too patronizing, but I know I was.

That plan worked for a while. But after a few months, he even got tired of that. He asked, "Are you sure you want to keep cooking? It's so much work for you and there's always so many dishes!"

That broke my heart. I so badly wanted to eat healthily, spend less money on food, and most importantly, be the perfect wife. I pleaded with him, "Please, honey, can I cook for you? I promise not to put any vegetables on your plate. I'll try and find more meals that we both enjoy, and if you don't like it then you don't have to do the dishes."

He pouted. "I don't know, are you sure you're okay with that?"

Chapter 13: Cooking

"Of course!" I beamed, delighted he would allow me to keep cooking. "I want to make meals that make us both happy and I'm not going to stop trying!"

He sighed. "Alright, babe. You're the best. But also, if I don't like it, I'll still be hungry, so in that case, could we order a pizza?"

"Sure, honey. Whatever you want. I just want us both to be happy."

He grinned, and we hugged and kissed.

Jason and I both liked steaks, but that was something else he never wanted me to cook.

He explained to me, "You want to cook it on a pan, and that's not the same as the grill. Besides, no matter what you do, yours will never be as good as my dad's steaks. His are the best!"

I pleaded, "But, even if I cook it on a grill?"

He laughed, "No, babe. Even if you did it the same, it wouldn't be as good as his. He's the best at cooking steaks."

I tried to conceal my disappointment and laughter. His dad cooked the cheapest cuts of meat to medium-well, seasoned them with Johnny's garlic salt, and topped them off with A-1. *Yeah, his dad's steaks were the best.*

Chapter 13: Cooking

I daydreamed about my childhood memories of my dad cooking medium-rare T-bones on our outdoor grill, overlooking the garden, hot tub, and lake. He added a dash of sea salt and pepper and grilled them next to the Walla Walla sweet onions we bought from local farmers on the side of road. He baked Yukon Gold potatoes and served them with heaping sides of local sour cream, cheddar cheese, and green onions.

"Yup, your dad's steaks are the best. It's okay, I won't try cooking steaks again...." I told him to appeal to his ego. But even as I said this I lamented and persisted. I wasn't, nor have I ever been, too keen on giving up.

A moment later I whined, "Can I please try one more time?"

He smirked. "No." And then resumed playing his video game.

The next week I found the "Epicurious" app on my phone and read and learned about the vast possibilities of food in the world. I searched "steak" and found a lot of options. In the meantime, I watched far too many cooking shows, and "learned" that French cooking was the way to go. It was, clearly, according to all the chefs on TV, the *only* way to cook. I have since learned that is just the predominant cooking culture, not the truth, which is generally not a culture that allows for other cultures to showcase their knowledge and expertise.

Chapter 13: Cooking

I learned how to make steak au poivre. I bought pink, grey, and white peppercorns, and watched them bounce on the pan. I carefully cut the minuscule fat from the Trader Joe's organic T-bones, and I laid them down. I watched the oil bounce across the pan and around the steaks and spooned the peppercorns closer to the meat. I smashed garlic and rosemary into the pan with the spoon and ladled the herb-smoked oil onto the meat as it melted. I carefully pried open the oven mere inches to check on my potatoes au gratin, which I proudly prepared with my newly-purchased-and-first time-used mandolin. When I knew he wasn't looking, I cautiously peered on my paprika and lemon-zested broccoli in the toaster oven, careful not to, "infest his meat with my vegetables," as he would say.

The meal was looking perfect. When I noticed he was between video games, and dinner was almost ready, I called out to him. I made sure to make eye contact and told him dinner would be ready within 15 minutes. He acknowledged, so I opened the Cabernet Sauvignon-Syrah blend from Columbia Valley, Washington state and inhaled deeply. The familiar scents of homemade cooking and fresh herbs made me smile.

I plated our meals and smiled again. Granted, I hadn't paid attention to presentation and plating skills at that time, so they didn't look like the *Top Chef* meals on TV. Yet, I thought our white square plates we chose as our wedding place settings looked beautiful. They were clean, simple, and didn't lend any points of opinion to anywhere beside the food. To me they were

Chapter 13: Cooking

perfect. And to him, well, he eventually chose them, but his first choice was the rounded-off ivory version that were a few dollars cheaper. My first choice was the stainless-steel square plates that would have made every food shine, but they were more expensive, so he refused to have a discussion about choosing those.

I placed the T-bones and potatoes au gratin on the plate, and they looked, well, quite frankly... boring. I tasted the olive oil and peppercorns in the pan, and it was great but needed something else. I added some cabernet and cornstarch and made a beautiful sauce. I felt pride and joy as I whisked it onto our plates in an attempted artsy drizzle that unfortunately looked more like a kindergartner's wall paintings meets Jackson Pollock than Matisse meets Dali. I sighed and retrieved my broccoli from the toaster oven. I tasted a tiny piece of the crispy top broccoli flower crest and placed one hand on my stomach and one on my heart. *At least I can make myself happy.* I placed the broccoli on the plate and smiled.

I brought the plates to the living room coffee table, where he was playing his favorite violent video game. With my plate in one hand – brown steak; white potatoes; and green, red, and yellow, broccoli – and his in the other – brown steak; white potatoes; and two or three meandering pink peppercorns amongst a sea of black and white ones – and placed them on the table.

I wanted to get his attention without disturbing him, so I sat on the couch and gently rubbed his arm and nuzzled against his neck. I gestured with a sweep of my

Chapter 13: Cooking

arm ala Vanna White and said while proudly grinning, "Dinner is ready."

He looked at me through one eye, and briefly through the other, to acknowledge my presence and the dinner I cooked sitting in front of him; and then averted his glance back to the TV while saying without looking at me, "Hang on, there's just a few more minutes left in this match."

I tried to conceal my pout as I busied myself to ensure all the extra flavors he might need to smother his steak's flavors were on the table for him, like salt, pepper, butter, hot sauce, and Johnny's seasoning salt. He already had his favorite beer in his hand, but I knew it must have been warm by then, so I brought him a new, cold one. I noticed his match was ending, so I stroked his arm with mine, nuzzled against him, and placed his cold new beer within fingertip distance. I tried to be gentle and cautious, but after a few minutes of him ignoring me, I grew impatient. "Dinner is ready!" I chirped and watched his eyes lower to judge his plate. His eyes and brows darted between the plates and our patio.

I saw his muscles move toward the patio, and suddenly saw his chin jut forward in that direction. He cautiously turned back to the plate, and then to me. "Thank you for putting in all this effort... It's just... that... well we don't have a grill and it's just not the same... and my dad uses Johnny's, and you know that's really the best...."

Chapter 13: Cooking

I had been cooking nearly an hour. I didn't mind the time because I enjoyed it, though I definitely minded his lack of optimism and enthusiasm in my cooking. I felt my shoulders deflate toward my toes. I tried to find some semblance of pride for the meal I prepared that he debased before tasting. I meekly smiled back to him and gently tugged on his right shirt sleeve. Somewhere in between a whisper, a whine, and a plead, I said, "I know, honey. But there are other flavors out there. And we do have community grills, but we still need to buy charcoal and use it when its warm enough outside. In the meantime, I thought I would try and make us a nice meal and use some of the cooking skills I've been reading about and learning…" I breathed heavily before I proceeded. I asked, "Will you please try it?'

He frowned, stood up toward the doors to the right and said, "Sure; I just need to have a smoke first."

He went outside for a few minutes, and after a few minutes and a bite or two of my broccoli, I joined him. I couldn't handle the anxiety of his anticipated return. We exchanged some nondescript words, and eventually went back inside to eat together.

He gently scraped the sauce off his steak, and then shoveled a large bite into his mouth. He shrugged his shoulders and mimicked shivering to show that it was cold, as he told me with his mouth open, "It's cold."

I raised my right eyebrow to meet Orion's belt and lowered my left shoulder to meet the Grand Canyon.

Chapter 13: Cooking

"So? It's obviously your fault," I gestured back to him without saying a word.

He finally finished chewing, and then concocted a half smile on his face. It was half appreciation and half feigned gratitude attempting to shine through full displeasure. He then broadly smiled and said, "Thank you." He deeply breathed and then continued, with a raised eyebrow and smirk in his cheek, "I mean, it's not my dad's, but I guess it will work." He laughed, "It will do, pig. It will do."

I humbly smiled and accepted it. It was all I could hope for, even though his half acceptance was accompanied by his demeaning joke. We peacefully ate our steaks and then I did the dishes. Over time, I eventually ended up doing the dishes for 90 percent of the meals I cooked, despite that he said he enjoyed at least 50 percent of them.

Over the next few months, and the course of our marriage, I continued to use the Epicurious app to teach myself how to cook. Each week I chose a new flavor-profile region, chose meals and recipes, and purchased and learned about the spices and flavors from that part of the world. I also noticed recipes from different areas had different preparation techniques, so I learned how to do each one needed for each recipe. He was never satisfied, and I was never satisfied that he wasn't, but I was always still happy to have learned something new.

I wanted to cook what would make him happy. But I also knew he would only be happy if I cooked his

Chapter 13: Cooking

standard burgers, pizzas, and chicken strips. If I had to cook those same things for him every week, I would have lost all desire to cook. Especially given the level of gratitude I had come to expect. I continued to find ways to attempt to compromise and appease both of us.

Chapter 13: Cooking

Chapter 13 Explanation

This chapter illustrates the subtle manipulation and emotional abuse that I didn't recognize was occurring at the time. I had so many expectations for how I was supposed to be a good wife. Some of them came from society, some from myself, and some from him. He never said that I had to cook, or in fact ever wanted me to, but I felt that going out to eat or eating boxed food for every meal was unhealthy and expensive. I also firmly believed felt cooking was a necessity for our daily lives, so I just did my best to do it in a way that would appease both of us.

The problem was that Jason would never be satisfied, which is part of the classic case of an abuser. Abusers consistently move the goal posts, so their partners are always trying to live up to expectations that can never be met. This keeps the partner in a constant state of feeling not good enough, which lowers self-esteem, which then lowers the partner's self-confidence in holding their boundaries about what is acceptable in a relationship. This lowered self-confidence also increases feelings of dependency upon the abuser, because the partner often feels that they are not good enough to be with someone else instead, and so they do not even consider it. This is emotional abuse.

Chapter 13: Cooking

When Jason asked, "Are you sure you want to keep cooking? It's so much work for you and there's always so many dishes!", I responded with, "...I'll try and find more meals that we both enjoy, and if you don't like it then you don't have to do the dishes." Jason made it sound like he was concerned for the amount of cooking and cleaning work for me, but he was actually manipulating me into doing all of the work, the same way he manipulated Manny into driving the entire 24-hours to Las Vegas.

When Jason left the room to smoke when the dinner was ready, I wrote that "I couldn't handle the anxiety of his anticipated return." This anxiety I had about what Jason would do when he returned and tried the meal is a warning sign of me not listening to my instincts. It is normal to have a little positive anxiety in the form of excitement when you have done something for someone and want to see their reaction, such as giving someone a present for their birthday. But anxiety with anticipation of a negative reaction is a warning sign that something is wrong in the relationship.

Another sign is that I gave up being vegetarian for him – not because he asked me to, but because I didn't want to cook two separate meals and I wasn't a good enough cook yet to figure out how to do it more easily. The warning sign here is that I relinquished my values for him. This tends to occur early on in abusive relationships as abusers find ways to control their partner to fit their impossible desires. I did not recognize that was happening, though over time I found

Chapter 13: Cooking

more and more of my values and hobbies slipping away.

At this time, it was still early in the marriage, and I was determined to make our relationship work. I literally learned to excel at cooking just to attempt to make my marriage work. I don't think there's a lot I wouldn't have done at that point. But I did also write, *"At least I can make myself happy."* I suppose somewhere deep down I knew that was all I really could do. If you find yourself, or someone you know, in this situation, continue to work on your own happiness and do things to improve your self-esteem and confidence. Do your best to hang onto your values and interests. These skills will help you find a way to make changes when you are ready. They are also good skills for life in general, whether single or in a healthy relationship.

Chapter 14: Adventuring

The next day, in the late summer of 2012, I looked through the dark smoky bar, across the red vinyl seats and beyond the slot machine jeers. Las Vegas has slot machines at nearly every bar, even higher end ones off the strip and especially the dive ones we usually frequented. I twirled my ranch-covered romaine on my fork and watched Jason shovel chicken strips in his mouth. I thought about the disappointment of the previous meal we had together, the disappointment of the current one, and pondered how to make improvements to our stagnant life.

Suddenly, I nearly jumped out of my seat and said, "Let's go travel! Let's have adventures! Remember when we rented the boat back home, and then again with Clint and Jenny? I need more adventure in my life! What else should, can, we do?"

He laughed. "I don't know, babe. What do you want to do?" Where do you want to go?" he asked with one raised eyebrow and a slightly cracked smile.

"I don't know!" I answered excitedly. "Well... We can go anywhere! Where should we go?"

He laughed, "I don't know."

Chapter 14: Adventuring

"Okay," I answered, pausing to think. "We could go somewhere in the U.S., so it's not too expensive… and let's go somewhere we've never been!"

We then looked at a map and chose a few cities that interested us. We looked at airfares for Boston, New York, Chicago, and D.C., and quickly realized that the further away the cities were the more it cost to fly there.

"What about Denver? Or somewhere in California? Or Utah? Arizona?" I rattled off places a stone's throw from Las Vegas.

He sighed. "Eh, Utah sounds boring; Arizona would be cool but then we would see your family and that wouldn't be as exciting. We've both been to California a zillion times… Denver? Maybe?"

"Okay! Let's look at Denver!" I ignored the comment about not wanting to see my family. I priced out Denver and found out we could afford it.

He laughed again, and said, "Well, okay. Maybe you're a little too excited right now. Let's talk about this in the morning. But tomorrow is our weekend! Let's talk about that! We can travel somewhere here!"

It felt condescending when he dampened my spirits, but I also appreciated his enthusiasm. It was more than I had seen from him in months. I laughed back. "Okay, I get that. Road trip? Maybe we could go somewhere around here that's not too far away."

Chapter 14: Adventuring

With a half eye roll and shake of his head, he said, "Eck, no. "I don't want to drive anywhere. Maybe we can find something fun to do in *this* city."

I sighed, but wanted to continue the idea of an adventure, so I accepted defeat as much as I compromised. I said while building excitement with each word as I tried to convince him as much as myself, "Okay! Let's go have an adventure on The Strip! Let's go to every hotel casino, and eat and drink our way up and down, and see all the sights!"

He kissed me on the cheek. "You're adorable, honey. You get so excited." Then he laughed again with dismay, and replied, "Well you know The Strip is four miles each way. And that's just on the streets. If you take into account walking between casinos, up and down escalators, and across bridges, well that's a lot more. But, uh, yeah, I guess we can try it and go as far as we feel."

I nearly jumped out of my seat with excitement. He finally wanted to do something different from our weekly routine. "Yay! Okay let's do it! Let's go home now and go to sleep so we can get up in the morning and get an early start!"

He rolled his eyes. "Alright, one more drink first."

We cheered with our glasses and kissed on it.

The next morning the sun gleaned its way into our bedroom window, and instead of wincing and turning

Chapter 14: Adventuring

in toward Jason the way I normally did, I leapt out of bed and opened the curtains. "Okay!" I beamed. "It's adventure time!"

We drove to The Strip and parked at The Venetian, one of the more prominent casinos on the northern side. I wanted to experience all the casinos had to offer, including their tacky impersonations of real-world culture, so I asked if he wanted to take a gondola ride. He replied he did that with his ex-fiancée when they came to visit before we met. I didn't want to try and make my own version of that memory with him; I wanted new memories. New adventures.

I pouted, and then exclaimed, "Okay! Let's go look at all the art here! Let's walk around and see everything we normally walk past on our way to the clubs and casinos!"

He partly agreed and partly obliged. He seemed pleased to see me finally happy at something that he didn't completely hate, and I was glad he was doing something new with me. We walked around and admired the art, and I pointed out replicas of the originals I had seen in Italy. The replicas were surprisingly accurate to my recollection.

Next, we went to the Mirage, and watched the manufactured volcano erupt and create excitement over an otherwise very peaceful pond surrounded by plants and bushes. I was struck by the beauty of the foliage against the screaming neon lights and posted a picture online. I captioned it, "Juxtaposition of nature and

Chapter 14: Adventuring

capitalism." Later, my sister commented and said, "Um, that's not nature; that's pretend nature that was planted in Vegas." I laughed because I knew that, but I told her it was the closest to nature I had seen in a while, and the plants were in fact real, breathing plants. She agreed, but still made fun of Vegas since it was rare that I actually saw trees there. "Lol," her text read. "You're excited because you're seeing trees." She was right.

She had recently sent me a picture of the beautiful fall leaves in the Northwest, and I loved it. I wanted to show her that Vegas had fall too. I took a picture of our young green trees in our apartment complex and changed the photo filter to sepia, so it looked brown and red. I sent it to her and proclaimed, "See! We have fall here too!" She was still right; Vegas didn't give me the sense of nature I desired. Yet I continued to seek and appreciate the instances I could find. And joke about those I didn't.

Jason and I stood arm-in-arm and watched the volcano erupt with surprise and delight. Then we headed south to the Flamingo. I inhaled as we stepped inside. "Mmm!" I beamed. "I know everything is hot pink inside and the building is light pink, but it actually *smells* pink!"

He shook his head. "You're crazy, babe."

I laughed in agreement to his usual dismissal of my "crazy" ideas. "I know, I know, you're right! Nothing actually *smells* pink... But okay, what smells pink? Not

Chapter 14: Adventuring

real pink, like roses, but…" I paused, and then asked in genuine wonderment, "Manufactured pink?"

He shook his head again, "I don't know, honey; and I don't know what you're talking about."

I suddenly figured it out. "Cotton candy!" I exclaimed happily and confidently.

"Okay, babe. Sure." I didn't let his lack of excitement shake mine.

I then noticed that each of the casinos had their own distinct scents. The Mirage smelled a little like plants, and a little like smoke, like eucalyptus and campfire. The MGM smelled like lilies, The Venetian smelled like part ocean air and part Old World red wine, and The Paris smelled like freshly baked bread and rain on pavement. Each casino smelled exactly like the environment they were trying to create. It felt almost as though we actually got to travel.

As soon as we got outside the casinos, the feelings dissipated. The 105-degree Vegas summers on The Strip smelled like a quarter-part sunscreen, quarter-part chlorinated water, quarter-part burning pavement, and quarter part urine. And it was so hot that I watched the carbonation from Jason's cola drop all the way down the side of the aluminum can in under 10 seconds. As though in slow motion, the condensation droplet fell to the pavement and splattered on the ground. It evaporated mere seconds later.

Chapter 14: Adventuring

So, when we walked into the manufactured-scented casinos, we not only escaped the overbearing heat and urine smell, but we were greeted by cool 70-degree air conditioning. Casinos in Vegas were a reprieve in all ways I could ponder. We continued our journey along The Strip; saw the actual flamingoes at the Flamingo, bought yard-long drinks, watched the baby tigers play at the MGM, ate pastries at The Paris, watched the dancing fountains at the Bellagio, and gawked at the nude statues at Caesars' Palace.

At one point we stopped at the seemingly monolithic monstrosity of the cola store. He considered which mementos to purchase for his family while I feigned interest on the outside and laughed at the atrocities of capitalism on the inside. He was happy, though, and I was glad for that. He didn't often seem to be happy, so I set out on a goal to make him happy as often as possible. I had been trying to make him happy for the past year or so. Whenever I saw the glimmer of his happiness as a reality, I tried even harder to figure out what I could do to keep him feeling that way.

I saw they had a cola taste testing, where we could taste soda flavors from around the world. He solely drank cola, brown ale, and energy drinks. Not milk, water, juice, wine... nothing else. When he was a teenager, he bought a mini fridge for himself because his sisters, "kept taking all the cola." He kept the fridge as an adult and continued to use it for his beverages throughout our relationship. When our main fridge went out in our apartment one day, I counted the mini fridge as a blessing and quickly moved all our food in

Chapter 14: Adventuring

there. One day when he was out of town, I filled it with equal amounts of all three of his favorite beverages. He was ecstatic and proclaimed me the "perfect wife." Mission accomplished. When I saw the tasting opportunity, I knew he would be excited for all the different kinds of sodas, and I was excited for an opportunity for us to experience new flavors together. The pitch of my voice raised about an octave, as I said, "Let's do this!"

Underneath my excitement I also stifled laughter about the ridiculousness of tasting chemically concocted flavors. Yet, I was happy. Happy to experience new flavors with my husband, regardless of their ingredients. I always enjoyed encouraging him to enjoy life and be enthusiastic about it. It was a challenge for me to cut past his stoic steadfastness toward my annoyingly positive enthusiasm, but I always tried.

He leaned toward me and nearly jumped forward on his toes and smiled, "Yes!"

I was overjoyed. We found a way we could both enjoy flavors together. We had a blast tasting everything, comparing flavors and opinions. We talked about sodas as though they were wines. "This has a lemony start but a chemically finish," I casually commented.

He quizzically responded, with a pout and a smile, "Really? I taste more lime, and a hint of orange."

Chapter 14: Adventuring

We laughed as we gazed at one another with full smiles and hearts. We were happy together.

Chapter 14: Adventuring

Chapter 14 Explanation

I was pretty bored in my marriage and my life. I tried as hard as I could to keep my life interesting; I was still applying for new jobs nearly every night, I was learning cooking skills to entertain myself and hopefully make Jason happy, and I was searching for adventures in the meantime. I think that it is pretty natural to have more stagnant times in one's life, but I think my feeling of boredom was actually more a feeling of restlessness and being uncomfortable.

I was getting emotionally abused on a regular basis without realizing it, which made me feel restless instead of happy and stable. I did feel as though Jason was being, "condescending when he dampened my spirits," as I wrote, which discouraged me from trying harder to improve my life and our lives. He took my idea of traveling and lessened it to my idea of a short road trip and lessened it even further to traveling along The Strip, twenty-minutes from our apartment, where we went every week. Even once we made the plan to go to The Strip, he appeared to be partly obliging, which may have been manipulation to make me feel happy with that so I wouldn't push the conversation about travel further. I actually can't recall either of us ever bringing up the idea of taking a vacation together after that.

Chapter 14: Adventuring

Once we were on our "adventure," I did feel that we were both happy. There were other times that we felt happy, like when I stocked his mini fridge with his favorite beverages. I continued to hang onto those little moments because they were so rare and precious. Those little moments felt so wonderful compared to the rest of our relationship, so I kept striving for more of them in effort for us both to be happy. But he kept moving the goal post, as abusers do, so it got harder and harder to actually find those moments. I didn't stop trying, though.

Chapter 15: Assisting

The 2012 presidential elections were between Barack Obama, the incumbent Democrat president running for a second term, and Mitt Romney, the Republican challenger. I was frustrated that Obama hadn't fulfilled many of his promises under his 2008 campaign, but I believed he would achieve them in his second term. As a lifelong liberal, I believed Romney wouldn't do anything positive for the country. Jason claimed to not like either candidate; throughout the election he said he remained undecided.

Las Vegas offered early voting, so at the first opportunity, Jason begrudgingly, and I excitedly, went to the voting booth. I researched the local issues and briefed Jason. On the way, I asked him if he decided for whom he was voting for president.

He answered, "I don't know yet."

He had previously told me he was socially liberal and fiscally-conservative, so I was confused he hadn't made up his mind. "You don't know? Well can you please just vote for Obama then? He aligns much more closely with our values than Romney."

"Maybe. I'm still thinking about it. And even so I don't have to tell you. Voting should be private."

Chapter 15: Assisting

I balked and rolled my eyes. After we voted, I asked him, "So who did you end up voting for?"

"I couldn't decide, so I chose to vote for Romney to cancel out your vote."

"What?! If you couldn't decide, you could have done more research to make an informed decision! Or voted for the Green party to give them a chance to get on more ballots in the next election! Even *not* voting would have been better than canceling out my vote to spite me! And you *know* how I feel about not voting!" I was furious.

He laughed, "Well, voting is private, so I guess you'll never really know. Maybe I voted for Obama. Or maybe I just skipped voting for the president and just voted on local issues."

I chuckled. I would never know for whom he voted, and as angry as I was, I had to accept that he saw it as a personal decision. A few days later we heard President Obama won.

I shrieked, "Let's go drink! Let's go out!" I texted friends to see if anyone was celebrating. It was late when the results came in, and our friends were apathetic when it came to politics, so no one wanted to go out. I scoured social media to see if there were any local parties but came up empty-handed. I read online that in Seattle people were marching in impromptu parades. I figured there must be someone in Vegas celebrating since a majority of Nevada voted for Obama, so I convinced

Chapter 15: Assisting

Jason to go to the neighborhood bar to watch the acceptance speech and see if people were rejoicing.

At the bar we found a handful of people sitting by themselves and gambling, with sports highlights streaming across nine out of ten TVs. One TV showed Obama giving his speech, so I asked the bartender if we could turn up the volume. He quickly changed the channel and said, "We don't do politics here. This is a bar."

"But! It's not 'politics'," I cried. "It's our country's president!"

"He's not my president," the bartender said flatly. "I didn't vote for him."

I persisted. "Whether or not you voted for him doesn't dictate whether or not he's the president of *our* country."

The bartender rolled his eyes, and said, "Fine. But we don't do politics here."

I rolled mine back at him and then towards Jason as though to say, "Really?!" Jason shrugged his shoulders and then patted mine. I accepted defeat of not celebrating the moment with anyone in person, and instead reveled in the victory of liberalism prevailing. I felt the country's collective joyous spirit. I ordered my food and drink and found a streaming video of the acceptance speech on my phone.

Chapter 15: Assisting

Jason put his arm around me to console me. It seemed like he finally understood my struggle with living in a city with such apathy. "I'm sorry, honey. I know this is important to you. It's just not as important to everyone else. We can watch more when we get home."

Political disagreements aside, I appreciated how he listened to me, understood my frustration, and did his best to make me feel better.

In November of 2012, and at the end of President Obama's first term, the economy had improved, but the availability of good paying jobs still left something to be desired. Adam, Jason's dad, had been unemployed for nearly two years. He worked in finance, and reminded us of this on a regular basis, so to me it seemed he allowed that pride to prevent him from applying for any jobs outside of that field. He told us he had been struggling to find anything decent in Washington, and eventually began applying for finance jobs in Las Vegas, figuring he could be closer to his son. He and his wife, Cassie, whom he affectionately called "Mommy" when around his children, were still happily married. She was a preschool teacher, though, so she wanted to stay in the Northwest and teach "her" children, as she called them. It was the only job she ever had, and she said she loved it.

That November, Jason got a call from Adam, and went in the other room to talk to him. When Jason returned, he approached me with lowered shoulders, raised eyebrows, and his sweetest possible face.

Chapter 15: Assisting

"Honey…" he drew out with a smile, "Could my dad come live with us for a couple weeks? He got a temporary finance job here in Vegas and needs a place to stay until he finds out if the job will become permanent. I know it will be kind of annoying in such a small space, but you know it's my dad…" he trailed off.

"Of course!" I beamed. "He's your father, he raised you and supported you and we should support him too! When is he coming?" We had only been married for six months and were still figuring out our lives as newlyweds, but I wanted to be supportive of his father.

"Tomorrow."

Literally taken aback, I took a half step backwards. "Okay…" I stammered. I wasn't emotionally ready for tomorrow, and the apartment was clean, yet tiny. I looked around the room to process everything and finally said, "So he'll sleep on the pull-out couch in the living room?"

"Uh, yeah I guess so." It didn't seem like Jason was emotionally prepared either.

Jason and Adam were like two peas in a pod, and often acted more like brothers than father and son. They both wore polos and jeans or khakis as though it was their uniform; they both enjoyed shopping as a hobby and were loyal to particular brands; and they both liked the same dive bar food and cola when they're not drinking beer. They looked at servers with disgust when they hear they serve the other cola brand. They were

Chapter 15: Assisting

also both pretty funny guys that enjoyed pandering to audiences. They shared similar views on politics, described themselves as fiscally conservative and socially liberal, and were both stubborn regarding those topics.

At first, I thought it was fun having another person around and getting to know Adam more. Jason seemed really happy to have his father, his buddy, around so often. I cooked them dinners, and Adam always made a point to say thank you, tell me what he thought about the food and generally ate what he was given without complaint. His feedback was mostly compliments, but sometimes he would politely ask for a minor change, such as the food temperature, the following time I cooked, which I didn't mind too much. It was much better than the way Jason handled his disappointment and I hoped Jason would learn from his father. Although one time I made a vodka sauce, which is a blend of alfredo and marinara sauces, and Adam laughed and said it looked like vomit. He wasn't completely wrong, but the sauce was delicious and the comment stung.

I tried really hard to cook meals we all liked, but the boring pizza, burgers, and chicken wings they enjoyed so much bored me. I tried to find ways to make meals more interesting. It was an interesting dynamic with them, though, as they commonly ridiculed Cassie, for her lack of cooking skills. So, when Adam praised my cooking, and therefore convinced Jason to say something grateful, it felt nice to finally feel respected. However, a part of me felt bad for Cassie, knowing they should have been giving her the same courtesy. This is when it dawned on me that Jason was used to not showing people appreciation, and his parents never taught him otherwise. I decided I would simply make peace with that and appreciate his positive traits such as his sense of humor and ability to put people at ease. He could always make a joke to help people relax, including myself, and I loved that about him.

Jason and I never quite saw eye-to-eye or understood each other when it came to cleaning the apartment. I often suggested having a cleaning schedule, in which we would take turns cleaning the floors and bathrooms on Sundays. Somehow, though, he always found excuses and fun things for us to do instead of cleaning.

He would say, "Let's just relax! We've been working hard all week! Don't you want to enjoy your weekend?"

I sighed, smiled, and snuggled up to him. I *did* want to relax. "Yes, honey, I do. Okay, we'll just relax today." I still wanted the apartment to be clean though, so I often just cleaned everything in the evenings before he returned from work. Surprisingly, though, a third person living with us exasperated the issue instead of simplifying it. There were more people living in a shared space, yet I was still the only one cleaning.

I soon grew tired of procrastinating and living in a dirty apartment. I told Jason I cleaned the floors that week, so he needed to clean the bathroom. He said he would, but a few weeks went by, with the bathroom

Chapter 15: Assisting

growing dirtier each day. I could have cleaned it myself, but I didn't want to become a pushover to his laziness. I started a boycott. It was Jason's turn and he knew it.

I came home one day and saw Adam cleaning the bathroom. I raised my eyebrows and rolled my eyes. "What are you doing?" I asked, attempting to smile through my passive-aggressive words.

He grinned at me, "I'm cleaning the bathroom! It needed to be done! Aren't you glad? Do you want to help?"

I sighed. I hadn't told Adam about my boycott or frustration with Jason, as it wasn't really his business, but I was angry. I wanted Jason to do his part, not have his wife and his daddy do everything for him. I felt perplexed in how to proceed. A small part of me was grateful, but I was more mad than anything else.

"Um, thank you..." I said shyly. "It's just that... Well, Jason and I discussed we would take turns cleaning the bathroom and he hasn't done it in a few weeks. I want him to participate in keeping the apartment clean. I shouldn't have to do everything myself. If we do it for him then he'll see that he can continue with this behavior."

Adam laughed. "Well, he obviously hasn't had time for it, so we might as well do it."

"Yes, I see that perspective. But why does he have any less time than we do? You work longer hours than

Chapter 15: Assisting

both of us, so if we're looking at this from the issue of time than you certainly shouldn't be the one cleaning. He and I work the same number of hours; he just stays up later playing video games. He could definitely clean before or after work, or on weekends; he just needs to make time for it."

Adam grinned at me. "Oh, it's not a big deal. Let's just do this together."

I sighed, retrieved a roll of paper towels, and began helping him. A little later Jason came home and jumped into assist, but not without first asking, "What's for dinner? Is it ready?"

I gently told him, "Well I've been helping your dad clean the bathroom, but I did just start boiling water for pasta. It will be ready in half an hour or so."

Jason grimaced, complained he was hungry, and suggested I finish cooking dinner while he and his dad cleaned.

On the surface, it felt like we compromised because everyone was finally pitching in to help. I smiled, but I felt a pain in my heart. Had I compromised more than them? I had to clean *and* cook? Something didn't feel right. Perhaps his general lack of appreciation and assistance affected me more than I realized. I reminded myself Adam wouldn't be there too much longer, and that Jason and I could work out our issues in private once Adam moved out.

Chapter 15: Assisting

Chapter 15 Explanation

I was very angry when Jason told me that he voted for Romney to, "cancel out my vote." I sort of understood when he said that voting should be private, but I also thought that was weird because I grew up in a family discussing politics and believed it to be a normal part of discussions. I decided to accept that it was his personal decision that I did not need to be part of, but when he said he was purposely trying to cancel out my vote, that seemed to be out of spite and not privacy. Jason making important decisions to spite me instead of because of the decision's consequences, such as who would be our country's president, was a warning sign.

In earlier chapters, I wrote about how I couldn't quite explain what felt weird about Jason's parents. It felt wrong that Adam, Jason, and his sisters ridiculed Cassie's cooking. I believe it is wrong to make fun of people, and especially wrong to make fun of your wife or mother. When someone treats other people badly, especially their own family members, that is a warning sign. Jason saw Adam do it, which I believe taught Jason that it was acceptable to ridicule me as well.

This also showed me that Jason was really never taught to appreciate people's words or actions, which was becoming increasingly evident in the way he

Chapter 15: Assisting

treated me. I do my best not to judge people's family dynamics, as I understand that every situation is unique. However, I think it is helpful to look at how their partner's parents treat one another, and how their partner treats their parents and other family members. If I had done this more objectively from the beginning, and also paid closer attention to the way that Jason's family treated me at the beginning, it is possible I wouldn't have chosen to move away with him and marry him. I think that family dynamics that feel unsettling can be a warning sign, depending on how your partner talks about it.

A part of me was thankful that Adam took the initiative to clean the bathroom. But I was really trying to keep it a private issue between me and Jason. I had hopes that Jason and I could work it out between us, but when Adam got involved, I felt that it made things worse because then Jason did not have to take responsibility for letting our place get dirty. Jason did actually start cleaning, but he also saw me cleaning, and then he still asked me what was for dinner. Jason expected me to do all the cooking and the cleaning; he had normalized this manipulation so much that it was just part of our regular life and relationship. I was so used to giving in and doing what he wanted that it felt normal.

I also found it strange that Adam said Jason didn't have time to clean, when he worked the same number of hours as me and fewer hours than Adam. It seemed to me that Adam made excuses for Jason's behavior in lack of cleaning, which I could only guess was an

Chapter 15: Assisting

extension of his childhood. At this point, I was starting to gather the information that Jason didn't really grow up with discipline or consequences for his actions. His childhood development without consequences, coupled with his earlier signs of selfishness, were warning signs that he did not think or care about how other people felt.

Chapter 16: Disagreeing

A few weeks after Adam moved in with us, I came home from work and saw him watching TV. I looked at what he was watching and was suddenly jarred into shock. His favorite conservative news channel blared across the screen.

"Oh...uh..." I stammered, looking for the words I wanted to say. I eventually remembered how to cheerfully say, "Hi! How are you?"

He gently laughed and said, "Hi! I'm good how are you? Is something wrong?"

"Um, well, yeah... I just never expected to see conservative news on my *own* TV in my *own* living room. I'm sorry, but I have a really big problem with this. Can we please watch something else?"

He leaned his neck back to try to look at me, and said with surprise, "Oh, I mean I guess so. Is there something you wanted to watch?"

"Honestly, I wasn't planning on watching TV right now. But I just can't really deal with this being on in my own home. It's right-wing propaganda and I don't think anyone should ever watch this. Can we please watch a more liberal news channel instead?" I asked as politely as I could muster, despite my immeasurable disgust

Chapter 16: Disagreeing

with the situation, while I silently acknowledged I was suggesting the direct opposite type of news source.

He laughed again, and said, "I feel the same way about that channel that you do about mine." It seemed his knee-jerk reaction to anything controversial was to laugh and make a joke.

I really liked one particular news anchor on that channel, and also enjoyed some of the other shows. I valued liberal media as an educational tool for what occurred in our country and world. However, I didn't see how Adam and I could compromise on this situation, and it felt like any time spent continuing this conversation would have been awkward and created space for a heated political argument. I thought Jason could have appeased the situation, but he wouldn't be home for a few hours, and I didn't want any potential drama. I remembered my mom's wise words of, "Choose your battles."

He wouldn't have been much help if he was home, though. He constantly criticized my favorite liberal news anchor, and over time he made me believe she wasn't good because that's what he thought.

"Okay, but I'm not sure where we can compromise here... Maybe a news channel in the middle? But it's fine, I'm going to take a walk and read by the pool."

Adam chuckled and I walked out the door. Jason and Adam always had the TV on, and over the years with Jason, I had become accustomed to it. But this

Chapter 16: Disagreeing

interaction reminded me that I could do plenty more with my time than watch TV.

When Jason came home that night, Adam told him about our previous conversation and laughed about it. Eventually, the conversation with the three of us turned to the Papa John's CEO's remarks on Obamacare. I told Jason and Adam what CEO John Schnatter said: "We're not supportive of Obamacare, like most businesses in our industry. If Obamacare is in fact not repealed, we will find tactics to shallow out any Obamacare costs and core strategies to pass that cost onto our consumers in order to protect our shareholder's best interests, (Schnatter, 2012)." He later said he would increase the cost of pizza by 14 cents in order to fund health insurance for his workers. In 2010, Papa John's had one of the lowest rates of insured employees in the service industry.

Adam emphatically said, "I agree with him! I don't think companies need to be responsible to pay for health care; people can get it on their own!"

I meekly persisted, "Well, it's really expensive to get healthcare on their own, and if the CEO can afford to live in an Italian villa replica, he can afford to give his employees health care. Have you *seen* his mansion?"

Jason excitedly, said, "Yeah! It's so cool! I want a house like that! And besides if he built the company then he can live however he wants."

Chapter 16: Disagreeing

I rolled my eyes. "That's not the point. If he has that much money, he has enough to provide health care. Or he can do as he suggested and raise the price of pizza 14 cents to cover it."

At this point Jason and Adam became angry. They each took a few steps closer to me. I was standing in the narrow hallway between the kitchen and the bedroom. Jason stepped further in, and then so did Adam. I stepped backwards to create more space for myself and felt my back hit the wall. They literally cornered me in the hallway.

Their eyes pierced with anger. Adam glared straight at me and said, "That's not how business works. You don't know anything about business. You just don't understand this at all."

I squinted back at him through tear-filled eyes of fear and did my best to confidently say, "Maybe you don't understand anything about ethics."

Both Jason and Adam puffed up their chests and glared at me with laser-sharp anger in their eyes. I had no idea what to do or say next. I was equally afraid of their anger as I was angry that they were so selfish in their beliefs. I wasn't going to apologize for what I felt and knew was a true statement about their ethics. I turned down the hallway, went to the bedroom, and grabbed my running shoes.

Jason followed me in, exclaiming, "You're just going to leave? In the middle of the argument?"

Chapter 16: Disagreeing

"Um, yeah." I said indignantly, while tying my shoes. "I don't know what else to do or say here and I feel uncomfortable. I'm just going to take a walk around the apartment complex."

He yelled, "No, you're not! You need to stay and finish this conversation! And *apologize* to my dad!"

I stood up and darted out the door. I didn't know how to handle my emotions, and I needed to leave the situation, so I literally ran away from all of it. I was scared.

Jason ran after me and yelled, "Come back here! You can't do this! Don't go past the gate!"

I turned and looked at him with shock and anger. I yelled, "Don't go past the gate?! I'm not a dog! You can't tell me what to do!" and kept running.

A few minutes later, though, Jason was still following me, and I realized I couldn't keep running away forever. I finally stopped and let him catch up to me. I calmly looked him in the eyes and said, "I just need some time with my thoughts and to let off some steam. Please try and respect that, and I'll be back inside in a few minutes." I chose the word "that" instead of "me" because I thought perhaps, he would respect *the situation* even if he couldn't respect *me* in that moment.

I was wrong. "No!" he yelled. "You need to respect *me*! And *my* dad! You need to come back so we can finish this conversation!"

Chapter 16: Disagreeing

I yelled back. "No, I don't! We don't have to finish this! What's the point?! Clearly no one will change their stance so why do we need to keep discussing this?"

"Because! We have to! You're not allowed to leave!"

I chuckled. "That's the second time you've said that now, and now I find it funny. I'm not *allowed* to leave? You know you're not in control of me, right?"

He huffed and puffed. "Okay, well, I know that. I'm sorry. But!"

"But what?" I asked with a raised eyebrow and ironically sweet tone.

He sighed. "Ugh, I don't know. You have to come home eventually, you know."

I laughed, more loudly this time. "Oh, is that right? You're telling me what to do again? I mean, I get that at some point I will need to come back to the apartment. But I don't literally *have* to. It's pretty warm out tonight. I can stay out here as long as I feel like. Or I can go hang out with a friend, or hell, I don't know, even fly home to Seattle. I don't *have* to come home."

"Fine. Do what you want." He turned and walked away.

In a sing-songy voice I said, "Thank you! I sure will!"

Chapter 16: Disagreeing

I ran around the apartment complex twice. I let out some energy and eventually conceded I needed to go home. When I returned, I walked directly to the bedroom to sleep while issuing a fake apology to Adam and Jason. I didn't even look at them. I had no more energy to deal with them.

The next month, Cassie, Jason's mom, came to visit for Christmas. Her female presence balanced the dynamic and everyone got along much better. The four of us spent the holiday weekend shopping on The Strip and going out to eat at the dive bars their family cherished so much. I had guessed that she said something to Adam and Jason, because even after she left, they seemed to be treating me much more nicely. It might have been because we stopped talking about politics, and the news altogether, but somehow, we all learned how to get along. Jason reasoned about not talking about politics, and said, "There's just no need to bring it up, and it's okay if we don't agree on everything." I fundamentally disagreed with them and their beliefs, but I was determined to live my life peacefully and focus on my career. I agreed not to discuss politics with them anymore.

Chapter 16: Disagreeing

Chapter 16 Explanation

It is a warning sign that Jason, "constantly criticized my favorite liberal news anchor, and over time he made me believe she wasn't good because that's what he thought." This is the same abuser tactics he used with me to lessen my self-esteem. He gradually said more and more disparaging comments toward me, my values, and my interests that eventually made me doubt the them and myself. These were separate statements, but the tactics were the same, and both were forms of emotional abuse.

When Jason and Adam cornered me in the hallway, I felt frightened. Feeling scared of your partner and your partner's father is absolutely a warning sign, and using intimidation is a form of abuse. I felt so scared that I felt I needed to leave the apartment. I don't think a person should ever feel afraid of their partner, or anyone in their partner's family, and especially not to the point that they feel they need to leave.

The only thing I could think to make me feel safe was to leave the area. Then Jason followed me and tried to make me come back, which immediately removed any feeling of safety I had temporarily found. In a healthy relationship, a partner does not make their partner feel unsafe and they do not try to put their partner in an unsafe situation. I obviously felt unsafe

Chapter 16: Disagreeing

enough to leave at the time, yet less than an hour later I went back home to them.

This situation created the beginning of the formation of a trauma bond. Trauma bonds are attachments between survivors and abusers, that are formed out of a power and control dynamic. Jason had already been emotionally abusing me and creating a sense of control over me through that abuse. Yet, I loved him and didn't recognize the emotional abuse was happening, so I felt connected to him.

So, when he put me down, I tried to ignore it and change his mood to make him happy. Each time that happened, and I saw a change in his mood after my efforts, he and I became emotionally closer, and bonded. Then, when we shared a traumatic experience, where I felt scared of him and his father and he felt scared of me running out the door, and then we somewhat resolved the issue, we felt even more connected.

We were also connected through oxytocin, the love hormone. We loved each other, and each time we went through a turbulent time and then came back together, our oxytocin hormones increased and our trauma bond became deeper. When the hormone is increased it increases trust between people and reduces fear.

Jason's emotional abuse lowered my self-esteem and self-confidence. So, when he told me he needed me to come home I was mad, yet I was also still emotionally dependent upon him. He was the person that broke down my self-esteem and confidence, yet he was also

Chapter 16: Disagreeing

the person that brought me back up, which was yet another aspect of the abuse cycle.

"We need to break you down in order to build you up." I've heard this concept used before with sports, and also personally heard it at high-end hair salons and restaurants where I have worked. Abusers, and anyone who wants to "mold" you into who they want you to be (bosses, coaches, etc.), use this tactic. They break down your self-esteem, and then when you do things the way they want you to, they praise you and bring your self-esteem back up.

This emotional abuse, as the ingredient for the trauma bond, is what brought me back home to the apartment that evening, and what prevented me from even *considering* leaving him when he tried to control me. Another subtextual reason I believe I stayed was the societal aspect. Jason and I had only been married a few months, and messages from society told me that would have been "wrong" to leave my husband without "trying harder to make it work."

Part of why I wrote this book is to try and change the way that general society looks at relationships. I think that if more people understand the dynamics of abuse, and see its warning signs before it causes emotional, psychological, and/or physical pain, then people might be more accepting of people "giving up" on marriages. My hope is for people to understand that individual people's happiness is of far greater importance than of society's "need" for couples to stay together for the "sanctity" of marriage.

Chapter 17: Working

By January 2013, Adam had been living with us for two months. But I had been focusing on work and learned not to let the cooking, cleaning, and political issues get to me. We actually remembered how to have fun together, and regularly enjoyed watching Seahawks football games and going out to dinner.

When I started working at TravelCo, I sold leisure travel over the phone, which was one of their most entry-level positions. When I moved to Vegas six months later, I was promoted to a Level 3 Senior Agent, and handled customer complaints. Six months after that I was promoted to a Senior Booking Representative in the business travel division. Six months following that, I was promoted to a Lead Booking Representative. I answered my peer's questions and helped them solve complex travel problems. I moved up quickly, and I wanted to keep going. I joked with my friends that at this rate, "I'll be CEO in just a few years!"

However, that plan stalled. I was a Lead Booking Representative for two years, and in the meantime, I had applied for several management and training jobs. Each time, my managers told me I was their second choice and encouraged me to keep trying.

Jason consoled me through each failed attempt. He made me feel better when I was sad, and he told me he understood when I needed time to work on more job

Chapter 17: Working

applications. I occasionally asked if he thought about looking for a promotion, but he said he was happy where he was. He had also been promoted to a lead agent in his division, but only as a temporary position without an accompanying pay raise. His managers told him they liked his work and would make it a permanent change as soon as they had room in the budget. Jason was happy in his role and happy with the recognition, so he chose to stay. He had more faith in his managers than I did in mine.

One evening at work I felt my luck might change. The Operations Manager, Kevin, and Vice President, Clark, were visiting our Las Vegas office from their Northwest headquarters. They walked around the office and observed the employees. They stopped at my cubicle aisle and asked my peers and me about our daily job duties. I showed them all the questions I answered through queues via email, within software programs, instant messages, and in-person. They were impressed with the amount of work I handled and the way I answered their questions. We casually chatted and shared our ideas for improvement.

The next week I sent an email to Kevin and Clark and thanked them for their time. The same day, Clark wrote me back! It read, "Hey Kate. Nice meeting you. If you should ever need anything, let me know. Let's keep in touch. – C."

My face literally made an "O" shape in both surprise and delight. The VP not only enjoyed meeting me, but enough to email me and let me know he's here for me?!

Chapter 17: Working

I was in shock and bounced off the walls with joy. I wrote him back, "Thank you so much! Will do! Hope to see you soon!"

The next year, I met the Training & Design Manager, Rufus, at a training meeting at headquarters. After the meeting he told me I would make a great trainer and encouraged me to apply for the opening. I applied and interviewed, but confusingly to me, he ended up hiring someone else. A few months later, I applied and interviewed again to be a trainer, but in a different division of TravelCo. One day when I was about to go to my third round of interviews, I saw Clark was back in town. He pulled up a chair next to my cubicle.

"Hey!" He said in a friendly yet inquisitive tone. "I hear you're applying to be a trainer somewhere else?"

I smiled back, raised one eyebrow and pouted, in attempts to show appreciation and indignation all at once. "Well, it's still within TravelCo, but I've already applied to be a trainer in our division, and a few times to be a manager, and it hasn't worked. Therefore, I figured I would keep applying for any available opportunities." I looked him straight in the eye, and said, "I would like to stay within this company, but more importantly I would like to continue moving up in my career."

He raised his eyebrows in surprise. "Well, we would like to keep you here, so if there's anything we can do to facilitate that please let us know."

Chapter 17: Working

I chuckled. "Sure. Make me a trainer."

We shared a laugh, he wished me luck in my interview, and told me he would see what he could work out for me within our division. That afternoon he emailed me. He said he spoke with the Operations Manager and that they thought I would make a great Instructional Designer (ID). IDs write the training material for the representatives, and as a Lead Representative I was already writing training articles. Whenever I saw a pattern of the same questions, I wrote and emailed everyone detailed instructions on how to solve the issue. The next time someone asked me the same question I referred them to that email instead of explaining myself again. My articles saved myself and the agents a lot of time and allowed all of us to get back on the phones to help people more quickly. This produced more time for me and the agents to be on the phones, which improved our call data, which the higher managers appreciated.

I also enjoyed writing training articles, and the representatives told me they found them useful and efficient. Truthfully, becoming an ID was always my end goal, but I had assumed I needed to be a trainer or a manager first. So, when Clark said he thought I would make a good ID right away, I was surprised and flattered. I spoke with the current ID about the position, and I was intrigued and excited. I interviewed for it a few weeks later, but my pattern continued. Encouraged to apply by upper management and then not selected by middle management. In the meantime, Rufus had told me he still wanted to make me a trainer first. I had

Chapter 17: Working

trouble believing him when he didn't choose me when *he was the one* who encouraged me to apply for the one.

A few months later there was an email announcement that one of the IDs was leaving their position. I emailed Rufus and asked him if that indicated there would be an opening. He told me he would be in the office the next week and we could talk about it then. The next Friday he came by my desk and asked me to come chat with him when I had a free moment. I was nervous but excited!

He sat me down, looked me in the eye with humility and sorrow, and said, "Here's the thing. We are hiring another ID, but we only have two in the department. The one that's staying has a lot of travel experience, as do you, but the one that's leaving has ID experience and we need the other ID to have technical skills."

I nodded. "What kind of technical skills do you need?"

He paused. "Well… I want to provide our representatives web-based simulation training instead of only step-by-step articles, and I found a software program I want the IDs to use to write these."

I asked, "What's the program called? Can I try it?"

His eyes lit up. "Really? You want to try it?" He gave me the name of the program and told me there's a 30-day free trial on their website.

Chapter 17: Working

"Okay!" I said excitedly. "I'll try it out this weekend and see if I can learn it! I learn software programs really fast!"

He chuckled, "I'm sure you do. I look forward to seeing what you can come up with."

I went home that night and downloaded the program. I spent the entire weekend learning how to use the features and found it surprisingly straight forward. By Sunday, I learned enough to write my own training. I created a basic training on how to book hotels and emailed it to him Monday morning.

Rufus wrote back a few hours later. "Wow! I am really impressed! You learned this so fast, and I can't believe you actually already wrote a training program! But... we really need to write training on Sabre [Sabre is a web program with a complex language for booking flights, that looks like MS DOS]. Do you think you could do that?"

Whew. I was intimidated as hell. Since the software was archaic in both style and application, I knew it would be hard.

I wrote back. "Thank you! I'm happy you liked it! Well, it seems difficult, but I can certainly try! This is Thanksgiving weekend, so I'll have a longer weekend. Can I please have until Monday?"

"Sure!" He enthusiastically replied, with his routine signature of "Cheers!"

Chapter 17: Working

I liked that he signed "Cheers!" as it was friendly and non-descript, but I always kind of chuckled because it wasn't as though we were clinking glasses and relaxing.

I laughed to myself as I replied, "Thank you so much!" and signed, "¡*Salud!* (Cheers in Spanish)." That weekend I produced exactly what he asked.

"Wow! You did it! I want to say I'm surprised, but after seeing you learn the program in just a weekend... Well, this is fantastic! We will be conducting interviews for Instructional Designers soon, and I'll be sure to make sure you're included. Thank you so much for all your effort in this!" He signed, "Ypa (Cheers in Russian)." From that point on, Rufus and I always signed our emails with cheers in different languages, teaching one another new salutations.

A few months later, in January 2013, I hadn't heard anything about an interview. By this point I had already experienced several career rejections, so I wasn't upset about them anymore, but I was still determined to find something that made me happy. I interviewed for jobs in the beauty industry, and other travel jobs throughout the city. I was eventually offered a job selling beauty supplies from a wholesaler to salons, a job I had dreamt about long ago when I was a hair stylist.

I decided to take the leap of faith and accept the beauty sales job. I gave my managers my two-week notice and sent a farewell email to my colleagues. I also

Chapter 17: Working

sent a separate email to Rufus, thanking him for his support and explaining the reasons for my decision.

That afternoon I received an email from Clark, the VP, saying, "Hey. I hear you're leaving us. Why? – C."

I explained again what I told him the last time I had seen him, using Las Vegas betting vernacular. "Well, I've applied for several promotions, here and in other divisions, and even been encouraged to apply for promotions, and somehow, I've still been skipped over. I talked to Rufus about the ID position, but I haven't heard anything in months. The past has shown me how this will work out, and I'm not willing to play a losing hand. I'm hedging my bets and taking the promotion being offered to me. Thank you for everything, but I need to make the practical decision for me."

A few hours later he wrote back. "What if we gave you the ID job and offered you more money?"

I was stunned. I had already accepted the other job. I was looking forward to going back to the beauty industry, yet I was hesitant since it was a commission-only sales position. Now the company I had been with for four years was offering me the job for which I had been lusting. Yet with all the heartache they'd already caused me, I wondered if I would experience that again as I continued to move up the career ladder. *Would it be worth it? Should I trust them?*

I thought it over and talked to the current IDs as well as people in the beauty industry. The current IDs liked

Chapter 17: Working

their job but stressed how difficult and stressful it was. I was told the beauty industry was struggling to survive in an economy still recovering from the recession. I was also told that at TravelCo I would get five weeks of vacation time, healthcare benefits, and a 401K. At the sales job I would only get one week of vacation time with none of the other benefits. I leaned toward TravelCo but also felt guilty about accepting and immediately rescinding the other position. I also felt nostalgic lust for the beauty industry and optimistic the economy would continue to strengthen.

The next morning, I had a surprise conference call with Rufus and the new training manager he hired. They asked what I was thinking. I hadn't decided yet. They responded by offering me the largest salary increase I'd had in my life.

I gave them a resounding yes! I got my dream job and more money than I ever imagined! I was ecstatic! I went upstairs to Jason's office to share the good news with him. We hugged and kissed, and he shared my excitement. I felt truly happy, loved, and appreciated for my intelligence.

I came home and Adam was there, so I shared my exciting news.

He tilted his head to the side and shrugged his shoulders. "Hmm... How did you get that job?"

I recounted the aforementioned story. He raised his eyebrows up and his head back in utmost surprise. "So,

Chapter 17: Working

that's it then? You told them you quit, and they offered you the job so you would stay? You didn't do anything else?"

He dismayed me to a point of temporary shock. He seemed to be insinuating I flirted, or worse, to get the job. "Well, um, yes, that's the end of it, but didn't you hear the beginning when I networked and then learned the software in one weekend?" He had been out of town visiting his wife the weekend I did that.

He smirked. "Sure, yeah, I guess so. Okay, well, then, I guess 'congratulations'?"

I was angry. I stifled my yearn to roll my eyes and instead smiled to myself on the inside. *I don't need him to be happy for me. I'm happy for me, and this is the happiest I've been since the honeymoon. And Jason is happy for me and supports me.* Out loud I laughed and said, "Well, yes! Thank you!"

I went to the grocery store and bought myself champagne and flowers. I called my friends and family and they showered me in praise and excitement. I felt better immediately. A few hours later Jason came home and smothered me in hugs and kisses. We popped open champagne and hugged and kissed even more. I was so happy – I had a wonderful husband, an amazing career, and incredible friends and family. Life seemed perfect.

Chapter 17: Working

Chapter 17 Explanation

In the second sentence of this chapter, I wrote, "I learned not to let the cooking, cleaning, and political issues get to me." At that time, I felt that I was making a smart decision to not worry about those things, because I had other things to work on. Yet, those parts of life are very important to me. Cooking and cleaning are part of daily life, and while political issues may not be important to everyone, they are to me. I had set aside my issues with daily life and things I cared about so I could carry on. This was a safety technique. It was also a warning sign that I did not feel safe to talk about what was important to me. Jason and Adam scared me, so not bringing up those issues anymore kept me safe. Had I considered how vital those things were, I would have left him. I just wasn't in a place to consider leaving him at that time because I hadn't truly found myself and my inner strength at that time, nor did I recognize the emotional abuse.

Jason did eventually learn how to support me through my career endeavors, and I really appreciated that. I really believed he was what kept me happy and emotionally supported through all my career rejections. Adam, however, did not know everything I had gone through in my attempts for promotions, or what I did to get this one. He immediately judged me and questioned my integrity. I was furious at his reaction. But Jason was not his father and Jason supported me, so I still counted

Chapter 17: Working

the day as a win and pushed Adam's reaction out of my mind.

There are three very difficult chapters to read in this book, more than the chapters you have already read. One is the next one. Before each chapter like this, you will see this warning. Please be kind to your emotional health and make the decision that is best for you.

Warning: Before you read this next chapter, be sure that you are in a clear and calm headspace to read it. It is very intense. You can also choose to skip it and get a summary in the next explanation section.

Chapter 18: Changing

Chapter 18: Changing

The next week, I made plans for Jason and myself to celebrate my new job. I booked us tickets to see "Absinthe," a burlesque cabaret on The Strip. Jason and I had been talking about wanting to see it for the past few months. He and his dad wanted to watch the playoffs game at a Seahawks-supporting sports bar on the other side of town that afternoon, so we made plans for me to pick Jason up after the game and bring him dress clothes to wear to the show. While they watched the game, I enjoyed a day celebrating my success. I got a massage, went out for a nice lunch, and went shopping.

I had a Nordstrom gift certificate, so I wandered around the store and contemplated how to spend it. I decided I had rewarded myself enough, so I decided to buy something for Jason. He had been complaining he needed a new dress shirt, so a sales associate helped me find him the highest-quality shirt that would best fit his slender body. It was silver, slim-cut, and quite nice. I had brought his other dress shirt with me so he could change into it when I picked him up, since I hadn't planned to buy him one, so I used it as a fit comparison. I was excited to give my husband a nice gift "just because," that he could wear that night. I was excited to make him happy with this nice surprise.

Chapter 18: Changing

I texted Jason when I was on my way to pick him up at the bar, but he didn't respond to my text. I went inside and found him and his dad. Adam looked at me with surprise, then back at Jason, and shook his head. "Good luck with him tonight."

I furrowed my eyebrows. I didn't know what he meant. Jason looked up at me with a big drunken smile. He greeted me warmly, but he seemed irritated at something else. He explained, "It's been a rough game; the Seahawks haven't been playing very well so we've been drinking a lot."

I nodded, and then shook my head and chuckled. "It's just a game; you don't have to let it affect your emotions."

They glared back at me. Adam said, "Well it's a playoff game! It's pretty important!"

"Oh, okay, you're right, I'm sorry," and stifled yet another eye roll toward him. Jason and I said goodbye and we left for the burlesque show.

When he got in the car, I said, excited to give him something and lift his emotions, "Look in the backseat! I got you something today!"

"Really? You didn't need to get me anything," he said, irritated, while picking up the box. He opened it.

I beamed, "It's a dress shirt! Like you've been wanting! What do you think?"

Chapter 18: Changing

Annoyed, he said, "You didn't have to do this. You know how hard it is to find a shirt that fits me. It's probably not going to fit; just take it back."

Surprised and confused, I asked, "Why don't you just try it on?"

He yelled, "No! Then we can't return it! I don't want to mess with this right now!"

As gently as possible, but also still pissed off, I replied, "It's from Nordstrom. You can try it on and still return it, even if you accidentally remove the tags."

He yelled back, "I don't want to, and I don't want, or need, you to do anything for me! I can take care of myself!"

I sighed. "Okay, well I brought your other shirt, too, so you can wear that one." He didn't respond. A few minutes later, I cautiously asked, "How was the game with your dad? Did you guys talk about something that frustrated you? What else is going on?"

"Ugh! No! Leave me alone!" he yelled while he changed into the shirt he already owned and muttered "thank you" under his breath.

We drove the rest of the way in silence. When I parked, I got out of the car to get my dress shoes from the trunk. He jumped out and immediately walked toward the venue without looking back to wait for me

Chapter 18: Changing

or even notice I was changing my shoes. I hurried and ran after him in heels, which I infrequently wore.

I finally caught up to him, tapped him on the shoulder, attempted to catch my breath, and said, "I'm sorry, honey. For whatever I did to upset you, or for whatever it is that's upsetting you. I love you. Can we please just walk together and have a nice time at the show?"

He shook his head and without words, darted through the crowds in front of me. He eventually approached a casino hallway intersection and stopped. He let me catch up with him. I thought he had finally calmed down. Instead, he angrily asked, "Where is this damn show? Where are we going?"

I led the way and he argued with me about every turn. Every possible decision on the way, we yelled, *Should we go left or right to get around these people? Should we get a drink before or after we get in? Where should we sit?*, and continued arguing about every mundane thing until the show started. I was sad, angry, and mostly confused. *How did buying him a shirt make him so angry with me?* I knew it was a deeper issue that he most likely didn't understand himself. I put up with his anger and did my best not to further it, and instead tried to focus on being excited to see the show. I tried to make small talk and commented on the size of the venue, but he argued about that too. He acted as though he was right about everything. His insistence that he was right about everything made me feel small and unimportant. I chose seats in the middle of the aisle and sat down.

Chapter 18: Changing

"Why do you want to sit *there*?" he asked angrily.

"Oh, um, I thought it seemed like the best view. Do you, um, want to sit somewhere else?" I gently responded.

"Um, yeah!" He said as he cocked his head to the side and looked at me like I was stupid. "We should sit on the aisle so we can leave to smoke if we want, and when it ends, we won't have to wait for everyone else to leave first," he said knowingly, as though his opinion was the only right one.

I stood up and patted his arm. "Okay, honey, wherever you want. I think the view will be better from here, but your reasoning makes sense too."

We watched and enjoyed the show, and then drove the half an hour home in silence. When we walked in the door, we said hello to his dad. Still in the main hallway, Jason turned and screamed at me, "I never asked you to buy me anything! Return this shirt TOMORROW!"

I tilted my head, then looked him straight in the eye and asked, "Why is this such a big deal to you? How could *me* buying *you* a shirt make you so mad?"

He answered with a whine and a yell, "Because my *dad* buys all my *mom's* clothes! I don't need *you* buying me things!"

Chapter 18: Changing

I felt as though he said, "I should be the one buying you things, but I'm upset that I can't." Annoyed with his response and trying to determine the deeper issue, I taunted, "Oh, is your poor ego upset that your *wife* bought you something?"

He threw his hands up in the air and spun around in a circle, as though he was physically looking for an answer. "Ever since you got this promotion, you think you're so cool, now that you're the one making money!" That was the first time he said anything negative about my promotion.

I scoffed. "Um, first of all, I just started and haven't gotten any of my new paychecks yet. Second of all, if you want to get a promotion, then apply to some fucking jobs and try! You should be happy that I'm making money so we can do fun things together!"

His eyes narrowed in rage, and he stepped towards me. He yelled, "Stop being such a fucking bitch!" and slapped me across the face.

Stunned, I stepped back and surveyed my surroundings. Keys and phone on the counter, shoes by the door, and Jason's dad staring back at us, not saying a word. I grabbed the keys and phone, put on my shoes, and ran out the door. I paced around the apartment complex and called my mom and sister for support. They calmed me down and reminded me that I could come back home anytime I wanted. I thanked them but said that I wanted to work on my marriage. We had only been married eight months. I didn't want to stay at

Chapter 18: Changing

home with him that night, though, so I texted our close friends Mario and Lisa who only lived five minutes away from us. I briefly texted them what happened and asked if I could stay there. They started writing back right away and asked questions about what happened.

About an hour after I left, as I was texting them back, I finally felt calm enough to reenter the apartment. I briskly walked past them and to the bedroom to gather an overnight bag and my laptop. I thought about the cliché question of, "What would you take with you if your house was on fire?" and remembered all my pictures and writing were on my laptop.

Jason saw me packing and tore my bag out of my hand. Enraged, he yelled "Where the *fuck* do you think *you're* going?"

"To Mario and Lisa's. Just for a night or two, until we feel calmer."

"Or TWO??!!" he yelled, while throwing my clothes out of my bag and onto the floor.

I screamed at him. "You can't stop me! I can't be here right now!" I clutched my bag, ran into the bathroom, and locked the door behind me. I hurriedly packed toiletries until I heard a calm knock at the door. Since it was calm, I thought perhaps it was Adam checking on me. I opened the door.

Jason rushed in and picked up my phone and keys from the counter. Then he tore my laptop out of my bag

Chapter 18: Changing

and dropped it on the ground. In what seemed like one swift motion, he put my keys in his pocket, grabbed my phone and held it over the toilet, and hovered his foot over my laptop.

"I should stomp on your laptop and break it," he said sarcastically with a menacing look in his eyes, as he motioned toward stomping it. "Just tell me you'll stay and talk about this, and I won't drop your phone in the toilet or smash your laptop," he threatened.

"No! You can't take that! You can't take everything from me!" I screamed while I jumped up to try to grab my phone out of his hand. He was seven inches taller than me and holding my phone as high as he could reach. I realized I wouldn't be able to reach my phone, so I sat down on my laptop to protect it instead.

His face turned red with anger. "Fine. But I'm going to put your phone in the toilet."

"Fine! Just don't touch me and don't take my laptop!"

He spun towards me and grabbed my arms, and tried to pull me off my laptop. He literally did everything I asked him *not* to do. I tried to rip his arms off me, but his grip was so tight that I quickly realized I was wasting my energy and needed another method. I pinched his arms with my nails as tightly as I could and sunk them into his skin until he suddenly stood up and yelled, "Ow!", which allowed me to break free. I grabbed my overnight bag and laptop and ran out the

Chapter 18: Changing

door, faster than I'd ever run before. As I ran down the sidewalk, he followed me and yelled, "I have your phone and keys; so, I'm not sure how you're going anywhere!"

I ignored him and kept running.

Then he yelled, "Hey! You better come back here! If you leave, we're getting a divorce!"

Stunned, yet still terrified, I stopped for half a second to ponder this. For some reason, those words hurt me more than any of his previous actions or words. *This all started because he felt emasculated because I bought him a shirt and I got a promotion? Yet he was so afraid of me leaving him that he used physical force to get me to stay? And once I left the apartment, he threatened divorce?* None of it felt real. I already knew I would forgive him after he called me a bitch and slapped me, but I also knew I needed space to heal first. We hadn't even been married a year; I wasn't ready to consider divorce.

I kept running and saw a neighbor with a light on in their living room. I didn't know what I was going to do, but it was around 11 p.m., so I knew they were my only chance at safety. I knocked on their door, and a man and a woman in pajamas cautiously opened it.

I cried in hysterics, "My husband hit me and took my phone and keys! Can I please use your computer so I can contact a friend on Facebook?"

Chapter 18: Changing

They must have seen the look of panic and tears streaming down my face, so they said, "Um…sure. Come in, have a seat."

I sent Mario and Lisa a Facebook message and asked if they would pick me up. They said they had been wondering why I stopped texting them back, so I briefly explained. I was too nervous to wait in the apartment complex in case Jason came looking for me and saw me through the window, so I asked if they could pick me up at the gas station around the corner. I wasn't sure what Jason would do next.

The neighbors drove me to the station and Mario picked me up. When we got to his house, I told him and Lisa everything that happened. Mario looked surprised, but only responded, "Well, he's my friend so I can't say anything bad about him."

I said, "I understand, and I respect that," but my eyes shot a death glare. *You don't have anything else to say about someone who used physical force to keep his wife from leaving him?*

Lisa said, "Well… maybe you did emasculate him. Maybe you should have been more respectful about that."

I was in shock for the second time that night. I couldn't believe those were their responses. *Didn't they know physical violence is never acceptable? Didn't they know it was wrong to threaten and say hurtful words to your spouse? Didn't they know it was severely fucked up to use*

Chapter 18: Changing

physical force to prevent someone from fleeing to safety? I thought this to myself, but ended up mostly disregarding it because I valued my friends' opinions.

I took a deep breath and sat back in the loveseat I had sat on so many times with Jason on our weekly game nights and slumped in my seat. I turned away from them and buried my face in the couch. I felt tears well up in my eyes. I tried to take deep breaths, but they all came out short and shallow. The adrenaline eventually subsided, and I finally began to feel tired. My anger with Jason turned to grateful energy for Mario and Lisa's hospitality, and then sadness for their lack of understanding.

Lisa sat next to me and stroked my hair and apologized, "I'm sorry. I didn't mean to upset you even more. I just wanted to help you see his perspective."

I cried for a few minutes and then said, "I understand. Thank you for letting me stay here tonight."

I went to bed and cried myself to sleep. I felt confused, partially guilty for starting this by emasculating him, and mostly frustrated about the entire experience. I wondered what would have happened if I hadn't talked about my promotion so much, bought him a shirt, bought show tickets, and told him he should try harder to get his own promotion. I also wondered what would have happened if he hadn't drunk so much with his dad watching the game, and what kinds of conversations they had that frustrated

Chapter 18: Changing

him so much. I knew his reactions to me weren't normal, and he was expressing something deeper, but I didn't know what it was. I just wished he would have communicated with me. But then again, maybe that's all he tried to do and maybe it was my fault.

Chapter 18: Changing

Chapter 18 Explanation

Whew. There's a lot to address here. I know that this chapter was intense. This is the halfway point into my relationship with Jason. I wish this was the last chapter and I could tell you I left him after that, but I didn't. This chapter does not show warning signs; it shows actual abuse.

Let's start at the beginning. Jason's dad seemed to try to warn me, by telling me, "Good luck with him tonight," but I didn't know what he meant, and I also didn't think anything he said would have made me change our plans. I was a very determined person back then. I still am, but then, I didn't stop to think much, and I never let anything deter me from my goals, whatever they were. Now, I take a minimum of a few minutes each day to practice mindfulness. Mindfulness is really just being present, acknowledging what is right in front of you, and letting your thoughts about the past and future slip away. Practicing mindfulness gives our brains a chance to rest and pause, which allows our brains to organize our thoughts and process everything so we can make better decisions moving forward. Now, with more mindfulness practice in my life, I give more room to notice things, make alternate decisions when I need, and let things take their natural course. But I didn't have a mindfulness practice back then; I just kept trudging forward, no matter what life threw at me.

Chapter 18: Changing

I can say for sure that a couple things affected Jason's mood that night. One, he was obviously drinking while being upset about the Seahawks game. I don't think that alcohol is what made Jason abusive. He was drunk that night, but he didn't say something emotionally abusive or use physical abuse every time he drank. And I, and many other people, have been drunk many times, but have never hit anyone. I see alcohol as a factor, but not as a reason. I know that some people do become very affected by their sports' teams performances. Again, this could have been a factor, but it wasn't the reason he blew up at me.

I think one thing that I can confidently say that affected his mood was that I bought him a shirt. I am still shocked by this, and I still don't see this as the defining factor. But I started seeing the warning signs of his anger as soon as he saw the shirt. He jumped out of the car without waiting for me, argued about every possible decision as we walked to the show, and remained generally upset throughout the entire night.

Once we got home, the first thing he screamed at me was telling me to return the shirt. I think I was right that my promotion and buying him a shirt emasculated him, which is something I never intended to do. A supportive partner will be happy for their partner, and also appreciate nice things they do for them. I had thought Jason was supportive, but now I believe he was just suppressing his feelings. And then he called me names and hit me. That was emotional and physical abuse, and that wasn't even the most terrifying part of that night for me.

Chapter 18: Changing

I will admit that I yelled things back at him that made him feel worse. That was not my best moment. But it was real, and I did it, so I needed to include it. Perhaps me saying that made it worse. Perhaps it was going to happen anyway. I don't regret it, though. I actually don't regret any parts of this relationship or story. Living in regret, in my opinion, doesn't help people move forward. I can recognize that I had a part on this, learn, and move forward. But I also don't blame myself for how this night turned out or for being caught in his emotional and physical abuse. I am simply recognizing my role in the situation.

I am grateful that I was able to speak with my mom and sister that night. They helped me feel calm again, they validated my experience, and they reassured me they were there for me. Those are the best things they could have done at the time. I wasn't ready to hear it was time to leave him, and to be honest I don't think saying that really helps anyone leave because people need to make their own decisions. They gave me the support I needed in the moment and allowed me the time and space to make my own decisions.

The most terrifying part of that night was when Jason did everything in his power to try and take control of me. I was so scared that I thought about what to do in case of an emergency – because it was, in fact an emergency. I grabbed everything that was important to me and fled, just as one would do if there was a hurricane, fire, or any other disaster.

Chapter 18: Changing

He screamed at me when he saw me packing a bag, and then used physical force and threats to make me stop. But the part of this story that still shocks me, even today, is that even after all that, is that he threatened divorce. I should have been the one saying, "divorce," but it was him that said it to me. In that moment, though, it was the only thing that made me pause from my escape. I had been doing everything in my power to make our relationship work, and our trauma bond was already strong. Yet, I didn't see him really doing anything to make the marriage work, and he was the one that threatened to divorce me. It wasn't right, and I think that's what shocked me. It was a manipulation tactic to try to get me to stay.

Chapter 19: Reconciling

The next morning, Mario drove me to a coffee shop near my home and office on his way to his work. It was two hours before my shift began, but I was grateful for the ride. I asked Mario to tell Jason where I was, in case he was ready to talk. I didn't think I would be able to concentrate at work without talking to him. I attempted to eat a bagel and drink coffee. Instead, I stared into space and attempted to regain a sense of calmness. It never came. I waited for his arrival with anticipation and dread. I eventually realized he wasn't coming and walked to work.

When I arrived at work, my mind was still in a zillion places. All I could think about was an apology and explanation from Jason. But I couldn't wrap my mind around what he could possibly say to make me feel better. I also pondered whether he would even apologize at all. From Mario and Lisa's perspectives, I caused the argument. And since he threatened divorce, it seemed he thought everything was my fault, too. I also knew it couldn't possibly be all my fault, and no matter what, it was not acceptable for him to hit me. I wanted an apology more than anything, but all the other possibilities made me too fearful to talk to him yet.

Chapter 19: Reconciling

With all that on my mind, though, I couldn't focus on work. I felt lost and confused. I couldn't go home until I was ready to talk to him, and he had my phone and my keys, so I couldn't call anyone or drive anywhere. It was his day off, so I knew he was home, and probably hungover and sleeping. I was in emotional and physical limbo.

I asked my friend and colleague, Mary, to take a work break with me. She agreed. I told her what happened. She listened closely and then told me about her ex-husband. "He was emotionally and physically abusive."

"Physically? What happened?" I asked.

"He kicked me and pushed me. But that wasn't really the worst part. The worst was the emotional abuse. He always made me feel like shit."

I hadn't really ever heard anyone talk about emotional abuse; I didn't really know what it was until she explained that. I gasped. "Oh, gosh, I'm so sorry."

She shook her head. "No, honey. Don't be sorry for me. I'm glad I'm out of that." She paused and sighed. "What Jason did and said to you last night was abuse. I've never really liked him anyway… Maybe I've had a subconscious feeling he reminded me of my ex…"

Defiantly, not wanting to believe her I said, "This was just one time, though! He won't do it again!" I had

Chapter 19: Reconciling

repressed our wedding night and still hadn't remembered it happened at that point.

I thought for a moment and slowly said, "It was just a slap. It's not like he punched me or kicked me." And then almost immediately, I yelled, "I don't want to give up on my marriage!"

She sadly shook her head and calmly said, "I get that, but it's still abuse. You don't have to stay with him just because you are married to him."

I thought about her words, but I couldn't truly understand them. They didn't make sense. I knew Jason was being an asshole, but I couldn't remember him ever treating me like that before. He was normally so sweet, and so much fun to be around. Sure, he annoyed me at times, like when he didn't like my cooking, or stubbornly defended conservative belief systems, but above all he was my best friend, my partner, and my husband. And I loved him. None of it made sense to me.

I went back inside and told my boss I needed time off and went home. Jason opened the door and stood in the entrance. He opened his arms widely to hug me. His arms were open so wide that they spread completely across the doorway. I stood still for a moment and pondered the situation. I pouted and shook my head "No." I had no words; I just wanted to go in and sit down, but his stance didn't give me that option. My choices were to hug him, turn around, or talk to him until he let me inside. Thankfully, it was a pleasant day outside.

Chapter 19: Reconciling

He pouted back and crossed his arms in front of his chest. "Why not? Do you forgive me? I'm so sorry! I love you so much!"

"I don't know…" I hesitated… "I love you too, but I don't know that I forgive you yet. Let's talk about this."

He accepted that. He wrapped his arms around me and ushered me inside. I gingerly hugged him back, barely touching him. We laid on our bed together, next to one another, but not cuddling the way we normally would. We needed to be near one another but neither of us were ready to be close.

I gently started the conversation with, "I think you need to see a therapist. You clearly have some unresolved anger issues, and I think it stems from your family and how angry you are with your mom. This issue of 'emasculation' is only an issue because you make it one. You know you are smart, amazing, and capable, and you know how much I love you."

Irritated, but seemingly still open to talking, he said, "I don't need to see a therapist. That shit doesn't do anything; they just tell you how fucked up you are."

I put my hand on his shoulder. "Therapists can be really helpful. Or if you don't want to do that, then you should read a book on anger. I really need you to understand why you did that, so you don't do it again."

"Okay," he sighed. "I guess I could read a book."

Chapter 19: Reconciling

"Good. Let's go to the library tomorrow and find one together that will help you. But you'll never hurt me again, right? Do you promise to never do that again?"

"I promise…" he hesitated. "To try to never do that again."

I was shocked to my core. He knew how much he hurt me, he apologized and told me how much he loved me, and yet he couldn't promise never to hurt me again. I didn't understand.

"Promise to *try?!* Why can't you promise to never do it again?"

"Because I can't say for sure. But I don't want to hurt you. I never meant to or want to hurt you. I just don't know where that came from so, I can't say for sure it won't happen again." I noticed he said "it won't happen" instead of "I won't do that" to distance himself from his own actions.

"Are you sure you won't try counseling? I think a therapist could really help you figure out where your actions came from for that exact reason — so you don't do it again," I persisted while correcting his use of "It."

He thought for a moment that felt like eternity, and finally said, "No. I'll read a book, though."

I thanked him with a hug and a kiss. Next, I brought up the issue of our less-than-stellar sex life since his dad moved in. Once or twice a week in the morning after his

Chapter 19: Reconciling

dad left for work wasn't cutting it for either of us. We talked about how we need to spend more time together, not just for our sex life, but for our emotional intimacy. We soon realized it had been several months since we had a close conversation like this. We both acknowledged we needed to make time for it, so we made plans to take nightly walks.

We smiled at each other and felt resolve. He turned to kiss me on my lips. I turned my head, so he got my cheek.

He threw his head back with surprise and irritation. "What?! You're not going to kiss me now?!"

In the softest, gentlest voice I could find, I said, "Not right now, honey. I will again, but I don't want to right now."

He looked at me with large doe eyes, slowly blinked, and stuck out his lower lip. "Really, babe? But I love you so much!"

I wrapped my arms around him. "I love you too. I just need time to process this."

"But, but, we talked! Aren't we better now?"

"Yes, we're better, but I just need time before I feel comfortable feeling intimate. That's why we need time to talk first. Just give me some time, okay?"

He hugged me back. "Okay. I can respect that."

Chapter 19: Reconciling

I kissed him on his cheek. "Thank you."

He smiled. The rest of the evening was peaceful. We both felt better after realizing we just needed more emotional intimacy.

The next evening after work, I said, "Hey, so I think the libraries are closed now, but bookstores are still open! Let's go to a bookstore and find a book on anger together. There's one just a few minutes away!"

"Nah, not right now," he said with a kiss on my forehead. "I'm not in the mood to think about it anymore. Soon, though."

"Okay, let's go for a walk then."

"Right now? It's 30 degrees outside!"

It was surprisingly cold for Las Vegas, but it was January. And we were from the Northwest, so I didn't mind the cold. "So? We have hats and gloves. Let's just dress warmly; it will be good for us." Taking a walk was also the only way we could have an intimate conversation away from his father, by ourselves.

He begrudgingly agreed, "Okay, sure, I guess we can do that."

We enjoyed a nice walk and talked and bonded about our work lives. That was the majority of our conversations, but they helped us both feel calmer afterward. It was nice to have time to only talk to each

Chapter 19: Reconciling

other, instead of including his dad in every conversation.

The next few nights I suggested going to the library or a bookstore again, but he always said it wasn't the right time. Our weekends were spent entertaining his dad and watching football with him, so those were gone. On work nights all he wanted to do then was eat dinner and watch TV with his dad. I was disappointed he didn't take any actions to understand his deeper issues, but I was optimistic that he simply needed more time to internally process everything. I told Kristina about our attempt to reconcile and Jason's lack of follow-through on getting a book about anger. She said she was sorry for my experience and suggested maybe there was something else he could do besides read a book. She sent me a link to a video about positive communication. Kristina was working on a master's degree in communication, so besides the fact that she was my sister and I trusted her judgment and resources, I especially trusted her choices in communication educational material.

One evening when we were both home and Adam was at work, I asked Jason, "Will you please watch this video with me? Kristina says it's a great lecture on communication."

"Ugh, a lecture? Really?"

"Sure, like in college. You said you really liked some of your professors in college, right? It's the same concept; we're just watching a video of it."

Chapter 19: Reconciling

"I guess that would be okay. If I watch this, do I still have to read a book on anger?"

"I would like it if you did both, but I guess I'll accept either one. Mostly, I want you to see a therapist. But maybe we can talk about that later." I found it easier to compromise with him than to argue and risk him getting angry again.

"Okay, then," he said with a kiss on my forehead. I had still been turning my head away when he tried to kiss my lips.

We sat on the living room couch and watched the video. It talked about a lot of basic communication ideas I had learned in my psychology classes, but Jason didn't take those, so I thought it might help him. It was, though, admittedly, pretty slow, and not bright and shiny and fast-paced like the TV shows we were used to watching.

About 15 minutes into the video, Jason laid down on the couch and began playing on his phone.

I lightly stroked his arm holding his phone. "Honey, can you please put your phone down and pay attention?"

He said, in a perturbed tone, "This is dumb. I know how to communicate effectively. I've heard all of this shit before."

Chapter 19: Reconciling

I gently and slowly told him, "Well… based on your actions, I don't think you do… I've heard a lot of these concepts before too… but I think it helps to hear them again."

He grumbled, "Okay." He paid attention for another five minutes and then went back to his phone.

I was beyond irritated that he couldn't even give me 30 minutes of his time to try and work on our relationship issues. I didn't mean for it to come through my tone when I whined, "Can you please pay attention? Or if you don't want to watch this, we can make you an appointment to see a therapist or find you a book online."

He nearly yelled, "I AM listening! I'm just not looking at it, but I'm listening!"

I rolled my eyes, went to the bedroom, and cried dry tears. I was still in too much shock to cry. I had no more words, no more actions, no more solutions. We were both stubborn, but in this instance, he seemed more so.

Once I gathered my breath, I told myself I would pay close attention to him, his words, and his actions. I decided to simply observe him and determine how to deal with issues as they presented themselves. The methods I had tried didn't work, but I had faith successful methods existed. We loved each other. We were married. We would relearn emotional intimacy and communicate about everything. We would be fine.

Chapter 19: Reconciling

I eventually went back to the living room and sat down next to Jason. I kissed him on the cheek and asked if he wanted to go out, watch TV, or play a game. I was up for anything if it would change our current energy dynamic. We went out for dinner and had a lovely time simply enjoying each other's company. The next night we had our weekly game night with our friends. Everything felt back to normal.

However, I was still curious about from where the deeper issues stemmed and how Adam felt about everything. He was Jason's father, and he witnessed his son slap me across the face. Adam never spoke a word about it, and I needed to know how he felt. One evening when Jason was at work, I looked Adam in the eyes and asked, "What are your thoughts on what happened that night?" Adam regularly avoided eye contact, so I made it a point to address him squarely to gauge his reaction.

"What night?" he asked, with a smile, feigning innocent ignorance.

I rolled my eyes. "The night your son slapped me and tried to prevent me from leaving."

"Oh!" he said, as though he was surprised. Then he turned away from me and said, "That's between you and him. A husband and his wife. I'm not getting involved."

I sharply inhaled and rolled my shoulders back to stand up as straight as I could. I tried to find my confidence to ask my next important question. I took a

Chapter 19: Reconciling

few steps to face him and asked, "So you didn't say anything to your *son* about him hitting his *wife*?"

"I'm not getting involved." He repeated. He walked out the apartment door.

I sighed and tried not to cry. I had been hanging onto a semblance of hope that Jason's father could have talked some sense into him. Or perhaps Adam could have provided me with some insight that would help me communicate with Jason better.

I held onto a small thread of hope that perhaps Adam had a larger influence on Jason than I previously thought. Jason did seem to be happier in Vegas, with Clint, and without his parents. I thought maybe once Adam moved out then Jason would be happier. I held onto my hope that Jason and I could work everything out through communication. I focused on having fun with him. I thought he was the most fun person I had ever met. When he was positive and happy, he was *really* positive and happy. I loved that person and enjoyed every minute with that person. I held onto the hope that one day he would go back to being that person.

Chapter 19: Reconciling

Chapter 19 Explanation

I really wanted to believe that Jason was sorry, that he wouldn't hit me again, and that he would change. I held onto that belief even though he didn't give me any reason to believe any of that was true. This was the beginning of the spiral of physical violence. At the beginning, there is a wide circle that loops around between signs of love and adoration, into signs of emotional and/or physical violence. As time goes on, the circle loops more and more tightly, with less and less time between being showered with affection and being abused. And, the longer the cycle goes on, the more severe the violence becomes.

Another way to frame this is the Cycle of Violence (adapted from https://domesticviolence.org/cycle-of-violence, Domestic Violence: It's Everybody's Business, 2022). The first stage is Tension Building, in which the abuser becomes angry. This anger can be at the survivor, or it can be from anything else, such as work or sports. The abuser uses one or more of these tactics: "sensitive, nitpicks, yells, withholds affection, puts down, threatens, crazy making behavior, destroys property, accusations of unfaithfulness, isolates the partner, or engages the partner to argue." In this example, Jason's tension was building while drinking and watching his sports team lose, then it escalated after he saw the shirt

Chapter 19: Reconciling

I gave him. He used all of these tactics besides accusing me of being unfaithful, which he uses later in the story.

The survivor's response in this stage is to: "attempt to calm, try to reason, try to satisfy with food, agree with the abuser, avoidance, withdrawal, become compliant, and nurture." I used all of these tactics besides attempting to satisfy with food.

The next stage is Acute Explosion, in which the abuser can: "verbally abuse and humiliate, slap, punch, kick, choke, grab, force sex, beat, prevent partner from calling police or leaving, harass and abuse children, restrain, spit, stalk, use weapons, or throw objects." Jason verbally abused me, slapped me, grabbed me, tried to prevent me from leaving, restrained me, took objects, and threw objects out of my bag.

The survivor's response to the Acute Explosion stage is to: "protect self any way, try to reason and calm, may or may not call police, leave, or fight back." I used all of these tactics besides calling the police, which had never entered my mind.

The last stage is the Honeymoon stage, in which the abuser: "Apologizes, promises it won't happen again, tries to justify their behavior, blames drugs or alcohol, declares love, wants to be intimate, buys gifts, promises to get help or go to church, enlist family support, cries, or threatens suicide." Jason sort of promised he wouldn't do it again, declared his love, tried to be intimate, and gave me the idea that perhaps he would get help.

Chapter 19: Reconciling

He also might have enlisted his dad's help, but I could never be sure what, if any, conversations transpired between them about that night. In the Honeymoon stage the survivor: "sets up counseling for the abuser, drops legal proceedings, agrees to return, stay, and take them back, forgives, and/or feels hopeful, relieved, or happy." I brought up the idea of counseling but stopped short of setting it up for him because I wanted him to agree to it and take the action on his own. I did return and take him back, and I did feel hopeful he would change, as well as feel relieved it was over. We went through all three stages in 24 hours, and then went back to life as normal. The cycle of violence typically happens even faster every time it happens. The fact that it happened this fast is very frightening.

These last two chapters showed the cycle of violence, so it was past the stage of warning signs. But there was one warning sign here. When I suggested that he watch the lecture on positive communication and he asked if that would substitute reading a book on anger, I wrote, "I found it easier to compromise with him than to argue and risk him getting angry again." The fact that I was afraid of his anger shows that I was still caught in his abuse and manipulation. I compromised what I needed due to self-protection. This is one of the many reasons that people stay with their abusers. Another is that they believe they will change.

Chapter 20: Weekending

In April, five months after Adam moved to Las Vegas and into our apartment, he told us that his employer decided to make his job permanent. Then he finally got his own apartment and moved out of ours. It felt like a breath of fresh air to finally have the apartment back to ourselves. However, every weekend and at least one weekday evening, Adam wanted to hang out with us. That didn't leave a ton of free time to ourselves, and then we generally chose to spend those nights hanging out with our friends. Adam even joined us some of those nights, hanging out with us and the other late 20-somethings who he tried to make become his friends. As nice as it was to have our apartment back to ourselves, and therefore improve our sex life, we still didn't feel that we had the freedom to relax and explore as we wanted.

Even Jason sometimes got irritated with his dad. He told me, "I'm sorry, babe. I know it can be annoying how much my dad wants to hang out with us. He's just lonely."

"I get that. And I appreciate how much you want to be there for him. But can't he make his own friends? It seems weird how much he wants to hang out with us."

Chapter 20: Weekending

"It's harder for people his age. Plus, I think part of it is that he and my mom got married and had kids so young that he never really had time to just hang out and relax. I think now that he has time, he's bored in the evenings, and he wants to live vicariously through us."

I laughed. "Well, that makes sense. Hopefully one day he can make some of his own friends, though. Not just for our benefit, but for him too."

"He's only really ever had a handful of friends, and most of those my mom has had trouble with, so she made him stop being friends with them. I appreciate that you don't make me give up my friends!" He exclaimed with a kiss on my cheek.

I kissed him back. "Of course, honey. I like your friends, and I like that we're all friends. Friendships are really important for emotional health and happiness, though, and your dad needs that just as much as anyone else. Maybe you could talk to him about that?"

He sighed. "I know. You're right. He will eventually, just give him time. I don't want to tell my dad what to do, though."

I laughed. "Wait, what? I'm right? I'm almost never right!"

He laughed too. "I'll give you this one."

We were finally getting our marriage back on track. He agreed to celebrate our first-year anniversary with

Chapter 20: Weekending

my suggestion of going on a short one-hour road trip to Mount Charleston to be amongst the trees. Life felt nice again.

A few months later, when Cassie's school was out for summer she came to stay with Adam and visit us. Cassie was afraid of flying so Adam drove all 24 hours home to pick up her, the belongings she needed for the summer, what he needed for his apartment, and their two tiny, yapping, Shi Tzu dogs. The family joked about how much Cassie spoiled their dogs, to the extent that Jason once gave Cassie a book for Christmas that was called, *How to Raise an Ill-Behaved Dog*.

Cassie texted Jason with their driving status updates, so the second Adam and Cassie pulled in their driveway, Jason and I met them to help move Cassie's things there for the summer. The dogs barked and leaped, excited to see Jason and get out on solid ground. Cassie and Adam laughed as the dogs loudly barked and peed everywhere. Discipline didn't seem to be part of the way she raised the dogs. Perhaps it wasn't the way she raised her children either. But I was happy to have a female presence in our ever-persisting weekends spent with me as the third wheel to Jason and Adam.

We spent our weekends the way Adam and Cassie enjoyed them: shopping on The Strip at the high-end clothing and shoe stores, barbecuing Adam's "famous" steaks with Johnny's seasoning salt, going out for brunch in casino restaurants, and eating dinners at the guys' favorite dive bars. I liked the atmosphere of the

Chapter 20: Weekending

dive bars, but I knew I could have cooked something – anything – healthier at home and spent less money.

When I mentioned this, Adam laughed and said, "Oh, you're just a food snob."

Cassie laughed and faked a look of shock on her face while she playfully punched Adam's shoulder. "Adam! That's not nice!"

I laughed back. "I'm totally fine with that. I like good food." I had learned to be accustomed to the way Jason and Adam teased me.

Cassie's presence helped Adam and Jason tease me less frequently, and she liked to talk about children instead of sports and work, so I enjoyed having her there. She and I had fascinating conversations about the children at her preschool, our friends' children, and parenting and teaching philosophies. She also respected Adam and Jason's relationship, so she was content listening to the two of them talk a majority of the time. At first these weekends were pleasant, and it felt nice being a part of their family. But after a while I felt bored. I wanted more culture and deeper conversations. One day I suggested we go to the Natural History Museum, and to my surprise they all agreed to go. We all seemed to have a nice time. Another day we went to the Hoover Dam, though we didn't go in the museum because they had insisted that they bring their dogs everywhere we went, and they couldn't bring the dogs into the museum. These were welcome reprieves from shopping and dining out, but not enough. I knew there was more

Chapter 20: Weekending

to life, but I wasn't sure what it was or how to get there. Something never quite sat right with me.

I also never quite understood how Cassie was a preschool teacher back home while her husband lived and worked in Vegas. She could have gotten a job as a preschool teacher anywhere, so I often wondered why she didn't move to be with her husband.

One weekend, the four of us took a road trip to Disneyland, Cassie's favorite place on earth. She liked it so much, that even though she lived in the Northwest, her three children bought her an annual pass so she could visit a few times a year. We had a great time at the park, although the fact that she only wanted to travel to Las Vegas and Disneyland made me realize the extent of the bubble she and Adam lived in. Their lives were self-contained with stagnant news sources, minimal social circles, and routine daily and weekend activities — much like the way mine and Jason's life had become.

I did, however, enjoy how the group dynamic began to slowly change. Jason regularly teased everyone: Cassie for both her lack of cooking skills and disciplining the dogs, Adam for his age and lack of social media awareness, and me for everything – my cooking wasn't good enough, my driving skills were terrible, I couldn't make or take jokes, I didn't know anything about electronics or sports, my sense of direction was always off, and more importantly and regardless of the topic, I was always wrong.

Chapter 20: Weekending

When it was just Jason and Adam, if I attempted to comment or tease Jason back after he teased me, I was met with Adam's full-bodied laughter, and then normally also a side comment to agree with Jason. But with Cassie there, I was able to joke back with Jason about something in which he was less than perfect, such as my less than perfect cooking skills were better than his complete lack thereof, and his video game habit was preventing him from applying himself towards finishing college or getting a promotion. She would laugh with me, and the boys would scowl in disagreement. Cassie validated my ability to tease Jason the same way he teased me.

Not always though. There was one time when Jason was particularly cruel in his constant "teasing" that it didn't feel like teasing anymore. I said something back to him about his politics, and the whole family shot me a stern look. Cassie said, "You took it too far, Kate. You took it too far."

From that point on I kept my mouth shut. I was afraid to tease him back, so I just took it. I smiled and pretended it was fine, but in reality, his comments were slowly scraping back my ego and hurting my soul. There was even a time when I knew I wasn't happy, but I felt so flawed that I didn't think anyone else would want to be with me. I had gained a lot of weight, and then he made comments about me being fat. He said things like, he didn't marry someone he thought was going to get fat, I shouldn't wear this or that, I should put on makeup before leaving the house so at least my face looked good. My insecurities hit rock bottom.

Chapter 20: Weekending

Most nights, though, Jason and I had a great time together. Since Cassie was there, Adam didn't need to hang out with us as frequently, so we had more alone time — our time alone was when he treated me with the most care and respect. It was then that felt like we were equal partners who appreciated spending time with one another.

Eventually summer ended, and Cassie went back home to teach preschool. We all helped her pack the car, and Adam drove her the 1,100 miles back home. Jason and I were sad to see her go, and I was sad to have lost the female dynamic in our group. Adam didn't seem very sad, though. He seemed more relaxed and jovial when she was gone.

Chapter 20: Weekending

Chapter 20 Explanation

There was no physical abuse in this chapter, or time period, but there was a lot of emotional abuse. When Jason put me down and made fun of me, I took it as teasing and tried not to take it seriously. After all, that's how it felt to me on the surface. But eventually his comments got worse and worse, and they didn't come punctuated with laughter afterward. And he didn't just "tease" me about certain topics, it was about everything. He commented about everything I did, and the more he made those comments, the more I believed they were true. It was emotional abuse. The warning sign to look out for here is if the teasing hurts someone's feelings, the frequency of the comments, and the generalization to different life aspects.

The emotional abuse is another factor that should have made me leave him, but instead kept me with him. He broke down my self-confidence, so I did not feel capable of being on my own or worthy of anyone else. And even though I knew I was unhappy, I felt that I was just stuck with him. I didn't consider leaving because I no longer had the emotional strength to even consider it. I just saw it as that was how my life was.

Other warning signs in this chapter have to do with the family dynamics. His parents didn't have their own friends, so they submerged their lives into those of their

Chapter 20: Weekending

children's. Jason had no real separation between where his life and his parents' lives. Between his psychological entanglement with his parents, his lack of discipline and consequences from them, and me doing all the cooking and cleaning for him, he never really had to grow up. His mom didn't discipline her dogs, which made me think that she never disciplined her children either. She never taught them right from wrong. And perhaps she was never taught that either, as she and Adam also participated in "teasing," or actually, emotionally abusing me. I just thought that was how their family was, so I accepted it. I just didn't know then that I didn't have to.

Chapter 21: Bonding

It was fall of 2013, so Cassie was back home, Adam was living in his own apartment, and Jason and I seemed to be back on equal footing. Adam went back to his previous routine of wanting to spend more time with us, and one night a week with just Jason.

He would text me, "Mrs. Johnson, can I please take your husband out tonight?"

I laughed. He didn't need to ask my permission. My husband could do anything he pleased, especially hang out with his dad if he wanted. I always thought it was weird and wondered if Cassie required his permission before he went out to do something fun. I wrote back. "Of course, Mr. Johnson. Have fun."

I once asked, "Do you ask Cassie before you do anything?"

He chuckled. "Of course! She's, my wife! Do you ask Jason?"

"Well, if I'm going to the store, I'll tell him and ask if he needs anything. But I don't feel like I need to ask his permission to do anything. We trust each other to make good decisions."

He laughed. "Well, Cassie and I trust each other, too!"

Chapter 21: Bonding

I smiled. "Of course. But don't you think it's weird you have to ask her permission?"

He tilted back his head and shoulders. "No, I think it's polite."

I pouted while trying to hold back a smirk. "Well, I don't think that's healthy."

"Fine, we agree to disagree. Do you not want me to ask your permission any more to take your husband out?"

"I mean... I guess, no. You really don't have to do that. It would be nice if he checked with me to make sure we don't already have plans, but that's it."

He never asked me again, but he still asked Cassie before he did anything. I heard him make those phone calls to her back home, and then his whiny responses when she said, "No."

So, we dedicated two weeknights to Adam hanging out with us and our friends, Sundays to watching Seahawks games with Adam, and both weekend nights to partying on The Strip or at a friend's house because "it was Friday [or Saturday]," or, "work sucked this week", or "we need to get away from hanging out with Adam so much," or even the simple, "I'm bored." This routine left Jason and I just two nights a week to be alone together. Between all our social interaction at work and with friends and family, by the time our free nights came along, we were generally too exhausted to even

Chapter 21: Bonding

talk much to each other. We always had fun together when we went out with friends, but we bonded less and less frequently. We still got along well, though, and he hadn't been violent again.

All that aside, the three of us had fun and bonded as a family unit when we watched the Seahawks games. Las Vegas didn't air other cities' sports on their local TV stations, so we formed a family ritual at the casino. Every Sunday, we went down to the casino, sat in huge recliner chairs in an auditorium setting, and watched the Seahawks play. Adam was an avid Seahawks fan since the 70s, wistfully describing his days watching Steve Largent play. Adam explained the minute details of the game, Jason placed bets on the Seahawks, and I had fun learning more about football. Adam said early in the season, "The Seahawks will be really good this year. They just signed this new quarterback, Russell Wilson."

And he was right. We won game after game that year. With each game we won, Adam felt happier about his prediction being correct, Jason felt happier about winning money on the games, and I felt happier seeing my husband and his father happy. We were all in better moods on a regular basis.

The Seahawks gave us happiness that lasted all through the season. We found a way to keep our little family happy.

Chapter 21: Bonding

Chapter 21 Explanation

This is a short chapter to switch back to show the good, fun parts of our relationship. I purposefully trade off emotionally difficult and lighter chapters. This is partly to make it easier for people to read, but mostly to highlight the spirals and cycles of violence. Jason and I had a lot of good times and fun together, in between the acts of physical violence. I just looked past them and focused on the good times. It was easier to believe him that violence would not occur again than to think about those violent times and what to do about them. And the emotional abuse had me sucked into his charms and promises of a great life together.

A warning sign here, though, is yet another aspect of family dynamics. Adam asked his wife for permission before doing anything, which was a sign of their codependency. This is the relationship that was modeled for Jason, so he also engaged in codependency with me. This and his emotional abuse turned into me being dependent on him and enmeshed in our relationship. I was so enmeshed, that I looked for ways to further tie us together and forge ahead in our "great future," instead of even considering looking for ways out.

Chapter 22: Owning

With everyone feeling back to our version of "normal" that fall, and Jason and I in a much happier and more stable place, we started discussing buying a home. On our nights spent cuddling and watching TV, and playing on our phones, I looked at real estate apps and fantasized about becoming a homeowner.

I had given up on the idea of moving back to the Northwest. After Jason's dad settled down in Vegas with a permanent job and his own apartment, I realized Jason would never agree to leave. I made my peace with living in Vegas. I decided to embrace it and move on to Step 3 of my Success Plan: Buy a house.

I went to a community home buying seminar and learned about the process. I researched all the Las Vegas "neighborhoods." I used quotations here because Vegas has different areas, but they are all similar. The main streets all had the same stucco strip malls with the same small stores, car dealerships, churches, and fast food "restaurants" on every corner. We considered the quality of schools in each area, which vastly varied yet matched the crime rates and park square footage, as is true in any city. Yet, none of the schools were actually good. That year, in 2013, an educational study came out

Chapter 22: Owning

about the quality of schools across the country. Nevada ranked 50 out of 51 states, including Washington, D.C.

But my love for trees and diverse neighborhoods with culture never lapsed. I asked Jason, "What do you think about living closer to downtown? The schools and crime aren't great right now, but there's a lot of downtown development happening so I think those will change soon. And there's some cool older neighborhoods with old growth trees and houses with cool architecture."

He pouted, and then chuckled. "Really, babe? Downtown in any city is never good for schools and crime rates. It's where people go to hang out, but not to actually live. Maybe if we didn't want to have kids, but we do. I like it here, in the suburbs, where the schools are good and the crime is low, and the gated neighborhoods keep us safe. You know this is the more logical choice. You're too idealistic, thinking it's going to change."

I found the suburbs dreadfully boring. I was determined to find a house in a safe place with old trees and culture. I told him, "Okay, well I want to investigate all our options and see all the neighborhoods."

"Okay, you can do that, but I already know what we'll find. I don't feel like driving around to just waste our time."

Chapter 22: Owning

"Even if you're right, I still think it's interesting to see different parts of the city. And I'm optimistic that we'll find a nice compromise!"

He chuckled, "Okay, babe. You do you. I'm going to relax now."

I spent the next several weeknights driving around to different parts of the city, driving by houses listed for sale in our price range and taking pictures of nearby parks. However, all of the decent homes stretched our price range too far. I also realized if we were buying a home in Seattle, it would have been three times the cost. I appreciated the fact we could afford to buy a house in Las Vegas.

One night I brought Jason with me and drove him through a neighborhood I liked. Surprisingly, he liked it too. It looked like the set of *Casino*. It had large houses with floor-to-ceiling windows that sat atop sprawling lawns with massive old growth trees.

There was just one house in that neighborhood in our price range, but we weren't ready to buy yet. Jason said he doubted it would still be available once we were ready. He suggested we go home. It was still early, and I wasn't ready to give up, so I convinced him to check out one more neighborhood first.

I gave Jason directions as he drove, and when we approached, he asked, "Is this it?"

Chapter 22: Owning

It didn't seem very welcoming. I was hesitant but hung onto my optimism. "I think so? Maybe let's turn down a side street and take a look?"

He rolled his eyes. "Which street? Do you notice the metal grates outside of all these windows?"

"Hmm... Well, yeah maybe that's just the main street?"

He rolled his eyes again. "Doubtful. Even if that's the case, is this really the kind of area where you want to raise a family?"

Ouch, I thought. Maybe he was right. Maybe the suburbs were our best bet for our price range and comfort level.

I was disappointed but made a mental note to check that area again more thoroughly once we were ready. I took solace that Jason let me show him unique neighborhoods, as opposed to the cookie cutter stucco-house suburbs where we lived. I told myself that I was pleased that he was at the very least open-minded that evening.

We went home and picked up where we left off. He relaxed on the couch, and I researched homes online. The next day I texted our friend, Mario, and asked him for the name of his real estate agent. I felt it was time we sought help from an outside source. Jason begrudgingly agreed.

Chapter 22: Owning

We met with his agent, Jen. She was fantastic. We talked about different neighborhoods, both downtown and in the suburbs. She understood my desire for good schools, trees, and culture, and told us the average home costs in the neighborhoods with those features.

"See, babe? I was right, again! A house in the suburbs is perfect for us!"

I narrowed my eyes and gently rubbed his arm. "We'll see, babe. We'll see."

Jen laughed and tried to help us compromise. She listed the neighborhoods with those features and cited their average home costs. They were all out of our price range. She nodded knowingly at my disappointment. Jason beamed. Jen asked us to individually write down the top few attributes we wanted in a home. We compared our lists.

I wrote, "Interesting architecture, old, brick, wood floors, size doesn't matter if the rest is really nice…"

He wrote, "Clean, modern, new, spacious."

I listed, "Preferably in the city; condo would be okay, too."

He listed, "Minimum two-car garage, preferably three. Also, a driveway for our friends to park their cars."

I wrote, "A yard, with space for a garden."

Chapter 22: Owning

He wrote, "Xeriscape. Rocks. No yard work."

I noted, "Parks nearby, and maybe museums and stores within walking distance."

He noted, "Gated community, with HOA pool and park."

We were on completely different pages. We weren't surprised, though, because we had discussed that prior and we both refused to compromise our desires. Jen looked at our lists and laughed. "We'll see what we can do." Jason and I smirked at each other. It seemed we both acknowledged it wasn't likely that both of us would be happy.

Jen asked, "Have you considered new construction houses? There are some developments in your price range with a lot of the features Jason wants."

Jason beamed, "Really?! That would be awesome! Let's look at those."

I pouted. "I'll think about it. I would really prefer an older neighborhood with older trees and culture. But I have seen the developments online and they do look nice."

Over the next few weeks, Jen sent us hundreds of different property listings. We looked through all of them and discussed which ones we wanted to see that were in our price range. Jen showed us the properties we chose from her list, which all ended up being in the

Chapter 22: Owning

suburbs. But I was happy because they were spacious houses with yards, in neighborhoods with old growth trees. I liked a lot of them, but they all needed some work to be done — either in the yard, the kitchen, or the bathroom.

I said excitedly to Jason, "Let's choose one of these and make our house the way we want it! And nothing urgently needs to be done, so we can do it as we please and save money in the meantime!"

He encouragingly patted me on the back, kissed my forehead, and put his arm around me. He condescendingly asked, "Do you even know how to fix up a house?"

I rolled my eyes and pulled away from his embrace. I was annoyed, yet persistent. "Do *you*? We can figure it out together! It will be fun!"

He puffed up his chest and took a step toward me. His tone became abrasive. "I'm not going to do that. I don't want to do any housework. But if you want to take it on and you think you can do it, I'll entertain the idea."

I frowned and sighed. "Okay, I'll think about this."

And I did. I thought about how I was already doing all the housework, and how difficult it was to even get him to take turns cleaning the bathroom or vacuuming. When he actually vacuumed, he spent over an hour on a 700 square-foot apartment and moved all of the furniture to ensure every corner was immaculate.

Chapter 22: Owning

I appreciated his attention to detail, though I would have preferred he quickly vacuumed every week, and did it his pain-staking way every three to four weeks. I asked him, well, he would say I nagged him, each week to clean, and each week he found new ways to tell me "No." He would say, "Let's just relax!" "Mario and Lisa want to go out!" "Aren't you tired?" And eventually, "Stop nagging me. Maybe if you didn't nag me every week, I would want to actually do it." I tried that method. You can guess its success rate.

Therefore, when I thought about how it would be more work to keep a larger house clean, as opposed to our small apartment, and the addition of home repairs, I determined that would have made me resent him even more than I already did.

I also thought about how none of the houses we saw *needed* to be remodeled, and I would have been fine living in them as they were. But he commented that he wanted to live somewhere at least as nice as our apartment. Our apartment had granite counters, stainless steel appliances, and a pool. Overall, it was very pretty, and in the "nicest," which in my opinion was the safest and most boring, neighborhood in Las Vegas. I explained to him that we wouldn't be able to afford to have a house as nice as our apartment. We would be paying for the land value, more space, possible HOA fees, property taxes… so much more than simply renting an apartment. I didn't need my home to be "The Nicest." I wanted architecture, charm, and heart, in a culturally enriched area with arts and

Chapter 22: Owning

entertainment nearby. Perhaps the home I dreamt of didn't exist in Las Vegas.

I continued my online research, confident the right house for both of us would magically appear. Jen sent us about 20 houses every day. I carefully looked at all of them and showed Jason the ones I liked. We still couldn't agree. The next week, Jen emailed and asked if we were ready to consider new construction. I read Jen's email to Jason.

He excitedly agreed, "Yeah! Let's do it! They look so nice!"

I sighed. "Okay, honey. This is the first time I've seen you get this excited about buying a house, and I want to buy one that excites both of us." We hugged, kissed, and scheduled to see the houses the next evening.

The houses were beautiful. They were in picture perfect neighborhoods lined with young trees. They seemed sort of fake to me, but I could admit they were beautiful. The houses hit nearly everything on his wish list. They were new, so nothing needed to be fixed; they were just as nice as our apartment; and they had the amenities he wanted – namely a pool, garage, and driveway. To be honest, I never dreamed I would be able to afford a house that nice in my early 30s. I also knew the housing market would soar again after the recession. I asked myself, *Are the other neighborhoods really that different? Wouldn't it be easier to move into a*

Chapter 22: Owning

perfect house? How much do I care that all the houses look exactly the same?

I pondered this and looked around. All the developments lined the freeway that surrounded the outskirts of the city, which was a boring, undeveloped area without any amenities, although stores did become springing up a few years later. Las Vegas is in a valley surrounded by the Spring Mountains, and the developments sat directly below them. The mountains were beautiful. Not in the way the Cascades and the Olympics are in the Northwest, with evergreen trees and snow-capped peaks, but they were more like sharp, brown hills. Still, they were a pleasant reprieve from the normal view of stucco and strip malls.

The more houses we saw, the more my excitement level matched Jason's. We visited several developments. We decided on the one closest to our work and our friends' houses, which also had the best schools for when we eventually had children. We also got to choose our exact house location and the timeline for when it would be built. There was one house that was planned to be finished in two months, exactly when our apartment lease was up. And it was on the corner, with the biggest yard in the neighborhood. Sold. Literally and figuratively.

Jen helped us draw up the paperwork, as well as guide us through the vague and cumbersome home buying process. Every week we got another phone call from the property development company or from her: they needed us to send different information, more

Chapter 22: Owning

money, print out and fill out more forms, etc., etc., etc. It was never ending. But I worked from home and Jason worked in a cubicle in the office, so I was able to field phone calls and emails. I also had a printer, and the ability to take a lunch break to go to a notary, the post office, or whatever the broker needed. I was tired and frustrated, and all those interruptions added time to my already long workday. I would have liked Jason's help, but I couldn't blame him for being an hourly employee in a cubicle. I did, though, blame him a little bit for not asking what he could do to help. Yet, I was grateful for my job's flexibility and my boss's understanding.

In November of 2013, I was finally done. It was time to sign the papers. I was relieved, and we were both ecstatic. And then I saw all the forms: *Jason and Katherine*. I was the one who found the real estate agent! We used my money for the deposit! I did all the paperwork and worked out the whole process! It couldn't have been *Katherine and Jason?* I was mad. The escrow agency said it was too late to change it and the order of the names wouldn't affect anything. But I was also proud of myself for doing it all and thrilled to be buying a house.

We planned to move in January. I made a list of all the items we needed to pack, and each night after work I packed a different area of the apartment. When Jason came home from work a few hours later, he always claimed he was too tired to help. I couldn't convince him do his part, so I did it all myself. Jason finally helped me pack the Saturday evening before we moved. But we

Chapter 22: Owning

didn't finish, since he wanted time to relax, and we only had one more weekend day left before moving day.

That morning, Jason got a text from Jason about their plans to watch the Seahawks playoff game. Jason whined, "Babe! I'm so sorry! I totally forgot about my plans with my dad! And it's the *playoffs!*"

I shot him a cold, stern look. "Are you fucking kidding me? I've already done all the packing. I did all the work to buy the house. This is the *last* day we have to pack, and I need your fucking help."

He walked over to me and put his arms around me. I kept my arms by my sides. He kissed me on the forehead. "Babe, pleeeeaaaase can I go with my dad? He really wants me to go, and I forgot about the plans I made with him."

I pulled away. "No. Hell no. This is your apartment and your house too! It's not fair that you always leave me with all the housework, and now you're leaving me with all the packing, too? Did you forget that I also did all the packing when we moved to Vegas?"

He kissed me on the cheek. Then the other. Then on my forehead, my nose, and my eyelids. He showered me with kisses, and then looked at me and asked, "Please, babe? I'll come right back and help you pack; I promise."

I smiled and pulled back again. "No, honey. You always drink when you watch the games, and if you're

Chapter 22: Owning

drunk you won't have any energy to help me pack. I really, really need you to stay here. I don't mind when you go out with your dad, and I don't need you to ask my permission. But you should know that you have a responsibility to pack your own apartment. This time I'm saying no."

He pouted and stomped away. A few minutes later we heard a knock at the door. I opened it and Adam stood there grinning. "Hi! How are you? Mind if I take your husband out?"

I scowled at Jason, as though to say, "You didn't text your dad that you can't go?!" I looked back at Adam. "Yeah, actually, I do mind. I need Jason to help me pack because I've already done everything else myself."

Jason said, "Hello!" to his dad. Then he turned to me and pleaded, "But! It's the playoffs! And he's already here to pick me up! Please, babe, please?"

They both looked at me with whining eyes and grinning smiles.

I caved. I figured Jason would have whined and barely helped if he stayed, anyway.

"Okay, fine, but just don't go all the way down to The Strip. Can you please stay close, so you'll get back here quickly?"

"Of course, sure, we can do that much," agreed Adam. "We'll just go to the casino around the corner."

Chapter 22: Owning

I thanked them and they left. Earlier in the day I heard on the news there was a marathon on The Strip, which planned to block traffic throughout the day. But since they promised me they would stay close and not go anywhere near The Strip, I didn't feel the need to relay that information. Six hours later they waltzed in the door, excited and happy that the Seahawks won. Jason saw my narrowed eyes and disappointed face. He immediately changed his stride.

"Oh, babe, I'm so sorry. My dad really wanted to go to The Strip, but then there was this fucking marathon that blocked traffic for hours! We had no idea! I'm so sorry it took us so long!" He said, opening his arms wide for an apologetic hug.

I crossed my arms over my chest. "I knew about the marathon. But you promised you weren't going there, so I had no reason to bring it up. You didn't help me pack, you lied to me, and now you're drunk so I know you're not going to do anything. And I've been packing all day. I'm exhausted and I'm *done*."

His eyes grew wide, and he stepped back in anger. "What?! You *knew* about the marathon, and you didn't tell us?"

"Why would I? You said you weren't going there. You said you would stay nearby so you could come back quickly to help pack. Those damn games are four hours long as it is, and I've already done all the packing. The *least* you could have done was honor your promise and make an effort to pack. As I said before, this is *your*

Chapter 22: Owning

apartment, and *your* house, too. They're *ours* and *our* responsibility."

"But still! I can't *believe* you would hide this from me! You tried to punish me before I even did anything!"

I raised one eyebrow and put my hand on my hip. "I didn't *try* to do anything. If you actually kept your promise, or, hell, if you had been helping me pack this whole month, none of this would have mattered. This is on you."

He grabbed a box from the kitchen, stormed into the bedroom and slammed the door. Later that night I found he put two items in a box. He left both the box, and me, mostly empty inside. And both the box and I seemed to feel overwhelmingly sad.

Friday night we got the keys to our house and my joy returned. I was a homeowner! I could hardly believe it. We did the final home inspection, and it was perfect. The kitchen had a large granite countertop, the stainless-steel appliances in which we splurged, a delicious water filtration system, and three perfect bedrooms. Tap water in Las Vegas tasted like the appliances would probably taste if I licked them, so I was grateful for the water filtration system. The master bedroom was humongous, with a huge walk-in closet, and a gorgeous master bathroom with double sinks, a glass shower, and a huge sunken bathtub. I never thought I would ever own a house with a walk-in closet in my lifetime. Above the tub, and across from the mirror, was a large picture window. Every time I walked in the bathroom or looked

Chapter 22: Owning

in the mirror past my reflection, I saw the beautiful mountains I loved so much. I think I was in love with my house as much as I was my husband. Everything was picture-perfect.

We moved the next day, which was Saturday, so I was off work and so were our friends. But Jason conveniently had to work and said he couldn't get the time off. He helped us move for about an hour before he went to work. Adam and our friends helped me the rest of the day. We moved fairly quickly, but I wished Jason would have been there. He left me alone throughout the whole process. I needed his help, but more than that, I needed his jovial spirit and friendship to keep my spirits up. He was just as good at raising my spirits as he was at diminishing them.

Chapter 22: Owning

Chapter 22 Explanation

This chapter illustrates just how often I compromised with Jason. I believe compromising can be good in a relationship, as neither partner can possibly get their way all the time. But the difference between this and compromising in a healthy relationship, is that Jason manipulated me into getting things the way he wanted.

He acted like it wasn't a priority for him to buy a house, even though throughout our relationship we had both talked about how much we wanted a house and how it was a good financial decision. He acted like he was doing me a favor by going to visit the other neighborhoods, as well as to meet with the real estate agent. He convinced me to not even consider getting a house that we could remodel because he straight up said he wouldn't help with any of it. He manipulated me into doing all the cleaning by not doing it and making me feel like it was in my best interest to "just relax" with him. He manipulated his way out of packing by not doing any of it and then making plans with his dad on the one remaining day he had in his schedule to do it.

Then when he got caught in the marathon traffic on the Strip, he blamed me for not telling him about it, even though he promised not to go to there. He was attempting to project his guilt from not staying to help

Chapter 22: Owning

pack onto me. He always had a way to manipulate me to get what he wanted, which seemed to be to get everything for nothing. And he got it. We got a house using mostly my money for a down payment, and all of my work to get the house, pack, and move. I internalized all of this as me "compromising" with him, but it was actually falling succumb to his manipulation.

Warning: Before you read this next chapter, be sure that you are in a clear and calm headspace to read it. It is very intense. You can also choose to skip it and get a summary in the next Warning Signs section.

Chapter 23: Partying

Chapter 23: Partying

Adam turned out to be right about the Seahawks. They were having their best year yet and winning nearly every game. Jason and I were excited and proud of our hometown. We were also proud of our new house. We had finally finished unpacking and decorating a month and a half after we moved, in January of 2014. We decided to host a party for the National Football Conference (NFC) Championship game and invite all our friends. Many of our friends worked at TravelCo and had also moved from Seattle, so they were also Seahawks fans.

Jason and I shopped for the party and picked up snacks, a few cases of beer, and a couple fifths of his favorite spirit. Once everyone arrived, and the game began, we decided it would be fun if we each took a shot whenever the Seahawks made a touchdown, and half a shot for every field goal.

First quarter: 49ers field goal, and no scoring for the Hawks (Seahawks). We thought taking shots would cheer us up.

Second quarter: 49ers touchdown and extra point; Seahawks field goal. At half time the score was 10-3 with the 49ers in the lead. We all bit our tongues and hoped

Chapter 23: Partying

for more Hawks action. We took half shots for the field goal, and a full shot at the end of the quarter.

Third quarter: Seahawks touchdown and extra point! We took shots for the touchdown, and half shots for both the extra point and field goal. The game was tied 10-10; we were all anxious. 49ers touchdown and extra point. We groaned. The score was 17-10 with the 49ers in the lead. The Hawks had such a great season and we wanted to see it through — this game turned us all into nail biters. The kicker made a beautiful 40-yard field goal. The score was 17-13. Everyone took another half a shot, and the energy in the room brightened. Throughout the game our emotions pivoted through joy and fear so fast our heads were spinning. One more shot each for the end of the quarter.

Fourth quarter: The Seahawks clinched a touchdown with a beautiful 35-yard pass. We really had a chance to win! Another round of shots. Then another gorgeous Seahawks field goal – 47-yards! And another half a shot each. We won the game! 23 points for the Seahawks and 17 for the 49ers. Why not have one more shot to celebrate? The team clutched it. And the party, well, we clutched getting drunk and letting our emotions run wild via the football game. Our score? A total of 8 shots each, on top of whatever beer and wine we had sipped on throughout the afternoon. We were all wasted and in great moods.

After the game everyone went home besides our friend Mary. She stayed around to have a cigarette and a few more shots with Jason. I tried to stay up to hang

Chapter 23: Partying

out with them when they were done smoking, but I was exhausted, so I went to bed and passed out in all my clothes.

....

I woke up to the sound of terrified screams. "Help! Kate, help me! Call the police!"

I ran down the stairs and saw Jason standing over Mary, punching her in the face. She was bloody and bruised, and she screamed out for help. I ran back upstairs, put on shoes, picked up my phone, and called the police. I ran back down the stairs, grabbed Mary's hand, and led her away from Jason and out the door. We ran down the street, looked back to make sure he didn't follow us, and stopped at a park a few blocks away. I didn't think. I couldn't process what was happening. All I had were my instincts, and all I could do was react.

While we waited for the police, I held Mary and listened to her sob. She couldn't think either. I didn't ask her any questions, just comforted her. The paramedics sat her down in the back of the ambulance and examined her. They determined Mary had a bloody nose, a bruised lip, and two black eyes. Thankfully she didn't have any permanent injuries. But Jason broke her spirit.

I held her hand while she gave her statement. She sobbed and said, "Jason hit me in the face 13 times."

Chapter 23: Partying

My eyes widened. I knew he hit her. I didn't know it was that many times. I didn't know why. It didn't make sense. When had I gone to sleep, it seemed like everyone was in a good mood. I didn't understand what happened. I only knew I needed to help my friend.

The police asked if she knew who assaulted her.

She cried out, "Yes!" and pointed to me. "It was *her* husband!"

I think I stopped listening after that because that's all I could focus on. *My* husband hit *my friend* in the face 13 times. I couldn't believe what I heard. I *saw* it, but hearing it forced me to begin to try to process it. The only thing that would have made it more real was if he also hit me. Only he had. Not like that, though. Not in a way that ever seemed to threaten my life. *Why would he hit Mary? What could she have possibly said or done to warrant that?* I blinked at the thought and answered myself – *Nothing. Nothing could ever warrant him attacking her.* I looked at my surroundings and tried to make sense of the night. I saw picture-perfect cookie cutter houses, a perfectly manicured grassy park, a starry night sky, and those beautiful mountains. *Was this my life?* I watched the idea of perfection float into the sky and disappear. I suddenly hated our suburban neighborhood with hidden secrets behind every door.

When the police asked for my statement, I was still in shock. I also subconsciously feared Jason's reaction to my statement. I couldn't process anything, so it was an automatic decision. Something deep inside told me I

Chapter 23: Partying

shouldn't say anything. I told them Jason was my husband, so I invoked husband-wife privilege. The police sighed and returned to their vehicles.

Mary's friend arrived and took us to her house. Her friend asked her what happened, but she was exhausted. She didn't have the energy to talk anymore. I tried to explain what I knew, which was very little. We drove the rest of the way in silence with blank stares on our faces.

Once Mary calmed down, I asked her what happened. She said they were smoking and talking, and for some reason she couldn't remember he got really mad. Then she said he took her phone, ran inside, held it over the garbage disposal, and threatened to crush it. She eventually retrieved her phone and then ran upstairs to tell me what he did. He stopped her by punching her in the face. Thirteen times.

She couldn't remember how the anger started, but I knew regardless of the conversation his actions were unacceptable. I stayed with her that night, and the next morning I contemplated what to do. I felt anxious and exhausted from a long night of traumatic stress. I thought about immediately leaving him and flying back home to Seattle. However, I couldn't fathom how I could financially do that or how he would react. Would he come after me? Destroy our house? Find a reason to call the cops on me to make himself look good? I was so scared of every possible outcome that I felt paralyzed. I eventually realized I had left my house keys at home,

Chapter 23: Partying

and either way I needed to face my life and make a decision.

I knocked on the door, and Jason answered it like he did the last time he was violent. He outstretched his arms across the doorway. I just stared at him. He wrapped his arms around me so tightly that I could barely breathe. I meekly hugged him back, out of obligation rather than desire. When he finally stepped back, he gave his best "I'm sorry" pout, and said, "I love you so much. I'm so sorry."

I raised my eyebrows and and then narrowed my eyes. I shouted, "Don't apologize to *me!* Apologize to *Mary!*"

He stepped back out of surprise, which gave me room to walk in the door. He faced me, lowered his eyes, and said in hushed tone, "I know. I doubt she'll even talk to me anymore."

I wondered if *I* should even talk to him anymore. But I wanted to know what happened; what made him do it. I thought maybe if he told me his side of the story, there would be some kind of justification. I also thought if he opened up about his anger issues then either a therapist or I could help him. He was my husband and I loved him. He was adorable and smart. I just needed to know how to help him with his anger. I sat on the couch and asked him what happened. He paced around the living room and kitchen. I pointed to the couch and said, "Sit. Please sit down."

Chapter 23: Partying

He narrowed his eyes and pouted like a 2-year-old. "No. I don't want to."

I pointed again. "Sit. You're making me anxious. I'm already upset, and I need to talk to you." I enunciated each next word to illustrate the importance of my question. "What? The Fuck? Happened?"

He sat down and looked around the room for a minute. He then looked back at me, and finally said in a small voice, "I don't remember anything."

I narrowed my eyes and sternly said, "Well *try*."

He paused. "Well... I remember being on the stairs..."

"Yeah. Where you punched Mary in the face. Thirteen times."

His eyes widened and his voice heightened. "No! I didn't do that! I mean, I might have hit her, but not that much!"

"Yes. That's what she said."

He laughed and repeated it back like his favorite sexual connotation joke. "That's what *she* said? Are you kidding me?!"

"Yeah. That's what she said," I repeated confidently and seriously. I wasn't in the mood for his jokes.

Chapter 23: Partying

"No! Maybe she's lying." He wasn't even sure enough of his own lie to drop the word "maybe."

"She's not and you did. You were hitting her when she called out for help, and you were still hitting her when I called the cops and took her away."

"Oh, okay. Well maybe. I honestly don't remember anything. We drank so much that night… I know we drink a lot, but that was way more than normal." He jumped up. "Wait?! You're the one that called the cops?!"

I jumped up to meet him. I wasn't going to let him tower over me nor make me feel bad for calling the cops. I had more important aspects to tackle. "Yes. I needed to protect her. Sit down again; I'm not done."

He sat. I continued. I had somehow become incredibly calm and focused.

"But anyway, even if you were drunk, that's not an excuse. I've been drunk lots of times and I've never hit anyone. I've never said anything mean to anyone when I've been drunk. I know this is true because no one has ever been mad at me the next day and never asked me to apologize for anything. Sure, I'm not perfect, and sometimes I need to apologize to you or someone else for a decision I've made sober. But when I've been drunk, my truest personality comes out – the one filled with love. The most embarrassing thing I've done when I've been drunk is tell people how much I love them a hundred times and – when I was single (I made a point

Chapter 23: Partying

to say this, so he didn't get jealous) – slept around. I've told you about my philosophy on drinking before. It brings out people's truest personalities."

I don't know why I didn't hear myself then. He showed me time and time again that alcohol brought out his truest personality, the one filled with rage. I should have known. Maybe I did know. But, again, I loved him, and he was my husband. I wanted to find a way to help him and bring out his sweet and kind side.

He pouted and looked toward himself. I thought he was finally looking inside himself. But then he showed me he still only saw the outside. He noticed cuts and scratches on his arm, and then stood up and looked around the kitchen. "Oh yeah! That bitch hit me first! She broke a beer bottle on my arm! It was self-defense!"

As gently as possible, I asked, "Did she do that to stop you from putting her phone in the garbage disposal?"

"I mean maybe, but you always say violence isn't an option, and she's the one that used violence first!" He sounded excited, as though he solved the mystery and absolved himself from all guilt.

I lowered my voice. "But you responded by punching her in the face. Thirteen times. That's not okay. That's much worse than what she did."

He sat down and tried to become small by pulling himself into the chair. "But..." he persisted.

Chapter 23: Partying

"But what?" I asked. "How is it okay to hit someone like that?"

"Ah! God! God Damn it! She hit me first, so just because she's a woman I shouldn't have hit her back and defended myself?"

"Gender aside, her hitting you once to get you to drop her phone and you towering over her, is one thing. You repeatedly hitting her, is not the same and it is awful."

"She's way taller than me! I wasn't towering over her!" Mary was 5'10" and often wore high heels. Jason was 5'9." She was taller but not by much.

"Sure, yes, she is taller, but she was crouched on the stairs, and you were standing over her, incessantly hitting her. I saw you."

He sulked and began looking at his phone. It looked like he was trying to distract himself from the situation. I grew frustrated trying to explain his atrocities to him. I decided to return to that part of the conversation later. I asked, "Did the cops take you to jail?"

"No, they just issued me a ticket and said that I'll have to deal with it in court. Damn court systems, this is going to be so annoying and take forever." He rolled his eyes.

Chapter 23: Partying

My voice heightened with surprise. "Wow, they didn't arrest you? I thought in domestic violence cases they always have to arrest the perpetrator."

He got defensive. "Mary is not my wife so it's not domestic violence. And besides, you two were long gone! Why did you leave? You should have stayed home to be with me and comfort me when the cops came. Wait! How did the cops even come? Did you call them? Did she?"

Woah, I thought. I couldn't understand his logic at all. I rolled my eyes. "*She* couldn't have called them because you were hitting her. So yes, I did. I assessed the situation in the moment and chose to help the person in need. *She* was in need, so I helped her. I just told you this a few minutes ago! Did you already forget?! Are you still drunk?!"

His voice escalated, "No! Anyway, you're *my* wife! You should have stayed with *me*!"

There was no reasoning with him. "You were the one hurting Mary, so I helped her. In the meantime, you should call her and apologize."

He looked at his phone for a minute. He looked back up at me and said, "Okay, I just sent her a text that says, "I'm so sorry."

"You sent her a text? I said to call her!"

"No! That's too hard!"

Chapter 23: Partying

"That's too hard? Think about how hard it is for *her* right now!"

Before he could respond to me, he said, "Oh, she just texted me. She sent me a picture of her bruised face. Did I do that? Is that what she's saying? There's no way I did that!"

It seemed she could not find any words for him, nor did he deserve any. I could, though. "What?! Of *course* you did that! She didn't have those bruises before!"

"No, that must be from something else. Or photo shopped. No way."

I was so mad I couldn't say anything else. I went upstairs and started laundry. I needed a task to focus on to distract myself.

Later that afternoon, we returned to the conversation. I asked Jason, "Would you consider seeing a therapist? I know we've talked about this before, but your anger has just been festering since the other incidents and look at how you just displayed it. I think you have a lot to talk about, and I can't do it all for you. A professional would be helpful."

He scoffed. "Pssh...! What do *I* need to talk about?"

"Well, I think you have changed since your parents moved to Vegas. You used to be a lot calmer and happier, and now you drink more and generally seem more agitated. I don't know what the underlying causes are, but I think it would be helpful for you to discuss these with a therapist…" I trailed off, worried about his reaction to what I would say next, yet confident I needed to say them. "I can't continue to be with you if this is the way you act. I need you to learn to deal with your feelings."

He stood up and started pacing. "I really don't want to pay someone to talk to me about my childhood. My childhood was great and my parents are great. That has nothing to do with this. " He didn't acknowledge my threat of leaving. He must have known it was as empty of a threat as I did. I really just wanted him to get help.

"Okay. It's not about your childhood, though. It's about how you currently respond to your emotions, and why you respond with violence. Something in your past is probably part of what's affecting you, but what matters, and what you need to talk about, is why it's happening now."

He crossed his arms in front of himself and looked down.

I was determined to get him to see a therapist. I tried another angle. "Well, do you think it would help you win your court case, if you showed that you were making progress to deal with your anger?"

He frowned, then paused and said, "Actually, yeah, that's not a bad idea."

Chapter 23: Partying

I found a few local therapists who he could see for free with our work benefits. He called the one that he said seemed most appealing to him. He chose an older woman in her sixties, which made sense because he frequently told me about how much he missed his grandma in Inland California who had died a few years prior to us meeting. The way he described her it seemed she was a kind, gentle woman that provided more warmth and understanding in his summers with her than he got year-round with his parents. It seemed clear to me that he missed her and never found that strength and support since her death. He set a time and date with the therapist, for our one mutual weekday evening off. He beamed. He seemed proud of himself.

The next week we drove to the appointment together. He seemed mad about it, but I insisted to be there for emotional support on the drives there and back. And I was curious about what he would tell me on those drives. *Would he tell me about what he thought he might say? Would he tell me about what he said?* I thought those drives together would be incredibly helpful for both of us. I thought if I could help him emotionally prepare for his conversation, we could have grown closer and I could have gained insight.

On the way, I asked him, "What do you want to talk about with her? What do you think will be helpful?"

He shrugged his shoulders. "I don't know. I guess I'll see what she asks."

Chapter 23: Partying

I breathed in deeply and tried again. "What do you think she will ask?"

He puffed up his chest and exhaled. "Ugh, I don't know. Can we talk about anything else? *Please?* Or turn up the music on the radio?"

Driving was the only time I listened to the radio, and I liked that I could choose any music to match my mood. I normally chose pop or rock. The impending therapist appointment was the only thing on my mind, and he wasn't ready to talk about it. I shrugged my shoulders and switched through the stations. I turned it up when I found heavy metal to match the anger I was hiding inside.

When we arrived, the receptionist told us the therapist didn't have an appointment on the books, so she wasn't there. The receptionist put Jason on the phone with the therapist. When he hung up, he told me she said he was "supposed to have called her to confirm the appointment after he checked his work schedule." His schedule had been the same for the last six months.

"That's bullshit!" he exclaimed. "I told her I have Mondays off, so we set the appointment for Monday."

I told him I agreed with him. Later, I recalled hearing him tell her on their first phone call that he would call her back. Maybe they did set the appointment, maybe they didn't. I had a hard time trusting him after what he did to our friend.

Chapter 23: Partying

The receptionist asked if he wanted to reschedule, but he opted not to, citing he didn't want to work with an unreliable therapist. He never scheduled another therapy appointment.

I really wanted him to talk about his feelings and actions, and I knew I needed to talk about mine. But I was afraid of how people would react. *Would they tell me I have to leave him? Would they be right? What would he do to me if he knew I told people? Would he hit me like he did Mary? Or worse?* I stayed silent as long as I could.

Dustin, a colleague, and close friend who was at our party, heard from Mary about what happened. He called me that week to ask how I was feeling. I deeply appreciated his call, even though I honestly didn't know how I was feeling, and I didn't know how to talk about it.

I said I was fine and switched the conversation. "How is Mary doing?" I texted her a few times since then, but she hasn't responded." I didn't blame her, though I was genuinely concerned for her emotional and physical wellbeing.

Dustin paused to think about his response. "She's upset. And confused. She never really liked him, and to be honest I didn't either… We never thought he would do this, though. It still just seems so fucking crazy…."

I nodded and held back tears. He paused and then continued, as though he could sense my impending tears through the phone.

Chapter 23: Partying

"But really, are *you* okay? Are you going to stay with him? What are you going to do?"

I sighed, squinted through teary eyes, and said, "I really don't know. Thank you, though. I really appreciate you calling and asking. I *am* okay." I said as confidently as I could, yet while hugging myself. "I don't think he'll do anything like this again. He couldn't possibly after this. He has to go to court."

"Well yeah, of course. Do you think he'll go to jail?"

"I don't know, maybe. I mean, maybe that would be good for him? But then what happens with his job? And our house? I guess I'll just wait and see what happens. I'm sure they'll make him do some kind of anger management classes or therapy, and he really needs that."

"Sure, yeah, that would help him. How do you know he won't do anything like this again, though? Mary said he's hit you before, too."

I sighed again. "Yeah, that's true. It was just a slap, though. It didn't leave any bruises or anything. I guess... I just have to trust that he learned his lesson. I mean, he's my husband. I love him."

I don't think Dustin could hear any more of my bullshit reasoning, and I couldn't create any more. We ended our phone call.

Chapter 23: Partying

I was always honest about everything with Jason, so when he came home, I told him Dustin called. "He sounded worried about me. Should I be worried? You learned your lesson, right?"

Jason wrapped his arms around me and kissed me. "Yes, babe, of course. You have nothing to be worried about. But wait…" He lowered his eyes and lowered his voice. "He knew? How did he know? Did you tell him?"

I chuckled. It seemed preposterous to me that I would have called anyone to tell them. I hadn't even processed it yet myself. "No, of course not! Mary told him."

"Oh, okay. I see. Okay, please promise me you won't tell anyone. I don't want anyone else finding out about this and judging me. Especially your family. They'll hate me forever."

I chuckled again. It was probably partially nervous laughter and a subconscious defense mechanism to lighten the mood. I raised my eyebrows. "You're right, they probably would. But never? I mean, maybe once the court case is over? It's really hard not to talk about this." I knew I would eventually want to tell people.

"It's hard for *you*?" he exclaimed. "You're not the one that has to go to court!"

Chapter 23: Partying

"*I'm* not the one that beat up our friend!!! YOU did that!!! I have to live with it!!!" And really, you want to talk about who this is hardest for?? MARY!!!!"

"Well, it's hard for me too!" he shouted back.

I took a deep breath. Calmly, I said, "I'm sure it is, honey. But do you even feel sorry? Now that I think about it, I don't think I've seen you show remorse. *Are you sorry?*"

He lowered his voice and shrugged his shoulders. "Well, yeah, of course."

I didn't believe him. *How could he have done that in the first place?* There was also something about his tone. I don't know what it was, but something told me he wasn't sorry.

I couldn't reason with him anymore. Somehow our conversation about ensuring I was safe turned into him victimizing himself and attempting to make me feel sorry for him. And, well, there's a part of me that did. *What could be so possibly wrong in his inner life that he had to take it out on someone like that? How sad* was *he inside?*

About a month later, I realized I needed to give in to my instincts. I decided to choose one friend to talk to about everything. I weighed my options, and I knew if I chose a family member or someone who was more *my* friend than his, then they would tell me to leave him. I wasn't ready to hear that. I wanted someone who would be objective and look at his side too, so I thought about

Chapter 23: Partying

our mutual friends. Lisa nearly loved Jason as much as I did, and she seemed so wise.

Lisa was a close friend, a mother, a great cook, a maintenance engineer, and a Vegas local. She seemed to have the answers for everything – how to feel better when you're sick, how to make tamales, how to fix things, and the best places to hang out. I trusted her, and she was there for me after the last incident, so she already knew about his violence. I made plans for all of us to hang out one evening, and asked her to meet me at Jason's work half an hour before he got off work.

She agreed. We exchanged niceties. I gave her a quick summary, but as soon as I started, she cut me off — she said she already heard about it from her husband, Mario, who was a close friend of Jason's. I was shocked. He forbade me from telling anyone, yet he could tell people?!

Lisa looked at me with sorrow, sighed, and said, "Well, I've had some time to think about this. I believe wives should always stand by their husbands... And Jason seems pretty upset that you called the cops on him. You could have just gotten Mary out of there without calling the cops."

I raised my eyebrows and voice. "What?! You don't think I should have called the cops? He hit her *thirteen* times! You think he should have been allowed to do that?!"

Chapter 23: Partying

"Well, no...," she started calmly. "But you guys could have dealt with it on your own. Now he has to go to court! He could go to *jail!*"

I answered her concern, though remained adamant I was right. "Yeah, he could. But don't you think maybe he needs that? Maybe it could be good for him to be forced to sit with his feelings and actions?"

She ignored my question. "What if he loses his job? How will you guys pay for your house? If they list it as a felony, then he won't be able to find a job. What will you do then?"

I considered it, sighed, and gently spoke. "I don't know. I guess we'll tackle that hurdle when it comes up."

"But how will he ever forgive you if he has to go to jail?"

"What?! How will he ever forgive *me*? *He's* the one that hit Mary!" I put my hands on my head and spun around. I was frustrated and confused. "Wow, Lisa. I came to you for help because I thought you would be objective and be able to see Jason's side. I didn't realize how much you would take his side, though."

She whined, "I thought you wanted to hear his side! That's what I've been doing!"

"Well, sure. But really? Objective means seeing both sides. What do you think about *my* side? I still can't believe he did this!" I looked right into her eyes. I needed to know the truth. "Do you think he'll do anything like this again? Do you really think I should stay with him? Am I safe?"

She hugged me. "Yes, honey, of course you're safe. And you're so strong. Keep being there for him. He needs you the most right now. If he just stops drinking, you guys will be fine."

"I don't know... I don't think that's it. I agree he drinks too much, and I do too, but I don't think that's the underlying issue. Have you ever been violent when you've been drunk?"

She shook her head.

"Me neither. So that's not it."

"But maybe it is!" she pleaded. "My friend, who's basically my brother, used to get violent with his girlfriends. But he hasn't since he stopped drinking!"

"Hmm. Maybe he says that's true for him, but do you really know if it is? Do you talk to his girlfriends? Would they even tell you if he did? I haven't told anyone about this besides you."

"Yeah! His new girlfriend is super nice, and we talk all the time, and they're really happy together!"

"That just doesn't make any sense. Let's go back to my earlier thought – neither of us have been violent when we've been drinking. So that's not the underlying cause of the violence."

"Okay, well then what do you think the issue is?"

"I think he's changed since his parents moved to Vegas. He gets agitated a lot more often lately and doesn't seem as happy as he used to."

"I see. Hmm, he seems just as happy to me… But you know, part of marrying someone is marrying their family too. You'll have to find a way to support him and his relationship with his parents."

"I get that. And his parents are great. There's just something… something off about them, but I can't tell what it is. Don't you think it's weird that they don't have any friends?"

"I guess so, but my parents don't really have a lot of friends either. I think that's just how it is at their age. They have kids, spend all their time with them, and then that's just their lives."

"But you have kids! And you have friends! And your kids are young; you're still raising them. His parents, just like ours, have adult kids so they should be done raising them. Yet, they're still consumed with their lives. I don't know. It's not normal. My parents have friends."

Chapter 23: Partying

She sighed and started looking around. She appeared to be done with the conversation. "I don't know, Kate. You'll figure all this out."

"I will. I just wish he would talk to a therapist about everything, so he can work out his issues and get to the bottom of them. We can't figure this out for him, especially without him being a part of the conversation."

She shook her head and laughed. "Ha, like you can get Jason to a therapist. Good luck with that! Just support him emotionally, be there for him through the court process, and just be there for him in general. He'll open up when he's ready."

I chuckled. I hadn't fully laughed, or cried, since everything happened. I didn't have the words for anything. "You're right. He almost saw one a month ago, but he hasn't rescheduled since then and he just gets defensive when I bring it up…" I paused then rolled my eyes. "Okay, yeah…" I sighed. "I'll just keep being there for him and hopefully one day he'll talk about his feelings."

We hugged, and a few minutes later Jason came outside the office to meet us. It oddly paralleled me waiting for him to come out of his shell and talk about his feelings. I was confused by my conversation with Lisa, but I pretended everything was normal the rest of the night. I had been hoping Lisa would have given me assurance he'd never do anything like that again, but she didn't and she couldn't speak for him. I was also surprised she wasn't more shocked about what he did. The conversation left me disappointed. But, maybe she was right. Maybe it did make sense to stay with my husband and support him. I thought, *If I couldn't be there for him during this time, who could? He needed me. If I could support him, he could stop being violent. If he could open up about his feelings, he could stop being angry.*

Chapter 23: Partying

Chapter 23 Explanation

This is by far the most violent chapter. If you just read this, take a few deep breaths. If you decided not to read this chapter, that's okay too. I still recommend that you make sure you are emotionally prepared before reading this section where I attempt to process what happened.

First and foremost, this is horrendous violence. This was not abuse toward me, but it was abuse. It was this abuse to my friend that made me finally begin to start coming to terms with who Jason really was. I emphasize the word "start" here because this is still not the time I left him.

Jason beat up my friend. To this day, years later, I still do not have any sort of explanation. But nothing would excuse what he did. There is nothing, I repeat *nothing* that excuses this kind of violence. Unfortunately, though, even witnessing this violence did not make me leave. This warning signs section is where I try to understand his manipulative behaviors, so I can try to explain why I still didn't leave at this point; and why it is normal for survivors not to leave after horrendous violence.

The chapter begins with everyone drinking a lot, which complicated matters, but did not explain them.

Chapter 23: Partying

Then, I saw Jason hitting our friend Mary while she was crouched on the stairs underneath him, and I pulled her to safety. I mentally dissociated from what was happening and used my basic instincts to pull Mary to safety.

When Mary talked to the paramedics, I was still dissociated and did not quite recognize what had happened, even though I saw it. This is a very typical reaction for people undergoing intense stress or violence. Our brains protect us by dissociating so that we can use the remainder of our brains to keep us safe. When people are in stressful situations, we only use 60 to 80 of our IQ, compared to 100 to 120 IQ when we are calm (Perry & Winfrey, 2021). This also makes it more difficult to make complex decisions about what to say and do in a traumatic event.

I briefly considered telling the paramedics what happened, but my survival instincts kicked in and I thought of the consequences of "telling on" Jason. My basic instincts, not my brain's cortex, which processes logic and thought, told me not to tell anyone anything. I was subconsciously afraid if he found out I said something, then he would be violent with me. There may have even been part of me that was afraid he would have left me, even though that does not make much sense.

I went back home to my beautiful house, and to him, because my husband and my life were there. Part of me that knew my husband was violent, but the survival part of my brain dissociated and told me that I needed

Chapter 23: Partying

to go home to my husband, the person that I counterintuitively believed would keep me safe. I believed he could get help and change. I saw the good qualities in him. I had faith in him and the sanctity of our marriage.

Jason said he didn't remember what happened because we were drinking. Yet, later in the conversation he appeared to suddenly remember what happened. He lied and manipulated to gaslight me. Gaslighting is a tactic abusers use to mislead their survivors and attempt to get them to believe the stories they tell them instead of the truth. He tried to gaslight me to make me believe that he didn't know what he did, and that everything he did was in self-defense. I think it is one of the scariest tactics that abusers use. It is also called "crazy-making," in which abusers try to make survivors think they are crazy. This diminishes the survivor's understanding of reality and emotionally pushes the survivor toward believing the abuser's reality. At this time, I did not know what gaslighting or "crazy-making" was.

Then Jason got upset with me when I told him I was the one that called the cops. He used the defense mechanism of projection, in which a person attributes their wrong actions onto someone else. Jason projected on to me that the whole situation was my fault because I called the cops. He was also trying to make me feel guilty, as though I had done something wrong. This is also an abuse tactic, as he tried to make me feel that I had done something wrong, using crazy-making and attempting to victimize himself, to allow himself to keep the power and control in the situation. Thankfully, I saw

Chapter 23: Partying

through it and didn't believe him. That helped me become clear and levelheaded enough to carry on the conversation.

When Jason said that Mary hit him first, and then appeared to feel absolved of any wrongdoing, he was displacing his own hurt and fears onto her, another defense mechanism. He seemed to feel that he could use his "logic" to make it so he had not done anything wrong. Even though he hit her thirteen times. Then he said he was annoyed at how long the court system would take to process his consequences. At that point, I began to see how little remorse he felt. When I later looked back on this, I began to see that he meets the *Diagnostic and Statistical Manual 5* (DSM-5; American Psychiatric Association, 2013) requirements for antisocial personality disorder.

The DSM-5 states these requirement as "a pervasive pattern of disregard for and violation of the rights of others, occurring since age 15 years, as indicated by three (or more) of the following:

> 1. Failure to conform to social norms with respect to lawful behaviors, as indicated by repeatedly performing acts that are grounds for arrest. [He hits people.]
> 2. Deceitfulness, as indicated by repeated lying, use of aliases, or conning others for personal profit or pleasure. [He lies and manipulates.]
> 3. Impulsivity or failure to plan ahead. [He is impulsive and never showed signs of planning

ahead for his future; he just went along with my plans for our future to get married and buy a house.]

4. Irritability and aggressiveness, as indicated by repeated physical fights or assaults. [He hits people.]

5. Reckless disregard for safety of self or others. [He hits people.]

6. Consistent irresponsibility, as indicated by repeated failure to sustain consistent work behavior or honor financial obligations. [He was otherwise fairly responsible, but a person only needs to meet three of these to qualify as having the disorder.]

7. Lack of remorse, as indicated by being indifferent to or rationalizing having hurt,

mistreated, or stolen from another. [He did not show any remorse any time he hit anyone.]

It also requires that the person is at least 18 years of age (Jason was in his late 20s), there is evidence of conduct with onset before age 15 years (which I do not know about, and I am not his counselor or doctor, thus I am not actually diagnosing him), and that this does not occur with schizophrenia or bipolar disorder (which I believe to be true, as I did not see him exhibit signs of these disorders). There are some studies that show evidence of most domestic violence abusers as having antisocial personality disorder, but this has not been entirely proven. There are also no evidence-based counseling or psychiatric methods for helping people with this disorder, or to help abusers stop abusing.

Chapter 23: Partying

Now, I will go back to where we were in the story, but I find this helpful to keep in mind as a warning sign of abusers. The main takeaway here is that he did not feel any remorse for what he did. Through the rest of that conversation, I noticed that he tried to use logic, manipulation, and defense mechanisms to sidetrack me in attempts to make me feel empathy for him.

The problem is that I did still feel empathy for him. He did not show any empathy toward Mary, and I recognized this, but I still felt empathy toward my husband. I wanted him to get help, be better, find remorse, and change so he didn't do it again. I convinced him to see a therapist, but it seemed he purposefully botched their appointment so he didn't have to go. Even still, he seemed to only agree to the appointment because it would help him in court.

At this point, I felt incredibly lost. I somehow felt that ethically I should be the one to help him, even though I knew that he needed a professional and I could not be the one to do it. I also felt that ethically I needed to stay with him. He was my husband, and I took a vow to stand by his side in sickness and health (even though the vows we wrote did not expressly say this). I saw this as his sickness, and that I should be there to help him.

So, I turned to my friends. Dustin was kind and patiently talked with me, even though I talked in circles through my attempts to understand what I was feeling and relay that to him. I did not intend to talk in circles,

Chapter 23: Partying

but I think I did because I could not understand what was happening or what I was feeling.

Lisa, though, appealed to my sense of reason to stand by Jason's side. What she said seemed to make sense on the surface, but it didn't fully resonate with me. I think if I had talked to family or to my friends (as opposed to shared friends with Jason), then I would have had a different outcome. They probably would have told me to leave him and come home.

But I was still under Jason's emotional control. He told me not to tell my family and I obliged. This is also another form of abuse, isolation. It can occur before or after other forms of abuse. Abusers don't want other people to know about their behavior, so they tell survivors to keep it a secret. Not telling people also makes it easier for survivors to forget that it happened, as it is easier to seem unreal when it hasn't been spoken about. Yet, Jason also told Mario about what happened. My best guess I can muster for that moment was that I was afraid of what Jason would do if I told someone. So, I didn't. And I ended the chapter writing this:

If I couldn't be there for him during this time, who could? He needed me. If I could support him, he could stop being violent. If he could open up about his feelings, he could stop being angry.

At this point, I still very much believed that he could change. At this point, there were three acts of violence (yet only two I could remember at the time), and nearly four years of life experiences that I remembered as being happy. This was also another event that deeply entrenched me in the trauma bond. I focused on the honeymoon time periods without violence, and then pushed forward wearing my rose-colored glasses, with my typical optimism and unabashed loyalty.

Part 2 Epilogue

Thank you for sticking through the story thus far. I know it is very difficult to read about this. Take a few deep breaths, take a walk, and clear your head. Try not to be angry at me for not leaving him yet, and recognize how confused I felt being wrapped up in the cycle of violence and the trauma bond. Remember that I did eventually leave him, I got help, and I learned from the experience. I learned so much from it, and from all my education since then, that it compelled me to share this story. That is post-traumatic growth, and that is the good part about all of this.

I am stronger now, and strong enough to write this. That is not to say that I was not strong before, or that any survivor is not strong. It takes incredible strength to stay safe enough to stay alive in these kinds of relationships. Give people grace, time, and support to get out of them, process and learn from what happened, and then become even stronger on the other side.

Process your thoughts and what you learned. Share your thoughts and experiences with the community on #RoseColoredGlasses. When you are ready, read Part 3 and learn more about how I began to understand what was happening, started questioning my trust in him, and eventually left him.

Part 3

Part 3 Prologue

In this last part of the story, I promise I finally leave the relationship. Thank you for reading and learning thus far. This section will show how I began to see the abuse that was occurring, started questioning my trust in him, and found the courage to leave.

It is not necessarily easier to read than the last sections, but it does show less physical abuse. It also shows more about how I was coping with the emotional abuse and inner turmoil of everything else that had already happened. Not everything I did to cope was healthy, but some was. I began listening to my instincts, talking to more people about what happened, trying to learn more about health and gardening, spending time with children, and making decisions that were for me instead of for Jason.

I helped myself a lot through this section, but my friends and family also helped me. Support systems, such as friends, family, domestic violence advocacy agencies, and counselors and body healers can help people rebuild confidence within themselves, gently show them the warning signs of abuse, and help people help themselves safely get out of abusive relationships. As you read through this last section, remember to take breaths and breaks, process what you are learning, and be gentle with yourself and any survivors you know. The process takes time.

Chapter 24: Repairing

Two weeks after the NFC Championship party, that February of 2014, we went to a Super Bowl party at Mario and Lisa's house. Dustin, my friend who had called me earlier that month, was also invited. We were all having a great time watching the Seahawks beat the Broncos. At half time, Jason and I stepped outside to smoke. Dustin didn't smoke, but he asked if he could join us outside to talk to us privately.

Dustin spoke calmly. "Hey, guys." He looked at both of us, and then directly at Jason. "I just wanted to let you know that Mary is going to sue you for lost wages. She couldn't work for two weeks because of her bruises."

Jason was furious. "She's suing for lost wages as a hooker?! She's a prostitute!"

I reminded Jason, "She's an escort. She just goes on dates. That's not the same thing, and either way she is a human being and you hurt her. And she's our friend. She clearly couldn't work with the damage you caused her, and she has a right to those lost wages." I turned to look at Dustin and said, "Thank you for letting us know. I, um, we appreciate you telling us."

Chapter 24: Repairing

Jason shifted his weight between his feet. He muttered, "Thank you," to Dustin. He turned to me and angrily whispered, "Now you're on her side?! I thought you were my wife, and you were standing beside me!"

I shyly turned towards Dustin and raised my eyebrows as if to say, "Help! How do I respond to this?!" He shrugged his shoulders, shot me an apologetic look, and politely excused himself to go back inside.

I softly said to Jason, "I don't know. I'm here for you, though."

He glared at me. "Are you even going to come with me to court? I'll look way better if you come, and it will show them that I have someone that supports me."

I sighed, "Yes, honey, I'll come with you." I noticed he didn't tell me he needs or appreciates my emotional support. In fact, I couldn't recall him ever saying anything along those lines.

Our court date was scheduled for the next month. We requested time off work and mentally prepared for it. A week before the date, we heard it was postponed. I said "our" because, well, although, it was his court date, I was experiencing all his emotions with him. It felt more like "ours" than "his."

In the meantime, Jason had been working with a lawyer and working on a case with him for self-defense. His lawyer received the prosecuting attorney's evidence

Chapter 24: Repairing

and called to apprise him. I only heard Jason's side of the call.

"They sent you what?! Pictures of her bruises?!"

"There's a 9-1-1 transcript?! It was my *wife* that called?"

He angrily hung up the phone and stomped down the stairs toward me.

"*You* were the one that called the cops?!"

I took a step backward. "Yes, honey, you knew that. You saw me on the phone as I grabbed Mary's arm and took her away from you. We also talked about this the following morning, and then again later that day. This is the *third* time you've gotten angry at me for this."

He scoffed. "Oh yeah, I guess I forgot — because it's just so unbelievable that you would call the cops on *me*, your *husband!*"

I yelled back, "I did what I thought was best in the moment! And I still think it's good that I did, or you would have kept hitting her! Do you even feel bad you hit her, and *thirteen* times?"

"That whore deserved it! She broke a beer bottle on my arm!" He shouted, "It was SELF-DEFENSE!!!"

"There must be SOME part of you that feels bad! Isn't there? Isn't there? There has to be! You're not an evil person!"

Chapter 24: Repairing

"No! Especially not now that you're giving me so much grief about it! You've asked me about this a hundred times since it happened! When are you going to let it go and just support me?"

"When are YOU going to show remorse, see a therapist, and address your anger issues?"

He yelled even more loudly, "I don't HAVE any anger issues!"

I picked up the car keys and walked out the door. "I'm going to the grocery store. I need space and time to think."

I had no idea where I was going. We didn't need groceries; I just needed an excuse to leave. I got in the car as fast as I could, before he could run after me like all the other times I left the room when we fought. I wanted to cry, but I was in too much shock. I didn't know what to do. I drove to the grocery store and parked. I sat and stared out the window for awhile, and eventually went in and bought snacks and cola for Jason so he would forget about being mad at me. Deep down I believed he felt remorse, but the more I thought about it the more I realized he never showed it. I surmised he was just too stubborn to admit how much he had fucked up.

The next month the court date was scheduled, and then postponed again. Then it was postponed for a third time. I anxiously awaited it as much as he did. I wanted to stop worrying about the outcome. *Would he go to jail?*

Chapter 24: Repairing

Would he pay a fine? Would he pay reparations to Mary? Would he do therapy? Community service? I thought perhaps whatever the court decided would help him admit to his errors and help him learn to grow again. But we had to keep worrying and waiting.

That week I got the flu and was sicker than I had ever been. I was sick for three weeks. I was dizzy and I could barely stand. I literally and emotionally couldn't stand up for myself, nor find the strength to walk away. I was paralyzed in my bed, intermittently sleeping and watching mind-numbing TV. I took a pregnancy test, even though I was on birth control, but it was negative. I eventually went to the doctor, but they couldn't find anything wrong with me. I even went to an ear, nose, and throat specialist to see if they could find a reason for me feeling dizzy. That doctor couldn't find anything wrong either. Neither doctor asked me about my emotional health or my relationship.

....

In April, the court day finally arrived. The judge sentenced Jason to an anger management program and asked him to choose between two options: 1) In-person, month-long, or 2) An online training for six-months. I was happy he was forced to do any program that would help him face his issues. I tried not to smile, but I don't think I succeeded. That smile quickly faded when Jason chose Option 2. *Of course he did. Of course he would choose the option with less self-reflection. He was logically smart enough to pick the answers to sail through an online course without actually thinking about what he was learning.* A

Chapter 24: Repairing

therapist would have forced him to face himself. I don't know why I was surprised.

He was also sentenced to pay Mary's fine for lost wages. It was a large sum of money, but not outrageous. He was perturbed yet easily able to pay the entire fee that day. Neither part of his sentencing broke his spirit the way he did hers.

He also paid a small fine to the court, to account for the police showing up at our door. When we got in the car, he screamed at me, "I wouldn't have had to pay this if you didn't call the cops! I still can't believe you called the cops on your *own* husband!"

As gently as possible I said, "We've been over this. Four times now. I'm not doing this again, but I will say this: I did what I felt was the right thing at the time. And I still believe that. That sucks you have to pay money for it, but then maybe you shouldn't have done it. And still, think about how Mary feels." This was one of the moments I was grateful we never merged bank accounts. Before we got married, I told him I wanted to keep them separate and he agreed. I was upset he was still mad at me for calling the police but tried to focus on the positive things. Not as much as he did, though.

When we finished court and paying his fines, he said, "Let's go out and celebrate!"

I looked at him with my most serious face. "Celebrate?! Are you fucking kidding me, right now? Celebrate, what, exactly?!"

Chapter 24: Repairing

He grinned and put his arm around me. "That I don't have to go to jail! That I just had to pay fines and they were all fines I could afford! We're going to be fine!"

I removed his arm and squeezed his side to show him the bare minimum affection to keep him from being mad at me. "Yes, honey. I'm glad you don't have to go to jail or spend too much money. But is 'celebrate' really the right term you want right now? That just seems awful to me."

"Well, yeah!" he said excitedly. "I don't have to go to jail! And this is all over! After months and months of postponing, it's finally over!" He turned to me and grinned again. "Aren't you excited?"

I pouted and sunk as far into the passenger side of the car as I could. I was just a passenger on his ride of life. "No. I'm not excited. I am emotionally exhausted. I just want to watch cartoons and eat junk food."

"Oh okay, honey. Are you sure you don't want to go out for one drink first?"

"I'm sure. Can we please just cuddle and watch something really light and easy?" I didn't exactly feel like being close to *him*, but I needed human touch. He didn't understand me, but he was also the only one who understood everything that happened. That was close enough for me.

Chapter 24: Repairing

"Okay, babe. Thank you for coming with me. Whatever you want, I guess." He was agitated, but still acting sweet.

I kissed him on the cheek. "Thank you, honey."

We compromised; we each had one drink and ordered fried food to-go from the neighborhood bar. I never watched cartoons or Disney movies, but for some reason I wanted to watch *The Little Mermaid*. He resisted, but I insisted it was the least he could do to help me feel better about everything. It was his court case and his stress, but since he didn't show any stress, I felt I had to take it all on for him. I was nostalgic for cartoons, for the reminder of the easy life of being a child without responsibilities or difficult decisions. It also reminded of me of our honeymoon when Jason and I felt happy and carefree. I still wished I could have stayed in the Caribbean Sea and been a mermaid.

Eventually, Jason and I stopped talking about the incident and we moved on in our relationship. I put it aside in my head and tried to pretend it never happened.

This was one of the moments I was grateful we never merged bank accounts. Before we got married, I told him I wanted to keep them separate and he agreed. I was upset he was still mad at me for calling the police but tried to focus on the positive things. Not as much as he did, though.

Chapter 24: Repairing

Chapter 24 Explanation

Jason continued not to show remorse, and I continued to show him empathy for the situation he put himself in. I see myself as an empath, in that I always pay attention to how other people are feeling. Jason, with antisocial personality disorder, does exactly the opposite in that he does not even notice how other people are feeling or how his actions affect them. So, when he did not show any empathy for myself or Mary, and judge her for her profession, I felt the need to double down on my empathy for him in hopes that it would rub off on him. The more he pulled away, the more I pushed toward him, which not only deepened our codependency but deepened my emotional dependency on him. I kept trying to find love that was not actually there.

The other piece that connected us was our trauma bond. What we went through that night with Mary, and all the aftermath of the court hearings was something that I believed only the two of us understood. Trauma bonds are attachments that get deepened through each acute explosion of abuse, honeymoon period, and through the tension building stage until it all happens again. The longer a survivor endures abuse, the stronger the dependency becomes on the abuser and the stronger the trauma bonds become. They can be broken through therapy, learning about domestic violence and abuse cycles, and through finally leaving the abuser, but none of that is easy. I was still bonded to him through trauma, so I still did not seriously consider leaving him.

He was still mad at me for calling the cops on him, which was his attempt to shift the blame on me, and another example of him attempting to keep the power and control through crazy-making and using his defense mechanism of projection. These are also warning signs that can occur before, during, or after abuse, indicating that more abuse might occur later.

A warning sign here is that I had a psychosomatic reaction of feeling paralyzed and dizzy for three weeks, and no doctor could find a medical explanation. But, neither doctor I saw asked me about my emotional wellness or my relationship. Here is an excerpt from a paper I wrote for school, about this topic:

"Another place where survivors can access help for intimate partner violence (IPV) is in medical settings. 'Women experiencing intimate partner violence have more medical, gynecological, and stress-related symptoms than nonabused women,' (Miller & Brigid, 2019).

The United States Preventive Services Task Force, the American Academy of Family Physicians, the American Medical Association, and the American College of Obstetricians and Gynecologists all recommend that medical providers routinely screen women of reproductive age for IPV (Miller & Brigid, 2019; O'Doherty, et al., 2014). Most studies show that screening interventions are effective to lessen the chance of subsequent IPV incidences (Miller & Brigid, 2019). Patients that have experienced IPV, and those that have not, both agree with these recommendations and report that they prefer that medical professionals ask about IPV. Most doctors also agree with the recommendation to screen, however, "only a small percentage of medical providers actually do so, largely because they are uncomfortable having such conversations," (O'Doherty, et al., 2014)."

I went to see two different doctors because I did not know what was wrong with me. I felt dizzy and I could barely stand, yet there was no medical explanation for my symptoms. They were a result of my emotional stress. Nevertheless, had a doctor asked me about my relationship and screened for IPV, then perhaps I would have gotten the information I needed and left him sooner. I highly recommend with all of the medical associations' recommendations to screen people for IPV.

An additional warning sign is that even though I was mad at him, I bought him snacks. I was appeasing him through a survivor tactic known as fawning. We are taught that when people are in danger, they will react with a fight or flight response. But, the other responses we don't hear about as often are freeze, which is to stand still or play dead, or feel paralyzed, which I felt when I was sick; and fawn, which is to appease someone. I often unknowingly used fawning with Jason. I would compliment him or do something nice for him in an attempt to lessen his anger. This seems counterintuitive

Chapter 24: Repairing

to do something nice for someone who is scaring you, but it is a common survival mechanism because calming people down keeps us safe from physical violence.

The final warning sign from this chapter was that he wanted to celebrate the court proceedings being done and not going to jail. I can see how that was a positive thing for him, but to me it felt eerie and creepy that he wanted to celebrate that day. He still was not showing any remorse, and was happy that he basically got away with it without any severe consequences. Since he likely has antisocial personality disorder, he still did not feel impacted by anyone else's feelings as a consequence of his actions.

The last aspect I want to address here is that I never merged bank accounts with Jason, even after we got married and bought a house. I am so glad I did that. I recommend anyone entering a relationship to at least keep one bank account in their name with some money in it in case they need to leave. This is part of safety planning that counselors and advocates help survivors do to keep themselves safe. Each safety plan is unique to the survivor, but in general, they include keeping money hidden, keeping an extra set of keys, knowing the closest places and people to go to for help, and keeping an emergency bag of essentials you would need if you needed to get away, such as medicines or diapers for babies. I did not know about this at the time, or create a safety plan, but I was glad I had access to my own finances that he could not monitor or spend.

Chapter 25: Celebrating

The next month, in May of 2014, Jason and I planned a trip to celebrate our second wedding anniversary, and the feeling that we were moving forward with our lives. We went to a nearby casino resort town with an amusement park and outlet mall. Jason had been looking forward to riding their super high rollercoaster. It was one of the largest in North America. The day we arrived; the wind was blowing nearly 40 miles an hour. This wasn't unusual for Las Vegas; I frequently wondered if I would literally blow over. The high winds made it too dangerous to operate their high rollercoaster, though, so the casino shut down the rollercoaster for the day.

Jason was irate. "What the fuck?! That's one of the reasons we came here."

I tried to calm him down. "I know, honey. It obviously wouldn't be safe, though. I'd rather keep my chances at staying alive on the high side. And there's other rides we can go on! Let's try them all!"

He looked around and pouted. "These are mostly kids' rides."

"Well, sure..." I spun around the room looking for a solution. "There's a water log ride! I love those! Let's get an unlimited ride bracelet and just go on it over and over again!"

Chapter 25: Celebrating

He looked at me skeptically and laughed. "I don't know…"

I raised my eyebrows. "What else are we going to do all day? Not that we golf, but we couldn't do that either because of the winds… What else do they have to do here? Do you want to go to the spa? Go shopping?"

He shook his head. "No, let's not spend too much money. Okay, we can do your plan."

I smiled and kissed him. "Great! Let's make the most of our trip! Happy Anniversary!"

We checked in and went to our hotel room. I love traveling and hotel rooms, so I immediately dropped my luggage and jumped on each of the beds. He laughed at me, but then joined me to jump on the bed in the figurative sense.

We went back downstairs and went on all the rides. Well, I say "all," even though there were only four. We quickly became bored, so we decided to take shots and then go on all of them again. There were no lines for the rides or at the bar to take shots, so the whole experience only took about 30 minutes. Then we wandered around the small casino. It didn't have much to see besides tacky gift shops and diner-style restaurants, so we went on all the rides again and took another round of shots. We repeated this about four times before we got bored and hungry. We went out to dinner at the most upscale restaurant at the casino, which was just above the equivalence of a national chain diner.

Chapter 25: Celebrating

I stared at my less-than-exciting fettuccine alfredo, and I wondered if I was happy. I knew it was my idea to go on the rides over and over again, and we had both decided to drink, but I was disappointed. I asked Jason, "Do you think this is the best we could have done to celebrate our second anniversary? Get drunk all day?"

He laughed and said, "Well, when we have kids, we won't drink as much; just when they're asleep."

I pouted. Something didn't feel right about that scenario anymore.

He didn't seem to notice my expression, and excitedly asked, "So when do you want to start our family?"

I stammered and thought about what to say. I surprised myself when I answered, "I don't know. I'm not sure I do anymore."

His eyes glowered. "What?! When we first met you said you wanted to have kids! You wrote out a whole life plan for us, all based on when *you* wanted to start a family!"

I sighed. "I know, I know. I know I wanted to wait two years after marriage, and I also wanted to have kids before I was 30. But I'm just not sure anymore."

He nearly yelled, "We've been married two years already and you're already 30! Make a decision!"

Tears in my eyes, I said, "I know. I will."

Chapter 25: Celebrating

We finished dinner and went back to the hotel room. He wanted to have sex, but I wasn't in the mood. That conversation was the only thing on my mind, and it was its own form of birth control.

We hadn't been together physically much since that football party. Sometimes he held back from me. Sometimes I didn't show interest, or in his words, "You don't even try anymore. You barely do your hair and makeup since you started working from home, and you've gained so much weight!" That only upset me more. I wanted him to see my beauty without dressing up and wearing makeup. I needed him to see my inner beauty, the woman that stood by and supported him. It seemed he only saw my flaws.

He didn't seem to understand this, nor comprehend the weight of the family topic. He charged ahead with his usual anger. "It's our anniversary! You should want to have sex with your husband!"

Shyly, I responded, "I know, but I'm sorry, I'm just not in the mood. And we already had sex today."

He narrowed his eyes and furrowed his eyebrows. "Do you even love me anymore?!"

Meekly, I answered, "Yes, of course I do."

He yelled, "Then do you still want a family? You promised me you would!"

Chapter 25: Celebrating

I heard a small voice in my head say, "Yes, but I'm not sure it's with you." I started to say the words out loud, but I couldn't find them. I was terrified of his response.

All of a sudden, I felt nauseous. I ran to the bathroom and threw up.

Yelling at me from the bedroom, he said, "Oh, you're wasted again. Well good thing you're throwing up. I don't know why I'm surprised." I *was* drunk, but so was he. We took the same number of shots, so it felt unfair for him to judge me. He was taller, but he was right that I had gained weight. He and I probably weighed around the same amount at that time.

But to his credit, I had been drinking a lot lately. I was hiding from myself, not knowing how to accept my thoughts and inner turmoil. His insensitivity only made me feel worse. I wanted to curl up in a ball in the bathroom and stay there. I quietly cried next to the toilet until I thought he was asleep. I quietly returned to the bedroom and went to sleep in the other bed.

We drove home the next day. He was clearly still angry. He was normally an aggressive driver, and even more so when he was angry. I often feared he would get us in an accident, purposefully or not. I didn't want him to drive an hour back home while he was angry, and he never let me drive, because I was a "terrible driver" according to him. He was partially right; I was normally distracted and therefore not great at timing and coordination. Yet, the more he commented on my flaws

Chapter 25: Celebrating

the more I believed him and therefore the worse I became.

So, I decided to try to keep us safe by trying to make him feel better. I compromised with him and myself, and said, "I do want a family, and maybe we can start soon. I've been reading about birth control effects on hormones, and I think I want to stop taking them, but still use condoms until we're both ready." I meant what I said, and I followed through on it.

He smiled broadly, "Okay, babe. That's a good start. Thank you."

I finished my cycle of pills for the month, and left the rest in my bathroom drawer, waiting for me to decide my future.

Chapter 25: Celebrating

Chapter 25 Explanation

This chapter shows more of the emotional abuse I suffered throughout my relationship with Jason. He constantly commented about my weight, lack of trying, that I needed to wear makeup, and even how I drove. He never saw my inner beauty. He also tried to make me feel bad for being drunk, even though we drank together, and we were both drunk. And the more he made those types of comments, the more I believed them. I was drinking to hide from myself, and that in itself is a warning sign. A few drinks here and there is generally okay for most adults, but not if people are drinking in attempts to numb, hide, or run away from painful thoughts.

I still hadn't left him at this point, but I was starting to listen to my instincts and recognize that I no longer wanted a family with him. When I told him that I wasn't ready for that, he yelled at me and tried to guilt trip me into bearing his children. I felt confused by his attempts at manipulation to get me to keep my promise of having kids after our second anniversary. I was so confused at my instincts telling me not to, that it made me nauseous, which was another psychosomatic response to the stress he caused me. I wanted to tell him how I felt, but I was terrified of him getting angry, and then of what he might do to me, which is another warning sign.

Chapter 25: Celebrating

The only other time I became suddenly nauseous like that was just before making the decision to move to Las Vegas. Neither time he seemed concerned about me or tried to console me; the first time he ignored that it happened and the second time he got angry at me for it. I think it is very important for people to listen to their guts. Our guts are connected to our nervous systems and literally process both food and information from our brains. If we listen to our guts, then we can determine how we are really feeling, and then make decisions that more aptly resonate with us. My gut told me both times I threw up that I was ignoring warning signs.

The last warning sign I want to mention is his anger and aggression. He became very angry that he could not go on the roller coaster. Over time, he had become angry more and more often, at even small things. The scary part here was that he often drove aggressively, and even more so when he was angry. Aggressive driving is frightening because it can be deadly. If you ever find yourself in this situation, a safe option might be to get out of the car and call an Uber or Lyft. However, it is always most important to make the safest move for you. In this case, it was for me to use fawning to calm him down. Abusers can become more violent, and are the deadliest, when people try to leave them, which is another reason people are – rightly – too afraid to leave. Thankfully, we made it home safely. I went back to acting as though everything was fine.

Chapter 26: Finding

That summer of 2014, a month after our anniversary, Cassie, Jason's mom, came back to visit. Adam and Jason repeatedly asked Cassie to move to Vegas permanently, but she said she cherished the preschool where she taught and didn't want to leave the job she had held for 20 years. She compromised with Adam by living with him during the summer. It felt nice to have her back, though, as she added balance to the family dynamic.

A few days before Cassie was coming, I asked Jason if he told his family about what he did to Mary.

He seemed surprised at the question. "Oh, um… why? You aren't going to say anything, are you?"

"No, of course not. I just wanted to know in case something came up. It seems like something you should tell your family."

He pouted and frowned. "Why?"

"Because it's good to be open with your family." It seemed ironic, although I was only barely aware of the weight on my own shoulders of not speaking to my family about it.

Chapter 26: Finding

He sighed. "Well, I told my dad. He promised not to tell my mom though. She would flip out and she's high-strung enough as it is." It was true. She seemed worried all the time and tried to control everything, like what we all did together and what people chose to do with their lives.

Cassie and Adam seemed really close, so I always wondered if Adam told her. It seemed strange to hide things from a close partner, especially when it concerned their son. Although, I also speculated they weren't close enough for her to want to live with him all year long, even though I had also noticed their codependency.

When we saw Cassie, she acted the same way she always did, happily, and sort of artificially cheery. I assumed she didn't know.

The four of us had a nice summer together. We went back to the Hoover Dam, shopped on The Strip, and swam at the pool at their apartment. We talked about children, about her preschool kids, building relationships with our friends' children, and studies about children I remembered from my undergraduate psychology degree. We also talked about fashion, activities to do in Vegas, and anything else superficial. We still did not discuss politics. Cassie was always nice, but I never felt like I got to know her real self.

Jason told Cassie and Adam that we were thinking of having a family soon. Then their whole attitudes toward me changed. They seemed more open, happier,

Chapter 26: Finding

and friendlier toward me. I didn't tell them that I wasn't sure about it, and neither did Jason. I was happy with the way they were treating me. I think Jason chose to believe we were sticking with the original plan. And eventually, I believed it too. That summer, we bonded more than we ever had before. I felt like we were a real family unit, ready to embark our lives upon creating the next generation. We began talking about children even more frequently.

I also worked on finding my own internal happiness, though I seemed to always feel stressed out. I felt miserable inside, yet I didn't know why. I also couldn't figure out why I had gained so much weight. I began listening to natural health podcasts and reading books and blogs on hormones. I threw and gave away my large stock of chemical-filled beauty products, began private yoga lessons, and ate a healthier diet. Yet nothing seemed to work. I wondered if part of my weight gain was due to my nightly bottle of wine. I subconsciously knew I needed it to hide from myself and dull Jason's regular stings about my cooking, driving, weight, and pretty much any other aspect he could find. I ignored him and looked for the answers in the bottle.

Yet, I remained determined to find happiness. I thought perhaps I could find it through healthy foods I planted myself. I read books and websites about gardening and went to seminars at our local demonstration garden. I planned a detailed garden, which included companion plants, grape vines across the backyard wall, sunflowers lining the other wall, and

Chapter 26: Finding

fruit trees. I treated my new hobby the way I did my job searches, wedding planning, and home-buying research, and general life plans and ideas — full steam ahead.

With my detailed garden plan in tow, I went to the gardening store and examined all my options. I decided to start small, so I bought some herbs and small plants. I looked at the trees, and to my surprise I found a dwarf pomegranate tree! I was so excited! I loved pomegranates, but they were too expensive to regularly buy at the grocery store. I noticed the winds were picking up, so I also bought a tall tomato cage for my pomegranate tree. I brought it all home and dug through the cement-like desert soil for an hour just to dig a two-by-two-foot hole. I planted the tree and it immediately fell over. *Thank God I bought the tomato cage!* I tied the tree to the cage and beamed with pride. This was *my* tree. I monitored it every day and carefully pruned it as needed. It was my pride and joy, and in a way, my practice for the baby I would soon have. My tree gave me something in which to show emotional support and love. I watched my tree grow more leaves, and I felt like it gave me love in return.

I also practiced motherhood through hanging out with my friends' children. I loved them and always had fun with them. I went to their school choir performances and birthday parties and interacted with them whenever they were around. One friend's child, Troy, was especially brilliant and fun to be around. Troy said his math homework was boring, so I asked him if he wanted to learn harder math. He was seven and I taught him double-digit multiplication in a matter of minutes. He asked what else I could teach him, so I explained negative numbers. He understood right away. Every time I saw him after that, he asked for more math problems. One evening, Jason and I went to their house after he was asleep, so I left him a note with math problems. The next time I came over, he answered the problems on the note and wrote back a big, "Thank you!" I also bought Troy books I remembered enjoying at his age. Troy beamed and told me he loved them as much as I did.

One day I asked his parents, my friends, if they wanted to take Troy and their new baby to an orchard to pick apples. I showed Troy around, and after a while he asked, "This is where *apples* come from?! I love apples! I thought they came from the store!" I laughed and gave a brief account of the process of getting food from the farm to the store. I made sure to edge in a brief carbon footprint and global warming explanation, too. Hey, the kid was smart! Not only did he understand it, but he also seemed to appreciate its gravity with sincerity.

The joy my friends' children gave me re-inspired me to want my own. I believed Jason and I could and would work through everything and find true happiness once we had a family. However, I still couldn't shake my feelings of anxiety and depression inside.

Chapter 26: Finding

Chapter 26 Explanation

I believe at this point I had completely dissociated memories of violence and the current emotional abuse from my internal awareness. I pretended they were not there so much, to the point that I actually forgot they ever existed. I did not know why I was always stressed, because on the outside I felt I was doing everything right – we had a house, I had a great job, I had healthy hobbies, exercised, ate well, and good relationships with the people around me. It was odd that my relationships with his parents still felt superficial even five years into my relationship with Jason, but I didn't know what to do about it. I was also scared that bringing up anything deep or emotionally charged would cause another frightening argument, which is also a warning sign.

On the surface, I was doing everything just fine. But, on the inside I was still not listening to my gut, which I believe contributed to my weight gain because my gut was never in a period of homeostasis. The other contributor was cortisol, the stress hormone. Cortisol activates in the body when there is stress, to activate the survivor response to fight. People need energy to fight, so the cortisol helps us retain food reserves by slowing down our metabolisms, which causes us to gain weight.

I was also drinking a lot, which also did not help, but it did help me continue to dissociate my internal strife from my outward aura of happiness. Substance abuse is a common coping tactic for survivors of any kind of abuse or assault. Substances make people enter a different state of mind so they can ignore their internal stresses. I continued to drink too much for many years after that. It is not the best coping mechanism, but survivors often turn to it because it temporarily helps. If we encounter people with substance use disorders, I think it is important to look at the whole person and what their reasons for using might be. We should ask the question, "What happened to you?", instead of the one that is typically asked, "What is wrong with you?" We can also look at how the substance is both helping and hindering them, help them address and heal from their trauma, and not judge them. Jason frequently judged me for drinking, but he always drank with me, so I did not take much stock in his comments. And, by this point I had learned to not take much stock in any of his comments, since I had also learned to dissociate from how they made me feel.

Chapter 27: Visiting

In hindsight, I should have listened to that internal feeling of anxiety instead of ignoring it. I thought we were moving past everything, though. That summer of 2014, Jason's close friend, Harvey, came to visit. The first day he was there, Jason told him about what happened with Mary. Harvey appeared surprised, but not shocked. I wondered if Harvey knew something about Jason that I didn't. Or maybe Jason knew something about Harvey that I didn't. Or maybe Jason had already told him but wanted to do it in front of me for some reason. I really did not understand, but I knew it did not feel right. The next day, Jason and Harvey played a video game in which players can drive and steal cars, go to strip clubs, pay for prostitutes, and beat people up. Jason said to Harvey, "Hey, look! I can beat up a hooker!"

Harvey laughed.

I stopped in my tracks. I yelled to Jason, "That is *not* okay. You see the parallels here, right?"

Jason shrugged his shoulders. "Ha, yeah."

"What the fuck? Are you fucking kidding me? You're laughing about this? You *still* don't have any remorse? What the fuck is wrong with you?"

Chapter 27: Visiting

He raised his eyebrows, shrugged his shoulders, chuckled with Harvey, and went back to playing his game. I took a shot of vodka and walked upstairs. It was three in the afternoon. I didn't know how to handle anything. I bargained with myself that it was Saturday, so it was fine.

Then at the end of August, a few days before Labor Day, Clint, Jason's best friend who lived with us our first year in Vegas, came to visit with his friend. Jason and I missed Clint and Jenny after they moved back home, and we had stayed in touch with them. I really enjoyed Clint's company and had been looking forward to seeing him.

Jason and I met Clint and his friend at their downtown Las Vegas hotel room. We were stoked to see Clint again. We all got hammered drunk, then Jason and Clint's friend passed out in the hotel room. Clint and I were still wide awake, so we talked and walked around the casino. I had still been circulating thoughts in my head about what to do about Jason. I was still mad, still upset and confused that he didn't appear to be remorseful, yet I still loved him and hung onto the slight chance that we could work things out. Overall, I was feeling lost and confused.

I thought that Clint knew Jason better than any of his other friends, and he and I were also friends. I decided to tell him everything – that Jason yelled at me and slapped me, how he tried to prevent me from leaving that night, what he did to Mary, and Jason's reactions in the aftermath. I finished by asking for his

Chapter 27: Visiting

advice. I was still so confused. I wanted his opinion because he knew Jason so well.

Clint's jaw dropped. His eyes widened and his eyebrows contorted in a series of different shapes. His face finally rested, and he said, "Um, oh wow. I don't even know what to say."

"So, this is the first you're hearing about any of this?"

"Uh, yeah... wow... I mean, I guess I can see how he wouldn't want to tell anyone. Wow, I'm so sorry, Kate."

I pointed my head toward the ground. Quietly, I said, "Thank you. So, what do you think I should do? I mean, he's my husband and I love him, but this is fucked up, right?"

"Woah. Well, yeah. Oh shit... You want my advice? I really can't tell you what to do. I mean he's my best friend and he's your husband, but at the same time... I'm shocked... I can't even imagine what you must be going through."

Slowly gaining more confidence back in my voice, I said, "Well, thank you. You're right, I can't expect you to have the answers. I don't think anyone does. I just thought since you know him so well..."

"Well, yes, but at this point you know him a lot better than I do. What do you want to do?"

"I don't know. It feels good to talk about it, though, so thank you for that."

"You're welcome." He smiled. He then asked in a concerned and curious, yet seemingly objective tone, "Do you think you'll leave him?"

I sighed and shook my head. "I don't know... I don't know what to do. I've tried to make myself happy in every way, bonded more with him and his family... nothing seems to work. I still feel stressed out, and I think, maybe, it's because of him. I told him I still wanted to have a family with him, but the more I think about it, how can I raise a family with someone who was so violent? Would he be that violent with our children? With me? I just don't think I can trust him anymore, but at the same time, I love him, and I don't know how to leave... I know he loves me too, and I know he's a good person inside, and if he could address his problems then maybe he could fix them and not get so angry... But yet he refuses to see a therapist! And he *still* hasn't shown any remorse!" I sighed again. I felt like all I did lately was sigh.

Clint nodded. "Yeah, he does get angry... I've seen him randomly get super angry and kick his car tires or yell at his mom, or minor things like that plenty of times... But God, I've never seen him do anything close to this. I don't know what to say."

I couldn't think about it anymore. I felt better after talking to Clint, and just wanted to enjoy our time together. I changed my tone to be more upbeat, I said,

Chapter 27: Visiting

"It's okay. I'll figure it out eventually. Let's just have fun now and get our minds off this."

We smiled at each other and decided to get a drink. We felt we needed another one after that conversation. We got our drinks and made mindless small talk as we walked in large circles through the hotel. We weren't walking to go anywhere, but simply to talk to each other.

After our second or third lap we sat down in the wide, empty hallway. Clint turned and looked at me and said, "Well, I've never been able to tell you this before, but I've had a crush on you ever since we met."

I was surprised to hear the words coming out of him, but not surprised at the actual sentiment. I looked into his eyes and said, "I know. I've had a crush on you too."

He widened his eyes and grinned. He slightly shook his head as though to shake himself into reality, placed a hand on my neck and cheek, and leaned in to kiss me.

I passionately kissed him back, and felt tears run down my cheeks.

He gently pulled away and asked, "Are you crying? Are you okay? Is this okay?"

I smiled. "Yes. Yes, this is great." I kissed him again. I hadn't been kissed that passionately in years and forgot how great it felt. I think the tears were 80% joy. There was 18% sadness, as I started thinking that if I was

Chapter 27: Visiting

doing this, then I knew my marriage was over. I felt 1% for guilt for cheating on my husband. The joy won out, and I continued kissing my husband's best friend. I loved every minute of it. The last 1% was revenge, but after what Jason had put me through, I was just fine with that.

I put those thoughts aside and enjoyed the moment. Our mouths explored every millimeter of one another's, and our hands explored every inch of one another's bodies. We kissed, and kissed, and kissed. Eventually I suggested to do more, and Clint pulled back.

He said, "No, this is already wrong. Let's not make it worse."

I somewhat automatically responded, "Well I'm going to leave him anyway, so let's make the most of our time together." I wasn't really thinking. The words just came out of my mouth. At that moment, I realized if I was making out with his best friend then I knew my leaving my husband was imminent. Part of me still didn't realize that, though, and still didn't fully comprehend anything about the situation.

Clint reaffirmed his stance, and we walked back to the hotel room where his friend and Jason were sleeping. We had plans for him to visit us at our house the next evening, so I knew that wouldn't be the last time I saw him. However, my sister was also planning to visit with her fiancée that same night. My emotions fled to anxiety about how the evening would go with everyone in the same room. I knew my sister would see

Chapter 27: Visiting

right through the tension with both Clint and Jason. And then I knew that I would have to decide whether or not I would tell her everything that happened.

I woke Jason up from the hotel room floor and we drove home. I was sober by that time, but my head still spun with emotions. I turned up the radio with upbeat music to distract myself. I sang along to lyrics that said, "I don't care," in my head. I tried to convince myself I didn't care. Jason had fallen back asleep in the passenger seat. I was singing in my head, so I didn't wake him, so there was a part of me that still cared. Yet, I didn't know how I felt about him anymore. I couldn't make a decision about how I felt, so I just enjoyed the song and thought about seeing my sister the next day.

Chapter 27: Visiting

Chapter 27 Explanation

Jason continued to show signs of having antisocial personality disorder and I continued to dissociate. It was super weird to me that Harvey wasn't surprised about what Jason did. If someone that knows the abuser isn't surprised to hear about their abuse, then it means they have likely done it before and it is a warning sign that it could happen again.

When I saw Clint again, I began to reassociate and remember all of my concerns about Jason. I think seeing a friend from a different time period, from before all the violence started, made me see things in a different perspective. I still had not told my friends or family about anything at this point. I think I decided to tell Clint because he knew Jason and he felt safe to me.

I imagine that you, the reader, are shocked that I made out with Clint. Every time I come back to editing this part of the book, I am also still a little surprised that I did this. But cheating to have a sense of revenge is also a coping mechanism to abuse or assault. It is a small way for survivors to take back our power. I am not advocating for this or saying that it is ethical, nor do I advocate for substance use, but I believe they are both coping mechanisms.

Chapter 27: Visiting

When survivors are abused, especially emotionally, they lose their sense of power, just as I described at the beginning of the first book with the power and control wheel. The abusers exert power over us to get what they want, which is to control survivors and make us stay with them. The emotional abuse breaks down our strength and confidence, and the small part that we keep finds a way to fight back and reclaim power. Making out with my husband's best friend gave me power. I also noticed I did not feel very guilty, and I that I even felt 1% revenge, which I recognized were not things I would have done or felt if I was in a healthy relationship. The fact that I felt this way told me that I wasn't in a healthy relationship, that it was beyond repair, and that it was likely time to leave. I wasn't sure how to do it yet, but I knew I needed to start talking to my friends and family.

Chapter 28: Opening

The next morning, Thursday of Labor Day Weekend, I realized I needed to take some sort of action. Although, I had no idea what that action was. My sister, Kristina, and her fiancée, Will, would be arriving later that evening. We had plans to take a road trip the following day, to our cousin Aleisha's cabin in Arizona for the holiday weekend. I was looking forward to seeing my family and having time away together for the weekend.

I had regularly talked with Kristina every week, but I never told her about any of the violence. I had told her about some things Jason did that annoyed me, but for the most part I pretended everything was just fine. Kristina was adept at reading me, though, so I knew she would know something was off when she saw me in person. I felt I needed to tell her, since she would likely find out anyway, and I loved her, but I also knew she loved me and would tell me to leave him. I thought about it over and over again in my head. *Was I ready to hear that? Was I ready to leave him?*

Over the last year, I had become really close with my colleague, Linda. She and I were both Instructional Designers at TravelCo, and she was proficient in educational writing. I was proficient in travel knowledge, so we taught each other about what we needed to know for work. We talked every day to answer each other's questions. We also had weekly

Chapter 28: Opening

meetings to talk about our work projects, brainstorm about how to make travel education fun, and to catch up on one another's lives. As we became closer, our one-hour meetings often turned into two hours. We had fun solving work and life problems together and became very close friends in the two years we had worked together.

Linda worked from home in another state, so she had only briefly met Jason once, on her work trip to Las Vegas. She only really knew about him from what I told her, so I knew she would be subjective and lean toward my side. I hadn't been ready to hear the perspective that would look out for my best interest until that point. But, after already trying to have an "objective" conversation with Lisa and then trying again with Clint and having very unexpected results, I reluctantly determined it was time to try something else.

Linda was a fantastic listener and great at giving advice. She was one of the warmest, kindest people I knew. The main reason I wanted to talk to Linda, though, was that I didn't know if I should tell Kristina and I wanted Linda to help me decide. I had so many questions. *Should I tell Kristina? Will she figure it out anyway? Will she be upset if she figures it out on her own? Will she be upset if I tell her because I hid it for so long? Will she be more upset if I continue hiding it?* And then the questions that had been repeating in my head for so long: *Will she tell me to leave him? Am I ready?*

I decided to bite the bullet and tell her what happened. I knew I needed to be emotionally prepared

Chapter 28: Opening

for my sister's visit. I felt like Linda was like my fairy godmother; I knew she would know what to do. I called Linda and we had a normal conversation about work projects and small talk about our days. When we were finished with that, and had signed out for the workday, I sat down and said, "Can I ask you something?"

"Of course! You know you can ask me anything! What's up? You sound serious…"

"Well…" I trailed off, unsure of how to bring up the conversation. *What would Linda say?* As soon as I started talking, I thought about how Lisa told me to stay strong and support Jason and how Clint didn't know how to verbally respond. I started getting nervous about what Linda would say. I gathered my strength and went for it. I gave her a detailed synopsis about each of the physical incidents, including all the follow-up conversations about him asking me not to tell anyone and his lack of remorse.

She breathed out a large sigh into the phone. "Whew. Oh, Kate, oh my god I had no idea, I'm so sorry."

"I know, and I'm sorry I didn't tell you earlier. It's just that, well, I didn't tell anyone because I was afraid of his reaction. So now my sister is coming to visit today, and I think if I don't tell her she'll know something's up, so I think I need to talk to her. I think she'll be mad and tell me I need to leave him, but I don't know what I want to do yet. I'm just not ready to make a decision. My whole life is here in Vegas, my job, our friends, our

Chapter 28: Opening

house…" I used the word "think" a lot because I was so unsure of everything. Anything. I had been feeling like I didn't know anything for a long time.

She gasped. "No, don't be sorry! I can't even imagine how hard this would be to discuss. But yes, of course, you don't need to make a decision right now! Although, you know you can always come back to Bellevue to work. Isn't that why you originally decided to only apply at corporations based in the Seattle area, so you knew you could always come home? And of course, you know you can always sell your house. I know you know these things, and I just want to remind you. I'm here for you no matter what you decide."

I let out a big sigh of relief. "I'm hugging you through the phone! Thank you so much. I think that's exactly what I needed to hear."

"You're welcome, and I'm hugging you back! So, do you think you'll tell your sister? What do you want to do?"

I stammered, "I, I… just don't know."

Gently, she responded, "It's okay not to know. Well, how do you think she'll react if you tell her?"

I sighed. "I think she'll be really upset with Jason and tell me I need to leave him and come home. And I think she'll be upset with me for not telling her and the rest of the family earlier."

Chapter 28: Opening

"I bet she'd understand. Would you understand if she held something like this back from you?" I had never considered it that way until she said that.

"Yeah, of course I would. But… as someone that's gone through this… She hasn't… As far as I know, I guess."

"If she was upset with you, do you think it would be because she loves you and cares about you?"

"Yeah, you're right. She and I are really close."

"Okay, well what do you think would happen if you didn't tell her?"

I tried to imagine it from my sister's side. I struggled to picture it. I audibly sighed. "I guess I need to tell her."

Linda paused. I could hear her smile through the phone. "Okay. I'm glad I helped you make a decision. But don't feel pressured into doing anything you don't want to do, and just remember that we're all here for you and we love and care about you. You can call me after you talk to her, if you want. You know you can call me anytime."

I smiled back, "Thank you. I really appreciate you and this talk. I love you." I took a deep breath and almost cried.

"I love you too." I could hear her smile.

Chapter 28: Opening

I began to giggle.

"Wait, are you laughing?" She laughed, too. "What are you thinking about?"

I told her about Clint and I making out. She laughed, and I could tell she wasn't judging. I agreed that it was funny, and I laughed, too. It was, indeed, surprising and amusing.

After listening to everything, she asked, "So, how was it?"

"Fucking great."

She laughed again. "Well, you had a good time, and you're probably not going to see him again, and you got to live the fantasy you both dreamt about for years. Good for you, girl! No need to feel regrets in life, especially about doing something to someone that's hurt you so much."

I felt that Linda understood me and validated me. More than that, she gave me strength. Linda gave me the freedom to talk about anything, and the acceptance to do so.

When we hung up the phone, I thought about how my college boyfriend was a jerk and I constantly complained to my family about his actions. Eventually, they got tired of hearing my complaints and told me, "Either stop complaining about him or break up with him." I knew they were right, but I didn't want to hear

Chapter 28: Opening

that at the time because I loved him. I chose to live in silence with my frustrations. I did, of course, eventually break up with him, and when I did, I vowed to myself to never date someone about whose actions I couldn't tell my friends and family.

It was at that moment that I realized I had broken my promise to myself. I sat down and cried. I still didn't know what I would do next, but I knew the next step was to talk to my sister. *She would know what to do; she always did.*

Chapter 28: Opening

Chapter 28 Explanation

I am so thankful I had the foresight to only apply for jobs in companies based in the Seattle area. When Linda reminded me of this, I knew that it would become part of my "out" to leave. If I decided to leave, I would not have to find another job. Financial ties are another reason people often stay with their abusers. It can be because the survivor has to find another job because they move, or they have been stay-at-home partners and not worked in a long time, or the abuser controls all the finances so there is no way for the survivor to leave and make a life of their own, or any variation thereof.

Fortunately, there are domestic violence shelters for this very reason. There are resources at the end of the book, but in the meantime, I will mention the one I think is the most helpful: The National Domestic Violence Hotline. When someone calls them and asks for local assistance, they access a database of local resources and connect the caller to domestic violence agencies and shelters where they live. You can also find these resources on their website. You can call or text any time of day or night, and it is always confidential. Thankfully, I did not need to access a shelter, but I did call them for domestic violence resources.

Back to the story. I am also thankful I called Linda. I saw her as mostly objective, so she was the next

Chapter 28: Opening

person for me to talk to. I went from talking to Mario and Linda, who were friends with Jason, to Clint, who was more of a friend from the past, to Linda who was my friend and did not really know Jason and also not as close as a family member. Linda did everything a friend should do in this instance. She listened nonjudgmentally and helped me come to the decision to talk to my sister on my own. If you encounter someone in this situation, I highly recommend following Linda's example. If survivors do not feel judged, then they will know they can talk to people.

I am not saying by any means that my family judged me when I told them about all the things my rude college boyfriend did, but their reaction ultimately did not help me. When they said to either stop complaining about him or break up with them, I believe they felt they were being helpful. I was not so psychologically tied to him that I could not leave, so I did.

But when abuse is involved, people need to be able to know that they can talk to their friends and family about anything. People on both sides of the situation may not even know that it is abuse, and they may not know how difficult it is to actually tell people what happened. Therefore, it is always important to keep the doors open for communication. Despite that confusion, I did know that my family was always there for me and that I could talk to them about anything.

Not everyone has that luxury. Some people are estranged from their family, and friends become their chosen families. Some people do not even have that, and only have a few friends, if any. Abusers isolate the survivors from their loved ones, so it makes it even more difficult for survivors to reach out to them. Jason isolated me in that: He chose to move us away to Las Vegas, he got upset when I was on the phone with anyone, and he forbade me from telling anyone what happened. Isolation is a very emotional and intentional form of abuse that keeps people more traumatically bonded and dependent upon their abusers.

The best thing people can do for themselves, whether in an abusive situation or not, is to have close relationships with people. Numerous studies show that the most protective factor against mental illness is to have a support system. My support system was there to listen and not judge, and to help me make the best decisions for myself and my safety. If you do not have many close relationships, I highly recommend spending more time with people in your life that you like. Talk more with them, spend more time together, and be more vulnerable. They will protect you and you will protect them. If those people are not there for you, judge you, or show you any warning signs of abuse, do not keep them in your life.

Chapter 28: Opening

Chapter 29: Hugging

Just a few hours after Linda and I spoke, I picked up Kristina and Will from the airport. I was ecstatic to see them. She and I talked weekly, but we hadn't seen each other in person in over six months. It felt so nice to be around her. Kristina, Will, and I went out for dinner, ran some errands, and then picked Jason up from work. I had been wanting to talk about everything with Kristina and Will as soon as I picked them up from the airport, but the car, the restaurant, and the stores didn't feel like the right places. I wanted to have a private face-to-face conversation with them. I was also anxious about the conversation, so I may have subconsciously postponed it.

We all hung out at home, caught each other up about our lives, and had a great time. A few hours later, Clint and his friend came over. We had a nice time, but I felt increasingly awkward. All I could think about was last night with Clint and that I needed to talk to Kristina one-on-one. I pulled Kristina aside and asked her to take a walk with me.

Kristina and had I barely walked out the door when she stopped. We looked at one another. She looked at me with large, worried eyes, and said, "I knew something was up. I could feel your tension since we saw you at the airport."

Chapter 29: Hugging

I solemnly nodded and took her to a neighborhood park bench so we could sit and face one another. I told her everything; all about Mary, court, his reaction to me calling the cops, and Lisa's, Clint's, and Linda's reactions.

As I told her everything, my eyes welled up with tears. I finished the story by doing my best to explain why I couldn't tell her or our parents earlier. "I'm so sorry...I..." I could barely get out the words even I couldn't understand. "I don't know... I think I was afraid of Jason's reaction if he knew I told you. He would be so angry, and then... Would he hit me, too? Divorce me? Would you guys tell me I have to leave him and pull me away and back home? I mean, maybe that's the right answer? I don't know yet. I just don't know what to do. I also love him..." I trailed off, not knowing how to finish my thought.

She wiped tears from her eyes, looked away for half a second, and then hugged me for what felt like eternity. I sank into her arms, grateful for her love and understanding. I wished I could cry. I wanted to, but I couldn't understand my situation well enough to know which emotions to feel. All I knew was I felt numb and sad all at once.

"It's okay. I understand," she said, hugging me again.

I hugged her more tightly and thanked her.

Chapter 29: Hugging

She said, "It's okay that you don't know what to do. But thank you for telling me. I'm really glad you did."

"You're welcome, and thank you for listening, and for being so understanding. ...But... Can you please not tell Mom and Dad yet? I will, in my own time, but I'm just not ready for their reactions yet. I don't know what they'll be. You can tell Will, though, since he's here and should know what's happening... Actually, will you please tell him? I don't know that I can go through telling all this again and I want him to know."

She hugged me again, and said, "Yes, of course." She let go of me, looked around, and then rolled her eyes and chuckled. "This is going to be an awkward weekend."

We laughed. We were both trying to lighten the mood with such a grave situation in front of us. Our smiles disappeared into reality, and I apologized again. She nodded. Her face told me she heard and accepted me the first time.

I smiled brightly and said, "It'll be okay. It will still be a fun weekend. It will be really fun to see Aleisha! And get away to the mountains! And stay at the cabin! And go to the state fair and eat funnel cakes and cotton candy! And pet the animals at the petting zoo!" I unknowingly returned to my dissociated state of happiness I had subconsciously created to distract myself from the mind-numbing pain I usually felt.

Chapter 29: Hugging

She laughed, then raised one eyebrow to poke fun of me, the way she usually did to keep me in check. "Okay, you're right. We'll still have fun. I've been excited for this trip for a long time, and we don't need to let this get in the way of having fun together."

We hugged again, but this time with more joy, and walked back to my house. We would make the best of it. Kristina told Will everything that night.

Chapter 29: Hugging

Chapter 29 Explanation

I am so grateful that I had, and will always have, my sister to confide in and to be there for me. I know that she knows that I will always be there for her. It was really, really hard to tell her what happened. I already had some practice telling people about everything, but the emotionally closer I felt to the person I was telling, the more difficult it felt to tell them. Yet, once I told Kristina, I felt as though I had begun to break the seal of secrecy.

It is incredibly beneficial for survivors to tell their story, over and over again, to as many people as will listen. Each time I talked with someone about it, I felt relief and release. I relieved the stress I carried in my gut and released those emotions to loving people that wanted to listen. Not everyone will listen without judgment, but even those that do will feel pain when hearing their loved one in pain, which only adds to the difficulty to decide to share the story.

I had dissociated so much of my pain, that when I finally felt ready to talk with people, it was pretty much the only thing I could talk about for a long time. When I felt as though I had exhausted my family and friends, I started writing this book. The computer does not judge or get tired of me talking about abuse; it just records my words.

Chapter 29: Hugging

I also talked about it with my therapist. Some therapists use narrative therapy to retell their stories, some use cognitive behavioral therapy to reframe their stories... there are many, many different types of therapy to help with trauma processing. Whatever mechanism survivors and their therapists choose, studies show that telling stories helps people process their emotions so they can move from dissociation, to reassociation, to recognizing the impact their experience had on them, then reducing the power of their stories, and then learning how to heal.

I recommend that if you are a survivor, of any kind of trauma, that you tell your story as much as you can in as many ways that you can, especially in the safe comfort of a support group designed for the type of trauma you experienced. I also recommend that if you are a support person or a friend or family member, that you listen to people's stories when they want to tell them.

At this point in the story, I thankfully found the courage to tell Kristina, but I was not ready to repeat it all again to anyone. So, I asked her to tell her fiancée, Will, for me. Asking people to share your stories for you is also always an option. I believe it is important to, once again, listen to your gut, and share the amount and the frequency that makes you feel comfortable. People can be your allies in sharing your story for you, or listening to your story, or helping you decide what to do next about your story. The survivor can decide what they want to share, when, how much, and what they decide to do next. It takes time to make safe decisions.

Chapter 29: Hugging

Chapter 30: Vacationing

Kristina, Will, Jason, and I packed the car the next morning, Friday of Labor Day weekend. We drove four hours to the cabin in Flagstaff, Arizona. I was thrilled to see Aleisha, the mountains, and trees. To me, these were *real* mountains, with *real* trees, and wildlife. I thought it would be the perfect getaway to clear my mind and figure out what to do.

Kristina and Will had just gotten engaged, so on the way there we talked about their upcoming nuptials, current events, music, movies… anything mellow. We took turns picking music. Everyone laughed at me, including myself, when I chose 90s sugar sweet pop throwbacks such as Backstreet Boys and Britney Spears, even though Kristina joined me in chorus a few times. We had as much fun as we could in that moment.

We arrived four hours later and finally saw Aleisha that night. We were all so happy to see her. She is an incredibly sweet person, full of love and joy. We toured her alma mater college campus, had dinner and drinks, planned meals, and grocery shopped. We were all in a generally joyous mood, feeling grateful to be with one another.

The next day, Saturday, we went to the Arizona state fair to listen to ridiculously over-the-top country bands, pet the farm animals, browse the arts and crafts stands, and eat delicious junk food such as funnel cakes, corn

Chapter 30: Vacationing

dogs, corn on the cob, and cotton candy – if it was on a stick, we ate it. Aleisha and I loved the animals and went to go see them. Everyone else laughed as she and I patiently waited for the toddlers to finish their petting time before we took our turns. The baby animals were so cute! And animals are meant to be appreciated by both grownups and children, right? At the arts and crafts booth, I had fun buying seasoning salts for cooking, as well as natural muscle relief lotions and balms. When I stepped into the lotion booth, the salesperson asked if he could massage my neck and shoulders to demonstrate the effect. I eagerly agreed and sat down in the chair. *Free massage? Why not?*

Later, Kristina told me she saw Jason watching me, and getting angry and jealous. Kristina told me she defended me and the salesperson, and tried to get Jason to calm down. Jason sauntered over to the booth while the salesperson was still putting the lotion on my neck. I noticed Jason seemed agitated, so I tried to focus on the moment. I excitedly told him how great the massage cream worked. "How much should I buy? The small package or the big one? It's so great!"

He turned his head to the side, almost laughing at it being preposterous. He said, "Really, babe? You're going to buy *any* of it? You think that will work? You know he's just flirting with you and it's all marketing, right?"

I got up from the chair and kissed him on the cheek. "No, he's not! I just tried it, and it works really well! Here! Let me put some on you!"

Chapter 30: Vacationing

He laughed. "No thanks."

"Fine, whatever. It's awesome. I'm buying the big package."

It was important for me to assert my independence of judgement. I didn't need Jason's approval to make decisions anymore. I was done compromising with him.

After the fair we went back to the cabin, made dinner, and played board games. Later, I used the lotion on my shoulders. I let out an audible groan. I said my muscles had been hurting from hunching over a computer at work every day. I was still ignoring my emotional pain that had been festering.

Aleisha heard my groan, and she seemed concerned. "Are you okay?"

"Yeah, I'm fine, but thank you! These lotions seem to really work!"

Jason chuckled and raised his eyebrows. I ignored him and reached over to Aleisha to put some lotion on her neck.

"Aww, yeah, that really does work! But are you okay? That groan sounded more painful than I would have expected. Can I rub some lotion on your shoulders?"

"Um, I mean, sure… If you want… Really, I'm fine, though."

Chapter 30: Vacationing

She sat behind me and gently touched my shoulders with the lotion.

She said, "Wow, you are really tense. Are you sure you're okay?"

I rolled my shoulders back, dropped my neck down, and let out a deep sigh. "Ah…uh… I know… There's just a lot going on." Jason was just a few feet away from us playing on his phone, so I couldn't tell her the truth about the source of my stress. Aleisha and I were cousins, and we were close, but I didn't want to bring down our vacation with an issue I didn't know how to handle yet. I wanted to keep our time together light and fun.

She massaged my shoulders a little while longer. She said, "I've never seen someone this tense. Maybe you should get regular massages or see someone to talk about what's causing you all this stress."

I turned around and hugged her. I nodded into her shoulders and said, "Thank you." I couldn't say anything else.

Chapter 30: Vacationing

Chapter 30 Explanation

This chapter mainly sets the stage for the next few chapters, in which the last physical violence act occurs. The emotional abuse and warning signs of violence are still here in this part of the story, though. Jason got jealous when he saw the salesperson rubbing lotion on my shoulders, and then immediately dismissed the possibility that the lotions could actually work. Whether or not they did work, is not relevant. I found them to be helpful and he was minimizing my moment of joy. Although, the lotions really did work and I have since continued to order more.

Minimizing is also an abusive tactic. Abusers talk down the importance or the impact of what a survivor is saying, to diminish its hold. This is another way they keep power and control over the other person, in that they do not allow the survivors' words to hold any power. They often use this when a survivor is telling them how much they hurt them, physically or emotionally, but they also use it in everyday situations. Little by little, over time, the survivor feels as though it's not worth communicating about their pain or even their joys. Everything becomes about the abuser, and the survivor's sense of self worth becomes whittled down.

I am proud that in that moment I was able to assert my independence of judgement and do what I wanted, as opposed to doing what he wanted, as I normally did. This was a very, very rare occurrence for me in this time period of the relationship, and the fact that I took this opportunity was another sign of me releasing from his control. Any small step a survivor can take to do this, if it feels safe enough, can be seen as a step toward independence. If you are a survivor, or you see a survivor doing this, congratulate and support even the smallest steps. With each step one takes toward finding their inner power, the easier the next step becomes. Eventually, those steps get us out the door. But sometimes it takes a more ominous event.

Warning: Before you read this next chapter, be sure that you are in a clear and calm headspace to read it. It is very intense. You can also choose to skip it and get a summary in the next explanation section. This is the last incident of physical violence.

Chapter 31: Questioning

On Sunday, we went for a short hike in the woods, went out for dinner, and then went to a bar to play trivia. I loved trivia, so I was super excited. The five of us, Aleisha, Kristina, Will, Jason, and I, sat down to play.

I had always seen Jason as a smart person, and whenever he didn't know something, or wanted to know more about it, he looked it up. When he was playing on his phone, he was often reading random articles. And when we played board games with our friends, he usually won. He was generally proud and boasted of how smart he was. But these trivia questions were difficult, and not knowing the answers seemed to hurt his ego. When he didn't know the answers, he began giving racist and sexist "jokes" as answers. This was not unusual for him, but this time it was more frequent and obscene than usual. I normally whispered small comments to him to stop which would help a little, but not this time.

At first, my family and I rolled our eyes at him and gently told him to stop. But he continued and made his jokes worse. People were narrowing their eyes at him, then angling their chairs away from him to try and ignore him. I was frustrated and embarrassed. I firmly told him his behavior was unacceptable, and he needed to stop. He finally did, but then sulked and found

Chapter 31: Questioning

different sarcastic "jokes" to make about me and minimize me, saying I was being too sensitive and didn't have a sense of humor. I was already feeling uneasy around him. I just couldn't take it anymore. His "sarcastic jokes" were actually mean comments poorly disguised by his – and only his – accompanying laughter. In other words, they were the ones I was used to him saying to me. And I had already told him a thousand times that sexist and racist jokes were unacceptable, and not, in fact, jokes. He was still not recognizing the consequences of how his words and actions affected people.

I didn't know how to deal with him, and I needed space. I knew my family members were strong enough to defend themselves, so I decided to get up and walk away. Kristina later told me that while I was gone, Jason grew more irritable and went back to his insensitive comments, which made everyone else even more annoyed. He wasn't pleasant for anyone to be with. I went outside and smoked a cigarette, and then purposely went to the bar with the longer line. I patiently waited while I collected my thoughts. *Why did he make these "jokes?" Why did he continue and make them worse whenever I told him not to make them? Is that why I eventually just put up with them? How much longer can I deal with this? I feel so much happier with my family... Should I be home with them? If so, how? What the fucking hell am I supposed to do? I'm married to this man, and we own a house together!*

I returned to the table with shots for everyone, hoping to ease the tension so we could all have a good

Chapter 31: Questioning

time. It seemed to work. For about half an hour. And then Jason went back to his antics. I realized, again, I needed space and time alone. I went back to the bar, and while in line I met Pierre, from Paris. *He's from Paris?! What?! I need to talk to him!* After Jason and I had realized we couldn't afford to go to Europe for our honeymoon, we still occasionally talked about planning a trip that would include both our dream places of Greece and France, though never seriously. When I watched travel documentaries on France and reveled about my dreams to visit, he extinguished my dreams and said, "But that would take too long and be even *more* expensive if we went there, too!" I would pout and remind him that my hopes and dreams were just as important as his were. That was generally when he changed topics to end the conversation. I stopped talking to Jason about France, but my dreams to visit continued to grow in my heart. Pierre reminded me it could still be a reality.

I was so excited to meet a real Parisian, so I asked Pierre all about the city. Where to go, what to see and eat… everything about it. When he and I got our drinks, we were still excitedly talking so we sat down at a booth and talked for a few minutes. I asked him if we could become Facebook friends so I could ask him more about France and he agreed. Suddenly, Jason charged over to us.

"THERE YOU ARE!!! This is my WIFE!!!" He shouted at the top of his lungs, with a red face. He squinted his eyes so tightly they were almost non-existent.

Chapter 31: Questioning

I raised my eyebrows and jumped back in my seat. "Oh! Hi! Jason, this is Pierre, he's from Paris and he was just telling me all about France and I was taking notes, for *our* trip we're going to take together!" I said with a broad smile, in the cheeriest tone I could muster.

"Um, okay," he started with a sarcastic tone. "Well, YOUR family has been wondering where the hell you were, and it's rude to leave everyone for so long," he said without acknowledging Pierre.

My cheery face fell to worry. I felt my cheeks flush with shame. "Oh, okay, you're right; I'm sorry." I got up from the booth, turned to Pierre and smiled, "It was nice to meet you! Thank you for everything!"

Jason grabbed my hand and yanked me back towards everyone else. "They've been WAITING for you!"

I said meekly, "I know, I'm sorry."

When I arrived at the table, I profusely apologized to everyone. Kristina and Will's faces showed both knowing and annoyance. Aleisha's face showed confusion and bewilderment. I lowered my eyes and squeezed my lips outwards towards my cheeks as though to say both, "I'm sorry," and, "I wish I could explain more right now."

We left the bar and got in the car. Jason and I sat next to each other in the back seat. As soon as we pulled onto

Chapter 31: Questioning

the road, Jason started yelling at me in a whisper. His voice was low and stern.

"So, what happened with that guy?"

"Nothing!" I pleaded, "I just wanted to talk to him about Paris. For *our* trip together! It was just nice to talk to someone that actually lived there!"

He rolled his eyes. "Well, you know I have a friend from France, right? You could have talked to him anytime you wanted."

I rolled my eyes back. "Yeah, right. You would have been mad if I talked to him. You love to talk about how all the girls love him for his looks and his accent. You would have been *pissed* if I got in a long conversation with him."

He scoffed, "No I wouldn't have! I TRUST you! I know how much you love me!"

His words startled me. *He made a point to say how much I love him?! But not how much he loves me?! Is he just drunk? Even if he is, should I believe my own philosophy about people showing their truest personalities when they're drunk? Does he not love me anymore? Maybe not, if this is the way he treats me! He says he trusts me, but he doesn't act like it! What did I ever do to him?! Did I love him anymore?!*

Everything felt wrong. I raised my eyebrows in shock. He raised his back at me.

He growled, "Are you saying you don't love me?!"

Chapter 31: Questioning

I chuckled in disbelief. The thought of not loving him only occurred to me seconds prior. I hadn't decided how I felt yet, but I knew I needed to placate his ego. "Um, what? Yes, you're right, you know I do. I love you and you're always right." A whiff of sarcasm came through.

He laughed and stared at me, waiting for me to follow that with something that would make him feel better.

I wanted to prevent an argument, but I was also tired of caving to his every need. So, in a humble tone I said, "I just find it funny that you didn't say anything about loving me. Just how much I love you."

He rolled his eyes in fury. "Ugh. Babe. You know I love you. *I* wouldn't talk to someone else while we're at a bar if we were with *my* family. *You. You're* the one that did that."

I whispered in a small voice, "I'm sorry," and patted his leg to comfort him. I saw the pain in his eyes. It frightened and saddened me. I had to look away immediately. I leaned into myself, took a few deep breaths, and curled toward the window – the smallest and furthest place I could be at the moment. We spent the last 10 minutes of the drive in silence.

When we arrived at the cabin, thanked Aleisha for the ride and said goodnight to everyone. Jason and I walked into the first-floor bedroom we shared for the weekend.

Chapter 31: Questioning

Jason asked, "Do you want to smoke?"

I normally did want to smoke, but at that moment I didn't. I felt afraid of going outside alone with him. He seemed too angry. I said, "No, not right now. Maybe later."

"What?! You don't want to smoke with me? You always want to smoke with me! Come outside with me – NOW!"

I shuddered and agreed. I felt afraid of what might happen if I went outside with him, but more afraid of what he would say or do if I didn't. I opened the door to the small private deck from our bedroom. I walked to the furthest corner, just a few steps from the bedroom, in front of a railing, and three stairs from the ground.

He followed me outside and slammed the door behind him. He stood in between me and the door to the bedroom, facing me directly.

He screamed, "What the hell were you thinking, you fucking WHORE!!!???"

His anger shook me through me, through my heart, to my spine. I looked at him in shock, expressionless.

He took a breath. It seemed like he was starting to calm down and genuinely wanted to know what I was thinking. Only, I didn't know what I was thinking. I could only react.

Chapter 31: Questioning

I jumped back. "What? Oh my god, I didn't DO anything! I just talked to him about Paris for OUR trip together!"

He scoffed, looked away, set down his cigarette, and then suddenly back at me, with rage and what seemed like pure evil in his eyes. "You know you're a fat, fucking, cheating SLUT!!!!"

He stretched his arms out in front of him, opened both his palms toward me, and pushed me down the stairs.

As he pushed me, my instincts told me to protect myself, so I turned away from him and landed face forward and hands out. I fell in a twisted position, half toward him, half away; exactly the way I had been feeling about him. I used my hands as a landing brace among the leaves, and in the 10 seconds it took to fall, I felt all the years of my married life fall with me.

Is this really happening? Did my husband literally push me down the stairs?

I landed safely, but bruised, and in shock. I turned and looked at him in disbelief. There were only three stairs, so he wasn't trying to kill me. But he did kill all my remaining love for him.

A split second later I figured out how to get my senses back and ran. All I knew was I needed to get away from him, and toward my family. He followed me outside.

Chapter 31: Questioning

He yelled, "Are you okay?" The anger in his tone told me he needed to know for himself, not for me.

I yelled back to him, "I'm fine!" That phrase almost always means the exact opposite. I was alive, but I wasn't fine at all. I was terrified.

I ran the perimeter of the cabin and tried to open all the doors. I finally found an open one, ran inside, and to the bathroom. I tried to open it, but it was locked. I pounded on the door and cried, "HE PUSHED ME DOWN THE STAIRS!!!!"

Chapter 31: Questioning

Chapter 31 Explanation

Jason's racist and sexist "jokes" were warning signs. They were mean and insensitive, and he never showed remorse for the people at the expense of his "jokes" or the people that heard them. I always tried to get him to stop making them in the moment, and then later I told him about why they were not acceptable, and yet with each instance of my attempt to stop him he got worse. It seemed my disdain only encouraged him. He also minimized me and my feelings when he made comments about me being too sensitive and not having a sense of humor because I didn't like his "jokes." He also minimized my dreams to visit Paris when he basically said we couldn't go because we couldn't afford to go there and to Greece; thereby also saying that his dreams were more important than mine.

I had already seen instances of Jason getting jealous before, with the salesperson as well as when I spoke on the phone or spent time with male friends, but again, each instance made him react even more strongly. I think that each time I spoke out against his behavior or talked to another man, he saw it as an assertion against his control over me. Sometimes this was intentional.

Sometimes, though, it would not have mattered what I did. Abusers will always find ways to show survivors that they are in control. The more they gain

Chapter 31: Questioning

control, the more they move the goal post of what the survivor "needs" to do to keep the abusers content. Then, the more that survivors pull away from them or do not meet their goal posts, the more angrily they tend to react, because they see that they are losing control. This is why it is always best to make the decision that feels safest in the moment.

I had a feeling that it was dangerous for me to go outside alone with Jason when he was angry. One on hand, I see that I ignored my instincts when I agreed to go outside with him. On the other, I see that it was a move of self-protection to prevent further violence for not agreeing to his orders. Yet, that clearly didn't work in this instance. He was jealous and angry, and nothing I said or did in that moment was going to change that. He called me names and pushed me down the stairs.

I also want to address here that Jason said that "he knew how much I loved him." Abusers do not actually love their survivors. Jason actually admitted this here by saying how much I love him and not how much he loves me. Abusers often make the motions to show survivors they love them. They do this so convincingly that survivors believe them, but their words and actions do not convey love. In a healthy relationship, people do not purposely hurt, or try to control, one another. Period. If someone is hurting you or trying to control you, they do not love you. Once survivors can begin to realize that, then we can take more steps toward the door.

Chapter 32: Fearing

When I ran inside, I had no idea where Jason was. I figured I would be safest behind a locked door, so I tried to go in the bathroom. It was locked, so I knocked and yelled. "Please let me in! Jason just pushed me down the stairs! HE PUSHED ME DOWN THE FUCKING STAIRS!!!"

Kristina had just finished using the bathroom and opened the door. She ushered me inside. I quickly told her what happened. She exclaimed with wide eyes, "WHAT?!"

A minute later, we heard a knock at the door. I was afraid it might be Jason. The last time I had heard a gentle knock and thought it was someone else, I was wrong.

I heard my cousin say, "It's Aleisha!"

Kristina and I quickly opened the door and brought her in as fast as we could. Aleisha's eyes grew with fear as she locked the door behind her.

Their eyes looked shocked and bewildered. They stretched out their arms to hug me. I looked at them thankfully and meekly hugged them back.

Then I stepped back, and said, "He might be in the cabin! I locked the door behind me but let's make sure

Chapter 32: Fearing

he doesn't come inside!" I flung open the door. Kristina told Will what happened. We all ran to every door and first-floor window and locked all of them. We nodded at each other that we got them all. I nodded back, and then looked toward the front door, fearful of what he would do if he came back inside. Then I examined all my surroundings, the way I did when Jason hit me, the last time I was this afraid of Jason. I saw the first possible sign of danger. I looked up the 20 steep stairs up to Aleisha's bedroom.

Aleisha saw me look up there and said, "Let's go upstairs. That's the safest place we can be right now."

Panicked, I shook my head. "What if he pushes me down *those* stairs?"

Kristina and Aleisha put their arms around me and assured me they wouldn't let him come up there. Aleisha said, "Don't worry, honey. There are doors up there that lock. And we'll protect you. We'll keep you safe."

Kristina and Aleisha walked me up the stairs. We locked the doors behind us. Will stayed downstairs and kept watch for Jason. A few minutes later, we heard Jason yell through the windows so loudly that we could all clearly hear him.

He yelled, "Let me inside! I have a right to come in there!!!"

Chapter 32: Fearing

Will yelled back in a stern tone, "The hell you do, brother. You can stay out there until you calm down. It's not cold or raining outside; you're fine." It was around 60 degrees with clear skies.

Jason yelled back to him, "I have a right to see my WIFE!"

Will calmly said to Jason, "Not like this, you don't. Take a walk and calm down."

"But I have a right to talk to my OWN wife!"

Will chuckled. "No. You don't. She's not your property. She's a human being and you need to treat her like one."

"But I DO!!!" he screamed from the top of his lungs.

Will remained firm. He said, "Pushing someone down the stairs and calling her names is not treating her like a human, let alone your wife."

Will told me later they repeated the argument in circles for half an hour until Jason began to break down. He said, "I'm sorry! I'm so sorry! Can you please just make her come down here and talk to me?"

Will said, "No. She doesn't have to do anything she doesn't want to do, and she doesn't want to talk to you."

"But! You didn't even tell her! Will you please go get her and tell her to come down?"

Chapter 32: Fearing

"You're not hearing yourself. You're still talking about Kate as though she's your property and you're telling her what to do. Now. I will tell her that you apologized, but that's all I will do. I'll leave it to her to decide what she wants to do. I'm not going to tell her what to do, nor should you."

Will walked up the stairs, and calmly knocked on the door and spoke through it. "Hey, Kate? Jason wants me to tell you he's sorry. Do you want to talk to him? You don't have to if you don't want to."

My hysteria and crying raised my blood pressure and internal temperature. I had taken off my coat and sweater, and I was still hot. I briefly considered the thought of talking to Jason and felt immediately cold and tense. His fear paralyzed me. Again.

I shook myself out of it and then my mind raced through all my options. *What am I supposed to do? He is my husband after all... I have a house and a car with him... My life is with him... I can't stay here in the cabin forever...* Yet I couldn't move. I looked at Kristina and Aleisha.

Kristina's face told me I was panicked and nearly hyperventilating before I realized it myself. She stroked my hair and said, "You don't have to talk to him right now, if you don't want to. If you want to, we'll support you. But you heard Will, and he's right. You don't have to do anything you don't want to do."

Chapter 32: Fearing

Aleisha held my hands, and said, "You don't even have to make a decision right now. You can talk to him now, or later, or never. It's all up to you."

I nodded solemnly. Kristina told Will through the door, "Not right now, but thank you." I hadn't said a word, but Kristina and Aleisha read my face and knew exactly what to do and say.

Will went back downstairs and told Jason he needed to wait to talk to me. A few hours later, Will let Jason inside to talk with him but kept him downstairs. Will told me later most of their conversation was repeated cycles of the first one. He said Jason grew calmer, yet still insisted I needed to do what he wanted because I was his wife. Will said throughout the conversation he tried to get Jason to understand that I am my own person, but he said it seemed Jason never understood.

Upstairs, I sat and cried. I felt stuck in paralysis. I couldn't move. I couldn't speak. I couldn't explain the backstory to Aleisha. I wanted her to understand but I couldn't find the words. I asked Kristina to tell her for me, so she did. Aleisha looked surprised but remained calm and validated my emotions. I was grateful for both of them.

Then I looked down at my hand. It was swollen, bruised, and bleeding. I couldn't move my left hand. I chuckled to myself, which quickly turned to almost maniacal full-blown laughter.

Chapter 32: Fearing

"What?" They both looked at me with worried and surprised looks. It took me a few minutes to stop laughing and regain my composure enough to explain.

"I think my ring finger is broken. Well, maybe it's not broken, but it's the most bruised of all my fingers. But of all the places he could have injured me?!"

I laughed again and shook my head. "The fucking irony. I guess this is a sign?" I wrestled with my solitaire diamond and black diamond bands to take them off before my finger became any more swollen. I briefly considered chucking them into the woods. But I wasn't ready to make any decisions, so I put them in my pocket.

Kristina and Aleisha looked at each other with concern, and then chuckled. They couldn't laugh in that moment, but I could tell they wanted to understand me and support me. Then I saw their concern on their faces. I felt guilty and started panicking again.

I yelped, "I'm so sorry! This was supposed to be a fun, family vacation and I ruined it! I'm so sorry! Maybe we can do another one next year without him, or I don't know with him if he changes and gets help…?" I trailed off, not knowing which of my many emotions to land on.

They shook their heads with utmost compassion and placed their hands on my shoulders. Aleisha spoke first, in the gentlest tone one can imagine, and said, "No, honey. We love you. We are so sorry you're going through this. There's nothing for which you need to be

Chapter 32: Fearing

sorry. Do you want me to drive you guys back to Las Vegas tomorrow?"

I nodded and eked out a mere smile, and whispered, "Thank you. No, there's no need…" I pictured a map for a moment. Aleisha was driving home to Phoenix, two and a half hours due south of Flagstaff, and we were driving back to Las Vegas, four hours due west. Kristina and Will had plane tickets leaving from Las Vegas, my house and all my belongings were there… I thought about all of it, and it didn't make any sense. I appreciated her offer, especially what it would have meant for her to drive eight hours out of her way and almost another five to get home. I didn't want to put her through that. "… I'll have to deal with him eventually." Then I thought about talking to him and burst into tears.

They hugged me for half an hour before I calmed down. Then Kristina said, "Aleisha's right, and you know we love you and support you. …But really? You still want to be with him after this?"

My heart raced and my blood pressure sped up again. All my warmth fled to my face.

Kristina rubbed my shoulders and said, "Okay, okay, I'm sorry, it's okay; you don't need to make any decisions right now."

She continued, "But this is now the third incident of physical abuse –"

Chapter 32: Fearing

I interrupted, "The second one was to Mary! Not to me!" I hadn't told her about the wedding night incident yet because I still hadn't remembered it. But she was right, that was three to me and one to Mary.

Kristina looked straight in my eyes, and said, "Really?"

I took a deep breath and said, "Right. Yeah, that was awful. Horrific. You're right."

She sighed, and continued, "He's shown you now that when he gets drunk, he gets angry, and when he gets angry, he uses violence. You're not safe with him."

"But!" I pleaded. "I love him, and I know he loves me! Maybe he will change...?"

She narrowed her eyes. "Did he get therapy the first time you asked him to? The second? Did he ever read any books on anger? Did he even start the online domestic violence courses the court prescribed?"

I silently and solemnly shook my head. "No."

She pulled back, looked me square in the eyes, and asked, "Then do you think he will ever change?"

I felt tears stream down my face. I outstretched my arms to literally and figuratively reach to Kristina and Aleisha for support. In that moment, I couldn't support myself to sit up straight, walk, or even think. It was all too much. Just. Too. Much. Nothing in life made sense

Chapter 32: Fearing

anymore. The only clear thing I could see was my family's support and love.

I eventually took solace in that and felt calm enough to curl up in a ball on the bed. I cried and rocked myself to sleep next to Aleisha.

Chapter 32: Fearing

Chapter 32 Explanation

Jason not only pushed me down the stairs, but he continued trying to control me even after that. He repeatedly told Will that I "had" to talk to him "because I was his wife." Jason's words and actions actually showed how little he thought of me and how much control he had over me. These chapters on the aftermath of violence, when the emotional abuse comes in full swing, are even more difficult to write than the violent ones because the pain of the emotional abuse and his lasting control hurt so much. He literally treated me like his property. Will tried to get Jason to see that, but he had never been able to see how what he did hurt people.

After each violent incidence, he tried to control me even more, which is likely due to him fearing me leaving him. Initially, it worked. But, thankfully, by this time I was starting to really hear his words and see what he was doing.

My family's support that night, and after, was invaluable. Aleisha and Kristina gave me the support and autonomy to make any decisions I wanted, yet also gave me gentle guidance toward leaving him. Will calmed Jason down and kept him away from me all night. They also helped calm me down while I went through the extremes of so many different emotions. People in traumatic situations go through shock, and

Chapter 32: Fearing

part of going through shock is pinballing between emotions. That feeling of swinging back and forth between feelings and confusion is also a warning sign that something is deeply wrong.

Survivors go through their relationships being controlled, so when they begin to escape from that control, the most beneficial thing one can do is help them find their own voices again. We should help people see all the facts and make their own decisions. I have said this before, but I will say it again – survivors need to decide what decisions are safest for them. The National Coalition Against Domestic Violence reports that, "72% of all murder-suicides involve an intimate partner," (NCADV, 2022). The chance that a survivor is killed by their abuser increases significantly immediately after leaving them. Any risk that involves murder is one that needs to be very carefully calculated and planned. And much of the emotional ties and abuse, that have kept the survivor in the relationship until this point, are still there even when they begin to contemplate leaving. It is not an easy decision to leave.

Chapter 33: Denying

I was nervous that morning. I took a shower and tried to cleanse myself of the previous night's emotions. I wasn't ready to talk to Jason or make any decisions. But it was Labor Day Monday, so it was the end of our family weekend. We had all planned to drive home our separate ways that day. I had fortunately planned an extra vacation day to take Kristina and Will to the airport the following day, and then rest and take care of regular weekend chores. Sometimes my instinctual foresight amazed me.

At the cabin that morning, I saw Jason outside on the front deck, with windows looking into the cabin and plenty of escape routes for me. I knew I needed to talk to him before the four of us spent four hours in the car together. I tried to walk confidently toward the door, but with each step I became more and more fearful. By the time I saw him the fear overwhelmed me. I turned away to head back inside.

He saw me and nearly yelped with glee. "Hey babe!" He opened his arms for a hug as he always had after these situations. "Come here! I need you!"

I looked at him with fright. All I could think of was his behavior the previous night. Then I filled with anger.

Chapter 33: Denying

"No!" I stood firmly in my place. "You need *me?!* I need YOU to be a better husband!! I need YOU not to hurt me anymore!!!"

"Babe! I'm sorry! I promise I won't!" he said in a nervous, high voice.

I gave him a stern look.

He dropped his shoulders and his voice and paused. "Wait, WHAT?! I didn't hurt you!!! What are you talking about?!"

I grew angrier, and the angrier I became, the more confidence I found. "EXCUSE ME?! You pushed me down the stairs!! Down the FUCKING stairs!! What do you *MEAN* you didn't hurt me? What the FUCK is wrong with you?!"

He stepped back; he seemed surprised by my response. Hell, it surprised me too. I had never spoken to him like that. When he threatened or belittled me, my usual response was to find the smallest, gentlest voice I could to fawn on him and soften his mood. I half-smiled to myself at finding my courage.

"Uh, okay…" he stammered, while taking another step back. "I don't really remember everything that happened last night, but I know I would never hurt you! I love you!"

Chapter 33: Denying

I laughed hysterically in his face. "You've done it before! Why the hell wouldn't you do it again? What the hell was I THINKING that you wouldn't do it again?"

I couldn't hear anymore from him. I turned around and walked back inside. Kristina, Aleisha, and Will were all in the kitchen cleaning. "You guys! He fucking denied it! He says it didn't happen!"

Kristina's eyebrows raised, with a look that said, "The fuck he *DID*!"

Aleisha's face turned to worry.

Will's face turned away, and then to a worried laughter. "Of *course*, he did. He was so fucking drunk last night. And everything he said was an excuse, and no matter how hard I tried to phrase and rephrase, he still viewed you as his fucking *property*. That fucking prick."

Kristina chimed in. "Well of *course* he denies it. He denies everything he does. He's a fucking asshole."

Aleisha walked towards me with a hug. "I'm sorry, honey. The offer is still valid if you want a ride back to Vegas."

I hugged her back and said, "Thank you, but it's okay." I took a quick breath, stood up straight, and said, "I'm going to have to deal with him one way or another. I might as well just do it now."

Chapter 33: Denying

She gave me a half-smile and looked at me like she understood.

I left the kitchen and began packing in the bedroom. Jason saw me and shrugged his shoulders, as though he was asking, "What next?"

I said, "Alright, well, let's just pack up and go home. We can talk about this when we get there."

He agreed. Kristina, Will, and I hugged Aleisha goodbye with tears in our eyes. I watched Jason awkwardly try to hug her as she gingerly and politely patted him on his shoulders. The four of us drove off and left Flagstaff. The last red warning flag was raised in Flagstaff.

Earlier, I had told Kristina and Will that I didn't want to sit in the front seat while Jason drove. Will immediately offered to sit there in my place. I felt grateful for Will sitting there and making small talk with Jason. Kristina and I sat in the backseat together, silent, save for the occasional times Kristina whispered to check on me. I nodded in appreciation and then returned to looking out the window.

About an hour after we left, we stopped for food. After we ordered, Jason left to use the restroom. Will and Kristina sat across the table from me. Kristina leaned across the table and asked me, "So what are you going to do?"

I sat back and sighed. "I don't know."

Chapter 33: Denying

She put her arms on the table to lean in even closer to me. I could tell she was trying to be patient, yet also persistent. "Okay, well, um, what do you want to do?"

I felt tears well in my eyes. I squinted through them, and said, "I honestly don't know."

She straightened her posture and said, "Okay. Well, you know you it's not safe to stay with him, right?"

I squeaked out, "Yeah… But he's also my husband. We have a house and a car, and our lives here together. And my pomegranate tree!" I really cared about that tree, and I was excited to see it blossom into fruit. The idea of not seeing that through seemed like not seeing my marriage through. I noticed right away that this time I didn't say I loved him.

She rolled her eyes as she turned to look at Will, trying not to show her obvious frustration.

Will turned to look at me and said, "Look, your sister is just trying to tell you she loves you and she worries about you."

I reached for their hands across the table and squeezed them. "Thank you, I know and appreciate that. I just feel like I want to try and make the marriage work. I don't want to give up this fast."

It looked like Kristina was attempting to smile to support my struggle, but then she pouted. "You know you've given it two and a half years already, and two

Chapter 33: Denying

and a half years in the relationship before that. But okay. Well, we're here for you no matter what."

We got back in the car and all four of us talked as though everything was normal. I thought about Kristina's words of caution and looked down at my hand. I hadn't even noticed it since the previous night, but it was blue and purple, and my ring finger was completely swollen. I reached in my pocket. I felt my rings and felt oddly comforted. I then looked back at my bruised finger, shifted uncomfortably in my seat, and stifled my tears.

We stopped at a gas station, and I went to look for ice. Jason pumped gas, and then came in the store just in time to hear me ask the cashier if they carried ice. The cashier said, "No."

He and Jason both asked, "What for?" The cashier's tone sounded like genuine curiosity. Jason's tone sounded like infuriated curiosity. I carefully held out my left hand in front of the two men. They both looked stunned. I shrugged it off and bought a popsicle.

As we walked out, Jason nonchalantly asked, "What happened?"

I shot him a stern look. "What do you mean *what happened?!* You pushed me down the stairs! Do you not remember anything from last night? Or our conversation this morning, just a few hours ago?" I wondered if he was still drunk from last night, but he had been acting and driving steadily.

Chapter 33: Denying

"What? Baby, no, I wouldn't do that to you. You must have fallen or something."

"No. I didn't. Let's just talk about this when we get home."

We drove the last three hours hearing nothing but Jason's pop punk music and the sound of the freeway.

We finally arrived home. I felt thankful to exit the small, shared space of the car. I think Kristina and Will did, too. Perhaps Jason did too, because he jumped out of the car and said in a huff, "Let's go outside and talk."

I wasn't eager to follow him. The last time I didn't want to talk to him, but did anyway, didn't turn out well. But I knew he was sober, and I was too, so I was less afraid and more confident. "You seem pretty mad, and I don't feel like talking to you when you're like this. Let's talk later."

"No! You are my wife! You talk to me now!"

"I especially don't want to talk to you right now if this is how you're acting."

He pulled my arm towards the door, "Come on! Let's talk NOW!"

Kristina and Will had been unloading the car and walked in the house just in time to see this. She looked afraid, and I shot her a quick look that said, "Thank you, but I'll be okay."

Chapter 33: Denying

I followed Jason and said, "Fine. Let's just get this over with."

As soon as we got outside, he immediately started screaming, "I can't believe you would claim I pushed you down the stairs! What stairs?!"

"Well, you fucking did! You don't remember? We went outside our bedroom to smoke, and you called me a 'Fat fucking whore' and pushed me down the stairs!"

"Oh, *those* stairs? There's only three! How is your hand THAT bruised? And I still didn't push you! You must have fallen!"

"No! How many times do I need to say this?! You pushed me down the FUCKING STAIRS!!!"

He paused and asked, "Okay, maybe I did… But on accident?"

"No. You fucking did it on purpose." I demonstrated. "You held your hands in front of you, facing me, while I had my back to the stairs, and you pushed me. I tried to turn away from you as I fell, and landed on my hand and knees, bruising them."

"There's no way I did that! That wouldn't have been on purpose!"

"I remember the evil, menacing look in your eyes as you stretched your hands toward me, how frightened I felt in that moment, and I remember thinking this is how

Chapter 33: Denying

Mary must have felt, but even more so since you attacked her more."

"Don't! Don't you dare bring Mary into this! You loooove to bring that situation up! That's not related!"

I remained calm. "It is related. These are both examples of your violence. And you're right, I do bring that up fairly often. Because every time I do, I'm hoping I'll see or hear remorse from you. But I never do! You never look like you care at all about what you did! And you just showed me again, last night, that you continue to use violence! Did you even start those court-ordered trainings?" I felt proud of myself for finding my voice and calling him out on his bullshit.

"No, not yet," he stammered. "But I know I didn't hit you!"

"You're right, you pushed me. You hit me two years ago."

"That's not what I meant! I didn't hurt you last night!"

"Then how did I get this bruise? Why did I sleep in Aleisha's bed with her last night? Do you not remember waking up by yourself?"

He looked at my hand and screamed. "Why aren't you wearing your WEDDING RINGS?!"

I screamed back. "Do you SEE how bruised and swollen my hand is? I can't wear them right now!!!"

Chapter 33: Denying

He shrugged and turned away, and then quickly back to me, "Okay, whatever. I didn't hurt you on purpose then."

I scoffed. "Do you need me to demonstrate again? Yes. Yes, you did. And now you're denying it and trying to make me feel crazy. I know what happened."

I felt shocked. Shocked at hearing the previous night's events, shocked that I finally stood up to him, shocked to finally realize how much he had hurt Mary and me, and mostly shocked that he completely denied everything. I turned away and walked back in the house.

I found Kristina and relayed the conversation to her. Once I caught my breath, I finally said, "I need to leave him. At least for a little while. If he can't even remember what he did –"

She stopped me and said with a slant in her eyes, "He knows. He's just denying it so you'll take him back the way you normally do. That is gaslighting."

Chapter 33: Denying

Chapter 33 Explanation

Gaslighting is a tactic that abusers use to try to make survivors think that what they are experiencing is not true. We saw this when Jason tried to make me believe that he hurt Mary out of self defense. I already explained this in Part 2, but it is such an important concept that I want to discuss it again here. I heard about it for the first time that day that Kristina told me about it.

The term comes from the 1944 film, *Gaslight*, in which the abuser adjusts the gas lights where he and his survivor live, and tells the survivor that he did not adjust them. Another term for it is "crazy-making," as it is a tactic to make the survivor feel as though they are going crazy.

Jason might have actually forgotten that he pushed me down the stairs. I do not think he did, but let's pretend for a minute that he actually did forget. When I told him exactly what happened and showed him his hand motions, he still denied it, and he somehow remembered how many stairs there were. Denying is a classic defense mechanism that I think most people know. Gaslighting takes denying a step further in that the abuser tells the survivor that not only did the event not happen, or that something they are saying is true, but they are crazy for even thinking that it could have happened or could be true.

Chapter 33: Denying

Here is a simplistic example: A survivor tells an abuser, "This is a triangle. It has three sides." The abuser says, "No, that is a circle! Are you crazy? There are no sides to this at all, they are all connected! Of course, it is a circle, why would you even think that is a triangle?"

When Kristina told me that was gaslighting, I was confused. I had never heard of the term, and I had no idea what she meant. Once she told me, though, I immediately knew she was correct. Then I thought back to all the other conversations I had with Jason and wondered how often he had gaslit me throughout our relationship. Just in that day alone he gaslit me three times: In the morning on the balcony, at the gas station, and when we yelled at each other when we got home.

The constant gaslighting, minimizing, and manipulation, among others, were all emotional abuse tactics Jason used to keep me under his control and in a relationship with him. The trauma bonds that we endured through each of his abusive, controlling acts, all strengthened my emotional dependency on him. It may seem shocking that I told Kristina earlier that day that I still wanted to make my marriage work, but it was all part of Jason's power and control over me – his abuse. Thankfully, I was starting to recognize that.

Chapter 34: Flying

I nodded to Kristina. "Okay, you're right. He's trying to make me forget and trying to make me feel crazy. This isn't okay. I think I need to go home for a little while to think about things." I almost never used the word "home" to describe our house in Vegas. Home to me, was, and always had been, Seattle.

She hugged me and we created a plan. That night, the four of us watched a movie and hung out as though everything was normal. Except I slept on the couch. I didn't want to share a bed with that man any longer.

Before leaving for Flagstaff, Jason and I had planned to do our usual routine in which I dropped him off at work so I could have the car for the day. The only difference was that when I took him to work that Tuesday, I was going to drive Kristina and Will to the airport instead of going back home. We always did this together because we shared a car, but he was always the one to drive, because he said I was a "terrible driver." So, we began our usual routine where he drove us to the office, we both got out of the car, hugged, and kissed goodbye, and I got in the driver's seat. Only this time I couldn't do all of it. I didn't want to alert him to anything being out of the ordinary, but I couldn't bring myself to kiss him. He stepped toward me for a hug, and I awkwardly and lightly hugged him back.

He leaned in for a kiss.

Chapter 34: Flying

I instinctively turned to give him my cheek.

Stunned, he stepped back, and asked, "What? Babe, what's wrong? Why won't you kiss me?"

I couldn't find any words. I just rolled my eyes. I recognized it was the defensive move I used most often. *What else could I say?* I had told him a hundred times how he hurt me, and Mary, and every time he showed me he didn't understand.

Utterly surprised, he took a step backward. "Um, okay I love you?" It seemed he was asking for confirmation.

I didn't – couldn't — respond right away. I looked at him blankly.

He stepped backward and squinted his eyes. He looked confused and nervous. He asked, "See you tonight?" It seemed he knew something was up.

I stepped back into the car and shouted in a sing-songy voice, "Okay, bye!" I didn't know when I would see him again.

Kristina, Will, and I drove back to the house. On the way, I called the airline and booked a flight back to Seattle. I was grateful that I worked for a travel company so I could get a stand-by seat the same day. When we got to the house, Kristina and Will helped me pack my clothes and essential belongings as quickly as possible. I didn't know how long I would be gone or

Chapter 34: Flying

what damage Jason would do to anything important I might leave there. We fit as much of my clothes, toiletries, and work items as we could into my two largest suitcases.

Then we talked about what to do with the car. I could have driven us to the airport and left the car there. I thought that would have been rude of me to leave Jason stranded at work and have to pay to get the car out of the airport parking lot. I was pissed at him, but still wanted to treat him with respect. Will and Kristina said they thought I was being too nice. I remained strong in my convictions to be as ethical as possible and determined to find another plan.

I called Lisa. I knew she hadn't been the most supportive friend, and she likely wouldn't have agreed with this plan, but she was the only person in Vegas who already knew everything. I didn't have the time or energy to break another friend's heart with the truth that day. And I knew that regardless of Lisa's opinions, she was a good friend and would help me in a time of need.

Kristina and Will graciously finished packing while I went to talk to Lisa in person. It was too much to handle over text or a phone call, and I thought if she saw my emotions then she would better understand the gravity of the situation.

She had just moved into a gorgeous new house that she and Mario bought together. We sat in her pretty living room and once again, I examined my surroundings. She had the picture-perfect suburban life. She and Mario got married earlier that year, she had beautiful children from her previous marriage, and they had another child on the way. She followed the Success Plan. I suddenly realized that was no longer my dream. At least not at that moment. I didn't know what my dream was; I just knew it wasn't a life in the suburbs raising children with my violent husband.

I told Lisa what happened in Flagstaff; and how he tried to blame it on me, an accident, or anything other than himself.

She sighed, lowered her eyes, and pleaded, "But, why don't you just talk to him?"

I rolled my eyes. I whined, "I tried! I tried talking to him after the first incident, and he never saw a therapist or dealt with his anger problems. I thought maybe they went away on their own, but then there was the situation with Mary, to which he *never* showed any remorse, and then just yesterday, I tried to talk to him about pushing me down the stairs, and he tried to make me believe it didn't happen!"

"Well, are you sure it did happen? Didn't you say you were both drinking?"

I narrowed my eyes and stared her down. "I know what fucking happened. Look, I'm not here for you to make me feel guilty for leaving. And I don't know what I'm going to do yet. I just need some space from him to

Chapter 34: Flying

figure it out. I thought you might understand since you knew about everything else he did."

She sighed and it looked like she was beginning to let down her guard. "Okay, you're right, I'm sorry. It's just... I've always been taught that a wife should always stand by her husband, and that's not what you're doing."

I almost laughed. By then, I had been starting to remember everything my parents had always taught me, not just the Success Plan. "Well. I've been taught that I should take care of myself and make myself happy. I don't know if I'm divorcing him. I don't know if I'm marrying someone else. The only thing I *do* know is that I need space from him, like I just said. Besides, I'm here to talk to you as a friend. All I really want right now, is to ask if you can please just drive my family and me to the airport. I would drive myself, but I think that would be really rude to leave Jason at work without the car."

"So, if I didn't drive you, then you would just leave him stranded?"

"Yes. The alternative is that he would have to pay a lot of money to get to the airport, get his car, and pay to get the car out of the airport. I don't want to do that to him. I just want to leave in the nicest possible way I can."

"Wouldn't the nicest possible way be *not* leaving? Or at least talking to him?"

Chapter 34: Flying

"Not leaving isn't an option for me right now. And I already tried talking to him."

She sighed. "Okay, fine. I guess you already made up your mind."

"Yes."

"Fine. So, what do you want to do?" It seemed she eventually realized I would get to the airport and on the plane with or without her help, no matter where our car ended up. I told her I wanted to stop by my house to pick up Kristina and Will and get our luggage, then take our car back to the office, so it would be there when he got off work, and then have her drive us to the airport. She agreed.

When we got to my house, Kristina and Will were waiting outside with all the bags. I went inside to check if there was anything else I needed and say goodbye to the house and my plants. Kristina and Will were thorough, so I just grabbed snacks for the plane — I needed emotional and physical nourishment. I locked the door and kissed my pomegranate tree goodbye.

Lisa drove us to Jason's car at his office, and we all got in Lisa's car. He had always carried the other set of car keys with him. I promised Lisa that I would text him a photo of the car location in the office parking lot once I was on the plane. She wanted to know I was doing everything I could to assure his security. *I needed to assure my safety before I helped him. For once.*

Chapter 34: Flying

Once we all got in Lisa's car, she and I acted like everything was fine and it was a normal day. We talked about her recent wedding, and she offered suggestions to Will and Kristina for theirs. We all pretended to get along just fine, despite previous frustrations at her earlier actions. I still felt I loved her as a friend, and I appreciated the ride to the airport. We hugged goodbye and I profusely thanked her.

I handed Lisa my copy of the car key for Jason and asked, "Please don't say anything to him. I'll talk to him, okay?" I was suddenly unable to even utter his name.

She held back tears and agreed, "Okay, just don't forget about me when you get home to your precious Seattle you love so much. Call me when you get there?"

I sniffled. "Yeah, I'll call you. I love you."

She told me she loved me too and we parted ways.

Kristina, Will, and I went through airport security and to the gate. The airport personnel confirmed I would be on the stand-by flight. I began to feel an overwhelming sense of calm inside me. I almost even started to feel happy. And confident. I couldn't remember the last time I felt that way. I was happy to have space away from Jason to collect my thoughts, and even happier to know I would see my parents soon.

However, it still felt too difficult to tell them everything that happened. It would seem too sudden for them. Too rushed. Anxiety flooded me. I asked Kristina,

Chapter 34: Flying

"Could you please call our parents and tell them what's going on? I just can't do it." She understood and agreed. They didn't answer so she left them messages.

In the meantime, I went to the empty airport smoking section to collect myself and get some privacy. I was growing courage from my sense of relief, knowing I would soon be safe and far from him. I thought about how I still respected him as a human, so I followed through on my promise to Lisa. I texted Jason with a picture of the car's location and that Lisa had my copy of the key. I also let him know I was on my way home to Seattle to think about things, and I didn't know how long I would be gone. I told him I just needed space and time. He was at work, so I knew he wouldn't respond for a few hours, once the plane had already taken off.

Next, I felt as though I needed to talk to Jason's mom. I respected her as a human. I respect all humans, animals, plants… Some are just more difficult. She was one of those more difficult ones, since her constant worry stressed Jason and Adam so much; and since she and I never talked about deep feelings, so I never felt we truly connected. And we never saw eye-to-eye on anything, besides philosophies about educating children. Looking back, her methods obviously didn't work, and we had never talked about children over the age of seven. Nevertheless, she and I had bonded a lot over the last summer, and I knew she cared greatly for her son. First and foremost, she was a mother and I respected her for that.

Chapter 34: Flying

All of this told me that I needed to tell her what happened. She had a right to know what her son had been doing. And she needed to be prepared when her son further acted out and withdrew from the world. I didn't know what he would do, but I thought it was fair to tell her so she could help him. I couldn't be the one to do that anymore. I also thought about how I never saw her scold or attempt to discipline him, so I didn't expect that. But I thought maybe if she knew everything, then she could have an intimate conversation with him, and he would open himself up to her. Maybe she could help him feel remorse for his actions. I had already attempted that with his father, Adam. Yet when he witnessed his son yelling at me and slapping me in the face, he did nothing. Nothing. And when I confronted him about it later, he still said nothing. Cassie was my last resort.

I called Cassie from the airport smoking section. It was closed to prevent the smoke from leaving the room. I was the only one there. I had privacy.

"Hello?" Cassie answered abruptly. I thought she sounded a little angry, but I didn't know why she would be, since I was under the impression that Jason never told her anything. I thought perhaps I was mistaken. Her gruffness made me nervous.

"Um, hey Cassie, it's Kate..." I stammered.

"Yes, I know. What's up?"

"Well, I just thought you should know a few things. I texted Jason this, and he hasn't responded because he's

Chapter 34: Flying

at work, but well… I'm on my way home to Seattle. I just need some time and space to figure things out, and since you and I have become closer lately I thought you would want to know why."

She yelled, "So you're just going to leave your husband? You don't have the *balls* to tell him face to face, but you decided to call *me*?"

I laughed at her language choice. "Hah, um, well I have the *ovaries* to do whatever the hell I want! But no, I tried talking to *your son* about his actions and behavior, and he was unresponsive and unapologetic –"

She cackled loudly and cut me off. "Oh! He's *my* son now? Not *your* husband?"

"Well, I've tried to talk to him about things… So, for the moment, I'd like to talk to you about him as your son. Because believe me, I've *tried* to talk to him as his wife."

"Ha! Okay; what? What could you *possibly* have to share with me?"

Her reaction left me dismayed. I really thought she would be more curious, and that she trusted me as her daughter-in-law and somewhat friend. "Well," I continued, "This weekend we went to Flagstaff, and while we were there, he pushed me down the stairs…"

Chapter 34: Flying

She interrupted, "Oh yeah, I heard about that! You two were both drunk! *You're* always drunk! *You* never know what the hell happens!"

I raised my eyebrows, chuckled to myself, and cleared my throat. "Yes, we were both drunk. And no, I am not always drunk. Anyway, he tried to tell me it didn't happen, and then he backtracked and said maybe it was an accident, but I was there, and I know he did it on purpose." I was pissed but refused to let her derail me the way Jason did when I was mad at him. It seemed she was gaslighting me too. "But, fine, that aside. Can I tell you about something else that happened?"

She scoffed. "Hmmph, sure."

I spoke as quickly as possible, so she didn't cut me off again. "Last winter, he beat up my friend and he went to court and paid her restitutions because the court found him guilty. We can agree that happened because there's *proof*." I gained more confidence with each word I spoke, despite feeling my faith in the world diminish by the second.

"Ha! That woman was a *prostitute!*" she loudly yelled back.

"How the hell does that even matter?" I yelled back, equally as loudly, grateful to be in an enclosed space. "She's a PERSON! She's a FUCKING PERSON! And he hit her! Not once! Not just the one time like he hit me the year before that, when your husband, his *fucking father*, sat back and watched and did NOTHING! He hit her

Chapter 34: Flying

THIRTEEN times!!! I don't even fucking care what he did to me right now. I care what he did to her, and the lack of remorse for his actions to both of us." It felt amazing to feel confident again and let go of those thoughts I had been holding inside for so long. I deeply exhaled and waited.

She sharply inhaled and waited.

"Uh... Cassie? Did you hear all of that? Because I'll say it all again..." I had *zero* problems repeating everything to her. She needed to know what *her* son was doing to women.

She cackled again. "Do you think I didn't know all of that?! Like Adam doesn't tell me anything?!"

She threw me off guard. I heard myself speak more meekly. "Well, to be honest, I didn't think you knew. Jason said he didn't tell you, and he trusted Adam not to tell you, so I really didn't think you knew. Also, I thought if you *did* know, you would have talked to them, and maybe you would have changed his behavior. That's why I'm telling you now..." I could tell she stopped listening, so I trailed off.

"All I know Kate," she heavily leaned on the pronunciation of my name and repeated it, to make sure I heard her loudly and clearly. "Kate, all I know, is that my boys tell me everything and my only job on this planet is to protect my boys. And my daughters. Now don't go calling my daughters and telling them all of this stuff, because they already know. We are family,

Chapter 34: Flying

and we tell each other everything. And..." she paused for emphasis. "That doesn't include *you* anymore."

I felt tears well in my eyes. I wasn't sad for myself, or even Mary in that exact moment. I was sad for their enclosed little family that didn't allow one another to see how other people felt, or allow themselves to learn from their behaviors. I could feel myself starting to cry.

I composed myself and said, "Okay. I get it. Thank you for telling me how it is. Now I understand." Her reaction explained everything I needed to know about Jason and his family. As long as his family protected and supported him, he would never change. I wished I could have understood that sooner. I hung up the phone before I started crying.

I ran to Kristina with outstretched arms. She stood up to hug me, looking concerned. She asked, "What's wrong?"

I recalled the conversation between high-pitched yelps and tears, and then hugged her tighter than I ever had before. I trusted my sister with my safety. I had held so many secrets for so long that I forgot how it felt to trust someone. My tears of sorrow became relief.

A few minutes later, my mom returned Kristina's call. Kristina told me that my mom promised that she and Hal, my Stepdad, would pick me up from the airport and that I could stay with them. I was relieved. I would be with my parents in a matter of hours, and despite my lack of personally telling them anything,

Chapter 34: Flying

they were there for me. That was truly unconditional love.

I had attempted to show Jason unconditional love and support him regardless of his words and actions. But eventually I realized I only endangered myself in the process. I had so badly wanted to show my husband the love my parents showed me. It seemed they didn't understand that showing their children love would also include teaching them right from wrong. They taught Jason and his sisters how to criticize and left out how to communicate and work through problems. The children in their family grew up in a world where they could do nothing wrong, and it was everyone else who had problems. I was beginning to learn that it was nearly impossible to work through issues with people who never believed they did anything wrong.

It was eventually time to board the plane. While boarding, I got a text back from Jason screaming expletives at me for leaving. I ignored him and shut off my phone.

I asked the passenger in Will and Kristina's row if he would trade me seats. I gave him a teary-eyed brief synopsis, and he agreed. I appreciated this mysterious fellow airline passenger, whose kind eyes understood me enough to change seats without question.

Once we got settled in our seats, Kristina reminded me of the gravity of the situation. She looked at my arms and legs. "Wow, are those your bruises?"

Chapter 34: Flying

"Uh, yeah," I said softly.

"Okay." She gently took my hand. "Let's photograph these and get them documented."

I looked at her skeptically. I was confused why she wanted to do this.

She took my phone and used the camera. "Just in case you want to go to the police sometime." Then, without uttering any words, her eyes told me, "You know you need to do that, right?"

I still couldn't speak. I shook my head. My facial expression said, "I don't know if I can take my husband to the police again."

Still without words, she said back to me, "I love you. You'll know soon enough that's what you need to do. In the meantime, I'll just be here for you."

It is wonderful to have a sister. We understood each other.

When we landed, Will and Kristina waited with me until our mom and Hal arrived. Once Kristina and Will knew I was safely with our parents, we hugged goodbye and they drove to their house. I was, and am, eternally grateful for all of my family.

I got in the car and immediately broke down in tears. I cried, "Thank you so much for picking me up! I'm so sorry I couldn't tell you all of this earlier…"

Chapter 34: Flying

That was all I could speak at the moment.

They looked at me with anguish, then to one another, and then back to me again. I felt their looks said they were grateful to help me, wished they knew more earlier, wanted to know more, that they respected and loved me, and they weren't mad at me for not telling them. I felt their sadness, yet also alleviated.

When we got to their house, I felt a huge sense of relief. I walked upstairs, saw their dog Slider, pet her, and excitedly said, "Hello!" I laid my bags on the hallway floor. I suddenly realized I didn't know where I would be keeping these bags – and myself. I knew I had my parents' love and support, and I knew there was an extra bedroom there, as well as with my dad and Vicki, my other parents, so I knew I had a place to stay no matter what. But I suddenly realized we hadn't discussed any of this.

I had no idea how long I would need my parents' help. I didn't even know if I would go back to Vegas and Jason, or what he and I would do with our house. I knew I could still work for TravelCo because I worked from home and their office was only 30 minutes from my parents' house. Linda had reminded me that. I also praised myself for having foresight five years earlier to only apply for jobs headquartered in the Seattle area. I knew I could afford the growing expensive rent in Seattle, but not if I was also making mortgage payments in Las Vegas. *Would I continue to make mortgage payments? Would we sell the house? Would I forgive him?* I felt dizzy thinking about how much I didn't know. All I knew was I needed a place to live indefinitely. Not forever, but not for an arbitrarily specified length of time. I knew I just needed to live somewhere until I felt comfortable enough to make decisions about the future.

I turned to my mom and Hal, and gingerly asked, "Would it be all right if I stayed here, please?"

Their faces melted. "Of course!" they said in unison.

My mom said, "I can't believe you thought you had to ask that!"

I responded meekly, "Thank you, I mean I know I can tonight, but can I for a while? I don't know what I'm going to do yet so I don't know how long I'll need to stay, but could it be for a few weeks or even, maybe, a few months?" I trailed off, "...I mean, maybe I could stay with Dad and Vicki sometimes too..." I had gotten used to asking for things passively with Jason.

My mom seemed shocked to hear all this, but I think she was most shocked to hear the way I was asking. She had always taught me to feel confident, and I always had before I met Jason. She had also always told me she loved me and would be there for me no matter what. She stared at me wide-eyed.

Hal snapped her out of shock, and said, "Of course! You're our daughter and we love you! You can stay here as long as you need — weeks, months, even years!"

Chapter 34: Flying

We all chuckled and hugged together, and Slider squirmed her way in to hug us too. I felt loved and secure. I forgot how much I missed that feeling.

Chapter 34: Flying

Chapter 34 Explanation

Kristina told me everything I needed to hear, supported me, and yet simultaneously respected my autonomy to make decisions for myself. She gave me the information, support, and guidance, to help me to make all the decisions I needed to make for myself to get on the plane. I booked my flight, packed most of my own bags, and got a friend to take us to the airport. I did pretty much every physical act I needed to do to leave. She and Will did help me pack; and Kristina just guided me along the way. She also helped me document everything so that when I was ready, I could do something with those pictures. I wasn't ready at the time, and she knew that. But she also knew those pictures would help me in the future.

Lisa did her best to help me, in the way that she knew, in the way that made sense to her. I don't judge her for that or regret going to her. I do admit that even now, as I write this, I struggle to say that. I did judge her for a long time, but the fact is that she has her own way to see the world and I have mine. She wanted to help me preserve my marriage because that made sense to her. That is fine. She did not have the most helpful reactions I could have asked for, and even tried to gaslight me, but she did what she could, and I do not entirely fault her for that.

Chapter 34: Flying

I do struggle with not judging Jason's mom, Cassie, for her reactions. Looking back, though, I cannot say that I was surprised. She was looking out for her son and trying to preserve the remaining sanctity that she held for him and her relationship with him. I truly did not think she knew everything he did, and I honestly thought that I was helping her by letting her know. I definitely did not expect that reaction. It was really hard to hear that. That conversation confirmed my feelings about their family dynamic being off, which also helped to give a bit more understanding about why Jason was the way he was. Their family dynamic, though difficult to totally understand and put into words, definitely was a warning sign.

I was fortunate to be able to go home to be with my own mother, and her reaction was nothing like Cassie's. My mother and stepfather showed me that they were there for me. After I had lived with an abuser for five years, I had forgotten what it felt like to be able to count on people I loved; because he showed me that I could not. My father and stepmother also showed me they were there for me, as did my friends and other family members.

It is hard to tell people about how you "let someone break you down." I put this in quotes because although this is how it felt, I did not actually "let" this happen; abuse happened to me. This is a big distinction to make. For years after this, I felt that I "let" this happen to me, or that I caused it in some way. One could always say that I made decisions along the way, so therefore I let, or kept letting it happen to me. But the abuse and the

Chapter 34: Flying

trauma bonds kept me in the relationship, not just my own actions.

Although, I do take ownership of my own actions, and I included everything I did in this story, even the parts where I may have contributed to it becoming worse. And I do see how this happened. But. I do not blame myself. I did not make this happen to myself.

Abuse happens. Far too frequently. So frequently, in fact, that it becomes normalized in our understandings of "normal" relationships. It is so frequent that it has become normal, but it is not healthy and it is not okay. One in three people have experienced domestic or intimate partner violence. Abuse is common, and it is extremely difficult to leave. We should congratulate those that have the courage to do so, and not question why it took so long.

Chapter 35: Recovering

I slept nearly the entirety of the next two weeks. In the evenings, I met with my friends, told them each my story, and each time I watched their faces melt with sadness. Each time I told a friend, I felt sorry for not having told them earlier, and sorry to have to tell them anything like that at all. And then I got drunk. Each time I saw a friend I hadn't seen in a while, I let out all my emotions. And they graciously supported me. The friends I saw more frequently heard my deeper thoughts as I attempted to process everything. I surprised myself how much I leaned on my friends and family. I have always tried to have more equal friendships where our emotions could feel equally heard and weighted, but in retrospect it took me several years to be able to reciprocate friendships the way I used to. I felt guilty to lean on them so heavily, yet incredibly fortunate to be able to return to my hometown and feel the love and support from family and friends I had known over 10 years and stayed in touch with.

A few days after I went back to Seattle, Jason texted me. He told me there was some minor issue with the house and wanted to know where the house warranty information was. I had previously taken a picture of the information that I kept hanging on the side of the refrigerator in case I ever needed it when I was away. I forwarded him that picture. He didn't write back.

Chapter 35: Recovering

Each morning I woke up and thought: *What the hell do I do now? Do I stay here or go back?* Then it dawned on me that once I decided I needed to let my husband know, I would have to figure out how to communicate with him. *Should I call, text, or fly back and talk to him in person?* Each time I asked myself that question, fear went through me, as though it would permanently push me deeper into the couch from which I couldn't rise. I felt paralyzed like I had when I was sick for three weeks. I couldn't fathom making any decisions. Instead, I went back to sleep for most of the rest of the coming days.

The day after I came home, I called Linda. I told her what happened and let her know I was safe. I also asked her to tell our boss what happened, because I needed some time off work and did not want to have to explain it to him. She agreed, and my very kind boss understood without question. Linda also suggested I call the National Domestic Violence Hotline and emailed me the phone number. I thanked her, but I didn't think I needed that. *Was it domestic violence? What constituted that? If I called them, would I succumb to that label and therefore need to leave him?* A part of me still loved him yet feared him. I wasn't ready for a label, and certainly not a decision.

The next week, Linda texted me and asked if I had called the National Domestic Violence Hotline yet. I said, "no," so she sent me a text with the hotline phone number and a gentle reminder that they would help, not judge me. I didn't know how to trust that. I thought if I thought about the situation hard enough, and shared my story with enough friends, then I could figure this out myself.

My boss also emailed me that week and asked if I felt ready to come back to work. I wasn't. I had started walking around more during the day, but I still felt too paralyzed to have substantial conversations and cognitively use my brain. Everything felt fuzzy.

I didn't feel strong enough yet to talk to my boss, so I called Linda. I told her I was still unable to talk to people with whom I didn't feel close. She told me that our work had scheduled a New Hire training class the next week and they needed me to train it. I couldn't fathom speaking in front of a bunch of strangers. I also knew they didn't have any other options. She didn't pressure me, though her gentle yet eager tone got through to me.

It seemed she knew I needed to do something to snap out of my paralysis. She asked, "Will you please call the hotline? You don't need to think of it as anything other than talking to someone. You don't need to tell your whole story or say anything you don't want to say. You just need to talk to someone who knows how to help in these situations. Your friends and family love you, but they're not trained in these conversations, and they're sad for you."

I think it felt easier to hear the suggestion without the scary "domestic violence" words in front of "hotline." She also got through to me when she reminded me of how my friends and family were feeling through this situation. I took a deep breath and said, "Yeah, that's true. I guess I know if I asked them what

Chapter 35: Recovering

to do, they would all tell me to leave him, and I do want an objective opinion."

"There you go! Perfect! Call and ask them what they think you should do. Whatever will help you."

I could hear her wide, beautiful smile through the phone. She sounded so happy at the mere thought of me calling for help. Coincidentally, she told me she had begun training for domestic violence volunteering a month prior to our initial conversation about Jason.

I took a few deep breaths, walked onto my parents' deck, felt the crisp September air, and gathered the strength to call.

The woman on the other end sounded friendly. She asked, "Can you please tell me why you're calling?"

"I... uh... I just left my husband, and I'm not sure what I should do now, but my friend suggested I call."

"Okay, well, calling is a great first step. Can you please tell me why you left your husband?"

I summarized the three most pivotal incidences, the way I had become used to telling my friends. I finished by asking in a very tiny voice, "What should I do now? I don't want to talk to him, but I know I have to tell him what I'm going to do... I'm afraid to talk to him."

She sighed. "Okay, you know you don't have to talk to him ever again if you don't want to, right?"

Chapter 35: Recovering

"I don't?" I was so confused. I sat down and curled my body into a ball to keep the world from spinning.

"No, you don't. If you decide you want to talk to him, or see him again, that's fine. But just know that, in the U.S., three people are murdered every day by a current or former male partner."

"Oh. Woah."

"Yeah. So, if you don't want to talk to him again, and it sounds like you're too scared to do so, it makes sense to listen to your instincts... You can always talk to him through a lawyer."

"Oh, right, okay I guess that makes sense."

She provided information on free legal advice, how to get a restraining order, and where to go to a support group. I wrote everything down and thanked her for her help.

Linda was right. Talking to the National Domestic Violence Hotline counselor was exactly what I needed. The next week, I went back to work, saw a therapist, went to a group therapy meeting for domestic violence survivors, and read as many books as I could find on the topic. After each individual and group therapy meeting, I went home and told my mom everything I learned. At first, it all made sense. But then as soon as I walked out the doors, my head started spinning. Talking about it with her helped me process such emotionally complex information. All the steps were immensely helpful, and

Chapter 35: Recovering

analyzing the information later was invaluable. I was fortunate I didn't have to do that alone.

....

After learning so much about domestic violence in the support group, I understood how horrific his physical and emotional abuse was. I decided to take legal action. I called the Las Vegas police, and they said I had to file the report in person with my local jurisdiction. I was hoping I could have talked to someone on the phone and just been finished with it all. I eventually found the courage to go to the Seattle precinct. When I got there, they told me to go home, call their hotline, and schedule someone to come take my report there. When the police officers came, I recounted all the horrific details about him slapping me and fighting to prevent me to leave. They told me it was all too late to prosecute him. They reassured me they would document everything, but that I could file charges with the county sheriff for where he pushed me down the stairs since that only happened a couple weeks prior.

I called the Maricopa County, Arizona police station, where Flagstaff is located. They allowed me to provide my statement to Deputy Smith over the phone. He told me that he needed a statement from Jason so that he could prosecute him. However, he also told me that the Maricopa County sheriffs were not allowed to cross a state line to Nevada for a statement. Deputy Smith called me a week later. He told me he texted, called, and emailed Jason, and didn't get any answers.

Chapter 35: Recovering

Deputy Smith told me he talked to his local attorney general to see if there was another way to prosecute him, but the answer was, "No." I was mad, but mostly at myself for not filing any reports in the time or place where they occurred. Deputy Smith went above and beyond to find a way to help me find justice, and yet the system didn't allow it.

I wondered what would have happened if I had pressed charges right away. *Would he have left me? Would the gravity of pressing charges have helped me see the imminent need to leave him?* And to be honest, I had never considered pressing charges at the time, for any occurrence. *But what if a friend or family member encouraged me to do so? What if I had been open enough to hearing that possibility?* Maybe I would have left him sooner. Maybe he would have left me. Maybe, just maybe, he would have changed. However, everything I have learned about domestic violence taught me he never will. The most prevalent thought I had at the time was: *If I was able to press charges for all the incidents, that would have been four counts of assault on his record — likely enough to send him to jail for life.*

I never wanted him to go to jail for life, nor do I now. I wasn't even sure what I wanted. At a minimum, I wanted to prevent him from hurting myself or other women. The maximum I wanted was to use the justice system to force him to confront his issues. Although, I'm not sure that would have helped either. After years of doing nothing, and finally trying, I still felt I had to do *something*.

Chapter 35: Recovering

I decided to file a protection order to protect myself. It was the least I could do; what I probably should have done years ago. I went to the Domestic Violence Advocate office at the county court. They helped me write a statement about everything he did to me. I presented the statement before a judge. He immediately issued it. In Washington state, at that time in 2014, once a judge approves a protection order it is automatically issued for two weeks. I was grateful for that. Then I saw there was an option to ask for a year-long order, so I went for it. Legally, Jason could not contest the two-week order but he had the opportunity to contest the year-long one in court.

I thought about seeing Jason again and panicked. I tried to stay strong to protect myself for an entire year. At this point, I still could not say Jason's name, so I referred to him as "That Fucking Asshole (TFA)." Two weeks later, I went to court with my mom and a close friend. They stood by my side the entire time as we all nervously looked out for TFA. Thankfully, he never showed. His lawyer represented him and asked for a two-week extension. The court granted it and extended the protection order until the next court date. Then we all went to court again, and his lawyer found a loophole. According to the reports I filed, Jason never did anything to me in Washington state, so the protection order could only be granted for the initial two-week provision, plus the two-week extension his lawyer asked for. The Domestic Violence Advocates, and my attorney aunt in California, all looked at all the information. No one could find a way to get the year-long order approved.

Chapter 35: Recovering

At that time, I still hadn't remembered about our wedding day, which had happened in Washington state. I still didn't remember it until years later, after the third time I walked by the hotel where we got married.

I spent the next year constantly keeping an eye out for him. Whenever I saw anyone that looked remotely like him, or a car that looked like ours or his parents, I had an anxiety attack. I was grateful for the protection order that lasted for a month.

Chapter 35: Recovering

Chapter 35 Explanation

Support systems are vital to helping people, through anything in life, but especially in domestic and intimate partner violence. When people are abused, they feel as though they have been abandoned by the person they trusted the most in life, their partner. Having people around that you can trust and lean on reminds you that not everyone has abandoned you. Good support people listen to you vent and process your emotions, help you learn to trust people again, and remind you of your strengths.

Abuse breaks down people's self-confidence, and it takes a long time to build that back up. It can affect everything you do in life. I was so nervous to go back to work and train people because I did not want to be around people I did not know, and because I did not have confidence in myself that I could do it. Linda and my boss reminded me of what a great trainer I was, and they also allowed me to train remotely which made it a little easier.

I rebuilt my self-confidence slowly over time and worked on each aspect at a time. I eventually began cooking for myself and others again, making jokes and remembering my sense of humor, and appreciating the way I looked in the mirror. All of that was made a little easier by my support system reminding me of my strengths.

Linda encouraged me to call the National Domestic Violence Hotline in a such a gentle way that I eventually listened. That was really my next turning point toward getting help. Even if someone is not sure if it is abuse, to either themselves or someone they know, they can call and get answers. They are a national hotline and they have resources for people all over the country. No matter where in the United States you live, the hotline can help you find local assistance. I believe many countries around the world have similar systems. These websites also have big easy escape buttons that automatically close the window, and they do not store cookies so no one can see the website in your browsing history. If you are afraid to use your computer at home, you can go to a local library to use their computers for free, or go to a print and copy center and pay to use their computers.

Linda's point about my friends and family not having the resources to help me also encouraged me to call. Support systems are incredibly helpful, but it is always good to have advice from people that specialize in domestic violence to give you all the facts. And support systems need their own support and time to process what has happened to their loved ones. They can also call the hotline or contact local resources to learn about what their loved one is going through and get help.

Chapter 35: Recovering

I wish I would have realized it was domestic violence far earlier than I did, and I wish I would have called the police and filed reports on all of his abuse. I didn't, and that's okay. The process of trying to do that empowered me and reminded me that I have the ability to take action. It also made me feel strong to know that if something like this ever happened again, I would recognize it as domestic violence and call the police.

It may seem strange that I blocked out the memory of my wedding night for so long, but it is actually quite common. When people are terrified, they often dissociate and therefore subconsciously hide memories from themselves. The memories often do not return until people feel calm enough to begin to reassociate their memories together again. It is important not to push survivors to talk about what happened until they are ready, or else they could become retraumatized and even further dissociate.

After I called the hotline, I also contacted a mental health counselor through my company's employee assistance plan. Most large companies offer three free visits to a counselor, if not more. I advocate for people to see counselors, but it is important to find one that specializes in trauma. I asked this counselor for help making a plan for what to do about Jason and my belongings in my house, and she said she cannot help with that. She pressured me to try to talk about my feelings about what happened when I was not ready, which only upset me more. Let people talk in their own time, when they are ready. A good mental health counselor will allow you to talk and process what happened at your own pace, and encourage you to find your own solutions.

The local resource the hotline referred me to was New Beginnings, a wonderful domestic violence advocacy agency. That was where I attended their support group and learned about DV, got a list of books to read about it, and spoke with a DV advocate. She helped me make a safety plan about how to retrieve my belongings from my house. We made a plan that included ways to keep me safe if I saw him, and accounted for the various ways that could occur.

Chapter 36: Finalizing

The conversation with the National Domestic Violence Hotline counselor helped me realize I never needed to see Jason again. I sincerely hoped I never would. But I still owned a house with him, and I needed to reclaim my belongings from my house.

Before the protection order expired, my mom and I flew to Las Vegas. We rented a moving truck, and met my two Uncles, Chip and David, at my house. They drove all the way over from southern California to help. We planned to arrive on a day that Jason was at work and pack everything before he returned.

I gave Uncle Chip my house key to open the door while I waited in the safety of the moving truck. He tried the key. It didn't work. He rang the doorbell. Nothing. He knocked. Nothing. He yelled. Nothing.

Uncle David was determined to find another solution and asked where the back door was. I told him it was behind the fence, so he climbed over it and went to the back door. I watched over the fence while my uncle opened the door and began to enter.

I heard Jason yell, "You're trespassing! I'll call the cops on you!"

Chapter 36: Finalizing

Uncle David stepped back in the yard and yelled, "Ha! It's her house too! But yeah, call the cops, buddy! We have a restraining order!"

We called the police, and they arrived half an hour later. In the meantime, my mom and I waited in the moving truck. Seeing him didn't create a mild anxiety attack; it created a full-blown panic. My heart raced, my hands shook, and I could barely breathe. My mom tried to calm me down. I eventually regained composure, but I was transported back to the state of paralysis from when I first left him.

I watched the police knock on the door and Jason answer it. He had apparently also called them, so they went to talk to him first. We heard him yell, "They're trespassing! It's *my* house! They can't do anything!"

My uncles gave the police the protection order and explained the situation. They said the police seemed skeptical because it was from Washington state. They told my uncles they needed to talk to me about it. I was afraid to leave the safety of the truck. I couldn't move my legs. I had no idea what would happen if Jason saw me. I shook my head, "No." I hated feeling stuck, but it seemed to be my only reaction to my fear of Jason's violence. Yet I had to talk to the police, or else we couldn't go inside and pack my things. We had flown all the way there. We weren't going to do it again. I had to be brave.

My family walked me the 50 feet from the truck to the police. It felt like an eternity. We crossed in front of

Chapter 36: Finalizing

Jason standing at the house door. I tried not to look at him, but I couldn't help myself. *What did he look like now? What was he thinking and feeling?* I glanced and saw him. He looked the same, but I saw him in a different light. Instead of seeing an adorable man full of love and light, I saw a small, insecure boy full of fear. He was only around 140 pounds. He was small but I never minded that. Yet when he poured all his insecurity onto me, he made me bigger than him. He needed to be the small one taken care of. I needed the protection of weight around me to keep me safe from him. He emotionally overpowered me, and I had subconsciously tried to physically overpower him. It wasn't until I saw him again that I realized how weak and minuscule he really was.

As I began to approach the police, Cassie and Adam drove up, got out of their car, and walked to the police. I stopped and waited. I wasn't going anywhere *near* them. I heard Cassie yell, "She's the one who left *him*! She doesn't have the right to anything anymore! She made that decision!"

The police shook their heads and gestured for me to come over. Without conscious choice, I heard myself yell, "No! I'll come over when they leave the area! I'm not going near them!" The police told them to comply with my request. Cassie and Adam looked at me with annoyance and disgust and walked to the other side of the street.

The police didn't believe in the credibility of my protection order because it was issued in Washington,

Chapter 36: Finalizing

but I had been told that protection orders are valid across the entire country. After nearly an hour, they verified this was true. They finally decided I had the right to get my belongings from my house.

I thanked them but told them I couldn't do it with Jason there and it wouldn't be in compliance with the protection order. They agreed and told Jason he needed to leave the house for three hours. That was all the time we were given to pack five years of my life from a three-bedroom house. Jason said he would oblige, but only if his friend could witness everything because he thought I would take or damage his things. I rolled my eyes. I knew by this point he wasn't the one that needed protection. The police asked if I agreed to these mere three hours to pack my things without Jason around. I nodded. It didn't seem like enough time, but it was my only option.

Mario, Lisa's husband, arrived and Jason left. Mario pulled out a video camera, followed us around, and recorded every tiny thing we packed. He didn't speak a word to me. He knew everything Jason did to me, and he still chose to stand by his side. I couldn't understand him or Lisa. *How could someone stand by the side of the abuser?* I knew I was the one that left all of them, but I felt betrayed. *Shouldn't people support the victims?*

My mom and uncles encouraged me to ignore Mario and focus on packing. We packed as fast as possible. Before I had left Seattle, I called my friends Missy and Anna to tell them what happened and ask for their help packing. I also talked to Lisa, but I didn't tell her when

Chapter 36: Finalizing

I was coming. I feared she would have told Jason. Looking at Mario's actions, my instincts were right.

Missy and Anna had said they would try to be there, but when the day came, they both called with excuses. Anna said she needed to be with her children. She had a one-year-old and a seven-year-old, so I understood.

Missy called and said, "I heard the cops were there, and I'm sorry, but that makes me too nervous. I'm afraid to come." I wondered if she was who had told Jason my plan, but I didn't ask.

When Missy told me she was afraid, I didn't take her bullshit. I hurled back at her, "*You're* afraid? You're not the one he hit and pushed down the stairs! You're not the one that married him! He and the cops aren't here anymore, and I just need your help!" Then I realized I sounded angry and tried to calm down. "I would also like to see you before I leave again for Seattle."

She whimpered another excuse and we parted ways. I felt so betrayed by all my Las Vegas friends. Missy was best friends with Mario, so there was a part of me that understood her allegiance. But I also didn't understand anyone's allegiance towards abusive Jason. I felt if she had any objectivity, she would have supported me. That was the end of our friendship.

About an hour later, Lisa showed up in a large winter coat. It was September in Las Vegas and 90 degrees outside. I subconsciously questioned her coat choice, yet still felt happy to see her. I thought maybe

Chapter 36: Finalizing

she and Mario agreed to support both Jason and I in their own ways. I hugged her and said, "Hi! Thank you so much for coming! Come in, come in, there's a lot to pack and not a lot of time!"

She shook her head, "no," and said, "I'm sorry. I'm just here to say goodbye to you. I need to get back to my children."

I told her I understood, and we hugged and promised to stay in touch. I ran back upstairs to finish packing. I turned back for a second, just in time to see her hand something to Mario. My mom later told me she saw it was a replacement battery for the video camera. Lisa was there to support her husband, who was there to support Jason. I recognized then that Mario and Lisa no longer supported me. Perhaps they never really did.

I pushed the thoughts of ending friendships behind me and continued packing. My uncles cracked jokes and did their best to lighten the mood.

They asked questions such as, "Whose tools are these? Should we pack them?"

"They're mine! Yes, please!"

"Nice! Okay how about the camping equipment?"

"Mine, too!"

"Awesome! You're the cool one!"

Chapter 36: Finalizing

Uncle David called from the living room, "Are any of these video games or consoles yours?"

I laughed back, "Hell no."

Uncle Chip called from the garage, "Okay... How about the football, basketball, and soccer balls?"

"Mine!" I cheerily reported.

They both started cracking up. Uncle David said, "So you have all the cool stuff, and Jason only has the video games?"

I laughed with them. I loved that they were building my confidence while they helped me pack. *Yup, I was way cooler than Jason.*

While I was in the garage, I saw my neighbor, Danielle, coming home. She saw the moving truck and rushed over to me. "What's going on?!"

She had moved in just a few months prior, so I didn't know her well, but I had a strong feeling she was sweet. I gave her a quick explanation, and she said, "Okay, give me five minutes to feed my kids and I'll be right back." Sure enough, five minutes later she came back and asked what she could do to help. She lifted my faith in friendship. She showed me she was a caring friend and fierce packer.

My mom, uncles, Danielle, and I miraculously finished packing the house in under three hours. I couldn't have asked for a better team of support. We

Chapter 36: Finalizing

were able to pack everything I wanted in the truck besides the furniture. There wasn't room for it, and I didn't want to leave him without anything at all anyway. I left both the TVs and the only kitchen tools I ever saw him use: a bottle opener, baking pan, and pizza cutter.

At one point, while I was packing the kitchen, I looked at Mario filming and narrated to his video feed. I was feeling snarky. "Well, I've only ever seen him open beers and reheat pizza and chicken wings, so I'll leave him these *precious* items."

I also left him have half of our plates and bowls. I still wanted to be nice. I had my clothes, cooking tools, art supplies, and everything from my office. I got every physical item that mattered to me. I couldn't find the box with our mortgage papers, though. I also noticed that some of our framed wedding pictures were missing from the walls. I figured Jason took all of that in the moments before I entered the house. Not that I wanted the wedding pictures, anyway.

I did three "last checks" to make sure I had everything I wanted. I was afraid this would be the last opportunity I would have to enter my beautiful house. I said goodbye to my garden and sat in my gravity chair. I took a moment to feel the weight of the situation. I tried not to let my pain crumble me.

My uncles came outside and woke me out of my temporary depressive state. They said cheerily, "Hey, we have a few questions for you before we go."

Chapter 36: Finalizing

"Uh, sure, okay, what's up?" I asked, while following them inside.

"Well, first, let's go upstairs."

Uncle David gently touched the closed office door. "So, we unhooked the hinges... If he tries to open this, he'll fall right into the door."

I smirked and tried to laugh. It was too hard to laugh in the moment, but I understood the humor.

"Are you okay with this?"

Earlier they had asked about other prank-like things, and had I insisted I didn't want to cause Jason any harm. But this seemed harmless enough. I thought about it, smiled, and agreed. We walked back downstairs.

Uncle Chip opened the side door from the kitchen. We all walked in the garage. He said, "We disconnected the garage door opener, so it won't work when he tries to use it."

I found myself able to laugh again. "Oh, man, he will be so mad when that doesn't work! It took him so long to get the automatic door to work, and he tried to get the keypad to work with it, and then he eventually gave up and settled on just using the automatic door. It was so hard for him, yet he refused to let me try and figure it out! Yeah, let him suffer and get pissed when he tries to get in the house."

Chapter 36: Finalizing

They joyfully laughed in agreement. Then I spotted the unplugged cord hanging. "Let's tuck this in so it's not so obvious why it doesn't work."

We all shared a laugh at Jason's minor misfortune. It was a small way to relieve our deep aches for the insurmountable pain he caused me.

We hugged and said goodbye. My mom drove the moving truck home to Seattle, as she literally and figuratively cared for my baggage.

I sat in the passenger seat, in awe of her strength and support. I picked up the phone to tell my friends and family at home I was safe. I couldn't dial any numbers. I tried texting, but none of my messages would go through. When we got to the hotel, I called my cell phone provider and they told me Jason had reported my phone as stolen. Up until that moment, we had shared a cell phone account, as he said to "save money." Despite the pranks we pulled on him, he got the bigger laugh. He always did.

A few days later, my mom and I made it home to Seattle, with my body and belongings intact. When I arrived, I contacted a divorce lawyer in Seattle. He informed me I needed a lawyer based in Las Vegas in order to file divorce paperwork because that was where we lived when we were married. I took a few days to find one, but in the meantime, Jason served me with his own divorce paperwork. We spoke through lawyers, just as the Domestic Violence hotline counselor assured me that we would.

Chapter 36: Finalizing

Even though I didn't ask for anything in the divorce, it seemed Jason stalled the proceedings at every opportunity. The entire process took six months. All I ever wanted it was for it to be over, so I told my lawyers he could keep the house and all the furniture I had left in it. I already got everything I needed and had no desire to ever return to that city. His lawyers told me he agreed that week, but a month later his lawyers said he wanted 18 months to build equity in the house to afford to refinance it. I agreed immediately, but even then, it still took four more months to finalize the paperwork. I felt like Jason was using every opportunity to make me miserable. A few months later, I moved out of my parents' house, and into a beautiful apartment downtown in my favorite city. I was home. I was happy. I was free.

Part 3 Epilogue

Jason and I met in July of 2009, I left him in September of 2014, and we got divorced in March of 2015. I spent five years with him. He and his lawyers asked for 18 months for him to refinance the home and I agreed. In September of 2019, four and a half years after we divorced, I finally contacted a lawyer. In October of 2021, we finally settled. After lawyer fees of around $20,000 that my father loaned me, I ended up getting back that and a small fraction of the house's value. It was not fair, and it did not feel good. But, I finally severed all my ties to Jason, which felt amazing. That was when I was able to come back to writing this book and finally publish it.

The person I talked to at the National Domestic Violence Hotline (NDVH) was right. I did not have to speak to him ever again; we spoke through lawyers. It was expensive, but less so than if I would have had to speak to him in person. For that, and all the people that supported me along the way, I am grateful.

One of the local resources the NDVH referred me to was New Beginnings, a domestic violence advocacy agency in Seattle. Their domestic violence advocates help survivors make safety plans and act as a support person throughout the process of leaving. They also connect survivors with legal advocates, access to a therapist for a few months, shelters, childcare centers, and support groups.

I joined a support group and learned a wealth of information that helped me make sense of everything that happened. That support group made such a difference in my life, that five years after being a support group participant, I became a volunteer support group facilitator at the same DV advocacy agency.

In 2014, after I finished my counseling sessions with the employee assistance plan counselor who was not so helpful, I found a new counselor. I went to my insurance company's website and searched for counselors that mentioned anything about relationships, abuse, or trauma. I emailed a few, and then met with one that had availability to see me.

I met a wonderful counselor who I saw for two and a half years. She used cognitive behavioral therapy to help me reframe the way that I thought about what happened. This helped me move from the immobilization I initially felt on my couch toward the person I am today. Here are a few simplified examples of the gems that continue to stick with me today:

She said, "Everything is not black and white."

"They're not?"

"Do you think that everything in life has to be exactly one way or another way? Do you think that everyone has to see everything exactly the same way?

Can you see examples of when they haven't been, and it has been okay?"

"Okay, well, yes some people like green and some people like pink, and that is okay."

...

"You can hold two truths to be true at the same time."

"You can?!"

"Sure. Can't it be cloudy and sunny at the same time?"

...

"You don't have to write people back the second that they text you."

"You don't?"

That last one really threw me for a loop. I had been so conditioned by my ex-husband that I thought I had to write people back immediately, or else.

My counselor asked, "Or else what?"

I considered this. *Or else what?* I did not have a good answer for her. People that loved and supported me would understand if I did not get back to them right away. This nugget of information made me realize both the control that my ex-husband had on me, and the notion that I did not have to live that way anymore.

Processing the trauma and reframing the beliefs that my ex convinced me to have, helped me to form my own, new, positive beliefs of myself. It also gave me the emotional strength to write this book. Sharing my story was incredibly difficult, but it was worth reliving the trauma to share my story. The processes of writing and editing helped me mentally and emotionally process everything that happened through each edit. This is similar to the process of narrative therapy, in which counselors help people either verbally or physically rewrite their stories to find their empowerment. Another method is exposure therapy, in which therapists help people gently re-expose themselves to places and triggers from their traumas that were previously non-threatening so they can become readjusted to them as they were before. There are many types of therapy, and combinations thereof, that can help survivors learn to process and reframe what happened. I recommend finding the therapist and process that work for you, as well as finding a creative outlet to process your emotions between therapy sessions.

In the meantime, I stopped working at TravelCo because I got a new boss that did not understand trauma. She made me feel insecure and eventually fired me because I did not do things the way she wanted. I was upset, but now I see the release she gave me was a gift. I spent the next few years working at restaurants as a server and writing this book. Then I became a therapist helping survivors, and helping other therapists help survivors. Let's think back for a moment to when I mentioned not having regrets. Yes, Jason made my life miserable. Yes, I did not enjoy being fired.

But now? Now, I have written this book that I genuinely believe will help many people, and I have already helped so many survivors heal. I have learned from the experience, became even stronger, and experienced post-traumatic growth. I am also in a new, wonderfully healthy relationship with its own fun entertaining story and tons of *green* flags.

Life throws us difficult scenarios. Regretting them does not help. Tucking those experiences away to small corners of our minds does not help. Talking, sharing, and processing what happens *does* help. And from there, we can learn and grow. Let's talk, share, and process together. Share your thoughts and stories on social media using #RoseColoredGlasses so we can grow together.

Final Epilogue

The [Women Against Abuse website](#) (2022) states that it takes people an average of seven times to leave their abusers. Other sources cite this number as high as thirty times. I am so grateful that I was able to do it in just one time. But I can point out far more than thirty counts of abuse before I actually left. I include this information so that people recognize how common it is to take a long time for survivors to actually leave their abusers for good.

If you think someone you know is being abused, tell them. It might feel scary, and it might feel that you are risking losing that relationship with that person. They might not do anything about it right away. They will likely eventually do something on their own time, although not everyone is so lucky; some people who are abused end up killed by their abusers. Most people will eventually leave, though, and the sooner you tell them about the abuse you notice then the sooner they will leave and be safe. The bottom line is that the person's life is more important than your relationship with them. It is an issue of safety over trust. Helping the survivor become safe is more important than this person temporarily feeling they cannot trust you. Eventually, they will see that you helped them save themselves and they will be grateful.

It is vital that survivors make the decision to leave in ways that feel safe for them. As mentioned before, there is a high risk of murder when a survivor leaves a a partner. Therefore, it is literally vital that survivors make the decision to leave when it is safe, and in the safest possible way for them. Domestic violence and intimate partner violence advocates can help people make individualized safety plans, which are detailed plans for safely leaving their abusers.

It is also crucial for people supporting survivors to understand that their abusers broke down their confidence in such a way that it not only prevented them from leaving, but that it broke down their sense of autonomy; that is, their ability to make decisions for themselves. So, when people help survivors make the decisions necessary to leave, they must ensure that the survivor ultimately makes decisions on their own.

This does three things: One, it decreases the chance of the survivor returning to their abuser. Two, it helps the survivor make decisions in safe ways that preserve their lives. Three, it helps the survivor learn to heal and find themselves again.

There are also two things that support people can tell survivors to help them make decisions to leave. One, is that abusers do not change. Very few abusers get help to change, which is usually in the form of a court-mandated support group. Those that do attend those groups, tend to learn tactics about how to become more effective abusers instead of actually changing. Two, abusers do not actually love their survivors. People that intentionally hurt people do not love them. Period. This is very difficult for survivors to hear, because they were so engrossed in that message of love, the cycle of violence, and their trauma bond that it kept them intertwined with them. The sooner that survivors can recognize that abusers do not actually love them, the sooner they can take the steps to leave them.

Bill of Rights

This is the survivor's Bill of Rights. New Beginnings survivors read this aloud together after every support group (other support groups also use it). I keep a copy of it on my refrigerator so I can always be reminded. One can also view these rights as "green flags" in their relationships. If they are being respected, then that is a sign of a healthy relationship. If they are not respected, then that is a warning sign. I recommend that all humans read it and allow it to become part of their daily lives. Everyone deserves to live their lives with these basic human rights.

My Bill Of Rights

I have the right to be me.
I have the right to put myself first.
I have the right to be safe.
I have the right to love and be loved.
I have the right to be treated with respect.
I have the right to be human, not perfect.
I have the right to be angry and protest if I am treated unfairly or abusively by anyone I have the right to my own privacy.
I have the right to my own opinions, to express them and to be taken seriously.
I have the right to earn and control my own money.
I have the right to ask questions about anything that affects my life.
I have the right to make decisions that affect me.
I have the right to grow and change (and that includes my mind).
I have the right to say "No".
I have the right to make mistakes.
I have the right NOT to be responsible for other adult's problems.
I have the right not to be liked by everyone.
I have the right to control my own life and to change it if I am not happy with it as it is

Thank you for reading this.

You are so courageous to have taken the time and emotional energy to read this book.

To continue your healing journey, see the companion workbook, *Healing from Toxic Relationships Workbook,* available at Amazon

For books, coaching for ADHD, careers, entrepreneurship, and coaching to write your own memoir:

www.katemageau.com

For ADHD and Autism assessments, gender-affirming letters, and therapy:

www.empoweringtherapy.online

Follow me on social media on all major platforms at @kate.therapist.author

Resources

Centers for Disease Control information on domestic violence: https://www.cdc.gov/violenceprevention/intimatepartnerviolence/fastfact.html

Cycle of violence: https://domesticviolence.org/cycle-of-violence/

Love Bombing: https://www.healthline.com/health/love-bombing

National Domestic Violence Hotline: 1-800-799-SAFE (7233) https://www.thehotline.org/

Power and control wheel: http://www.ncdsv.org/images/powercontrolwheelnoshading.pdf

Psychology Today Therapist Finder: https://www.psychologytoday.com/us/therapists

Recommended Books

It's Not You by Dr. Ramani Durvasula
The Betrayal Bond by Patrick Carnes, PhD.
The Body Keeps the Score by Bessel van der Kolk, M.D.
Trauma and Recovery by Judith Herman
What Happened to You? by Oprah Winfrey and Bruce D. Perry, M.D., PhD.
Why Does He Do That? Inside the Minds of Angry and Controlling Men by Lundy Bancroft

References

American Psychiatric Association. (2013). Diagnostic and statistical manual of mental disorders (5th ed.). Washington, DC: Author.

Domestic Abuse Intervention Project (n.d). Power and control wheel. National Center on Domestic and Sexual Violence. http://www.ncdsv.org/images/powercontrolwheelnoshading.pdf

Fast facts: Preventing intimate partner violence. (2022). Centers for Disease Control and Prevention. https://www.cdc.gov/violenceprevention/intimatepartnerviolence/fastfact.html

Lamonthe, C. (2022). Love bombing: 10 signs of over the top love. Healthline. https://www.healthline.com/health/love-bombing

Miller, E., & Brigid, M. (2019). Intimate partner violence. The New England Journal of Medicine, 380(9), 850-857. http://dx.doi.org/10.1056/NEJMra1807166

National Domestic Violence Hotline. https://www.thehotline.org/

O'Doherty, L. J., Taft, A., Hegarty, K., Ramsay, J., Davidson, L. L., & Feder, G. (2014). Screening women for intimate partner violence in healthcare settings: abridged Cochrane systematic review and meta-analysis. BMJ: British Medical Journal, 348. https://www.jstor.org/stable/26514759

Perry, D.B. & Winfrey, O. (2021). What Happened to You? Flat Iron Publishing.

Step by step guide to understanding the cycle of violence. (2022). Domestic Violence: It's Everybody's Business. https://domesticviolence.org/cycle-of-violence/

What is domestic abuse? (2022) United Nations Covid-19 Response. https://www.un.org/en/coronavirus/what-is-domestic-abuse

Why it's so difficult to leave. (2022). Women Against Abuse. https://www.womenagainstabuse.org/education-resources/learn-about-abuse/why-its-so-difficult-to-leave

www.ingramcontent.com/pod-product-compliance
Lightning Source LLC
Chambersburg PA
CBHW020631230426
43665CB00008B/117